社会学名著译丛

帝国的政治体系

〔以色列〕S.N. 艾森斯塔德 著

沈原 张旅平 译

张博伦 校

Shmuel N. Eisenstadt

THE POLITICAL SYSTEMS OF EMPIRES

Copyright © 1993 by Routledge

根据美国 Transaction Publishers 1993 年版译出

Authorized translation from the English language edition published by Routledge, a member of the Taylor & Francis Group, LLC. All rights reserved.

如果本书的封面没有粘贴 Taylor & Francis 公司的标签，则为未经授权的非法版本。

社会学名著译丛

总序

  学术名著，经典之谓也，通常是指学术大家所撰文本及其思想。中国文化传统强调诗言志、歌咏言、文以载道，在这样的文脉里大家其人与其文本及其思想之间是互为表里、相互佐证的。在中国学术传统里，经典历来居于核心地位，始终是人们关注的中心。或如有人所说，在这一领域，所有后来者都是踩着巨人们的臂膀向上攀登的。言外之意，在社会研究领域，人们讲究传承下的创新，向不轻言"前无古人，后无来者"，更不轻信什么"顶峰"之类。这点与自然科学适成鲜明对照。自然科学追求的是一种科学的真理，它是一种约定性的、假设性的、命题性的真理。这是一种工具性的标准，故它关注真理标准以及证实真理即经验检验的前提——方法论问题。简言之，这是一种有用即被采纳的实用理路。因此，自然科学的某些成就可能在相对较短时间里譬如几年、几十年就会被超越、被颠覆。而社会科学追求的真理首先是一种存在的属性，其次才是一种命题的属性；一个人是否拥有真理，端赖于他与某一"此在"或体现真理的实在是否保有共享关系，因而，这种真理是一种存在的真理，这是一种目的性的标准。存在真理要有意志论的和形而上的预设：意志论预设关乎能对人的行动起激励作用的情感和愿望方面，而形而上预设则有关实在之本质的认识论和本体论方面。这样说并不否认社会研究也有其方法论的方面，而是说它与意志论和形而上相比只居次要地位。不消说，后两方面都与研究者本人的传承、学识、洞见、表达能力等学术修养方面有诸多关联。这也是在社会科学领域大家及其文本居于核心地位的存在理据。

　　社会学从创立之初，就自我期许要把社会研究变成一门科学并以此作为追求的目标。正是在这种观念影响下，强调以自然科学方法和成就为模本几乎成为这门学科一百多年来发展的主流。但这并不构成实证主义所主张的统一科学观要求社会科学要像自然科学那样仅把经验事实视为思想的源头并减少对经典关注的理由，因为经验主义在关注经验事实的同时却忽略了选择事实所依据的启示性原则。这种启示性原则本身就是一种前提预设，一种本质上先于经验的理性思考。社会科学的探究毫无疑问要以经验事实为依据，但同样明确的是，社会研究除了经验事实之外还要关注能对经验观察提供启示的那些原则，即还要有超越经验的理性思辨。从知识社会学的传统来说，社会学就是这样地处于经验论与先验论、实证论与唯理论之间的对立张力中，因为它所要研究的是由人们的行动结果所造就而成的社会现象；社会现象固然有如一般客观事实那样外在的第一级表层物理结构，但它还有其内在的属人的第二级深层意义结构；它毕竟不只是物理学意义上的物，而且还是由意义动机引发的行动所构成的现象，即社会的物，亦即由观念构成的实在。职是之故，社会学自十九世纪上半期创立迄今一百多年来的发展，不仅在经验观察、量化研究上取得了长足进展，而且在标志人类理智成长的社会理论领域更是江山代有才人出，造就成群星璀璨、相映生辉的繁荣景象。

由这些大家阐发的不同启示性原则之间也有歧见，因为每一种原则都是基于自身原理对外物的一维解释，只要坚持首尾一贯性做到逻辑自洽，就都具有自身的合理性，但又不能自诩是对外物穷尽无遗的把握。这些启示性原则并不具有像自然科学中那种在时间中流动呈线性累积的进步特征，而是一种抽象的、一般性的约定。故科学研究越是抽象化、一般化，其具有的累积性特征就越少。这些启示性原则与其说是关于外在世界的真理性标准，毋宁说只是提供了关于这一标准的最低程度的共识，一个共同的参照点。它仰赖于一个特殊的文化共同体相对一致的利益、旨趣和偏好的支撑，表现了个人从审美上、哲学上、诠释上、观察等方面上对作为现代性之生命的体验、理解和领悟的表意能力。归根到底，作为这些启示性原则之结晶的经典，类似一种顿悟式的人类理智能力的偶然性（个体性）贡献。它或由于对人类精神状态和主观倾向的睿智洞察如涂尔干的宗教社会学之穿透力，或由于对经验世界的复杂性、敏锐性重构如马克思对资本主义和商品及其规律的揭示，或由于对意识形态和道德价值的评判如韦伯对新教伦理的诠释，而成为经典并进入社会科学研究的关注中心，进而构成社会理论中具有范式般指导意义的三大传统，为人类理智在社会领域继续向上攀登奠定了基础。

　　人们通常把这些大家们在认识社会和解释社会事实所表现出的想象能力、穿透能力和批判能力直白地称为"社会学的学科意识"，意即经由一代代大家们累积起来的学术素养和传承，包括他们强烈的社会关怀的情愫，这些是社会学的"根"或"灵魂"。社会学如果丧失了自己在认识社会和解释社会的学科意识，也就是失掉了自己的灵魂，无异于取消了自己存在的理据。这里强调大家及其文本在认识社会中的核心地位，目的在于克服时下一些号称"实证研究"的著述只罗列经验事实不做理论思考的流弊，避免由此导致对社会现象的单面、一维的理解。对社会学来说，所谓增强学科意识，除了参与、观察变革社会的实践之外，就是要提倡阅读经典、研究大家，舍此别无他途。

商务印书馆几十年来坚持不懈地推介"汉译世界学术名著丛书"，哺育了几代学人，对于促进中西文化交流和提升汉语学界学术水准居功至伟，海内外华人学界同仁有口皆碑。现今又专门辟出社会学名著译丛系列，这一举措对于充实和扩展汉译世界学术名著丛书的规模效应可谓锦上添花，而对社会学知识的普及和提升研究水准不啻雪中送炭，可说恰逢其时。

谨以上述感怀序写于丛书付梓之际，并与社会学界同仁共勉。

苏国勋

于 2006 年岁末

中文版导言

1

为《帝国的政治体系》的中文版撰写这个简短的导言，令我十分愉快。这部书分析了历史上巨大的官僚制帝国的诸模式——其中，中华帝国是最为庞大和延续最久的帝国，故本书能在中国出版，乃是尤为适宜的。

本书原本是在差不多 30 年以前出版的，而且毋庸赘言，自那时以来，在史学研究和社会学研究领域里业已出现了众多发展——其中有许多也已触及在这部著作里付诸分析的问题。在这里，我只想对此略述一二。我希望以一种比那时更为尖锐的方式，区分帝国体系的两个类型——一种是世袭制王国，如古埃及王国、印加、阿兹特克或众多的南亚王国；另一种是很大程度上已中央集权化的官僚制帝国，其最为重要的例证是中国、罗马、拜占庭、萨珊和伊斯兰教哈里发诸帝国；在某种程度上，还有印度的孔雀帝国与笈多帝国，以及欧洲早期的绝对专制主义政权。

从这两个类型之间的根本区别中，可以察见到其各自中心的结构、中心与边缘的伴生关系、精英的主要特征——尤其是这些精英嵌入于归属性亲缘单元的程度，以及在这些不同政体内广为流行、密切相关的文化和本体论的诸前提。

世袭制王国或帝国的主要特征是：在生态和组织上，而非在象征上，有异于边缘的中心的发展。这样的世袭制中心，围绕着嵌入于时常是广泛的各种类型归属单元中的精英来定型的，而其本体论前提则以宇宙秩序与世俗秩序之间相对浅显的张力概念为特征。此种政治模式在大型世袭制王国中得到发展——古代埃及或许是其极佳的例证；较小的世袭制王国有中美洲和南亚诸王国，以及诸如古代腓尼基那样的城邦国家，或各种各样更为分权的部族联盟。

在这个类型的更为分化的诸社会中，较大政治单元的定型化，通常与主要归属单元和初民单元的重建与放大，以及与纯粹亲缘单元相对立的地缘单元日渐增长的重要性相联系；但与此同时，在主要亲缘群体的结构和最为重要的精英之间，以及在中心和边缘内广为流行的基本的本体论概念之间，也存在一种密切的对应关系。

通过比较，我们能够分辨出第二个类型的政治体系，其以亲缘单元结构与精英功能结构之间日增的背离，以及自治精英的出现和本体论概念的激进发展或突进为特征。这一发展类型尤其展现出"轴心时代文明"——一个为卡尔·雅斯贝尔斯所使用的术语，以描述在古代以色列、继而在形形色色的基督教王国、古代希腊，尤其是在琐罗亚斯德教的伊朗、帝制时代前期的中国、印度教与佛教的南亚和东南亚以及在更晚的时期，超出"轴心时代"本身之外，在穆斯林世界中为人察见的那些文明的特征。这些文明是以超越秩序与世俗秩序之间基本的张力和断裂的本体论概念的发展为特征的。

这些概念起初在"知识分子"（其时，他们是一种新的社会成分）的小群体中，以及一般而言在新型精英中，特殊而言在文化秩序与社会秩序诸模式的承担者中发展起来。最后，这些概念在上述轴心时代文明之内得到制度化，并且变成统治精英和众多次属精英这两者的最显著的取向。这些概念被充分地嵌入于其各自的中心或次级中心内，改变了政治精英的本性，使知识分子成为中心联盟的较为自治的伙伴，该联盟的其他成员也变得更加具有自主性。这样一来，知识分子的各种各样、极为不同的群体，遂被转变成更为充分地定型化和制度化的群体，该群体尤其具有一种牧师的性质，恰如犹太先知和祭司、伟大的希腊哲人、中国的文士、印度教的婆罗门、佛教的僧伽和伊斯兰的乌里玛所例示的那样。如我们将更加详尽地看到的，这些精英趋于重建其各自社会诸多根本的制度领域，包括创造专门、独特、文明或宗教的集体，以及建构与其边缘相区别的不同类型的自治中心。

与居于支配地位的精英的严密结构、其所担负的文化取向、付诸实施的控制方式以及不同的组织、经济、技术和地缘政治条件相一致，这些中心的具体外形及其动力有极大的区别。在这些中心之内，遂发展出相对而言大规模的诸帝国，其与世袭制帝国极为不同。

2

在形成这些帝国体系的动力方面，这样的精英具有巨大的重要性。

关于这些帝国内的冲突模式和变迁进程，以下事实具有特殊的重要性：在这些社会里——如同在一切轴心文明中一样——发展起来的各种各样的精英和知识分子，在抗拒运动，尤其是在建构作为我们分析焦点的新类型的抗拒运动方面，也构成最为活跃的因素；就是说，其构成不同的宗派和异端，该宗派和异端坚执化解超越秩序与世俗秩序之间张力的不同概念，并且构成使此种概念制度化的恰当方式，以及构成社会秩序与文化秩序的各种各样的替代概念。

有鉴于此，在这些文明中，在不同的抗拒运动与政治斗争焦点之间，以及尤其是在叛乱、中心的政治斗争、宗教异端或理论异端之间，便出现了结构联系和意识形态联系的可能性。这些联系是由不同次属精英的不同的联盟——首先是由"次属"的政治精英与不同的宗教派系和理论派系，以及诸异端之间的联盟——所引发的。相应地，一般而言，也发展出一切抗拒运动，以及宗派和异端对该社会的一个中心或者多个中心加以更大冲击的可能性。

唯其如此，才在这里发展出一种新类型的文明动力。文明的这些新的动力，将群体冲突转变为政治等级和意识形态的冲突，将崇拜冲突转变为正统与异端之间的冲突。部族与社会的冲突，变成为使文明转型的十字军东征。经每一社会的救赎概念而形成的关于重建的热忱，使整个世界都至少潜在地服从文化-政治的重建，而且在所有这些新的发展中，由于以上略述的原因，不同的宗派运动和异端运动扮演了中心角色。

这样的替代概念转变为异端，自然是由其与某些制度化正统的对抗所引发的；而且正是自斯时以降，一方面是正统而另一方面是教宗分立和异端之间的持续对抗，以及随之而来的强大和潜在地广为传布的自相矛盾趋势，就变成人类历史中的一种根本的构成成分。

3

但是，在发展出来的不同的帝国体系之间，必然产生某种基本的区别，尽管诸帝国在结构方面的相似性业已变得彰明昭著。

或许，这些区别之最为重要的外部指征，的确是这些帝国的寿数较为长久。这种在这些帝国相对长久寿数方面的区别，并非完全是偶然和随机的，其不唯通过外部事件的紧迫关头与危机状态，而且还通过这些帝国对之加以应付的能力而获得表现。

在不同的帝国中，这些区别与其基本文化取向的特定群集、结构特征、对之施以冲击的各种外部过程以及特定的历史环境相一致，乃是丰富多彩的。

在影响变迁进程的更为外在的因素中，我们乐于提及不同程度的外部压力、主要的人口迁移、游牧民族的征服、国际经济的波动以及在一个给定社会中伊始就存在着的种族异质性程度。同样具有根本重要性的还有任何一个政体之给定的地缘政治情境：例如，拜占庭帝国位于欧、亚两洲通道上的特定地缘政治情境。

在影响变迁进程的这些帝国社会结构的诸内在方面，首先就是统治者的合法性基础和目标的性质。这些目标可能主要是军事的与扩张主义的，颇以维系一种文化秩序为取向，抑或主要关切经济的进展。无论怎样，每一目标皆对社会中各种可资利用类型的资源作出种种不同的要求。统治者的合法性与目标的这些模式，受到在这些社会中盛行的基本本体论概念的巨大影响。

4

在这些帝国中,这些区别对于变迁进程的重要性,可通过对拜占庭帝国和中华帝国的扼要比较而得到例示。

如同在全部基督教文明中一样,在拜占庭帝国中变成占据支配地位的主要文化取向,以强调超越秩序与世俗秩序之间现存的一种极其高度的张力、入世与出世救赎取向的相对密切的交融,以及对于维系与此种救赎概念有关的文化角色和社会角色的较高的承诺为特征。这些取向和与之相关的文明诸前提也以一系列的张力为特征。强调重点放置在社会的一切部分都可相对自主地进入救赎和政治秩序,而中介此种进入的教会和皇帝,以及与这种进入有关的相对立场却是可以怀疑的。同样可以怀疑的还有帝国集体认同中基督教和希腊化等构成因素的相对地位。

从罗马承袭而来的城邦国家的政治传统,即公民参与城市行政管理的传统,以及统治者对于全体居民表面上的责任承担制的传统,也具有极大的重要性。虽说这个传统的具体显现,在罗马帝国自身的较早时期,尤其是在后继阶段上,既已受到削弱,但其某些后果却在罗马人生活的若干方面,以及后来,在拜占庭帝国中延续下来。

在拜占庭帝国,这些文化取向一般而言关联到社会力量与政治力量颇为特殊的群集的发展,特殊而言关联到精英结构、更为广泛的社会阶层及其相互关系的发展。在帝国中占据支配地位的主要精英是皇帝、官僚、军队和教会。

同时，拜占庭的社会结构是较为高度分化的。主要的社会力量由贵族，以及在某种程度上，还由上面提及的官僚（其可被视为不仅是中心的组成部分，而且还是一个独特的社会群体）、农民和各种各样的都市群体——甚至更为低级的群体——所组成，这些群体全都得到相当高度的发展。

"基督教"取向与若干罗马取向遗产的结合，趋于不仅导致一种较高水平的社团组织，而且甚至导致自主性等级——即便是颇受限制的（尤其是与中世纪欧洲相比较）——以及政治意识。这些群体趋于按照不完全依附于中心的自律尺度，按其自己的方式界定身份；而且，这些群体还趋于在某种程度上自主地进入权力中心。当结构条件表现得较为顺利之际，各种各样的群体（特别是就贵族而言，以及在较小程度上，也包括教会）便能够冲击中心，并且获得对于中心的某种时而直接，时而间接的参与。与之同时，诸帝国自身则追求非常紧张的军事政策和文化政策，这些政策大多与他们的基本前提和基本目标相一致。对于中心与各种各样的精英之间的关系、该精英与主要社会阶层之间的关系以及随后在帝国内发展起来的政治进程，这些趋势皆有深远的影响。作为上帝的代表，皇帝自然与教会有一种特定的关系。在一切地方和全部场合都突出了皇帝独特的——而且确切说来，其神圣的——地位。

基督教帝国的真正概念意指：教会是政体的组成部分，并在一切方面置于皇帝的一般照料之下——纵使若干功能不可能由皇帝来履行。在东罗马基督教帝国中，何者之为恺撒与何者之为上帝的二分法，并不像在西方基督教王国中那样分明，而且即使皇帝信奉异端，这种二分法也只是表面化的。

然而，这并不意指教会在许多方面不是一个自主的机构。拜占庭教会具有极其强烈的自主取向和普遍主义取向，以及它自己的强大组织。教会积极参与元老院、宫廷和官僚制等中心政治机构。此外，其还引发基本的政治问题、实施诸多关键的政治功能和行政管理功能、并频频关注着更为广泛的政策问题。一般说来，皇帝与牧首、世俗与教会之间的关系，在拜占庭是借助"相互依附"，而非通过引人误解的"帝政主义"术语而得到最充分的表达。

与皇帝和教会比肩而存，官僚和军队也作为拜占庭帝国极为强有力的持续性社会构成因素及其主要精英的组成部分而得到发展。这两者都被高度地组织起来，而且尽管在原则上处于皇帝的控制下，但在实际上却时常展示出强烈的自主趋势，尤其是在政治领域中。

同样的趋势也可见于主要的社会阶层之中：主要由大地主组成的贵族，他们当中有许多来自久已存在的家族；位于拜占庭社会顶端的官僚，其是社会流动的主要渠道；还有构成拜占庭社会结构的一个根本组成部分并总是受到皇帝悉心照料，以继系其对于贵族的自由和独立的农民。在 8 世纪与 11 世纪之间，集聚在村社共同体内的自由农民处于全盛时期，并且成为对军队、官僚甚至各专业提供补充人员的重要泉源——后来，则随着皇权的削弱和贵族势力的逐渐增长而日渐式微。

类似地，都市群体——商人和工匠——在拜占庭帝国内也非常强大，而且虽说就总体而言其受到中心非常严密的控制，但在某种程度上却仍是自主的。

较低的都市群体被组织在吉莫或"竞技团体"中，诸如著名的蓝党和绿党；吉莫具有政治目的，而非纯粹的体育组织。这些其首领系由政府任命的大众团体执行重要的公共职能，充当都市的保卫者和参与修复城垣，并且表达人民的政治舆情。

中华帝国——人类历史中最为巨大和延续最久的帝国——的基本前提和主要都市，却与拜占庭，以及自然亦与诸如奥斯曼和俄罗斯的帝国体系截然不同。

虽说这些区别中有许多自然是由于区位和经济的条件使然，不过，某些最为关键的方面却与基本的政治概念、精英结构和由这些精英实施的控制方式的区别有关。

5

如已广为人知的，帝制中国政治体系的基本特点，是在汉代开始演化，而自唐朝以降定型化的。其最为重要的特征有：自主的政治中心的定型化以及皇帝-士大夫联盟在其之内的统治地位；军队扮演一种重要的角色，其在稳定时期则趋于变成较为次要的；儒教-法家意识形态在中心内的统治地位；还有伴随次属诸取向，尤其是道教取向和佛教取向的一种强有力的混合物。

与中华帝国体系相关，其社会-政治前提和文化前提也展示出某种真正独具的特色。在全部轴心文明的"大传统"中，中国传统或许是最为"入世"的。尽管帝国体系的儒教-法家框架允许为民俗宗教派系或私人玄思的出世取向留下余地，但其主要的推进方向却是将社会-政治秩序和文化秩序培育成宇宙和谐的主要焦点。该方向着重于在现存社会框架——家庭、更为广泛的亲缘群体和帝国机构——内的入世义务和入世活动，并突出了确当履行这些义务与个人责任最终尺度之间的关联。

这个传统也强调个人责任的强烈的超越方面，但是，这种超越却大多是依据人类政治维度和家族维度的重要性而予以表达的。此外，中国传统正如在中心的官方意识形态中所颁布的那样，侧重于为中心所表征的社会秩序与各种类型的边缘集体之间的基本亲和性。

中国社会的主要精英是文士。这批精英由下列人们所组成：他们通过了儒教科举考试或者为之而研习，并且构成一个较具内聚力的群体与个人的网络，其分享一个由混合体系和笃信经典儒教著述与儒教仪礼塑造而成的共同文化背景；在原则上，文士从一切阶层，甚至还从农民中得到补充，但主要是从乡绅中得到补充。实际上，尽管不是全部，但文士等级大多是从乡绅中获得补充的。

作为一种从我们的分析的观点来看具有特殊重要性的精英，士大夫显示出一种非常独特的面貌。

士大夫并不只是履行某种学理功能的知识分子，而是同时还和皇帝，以及在某种程度上，也和军阀一道构成中心的权力精英，对于社会中资源流动的核心方面，即与构造社会世界和文化世界的界定相关的资讯，以及主要社会群体的指涉取向，都加以控制。

然而，一般说来与基督教（而且在某种程度上，亦与穆斯林）文明领域不同，特殊而言则与拜占庭帝国不同——并与在中华帝国内占据统治地位的非常强烈的入世取向紧密相关——在这里尚不曾发展出教会与国家的任何分立。

文士之独一无二和最为耐久的组成框架，与国家官僚制的框架（该框架罗致了全部文士的10%至20%，而且，除了某些学校和书院以外，文士并无自己的组织）几乎是同一的。此外，帝制和官僚制框架之内的政治活动，对儒教伦理取向乃是一个基本指涉。

这样便发展出颇为悖谬的情境：作为一种文化精英，文士虽然在原则上是自主的，但却不曾具有强固的自主资源基础。与此同时，文士对于进入中心又施以事实上的垄断：这种控制不独基于高压统治，而且也立足于由文士所调适的团结纽结之上。

文士与皇帝，以及在某种程度上，还与军阀携手合作，通过其所实施的控制方式，连同他们的基本取向一道，一般在中华帝国体系的主要制度特性的定型化方面，以及在构造中心-边缘关系的进程方面，都具有根本的重要性。

这个控制方式在中国所发展的分层体系中也是一目了然的，其主要的特征是：(1)作为分层体系的核心焦点的中心的发展；(2)在界定身份方面，政治-文学标准的相对显著地位；即在界定分层标准方面，文士和官员在官方的优势地位，以及儒教意识形态之日渐增长的重要性；(3)贵族的相对削弱，以及乡绅在社会和经济方面日增的优势；以及(4)建构社会等级的若干次属模式的演化。

结果，在中国，阶层自治、自治组织以及任何阶层进入中心，都只达到一个较小的程度。无论在原则上享有较高身份的农民，还是在经济上强有力的商人和其他都市群体，都毫不例外。

6

　　一般而言，基本文化概念与诸前提的结合，特殊而言，政治领域的概念与政治权威的结合，以及精英结构与主要阶层政治取向的结合，在这些帝国内都对于其各自的政治动力产生了重大影响；而且对于诸帝国之间的区别具有重大影响。

　　譬如，在拜占庭帝国，"基督教"取向与某种罗马取向遗产的结合，趋于导致对统治者的责任承担制予以高度强调，乃至达到较高的法律水平；而若干社会群体则具有将其自己视为与此种法律相关的、亦即与某种自主参与中心的权利相关视野的自主载体的趋势。

　　这些趋势影响到统治者的合法性，而且一经与皇帝的军事政策和文化政策合为一体，便在拜占庭帝国内引发十分激烈的政治斗争，并带有强大的意识形态成分。

　　因此，尤其与中国的政治斗争相比较，拜占庭帝国的政治斗争，乃往往基于这种斗争中诸如教会或官僚之类不同精英的强大联系，以及该精英与更为广泛阶层之间的联系。这种联系导致权力在不同的精英和群体之间的持续移动，以变更权力和权威的某些基本前提和着重之点——最终削弱了中心，促成其地缘政治情境使这一内部状况与外部状况都极易招致损害的帝国的没落。

　　与之相比，在中国发展起来的图景却与在拜占庭帝国内所发见的几乎完全相反。根本的区别在于下列事实：无论是经济中各种各样的结构变换，还是各种抗拒运动与改革运动，一般来说在儒教-法家文明的基本意识形态、制度前提和政治秩序方面，特殊来说在中心的结构方面，都不能够引发深远的变迁。

在中国，一般地与其他的帝国体系相比；特殊地与拜占庭（以及某些伊斯兰）帝国相比，在不同的变迁进程、变迁运动及其领导之间，在不同的宗派、秘密社会等及其领导之间，以及在不同的中心和边缘的次属制度精英之间，都只发展出相对软弱的意识形态联系环节和结构联系环节。

为数众多的抗拒运动，以及在中华帝国的边缘或次属制度领域内崛起的宗教群体（诸如各种各样的秘密社会），极少显示出有能力与中心的政治斗争联为一体，并发展出将会重建中国制度系统主要前提的共同意识形态和共同行动的框架。

与之类似，在儒教-法家框架内的更为核心的异端或学派之间，在中心的不同意识形态和政策与更为大众化的运动之间，相对而言几乎没有发展出持续的关联。同时，在诸如佛教和道教之类的次属宗教或次属异端与中心的政治斗争之间的联系，对于中国的社会秩序和政治秩序也不曾发挥深远的变革性影响——除去在唐代的某个时期，其时佛教徒最终被逐出中心——尽管无庸赘言，这些异端在不同的制度性领域内引发了许多具体的变迁。

这种软弱性的主要原因，首先在于十分精巧与复杂的控制机制，其为统治联盟尤其是文士所发展，并且首先依据以上所分析的文士的取向、结构和活动的诸基本特征才可付诸诠释。文士强烈地以其所承担的超越性视野为取向。同时文士也作为政治精英和文化精英而行动，但他们几乎欠缺任何独立的资源基础。

7

因此，在中国，各种各样的入侵、叛乱和著名的"王朝循环"，都不曾在一个十分长久的时期内侵蚀中华帝国（由汉至唐）的基本制度结构这个事实，是能够为人所理解的，只要人们记住相对而言使其免受外部力量严重影响的地理位置的话。进而言之，在中国，贵族的相对软弱和乡绅的显赫地位，都趋于提高中央集权统治者的地位；构成社会结构和政治结构基石的儒教士大夫，在中央政府和主要社会阶层之间进行干预，并为帝国的延续和统一提供不可或缺的框架。然而与之同时，欠缺上述自主性，又使得他们对于现代性力量冲击的适应性微乎其微。

另一方面，帝制社会的内部转变，一般而言在更为高度分化的方向上，特殊而言在现代性的方向上，受到强大的社会制度、文化制度和政治制度的自主性的极大促进。在这里，欧洲以及在某种程度上还有印度的例示——可于它们各自某种类型的中心的多维度性中为人察见——是极有意义的。

在文化领域内，此种自主性促进了支持中心的制度大厦并使之合法化的新象征的发展，而社会组织领域内的自主性则促进了可存活的新组织核心的定型化，却无需瓦解整个先在的秩序，因此使新秩序至少在某种程度上能以旧秩序的力量为依托。更广泛社会阶层和家族群体的较为强大的内聚力，伴随着身份的自律和对中心的开放，则有助于发展针对新的中心的积极取向，以及提供必要支持和必要资源的自觉意愿。

在各个帝国内制度化的不同本体论视野，也极大地影响到政治框架与文明框架在诸帝国内相互叠交的范围，该范围反转过来又极大地影响到上述非政治集体相对的"存活"。此种相互叠交的程度愈高——如同在强烈入世取向的中华帝国那样——非政治集体在帝国衰落之后得以幸存的或然性便愈是微乎其微。在一神教和出世取向的诸文明中，为不同精英或亚精英联盟所传播的入世取向与出世取向之间的持续张力，却创造出文明与政治的特大集体的某种相对独立性和不同比率的延续性，甚至在后者寿终正寝之后，仍能使前者幸存下来。

不过，无论这些体系变迁过程的区别若何，一般而论，帝国体系以及封建体系都显示出最大的转型能力；这就是说，在该体系自身之内创造出某种新的、尤其是某种更加分化类型的政治体系的最大能力。

正是这个事实，以及如上已指出的这些帝国乃是前现代政治体系中最为坚实、最为耐久者的事实，使得这些帝国一般说来从比较政治社会学的观点看，特殊说来对于理解向现代性的转变过程，都具有特别的旨趣。

S.N. 艾森斯塔德
1991 年 8 月于耶路撒冷希伯来大学

献给马丁·布伯
以及为了纪念理查德·科布尼尔

目录

1993 年版导言 ··· 1
平装本初版序言 ·· 47
序言 ··· 69

I
历史官僚制帝国政治体系发展的条件

一 历史上的官僚制政体：环境与问题 ······························ 79
1. 导言 ·· 79
2. 政治体系的若干基本特征 ·· 81
3. 政治体系与社会中其他制度之间的关系 ······················· 83
4. 政治体系比较分析的主要尺度 ····································· 85
5. 政治体系的主要类型 ·· 88

二 政治体系的基本特征及其发展的社会条件：基本假说 ······ 92
1. 中央集权政体发展的模式 ·· 92
2. 统治者为保证中央集权政体的发展而实施的政治活动 ······ 94

3. 行政机关的发展与结构···96
4. 政治斗争机关结构的发展··97
5. 政治体系的主要特征。自治目标的发展···························98
6. 政治角色的有限分化···100
7. 中央集权政体的发展···101
8. 政治斗争机关和官僚制行政机构的发展·························102
9. 与世袭、封建和现代政治体系不同的历史官僚制帝国的政治体系···103
10. 政治体系发展的社会条件问题····································106
11. 政治体系发展的内部和外部条件。达到自主的政治目标的志向的发展，以及社会结构有限分化的发展···················109
12. 内部条件的不适当性。建立中央集权政体的不成功尝试的两个案例···110
13. 内部条件的不适当性。"外部"条件问题。作为主要外部条件的社会结构有限分化的发展。在分析与例示中付诸运用的历史资料···113

三 历史官僚制社会的经济结构·····································116
1. 经济组织的发展···116
2. 农业部门的基本特征···117
3. 农业部门的结构··118
4. 商业和工业活动的基本特征··125
5. 商业和工业活动的结构··126
6. 交换机制的主要类型···133
7. 市场和货币机制的范围和运行·····································134

8. 帝国经济体系之间的区别 ································ 138

四 宗教与文化的组织和取向 ·································· 139
1. 导言 ·· 139
2. 宗教组织 ··· 140
3. 在唐代政权期间定型化的中国宗教组织的主要特征 ·········· 151
4. 伊斯兰教国家、西班牙-美洲帝国以及欧洲的宗教组织 ······· 152
5. 宗教体系自治的发展 ···································· 154
6. 宗教价值取向的特征 ···································· 156
7. 宗教体系内自治意识形态取向的发展 ······················ 158
8. 教育体系的结构 ·· 160
9. 小结 ··· 163

五 社会组织与社会分层 ······································ 165
1. 导言 ·· 165
2. 社会组织与社会分层 ···································· 165
3. 社团与共同体的结构 ···································· 178
4. 分层体系的基本特征 ···································· 182
5. 分层体系的弹性范围 ···································· 185
6. 都市等级在社会组织中的地位 ···························· 188
7. 分层体系中普遍主义与自致标准的范围与限制 ·············· 190
8. 分层体系与社会组织主要特征的概要 ······················ 194
9. 中央集权制帝国政治体系"外部"条件与持存问题的一般概要 ··· 197

六　政治体系的社会条件及其制度化 ·················· 198
1. 假设的扼要重述 ···································· 198
2. 假设的诠释政治领域的自治与社会结构的分化所导致的
　调适问题 ·· 199
3. 自治调适机制的发展 ································ 201
4. 法律组织的发展 ···································· 202
5. 沟通模式的发展 ···································· 204
6. 从关于调适问题的观点来看的自主机制的不适当性 ········ 205
7. 调适问题的发展与官僚制行政机构制度化的关系 ·········· 207
8. 调适问题的发展与政治斗争机关发展的关系 ·············· 208
9. 解释的小结 ·· 211
10. 假说的证实 ······································· 212
11. 诠释的某些附加问题 ······························· 217
12. 历史官僚制帝国发展的条件。它们恒存不朽的条件 ······· 218

II
历史官僚制帝国政治体系恒久保存的条件

七　统治者的政策 ······································ 223
1. 恒久保存政治体系的问题 ···························· 223
2. 统治者的主要目标 ·································· 224
3. 实施统治者目标的社会环境 ·························· 229
4. 统治者在经济领域的政策 ···························· 230
5. 统治者在军事领域的政策 ···························· 243
6. 统治者在社会组织与社会分层领域的政策 ················ 245

7. 统治者的法律政策 ·· 253
8. 统治者的宗教、文化与教育政策 ······························ 257
9. 统治者在政治领域的政策 ·· 261
10. 统治者政策之主要类型的划分 ································ 265
11. 统治者政策中的主要矛盾 ······································ 268
12. 概要 ··· 274

八 主要群体与阶层的政治取向与政治活动 ················ 276
1. 卷入政治斗争的主要群体 ·· 276
2. 官僚在政治斗争中的地位 ·· 277
3. 军队在政治斗争中的地位 ·· 297
4. 贵族在政治斗争中的地位 ·· 302
5. 宗教群体和文化群体在政治斗争中的地位 ··················· 313
6. 专业精英在政治斗争中的地位 ·································· 326
7. 都市经济和社会群体在政治斗争中的地位 ··················· 331
8. 绅士在政治斗争中的地位 ·· 339
9. 农民在政治斗争中的地位 ·· 343
10. 主要群体和阶层政治取向的主要类型及其与政治体系
    基本前提的关系 ··· 347
11. 政治问题主要类型的划分 ······································ 349
12. 政治组织主要类型的划分 ······································ 352
13. 政治斗争手段主要类型的划分 ································ 358
14. 与政治体系基本前提相关的政治问题与政治组织的诸类型 ······ 360

九 政治过程的社会决定因素：比较分析 ·················· 362

1. 导言：影响政治过程的主要变量 ························· 362
2. 统治者目标的主要类型 ····························· 363
3. "文化"取向与统治者的目标 ·························· 365
4. 文化取向和文化目标在中华帝国的影响 ····················· 367
5. 文化取向和文化目标对政治过程的影响概要 ··················· 378
6. 在以文化为取向的政体中产生的紧急状态的主要类型 ··············· 379
7. 集体−实施目标的主要类型 ··························· 381
8. 集体−实施的目标对统治者合法化模式的影响 ··················· 384
9. 集体−实施的目标对统治者的政策和主要阶层政治取向的
   影响 ·· 386
10. 不同类型的集体−实施的目标对统治者政策的影响 ················ 388
11. 不同类型的集体−实施的目标对主要群体政治活动的影响 ············· 392
12. 以普遍主义宗教目标或文化目标为取向的社会中的政治
    参与模式 ······································ 394
13. 具有集体−实施目标的政体中产生的紧急状态的性质 ··············· 396
14. 产生自我维持之目标的条件及其对政治过程的影响 ················ 398
15. 不同水平的社会分化对政治过程的一般影响 ··················· 401
16. 不同水平的社会分化对各群体政治活动的影响 ·················· 403
17. 不同水平的社会分化对统治者政策的影响 ···················· 412
18. 社会结构的分化与不同类型统治者目标的发展 ·················· 417
19. 统治者的政治目标与主要阶层的政治目标之间的不一致性
    对政治过程的影响 ································· 419
20. 概要 ·· 421

十　官僚在政治过程中的地位······424

1. 官僚的基本特征；官僚的基本特征对其政治取向的影响······424
2. 官僚政治取向的主要类型。官僚活动的模式······427
3. 以服务为取向的官僚······428
4. 统治者对官僚的征服······430
5. 官僚服务目标的转移。官僚自主和自我取向的趋势······431
6. 与为政体服务取向相结合的官僚的自我取向······433
7. 官僚在身份系统中的社会构成和社会地位的标准······434
8. 官僚的社会条件和社会构成······435
9. 统治者的目标和统治者与主要阶层之间的关系对不同类型官僚政治取向发展的影响······441
10. 官僚政治取向的变化。改革官僚制的尝试······446
11. 官僚的服务取向对官僚活动模式的影响······448
12. 官僚面向统治者的取向和自我扩张的取向对官僚活动模式的影响······452
13. 官僚的活动对政治体系的基本社会条件的影响······454

十一　政治过程在中央集权制帝国社会结构中的地位······456

1. 传统的政治活动与分化的政治活动在政治过程中的相互联系······456
2. 对主要群体和阶层政治活动的疏导······458
3. 政治斗争规范和政治合意规范的制度化······459
4. 各种群体和阶层与政治体系的基本前提和使该体系恒存不朽的条件的关系······462

十二　政治体系的变迁过程 ········· 466

1. 群体结构和政治组织的变迁过程 ········· 466
2. 通过政治活动和政治领导来明确表达变迁过程 ········· 469
3. 变迁的主要类型 ········· 470
4. 中央集权制帝国政治体系的基本前提 ········· 471
5. 使政治体系恒存不朽的基本条件。统治者的政策和主要群体的政治活动在使这些条件恒存不朽中的地位 ········· 474
6. 政治过程中矛盾的主要焦点 ········· 475
7. 适应性变迁过程的基本条件和特征 ········· 480
8. 中国的适应性变迁 ········· 482
9. 与边际性变迁和总体性变迁过程的发展相关的主要条件 ········· 494
10. 伴随边际性变迁和总体性变迁过程而发展的政治过程 ········· 497
11. 边际性变迁和总体性变迁过程的内部条件与外部条件之间的关系 ········· 500
12. 对某些类型的边际性变迁的分析 ········· 503
13. 历史官僚制社会政治体系转变为前官僚制政体的一般条件 ······ 506
14. 与历史官僚制社会政治体系转变为前官僚制政体相关的政治过程 ········· 515
15. 从历史官僚制社会转变而来的前官僚制政体的主要类型 ········· 518
16. 历史官僚制社会政治体系向更为分化的政治体系的转变 ········· 520
17. 历史官僚制帝国政治体系向更为分化的政治体系转变的主要类型 ········· 524
18. 概要 ········· 528

十三　结论···530
1. 论点的概述··530
2. 政治体系与社会其他部分之间的关系。政治自主性和权力
　 一般化倾向··532
3. 对历史官僚制帝国政治体系中的权力一般化趋向的限制········534
4. 权力在更为分化的（现代的）政治体系中一般化的趋向···········538

附录···542
各分析表总体说明···542
图表···560
分析表注释···614
图表···626
参考文献···649
索引···700

译后记···707
再版后记···712

1993年版导言

1

《帝国的政治体系》1963年出版时，正如若干评论文章[1]所指出的那样，它大概是古典社会学时期以来第一个大范围比较的宏观社会学分析。

总体而言，《帝国的政治体系》一直为持正面态度的评论文章或参考文献所偏爱。喜爱该书的不仅有社会科学家，而且还有各种各样研究历史社会的专家，尤其是中国和拜占庭社会专家。

自那以后，与过去主要专注于某一单个社会或部门深层分析的历史社会学研究一道，比较社会学研究也蓓蕾绽放。它们涵盖了非常广泛的论题，对迥异或相似的政治制度、阶级结构、都市生活、家庭体系进行分析，采纳各种新的理论观点，有时它们还预示了批判旧模式的新的分析方法的来临。

同时，本书分析的主要社会——中国、拜占庭、罗马、伊斯兰诸国或欧洲早期现代社会——的历史研究，自然也兴盛和变得高度多样化起来。其中大部分研究还深受社会科学中不同的理论立场和方法影响，由此导致了新的主题取向：世界体系分析；冲

---

[1] 例如参见 Gabriel A. Almond in *American Sociological Review*, 1964, 29 (2): 418-419；以及 William Delany in *Administrative Science Quarterly*, 8, 3 (Dec.1963): 404-449。

突和权力斗争的重要性；文化的可协商性(negotiability)；权力与文化间的关系；通俗文化分析，等等。

详细分析历史研究的丰硕成果将会超出本导言的范围。我所要做的是，根据社会学和史学文献发展出来的新趋向和方法，重新审查《帝国的政治体系》一书中采纳的主要方法、主要分析框架和该书中的主要论点。尽管很多细节需要仔细地重新审视，书中系统阐述的有关这些帝国定型化(crystallization)、发展、延续和变迁的条件的主要分析论点大体上在今天仍然有效。这种重新审查会有助于以更加独特的方式介绍30年前的论点，并有助于我们认识该书的主要分析路径与某些产生于一般社会科学，以及我自己和我的同事著作中的新理论方法和研究纲要是如何汇集在一起的。

2

《帝国的政治体系》出自我对比较社会学-历史研究的兴趣。这种兴趣最初是在理查德·科布尼尔(Richard Koebner)和马丁·布伯(Martin Buber)指导下学习历史学和社会学时形成和发展的。后来，在我于40年代后期旅居伦敦经济学院时它又得到极大的强化。那里的M.金斯伯格(Morris Ginsberg)和T. H. 马歇尔(T. H. Marshall)非常强调比较方法。E. 希尔斯(Edward Shils)那时正在该学院授课，他的研讨会极大增强了我对韦伯方法的兴趣。这一兴趣可以追溯到我在耶路撒冷接受巴伯和考伯纳指导的时期。巴伯还极为强调文明的比较分析的维度——一个我后来会返回到的维度。韦伯式的方法和文明研究方法是《帝国的政治体系》灵感的主要源泉，本书写作的最初阶段是 50 年代早期在我于希伯来大学新建社会学系开设的课程和研讨班中进行的。

尽管《帝国的政治体系》的视野植根于这些比较的兴趣，但其理论框架则基本上是结构功能的。论证的焦点是分析这些体系的基本系统特征，并审查在这些系统中出现的最重要的社会过程或机制，尤其是那些因为统治者为了维护各自体系的系统边界而采取的种种政策而形成的过程和机制。

分析这些政权时使用的核心概念是自由资源。帝国的政治体系具有发展的特征，亦即具有（与各种部落的、世袭的政权和某些城邦政权类型相比）相对高度自由的资源内部再生产的特征。自由资源指不嵌入各种归属性群体或社会部门，以及不在这些部门承诺使用的资源。统治者对使资源免除对传统贵族农村或城市群体的义务，并发展能够创造和再生产这类资源的相对自由的团体感兴趣。同时，统治者还对亲自控制这些资源十分感兴趣。

这样，统治者力图创造和维持一个占有少量财产的独立的农民阶层，以期能够对抗强大大地主的大规模侵占通过这种方式，统治者企图既保证农民的自主性，又为其自己本身提供资源。他们还建立了不为贵族控制的自由农民士兵的殖民地和拓殖地，以便确保国家获得充分的军事人力资源。在针对其他派系——都市商人、职业群体和宗教群体——的政策中也发展出类似的取向。

同时，我强调，与现代政治体系相比，由于传统的、未分化的政治活动与更分化的、特别是政治性的目标并存，这种自由资

1993 年版导言　　　　　　　　　　　　　　　　　　　　　　　　　　3

源的水平在这些帝国是有限的。我尤其注意到,这种政治目标是如何受到传统的归属团体限制的。我还强调,这些更分化的活动不仅受到各种传统的归属群体限制,而且还受到统治者本身的限制——他们的合法性通常是通过传统术语表达的。

《帝国的政治体系》中论证的主要部分是对各种组织的分析,比如诸帝国中发展出来的官僚制。统治者们常常制定一些政策来维系(这些组织)制度性的轮廓和特征,即特定的内外系统边界和自由资源与更加归属性情境之间的平衡。本书正是通过考察统治者实施这些政策的努力来推进相应的组织分析。

3

然而,《帝国的政治体系》中的分析在许多方法上都超越了当时一直流行的结构功能主义。

首先,该分析强调,这些帝国体系的制度化并非是靠更大结构分化的某种总趋向来保证的。结构功能主义的分析非常强调这种趋势。相反,本书认为帝国体系的制度化取决于若干历史条件:首先是伴随政治企业家或精英浮现而出现的某些分化层面的汇聚。这些政治企业家和精英具有创造新的政治体的视野和能力,是未来可能的统治者。这种联合只在产生了以上所谈的帝国的某些社会中能发展出来,而不产生于其他社会。在希腊城邦中,这样的领袖或(政治)企业家群体没有发展出塑造新型政体的能力。在其他案例中,如在查里曼大帝或成吉思汗的案例中,这样的领袖确实崛起了,但却缺乏必要的更广泛的社会条件。因此,我们的分析极为强调的一点是:某些广泛的结构条件——首先是某种程度的结构分化——尽管构成了这种帝国制度化的必要条件,却并没有构成充分条件。只有当这些条件与新型制度企业家或精英的出现汇聚在一起时,这些帝国制度化的机会才会最大限度地增加。

因此,《帝国的政治体系》中的分析十分强调特定类型社会行动者(即政治企业家、未来可能的统治者)的重要性。这一分析还至少含蓄地假定,一方面,某些特定程度的结构差异的存在能保证这种行动者的出现;另一方面,这些行动者还可以出现在似乎不相宜的分化程度之中。

其次,与当时盛行的(或许也是不明显的)结构功能主义的假设相反,书中对这些问题分析的主要焦点是检视内在于这些帝国的构成、延续或"再生产"中的内部矛盾。

这些矛盾中最重要的有三个:统治者创造自由资源的兴趣与他们力图控制这些资源之间的矛盾;统治者的目标与这些目标会耗尽(统治者的)资源,从而强化各种传统群体这样一种可能性之间的矛盾;统治者使自己本身避免对这些群体依赖的愿望与他们自身的、严格限制了更加分化自主的活动的传统合法性之间的矛盾。

例如,统治者力图限制贵族的分层系统和合法性体系的影响力。但如果考虑到统治者自己的合法性通常是通过传统术语表达的,那么他们就不可能在这方面有多大作为。同时,统治者力图求助的中层和较下中下层者则开始使自己"贵族化"。

类似地,统治者对极为昂贵的目标追求需要许多资源,军事目标就是这样一个例子。为了这些资源对中下层群体施加压力可能耗尽中下层群体的力量,使他们和统治者都加依赖更传统势力,尤其是贵族的势力。

《帝国的政治体系》的一个中心方面是审查这些矛盾在系统中产生斗争、变迁、最终消亡(demise)或转型的方式。书的大部分内容致力于研究这些帝国内不同群体之间的社会和政治冲突以及这些帝国内发生的变迁过程,并致力于比较分析各个帝国的延续性、变迁和消亡。

第三,我并没有将把这些帝国的持续性视为当然的,或把这些逊位归因于外部因素或总的历史或结构趋向。相反,我力图分析这些帝国崩溃的特定条件,尤其是分析外部力量与内部力量之间的相互作用在激活内在于这些体系中的矛盾和形成这些体系的动力方面发挥了何种至关重要的作用。《帝国的政治体系》表明,这些内部矛盾的强度越大,外部紧急状况的压力越大,这些社会就会越快发生变迁,它们崩溃的可能性就越大。

第四,我分析了维持这些体系的特定机制和政策,尤其是官僚执行统治者政策时所使用的手段,以及这些机制因其"贵族化"而可能发生的崩溃。

第五,《帝国的政治体系》的一个中心方面是,强调不同的帝国,或确切地说帝国内的统治联盟,如何产生了不同的目标。例如对中国非常强调文化目标,而罗马和拜占庭帝国则更加强调军事计划。这些目标或计划都对它们各自的动力产生影响。对这些目标及其对各自帝国动力的影响的强调,并不仅仅意味着文化传统的重要性。

就所有这些方法而言,对政治系统进行的"系统"分析,超越了当时盛行的结构-功能分析的假设。

4

《帝国的政治体系》中所分析的演进维度现在同样是适用的。这些帝国被视为处在原始的、古代的或世袭的体系与现代的体系构成的演进等级之中。这种分类非常接近许多比较研究的中心取向，这些研究包括1950年代和1960年代产生的与结构-功能学派密切相关的现代化研究。这些研究所发展出的核心概念是"结构分化概念"，它常常体现在专门角色的发展中。围绕这个概念产生了若干假设[1]。

第一，人们认为资源的流动能够解释任何给定的制度结构、任何被视作一个系统的社会的基本特征和动力学。将这种资源流组织起来的，正是劳动的社会分工。后者可以在不同程度的结构分化、专门化角色和制度领域——技术的、经济的、政治的、宗教的，等等——的发展中得到证实。

第二，人们认为，与制度分化研究中所使用的标准类似的标准，还能容易地用于检视文化领域与人格的发展。

第三，人们假设，在所有这些领域中还存在一种平行的分化发展之"自然"趋向。不符合这一趋向的例外，如部分或延迟的分化，通常被视为偏离了"标准的"进化过程。

尽管某些这样的假设贯穿于《帝国的政治体系》的若干方面，

---

[1] 关于包括古典方法在内的各种探究社会进化的方法，见 T. Parsons, R. N. Bella, and S. N. Eisenstadt, *American Sociological Review*, 1964, 29, 3: 339-385。

但本书还强调了对结构-功能学派使用的进化论和分化概念的两个主要批评。第一个批评认为,并非所有大规模的社会变迁都必然导致分化。第二个批评更为重要,它认为,某些表面类似的分化"阶段"发生的制度发展却可能主导着不同的方向。换言之,处于表面类似的分化阶段的不同社会中出现的整合模式——即对分化问题的制度性反应——在各个社会可能有着相当的差别。

在此,我再次强调各种创业者、精英及其联盟的核心作用:眼光是在不同类型的制度形成的定型化和再生产中产生的,目标也是在这种定型化和再生产中由他们颁布的。

因此,引用某些早期的构想如下[①]:

> 对伴随新的分化水平而来的整合问题的承认,构成了分化概念的主要理论推论,正是根据这个推论所提出的分析难题,与社会科学中进化观点的重新评估相关的各种问题不得不被审查……
>
> 一个给定的社会从一个分化阶段到另一个分化阶段的过渡,取决于该社会内某些产生了以前存在的体系不可能包含的某种程度分化的变迁过程的发展。不断增加的分化及其造成的结构突破既可以通过世俗分化趋向发生,也可经由一个或一系列突然变迁的冲击发生,或同时通过这两者发生。由于主要制度领域战略角色的占有者力图拓宽范围和发展他们

---

① 此处的文本仿效 S. N. Eisenstadt, "Social change, differentiation and evolution," in *American Sociological Review*, 1963, 29 (3): 395-396, 还参见 "Social Evolution," in *International Encyclopedia of the Social Sciences*, 5: 227-234, New York: Collier Macmillan, 1968。

领域的潜力，他们可能会激活这些趋势。这些变迁所达到的制度化的程度、它们在任何给定社会所采取的具体形式，必然依赖于前存在系统的基本制度轮廓和前提、该系统最初分化水平，以及该系统内的主要冲突和变迁倾向。

我们不必假定所有社会的所有变迁必然会增加分化……甚至当社会变迁增加分化时，并不必然会使得一个新的、更分化的社会系统成功有序地制度化。而且，在任何发展水平上，对分化过程所产生的问题的反应会从若干不同的形式中采取一种。最极端的结果是，针对日益增长的分化所造成的新问题没有发展出任何适当的制度性解决方法……除了生物性的灭绝外，后果可能会是系统的总体或局部解体，成为另一个社会边缘的半寄生性的存在，或者完全融入另一个社会之中。

较少极端的反应类型趋于导致"退化"，即导致在已经崩溃的更分化的系统内出现若干较少分化系统的制度化……在某些这样的新制度结构部分内，某些更分化和创造取向之核会残存下来或者甚至发展。在这个意义上讲，许多这种退化发展只是局部的……

另一种或许是最多样化的对日益增长的分化的反应类型，是由大体上与相关问题相适合的结构性解决方法构成的。在这种宽泛的类型中，各种各样的具体的制度安排是可能的。这种不同的解决方法通常有不同结构后果和反应。每一个都意味着不同的结构是依据不同的整合标准而定型化的，并且以不同的方式与其他主要的社会领域相互渗透……

一个非常有趣的结构性解决方法是这样一种相对稳定的

体系的发展：在这个体系中，主要制度领域在分化程度上是不同的……在这种不平衡的分化事例中，这些相关社会的更分化的单元（例如，封建或世袭体系中的教会），往往倾向于发展出一种不同于它们母体社会的自己的国际体系。

当然，任何分化水平上的整合标准和制度轮廓的变化都不是不受限制的。主要制度领域之间相互依赖的这种看法否定了这样的假设：不同制度领域的任何一些水平的分化都能够结合成一个相对稳定的系统。宽泛地说来，任何一个领域的分化水准都必然对其他社会领域某种水平分化的有效制度化构成前提。然而，在这些互为前提的（分化的）宽泛限制内，可能存在大量的结构变异……

因此，在任何给定的分化水平上，不同制度秩序的定型化，一方面是由主要制度领域更广泛的结构特征之间的相互作用所形塑，另一方面又为那个社会某些制度领域的精英或创业家、该社会某些飞地的精英或创业家，甚至会受到以某种方式使该社会与之相联系的其他社会的精英或创业家的发展所影响。

这种相互作用的具体成分的变异性，有助于说明会在任何给定分化水平上制度化的结构和整合形式的诸多（但并非无限的）类型。尽管不同的社会可以按照它们主要制度和象征领域的分化达到广泛类似的进化阶段，然而，与这种按照进一步发展、衰败、退化或停滞制度化的可能后果一样，这种每一次变迁所产生的具体制度轮廓，以及这种制度化带来的进一步发展、衰败、退化或停滞的可能后果，在不同的社会可能有极大的差异。

5

因此,《帝国的政治体系》中所提供的分析超越了结构-功能分析的假定,因为该分析拒绝承认任何社会系统的自然给定性;强调制度的创业者在这种系统建构中的核心作用;强调任何这种系统的内在矛盾;强调这种系统内发生的变迁过程,以及当这种系统变迁和可能消亡的那一代人具有的外在或内在力量的重要性。

本书的分析还含蓄承认文化眼光的自主性,并认为该眼光不仅对统治者,而且对其他群体各种目标的颁布产生了影响——因而也影响了各自帝国的特定动力。从这一点来说,本书也超越了那些(结构功能主义的)假定。

通过以上所有方式,《帝国的政治体系》至少潜在地显示出与以下观点的亲和性:拒绝承认任何给定的制度形成的自然给定性。相反,正是这种背景的建构成为社会学分析的中心问题——该分析具有包括冲突的、交换的、符号互动的、结构主义的和马克思主义的方法在内的各种方法,它们为这个问题的分析提供了不同的方法[①]。这正是从六十年代以来势头日增的对结构功能主义学派批评的主要成果。

然而,正如 G. 汉密尔顿(Garry Hamilton)对我著作的总的评

[①] 关于这些论战和批评,见 S. N. Eisenstadt 和 Curelaru, *The Form of Sociology*, New York: John Wiley and Co., 1976。

论[1]——这个评论认为我留下了将诸如帝国那样的实体当作自然给定的实体这样一种印象——所指出的那样,本书大概并没有真正地超越那时盛行的结构-功能分析的假定。

换言之,《帝国的政治体系》中的论述在分析这些帝国的诸系统边界和制度形成被构建或被重构的过程上做得还远远不够;它没有阐明文化力量、权力维度和物质资源通过各种社会活动者的活动而形成的不断的交织,如何形塑了制度形式和动力。特别是,《帝国的政治体系》没有系统地审视集体界限的表达、权力的调控、意义的建构,以及那些以信任建构为中心的精英活动,而它们对于制度的形成和动力机制至关重要。

6

这些各种各样的问题为我和我的合作者在后来的一系列著作中逐渐得到处理。后来的这些著作逐渐引起了对宏观社会学和历史社会学分析的主要理论问题几乎全面的重新评价。

我在《帝国的政治体系》1969年平装本导言中进一步超越了"封闭的"结构-功能分析。我发展了 E. 希尔斯所发展的"中心和中心-边缘关系"这一概念的分析维度,并把这种分析维度应用

---

[1] Gary G.Hamilton, "Configuration in history: The historical sociology of S. N. Eisenstadt", in Theda Skocpol (ed.), *Visions and Method in Historical Sociology*, Cambridge: Cambridge University Press, 1985, 85-128.

于比较分析①。这种分析强调中心和中心-边缘关系作为有关这些帝国制度形式的独特分析维度的重要性（原则上对于任何社会来说都是如此）。它还强调这种维度并不归入或源于社会劳动分工的结构分化的范围。

这一分析不仅仅认为社会的中心或诸中心涉及社会劳动分工的组织层面，它们还被视为在处理它们与社会秩序的卡里斯马维度的关系时或许是最重要的。

不过，中心本身在诸社会中是不同的，在任何单个社会中也并非必然是同质的。一般而言，帝国的中心往往具有相对较高独特性和自主性，因为中心不断地试图渗入周边，而周边对中心的侵犯则更为有限。正是这种中心的独特性，把诸如罗马、拜占庭、许多穆斯林帝国和欧洲绝对主义国家那样的帝国与埃及或印加和阿兹特克帝国那样的更世袭的帝国区别了开来。对这种区别的认识纠正了《帝国的政治体系》这样的原初论点：该书中帝国只是按照假定的社会分化评价尺度来衡量的。然而，不同帝国的中心之间也存在巨大的差别——尽管在我著作的这个阶段，这些差别尚未被充分和系统地考察。

在我编辑的政治社会学读本的各部分导言中，对不同中心类型的分析得到进一步的发展②。在那篇文章中，不同类型的政体——部落社会、城邦或世袭政体等——中心和中心-边缘关系的独特特征得到了描述。这些政体各自中心之间的差别被按照这

---

① E. Shils "Center and Periphery" in idem, *Center and Periphery: Essays on Macro-Sociology*, Chicago: University of Chicago Press, 1975, 3-16. And note "Charisma, order, and states," 256-277.

② S. N. Eisenstadt (ed.) *Political Sociology*, New York: Basic Books, 1970.

些中心的结构自主性和象征自主性、它们的独特性、它们的活动的类型、它们与边缘的关系，以及它们对变迁的容纳力进行了分析。

我强调，中心的这些各种各样的成分不总是聚集在一起的，每一个成分在不同中心内部会得到不同程度的表达，这使得统治精英有不同的控制方式。这些成分在不同的中心会以不同的联合方式聚集在一起，每一种成分在不同的中心内会不同程度地得到表达。反过来，这些差别与在一个给定的中心和社会居支配地位的精英联盟的性质以及他们表达的文化取向密切相关。因此，不同的中心和社会展现了各种各样的结构和动力。横跨上述中心和组成成分的另一种成分，则关心中心的活动能调控边缘的现存的社会安排、可能利用这些安排，甚至在该边缘建构新型结构，到何种程度。最后，对中心把其活动扩展到其原有版图界限之外的程度加以思考是必要的。

对受不同文化视野影响的不同中心之间的差别的承认，至少还意味着（本书）极为强调社会活动者文化维度可能的自主性。

与此同时，通过审查韦伯的作品，我还分析了人行动的卡里斯马维度与制度建构过程之间的关系[①]。顺着（社会学）奠基者们的脚步，从这种分析中，我确定了超越社会劳动分工的社会秩序的主要维度，即信任和团结的建构、权力的调控、意义的建构，以及社会互动主要模式的合法性——所有这些都与社会秩序的卡

[①] S. N. Eisenstadt "Charisma and institution building: Max Weber and modern sociology," in idem (ed.) *Max Weber on Charisma and Institution Building*, VI-XI. Chicago: University of Chicago Press, 1963.

里斯马维度的制度化相关。

在接下来的研究中,我系统分析了不同类型的中心是如何影响不同历史社会和现代社会分层模式和社会等级的建构的[1]。

7

承认有一些社会秩序的独特层面远远超出了按照结构分化界定的劳动分工,带来了很多引申的含义。这些引申在耶路撒冷希伯来大学社会学与社会人类学系和杜鲁门研究所(Truman Research Institute)比较文明纲领框架中承担的若干研究中获得进一步的发展[2]。这些研究包含了所谓的轴心文明研究和一系列比较宏观社会学研究,尤其是我和 M. 阿比特伯尔(Michel Abitbol)及查赞(N. Chazan)编辑的特别关于非洲国家起源的研究[3]。在这些研究中,我们力图系统审查社会劳动分工、结构分化与社会秩序的其他维度之间的关系,特别是与信任团结的集体的建构、权力的调控、意义和合法性之间的关系。我们分析了交织成社会结

---

[1] S. N. Eisenstadt, "Prestige, Participation and Social Stratification," in J. A. Jackson (ed.), *Social Stratification*, Cambridge: Cambridge University Press, 1968, 62-104. S.N.Eisenstadt, *Social Differentiation and Stratification*, Glencoe, Ⅲ, Seattle: Scott-Foresman, 1971.

[2] S. N. Eisenstadt, *A Sociological Approach to Comparative Civilization: The Development and Directions of the Research Perform*. Truman Research Institute, Hebrew University, 1986.

[3] 以下早期国家的讨论出自 S.N.Eisenstadt, M. Abitbol 和 N. Chazan "The origins of the states reconsidered" in idem, *The Early States in Africa Perspective*, New York: E. J. Brill, 1988, 1-27. S. N. Eisenstadt, M.Abitbol 和 N.Chazan "State Formation in Africa: Conclusions" in idem, *The Early state in African Perspective*, 168-200。

构的社会秩序的文化维度；分类不同类型社会行动者，尤其是精英联盟的作用；还分析了冲突和变迁的过程。

把中心的结构与更广泛的社会结构联系起来的最重要的分析性概念，是区分劳动分工的结构分化与精英职能的结构分化。在此，至关重要的区别在于区分社会劳动分工中诸任务和谐一致的程度与精英职能，即（上文提及的）权力和政治特性的调控、信任和团结的建构以及文化秩序的意义模式的规定。

正如以上指出的那样，这些概念被用于分析早期的国家和轴心文明。这类关于国家起源的研究超越了"经典"进化观所从事的国家起源的各种分析。

这种研究的核心观点是对若干中心类型进行区分，尤其是对组织化的与"模式–基础的"（model-based）中心进行区分，以及这些中心与我们所说的和谐一致的社会和不和谐一致的社会密切关系。

非洲发现的"组织中心"，例如，阿散特人（the Asante）、伊巴丹（Ibadan）城邦居民、刚果人、沙卡（Shaka）时代的祖鲁人和巴姆巴拉人（the Bambahra）的这种中心，比边缘的单位更加精细和强而有力，但在象征层面上则与边缘没有区别。换言之，这些中心并没有表达与边缘主要单位通行的模式不同的文化秩序的象征模式或团结的象征模式。

伴随日益增长的社会分化，这些中心的定型化和再构造是基于家庭、亲属关系和领土结构的再组织和巩固上的。国家中心变得是通过更广泛的原初标准（尤其是家庭、亲属关系、领地标准）来表达/连接的，有时亲属和领地基础实际的再界定也有同样的作用。在这些情况下，宗教中心与文化中心，或政治中心与经济中心几乎是没有分离的。象征意义、法规的信誉和扩大的权力功能交叠在一起。

这些中心的结构与一个社会的结构分化程度趋于相对一致，导致了以散播的象征认同为基础的集体的发展。这些社会并没有产生结构分化与精英功能结构化高度区分的中心。因此边缘对中心的象征依赖被保持在最低限度，尽管其工具性依赖是更明显的。

这些社会中联盟的中心要素是由归属单位的各个领袖组成的，这些领袖表达/统一了他们各自群体的团结性，因而履行了其他的，尤其是政治的（或军事的）精英职能。他们只显示了低度的专门化，大多牢固地根植在同一被拓宽的亲属关系和领土单元中。权力和权威，某种程度上还有财产，在很大程度上是可相互交换的。

比较而言，不管这些单元的组织分化程度如何，它们都发展出颁布强固紧密社会秩序新眼光的"模式-基础中心"（如非洲坎加巴 [Kangaba]、康 [Kong] 和布干达 [Buganda] 的约鲁巴人 [the Yoruba] 与许多非洲伊斯兰社会的这种中心），与组织化的中心相比，与边缘有着更大程度的象征分化。在模式-基础的中心，某些或者甚至大多数精英的职能是分别组织的。其结果，具有不同结构和强调重点的国家中心出现了。

在这些情况下，中心和各个精英职能的发展，不是通过原初的家庭、亲属群体或领地群体按照更大更分化的象征和领地尺度再建构发生的。相反，它们主要是通过某些或大多数精英职能脱离这些群体的范围，以及以相对自治的方式——亦即依据与边缘不同的动员和建构标准和方式——界定的中心的定型化兴起的。这些中心在较早阶段产生了文化秩序模式与众不同的表达。

在模式-基础中心，文化秩序模式的表达者（"文化精英"）倾向于在各种不同的社团、亲属关系和区域背景下组织起来。在这种情形下，权力和权威是不易于交换的，任务的专门化或财富的积累也难于转变成与中心的巩固相关的象征功能。因此，随着角色分化的增加，不同精英的相互依赖，首先是边缘与中心的相互依赖，也在增加。边缘的依赖性在它对中心卡里斯马制度的高度从属中是显而易见的。

8

中心结构和制度动力的这些变体见于结构分化相似阶段的某些社会。因此这种可变性不可能通过惯常的分化理论得到充分的解释。理解这种差别的线索，正如以上提示的那样，就存在不同的精英——精英表达的"视野"、精英结成的联盟、精英与其他社会群体或阶层的关系，尤其是与精英在更广泛的归属性单元被包含或嵌入相对照的精英自主性，或者换言之，社会劳动分工与精英职能分化的区别程度——之中。只有通过这种区分，才能更充分说明普遍而言的政治动力的不同路径，尤其是国家形成的多样模式和不同类型中心的多样模式。

根据组织的专门化与精英职能的衔接之间的这种关系，两种不同的模式，即和谐一致与不和谐一致社会的模式，可在历史上的非洲中找到。在此，这些模式与以上分析的不同中心类型的区分密切相关。

这里的第一个模式包括这样一些社会：在这些社会中，社会劳动分工的专门化与精英职能的表达之间存在相对的一致性。第二个模式由以下社会构成：在这些社会中，精英的职能与社会的组织分化之间的背离或不和谐一致盛行。

具有多种变体的第一个类型的良好例证，可见于阿散特人、刚果人的国家，祖鲁人和伊巴丹的约鲁巴人的社会。在巴姆巴拉人那，这种类型则以另一个模式出现。在这些社会中，组织中心都发展了起来。在上述所有这些社会中，基本精英的职能与结构分化的原则相符，精英职能的表达深深地嵌入了现存社会结构和社会劳动分工之中。

形成鲜明对比的是，在其他非洲社会中（如伊佛人 [the Ife]、康和布干达以及许多伊斯兰社会里），在精英职能表达与社会的组织分化之间产生了各种不同的不和谐一致的模式，正是在这些社会中，模式－基础中心得以发展起来。

9

区分结构分化与精英职能的分化，有助于解决经典进化方法所不适合的某些难题。这种区分表明，中心的类型和活动的不同组合，既与在中心居支配地位的精英联盟的模式，又与中心主要精英的特征密切相关。在此的主要区别是：精英是自主的还是嵌入归属性单位的程度不同；精英作为这种社会单位的代表在行动的程度不同。正是精英和有影响的人物自主的程度和倾向，构成分析不同社会制度动力的最重要工具之一。

精英的相对自主性与不同文化或文明的视野和文化纲领，以及他们所颁布的文化和社会秩序的前提密切相关。这些前提往往受到不同群体和对立精英挑战。它们形成了中心的模式和制度动力。对低度张力与高度张力感知的区分，或对超越的事物与尘世的事物中间的线索的区分，以及对直接与间接接近神圣者的区分，在此具有特别的重要性。

这些不同的宇宙论观点或本体论观点是由不同的精英和有影响的人物颁布的。这些视野与精英自主的程度之间，即嵌入的精英与自主的精英之间存在有择亲和势。在大多数嵌入的精英居支配地位的和谐一致的社会中，超越的事物与尘世的事物之间的张力较低，这是它们中通行的文化的一个特质。而在大多数不和谐一致的社会中，模态的（modal）感知具有非常高度的张力。

在后一类社会中，中心与社会劳动分工中任务组织的分离，导致了精英职能的分化，因而造成各种不同制度化卡里斯马视野的发展。这种分化和发展构成多种中心活动的核心。在这些环境中，可能发展出各种各样的联盟。不过，在大多数中心，社会和文化秩序模式相对自主的表达者在统治联盟中居支配地位。

最后，刚刚提及的因素与各个中心产生和维持不同类型变迁的能力密切相关。因此模式-基础中心力图变革现存社会秩序，而组织化中心主要调控现存社会关系。

10

和谐一致与不和谐一致社会的区分、社会劳动分工的建构与权力的信任（团结）和权力的意义建构的调控之间的关系，进一步在所谓的轴心文明研究中被采纳，以考察它们对于国际动力的影响①。

轴心时代的文明提供了一个异乎寻常的有教益的舞台，使我们不仅能审视结构分化与精英活动分化之间的区别，还能认识到承载着不同文化视野或取向精英联盟有着多种多样的可能。这类文明能使社会学家能够研究这些精英联盟对他们各自社会制度结构的影响、对结构分化方式的影响、对这些社会动力的影响。首要的是，轴心文明的分析为最富有成果地分析文化、文明的视野与制度形成之间的关系，为分析文化维度与社会结构维度在这些形式的建构中的相互交织提供了舞台。

"轴心时代文明"这一术语（为卡尔·雅斯贝尔斯创造）涉及这样一些（"伟大"）文明：它们出现在古代以色列、各种各样的基督教环境、古希腊、（部分地在）琐罗亚斯德教的伊朗、早期帝制的中国、印度、佛教的南亚和东南亚，还出现在超出轴心时代，本身较为后来的穆斯林世界。这些文明的两个基本特质是：基本张力的构想得到了发展和制度化，超验秩序与尘世秩序之间存在巨大断裂和分歧。

这些基本构想最初产生于（那时构成新的社会要素的）小群"知识分子"之中。它们一般而言与各种自主的精英，特殊而言与文化和社会秩序模式的载体密切相关。最终，这些构想在所有轴心时代文明中得以制度化，不但成为统治精英，而且成为许多次级精英居支配地位的取向。这些文化视野还在他们各自的中心

---

① S. N. Eisenstadt (ed.), *The Origins and Diversities of Axial Age Civilizations*. Albany, State University of New York Press, 1986.

或次中心充分制度化。这种制度化使知识分子或文化精英在中心联盟中成为相对自主的合作者。形形色色的一伙又一伙自主的知识分子转变成更充分定型化和制度化群体,尤其是转变为带有教士性质的群体。这一点从犹太先知和祭司、伟大的希腊哲学家、中国的文士、印度的婆罗门、佛教的僧伽(Sangha),或伊斯兰的乌里玛(*'ulama*)那里可以得到例证。同时,政治精英也得到转型。正是这些自主的精英,才构成了这些文明制度化中至关重要的新要素。

从我们分析的观点来看,轴心时代文明最核心的方面是,这些文明,尽管以不同的方式,都展现了不和谐一致社会的基本特征:这些社会具有社会劳动分工的分化与精英职能表达之间存在尖锐区分的特征。

就这一点而言,这些社会不同于"和谐一致"类型的更"发达"或古老的社会,后者常常产生于许多古代世袭社会中:古埃及(这大概是最佳的实例)、古代腓尼基城邦那样的城邦,还有各种更分权的部落联盟①。在这些和谐一致的社会中,从一个到另一个政治发展阶段的过渡(如从早期国家到古王国的过渡),通常与亲属关系和/或领地要素以及归属的范畴和象征的重建和扩大相关,与那种同纯粹亲属单元相对立的领地单元的重要性日益增长相关,与可称之为基本宇宙论观念质的扩大和多样化的过程相关。这种过渡还具有精英的专门化日益增加的特征(不过,总体上这些精英仍嵌入各种——甚至非常复杂和范围广泛的——归属单元之中)、结构分化与精英职能分化紧密相符的特征,以

---

① 见 S. N. Eisenstadt, *Political Sociology* 中的相应部分。

及超验秩序与尘世秩序之间具有相对低度张力的文化模式和观念的流行的特征。

这些和谐一致的社会中产生的社会分化方式，是以这样的中心的定型化为特色的：这些中心与边缘在生态和组织上不同，但在象征上则并非不一样。这些世袭的中心围绕这样的精英定型化：这些精英陷入各种类型归属性单元，即往往是宽泛的和被重新构造的单元之中，承载着具有宇宙秩序与尘世秩序之间相对低度张力特征的文化取向。

对比之下，轴心时代文明是以社会劳动分工的结构分化与精英职能分化之间日益增长的差别，甚至不一致为特征的。此外，这些社会经历了自主精英的出现，伴随而来的文化取向更激进的发展或突破，尤其是尘世秩序与超验秩序之间张力的激进构想的方向上的发展。同时，制度形成的不同方式看来包括性质截然不同的、文明的或宗教的集体；还包括各种类型的与对应边缘不同的自治中心。同时，在这些文明中还发展出对意识形态政治的强烈倾向。

xxx

11

和谐一致性模式和密切相关的组织中心可见于各种社会和政体，如部落社会、城邦和世袭帝国。然而，甚至更多种类的中心存在于轴心时代文明中产生的不和谐一致的社会：羽翼丰满的帝国（如中华帝国、拜占庭或奥斯曼帝国）；相当脆弱的王国或部落联盟（如古代以色列）；城邦部落联盟的联合体（如古希腊）；具有复杂的分权模式的印度文明；或复杂的帝国和帝国-封建构型的欧洲①。

不和谐一致社会的主要区别，尤其是在轴心时代文明中，是帝国的体系与更分权的体系（在某些案例中还有部落体系）——印度和封建欧洲分别是其最重要的实例——之间的区别。然而，虽然每个一般的类型都意味着不同的结构分化模式以及这类分化与精英职能表达的关系，巨大的区别还出现于每个这样的类型中。

在印度宗教精英非常高度的自主性与政治精英较低的自主性形成对照。与此相比，更广泛阶层的政治角色的分化程度相对较低——而在欧洲，则产生了所有精英更高度的自主性和分化。类似地，正如我们稍后对拜占庭帝国与中华帝国的影响进行更详细比较分析时所见到的那样，在农业帝国政权内，它们中心的结构和它们分化所出现的方式有着意义深远的差别，尽管它们在经济和社会方面都享有相当类似程度（就历史社会而言相对高度）的结构和组织分化。

这些中心及其动力的具体轮廓依据居支配地位的精英及其联盟的结构的不同，这些精英和联盟所承载的文化取向的不同，以及他们所实施的控制方式的不同而变化。当然，这些轮廓还依据组织的、经济的、技术的和地缘政治的条件的不同而有所差别。

从我们讨论的立场来看，我们对以下事实具有特别兴趣：在

---

① 这基于 S. N. Eisenstadt, "Culture and social structure revisited," in *International Sociology*, 1, 3 (Sept, 1986): 297–320。

这些(结构上)更发达或更分化的社会和那些在各种非洲案例中识别出的社会里,我们有可能确定精英和联盟的变化与中心的动力之间存在某些相似性。

因此,在诸如印度那样的轴心时代文明的不和谐一致的社会中,我们发现,正如在非洲一样,强烈的象征中心若不是与文化秩序模式的非常鲜明地表达和十分强调维护归属单元的团结相关,就是与政治中心的相对脆弱联系在一起的。类似地,许多伊斯兰中心发展出与我们在某些非洲伊斯兰国家所识别的特征相似的特征(不用说,在整个伊斯兰文明范围内产生的中心比我们在非洲发现的要更加多种多样)。类似之处可见于"部落"社会和高度发达的世袭和谐社会中精英和中心的结构。

对各种和谐一致和不和谐一致社会类型与统治精英特征之间关系的分析,构成了比较历史-社会学研究最令人感兴趣和富有挑战性的问题之一。

12

轴心文明研究强调与众不同的自主的文化行动者,也强调各种不同社会集体团结的表达者或颁布者。这将我们带到文明动力学的一个主要侧面。这个侧面超出已经给定的少数指征(indications),对《帝国的政治体系》中分析的某些引申给予了更充分的说明。

这一侧面是所有轴心文明内各种自主文化精英和知识分子的发展和新型的社会运动。它由于涉及这些帝国的冲突模式和变迁过程而具有特殊重要性。这些发展和社会运动首先是这样一些新型的运动；即不同的宗派和异端。这些宗派对超验秩序与尘世秩序之间张力的消解方式，对这些概念制度化的恰当方式，也就是社会和文化秩序的各种可供选择的观念，持有不同想法。它们还构成了抗拒运动的最活跃的要素。

因此，在这些文明中，不同的抗拒运动与政治冲突的焦点之间，首先是反叛、中央政治斗争、宗教或智力异端之间，出现了结构和意识形态联系的可能性。这些联系是通过不同次级精英的不同联盟，尤其是"次级"政治精英与不同的宗教和智力宗派及异端之间的联盟所产生的。相应地，还产生了所有这些一般运动和宗派及异端对社会中心或诸中心更大冲击的可能性。

这样，在此产生了一种新的文明动力类型。这些新的文明动力把群体冲突转变为政治阶级和意识形态冲突，把狂热信徒的冲突转变为正统与异端的斗争。部落与社会的冲突变成促使文明转型的圣战。渗透着各自社会超验眼光的再组织的热情使整个世界至少潜在地从属于文化-政治重建，在所有这些新的发展中，不同教派的运动和异端的运动因以上概括的理由起着核心作用。

当然，把这些可供选择的观念变为异端的转型通过它们与某种制度化的正统对抗而产生。自那以后，一边为正统，另一边为分裂的教派和异端的两者之间的不断对抗，以及随之产生的强烈和潜在的、广泛的、反律法主义的（antinomian）的趋向的发展，已成为人类历史至关重要的组成部分。

所有这些冲突和政治斗争的焦点，都与它们在这些帝国产生的变迁过程和它们可能变革的不同方向密切相关。

13

对不同宇宙论视野的关系、主要社会群体的不同成分，尤其是各种异端和抗拒运动的不同成分、它们在不同帝国政治斗争和过程中的地位的分析，能够使不同帝国的比较动力学获得更与众不同的分析。让我们通过对拜占庭帝国与中华帝国的简略比较——尽管基于政治体系分析有些莽撞，但比较仍将进行——来举例说明这一点。这种分析表明，一般而言的基本文化观念与文化前提的结合、特殊而言的政治领域的观念与政治权威的结合、精英结构与主要阶层的政治取向的结合，对这些帝国的政治动力是如何产生巨大影响的，又是如何剧烈地影响了这些动力之间的差别。[①]

因此，在拜占庭帝国，"基督教"取向与罗马取向的遗产的结合往往导致相对高度强调统治者对更高的"法律"赋有说明责任，造成若干社会群体具有这样一种倾向：他们把自己本身视为与这种法律相联系的视野的自主载体，也就是与某种自主参与中心的要求相关的视野的自主载体。

这些倾向影响了统治者的合法性，当它与皇帝的军事和文化政策相处时，在拜占庭帝国便产生了非常紧张的政治斗争。这些政治斗争具有浓厚的意识形态成分。

---

① S. N. Eisenstadt and A. Shachar, *Society, Culture and Urbanization*, Beverly Hills, Cal.: Sage Publications, 1985.

这样，拜占庭帝国的政治斗争和变迁，尤其与中国相比，往往基于不同精英（如教会或官僚）在这些斗争中的牢固联系，以及基于这些精英与更广泛阶层的联系。这导致权力在不同精英与群体之间不断转移。它还带来了权力和权威的某些基本前提和焦点的变化——这些最终削弱了中心，促使拜占庭帝国垮台：该帝国的地缘政治形势使它最易受内外条件左右。

与此相比，中国产生的画面与在拜占庭帝国见到的画面几乎截然相反。关键的区别在于这样的事实：在儒家-法家文明的基本意识形态前提和制度前提、一般而言的政治秩序、特殊而言的中心的结构这三个方面，经济中各种结构的转换和各种抗拒和改革运动都不能引起深远的变迁。

在中国，与其他帝国体系进行一般的比较，与拜占庭（和某些伊斯兰帝国体系）进行特别的比较，（我们会发现）不同的变迁过程和运动与它们的领导之间，不同教派、秘密会社等与不同中心和边缘的次级制度精英之间，产生了相对脆弱的意识形态和结构联系。

若干抗拒运动，与在中华帝国次级制度领域的边缘产生的宗教群体（如各种秘密会社）一样，显示出极少有能力与中心的政治斗争发生联系，极少有能力产生会对中国制度体系的主要前提再构造的共同的行动的意识形态和框架。

类似地，儒家-法家框架内更为中心的异端或学派、中心的不同意识形态和政策，以及更民众性运动之间较少产生持续的联系。同时，像佛教和道教那样的二等宗教或异端与中央的政治斗争之间的关系对中国社会和政治秩序并未施加影响（唐朝时期除外，当时佛教和道教最终对这种秩序施加了影响），尽管毋庸置疑的是，这种关系对不同制度领域的许多具体变迁产生了影响。

造成这种脆弱性的主要原因首先在于统治联盟，尤其是文士所发展的控制机制非常精致老练和复杂。这些机制首先能按照以上分析的文士的取向、结构和活动的基本特征来解释。它们作为贯彻这些文士所携带的特定超越视野的主要舞台，强烈地以政治中心为取向。同时这些文士作为政治和文化精英而发挥作用，几乎缺乏任何独立的资源。

14

本书对文化结构维度与社会结构维度的交织、人类互动、社会秩序的分析，不仅被用于综合的宏观社会学的帝国动力学研究，而且还被用于帝国内特定制度领域的研究。例如，在主要历史文明的城市和都市等级制度的比较研究中①，我们发现都市结构的主要维度不可能纯粹按照生态学和经济学的条件或结构分化来解释。除了这些因素外，宇宙论视野和各自社会的精英所颁布社会秩序观念都具有巨大重要性。这后两种因素的重要性可见于中国文士的儒家宇宙论在形成北京都市结构上的影响，或已经

---

① S. N. Eisenstadt, "The Protestant ethic thesis in an analytical and comparative framework," in idem (ed.) *The Protestant Ethnic and Modernization*, New York, Basic Books, 1968, 3-46. 最初在 W. 施鲁赫特组织的韦伯专题论丛全集中发表的论述各种文明的文章，首先汇集于 S. N. Eisenstadt, *Civilita Comparate: Le Radichi Storichi della Modernizzazione*, Ligouri Editori, Napoli, 1990。

改变了伊斯坦布尔都市空间构造(与它还被称作君士坦丁堡时的构造相比)的穆斯林社会秩序观念的影响。两个伟大农业官僚帝国的首都在它们各自社会结构和地缘政治位置上具有很大的相似性。

同时,我对不同异端及它们对各自文明动力的影响的分析,是在一系列研究中发展的。这些研究始于对韦伯新教伦理论点的重新审查,以后又在有关某些主要文明——犹太文明、早期基督教文明、印度文明、佛教文明、中国文明和伊斯兰文明——的一系列初步分析中得到延续[1]。

在我对庇护人与受庇护者关系的比较分析中[2],还着手把社会秩序的文化结构特性与社会结构特性交织在一起。该分析首先表明,这种庇护关系的发展与独特的宇宙论观念在各个不同社会或社会部分的流行是如何密切相关的。在这种宇宙论中,超验的世界与尘世世界之间的张力较低,通常伴随着强烈的彼岸取向。其次,它表明,这种观念是如何为通常充当庇护人与受庇护者等级制度顶端的高度嵌入的精英所拥有的,以及这些观念和精英与这些社会的信任结构是如何关联的。最后,它还表明,庇护人与受庇护者关系的具体结构在不同类型的社会结构、不同层次的社会组织和其他情况中是如何不同的。

---

[1] S. N. Eisnstadt and L.Roniger, *Patrons, Clients and Friends*, Cambridge, Cambridge University Press, 1984.

[2] S. N. Eisenstadt, "Cultural premises and the limits of convergence in modern societies: An Examination of some aspects of Japanese society," in *Diogene*, 147, 1987, 125-146. S. N. Eisenstadt "The structure of social protest in modern societies: The limits and directions of convergence," in *World Studies*, 2, 1992 (Rutgers).

15

  比较分析的最令人感兴趣的主题之一是日本。在日本，非常高度的结构分化与社会劳动分工和精英职能之间低水平的区分，也就是与主要精英的低度自主性的结合，不同寻常地结合了起来。日本后来成为我比较文明研究的主要焦点[①]。

  按照比较分析，日本文明的独特性在于：它没有经历过轴心时代的转型。这一转型导致了对超验秩序与尘世秩序之间非常强烈断裂和分歧的强烈观念。然而，它确实展现出轴心时代文明中所能发现的某些结构特征、非常高水平的哲学文学的和意识形态的话语，以及自反性。

  因此，在日本产生了与西方相似的非常强固的制度历史。但日本的制度史依然与某些与西方非常至关重要的不同点结合在一起，尤其是在有关这些活动模式的制度领域的意识形态界定或语义界定的方式上（我们能看到这一点）。

  在日本被并入西方现代世界体系的当代，和日本与西方几乎不存在接触的更早历史时期，都能找到日本许多制度层面的相似之处与西方制度层面及某些非常独特的特征的相当不同寻常的结合。在主要制度领域和过程中，日本与西欧有许多共同特征：家庭结构模式和亲属组织模式；封建主义和绝对主义国家的发展；

---

① S. N. Eisenstadt "Functional analysis in anthropology and sociology: An interpretative essay," in *Annual Review of Anthropology*, 1990, 19: 243–260.

相对高度的都市发展和组织；许多农民起义的发展，尤其是中世纪德川家康时期的农民起义的发展；伴随着导致现代国家建立的明治维新的伟大的现代转型；具有深远意义的社会和经济现代化以及若干与此相关的危机；最后是第二次世界大战后民主-资本主义政体的定型化。此外，日本与欧洲不仅分享这些领域现存东西，而且还分享它们发展的历史顺序。

同时，我们也能发现某些与欧洲意义非常深远的区别。正如M. 布洛赫（Mark Bloch）所指出的那样，日本的封建主义中封臣与君主之间从未产生成熟的契约关系；日本的封臣只能有一个君主；充分自主的等级会议（Assemblies of Estates）是微弱的——如果这种会议确实存在的话；日本的封建主义比欧洲中央集权化得多，由于具有这种中央集权——天皇与幕府将军（或 the Bakufu）——的独特焦点，与欧洲不同的是，天皇处于封建关系之外。

另外，日本农民起义中从未产生非常强烈的（不同于至福千年的）乌托邦取向、强烈的阶级意识，或与异端知识精英和造反的武士群体的牢固的联系。

类似地，前德川家康时期和早期德川家康时期的强固的半自治和自立的城堡，从未逐渐产生构成西欧城市主要特征的法人都市自治的观念和制度化。

与西欧在结构相似的领域的所有这些区别的共同点是，这些区别不是通过使这些领域彼此鲜明区分开来的关系界定的。相反，它们是依据某些嵌入整个社会环境的、共同原始的、神圣的或"自然的"关系界定的。

主要制度领域的这些界定与日本整个历史上一直盛行的、特定而强烈的内在论的、我群主义本体论的观念十分密切相关。

相应地，日本的历史动力产生了某些非常独特的特征——比较而言，最重要的是日本的制度变迁相对更加无力。结构分化或政体上的变迁不像在轴心文明中那样，与超验的普救论所表达的意识形态变化相联系。相反，这些变迁似乎被吸收进不断扩展的内在论的和原始的观念的框架。非常重要的是，日本甚至能够改造儒教和佛教的主要前提。

在制度层面，因为在日本显然缺乏自主的文士阶层和考试制度（这在中国、朝鲜和越南很重要），并且新型佛教宗派主义十分流行，这种改造的一个特征是，它具有强烈的群体固守领导角色世袭的倾向。

同样，儒教和佛教的某些主要前提或概念也在日本获得了改造。在此，我们注意到，强调超验秩序与尘世秩序之间大分歧的超验取向转变为更为内在论的方向。这种转变暗含着对权威概念和统治者责任的见解，从而对于天命那样的社会秩序的某些基本前提和概念产生了深远的影响。在中国，皇帝，即使是神圣的人物，原则上也处于天命"之下"，在日本，不像在中国，皇帝是神圣的，被视为太阳的化身，不可能被认为对任何人负责。只有幕府将军和其他官吏——两部分并没有被明确规定，只有在危机时期，如德川家康政体末期——才会被认为是有责任的。

佛教中内在固有的和儒教中更潜在的强烈的普遍主义取向在日本被制服和"本土化"。当日本被界定为神圣的民族时，这意指它是受诸神保护的，在某种意义上讲是神选的民族，但不是肩负神的普遍使命的民族。

与许多非轴心文明（如古埃及、亚述，或中美洲，尽管它们也是前轴心文明。）不同的是，日本演化出精制复杂的智力的、哲学的、意识形态的和宗教的话语——例如，这种发展在各种不同的新儒家学派与鼓吹德川家康时期所谓本土学问的学派之间激烈争论的发展中是显而易见的。

日本产生的特定的制度和文化动力与以下事实密切相关：日本几乎没有自主精英，主要精英的职能是嵌入归属性环境中的。

这些精英及其主要联盟的共同特征是，他们是这样的群体和背景（环境）的具体体现：这些群体和背景（环境）主要按照原始的、归属性的、神圣的以及经常是等级的关系界定，而极少依据专门的功能或普遍主义的社会属性标准界定。

与联盟与敌对联盟的这些特征相关的是，日本自主文化精英相对软弱。诚然，许多文化行动者——祭司、和尚、学者，等等——也参与这些联盟。但罕有例外的是，他们的参与是建立在原始的社会属性，以及这些联盟的建构所依据的成就标准和社会义务基础上的，而不是基于植根于他们借以活跃的文化专门化领域的或与此相关的任何独特的自主标准。这些领域——文化的、宗教的或文学的——本身最终是以原始-神圣的术语界定，尽管事实上在这些领域中产生了许多专门化的活动。

16

所有这些研究所提供的分析，都意义深远地关涉到社会学理论的某些核心问题——那些随着结构功能学派在社会学话语中的霸权的丧失而显露出来的问题——和宏观社会学的比较历史分析。同时，这些分析还使针对这种随后建构了社会学分析核心的方法所强调的那些问题和分析成为可能。

分析这些关涉的良好出发点是审查所谓系统的需求或前提。这是结构-功能分析的核心概念[①]。

以上对某些中央集权帝国建构、延续和变迁过程必要的简要分析，再加上对若干可利用的比较研究、历史研究和组织研究的仔细审查，多少阐明了上述的功能分析的核心问题。系统的具体边界的建构，各个系统的"需求"和社会互动模式前提的建构，是通过政治、经济、宗教活动的文化界定和各种互动情境的文化界定实现的。这种界定源于对人类经验独有的一些要素所做的象征或意识形态评估。这些象征和意识形态的评估则植根于社会基本本体论概念。文化在性、成长和成熟的界定上，在身心能力的界定上，以及在时间重要性的界定上起着中介作用。它还通过起中介作用促成对社会活动主要领域的界定，从而详细说明了调控社会互动和资源流的基本规则。这种界定和调控规则建构了主要制度构成的一般轮廓、界限和意义，也就是中心的类型、城市的基本轮廓、权威的模式、社会等级制度的形式、经济生产的方式和政体的形式，等等。

正如中华帝国与拜占庭帝国的比较所指明的那样，不同的文明或文化并不总是以同样的方式界定诸如经济学、政治学、文化创造性、互动角色和情境这样的构造要素。不过，这种界定必定要考虑这些领域的组织和系统需求，而这种需求受到源于这些领域盛行的劳动分工的结构分化程度，它们的政治-生态形势，以

[①] 关于较早的系统阐述，见 S. N. Eisenstadt *Essays on Comparative Institutions*, John Wiley and Sons, New York, 1967. Section 5:"Communication and reference-group behavior", 305–374。

及不同生产方式的基本前提这三者的影响。同时，正是这种界定详细说明了各种组织环境的需求、这些需求的相对自主性和它们的等级安排。例如，现代工业系统的建构和有效发挥功能需要特定的制度安排，如工业劳动力必须是可获得，劳动分工必须具有适当类型，企业内的劳动规章制度必须是适当的，资本必须是可获得的，等等。当然，这些前提在资本主义和社会主义工业系统中甚至来得更加明确具体。

这并不意味着这些"功能前提"的共同核心只能由一套制度安排来提供。例如，在不同工业——甚至不同的资本主义的——体制中，若干类型功能相等的制度安排可能发展处各种工业关系、资本市场，等等。这些安排授予这里所讨论的制度领域相关的观念和界定影响。在这儿，这些制度安排受经济活动的终极合法性影响，不论是直接经济利润、工业成长，还是集体政治目标或意识形态目标。

或者，换言之，每一种这样的制度构造是通过独特的文化纲领形塑的。这种文化纲领植根于不同有影响力的精英所公布的社会秩序的独特本体论视野和观念，往往也被不同敌对联盟所挑战。贯彻这种本体论视野的尝试会与不同政治-意识形态背景的结构强制相互作用。通过这种相互作用，形成了每一个这样社会的具体制度动力。

17

因此，更一般地讲，这种探究社会秩序建构和制度建设的方法假定，任何制度安排的社会互动的任何模式的建立是通过若干主要成分的结合实现的。关键的一个因素是资源在社会不同群体中具有的水平和分布。而反过来，这些群体又受居主导地位的劳动分工类型强烈的影响。第二种成分由特定的制度创业家和精英所组成。他们能进行资源的动员和安排，以及组织和表达社会劳动分工所产生的群体利益（并会为此展开竞争）。最后的成分是这样一些本体论观念（或"视野"）的性质：它们贯穿于这些精英的活动之中，并大体上源于在给定的社会中占统治地位的主要文化取向。这些视野的制度化为社会秩序的卡里斯马维度的具体化或追求有意义的社会秩序做了准备。这种制度化通常是通过主要精英和有影响的人物的活动定型的。

这些精英和有影响的人物中最重要的，首先是涉及生产、再生产和资源控制的经济精英。其次是与社会中权力调控打交道的政治精英。第三是系统阐述文化秩序模式的、主要通过公布本体论和宇宙论眼光来参与意义建构的精英和有影响的人物。这最后一种类型表达了主要群体之间团结的关系，致力于信任与团结的建构。这些精英和有影响人物构成的结构与一个给定社会中盛行的基本文化视野密切相关，不同的精英是不同类型取向的载体。这些精英还倾向于运用不同的方式控制基本资源在社会中的分配。通过这些不同类型的控制，他们把信任的建构、意义的提供和权力的调控这几者与社会中的劳动分工结合在一起，因而使社会秩序的卡里斯马维度制度化。

这些精英联盟能够操纵进入主要制度领域（如经济、政治或文化领域）的途径，并控制资源在这些军队之间的转换。他们通过这些方式来施行控制。此外，他们还控制了特定信息的生产与

xl

分配。这种信息对于一般意义的其社会成员认知图的构造和特殊意义的特定参照群体取向的构造具有核心性质[1]。各种精英和有影响的人物通过组织的办法与强制措施的结合，再加上他们对社会盛行的主要本体论观念的建构和不同社会群体主要参照取向的建构，而实行不同类型的控制。

精英的不同联盟以及他们所实施的形式多样的控制，形塑了包括政治领域和经济领域在内的相应的制度领域、社会分层系统、阶级组合系统和整个宏观社会系统的特征和界限。

再有，这类精英（和有影响的人物）的活动创造了制度结构的特定定义和焦点，包括不同集体的界限和社会或其部分的中心，这些定义和焦点是不能归入分化的惯常界定之下的。这些焦点对于理解其各自社会的一般制度动力和特殊的结构取向的影响具有极大的重要性。

正是这些定义对表面相似系统的"功能前提"安排的不同方式提供了详细的说明。这种说明界定了这些系统的组织问题所处的环境、不同社会系统与其各自环境之间的关系，以及对这些环境的敏感度和反应范围。假定对任何社会来说都存在自然的环境，是错误的。相反，正如我们对帝国的分析所表明的那样，每一个社会，即每一个社会互动的具体模式，都建构了自己的环境。这种建构不但极大影响了各种组织、群体和"社会"内产生的矛盾、冲突和危机的性质，而且还极大影响了这些潜在冲突对于系统续

---

[1] S. N. Eisenstadt, "Systematic qualities and boundaries of societies: Some historic considerations," in J. C. Alexander (ed.) *Neofunctionalism, California*, Sage publications, 1985, 99-112. S. N. Eisenstadt "Beyond collapse," in N. Yoffee and G. L. Cowgill (eds.) *The Collapse of Ancient States and Civilization*, The University of Arizona Press, 1988, 235-243.

存的显著程度。这些建构也影响了群体对付其问题和危机的方式，以及这些斗争的结局——不管是政体的崩溃还是革命的变革。

此外，对帝国（和许多其他社会构成）的分析还表明，这些系统从不是作为整个自我封闭的实体发展的。例如，生活在某一社会或某一宏观社会秩序中的人们通常没有组织成一个单一的系统，而是在若干水准上，以不同方式组织成政治体系、经济形式、不同的归属集体和文明框架。这些不同的系统或集体显示出组织、延续和变迁的不同模式；它们构成了并不归入结构分化的、自主的社会形成；这些结构和集体可以在同一社会不同程度地变迁，并在社会生活的各种舞台以不同的方式变迁[①]。

18

有关社会互动不同模式的"需求"的界定和详细说明，并非自然而然地来自文化象征或比喻，它们不是由"深层结构"的法则决定的，亦非主要由（理性选择理论家所主张的）个人功利的思考导致的。相反，集体、社会系统和文明框架的建构，亦即对它们边界的勾勒和它们需求的具体说明，包含了象征的、意识形态的、物质的和权力的成分不断交织于其中的斗争过程。这些过程是由特定的社会行动者和载体——首先是精英、有影响的人物、相互作用的联盟和更广泛的阶层——构造、表达和落实的。

[①] S. N. Eisenstadt, "Order maintaining and order transforming dimensions of culture," in N. J. Smelser (ed.) *Theory and Culture*, Beverly Hills, Cal.: University of California Press.

这些成分并非独特的、自主的、本体论的实体。正如结构-功能分析所确实一直强调的那样，它们宁可说是任何社会互动模式的分析性维度。它们在每一种层次的社会互动中交织在一起。与结构-功能分析的假设相反的是，没有一种单个的成分在控制论的等级中具有天然的支配地位。相反，在不同层次的互动中，这些成分是以不同的方式交织在一起的。

19

对社会行动主要领域的这些不同界定的建构，以及伴随而来的对各种群体、社会等"需求"或前提的详细说明，不仅保证了不同互动模式的相对整合和延续，还在每个群体或社会内产生了冲突和变迁的潜能。冲突是任何社会互动环境中内在固有的，在这种环境中，各个行动者奋力使其不同的文化取向和本体论视野制度化，并竭力促进他们的利益提升。

文化同时构成了秩序的维护因素和秩序的变革因素[①]。正如马克思和涂尔干所强调的那样，文化充当了现存秩序合法性的维护者。然而，正是对合法性的需求和合法性的过程还对这个维护者造成了可能的挑战。轴心时代文明的异端构成了这种挑战和其变革的潜力最重要的例证之一。

---

① 对革命及其原因的分析首先见于 S. N. Eisenstadt, *Revolution and Transformation of Societies*, New York, Free Press, 1978. 后来该分析又在下面文章中被重新阐述："Historic and cultural frameworks of great revolution"，即将刊于 *International Sociological Science Journal*, 1992。

然而，尽管冲突和变迁的潜能是人类社会内在固有的，但变迁的具体过程和方向则依据以上分析的要素——例如，本体论原则和眼光；社会劳动分工模式；精英、对立精英和有影响的人物的联盟；政治-生态背景和过程——在社会和文明中的特定格局的不同而在社会和文明之间有着极大的不同。

假定冲突的潜能是给定，那么控制机制就总会发展出来。这些机制愈复杂，它们对内外压力就愈敏感，面对内部矛盾也越容易受伤害。帝国体系很大的脆弱性部分出自以下事实：体系中产生的各种复杂的控制机制是由那些特别精英承载的，正是他们为抗议运动制造了"自然"的靶子。这些靶子在较不复杂的社会中是不易见到的。因为在这种社会，控制机制嵌入了更宽泛的归属集体之中。

在任何社会互动模式中，控制过程与变迁过程的对立导致社会互动情境和领域的定义不断地被重建和再诠释。确实，这种再诠释构成了所有互动水准上的社会生活的基本成分。多数这种重建和再诠释关心各种"微观"情境，但某些则涉及改变集体认同的基本前提和象征。这些重建游戏规则的尝试是非常戏剧性的，它们在人类历史中也较为罕见。当这些尝试发生时，如在轴心时代文明的定型化中或大革命中发生的那样，其历史影响是巨大的。

20

与重新评价社会学理论核心问题——有关早期国家形成的分析，以及有关特别强调本体论视野之间相互作用的轴心文明和日本的分析——密切相关，社会结构和生态条件还为重新审查历史过程的某些方面提供了机会。这种重新审查被尝试用于对革命分析，对现代性和现代化视野的重新评价。

对革命的分析是从对若干对革命"原因"研究的关键性再考察中兴起的[①]。这种再考察极为强调各种结构因素和心理社会学（psycho-sociological）因素。它们表明，这些原因可以解释政体的崩溃，但不能说明这些崩溃结局的性质，即，不能说明这一崩溃是不是革命。

由于革命按定义是与政体的崩溃相伴随的，因此构成革命发展必要条件的，正是政体崩溃的各种原因或条件，也就是精英之间和阶级之间斗争的种种格局、被阻挡获得权力的新社会群体和经济势力的发展，以及政体因这些斗争、经济骚乱和国际力量的影响而产生的衰弱。

然而，只有当这些过程在确切特定的历史环境中、在特定文明前提和政治制度框架内，以及在特定类型的政治经济框架内发生，它们才会触发革命进程和后果。

特定的历史环境是早期现代性的环境。那时独裁的现代化政体要应对这些政体自身的合法性和其政策所固有的矛盾，面临新的经济阶层和新的"现代"意识形态的发展。

上述的文明的框架是"此岸世界"的框架，或此岸世界和彼

---

① 我对现代性和现代化分析的各个阶段见于：S. N. Eisenstadt, *Modernization: Protest and Change*, Englewood Cliffs, Prentice Hall, 1966; S.N.Eisenstadt, Tradition, *Change and Modernity*, New York, John Wiley, 1973. 此外后来还有 S.N.Eisenstadt, "A reappraisal of theories of social change and modernization," in N. J. Smelser (ed.) *Social change and Modernization*, Berkeley and Los Angeles, University of California Press, 1992。

岸世界结合的轴心文明和政治制度——帝国或封建帝国制度——的框架。当由于种种历史缘故，这些政体没有在这些文明框架中发展时，变迁的过程似乎是趋于偏离革命的道路。

无论怎样，这些过程的具体结局都极大地取决于革命力量与反革命力量之间的权力对比和他们各自的内聚力。

文明的和结构的条件与历史偶然性的结合产生了大革命，这种结合在人类历史上是相当罕见的。这些革命，尽管具有其全部的戏剧性的重要意义，但当然不构成这些变迁的唯一类型，甚至不是主要类型，亦非最具深远意义的类型——不管是在前现代还是现代。当结构因素与制度因素的另外结合产生时，如在日本、印度、南亚或拉丁美洲产生时，这些结合便导致了其他变迁过程和新的政治制度。这些并非仅仅是"弄错的"未发生的革命。它们不应当按照革命的标准来衡量；相反，它们显示出不同的变迁模式，亦即"合法化的"和有意义的社会转型的不同模式，并应当依据它们自己的情况来分析。

21

这些思考还带来了对现代化和现代性视野的重新审查。这种再审查首先聚焦于现代工业社会的所谓趋同问题，或者通过多少有些更宽泛的系统阐述，聚焦于我们在当代所目睹的东西是否是一种包含了最当代社会，但又具有地方亚变种的现代文明的社会发展，或者是否是几种现代文明的社会发展，也就是分享共同特征，但又倾向于作为具有不同意识形态和制度动力的独特文明发

xliv

展的文明的社会发展。在工业社会的现代化和趋同的"经典"研究所暗含的视野背后,隐隐呈现出对朝向现代性——不论其是政治的、工业的,还是文化的——进步和朝向普世的现代文明发展的进步的不可避免性的确信。与这种视野相反,慢慢产生出对大的象征和制度变异日益增长的认知,以及伴随现代文明的扩展而来的对意识形态和制度动力不同方式的不断增进的认知。从对这些种种理论——如那些强调重要传统的理论——的批判性审查中,或从对有助于理解这种变异的国际体系动态的批判性审查中,以及从出自比较文明探究方法的批判性审查中,浮现出有关现代化过程的新的观点。

这种观点要求对现代化和现代文明的视野进行意义深远的重新系统说明。它不把现代化过程视为所有已知社会进化的终点。它不假定现代化过程产生了所有社会共有的进化潜能。而且,它也不假定欧洲或西方的经历是现代化过程最重要最简明的体现和范式。相反,它认为,现代化或现代性是一种特定类型的文明,该文明源出于欧洲,然后向全世界扩展,尤其是第二次世界大战以后,几乎囊括了整个世界。

这种新型文明的定型化和扩张并非不像过去年代大宗教和大帝国的扩张。但是由于这种文明的扩张几乎总是把经济、政治和意识形态层面和力量结合在一起,因此它对它扩张于其上的社会所产生的影响比这些其他历史案例的影响更为强烈得多。正如历史文明那时扩张的那样,现代性的扩张对并入这些文明的社会象征和制度前提的挑战也是如此。这种挑战要求从这些社会内获得反应,从而开启了新的选择和可能性。种种现代或正在现代化的社会从出自典型的现代性文明与各种亚洲、非洲和拉丁美洲文明之间相互作用的这些反应中产生出来。这些各种各样的现代社会分享许多共同特征，但又显示出它们之间具有很大的差别。它们有许多共同的问题——诸如那些都市化、工业化、沟通扩展和广泛政治化造成的问题，但是正如我们在这些问题或"需求"借以界定的方式的定义（的不同方式）中所看到的那样，这些现代社会在针对这些问题的制度"解决方式"上是不同的。原初西方文明的主要象征前提和制度构形与那些各种社会自己文明的传统和历史经历出现了有选择的合并——因而还出现了变革，从这些合并和变革中这些差别获得了定型化。

因此，不同现代和正在现代化的社会的各种制度的和象征的轮廓、这些社会的动力机制和这些社会内经济发展的不同模式，已经发展出若干过程之间持续的互动和反馈：受到新的现代国际体系冲击的文明和社会的基本前提；这些社会进入这些国际体系的时点；这些文明中盛行的技术和经济类型和模式；对变迁形势反应的传统；以及在这些文明史中产生的异端、反叛和革新的传统。从这些过程中，对现代性的不同象征反应，在不同社会通过对现代性前提合并和再诠释的不同方式，获得了定型化。从这些过程产生出不同的现代制度模式和动力，或者反而言之，产生出对这些文明的前提和历史传统再诠释的不同方式。这些不同象征和制度的格局的发展，伴随着对不同现代文明的基本象征观念和前提的诠释。这些格局是依据以下因素发展的：现代性的这些基本象征前提借以与新的"现代"传统想参照而被选择和再诠释的方式、这些社会自身和昔日的观念，以及这些社会新的象征和集体认同，和它们一般而言对现代性，特殊而言对西方的消极或积极态度。换言之，在不同的现代社会产生出不同的现代性文化意义和纲领。原则上讲，这些格局通过它们各自社会结构成分与文化成分的结合，以类似的方式发展的；它们是在以上分析的、与革命相关的不同文明背景和历史框架中定型化的。

正如在历史变迁的所有案例中那样，新的象征和制度构成定型化过程的关键因素是新老精英，亦即不同层次社会结构上的与广泛的社会部分持续互动的领导群体、他们承载的视野，和这些精英中的各种联盟，包括与新国际体系中各种不同的外部势力的联盟。这些群体，在对现代化的不断挑战塑造不同的反应时至关重要。正如在以上分析的不同异端的案例中那样，这些群体并非始终如一。它们确实是相当易变的，甚至已经发展的精英比假定中更多地受各种对变迁反应的传统和任何社会存在的异端及革新影响。

对所有这些过程系统、比较的探究，还有许多摆在我们面前，但是这种探究对有关现代化、现代文明和当代世界的比较社会学和历史学研究构成了议事日程的非常重要部分——尽管是非常困难和艰巨的部分。

以《帝国的政治体系》开始的历程，把我们带进许多新的方向——在某点上远远超出了《帝国的政治体系》的具体内容，但并没有超越激起该书灵感的视野。

平装本初版序言

1

《帝国的政治体系》平装本的出版,为扼要重述书中提供的某些分析要点,并把这些分析置于更宽泛的比较政治社会学框架之内提供了良机。

本书论述了一类历史的、前现代的政治体系——帝国的体系,或者确切地说,论述了中央集权官僚制帝国的体系。在主要的历史的前现代体系中,也就是在各种类型的部落联盟、封建体系、城邦或世袭政体,或它们的混合物中,这种官僚制帝国构成了最严密的、延续的和持久的实体。这些帝国的大多数是从以上提及的这种或那种其他类型的前现代的政治体系发展而来的。它们不同的起源必然极大地影响了它们不同的历史过程——政治象征体系的确切性质、它们的国际背景、它们的"寿命"或"延续性",以及它们变迁的方向。

然而,尽管这些帝国从中发展的历史和文化背景有着很大的不同,但它们都分享着某些共同基本的特征,这些特征在本书中——尤其是在第二章——获得了更详细的分析。正如我们将要看到的那样,把它们与其他前现代社会区别开来的这些特征中的最一般特征是,这些帝国含有广泛相对高度中央集权的领土。在这个领土上,作为皇帝个人的具体体现和中心政治制度化身的中央，构成了一个自主的实体。这些特征通常是在这些帝国建立的初始阶段锻造的。在这个阶段，尽管历史的起源和文化背景存在极大的不同，但还是能够发现某些共同的特征。

这些政治体建立的首创精神来自皇帝、国王，或贵族统治精英的某些成员(如罗马共和国贵族统治精英中更为能动和活跃的分子)。在多数情况下，这些统治者不是来自既定贵族的、世袭的、部落的，或封建的家庭，就是力图建立新朝廷或征服新版图的、出自较低阶级家庭的篡位者。在有些情况下，他们是试图对各处领土建立他们统治的征服者。

一般而言，这些统治者崛起于现行政治体系不安定、动乱、激烈冲突，或肢解的时期。通常他们的目标是重建和平和秩序。然而，他们并不力图全盘恢复旧秩序，尽管出于宣传和机会主义的缘故，他们有时也赞成诸如政治意识形态或口号这类的复辟。他们总是具有某种统一的政体的独特政治目标视野。他们的目的在于建立一个更为中央集权的统一的政体。在这个政体中，他们能够垄断政治决策和政治目标的制定，而不受各种传统贵族的、部落的，或(城市)贵族的群体的束缚。

在形塑这些统治者活动上具有至关重要性的是他们力图组织的政体的地缘政治形势——例如处于欧亚之交十字路口的拜占庭的特定地缘政治形势，或中国广大的水利安排及其与干旷草原边境地区的特殊关系。在某种意义上讲，这些地缘政治因素表明了这些帝国不得不应对的特定国际体系的性质，以及统治者愿意和能够致力解决的问题的范围。

这些统治者的目标常常有反对各种社会和政治群体的倾向，相对的，这些目标也会遇到后者的反抗，这些敌对成分通常由某些贵族群体或某些更传统的城市文化精英所组成，他们往往感到他们自己受统治者的新目标和活动威胁。因此，这些敌对分子通常试图拒绝为统治者提供资源和支持，要么以公开的政治冲突，要么通过渗透和阴谋诡计，策划和实施反对统治者的活动。

为了能在面对这些各种各样的贵族势力时还能实现自己的目标，统治者不得不寻找同盟者，不论这些同盟者是消极的还是积极的。因此这些统治者不得不锻造各种动员自己所需的各种资源——不论是经济资源、人力资源，还是政治支持——的权力工具和政策工具。自然他们努力在这样的群体和阶层中寻找同盟者：这些群体和阶层的利益与更传统的贵族分子的利益相对立，因而能够通过削弱后者和建立更统一的政体受益。因此，统治者的同盟者主要有两类。第一类是更为积极的（多半是都市的）经济、文化和专业群体。这些群体，不论按起源还是他们的社会利益和取向，都是与传统-贵族的群体相对立的。第二是更广泛的、在政治和社会上更消极的阶层，尤其是农民，以及（较小程度上的）都市较下等的阶级。

统治者正是希望从这些各种各样的群体和阶层中动员自己所需各种资源。不过，为了做到这一点，统治者还不得不锻造某些他们所能依赖的由政治和行政行动的工具。借着这些工具，他们能够为潜在的同盟者提供各种服务。大多数帝国的统治者能够形成从既定行政和政治机关团体吸收的随从；然而，甚至当这些行政机关是可利用的时候，它们也不得不被调整为适合统治者的特殊目的。就现存的职员与贵族势力相关而言，统治者在多数情况下不得不寻找替代者。他们试图尽可能地任命不但忠于他们，而且具有必要的行政资质的人。统治者还试图控制行政预算，以确保它支出的官吏的薪水和其他管理费用是适当的。这使得统治者强调官吏的依附地位：这些官吏一定是"奴仆"，不是个人统治者的"奴仆"，便是统治者想要建立的政体的"奴仆"。

因此，正如我们在本书的第一部分（尤其是第二和第六章）更详细表明的那样，这些帝国体系的发展依赖两个条件。第一个条件是，相对高度的社会分化和象征领域的理性化在先前存在的社会结构中有所发展。这种发展限制了诸如家庭、亲属关系，或传统身份群体和象征这样的基本归属单元在社会劳动分工和社会象征领域中的地位，产生了许多横跨这些单元的力量。这种分化和理性化一方面产生了要求新的解决方法的整合问题，另一方面又为的能够试图处理某些这类问题的新组织提供了所需的资源。

第二个条件是新型政治领导和精英的发展。这类领导和精英具有政治权威的广泛目标和洞察力，能够充当新的帝国权威和象征的载体，表达新的更分化的和更广泛的政治目标。

只存在一个上述的条件对于帝国体系的制度化是不够的。例如，正如稍后第六章中所指出的那样，希腊城邦，与罗马共和国（两者有着类似的分化水平）相比，并没有产生一个新的领导。相反，在加洛林和蒙古国（或帝国），尽管确实产生了具有这种新领导类型的统治者，但并没有出现适当水平的分化；因此，帝国系统不可能成为制度化的，这类政体保持在松散整合的"征服性"帝国水准上。在这种帝国中，不同地区或群体（征服者与被征服者）没有被整合成一个受共同的认同象征约束的政体，尽管自称的帝国统治者做出了努力，但帝国基本上保持了世袭体系的大部分特征。

2

从这些过程中锻造出这些帝国的某些基本结构特征，尤其是作为自主的、结构和象征独特的实体的一般意义的中心和特殊意义的政治中心的最充分分化、详细说明和定型化。这在遍及这些帝国的许多"外部"表现中，如庙宇和宫殿中可以见到。借助这些表现，人们能够发现与社会和宇宙秩序或文化秩序相关的中心性（centrality）这一基本概念。中心性的这些遗迹大概还能在许多世袭制度中发现。帝国中心的特色和自主性主要表现在象征和制度的定型化上。中心有自己的征募和组织的特定准则，以及由此造成的相对独特的统治阶级（我们在之上已经提及了这些统治阶层的特点）发展的特定准则。通过结构关系，中心的这种自主性和独特性，在它与边缘的其他社会单元的分隔中，在其发展和维护这些特定准则的能力上，是显而易见的。

甚至更独特的是一般中心和特殊的政治中心的象征表达。所有这些帝国的政治中心和我们将要考察的文化-宗教中心，被想象成社会-政治秩序——往往还有宇宙文化秩序——的卡里斯马要素的自主和自足的焦点。正如宇宙秩序的卡里斯马特质在社会秩序中所反映或与该秩序相关联的那样，它们被想象为这种卡里斯马特质的主要体现[1]。中心的这种象征与结构上的特色和自主性基于一个不断成长的观念：有关人类社会现实存在的不同秩序——宇宙的、宗教的和文化的秩序以及社会政治秩序——都具有自己特征；它还基于每一个这样的象征领域的愈加的理性化和象征表达。因此，这种特色和自主性不仅必然导致中心与边缘区别的增加，而且还必然造成不同中心的多样性。

正是促进政治中心发展的这些条件——如象征领域的理性的成长——还解释了这些中心何以具有这样的多样性，或者至少肯定促进了这些中心的发展。因此，这些帝国还是伟大普遍性宗教——基督教、伊斯兰教、佛教——的所在地，以及儒教、印度教和从希腊罗马城邦传统衍生而来的更"世俗的"意识形态体系的所在地，并非纯粹出于偶然（尤其见第四和第八章）。由此，在这些系统中，确实常常产生了中心的杂多性或多样性。这些中心大体上基于与政治中心同样程度的象征和结构的自主性，它们每一个都倾向于充当各自秩序的主要焦点。不过，在几乎所有这些帝国中，除了印度的非常局部外，没有在这些秩序与中心之间产生总体性区别。相反，出现的是，这些秩序的各自代表围绕秩序的性质、这些秩序在世界整个组合中的相对位置，以及各个中心对这些秩序及其象征的代表权所展开的竞争。

在帝国，一方面出现了中心与边缘的区别的发展，另一方面出现了这种自主性中心的多样性的发展。这两种发展在此不仅与

---

[1] 关于在此使用的中心和卡里斯马概念，见 E. Shils, "Society and Societies", in T. Parsons (ed.) *American Sociology*, New York: Basic Books, 1968, 287–303, 和 S. N. Eisenstadt "Charisma and Institution Building", the introduction to the Max Weber Volume in the *Heritage of Sociology Series*, Chicago: University of Chicago Press, 1968。

（我们上面已经提及的）特殊阶级统治的浮现，而且还与相对独立自主的宗教知识界或世俗知识界的出现相关。不用说，一般性的各个不同中心自主的程度与这种特定的知识界发展的程度，在这些不同的帝国是极大不同的。这些差别可主要按照这些帝国的基本构成要素的相对强度的区别来解释。这种知识界全面的发展只在西方发生。但是重要的比较指征还可见于其他社会。印度在此构成了一个特殊案例：在印度，宗教种姓是以不同于政治等级的方式来组织的，而且在身份上优越于政治等级。正是宗教种姓构成了"伟大的"全国性传统的主要载体。

这些文化中心常常比帝国体系本身更强的生存能力，这最好地体现了它们在帝国体系中的自主性。也就是说，在许多情况下，这些中心，像大多数基督教、伊斯兰教和佛教组织的中心一样，比它们产生于其中的帝国的政治体系生存得更长久。

正是这些各种各样的中心——政治、宗教和文化中心，在此构成了于这些社会中发展的各种大传统的焦点和所在地。也正是在这些中心，大传统（Great Tradition）得以在象征和制度充分自主地发展。它们在内容、象征结构和组织结构特征上往往不同于地方传统。这样，这些大传统与其他前现代的政治体系是大不相同的。例如，在许多部落联盟和城邦中，确实经常发展出这类大传统的中心的象征层面，但是它们的结构基础却是非常薄弱的。另一方面，在大多数世袭的体系中，中心传统与地方传统之间往往只产生很小的区别，尽管在某些情况下，诸如在已经近似帝国体系的埃及，这些程度上的差别确实变成了种类之别。

因此，在不同的前现代政治体系中，主要是在帝国的体系内，大传统的特定的特征能够在制度层面和象征层面上得以组织化，并置于社会、政治和文化秩序的制度中心。

3

中心的这种多样性及其在结构和象征层面上的自主性，说明了中心与边缘之间的特殊关系，以及这些帝国社会结构的特定特征。两种这样的特征在此具有关键的重要性。首先，存在着中心对边缘较大但有限的渗透，以及与此相伴随的边缘对中心的冲击；其次，不同层次的结构分化在同样的社会制度框架内共存。中心的独特性，实际上与社会政治和文化秩序更广泛的自主观念相关。这种独特性意味着中心对边缘更强渗透的发展，与边缘对中心的某种——尽管通常是较弱的——冲击。

在大多数这些帝国，产生了这样一种观念：中心所主张的社会政治和文化秩序包括了边缘地带，并超出了边缘地带特定的地区传统。中心的这种特色确实是以那种更广泛的群体和阶层（即边缘）借以能够与中心更直接关联的方式表达的。与世袭体系不同，帝国的体系产生了这样的假设：边缘确实能够具有某种——至少是象征上的——进入新中心的路径。这种路径在很大程度上依边缘的社会和文化封闭性和自给自足性的某种弱化而定，依边缘产生某些面向中心代表的社会和文化秩序的积极取向而定。

中心对边缘的渗透可见于中心的广泛沟通渠道的发展，也可见于这些中心突破边缘群体的归属纽带的尝试，尽管这种突破在程度上是有限的。然而与此同时的是，中心与边缘的这种相对亲和性，强调中心与边缘的象征和结构差别，以及中心或诸中心作为传统和这些社会传统合法性的唯一保护者的唯一性。因此在许多方面边缘对中心的冲击远远弱于中心对边缘的渗透。

4

这与这些体系的第二种基本特征——即在这些社会大多是的制度领域中，存在着不同层次的结构分化——一直十分密切相关。本书，尤其是第二和第六章提供的分析表明，这些帝国发展于其中的社会秩序具有相对高度结构和分化上的自主性，尤其是一般性中心政治活动和更特殊的管理和行政活动都具有这种的相对高度的组织自主性。

这些更为专门化和分化的结构组织的发展和维系，极大地依赖各种弹性的"自由"资源的存在。在这些弹性的资源中，最重要的是经济和政治资源。在经济领域，统治者需要不通过归属性亲缘关系和身份群体的固定承诺就可获得和能够直接分配的人力和物品。在这些经济资源中，最重要的就是用于服务的（军事和行政）人力、进行相对自由的职业选择的能力，以及统治者直接花费或服务支出所需的各种物品和商品的控制权。

大体上说来，这些资源与各种归属性群体内及归属群体之间固定的相互关系中所用的资源应该是同样的。但是，以弹性的方式、独立于群体内掌权者决策地使用这些资源的这种尝试，需要使这些资源具有更大的流动性和一般性，因而把这些资源转变成更为一般的交换媒介，如货币、信用状及其等价物。一旦某种这样的交换媒介被确立，维护这些资源于其中能够持续流动的市场和组织框架就是必要的了。类似地，对相对自由职业选择的可能性和流动途径借以能够实现的条件和框架加以维护，是非常重要的。

类似的形势还产生于政治支持和组织的领域。统治者迫切需要那种不受这些归属性群体限制而能够获得的承诺和效忠，这必然需要组织新型的政治组织和能够动员这种支持的领导。同样的需求还可见于文化、社会和宗教领域。

5

然而，这些政治体系中的政治活动、组织和目标的分化程度还受若干重要因素限制。首先，统治者在这些政体中的合法性通常隐含于基本的传统宗教术语中，尽管统治者往往强调其自己对这些传统价值观的最终垄断权，努力否定其他（传统）群体也可分享这一垄断权。其次，臣民的基本政治角色与其他基本社会角色——如地方共同体成员资格——没有完全地区分开来；前一种角色经常嵌入于这些群体之中，公民或臣民没有通过投票和公民特许权系统行使的任何直接的政治权利。第三，许多传统的归属单元，如贵族的血缘或领地的共同体，还行使许多至关重要的政治职能，继续充当着政治代表的单元。这些导致的结果是，政治活动和参与的范围比大多数现代和当代政治体系中的远为狭窄。

既传统又分化的政治取向、活动和组织的存在，在这些帝国内造成了政治制度与社会结构其他部分之间的复杂相互关系。统治者不但迫切需要"传统的"政治支持，而且还迫切需要更复杂分化的政治支持，并且同时依赖这两者。统治者对社会结构其他部分的"传统"依赖，显现于他们对维持其传统合法性和传统的需要之中，也就是对许多群体的"无条件的"政治态度和认同之中。然而，另一方面，统治者政治独立和自主的倾向使得他们依赖那种不依赖各种归属-传统的承诺和关系就可获得的资源。为了满意地实现其各种政治目标，统治者迫切需要不能嵌入传统归属性群体或不致力于或多或少固定目标的，更弹性的支持和资源。

社会中各种群体对统治者的目标要求既有传统类型的，又有更复杂和分化类型的。一方面，统治者被希望维护"归属性的"传统权利和利益，另一方面，他们又面临参与政治权力平衡形成的要求——或者甚至是参与使他们自己权威合法化过程的要求。因此，统治者的权威，尽管是"传统的"，但不再是理所当然的；只提出了统治者的责任性问题，就是在否定他们的不变的支持。

这些不同类型的政治活动和取向在这些政治体系中并不是像分别处在分割的"水密舱"中那样共存的。它们只以某种松散和不稳定的方式捆绑在一起。它们被捆绑在同样的制度内，每种类型政治活动的延续都依赖以上两种政治取向类型的存在。由于这一点，统治者的活动自相矛盾地倾向于维护体系的基本传统的合法性和象征。

6

正是这些帝国的这些不同的特征，往往还说明了政治斗争的模式，最终也解释了这些帝国变迁和转型过程的模式。本书第二

lvii

部分更详细分析了的模式和过程。

政治斗争和变迁的过程在此是围绕统治者这些不同的取向——即他们既对传统资源依赖又对分化资源依赖——之间的相互作用来聚焦的。这种相互作用极大地影响了统治者的具体政策，引起了某些于这些政策中产生的基本矛盾。这些帝国的统治者倾向于产生三种主要类型的基本政治取向。首先，他们对控制这些资源并把它们用于自己的使用感兴趣。第三[*]，统治者还倾向于实施各种目标——例如，军事扩张，单单这些目标就能耗尽许多可利用的自由资源。严重的矛盾易于产生在统治者这些各种各样的倾向之间。

这些矛盾，尽管并非总是为统治者所自觉领会，但却内含于他们的结构地位、他们所处理的问题和紧急事件，以及他们为解决其问题所运用的具体政策之中。

展现这些矛盾的主要领域是合法性和分层领域。正如第七和第十章所表明的那样，统治者经常试图限制贵族的权力，创造新的身份群体。但是这些尝试面临若干障碍。不管君主在这个领域独立活动的程度如何，所创造的新头衔的数量如何，对新阶层的鼓励程度如何，统治者所使用的身份象征与土地世袭贵族或某些宗教精英所承载的那些象征通常是非常近似的。社会群体或普遍主义原则借以成为合法性焦点的、全新的世俗的和"理性的"合法性类型的创造，不是超出统治者的视野，就是与他们的根本利益相反。这种创造必然涉及扩大政治参与领域，其结果是各个阶层在政治制度中的影响日益增长。因此，统治者通常无法超越他

---

[*] 原文如此。——译者（[*] 为译者注，以下不再说明。）

们想要限制其影响的那种阶层所承载和表示的分层和合法性的象征。

由于这一点，统治者求助于人口中较低阶层的能力显然是有限的。甚至更重要的是，由于对贵族象征和价值观的优越性和作用的这种强调，许多中等或新阶层和群体往往认同于贵族的象征和价值观，并使他们自己"贵族化"。

统治者的政策和目标中的矛盾还可能朝不同的方向发展。不管统治精英怎样受传统束缚，其政策都需要在各个制度领域创造和增殖更具弹性的"自由"资源。还是在一点上，主要类型的自由资源在经济领域是货币、易交换的物品、一般性的自由人力和特殊性的自由"职业"人力；在政治和社会领域是相对自由承诺和获得支持的可能性。

这种自由资源的增殖不是导致许多价值取向比传统取向更有弹性的宗教的、智识的和法律的群体的出现，就是促进了这类群体发展。而且，更广泛的中等社会阶层的取向和价值观与这些更积极的精英群体所普及的那些取向和价值观有时是相似的。虽然在许多情况下，所有这些要素是非常弱的并且受更保守的群体影响和屈从于统治精英的政策，但在其他情况中——如在欧洲，这些要素发展成相对独立的权力中心，该中心与统治者的对立仅仅是由统治者更为保守的政策促使的。

处理行政人力问题的长期与短期政策之间存在类似的矛盾。在许多情况下，没有足够的可用于实施各种行政和政治任务的人力，或者，由于通讯和技术装备的不足，有效监督这些职员是非常困难的。那么将各种职能和位置"出租"给地方豪绅、地主或逐渐贵族化的官吏，则是必然的。

统治精英所创造的社会群体与该精英的目标和基本政治前提是如何部分对立的最佳事例，就是鬻官系统的发展。在这些帝国，这种系统的发展是与招募官僚的整个过程密切相关的。首先，正如在第七章所表明的那样，这种系统通常是统治者作为解决其财政问题的手段和允许新（非贵族）分子进入其行政部门的手段而被采用的。但是在大多数这样的社会，官僚最后逐渐把其官职视为占有物，不是把这种官职留传给家人，就是在市场上鬻之；在这种情形下，统治者尽管做出大量的努力反对这种情形，但还是慢慢失去了对这些官职的控制。

一般而言，这与官僚自己（他们是统治者十足的权力工具）那种使自己"贵族化"、获得贵族身份的象征、使自身与贵族势力结盟的倾向相关。在这种情况下，官僚往往把他们为统治者服务的目标转换成自我扩张的目标；官僚机构成员利用其职位使其自身和家庭富有起来，他们成为了经济日益增长的负担，并失去了自身的效率。

这发展必然影响了政治活动的性质和程度：以上概述的动员范围被强化；官僚通常耗尽了政治领导用于中央政治机构的供给。更活跃的分子与体系疏远开来：他们要么屈从于贵族势力，要么陷于完全的政治冷漠，要么成为社会和政治动乱和变迁的中心。

7

正如第八和第十章所详细表明的那样，类似的矛盾还往往产生在这些社会主要阶层的政治态度和活动之中。这些阶层往往会对统治者的目标产生几种不同的态度。

第一个态度主要为贵族所表明。他们与这些前提对立。农民常常与他们一样。除此之外，有时只对维护其自己有限的地方自治和直接经济利益感兴趣的其他群体，也会同享有这样的态度。

第二种态度由对帝国体系的政治前提的基本认同、乐于在现存政治制度框架内为自己的利益而奋斗的意愿所构成。这种态度往往大多见于官僚和各种都市化职业文化精英分子之中。

第三种态度主要由更分化的都市群体和职业智力精英所发展。它倾向于政治体系范围的扩张。这种态度主要是由18世纪末欧洲中等阶级和知识分子群体所明确表明的。它在改变政治体系的基本价值前提、拓宽该体系的政治参与模式、发现超越给定政治体系的政治取向的所指而做出的种种尝试中得到证明。

这些态度经常在具体的场合交叠在一起，并且因为不同社会和不同时期的群体和阶层而有所不同。再有，任何群体的态度从不是同质和稳定的，它们会随着政治条件的不同而能够发生极大的变化。主要社会群体的各种政治态度深刻地影响了他们的政治参与和常从这些群体中产生的政治领导的范围和性质。在此，从帝国体系延续的观点来看，最重要的因素仍是官僚使自己贵族化，因而逐渐破坏了这种延续的真正条件的倾向。

同样重要的是这样一种可能性：为执行统治者政策而产生的行政机关可能产生自主的取向和活动。这些取消和活动有可能与帝国体系的基本前提相对立。

8

政治斗争的所有这些冲突和焦点，正如它们在这些帝国展开的那样，都与变迁的过程和帝国可能转型的不同方向密切相关。

帝国内统治者的政策与主要社会群体的政治取向和活动受两种主要的（既有外部的也有内部的）压力和变迁之源极大影响。正如我们以上所看到的那样，最广义地讲，外部地缘政治因素不仅为这些政体提供了一般环境，而且还构成了许多具体压力——如外部人口压力、军事安全问题，或国际贸易的调节问题——之源。正如我们所见，这些地缘政治环境标示了帝国统治者于其中起作用的国际体系的性质以及对统治者来说尤其敏感的问题的类型。（因此）以下主张是正确的：在许多这样的帝国，由于其基本结构特征，存在所谓外交政策优先（*Primat der Aussenpolitik*）。这意味着帝国对外部压力变化要比许多其他类型的政治体系更加敏感。

这些外部压力与内部问题常常是结合在一起的。例如，国际贸易问题与商团的境遇和活动之间，或军事问题与人力的征募问题之间显然产生了紧密的关系。因此，正是外部压力与内部压力的结合，构成了帝国变迁的主要焦点。

更具体地讲，这些帝国产生变迁过程的主要因素是：(a)统治者对不同类型资源的持续需求，尤其是他们对各种弹性资源的极大依赖；(b)统治者力图不仅按照传统的合法性，而且依据对社会中更具弹性的力量的有效政治控制，维护其自己的控制地位；(c)这些社会的内部结构对各种外部压力和国际领域政治和经济发展的显著而持续的敏感性；(d)由此造成的统治者为处理军事、外交和经济的国际形势造成的问题而加强各种资源动员的需要；和最后(e)主要阶层中的各种自主取向和目标的发展以及他们各自对统治者的要求。

当这些不同的因素之间产生尖锐的矛盾时，尤其是统治者强调那些耗尽了可利用的经济和人力资源的开支巨大的目标时，统治者发现他们自己正面临着几种基本的两难困境。在这种情形下，产生了对这些政治体系的特殊敏感性，以及某些能够逐渐破坏这些体系延续所依赖的政治参与与漠然之间微妙平衡的力量。这意味着统治者可能会更加倾向于维持对不同阶层的主动控制，因而扩大了传统势力的权力，加剧了统治者与更具弹性和分化的阶层之间的冲突，不是耗尽了更"自由的"群体和阶层的资源，就是使他们与统治者相疏离。这里所说的耗尽可采取各种形式：完全不愿要孩子（或"人口统计的冷漠"，如有时所称作的那样）、更独立的经济要素的弱化及其对更保守的贵族-世袭（或封建）要素的屈服，和流动资本的耗尽或抽逃。

这些过程通常与官僚的"贵族化"或僵化、官僚日益增长寄生的经济剥削、对政体认同的积极的政治领导资源的耗尽密切相关。统治者这种对经济的寄生剥削在某种意义上上强化了帝国统治者通常的经济活动。统治者在衰落时期——或衰落开始时期——活动的这种特定的寄生性，与其说显现在税收要求或人力需求的纯粹扩大上，不如说在以下事实中更为明显：统治者所动员的资源被用于创造新的归属性地位和群体。统治者没有促进那些能经由贸易推动自由资源扩大的条件或能加强训练专业人力设施的环境,相反,他们通过将资源供给已经过度发达的官僚制而耗尽了自身的资源。

因此,经常产生外国元素持续流入王国中心的现象。这些外国军事团体,起初主要由商人或纯粹由雇佣者和统治者的私人助手所组成,逐渐成功地渗透到某些最重要的政治岗位,最终全面篡夺了最高政治权力。本土诸阶层资源的耗尽和日益增长的内外危机使得这种现象成为可能。

9

在此,不同帝国体系之间某些基本的差别变得非常相关。尽管帝国的结构存在相似性,但它们本身当然还确实显示出许多差别。或许,这些差别最重要的外部指征确实是它们的寿命。寿命上的这些差别并非完全是偶然的或意外的;这些差别不仅受制于外部紧急事变和危难,而且还取决于这些帝国应付这些事变和危难的能力,这种能力至少在某种程度上与帝国内部结构中的某些变量相关。

这些差别可能在变迁的基本条件和过程在这些帝国借以产生的确切方式中体现得尤其明显。这些方式改变了结构特征、各种对帝国冲击的外部过程,以及这些帝国独特的历史环境。

在第十一和十二章中,我们力图指出,这些因素的不同安排及其所产生的变迁过程的不同格局,在不同的帝国是如何影响变迁的具体模式和它们的转型方向的。

在影响变迁过程的更"意外"或外部因素中，我们应当提及不同程度的外部压力、人口的主要运动、游牧民族的征服、国际经济的波动，以及一个给定的社会从一开始便存在的种族异质性的程度。任何政体面对的特定地缘政治形势具有同等的关键重要性：例如，处于欧亚十字路口的拜占庭的特定地缘政治形势。

在对变迁过程有影响的这些帝国社会结构的内部层面中，首先是统治者目标的性质。这些目标可以主要是军事和扩张性的，或更以维护文化秩序为取向的，或主要与经济增长相关的；无论如何，每一种目标都对社会中可利用的不同类型的资源提出了不同种类的要求。

变迁和瓦解的过程还是由下列因素参与促成的：(a)统治者为实施其目标而制定的政策以及该政策对不同社会阶层相对实力的影响；(b)作为内部经济、宗教或政治发展的结果，这些阶层相对实力的变化；(c)各种内外危机的发展以及处理危机的政策形成的方式也对不同群体实力产生了影响。

这些变迁过程的结构性后果受这些帝国社会结构的若干要素极大的影响，尤其受帝国中产生的不同中心之间关系，以及对宇宙、文化、社会的秩序的不同构想和这些秩序之间关系的不同构想极大影响。在对帝国变迁的模式和转型能力产生极大影响的帝国的这些各种社会结构要素中，首先是社会和文化秩序在象征和结构上相互嵌入的的程度，或反过来讲，这些秩序的自主性及其各自中心自主的程度。

其次则是这些社会产生的中心的强弱程度。弱中心是这样的

lxiii

中心：它在执行自己的专门任务（如政治中心的外部政治和行政活动，或宗教中心的仪式和神学活动）时，与其他中心，或可接近中心的社会生活的象征秩序，抑或对这些秩序的控制之间，仅有很少自主的相互关系。这类中心不可能从其他中心或社会文化生活的秩序中获得力量和合法性，它们也不会非常充分发挥它们某些潜在的卡里斯马的安排的和合法化的功能。因此，它们自己有限的领域之外只博得最少的承诺，而在其领域之内有时甚至没有得到承诺。

任何这样的（弱）中心与其他中心或更广泛的社会群体和阶层的关系，大体上要么是纯粹适应的关系（如许多游牧民族征服者与被征服人民的宗教组织的关系情况那样），要么就是中心会在象征上，或许甚至在组织上总体淹没在其他中心或更广泛群体和阶层中（如东南亚某些宗教中心几乎完全淹没于政治中心之中的情况那样）。与此相比，"强"中心是这样的中心：它享有进入其他中心的这种途径，能够通过垄断和控制其他中心或经由与这些中心的某种更自主的相互依赖，从其他中心那里获得其合法性。因此强中心不仅能够在自己的特定领域之内，而且还能在这些领域之外获得某种承诺。

确实，按照定义来看，大多数帝国的中心几乎都具有较强中心的特征——尤其与世袭体系的中心相比。然而，正如本书的分析所指出的那样，这些帝国的中心也存在很大的差别，这种差别与帝国各个中心的各自实力相关。这些差别对政体的合法性模式、更广泛参与这类政体的模式，以及政治斗争在政体中的强度的模式，施加了深刻的影响。而且，与前者密切相关，这种差别还对各种帝国体系内的变迁过程、体系的存活能力、它们的转型能力，以及这种变迁和转型的方向——尤其是其演变成更分化的体系和现代政治体系的能力——产生了影响。

10

当这些体系中存在较弱的中心，或者当国际紧急事变带来的压力巨大时，这些政体通常不能存活下去，往往回复到更简单的世袭单元，或者至多是封建的单元。然而，如果这些中心较强，且各个中心的自主性小的话，那么居支配地位的中心更能够控制其内外环境。这种情形的结果是，它们控制内部变迁的能力更强，相应的是，它们应付新变迁类型的能力和转型的能力更弱。

因此，正如第十二章第八节中所指出的那样，在中国，各种入侵、起义和著名的"王朝循环"很长时期并没有破坏中华帝国（从汉朝到清朝）的基本制度结构。如果人们回想一下使中国相对免受外部力量巨大冲击的地理位置，这一史实是能够理解的。进一步讲，在中国，贵族的相对弱小和士绅占优势往往提高了中央集权统治者的地位；构成了社会和政治结构脊梁的儒教士大夫介于中央政府与主要社会阶层之间，为帝国提供了延续和统一必不可少的框架。然而同时，这种自主性的缺乏使这些士大夫对现代性力量冲击的适应能力要小得多。

另一方面，帝制社会的内部转型，不论一般而言的更大的分化，还是特殊而言现代性转型，始终是由强大的社会、文化和政治制度的自主性大力推动的。在此，欧洲的、日本的、某种程度还有印度的例证[1]具有非常重要的意义：在每个这样的例证中都能识别出某种类型的中心多元性。

在文化秩序上，这种自主性促进了支持中心制度建设并使之合法化的新象征的发展，而社会组织领域的自主性则促进了可行的新组织核心的定型化，但又没有破坏整个以前存在的秩序，因而能够使新秩序至少在某种程度上依靠旧秩序的力量。更广泛社会阶层和家族群体相对强固的内聚力，具有某种身份自主性和对中心的开放性，有助于产生面向新中心的积极取向和提供必要支持及资源的意愿。

然而，一般而言，不论这些体系变迁过程的差别是什么，帝国体制加封建体系[2]都显示出最大的转型能力，也就是从其本身创造某种新型政治体系——尤其是某种更分化类型的政治体系——的最大的能力。

正是这一事实，再加上以上已经指出的、这些帝国在前现代政治体系中是最严密和富有持续性的这种事实，使人们对这些帝国政治体系产生了特殊的兴趣。不论是一般性地从比较政治社会学的观点来看，还是特殊而言旨在理解向现代性转变的过程来看，都是如此。

---

[1] 对这些主题更为详尽的阐述，见 S. N. Eisenstadt, "Transformation of Social, Political and Cultural Orders in Modernization", *American Sociological Review*, Vol. XXX, No.5 (October, 1965), pp.659–673。

[2] 参见 J. Prawer & S. N. Eisenstadt, "Feudalism" in the *International Encyclopedia of the Social Sciences*, New York, 1968。

序言

这里提供的作品，是自从1940年初我在希伯来大学从事社会学和历史学研究以来，占据我的研究旨趣的一项工作的头一个成果。在那段时间里，我全神贯注于将社会学的工具和概念运用于分析历史诸社会的课题与可能性。在一篇题为"专制国家的社会学基础"的研究班论文中，以及在我论述"英国工党之崛起的社会背景"的硕士学位论文中，我做出了某些真正尝试性的努力。

在我忙碌于其他研究项目和问题的同时，这个旨趣却赓续未绝，贯穿于从1948年至1962年我在希伯来大学所指导的关于政治体系的比较社会学分析的课程与研究班之中。

从1955年到1956年期间，我是加利福尼亚行为科学高级研究中心的研究员。就发展这个旨趣和规划当下这部著作而言，那一年是至为重要的。正是在我于该中心逗留期间，以及那一年我对哈佛、密歇根、明尼苏达、芝加哥和普林斯顿诸大学的访问中，我确信此种研究方法具有潜在的重要意义；而且正是在那里拟出了本书的最初纲要。

本书的宗旨是通过对特定类型的政治体系的比较分析，将社会学的概念运用于分析历史诸社会。这个分析并不企望成为一种史学的分析或描述，即是说，对于某个给定社会或给定政体在时间中展开的一种描述；也不是将社会学工具运用于分析任何单一、具体的社会的历史。此种分析的主要目标是对可在不同社会中发现的若干同一类型的政治体系加以比较分析，以及在这种政治体系的结构和发展中寻求某些模式或法则。我们的分析并不专注于全部社会体系的描述与分析，而主要关切与分析这一特定类型的政治体系相关的社会体系方面。或许，这会令主要旨趣在于描述一个具体历史实体的出现与发展的史学家失望。但我却希望这样的史学家会在这里发现某些值得专门探索的假说，以及对于评述在任何史学著作中有关社会体系和政治体系的各种假定与评述比较分析这两方面都有用处的若干证据。另一方面，我希望本书能够基于历史素材，向社会学家和政治学家显示为比较研究所内在固有的社会学分析的若干可能性。

任何这样的比较工作都受困于一系列难题。头一个难题应归咎于如是事实：单个的工作者绝不可能把握比较分析，必须立足于其上的一切社会的全部原始资料。因此，该工作者必须主要地依赖第二手资料。他必须充分地熟谙这些领域内的史学研究，并且知晓史学家之间的不同争执，以便能够评估这些争执，谨防过于轻率地使用任何材料或观点，并且明了按照他所分析的问题和所使用的范畴而能够对这些资料加以分析的范围。

此外，也存在若干表述上的难题。在尽可能地对所罗致的素材予以充分阐发的愿望，与意识到对于分析任何社会来说，此种阐述可能不仅难以成为一种创造性贡献，而且一个阐述若过于冗长和琐细，对于读者也是一种负担这两方面之间，著者是进退维谷的。于是，为达成某种类型的压缩表述的必要性便总会出现。

在撰写本书时，我已虑及对于在我的探讨比较分析的前一部著作《世世代代》（自由出版社，1956）中所使用的表述方式的某些批评。相应地，在本书各章，我都已插入了对若干案例的分析，这些案例是按照对我们的论点具有核心重要性的某些明晰尺度细心筛选出来的。在此加以分析的取自其他社会的全部材料都已经过精减，并用表格表示出来。而这种表格表示法必定带来许多困难。颇有人认为，表格之于其所表示的历史现实的多样性和复杂性，不可能做到公正平实。然而，依我之见，当表格被细心地付诸利用时——当仔细地设立尺度并运用于被恰当定义和适当限制的那些现象时，以及当表格显然不是被充当繁杂的数字处理时——它可以是表述洋洋大观的素材的极佳方式。表格表示法很适用于将那些舍此就易于成为一种印象主义评价的东西变得井然有序。

在某种程度上，表述难题的另外一个方面是由于篇幅和争辩的连贯性所迫，必会省略为本书所搜集的众多素材。某种程度上，这会让著者本人大失所望。在这些迫不得已的省略中，我愿提及与对官僚制本身的分析相关的删节部分。将官僚制的各个结构方面——劳动的内部分工，做出决策的模式以及在其内部发展起来的行政管理行为——完全包容在内的系统分析是断无可能的。为保持分析与论辩的主线完整无损，我们不得不限于只对政治取向和官僚制活动的分析作出陈述。

最后，这里的分析包括若干其他社会（阿契美尼德王朝、加洛林王朝、蒙古帝国、封建欧洲和希腊城邦国家），之所以用这些社会作为与关于历史官僚制社会政治体系制度化条件的假说相联系的控制群体，盖因它们共享着某些（仅仅是某些）官僚制社会的特征。在素材可资利用时，官僚制类型的大多数社会皆被包容到我们的分析之内。某些案例——例如，东南亚各国和阿兹特克，以及若干阿拉伯和伊斯兰教国家——不可避免地被排除在外，因为可得素材太过稀少或并不切当，抑或因为看起来特殊的"文化"类型已经得到阐述。自然，仍会无意中酿成某些疏漏，这是极其可能的。若能向我指出这些疏漏，以及如果在此尝试的分析能被运用于其他社会，我将深感欣慰。

在准备本书的过程中，我得益于在各个方面给我以帮助的人们和机构。我最初受惠于——而且这种恩惠怎样表达也不会过分——激励我去探索将社会学分析运用于历史现象的可能性的师长们：我已将本书奉献给马丁·布伯（Martin Buber）教授和已故理查德·科布尼尔（Richard Koebner）教授，但这尚不足以表达我对他们的感激之情与所蒙恩惠之万一。

本书许多部分——一如我的全部著作的许多部分一样——主要应归功于爱德华·希尔斯（Edward Shils）教授，在我们相识的15年间，他的帮助、鼓励和指导是难以估价的。

另一巨大恩惠得自于我的学生们，他们在希伯来大学参加了关于这个题目的课程与研究班，并通过他们的建议和批评帮助了我。

我已提及作为我关于本书设想最初成形之处的行为科学高级研究中心。我极大地叨惠于该中心激励人心与宽松和谐的氛围，这是在其主任拉尔夫·泰勒博士的引导下，以及在他的工作人员普里斯顿·库特勒和简·基尔斯默勒的带领下，在此创造出来的。有幸在该中心度过一年的任何人都会感到，在此逗留的一年是当代拥挤的学术生活中一段独特经历。在这里，在我与一些同事的讨论中，比较社会学研究的许多问题都已迎刃而解。我尤其应当提及 D. 阿伯里（布伦迪斯）、R. 鲍威尔（哈佛）、U. 布隆芬布仑尼尔（康奈尔）、J. S. 柯勒曼（约翰·霍普金斯）、R. 达尔（耶鲁）、H. 古德哈默尔（兰德公司）、B. F. 霍塞利茨（芝加哥）、A. 英格尔斯（哈佛）、M. A. 凯普兰（芝加哥）、J. 马奇（卡内基理工学院）、K. 苛诺尔（普林斯顿）、S. N. 李普塞特（伯克莱）、D. R. 米勒（密歇根）以及 D. M. 施纳德（芝加哥）诸君。我同他们以及其他人的交谈激励我拟出本书若干基本问题的纲要。此外，该中心的慷慨协助使我得以搜集到为延续这一工作所不可或缺的众多素材。

本书所依仗的研究工作，受到希伯来大学埃利萨尔·卡普兰经济和社会科学学院所提供的研究资助、福特基金会行为科学部所提供的一笔免税"补助金额"以及在加布里埃尔·阿尔蒙德（Gabriel Almond）教授领导下的社会科学研究委员会所属比较政治学委员会的两批研究拨款的极大促进。

我向我在希伯来大学的同事——J. 阿历埃利博士、J. 本-大卫博士、J. 克兹教授和 D. 维恩特罗布先生——以及哈佛大学的亚历克斯·英格尔斯教授和塔尔科特·帕森斯教授致以真诚的谢意。他们仔细地阅读了一部或多部手稿，并作出对于修订工作极有价值的详尽评论。

我应特别感谢芝加哥大学的 M. A. 卡普兰教授。他在准备和修订手稿的极其关键的阶段，经由通读全稿并加以极有价值的评论与批判而帮助了我。

我还乐于向下列诸君致以谢意，他们在各个不同阶段阅读了部分或全部手稿并且对之加以评论：A. 阿隆、B. 巴伯、P. M. 布劳、W. 埃伯哈尔德、J. K. 费正清、C. 弗里德里希、B. F. 霍塞利茨、Y. 卡伯-泰尔曼博士、M.格卢克曼、L.古特曼、M.泽诺维茨、J.C.马奇、J.J.斯宾格勒和S.茨鲁普诸教授。

下列诸君在有关不同历史素材的问题上对我有所助益：J.普罗维尔教授（关于拜占庭历史）、W.埃伯哈尔德、A.赖特、E.巴莱兹诸教授和D.蒂维凯特博士（关于中国历史）；以及W.布里哈教授（关于西属美洲的历史）。

我还愿向那些在搜集和准备作为分析基础的素材方面给予帮助的诸君谨致诚挚的感激之情——尤其是准备关于英格兰素材的O.夏皮罗先生、准备中国唐代素材的R.巴雅塞夫人、准备中国素材表格的Z.施伏林博士以及准备关于法兰西素材的J.米勒夫人。我应尤为感谢埃立克·柯亨先生，他组织并督促了对表格中所表述的历史素材的准备与分析，他本人则分析了印度帝国的素材，而且在附表的准备与组织方面极其勤奋地工作，还对题旨作出了有价值的评论；S.达申先生，他从事伊斯兰教社会的工作，在准备一般表格方面鼎力相助，在准备参考书目方面尤为得力；还有从事拜占庭和欧洲社会工作的Z.斯图普小姐、从事有关俄国的工作的Y.列维夫人、从事罗马与希腊化帝国工作的U.拉伯鲍尔特先生；以及H.阿多尼夫人、R.沙柯夫人和Z.柯亨小姐，她们都对这项工作有所帮助。我希望为润色英文方面的帮助而感谢Z.波拉特夫和M.莫根夫人，特别为了本书出色的编辑工作而感谢S.B.阿庇尔森小姐，为誊打手稿的工作而感谢H.布尔察泰恩夫人，为在这个项目中自始至终的出色帮助而感激我的秘书Z.蒂姆小姐；还要为本书付梓的准备工作而感谢K.波塞尔夫人、M.曼德尔小姐及自由出版社全体人员。至于在阅读校样方面的帮助，我愿向R.沙柯先生、C.哈克尼斯夫人和E.海德小姐谨致谢意。

我也从一些图书馆获得了巨大的帮助——耶路撒冷的国立图书馆和大学图书馆；斯坦福、伯克莱和哈佛等大学的图书馆；以及位于伦敦经济学院的不列颠经济与政治科学图书馆，我曾于1958年夏季作为访问馆员逗留于此，并得以收集对于本书十分重要的素材。

我还就本书的若干课题在芝加哥、哈佛、密歇根、奥斯陆和哥本哈根各大学，以及在卑尔根的克里斯蒂安·米切尔森研究中心（Christian Michelsen Institute）作过讲演。我从在这些地方的讨论中受益匪浅。

我还要感谢B.莱维斯教授和《伊斯兰教研究》的诸编辑，他们允诺我从1958年第IX卷上的论文"对奥斯曼帝国衰亡的若干反省"中加以引证。

S. N. 艾森斯塔德
埃利萨尔·卡普兰经济与社会科学学院
耶路撒冷希伯来大学

历史官僚制帝国政治体系发展的条件

一 历史上的官僚制政体：环境与问题

1. 导言

本书致力于历史官僚制帝国政治体系的社会学分析。它试图描述这些体系基本特征的本性，并且分析这些特征赖以发展和发挥功能的社会条件，以及有助于这些特征的维系和延续，抑或引发其变迁的社会过程和政治过程。

这一分析基于两个密切相关的假定。头一个假定在于，政治体系是任何社会的组织的一个基本部分。对于它在社会结构中的地位和它与该结构中其他诸部分的关系加以考察，是分析其功能运转之最有成效的方法。第二个假定在于，不同类型的政治体系是在特定的社会条件下发展起来和发挥功能的。同样，任何政治体系的延续都与这些特定条件相关联。基于这些假定，我们将试图分析历史官僚制政权的政治体系。

在历史上，这些帝国表征着人类文明发展最为重要的诸阶段。它们发展于近东文明，埃及、古代美洲文明（在印加和阿兹特克）；希腊化、罗马和拜占庭世界；波斯和中亚；最重要的远东文明，尤其在中国与印度；穆斯林世界，如在阿拔斯王朝、法蒂玛王朝和奥斯曼帝国；以及近代欧洲的绝对专制主义时代之中。

在每个这类文明的这样或那样的阶段上，如我们将会看到的，曾经发展出属于庞大类型的、被指称为"历史的"（即非现代的）中央集权官僚制帝国或政体的政治体系和政治组织。

每一个这样的帝国或政体都曾在人类历史和文化中扮演过伟大和重要的角色，并且在众多文化传统中，在现代社会与现代文明的诸多侧面上，遗留下了它们的印痕。从许多角度说，若不对现代政治体系来自这些帝国的历史起源进行分析，要了解现代政治体系特点和问题是断无可能的。

从比较的或类型学的观点出发，这些政治体系亦具有极大的重要性。在历史上和分析上，它们都位于可被称作为"传统的"以及"现代的"政治体系和政权之间。

绝大多数这些帝国由要求享有传统-神圣化合法性的君主所统治。同样地，就人口的诸多部分在政治上更为顺从以及欠缺任何一般公民权和政治权利而言，此类帝国非常接近于更为传统的政治体系。另一方面，这些帝国也发展出若干类似于现代政权某些独特之处的基本特征。在这些特征中，至为重要的是相对一元化的中央集权政体；官僚制的行政机关与政治斗争机关；以及相对激烈的政治斗争。积极参与这一斗争的人们，即统治者和各种活跃的精英不断尝试动员社会中其他群体的政治支持。

于是这些政治体系便在各不相同的程度上，将较不发达的、传统的政治体系与较为发达的、分化的政治体系这两方面的因素熔为一炉；而且在这种政治体系中也就产生出带有这两种类型的特征的政治问题。此外，此种体系不得不在单一政治组织的框架内去结合这些不同的要素。在这方面，它们的若干问题在某种程度上可能与眼下正经历着现代化进程的各种"新兴国家"的问题相类似。

因此，对于这些历史上的政治体系的分析，对于理解复杂政治体系的动力和使此种体系现代化的进程，以及作为现代政治体系的预演，在许多方面都是饶有兴味的。

2. 政治体系的若干基本特征

让我们对上述假定略加考察。

社会学、人类学和政治学文献近来的发展，现在已使得对于政治体系的社会学分析提出一个共同的初步研究方法成为可能——纵使在这个领域中的诸多分析问题尚需进一步澄清[①]。

我们将不涉及对社会学、人类学和政治学研究方法之间的区别及其分析意涵的详细考察。在这里，列举出或多或少已被认可是政治体系基本特征的那些属性就已绰绰有余了。

这些属性如下：

(1) 政治体系是一个特定疆域的社会中，对社会里的力量的授权使用与调节具有合法性垄断权的组织；

(2) 政治体系界定了对于维系它作为其中一部分的那个系统的职责；

(3) 因而，政治体系的组织强迫实施严厉的世俗法令，以便履行社会主要的集体目标，维系其内部秩序，以及调节其对外关

---

① [A]* *Almond*, 1960; *Apter*, 1958; *Beer*, 1958; *Easton*, 1957, 1959; *Eisenstadt*, 1954, 1959; *M.Levy*, 1952; *Parsons*, 1960; *Parsons and Smelser*, 1956; *Roberts, and Almond*, 1957; *Sutton*, 1955.

* 方括号中的大写字母代表的是书末参考文献中的不同部分。

系①。在一个社会中，所有实施这些独特功能的社会角色或社会群体，无论它们还可能履行何种其他任务，构成了社会的政治体系。

这个界定预设了每个社会必以某一政治体系作为特色——这就是说，一个履行集体目标并维系内部和外部的秩序，而毋庸具有藉以使这些目标得到实现或使这种秩序得到维系的合法性互动模式的社会，纯系子虚乌有。在某些社会里，专门政治角色本身并不能被明晰地分辨开来。但否认该角色的存在却会导致辩称政治功能的实施是随意性的。因此：

一伙老年男性为对特定情境做出反应而从事的周期性行动，或是一个群体为应付对内部秩序的某些严重威胁而非正式形成的合意，或对外关系的某种问题，都含蕴着特殊类型的政治结构，而非缺乏这种结构②。

换言之，在构成国家的初民社会与不构成一种国家的初民社会（所谓"部落中的"氏族）之间的传统区别，应当被重新表述为基于下列程度的区别：在这个程度上，这些社会里的若干政治活动与政治组织能够被识别出来和分化开来③。这一点现在通常已为人所接受。

对于全部政治体系主要特征的这一分析，使我们得以理解在该体系中的活动的基本类型。它指示出在每一政治体系内存在的政治活动的主要类型如下④：

---

① 引自 [A] *Apter*, 1958。
② [A] *Roberts and Almond*, 1957.
③ [A] *Eisenstadt*, 1959.
④ 引自 [A] *Roberts and Almond*, 1957。

(1)"立法的决策"或"最终的裁定"活动,即为了维系(或变更)社会中的既存秩序而决定社会的首要目标与形成一般规则;

(2)行政活动,它涉及这些基本规则在不同社会领域中的贯彻,以及为有效贯彻这些目标所必需的技术活动的组织。行政活动的主要目的是向社会中各种群体提供多种多样的服务,以及调节和确保由不同的阶层和群体为政治体系提供资源(即岁入);

(3)"党派-政治"活动——动员对于不同的政治措施和政治规则,以及对于不同政治地位持有者的支持的活动;

(4)司法活动,它关涉检验和核准将基本规则运用于在社会中产生的特殊、具体案例的有效性。

在讨论政治活动的主要类型时,我们必须在"统治者"与"被统治者"所发挥的作用之间作出区别。统治者是在政治过程中发挥能动作用的人们,也即规定目标、表述和贯彻规则、执行裁决和争夺政治支持的人们。被统治者则是臣服于统治的人们,是寻求裁决的人们,以及希望影响立法者的人们。在许多社会里,同一人可以在某一时间内或某一方面中是"统治者",而在另一个时间内或另一个方面中是"被统治者";统治者也会服从由他们自己颁布的不同规则。然而,统治者与被统治者之间的广泛区别,的确是政治活动之真正本性所内在固有的。

3. 政治体系与社会中其他制度之间的关系

这些不同类型的政治行动在分析上是相区别的,但它们又必然是互补的。它们之间持续的互动构成一个社会的政治进程。诚然，每一个这类的政治活动之被分化的程度，从一个社会到另一个社会都是极为不同的，并且如我们将看到的，这构成比较研究的一个重要问题。然而这些活动全都为任何政治体系所内在固有，而且它们都指出并详述了政治制度与一个给定社会的制度结构的其余诸部分交互关系的本性。它们指出了政治体系为发挥其功能所必需的各种输入（即若干类型的支持与资源），以及该体系对作为一个整体的社会的主要贡献或输出的本性。

简言之，社会中的政治制度与其他诸制度之间的这些交互关系如何[①]？

政体对于其他制度领域的特定的输出，由与下列诸项相关的各种权威决策所组成：

(1) 界定能够实现的主要集体目标，以及确定其优先顺序；

(2) 对各个群体在社会中的声望和影响，以及对权力和设施的授权使用加以配置；

(3) 为这些群体或个体分配各种设施、实惠与权利。

通过这些决策，政治制度就能够在社会中发挥它们的主要功能——在与社会其他部分的联系中明确表达它们的专有特征。当然，若不从其他的社会领域和社会制度——从其决策以之为取向的那些社会领域——得到帮助，这些活动是不可能被付诸践行的。

为持续地吸收实现各种各样的集体目标所需要的资源、服务和支持，为维系政体在社会中的地位，以及为实施其调节与整合的功能，政体依赖于其他制度领域。政体必须从经济领域中获得

[①] 关于输入-输出的社会学分析，参见 [A] *Easton*, 1957; *Parsons*, 1960; *Parsons and Smelser*, 1956。

各种人力、劳动、物产和货币资源。政体为了对自身统治的基本支持，与其象征相认同、统治者的合法性和促动政治角色的践行而有赖于文化制度。社会分层与社会组织的领域则向政体提供对不同政策的必要支持，以及不同群体和人们从事各式各样政治活动的能力和意愿。

然而，政体与社会其他制度系统之间的互动，并不限于刚才所勾描出的相互贡献。这些贡献是通过政治制度对社会中不同群体与阶层作出的要求，以及通过政治决策从统治者向被统治者的传递才获得明确表达的。

政体可资利用的资源与可得支持的总量或范围从来不是给定或固定的；政治角色的承担者必须总是为他们自己向其他制度领域提出持续的要求。自然，这些要求与这些不同群体向政体提出的贯彻各种类型的决策的要求密切相关并依此而定。恰如供给政府的资源那样，政体的决策也既非给定亦非固定的。经由这些群体的政治取向和政治活动——主要地经由以政治术语对其利益的明确表达和在若干政治组织框架内对这些利益的汇聚——各种群体的要求被传递给政体。政体与其他制度领域之间这一以它们的特定贡献和要求为主的持续互动，构成了任何社会中政治进程的动力。

4. 政治体系比较分析的主要尺度

在前一节中，我们已勾描出为一切政体所共同具有的政治体系与政治过程的各种特征的轮廓。它们标示出任何政治体系的基本特征或基本要素。然而，我们的主要旨趣在于政治体系的一个特殊类型。因此，考察以哪些方式以及遵循何等标准，能够对政治体系的不同类型加以分辨，乃是至为重要的。

我们认为可基于上述与政治体系在社会结构中的地位，以及政体-社会中其他子系统或从属领域之间主要交互关系相关的思考而推出这样的标准。下列各项似乎是政治体系之间进行对比的领域或标准，或者是建构不同类型的政治体系的主要领域或主要标准[①]。

(1) 头一个对比领域是，按专门角色组织主要政治活动的程度，这些活动同社会的它种角色和或群体的分化程度，以及该活动相互之间的分化程度；

(2) 密切相关的是按专门集体或专门群体来组织不同政治活动的程度，或者相反，该活动被嵌入其他（特别是归属的、血缘的、地缘的与身份的）集体的程度。这样，我们就可以向任何社会发问：它是否有立法、行政、司法和党派政治活动的专门组织？

(3) 对比的另一个领域指涉政体的目标，统治者为了实现该目标而使用他所垄断的权力和可资利用的资源。对这些目标的分类可以依据下列各项：(a) 这些目标的内容。在我们讨论的这个阶段上，我们可宽泛地依据这些目标所表征的主要制度领域——文化的、经济的、政治的（展宽了的）领域——对之加以划分；(b) 这些目标被认作为社会中任何其他群体或其他制度领域（例

---

① 关于比较分析的某些方法，见 [A] *Almond*, 1910; *Apler*, 1958; *Easton*, 1957; *Eisenstaolt*, 1954, 1959; *M.Levy*, 1952, ch.x。

如，血缘、地缘或经济群体，抑或宗教制度）的目标的程度，及其受到这些群体制约的程度；或者反过来说，它们被当成政治领域专有的自治目标而加以界定或贯彻的程度；(c)支配这些目标的界定的标准，尤其是它们受到政治或非政治的价值观、旨趣和取向所制约的程度；以及(d)就这些目标被认作为独特的政治目标而言，社会中不同群体成员可以参与或竞争对其加以界定的程度。

(4)对比的最后领域是认可给定政治体系及其统治者的合法性类型。关于"合法性"，我们意指依据社会的某些共同价值观而评价统治者及其活动，以及对合适的统治者的任命[1]。此种评估可以依据不同的价值观或价值取向，而基于各种各样的理由做出。眼下我们将不着手对合法性的不同的可能类型作出详细分析，我们在此将只是提及由马克斯·韦伯[2]所提出的传统型、卡里斯玛型与法理型的合法性之间的区别。以后，我们会看到，这个类型学对于我们的目的是何等的恰如其分。

每个合法性系统都包括统治者责任承担制的某些模式，例如对决策制订者而言，"参照群体"的充分的重要性在于：制订者将在心目中与这些群体一道做出决策。此种群体将或则修订政府的决策，或则面对所作出的最终决策而拒绝正式认可[3]。自然，在不同的社会里，这种群体的本性，他们的权力，以及他们明确表达的寻求同意的程度，都是有所不同的。

---

[1]　[A] *Parsons*, 1960.

[2]　[A] *Weber*, 1920-1921, pp.122-176, 642-649; [A] *Parsons*, 1960.

[3]　[A] *M.Levy*, 1952, ch.X; *Apter*, 1958.

我们相信，适才讨论的诸变量对政治体系的比较分析是极为重要的。显然，遵循每一特定分析与特定问题的要求，对每个变量都能在不同的详尽程度上予以阐述。然而看来——至少在我们分析的这个阶段上——当诸变量被汇聚到一起时，它们便构成对政治体系的比较分析加以初步系统研究的恰当框架。这些变量涉及作为社会子系统的政体的明确表达程度，其政治活动的主要方向，和它同其他制度领域的相互依存之点。于是，这些变量使试图把政治体系当作社会子系统而加以考察的人们所面临的主要问题，变得昭然若揭了。

这些变量是密切地相互关联的。然而同时每一个又可能多少独立于其他变量而有所变动。不过，它们却并非全然随机性地变动；而且它们各自的变动幅度在不同程度上又是相关的。与之相应的是，比较分析的一项首要任务就是研究这些变量独立与相关的程度，或曰它们可能彼此独立变动的范围。

5. 政治体系的主要类型

历史官僚制帝国的主要例证

在理论上，这些变量之间可能存在的交互关系是多方面的；然而，在人类社会发展的历史中，若干主要的类型是十分显著的。这些类型的绝大多数现在尚未经受过系统的社会学分析或政治学分析，而对它们的分类迄今为止则大多是描述性的。即便如此，它们仍代表着在人类社会历史中所曾遇到的最为普遍的政治体系形式。这些主要类型如下：

(1) 初民政治体系；

(2) 世袭制帝国（例如，加洛林王朝和阿契美尼德王朝或帕提亚帝国）；

(3) 游牧或征服性帝国（例如，蒙古诸帝国和四大哈里发掌管下的阿拉伯王国）；

(4) 城邦国家（例如，古代雅典，罗马共和国）；

(5) 封建体系（如在欧洲、日本、中东以及可能还在其他地方那样）；

(6) 中央集权的历史官僚制帝国，或简言之，历史官僚制诸社会；

(7) 各种类型的现代社会（民主的、独裁的、极权的和"不发达的"）。

这个名录必定是临时初步的，远非详尽无遗。此外，这些类型的政治体系的每一个，都可被分解成若干独特的子系统；而且或许还存在诸多边际与叠交的案例。如我们所说，这个分类主要是描述性的，虽说依照我们的比较标准，列出的每一个类型都可借助某些专有特征而被分辨开来。唯有进一步的分析才会显示出每个历史类型在分析上具有独特性的程度，或者贯通以上所列举的不同类型的政治体系将不得不被分辨开来的程度。

如已陈述的，本书将关切政治体系的一个主要类型，即中央集权的历史官僚制帝国或国家。这些帝国之最为重要的例证如下[*]：

---

[*] 与所有这些社会相当的参考文献信息在接下来的数章和最后的参考文献中提供了。对于这些帝国历史诞生的描述也做了说明。

(1) 古代帝国——尤其是埃及、巴比伦，或许还有印加与阿兹特克；

(2) 中华帝国，自汉代以降直至清代；

(3) 各种波斯帝国，尤其是萨珊王朝，以及在较小的程度上，还包括帕提亚或阿契美尼德王朝；

(4) 罗马与希腊化时期的帝国；

(5) 拜占庭帝国；

(6) 各种古代印度国家，特别是笈多王朝、孔雀王朝及莫卧儿帝国；

(7) 阿拉伯哈里发王朝，尤其是阿拔斯王朝与法蒂玛王朝的政权、地中海沿岸和伊朗的阿拉伯伊斯兰国家；以及最后，奥斯曼帝国；

(8) 封建体系衰落以来，整个绝对专制主义时代的西欧、中欧和东欧的国家；

(9) 征服者帝国（即作为欧洲扩张、殖民化和征服的结果，在非欧洲国家内建立的各式各样的政治体制——特别是西班牙-美洲帝国，法兰西帝国的殖民地，以及印度的不列颠殖民帝国）。

历史上中央集权的官僚体系的主体部分产发于(1)世袭制帝国，如埃及或萨珊帝国；(2)二元的游牧-定居帝国（其必定与世袭制帝国分享众多共同特征）；(3)封建制社会，就像在欧洲，大概还有中国，以及在某种程度上的日本的社会那样；或(4)城邦国家（罗马与希腊化时期的帝国）。直接地从初民政体产发出来的官僚体系的已知例证是罕见的，或许仅在古代印加和阿兹特克，以及在更低的程度上，在古代埃及帝国，曾有过这种发展。

我们有理由将这些各种各样的、在历史和地理上相隔和独特的社会在一个标题下拢为一组，并且宣称它们构成或属于一个类型吗？显然，在这些不同社会之间会存有许多区别——它们在历史背景、地理背景以及在文化传统方面有所不同。不过，从比较社会学分析的观点来看，它们似乎都隶属于一个分享着某些基本的共同特征的类型。这些共同特征当然并不泯除它们之间的文化区别和历史区别——但至少某些这类区别极宜被视作这些共同特质的变异，或视作影响这些变异的因素；这样就可以富于成效地对之加以分析。

　　显然，只宣称一个涵容如此众多独特社会的共同类型的存在，这是不够充分的。在某种程度上，这整部著作将不得不持续不断地证实这一宣称。在我们分析的这个阶段上，我们必须将自己局限于颇为形式化和描述性地逐一列举（这些社会的）主要特征。在这个列举的基础上，我们将试图指出对这些政治体系加以社会学分析的主要问题。为了能够理解这些政治体系的主要特征，我们将从对它们发展模式的简明扼要的描述入手。

二 政治体系的基本特征及其发展的社会条件：基本假说

1. 中央集权政体发展的模式

尽管这些政体的历史背景与文化环境极为不同，但就其建立的模式而言，它们却具有某些共同特点。在全部案例中，建立这些政体的初始动力都来源于统治者——帝王、国王或贵族统治精英的某些成员（例如，罗马共和国贵族精英的颇为活跃与能动的分子）。在大多数案例中，这些统治者不是来源于即存的贵族、世袭家族、部族或封建的家族，就是来自较低等级家族的篡位者，他们企图建立新的王朝或侵吞新的疆土。有时，他们还是试图开拓各种各样的地域并对之建立统治的征服者。

通常地，这样的统治者产生于现存政治体系（若不是贵族城邦国家、部族、世袭制帝国，便是封建体制）的动荡、骚动或解组的时期，或者剧烈冲突时期。通常而论，该统治者的目的是重建和平与秩序。然而，这样的统治者并不试图全部保存陈旧的秩序——虽说由于宣传和机会主义的原因，该统治者有时会坚持使譬如某种政治意识形态或政治口号保存下来。该统治者总是具有某种关于一元化政体的独特政治目标的图景。他旨在建立一个更加中央集权的、一元化的政体，在其中他能够垄断政治决策并确立政治目标，而不必受到各种各样的传统贵族、部族或显贵群体的束缚。甚至当这些统治者是征服者时，如罗马、伊斯兰与西班牙-美洲诸帝国的统治者那样——其也具有这样的愿景，并试图将它传递到至少是被征服居民的诸部分中去。*

这些统治者的目的往往取向于同各种社会群体与政治群体相对立，并且受到后者的反对。无论在先前的政治统治中曾存在过怎样巨大的骚动、动荡和内部冲突，却总是存在某些或则从中得益，或则对如是受惠抱有企望，或则谋划重建他们在其中占有权力和施加影响的旧秩序的群体。这些群体一般由某些贵族群体，显贵，或某些更为传统的都市群体，以及传统文化精英所组成。他们通常由于统治者的新目标和新活动而感到威胁。在许多情况下，这些群体把统治者当成背叛者、暴发户与野蛮人。不过，超出这些纯粹"社会"的原因之外，他们还感到自己的地位受到政治中央集权化趋势的威胁；而且他们并不情愿去帮助实现这个趋势。因此，他们时常拒绝向统治者提供资源或给予支持，并且密谋反对和妨害统治者：或者以公开的政治战争，或者借助于耍花招、渗透活动和阴谋诡计。**

统治者必须寻得同盟者，无论其为积极的还是消极的，这些同盟者都能够使统治者实现其目标，而不管这些各式各样的权要或贵族势力如何。统治者必须锻造藉以动员其所需各种资源——或是经济资源和人力，或是政治支持——的诸种权力和政策手段。而他们自然试图在其利益同传统群体和贵族群体的利益相对

---

* 关于这些帝国发展的历史情境，请参见参考文献。
** 对这些统治者企图的反对的详细描述可在相关部分参考文献中所引用的历史作品中找到。

立，以及能够从贵族群体的衰落与更加一元化政体的建立中受益的那些群体与阶层当中寻找同盟者。这些潜在的同盟者基本上有两种。某些同盟者来源于更为活跃的（大多是都市的）经济群体、文化群体和专业群体。这些群体由于其起源和／或其社会的利益与取向，而同贵族-传统群体两相对立。另外一类来源于广大的、在政治与社会上皆更加消极的阶层——尤其是农民；以及在较小程度上，还有某些可能从贵族势力的削弱和从统治者建立的和平与秩序中即便是间接获益的较低级都市群体。

为利用这些潜在的同盟者以动员必要的资源和贯彻其政策，统治者不得不锻造某些可靠的政治活动与行政活动的手段，以便能够用来向从中得到其潜在同盟者或支持者的阶层提供各式各样的服务。

2. 统治者为保证中央集权政体的发展而实施的政治活动

统治者通常会吸纳若干已存的行政机关、政治机关及其人员。至少在最初阶段，他们可被用于组织必要的政治活动和行政活动。但甚至在这种情况下，统治者也必须改变行政人员和行政机关，使之适应其自己的目的。*

当现存人员与权贵势力有牵连时，统治者时常不得不撤换那些陷于此种牵连的人员。但是，人员的变动尚非足够。统治者还

---

* 统治者是通过何种方式改变或形塑的，在关于这些社会的基本历史作品中有所描述，特别是参考文献相关部分所列出的那些。

必须确保新的行政人员对他保持忠心耿耿并且依赖于他，以及不会被反对势力"重新征服"。

此外，统治者必须确保行政机关与行政人员组织起来，以便能够为统治者及其在社会各主要阶层的支持者这两方面履行各种各样的功能。因此，统治者总是竭力对这些机关和人员进行重组，以确保它们能够完成那些建立它们时所设定的任务，并保证它们对统治者的忠诚。为这个目的，统治者试图垄断对这些职位的任命，并尽可能地任命忠实于自己和能合格执行他们的任务的那些人们；统治者总是会强调这样一点：这些官员要么是他们个人的仆从，要么是他们所想要建立的政体的仆从，但绝非社会中任何群体或阶层的代表。统治者将尽力控制这些机关的预算，以及掌握可供其支配的充分的资源，使之得以供给必要的花销和支付官员的薪俸——这一点再次强调了官员对统治者的依赖。

这样的统治者试图使这种机关尽可能地独立于更为传统和属于贵族的阶层与群体，并赋予该机关某些针对贵族阶层的权力与声望。这时，统治者必须容许它们有某种程度的自治和独立。这个有助于行政机关得到一定程度自治的趋势，由于该机关活动领域的增长，以及由于其活动的开展变得愈加依赖于经验和"实际知识"而得到增强（行政趋于自治的倾向和某种服务的取向，已为大多数历史学文献所证明[①]）。

自然，在许多情况下，统治者之所以希望利用这些机关，仅仅或主要地是出于盘剥居民及其资源的目的。然而，即便在一个征服者帝国里，如果统治者指望保存他的统治，他就不得不容许

---

① 通常的手段，参见 [A] *Borch*, 1954; [A] *Weber*, 1922; [X] *Hintze*, 1907。

这些行政机构也考虑若干社会群体的种种需要——纵使只是向这些群体提供和平、安全与某些基本的服务。这一点可以经由对这些行政机构主要活动模式加以简要分析而得到最佳显示[①]。

3. 行政机关的发展与结构

在我们将在此研究的诸社会的行政机构中，趋于演化出我们可以称之为专门化行动的若干类型的"部门"或"集团"。一般而言，这关涉到四种主要的活动：财政的活动，政治与军事的活动，行政的活动，以及内部监控的活动。

金融或财政组织总是属于核心的部门。它主要通过税收而动员为政府所必需的财政资源，并将之分配给其他部门。与财政组织密切关联的其他部门，则处理可被称作为公共生活和经济生活的各种技术方面与监管方面——如古代埃及、中国和某些中美洲国家维持灌溉系统，监管手工业工人和商贩等的经济活动，以及维持充分供应食品的服务，这种服务在都市中尤为突出。涉及通

[①] 参考书目中所引用的相关作品详细地讨论了这里所考察的主要行政机构的结构。其中特别重要的有如下这些：关于埃及有，[F] *Kees*, 1933[*a*], 1933[*b*]; *Drioton and Vandier*, 1952。关于萨珊波斯，参见 [G] *Christensen*, 1936, 1939; *Althein and Stiehl*, 1954。关于罗马帝国，参见 [Q] *Burn*, 1952; *Boak*, 1955[*a*], ch.xix, xxiii 和后者的参考书目部分。关于拜占庭帝国，参见 [L] *Bréhire*, 1949[*b*]; *Diehl*, 1927; *Stein*, 1954。关于中国，参见 [I] *Des Rotours*, 1932, 1947–1948; *Y.C.Wang*, 1949; *Hucker*, 1950; *Kracke*, 1953。关于西班牙美洲帝国，参见 [R] *Haring*, 1947; *Gongora*, 1951; *Fisher*, 1926, 1936。关于通常的欧洲国家，参见 [S] *Beloff*, 1954; *Lindsay*, 1957[*a*]; [Y] *Eeller*, 1948；及 [X] *Rosenberg*, 1958。关于其他资料，参见本书第六章。

讯与邮政服务的部门，以及涉及在社会中维护和平与秩序的部门，亦具有特殊的重要性。此外，还存在涉及（用一个广义的术语）文化问题与教育问题的专门行政机关。后者时常同治安活动密切相连。

还存在关涉草拟法律和组织对于司法的监控，或涉及管理法律活动的部门或活动，以及主要处理"外部政治"问题——比如处理军事与外交事务——的部门。

在大多数这些行政管理机构中，各种各样为应付官僚制自身内部问题的活动与部门也发展起来：包括致力于监督其他部门，特别是行省长官的部门，以及为官僚制行政管理机构框架中的职位而筛选、培训和擢升个人的那些部门或行动。在某些社会中——尤其在中国，以及在较小程度上，还在奥斯曼帝国——存在着处理这些问题的专门机构。然而，在许多社会中并没有这些专门机构，在那里，这些问题借助于各式各样的来自实际经验的方法、传统、个人关系和不同紧急状态的政治压力而获得解决。

最后，还存在着保存行政管理机构"集合记忆"的种种档案馆。

4. 政治斗争机关结构的发展

以上的讨论指出因统治者与这些行政机关的关系而衍生的某些基本问题。

从其统治伊始，该统治者就他希望为自己的（多半是剥削的）目的而利用这些机关，与使用它们为能动社会群体的各种需要和企求做出供给的必要性之间进退两难。他也在承认这些机关某种程度的自治与独立，而使之免受各种权贵与传统阶层侵犯的必要性（即一种在几乎每个情况中都变得不可避免的必要性）与维护他自己控制这些机关的必要性之间进退两难。

关于他用作为政治斗争机关的各种政务会议与代议制机构，这种统治者也面对着颇为类似的问题。他会试图从传统的和／或贵族的群体那里夺取对该机关成员资格的垄断权。通过这么做，他使这些成员资格随他自己的意愿而定，抑或将之赋予在政治上更为"可靠的"群体，并把这些机关转变成他能够借之从冲突的利益中受惠的途径。然而，他唯有容忍这些机关有某种程度的自治，以及允许在它们之内存在某些自由的政治斗争，才可能如愿以偿——即便他在试图控制这些机关和参与其中的人们。

相应地，在大多数这些国家里，政治斗争的各种机关和渠道——无论它们是宫廷派系、御前会议或代议制机构——都发展出若干独特的活动模式，虽说它们的制度化程度从一个社会到另一个社会大为不同。最为重要的这些活动有：调节各种集团之间的冲突，以及调节这些集团和统治者之间就其在御前会议内的地位和影响问题上的冲突；力图经由与统治者的交易和／或通过对统治者的资源进行可能的分配，抑或经由垄断中心的政治地位与行政地位来控制统治者，从而影响其政治决策；以及针对统治者而竭力建立诸群体的各种合法权利。

5. 政治体系的主要特征。自治目标的发展

正是出于这些不同的势力——统治者、主要社会群体以及政

治机关和行政机关——之间的互动，这些政治体系的主要特征才趋于发展起来。

那么，历史官僚制帝国政治体系的基本特征是什么？

中央集权官僚制政体的主要特征是政治领域的有限自治，这一特点有如下表现：

(1) 自主政治目标经由统治者，以及在某种程度上亦经由参与政治斗争的人们而得到发展；

(2) 政治活动和政治角色的有限分化的发展；

(3) 将政治共同体组织成为中央集权单元的尝试；

(4) 行政机构与政治斗争的专门组织的发展。

历史官僚制政体的头一个主要特征是，专门的政治目标经由统治者以及参与政治斗争的若干群体这两者（尤其是经由前者）而获得了发展。那些执行这些目标的人们——主要是统治者——将该目标视作有异于其他类型的目标，或有异于社会其他（不限于政治）领域或群体的目标。该目标的制定、追求和履行则变得大多独立于其他群体，并且主要受到政治规则与对政治事变的考虑的支配，尽管此种目标也必然地受到统治者和社会中其他群体的价值取向与利益的影响。换言之，这些社会的统治者支持一般化的权力——并非嵌入于归属群体结构中，并且能够以一般化方式运用于实施不同目标的权力——一定程度的发展。

然而，政治目标的自主性及其专门的政治履行受到若干因素的限制。（其中）最为重要的是统治者的合法性与责任承担的模式。

历史官僚制社会统治者的合法性主要是宗教-传统的：支配对该统治者加以评价的标准，通常结合了政治与宗教的价值观。注定成为这些社会的统治者的人们，或则是世袭传统群体的成员,或则是具体体现社会的"神圣"价值观和象征,并被寄予建立新的世袭王朝之厚望的卡里斯玛式人物。

然而,与此同时,在这些社会中也演化出某些次级的合法性模式,这主要地关系到行政机体。较之传统尺度,用于评价这些机体的尺度更具有法理性,并主要关注这些机体的效率和对固定规则的遵守。不过,这些法理性的合法性模式却极大地受到统治者的传统合法性优势的限制。

与这些社会中合法性诸模式密切相关,一种较为复杂的统治者责任承担制的模式也趋于发展起来。尽管统治者在制定政体目标方面具有垄断权,并且在形式上不必对任何人负责,但事实上众多群体——如宗教精英与知识分子精英,官僚和贵族——却形成了统治者应对他们负有责任的要求,并在各个不同的程度上试图使这些要求制度化。然而,在这些政治体系中,如是要求却从未被予以充分地制度化。统治者不单保持其对于政治决策和形成政治目标的垄断,而且还保持对于表征社会(大多是传统的)核心价值观的垄断。

6. 政治角色的有限分化

这些政治体系的第二个主要特征是政治角色和政治活动有限分化的发展,该发展在下列方面中显现出来:

(1)统治者绝大多数的政治活动在各个不同程度上与其他的、非政治性活动分化开来;而且这些活动在基本的归属——尤其是血缘、氏族、地缘和宗教的——群体内的嵌入程度较低;

(2)统治者各式各样的政治活动本身是多少相互分化的。最大程度的分化存在于"中层"的行政活动、司法活动和最高的统治活动及党派政治活动之间。前两种类型的活动通常由专门的群体加以组织，而其他两种类型通常则较少分化；

(3)尽管被统治者——主要的政治规则和政治决策被施加于其上的那些人——的政治角色和政治活动较之统治者的统治角色和政治活动鲜有分化，但他们也非全然嵌入于各种各样的归属单元之中。"被统治者"的基本角色（或者说臣民的角色）偶尔在某种程度上变得有异于其他基本的（例如，血缘或社区成员资格的）角色，而且臣民与统治者可能具有并非完全由血缘群体、地缘群体或身份群体所中介的直接联系。诚然，在大多数这些社会里，臣民不曾具有现实的、直接的政治权利，比如说参与立法或决策过程的权利。然而，借助于统治者的政治-党派活动，他们却能够间接地影响这些过程。此外，在行政领域和司法领域中，除去表征亲缘和地缘群体的颇为传统的代表制与请愿之外，可能产生某些影响的种种惯例时常也得到发展。

7. 中央集权政体的发展

统治者履行自治目标意图的一个主要的必然结果，在他组织一个较为中央集权的政治共同体的尝试中有所展现。这些尝试表现如下：

(1)试图对某个给定地域建立一元化的、相对同质性的统治，以及对这个地域疆界予以或多或少的明晰界定；

(2) 根据对中央权威的政治忠诚来界定整个政治单元,而将对任何中间权威的忠诚置于次级地位;

(3) 逐步建立中央集权的行政机构。

8. 政治斗争机关和官僚制行政机构的发展

与政治角色的分化和致力于实现专门、自治的政治目标的趋向紧密相关,在这些社会中发展出政治活动的若干专门组织。最为重要的是:(1)官僚制行政机关和(2)政治斗争的专门渠道。

在历史官僚制社会中,行政组织发展成为专门致力于实施各种各样的行政管理功能和政府功能的特殊与独立的机关。虽说在中央集权制帝国的框架内,这些机关时常从封建体系或世袭体系的行政机关中成长而来,但它们却趋于获得某些与众不同的特征。该机关和其他群体之间的不同之处基于如下属性:

(1) 把专门的行政活动有别于其他政治活动组织起来;

(2) 它的征募制度通常并不要求任何血缘群体和地方性-地缘群体成员资格,而在更高程度上立足于技能、财富、成就抑或对统治者的政治忠诚的标准之上;

(3) 内部组织自治的发展趋于沿官僚制的方向(即有助于使任务内在地中央集权化和专门化,建立相对统一的权威等级,以及调适这些机关运转的抽象规则系统的方向)展开;

(4) 随着官员逐渐演变成某种类型的受俸人员,并在某些上述标准的基础上进行征募,使得全体官吏日益专业化;

(5) 专业的或准专业的意识形态的发展,它强调各种行政机关的任职者通常并不被认作为仅仅或主要是统治者个人的仆从，而毋宁被认作为服务于以统治者为首脑的政体的公职人员。

在这些社会中发展起来的政治斗争的最为重要的专门渠道是：

(1) 各种各样的宫廷机关、派系和御前会议；

(2) 较高的官僚集团和官僚机构；

(3) 代议制机构，如拜占庭的元老院，以及欧洲的国会和等级会议。

在许多情况下，这些渠道从在封建社会和世袭社会中也可发见的类似渠道中演化出来。在这些前官僚制政体中，此种机构中的代表资格大多限于各种特殊主义的亲缘、地缘与世袭身份群体的成员；但在中央集权的官僚制帝国中，该资格却得到扩张并括及其他更广泛、更分化和富于灵活性的群体代表在内。这些机构中的代表资格常常基于更广泛和更灵活的标准。

9. 与世袭、封建和现代政治体系不同的历史官僚制帝国的政治体系

历史官僚制帝国的政治体系以政治子系统的某些自主的、然而又是受到限制的发展为其特征。这个特征通过朝向自主政治目标的中央集权化与发展的趋向，以及通过一定政治活动的较高的组织层面上的自主性所指明。这些都有助于一定水平的一般化权力在这些社会中的发展。然而，这些政治活动、政治组织、政治目标的分化以及一般化权力的范围，依然受到若干因素的限制。第一个限制在于统治者的基本上传统的合法性。第二个限制则通

过下列事实而推行：臣民的基本政治角色并非完全与其他基本社会角色（地方性共同体成员资格）区分开来，而时常被嵌入这些社会角色之中；居民和臣僚并不曾通过一种选举体系或者公民权而行使直接的政治权利。第三，许多传统-归属的单元——例如世系共同体与地缘共同体——扮演了诸多政治角色并且充当政治代议制的单元。与近、现代的官僚制社会相比，政治活动和随之而来的政治参与是极其狭隘的。

于是，在这些政治体系中——在同样的政治制度的框架之内——传统的、未曾分化类型的政治活动和政治组织与颇为分化和自主类型的政治活动与政治组织共存，在政治活动的主要方面全都紧密地交织在一起。从这个观点出发，历史官僚制社会既有异于封建政治体系和世袭政治体系（历史官僚制社会时常由之演化出来，而某些历史官僚制社会又可能发展成为封建社会和世袭社会），又有异于现代官僚制社会（某些历史官僚制社会可能发展成为现代官僚制社会）。可以说，历史官僚制社会位于这二者之间。

在政治目标的内容及其统治者合法性的模式方面，世袭制社会、封建社会和历史官僚制社会可能是彼此相像的。然而，在它们的政治活动和政治组织得到分化的程度上，以及在它们的目标被明确表达为专门政治目标的程度上，却是迥然不同的。与历史官僚制社会相比，世袭体系和封建体系具有下列诸特征：

（1）欠缺明晰的基于领土的中央集权制；

（2）存在非常平行的——如若不说是同一的话——社会、政治和经济的等级制；

（3）较少将政治领域作为在组织上独特和以自主目标为特征的领域而给予明确表达。

在世袭制社会和封建社会这两者中，行政官吏通常被认为是君主、某些领主或氏族的私人僚属。这些官吏对于后者及其资源的巨大依赖，遏止了官吏形成自主的组织。类似地，虽说封建社会和世袭社会的统治者可能试图制订和追求自主的目标，但该统治者却似乎不曾在任何一段时间内获得成功。许多群体时常拒绝对他们给予支持，这些群体发现这些目标代表皇室宗族、家庭或等级的特殊利益，而非代表整个共同体的利益，以及这些目标极可能与其他宗族和传统群体的目标相互冲突。① 唯有整个国家在实际上而非仅仅从象征上被认作为君主世袭制的国度——譬如在埃及（不过例如在加洛林王朝或阿契美尼德帝国却并非如此，那里存在着强有力的、传统的地方贵族群体）——世袭体系与官僚体系之间才具有与其说在质上，不如说在量上的区别。

历史官僚制的政治体系与现代政治体系②之间的主要区别在于后者的下列特点：

（1）政治活动极其巨大的分化，"被统治者"角色极其巨大的分化，以及统治机构诸主要方面之间"权力划分"的发展；

（2）政治权利在被统治者之间的分配——如在选举制中所表现的那样——以及随之而来的政治活动的范围在社会中大大地扩展了；

（3）各种各样群体在确定政治目标方面潜在的积极参与；

（4）专门的政治组织与行政组织的广泛发展，以及特别是专

---

① 关于封建体系，见 [D] *Bloch*, 1939-1940; *Couborn*, 1956; *Ganshof*, 1947; *Hintze*, 1929; [A] *Weber*, 1922, pp.724-732；关于世袭体系，见 [A] *Weber*, 1922, pp.173ff., 679-732。

② 关于作为独特社会学类型的现代政治体系，见 [S] *Heller*, 1934; [A] *McIver*, 1926; *Friedrich*, 1950, *Finer*, 1949。

门的党派-政治组织的广泛发展；

（5）统治者合法性的传统世袭模式的削弱，以及统治者对于政治权利享有者及其代表的正式责任承担制日增的制度化；以及

（6）对权力和获得统治地位的竞争在某种形式上或实际上的制度化。

10. 政治体系发展的社会条件问题

我们已经描述过的中央集权制历史帝国的不同类型政治特征的共存，这种共存将这些帝国与政治体系的其他类型划分开来，并创造出它们特殊的形貌与问题。在一元化政治制度的框架内，传统的、未曾分化的政治活动与取向和自主的、分化的政治活动与取向共存于其中。它们的共存是帝国政治体系诸核心问题的根源。这些不同要素的结合导致政治制度与社会结构其他部分之间复杂的交互关系。这一交互关系的复杂性显现于从事政治斗争的各种类型的群体，以及为统治者所需要并可资利用的资源的本性这两者之中。

在政治领域中，统治者需要传统的政治支持，以及更为复杂和分化的政治支持；他们同时有赖于这两者。政治领域和社会结构其他部分的传统关系通过下列事实表现出来：许多政治活动依然是由政治上非专门化的集体，即亲缘群体、地缘群体和经济群体所承担的。对于政治领域而言，所有这些群体都构成潜在权力的中心和资源的提供者。自然，这些群体时常向政治领域提出以维系其传统环境为取向的要求。另一方面，政治领域的真正自主

又使得统治者依赖于各种归属-传统的承诺与关系所不能提供的某种类型的资源。政治机构需要这种更富于弹性的支持和资源，其不复嵌入于固定的、归属的关系与群体之中；政治机构能够利用这些支持和资源，按照自主的政治考虑去履行丰富多彩的目标。为了确保这些非传统和分化的资源的持续供给，（统治者）不得不创立和维系专门地组织起来的群体和渠道——诸如宗派、专门鼓动家和党派-政治组织。

类似地，社会中形形色色群体向统治者提出的要求有传统的、归属类型的要求，这些要求由坚持不同群体固定的传统权利和传统利益组成；此外亦有更加复杂和分化类型的要求，比如说，要求参与制订统治者的政治目标，抑或参与变更社会中不同群体之间实际上的权力均衡，甚或参与决定统治者的合法性和责任承担制。因为所有这些因素都在这些社会中起作用，故甚至统治者的传统合法性也不再立足于"自发的"、固定的支持之上，统治者的合法性不得不持续性地加以动员。

这些不同的政治活动与政治取向并非在分立的"间隔"中共存，同时只是松散地和不稳定地结合起来。它们是被缔结在同一套制度之中，而且每一类型的政治活动和政治组织的延续也依赖于这两个类型的政治取向的存在。因而统治者的行动——悖谬地——取向于通过操纵传统与非传统的支持这两者，而维系基本的传统合法性，并通过非传统的渠道为政治上自主的目标而去动员传统的资源。因此，历史官僚制社会的统治者只有在同一个政治制度框架内，同时地和持续地在两个层面上维系合法性、支持与政治组织时，该政治体系才能够生存。因此，分析统治者藉以在这些不同层面上组织政治活动的方式，分析不同的群体是如何参与这些活动的，以及分析这些进程赖以发展和发挥功能的条件，乃是本书的主要关切之点。

这些体系面对着它们不得不予以处理的特有问题。为了能以较为充分的方式理解这些问题，我们必须别无选择地思考这些政治体系赖以发展并得以自我维系的条件。

我们已经提供了发展出来的每一类型的政治体系在特定的局部条件下得以维系的假说。因此，我们必须按照为历史官僚制帝国政治体系专有的特征，来分析其发展和维系所必需的条件。

为做到这一点，我们必须先行指出这些体系的不同特征在其具体的历史环境内借以结合或相互关联的方式。在这个参照系内，头两个特征——自主的政治目标与政治活动的有限分化——有异于后两个特征。政治目标自主的趋势创造了有助于创立与发展这些政体之最初推动力和可能性。其次两个特征——中央集权政体的发展以及政治斗争和行政管理的机关——构成了专门的组织化和制度化的方式，头两个特征的制度意涵借助于该方式便能被充分地确立起来。因此，我们必须分析这些推论充分实现的必要条件。

历史官僚制帝国的社会条件问题可以被划分为两个部分。头一部分与政治领域的内部条件，即有助于这些中央集权政体延续的政治活动与政治组织的类型相关。

问题的第二个部分与外部条件的专门化相关。这就是有助于内部条件制度化和使这些体系得以延续的该社会制度结构的诸主要方面——其经济制度或宗教制度方面，抑或其分层体系方面。

在下一节中，我们将提供关于使这些政治体系的制度化成为可能的各类条件的一系列假说。往后，我们将尝试证实它们，继而察看从这些分析以及从对假设的证实中可以推导出何种补充问题。

11. 政治体系发展的内部和外部条件。达到自主的政治目标的志向的发展，以及社会结构有限分化的发展

我们刚才讨论了中央集权官僚制帝国赖以发展、变得制度化并得到维系的条件问题；而且我们也已指明了给出有关这些条件本性的具体假说的必要性。

我们关于这些条件的主要假说如下：

首先，政治领域的那些"内部"条件是统治者所发展出来的明确表达的政治志向与政治活动，这些政治志向与活动促进了自主的政治目标的发展。

其次，"外部"条件——即非政治的制度，经济活动和文化活动，或社会组织与分层领域的若干发展。主要的外部条件是，若干有限水平的分化在社会全部制度领域内发展了出来（虽说程度不同），以及出现了我们将称之为"自由-流动"资源的东西。这种有限的分化显现在：

(1) 众多类型的群体的发展，尤其是在社会的中等阶层和高等阶层中。其或则在功能上是专门的，或则是归属性团结群体，但它们并非嵌入于基本的、归属性的地缘群体或亲缘群体的结构之内；

(2) 若干与其他制度领域的角色分化开来并在彼此之间也分化开来的角色——尤其是作为同"消费者"角色相区别的，可被称之为"生产者"的角色——在社会主要的制度系统中的发展；

(3) 按照基本的归属群体、亲缘群体和地缘群体成员资格的标准配置这些角色的幅度下降，在社会的中层和较高的群体与阶层内尤其如此；相反，按照自治尺度，抑或更为广泛和更具弹性群体（例如，职业、教育或政治群体）成员资格的标准配置该角色的幅度上升；

(4) 较之任何基本归属群体的界定都更为广泛的整个共同体界定的发展；

(5) 较之任何基本的归属群体皆更为广泛的，而且可能还包含着某些普遍主义要素的群体取向，在社会的广为流行的价值系统中的发展。

这些有限分化的发展首先创造了"自由-流动"资源，即并非嵌入于任何初级的归属-特殊主义群体或预先对之作出承诺的资源——包括人力资源，经济资源，政治支持和文化认同。该分化也在社会中创造了并非嵌入于此种群体中的、能够被不同群体为变化的目标所利用的一般化权力的蓄水池。这些自由-流动资源和一般化权力，如我们将看到的，对于统治者建立自主的政治制度，追求某些自主与分化的政治目标和活动都是不可或缺的；而且，它们还为分化的政治目标和政治组织的制度化创造了可能。

12. 内部条件的不适当性。
建立中央集权政体的不成功尝试的两个案例

为了能够对内部条件和外部条件之间的互动得到一个最初的看法，我们将先行对于建立中央集权政体的不成功尝试的两个案例，给出一个简要而初步的分析。

在大多数案例中，我们业已看到中央集权历史帝国政治体系的不同专有特征借以变得相互关联起来的具体方式。统治者政治目标的发展通常为这些政治体系的演化提供了原初的动力。为实现其目的和抵御传统-贵族势力的反对，统治者不得不保证物质人力资源和政治支持。出于这些意图，他们试图寻觅或裹挟能够提供此种资源的同盟者，以及创造或促进用于动员资源和履行政策的各式各样的机关。这些机关的专门组织与专门活动，从统治者的需求和目标，以及从中动员必要资源的诸阶层的需要和要求的互动中演化出来①。在欧洲，从中世纪的，归属-传统类型的代议制向更为分化类型的代议制转型，则是尤其重要的②。

然而在建立中央集权政体和发展这些专门政治机关方面，统治者并非总是获得成功。对于未获成功尝试的一个中肯的分析将有助于我们理解中央集权官僚制帝国的本性。我们已经选择出用于分析的两个失败的例证——加洛林帝国③和蒙古帝国④。

在每个案例中，统治者都勇于尝试建立新的中央集权政体。他们具有关于一元化政体的远见，也就是关于一种帝国或王国的

---

① 关于这些机关的发展，可参见主要相关引用中的描述。这一问题，以及欧洲发展的方式在 [D]*McIlwain*, 1932; [S]*Hintze*, 1930 中获得了讨论，并在 [S]*Hintze*, 1931 中被以更一般的方式讨论。

② 关于这一点，参见 [S]*Hintze*, 1930, 1931; [D] *Cam*, 1954；还有一些稍成问题的观点，参见 [S] *Lousse*, 1937, 1943; [Y] *Zeller*, 1948; *Pagès*, 1928, 1932 [*b*]; [Z] *Pares*, 1957; *Namier*, 1952。一些更广的，同时也参照了罗马和拜占庭的考虑，可见 [L] *Bratianu*, 1938, 1948 [*a*], 1948 [*b*]。

③ [E] *Halphen*, 1947.

④ [C] *Spuler*, 1950; *Vladimitsov*, 1948, 1950; *Schram*, 1954; *Krader*, 1955; *Haenisch*, 1933, 1941, 1943; *Lattimore*, 1947, 1951, *ch.iv*; *Vernadskii*, 1938, 1939; *Pelliot*, 1951; *Bacon*, 1954.

眼光，统治者借此而得以在确立和履行政治目标方面从传统群体的桎梏中解脱出来——虽说他们为了其地位仍然要求宗教与传统的合法性。统治者试图建立新的中央集权的行政模式，从世袭的贵族和群体的代表那里争夺对政治和行政职位的垄断，向这些职位录用新的人选，使统治者得以监督和利用之，以履行他们的政治目标。

但是，在此加以考察的统治者并不曾在任何较长时期内获得成功。在加洛林帝国，由查理曼大帝所创建的整个结构在他身后遂即土崩瓦解，而在蒙古帝国——即便在其鼎盛时期——成吉思汗也没有能力建立起统一的政体。统治者不可能在任何较长时间内控制他们的官员，或向官员供给充足的资源与报酬。这些官员极快地转变为半独立的领主，或者被更为古老的贵族所同化。统治者也不能够找到足够强大的同盟者，以反对各式各样的传统-贵族力量——或则是氏族的，或则是封建世系的——而且这些传统群体很快便重新获得了他们的支配地位。为统治者所创建的新的行政机关迅速地化为乌有，而其古老和传统的形态则会死灰复燃。在某些群体或阶层之间出现的任何新的、分化的政治活动尚处褓襁之中便被窒息了。

于是我们看到，即使当统治者表现出明显的自主的政治目标和以建立新的行政机关与政治机关为取向之际，现存条件却不总是必然地适合于此种机关的持续发展。在与此相仿的情形中，这些机关还不曾发展到超出萌芽阶段——换言之，这些机关未被充分地制度化。该机关的非制度化在较短时期内便削弱了统治者建立某种中央集权政体的尝试。可以说，这种政体通常"退化"成为各种类型的"前中央集权"政体-世袭制帝国，二元化-征服者帝国，抑或封建国家。

13. 内部条件的不适当性。"外部"条件问题。作为主要外部条件的社会结构有限分化的发展。在分析与例示中付诸运用的历史资料

显然，政治斗争和行政管理诸渠道的制度化，并非只受到内部条件即统治者的活动与目的的制约。统治者的成功极大地依赖于在诸社会的社会结构其他部分中的某些外部条件——即超出政治领域本身之外的那些条件。通过这些条件的发展，才能提供为统治者所需要的资源，而且才会有助于更为能动群体的不同模式的分化政治活动在社会中的定型化。

我们的假说认为：这些外部条件主要地在于社会结构某种有限水平的分化的发展。为了说明这一点，我们必须首先描述这些社会主要制度领域的结构，以及此种分化藉以显现的诸方式。然后，我们必须解释这些制度领域有限分化的发展，以及自由-流动资源在该领域内发展通过何种确切的方式促进了中央集权官僚制帝国政治体系的制度化。最后，我们必须经由将它们运用于可资利用的历史素材而检验这些解释。在以下各章内，我们将尝试着从事这一切。

我们无须在此探讨"何者"创造了这个类型的社会结构的外部条件问题，恰如我们不必询问具有自主政治取向的统治者藉以崛起的特定条件一样。人们会尝试这样一种分析——例如，人们会尝试着详述社会结构中的先决条件，在此付诸研究的社会在这些条件下发展起来，即在该条件下，或是出现具有自主政治取向

的统治者，或是／以及产生一定层面上的社会分化。不过，这种分析却已超出了我们在此加以关切的范围。

任何比较分析都必须在某处止步，并且为了这个分析起见而将若干条件当成给定的。出于这个缘故，我们在这里对于历史官僚制社会由以演化的诸不同类型的社会，以及历史先决条件的这些区别对于这种社会的发展所可能具有的影响，将概不予详细的分析。这样的影响，在其作用于这里所研究的社会的主要变量的范围以内，会在后面仅仅加以间接地思考。

贯穿本书始终，我们都将利用源于"前官僚制"社会与历史官僚制社会的素材。用于绝大多数这些社会的资料都在各种表格中作出概要。每个表格处理一个在专门章节内付诸讨论的不同问题。每章中的讨论和分析都将奠基于相关表格中所包容的素材。

为了使我们的讨论和分析更为具体，我们还将描述若干历史官僚制帝国国内社会结构和政治结构的发展。其一是萨珊帝国，它提供了这类帝国最不发展和最不分化的例证。中华帝国（特别是从汉朝 [公元前 206-221 年] 到唐朝 [618-905 年]）将用于阐释具有强大"文化"取向的、农耕-官僚制居支配地位的东方社会。拜占庭帝国是这样一种社会的例证：其中整个社会分化与经济分化乃是高水平的，而统治者的政治目标也被加以极度明确地表达。我们将利用关于西班牙-美洲帝国的素材，以阐释借助于征服而发展起来的历史官僚制帝国。有关绝对专制主义时代（17 和 18 世纪）西欧国家的资料（特别是英格兰和法国）则提供了最为分化类型的历史官僚制社会的资料。在某些情形下，我们还利用普鲁士和俄国作为佐证。当讨论"普遍主义"宗教通过征服而扩散传播的问题时，我们使用的素材来自另外一些附加的社会——尤其是各种各样的伊斯兰教帝国（特别是阿巴斯哈里发王朝[749-1258年]）和奥斯曼帝国。然而，所有这些案例仅仅用于阐释素材；关于这些资料的充分和系统的表述，则应与表格互为参照①。

---

① 关于萨珊王朝，尤其参见 [G]*Christensen*, 1933, 1936, 1939; *Ghirshman*, 1954; *Delaporto and Huart*, 1943; *Massé*, 1939, 1952, ch.v; *Altheim*, 1955[a], 1955[b]; *Altheim and Stiehl*, 1954, 1957; *Fry*, 1956; *Widengren*, 1956。关于中华帝国，参见 [I]*Franke*, 1930-1952; *Van del Sprenkel*, 1956; *Balázs*, 1950, 1959[a], 1959[b], 1960; *Aspects de la Chine*, 1959; *Fairbank*, 1957, 1958; *Wittfogel*, 1935, 1938, 1957; *Nivison and Wright*, 1959; *Lattimore*, 1951; *Pulleyblank*, 1954, 1955; *Stange*, 1950。关于拜占庭帝国的基础作品有：[L]*Diehl and Marçais*, 1936; *Diehl et.al.*, 1945; *Bréhier*, 1947, 1949[b], 1950; *Ostrogorsky*, 1956[a], 1929[a], 1941, 1956[b]; *Baynes*, 1926, 1955; *Baynes and Moss*, 1948; *Bury*, 1889; *Hussey*, 1957; *Runciman*, 1933; *Stein*, 1919, 1928[a], 1928[b], 1949, 1954。关于西班牙-美洲帝国，参见 [R]*Haring*, 1947; *Gongora*, 1951; *Konetzke*, 1951[a], 1953; *Ots Capdequi*, 1941; *Parry*, 1957; *Vida Viceus*, 1957; *Zavala*, 1943。关于分化的历史官僚诸社会，参见 [Z]*Ashley*, 1952; *Plumb*, 1950; [S]*Beloff*, 1954; [Z]*Davies*, 1937, 1955; *Namier*, 1952; *Pares*, 1957; *Trevelyan*, 1944。关于法国，参见 [Y]*Sagnac*, 1945, 1946; *Cobban*, 1957[b]; *Lough*, 1954, 1960; *Pagès*, 1928, 1932[b]; *Zeller*, 1948。关于普鲁士，参见 [S]*Beloff*, 1954; [W]*Pares*, 1958; *Nolde*, 1948, 1952-1953; *Sumner*, 1947, 1949。关于诸伊斯兰教帝国，参见 [M]*Hodgson*, 1960; *Lewis*, 1950; *Grunebaum*, 1946, 1954, 1955[a], 1955[b]; [N]*Cahen*, 1955[a], 1955[b], 1957[a], 1957[b]。关于奥斯曼帝国，参见 [O]*Stavrianos*, 1957[a], 1957[b]; *Gibb and Bowern*, 1950, 1957; *Witteck*, 1938。

三　历史官僚制社会的经济结构

1. 经济组织的发展

我们将从对历史官僚制社会经济组织的分析入手，试图指出各种类型的自由资源何以会在这个领域中发展起来。

从一开始，我们就必须强调：一切在此加以研究的社会，其经济并非完全地以这样的自由资源为基础——尽管这些社会以之为基础的程度不尽相同。在这些社会中，经济的诸多部分仍然是在相对自足的、传统的单元内被组织起来。但是在所有被考察的社会里，主要类型的经济资源——劳动力、资本、商品和交换手段——都已脱弃了这些自足的单元，而达到了允许自由资源的流动影响到经济结构的一切部分或部门发挥功能的程度。

这些社会的经济结构和社会结构以从一种相对封闭的、农耕的经济，即集中在封闭单元中的经济，向更为分化经济体系的转型为其特征。通常而论，广大的经济单元和社会单元相对的自给-自足解体了，并且为更加分化和专门化的经济单元让出地盘。这些单元本身也变得至少在某种程度上依赖于必要资本与劳动力的外部资源，因此，该单元不得不主要地为"外部"市场而生产。

2. 农业部门的基本特征

结果，在大多数这些社会中，村社或地区不是被大多由独立农民或佃户所组成的、更加分化的村庄所取代，就是让位于大规模的庄园。

以下是这些社会农业生产者的主要类型：(1) 贵族与乡绅；(2) 自耕农；以及 (3) 各种类型的受领主和乡绅控制的佃户和半奴隶的依附性乡村阶级。自耕农和依附农两群体，时常以或大或小的家庭地产而被组织起来；但依附农群体有时则附属于为贵族与乡绅所拥有的各种各样的更大的农业单元。在某些情形下，依附农与自耕农之间的区别可能仅仅是程度上的。然而，论及人身自由和迁徙自由，两者的区别却最为昭明彰著——自由农民通常并不被束缚在土地上。

无论农民依赖性的程度，以及农民的经济活动嵌入于村社共同体与亲缘共同体的程度如何，在大多数这些社会里都发展出破坏或限制这些传统-归属经济框架的若干趋势。农业中这些至为重要的分化趋势，表现为自耕农的私有财产的发展，以及人力和劳动力流动在某种程度上的发展。在大多数情况中，存在着归属性共同体土地权利相对广泛的削弱，以及个体（或小家庭）财产权利的某种幅度的增长——尽管这些权利仍然时常地或者受到各种亲缘权利和共同体权利的传统桎梏的严格限制，或者受到农民们对农业的封建领主或国家的义务的严格限制。

3. 农业部门的结构

A. 萨珊波斯

唯有在最为低度发展的社会，譬如在萨珊波斯中[1]，受封建领主统治的传统村社才的确保留了很大程度的自给-自足性。但即便在这里，在各个不同的时期之内，也出现了更为独立的自耕农。

就总体而论，萨珊波斯农民的命运并不甚佳。其在希腊化时期由之受益的开明态度已是明日黄花。萨珊波斯农民是蒙受欺侮的、不独立的和无知的，并依附于土地；除去偶尔保持住一种不够牢靠的独立性时期以外，他是国家、显贵或寺院的财产。由于大土地所有者日渐变得强盛有力，小土地所有者因惧怕经济危机与国家侵蚀而趋于寻求前者的庇护。（大）土地所有者以国家名义征税的职责进一步增加了其所控制的人数。课敛税款固然由以得到促进，但国家却变得依赖于封建领主或军事领主，而限制这些领主影响的尝试则归于失败。最后，贵族的权力变得如此之大，使得国王在财政和军事上倚仗他们；巨大的地产发展成为封闭的经营单位。

---

[1] 关于萨珊波斯的通论，参见 [G] *Christensen*, 1933, 1936, 1939; *Delaporte and Huart*, 1943; *Ghirshman*, 1954; *Massé*, 1939, 1952; *Altheim*, 1955 [*a*], 1955 [*b*]; *Altheim and Stiehl*, 1954, 1957; *Adoniz*, 1937。

B. 拜占庭帝国

在拜占庭帝国[1]，6世纪以前社会的基本特征是自由的村社共同体[2]，每个农民都拥有个人的地产并且亲自耕耘，但假设出于某种原因，他不能够自己去耕种它，他也可以或则基于分享盈余，或则为了货币支付，而让共同体中另一个成员去耕作。为了课税的目的，每个这样的共同体都形成一个财政单元；如若一个农夫不曾践行他在税务上的义务，则他的邻居们便对这些义务负有责任，除非采取措施将他们从这种责任中解脱出来。从整体上看，至少在8和9世纪中，这些村庄是繁荣的；村庄的成员中自然有许多是贫困的；但却有一大批小康的农民，而少数人则变得极其富裕[3]。

在这个时期，非奴隶成分人口的迁居自由，是帝国农村社会的另一个特色[4]。但这一流动或许并非极为广泛。除去被政府迁移或被某种外来入侵将人们从家园中驱赶出来以外，绝大部分人民都生老病死于他们所降生的共同体之内。

在拜占庭社会中，在自由农民与妄图侵蚀农民财产的贵族地

---

[1] 关于其经济结构，参见 [L] Ostrogorsky, 1956 [a]，各处及注释；Baynes and Moss, 1948, ch.ii, iii; Bratianu, 1938; Ostrogorsky, 1929 [a]; Charanis, 1944–1945, 1951 [a], 1951 [b], 1953 [b]。

[2] Ostrogorsky, 1929 [a], 1941, 1949, 1959; Charanis, 1944–1945, 1951 [a], 1951 [b]; Bréhier, 1917。关于著名的《农业法》(Farmer's Laws) 的文本，参见 Ashburner, 1910–1912; Bach, 1942; Malafosse, 1949; Ostrogorsky, 1947. [L] Lemerle [1958] 和 Karayanopulus [1956] 的注释与 Ostrogorsky 的不同。

[3] [L] Charanis, 1944–1945; Rouillard, 1953, 1940; Lemerle, 1958.

[4] [L] Bréhier, 1924, 1917; Diehl, 1906–1908, 1929; Rouillard, 1953.

主之间展开了经久不息的斗争。在整个帝国最为强盛的时期，自由农民在皇帝们的帮助下得以维系自身。但在大约 11 世纪之后，贵族的势力增强了，而自由村庄则开始消失[①]。

C. 唐帝国

从很早的时代开始，中国的经济结构就有赖于农业。大河流域与丘陵地带都是农耕地区。治水成为饱受频繁旱涝灾变的严重危害的农业的中心问题。农业与水利的结合遂即创造出专门的社会需要与权力关系的诸模式。

在帝王与封建领主之间的斗争中，对运河的控制是一个重要的问题。维持和修复运河与堤防是中央行政机构的主要职责，而且变成一个组织完善和富有成效的行政机构的象征[②]。农业的组织单元是农民的村庄，其显示出组织上的极端稳定性而不管使用权（tenure）和所有权的法规如何变迁。

在村庄中，"财产"的概念和"集体财产"的概念大致同义，唯一的问题在于谁是占有者单元。传统的财产单元是家庭，但当儒教体系强调家庭和国家的意识形态整合时，后者便易于被当作土地的最高占有者。于是，在现实中仅仅存在不同类型的使用权，而不是土地的所有权。

在唐朝初期，使用权体系是从隋代承继而来的均田制[③]。按照这个体系，对每一对已婚夫妇皆均等地配给土地。这就使得税

---

① [L]*Andréadès*, 1935; *Dölger*, 1933; *Stein*, 1923–1925, 1954; *Lemerle*, 1958; *Charanis*, 1951[a], 1951[b], 1957; *Guilland*, 1947–1948; *Xanalatos*, 1937; *Ostrogorsky*, 1954, 1956[b].
② [L]*Lattimore*, 1951; *Eberhard*, 1948[a]，各处；*Wittfogel*, [a] 1932, [I] 1935, 1957.
③ [L]*Balázs*, 1953[b], 1954[a]; *Eberhard*, 1932; *Masperso*, 1938, 1950[a]; *Gernet*, 1958.

收简便易行，因为将家庭单元的数量登录在册对于税收是一个有效的基础。使用权严格地受限于人口统计结构，而户口变迁（死亡、出生、婚配、伤残）则导致重新分配。按照户籍的数据，每个年度都发生重新分配[①]。

士绅与官吏的财产权较之农民则较少受到限制。士绅所获得的财产，或者作为得自皇帝的赏赐——故而是世袭和免税的——或者作为连同爵位一道赋予的也免于纳税的俸禄[②]。

然而，尽管有维系农业组织的相对刚性类型的一切尝试，财产体系的改革却是中国农业政策的周期性模式。每个新王朝都竭力重新解决土地问题。主要的占有体系——平均分配或其他体系——常常被打破，是因为行政机构的失误和这样一些官吏的贪婪：他们希望扩张自己的占有权和特权，因而并不十分情愿过分地执行法律以限制他们自己的特权[③]。于是，例如均田（平均土地）制使流于空想，税收体系也是一样；这在唐代前期即已变得显而易见。在安禄山叛乱以后，情势已变得难以维持，其时整个户籍体系已土崩瓦解，而（在8世纪时）农民离开了他们的土地，出现了从一个省份移动到另一个省份的大规模迁徙[④]。

这个严重的情势导致对情愿定居的灾民施以蠲免、救济与大赦的新政策，从而使他们回复到履行中国农民之被期待的义务，恰如在圣贤典籍中所表述的那样。晚唐的政策旨在充分利用潜在

---

① [I] *Pulleyblank*, 1955; *Balázs*, 1931–1933, 1953 [a], 1953 [b], 1954 [a]; *K.Wang*, 1956.
② 参见 [I] *Schurmann*, 1956 [a]。
③ 同样参见 [I] *Eberhard*, 1945, 1948 [a] 各处; *Lattimore*, 1951; *Frankè*, 1953 [a]; *Twitchett*, 1956 [a]; *Liang*, 1956 [a], 1956 [b]。
④ *Pulleyblank*, 1955; *Balázs*, 1931–1933, 1953 [b], 1954 [a]。

三　历史官僚制社会的经济结构

的资源：任何可资利用的耕地皆须加以开垦；人力必须转变为一种完善地组织起来的劳动力；逃税必须被压缩至最低限度。有助于实现这些政策的最为重要的手段有：国家的屯垦；将人口输送到边界地区，以有计划的诱导来激励人民定居于兹；以及趋于增进税务簿记有效性的各种改革①。

D. 西班牙-美洲帝国

在西班牙-美洲帝国，征服者使土著印第安人口的绝大部分子民臣服于王室的政策，这些政策是针对西班牙征服者首领的"封建"趋势的。这一臣服状态引发了多少分化和富于弹性类型的土地所有权和耕作系统②。

土地所有权法定地属于西班牙王室，然而，王室将所有权委托给值得褒奖的臣下，作为对其所提供服务的酬谢。实质上，存在着三个类型的土地财产权：

(1) 印第安村庄。村庄的土地在土著贵族的监护下而被共同占有。村庄居民承担某种形式的劳役，这种劳役同时应归属于居民自己的酋长（他亦拥有奴仆）和帝国行政机构这两者。后者经

---

① [I] Pulleyblank, 1955; Balázs, 1931-1933, 1953[a], 1953[b], 1954[b], 1948, Introduction. 关于更晚近的中国历史参见 [I] Franke, 1953[a]; Twitchett, 1956[a], 1957[c]; Maspero, 1938, 1954[a]; Rieger, 1937; Liang, 1956[a], 1956[b]。

② [R] Haring, 1947, chaps.ii, iii, ix, xiii. 关于西班牙-美洲帝国经济系统发展的一般情况和更具体的农业系统和政策的发展，参见 [R] Bagu, 1949; Cardos, 1955; Chanunu, 1956; Gibson, 1955; Chevalier, 1952; Hernández y Sanchez-Barba, 1954, 1955; Konetzke, 1953; Kerns Barber, 1932; Miranda, 1941-1942, 1951; Ots Capdequi, 1946[b], 1951。 关于对待印第安劳力的法律，参见 [R] Gallo, 1951[a]; Gongora, 1951; Konetzke, 1953; Simpson, 1934, 1938, 1940, 1950; Service, 1951; Phelan, 1959; Zavala, 1935[a], 1935[b], 1943; 1949; Vida Viceus, 1957。

常地将权力委托给私人，即恩科米恩达（encomienda，即监护征赋制）的持有者、矿产的主人和其他人。

(2) 小土地所有者。西班牙定居者被赋予相对狭小的一片土地的个人所有权资格，土地在理论上系由他们及其家庭，以及雇工和奴隶劳动者来耕作的。然而，对印第安人转变为奴隶所施加的限制与黑奴的高昂价格，对于这一类型的土地占有制的自由发展是一个障碍。雇工的严重缺乏（由恩科米恩达之有特权的所有者无所不在的竞争所引发）与经济的各种部门的巨大需求，是印第安劳动力的供给终于日渐萎缩的原因。

(3) 大种植园。这些大种植园是由大土地所有制和恩科米恩达这两者所培育起来的。后者是赋予所有者从一定地区的土著那里征收贡赋权利的一种制度。贡赋能够以在恩科米恩达主的土地上劳作的形式来征集。就恩科米恩达主方面而言，这种制度还包含着一种开化与基督教化性质的义务。恩科米恩达制度成为力求取消它的政府和依赖它的大种植园所有者之间发生磨擦的泉源。

与之类似，劳动力的动员并非总是得到保障，而且在该动员自身中也反映出某种更具弹性的发展。在印第安人奴隶制废除之后，向大领地和大矿山补充印第安劳动力的各种更具弹性的方式便发展起来。然而，这些方式也有赖于暴力——尽管劳动者因领取工资而得到报酬[①]。

此外，大地产开始吸引印第安人离开他们自己的村庄并且永久性地定居在这里；大地产借助于迫使印第安人负债并以劳务来偿付的方式来设法控制他们。通过耗尽土著村庄人口并对那些依

---

① 尤其参见 Gibson, 1955; Hernández y Sanchez-Barba, 1954; Konetzke, 1946。

然存留者加以税务、贡赋和劳动服务的重担，最终打破了土著村庄的绝对主权。

对于有专门技能与半熟练劳动力的日渐增长的需求，最终导致工资支付额的增加。这终于促成了依赖工资为生计的恒久无产者的存在。

E. 绝对专制主义的欧洲

16世纪，在主要的欧洲（尤其是西欧）国家中，与农业有关的绝大多数古老的"封建"桎梏都已被破除；而且，虽说苛捐杂税与封建税赋依然存在，但在大多数欧洲国家内，农民在法律上已变成自由人。各种类型的个人所有制或租佃权广为流行，而且农业活动也是以市场和获得货币资源为取向的；较大幅度的劳动力流动已发展起来。唯有在东欧各国，譬如普鲁士和俄国，在自由农民殖垦化初期之后，国家便与土地贵族联为一体对付农民，限制他们的人身自由，并发展出众多旨在压缩农民流动和将之束缚于土地上的指令性政策（prescriptive policies）。在大多数西欧国家里，人身自由、私有财产和农业劳动力流动变成支配因素。传统公社和封建或世袭的纽结完全被降低到只具有次级的重要性。在所有其他国度内，这些纽结却在某种程度上被维系下来。然而，即便在这种纽结尚有重要性之际，农业单元与农业部门的自给-自足性亦已大为削弱，而且其活动的绝大部分也变得以市场为取向了[①]。

[①] 一般性的研究参见 [S] *Wilson*, 1957; *Lindsay*, 1957 [a]; *Clark*, 1929–1959, 1957; *Meuvret*, 1955; *Slicker van Bath*, 1955。

4. 商业和工业活动的基本特征

在非农业生产部门和交换领域中，专门生产单元的发展极其显著，在该领域中可以发现不同类型的生产组织。这些组织中有一些大体上已专门化了，而且需要大量的流动资本和人力才能发挥功能。

在所有这些社会，都市不仅变成行政活动和文化活动的中心，而且还是某些商业活动和工业活动的中心。这些中心并不像现代工业市场体系那样多样化、专门化和组织化，而且该中心组织活动的范围及其运行和相关的区域，都相对地受到限制——虽说在不同的社会里，这种限制必然有所不同。

最简单类型的专门组织以个人或家庭所占有的作坊为代表，它雇佣为数寥寥的工人（经常只是其家庭的成员），并仅需要最低限额的资本，而且通常是为非常狭小的传统地方市场而进行生产。更为复杂类型的组织则以雇佣一批熟练与半熟练的劳动力，并在指定用于广泛和专业市场的特定商品类型方面专门化了的作坊与工场为代表。像这样的作坊可以属于一个家庭，也可以是一个同业公会的成员，而且该作坊的某些成员还可从其父辈那里"继承"他们的职业。但显而易见，这些都已经为更具流动性的劳动力提供了某些职位和需求。

最为复杂类型的组织是巨大的工业或准工业企业。这些企业与工场通常伴随较大资本而运转，并且自然更多地是以地方市场和各种各样更广大的专业市场为取向的。在工业与准工业企业中，各种采矿企业（诸如铁矿、盐矿，等等）享有特殊利益。在我们所考察的大多数社会里，这类企业都发展了起来，并且常常是由国家、国家承包人或同业公会所拥有和管理的。类似地，诸多大企业或者为国家所有，或者作为承包人为国家和军队而工作。而且，在大多数历史官僚制社会中，承租国家契约是经济活动的一个重要方面。

与这些各式各样的生产单元一道，专门的交换单元也发展了起来。除去"传统"或原始类型的行商和地方商贩的最为简单的活动之外，还存在着极其专门化的各类商人和银行业者，或贸易社团和贸易组织；有些纯系地方规模，另一些则在国家中和国际上有其更广泛的利益。该单元中有一些是恒久性的，并且从事于持续性的经济活动，另一些发展出来，则是出于为仅仅一个或一个有限系列的贸易行业与工业企业动员资本的目的，或者为了从国家那里承租契约[①]。

5. 商业和工业活动的结构

A. 萨珊波斯

即使在萨珊波斯，这个在本书研究的诸社会中最少分化的社会，也发展出颇为显著的商业、制造业和"工业"活动。

在商业方面，萨珊的银币、铜币和——极其罕见的——金币广为流通。交换票据在这个时期内出现；巴比伦王国内的犹太人

---

① [A] Weber, 1924 [a], 1924 [b].

银行集团以及类似的波斯人的机构，在票据的流通领域内发挥了主导作用。

更多的钱币在城镇中流通，正如通过在伊朗和邻国境内发现的大批银质迪拉姆所显示的那样。不过，在乡村地区，农民、士兵和官吏的薪俸，甚至于税赋，却都是用实物支付的——一个在若干国度内持续至今的惯例。

对外贸易已全然在货币的基础上进行。这一贸易持续不断地拓展开来。对外贸易所经营的主要商品是宫廷与富有贵族所需要的贵重物品与奢侈品。以实物支付的费用和税收使政府得以积蓄必需品的大宗存货，政府代理人能够由之而供给市场。在饥馑时期，存货也可能用以缓解灾祸。

在国内商业中，有赖于巨大中心贸易商的小贩和乡村商贩已明显地变得更加专门化了。银行业活动几乎完全地限定在商业以内，唯有在歉收之际或纳税时期，银行业才始而发挥作用。然而，有限的银行业活动并没有妨碍国家对于信用制度的作用日益感兴趣；而且政府还将各种控制强加于其上，这些控制组织得如此完善，以致它们在许多世纪内都不曾更动。

生产得到改进和扩大——尤其是丝绸业和玻璃工业——并且表现出更高程度的专门化特征。由于垄断，国家变成生产者并且运作着它自己的作坊。国家还干预某些私营工业，特别是那些与宫廷、军队和行政机构直接有关的工业；它监管原材料价格以及工人的工资和组织。因而，新的趋势崛起了，并且最终定型化为类似于中世纪类型的同业公会[①]。

[①] [G] *Chirshman*, 1954; *Christensen*, 1933, 1939; *Altheim and Stiehl*, 1954, 1957; *ch.i–iii*.

三 历史官僚制社会的经济结构

B. 拜占庭帝国

在拜占庭帝国，工业和贸易极为发达和分化；它们既生产日常用品又生产奢侈品，并且涉足国际贸易与国内贸易[①]。

就总体言，君士坦丁堡用中世纪的眼光来看似乎是一个巨大的工业都市。而且，由于它作为一个国际贸易中心的巨大的重要性，这个印象得到了加强。君士坦丁堡的地理位置使之受益匪浅，因为该位置自然而然地令拜占庭成为一个贸易中心。

尽管有战争引发的偶尔的中断，但直至11世纪的国际动荡之前，拜占庭的国际贸易获得了大幅度的增长。但国际贸易从帝国官方那里却很少得到鼓励，官方对它的兴趣只限于国家岁入问题和获得帝国工场所需要的原料。皇帝们则随时准备为了外交利益和维持君士坦丁堡的秩序而牺牲对外贸易。

国内贸易首先在于向君士坦丁堡供给生活必需品和数量日增的奢侈品。于是，贸易和工业便构成拜占庭经济与社会的重要因素，虽说它们尚非最强有力的因素。但这两者毕竟形成了拜占庭社会结构中一个基本和能动的部分。

工业的每个分支都形成为一个团体，而某些团体（譬如，那些涉及丝绸工业的团体）则再划分为若干同业公会。每个同业公会都享有一种真正的垄断权。另一方面，同业公会服从国家的严格控制：国家决定利润率、接纳新成员的条件、产品输出的限制以及一系列其他要点。在若干案例中，国家甚至决定了能够设立

---

① [L] *Baynes and Moss*, 1948, ch.iii; *Runciman*, 1952; *Bratianu*, 1934[a], 1934[b], 1938; *Segré*, 1942–1943, 1945; *Michwitz*, 1936[a], 1936[b].

货摊和作坊的地点。君士坦丁堡的高官大吏还对团体的成员施以严密地监督，而且有权检查他们的作坊[1]。

拜占庭的工业大多集中在皇帝、某些私人和同业公会的掌握之中。它主要受到同业公会及其官员的支配，并且受到国家官吏的监督与控制。

C. 中华帝国

在中国，都市商业与工业发展的余地更为有限，但商业活动的范围尚属宽广。在汉、唐两王朝，城市主要是行政中心与文化中心。在这里——除国家垄断的事业和企业之外——只发展出规模相对狭小的商业、运输业与制造业的企业[2]。非国有的活动受到两个传统因素颇为严格的限制——商人的低等级身份，以及官员的持续性监督。但即便在这种情形下，诸多类型的商业银行活动也（虽说是受限制的）发展起来，遍布于从当铺业到信用社及城市间商业企业的范围之中。

在宋王朝（960-1279年）*统治下，国内和国际的商业活动与制造业活动这两方面都有所扩张。涉足这些活动的都市群体发展出一种更为活跃的具备自主性的社会生活和经济生活，对官方施以强大的影响——尽管在形式上他们的身份依然较低[3]。在明

---

[1] 参见 [L]*Andréadès*, 1934; *Bretianu*, 1934[a], 1934[b], 1938; *Stöckle*, 1911; *Lopez*, 1945。关于拜占庭的高级官吏，参见 [L]*Boak*, 1929; *Freshfield*, 1932。

[2] [I]*Fairbank*, 1958, p.ix; *Balázs*, 1954[b], 1960; *Murphey*, 1954; *Eberhard*, 1956; *Gernet*, 1956, 1958.

* 这里涵括北宋和南宋。

[3] [I]*Krache*, 1953, 1955; *Balázs*, 1954[b], 1960; *Gernet*, 1956, 1958; *Eberhard*, 1948[a] 各处。

朝（1368-1644年）和清朝（1644-1911年），这一发展再次停滞下来[1]。在整个中国历史的始终，商人都被官吏当成其活动可被用于为官僚等级或国家谋得利益的次级盟友。商业交易总是屈从于官员的监管和税收。国家对于主要商品的垄断——在较早年代里如盐、铁，或在较近年代里如茶、丝绸、鸦片、烟草和食盐——是无所不在的国家经济特权的一个表现。（国家）绝不容许商业等级独立崛起和侵犯这些特权[2]。

然而，在商人和官员之间形成一种密切的利益共同体，这总是可能的，因为官方的庇护与支持对于任何大型商业事业都是不可或缺的。因而所有的商人、银行家、经纪人和贸易人员遂作为从属者而构成依附于官僚的一个等级[3]。

通过购置地产和/或相互通婚，商人大可不很费力地转变成士绅等级。农民可自由出售地产这个事实，使商人有机会在土地上投资并因而获得稳定收益与社会声望[4]。与欧洲不同，中国在其形成之初便鲜有商人能够投资的对外贸易。土地一直是其投资的主要对象。结果，商人等级更易于产生出地主，而非独立的商业资本家等级[5]。

农业在中国经济中优势地位的另一个标记，是限制使用货币。在村庄之间创立信贷受到农民家庭相对的自给-自足及其依

---

[1] 同样参见 [I] *W.Franke*, 1956; *Twitchett*, 1957[b], 1957[c]。

[2] [I] *Balázs*, 1954[a], 1960; *Fairbank*, 1958, ch.iii; *Lattimore*, 1951.

[3] [I] *Fairbank*, 1958, ch.iii; *Maspero*, 1950[a]; *Eberhard*, 1948[a] 各处; *Pulleyblank*, 1954, 1955。

[4] [I] *Kracke*, 1953, 1955; *Balázs*, 1960; *Chang*, 1955.

[5] 参见 [I] *Balázs*, 1960; *Schurmann*, 1956[a]; *Kracke*, 1953, 1955。

赖于对眼前资源的短期交换的羁绊。与之类似，政府严重地依赖于实物税收并靠谷物支付薪俸。例如，位于北京的帝都，是靠大运河从外省漕运谷物而获得供给的。此外，政府还掌握可以随意支配的劳役资源，对之无须偿以工资①。

D. 西班牙-美洲帝国

在西班牙-美洲帝国，制造业活动广泛地分布于小业主与手艺人之间。制造业活动多半仅仅由印第安人普遍的手工制造业扩充而成，印第安人或在其村庄作为独立业主而工作，或在移民城镇作为雇佣劳动者而工作。纺织工业很繁荣，它主要以棉花和羊毛作为基础，并以古老印第安方式生产。这里曾有一个广泛的培植缫丝业的简短插曲，但在菲律宾群岛殖民化之后便告衰落了。西班牙-美洲帝国还存在大量的金属加工业，但它几乎是纯粹致力于礼拜用品的。造船、造车、制作家具和皮革工业也都广泛存在②。

合法贸易为享有特权的西班牙商人（半岛居民）所垄断，而土著美洲人（克里奥耳人）则不得不满足于零售企业与走私。在整个殖民时期，西班牙人不断地努力实施贸易限制并防止对手的介入，尤其是防止法国人和英国人的介入。贸易与工业受到严密管制，并必须纳税和获得恩准。然而，违禁贸易几乎比比皆是；而且严格实施一切规则是根本不可能的。国家对于像汞和盐一类

---

① [I] *Swann*, 1950; *Fairbank*, 1958; *Schurmann*, 1956[*a*], 1956[*b*].
② [R] *Haring*, 1947, ch.xiii; *Bagu*, 1949; *Borah*, 1943; *Chaunu*, 1956; *Dusenberry*, 1947; *Miranda*, 1944; *Palm*, 1951; *Guthrie*, 1939; *Sayous*, 1934.

商品的垄断，对于娱乐活动和烟草等等课以税金，乃是国库收入的主要源泉。贸易调节有时包括某种形式的价格控制；并且，在歉收的年份里，定量配给的体系便会发挥实效，该体系包括设立国家粮仓和强制性提供定价农产品，以及严格查禁与印第安人有关的违法贸易，使印第安人不得不将其产品提供给官方特许的市场[1]。

西班牙-美洲帝国中存在着商业公会（商会），其目的是调节国内贸易，并且充当诉讼法庭的角色——处理破产、建立规则与成例。商业公会代表西班牙国内商人阶级的利益。

在这里还存在矿业公会，它始建于1783年，为矿主和从业者赢得了重要特权。该特权允许他们有较多的自我调节的自主权，建立了标准，还设立了一所采矿学校。该特权还争取到汞价格的下调，并且使得采矿工业的复苏，这个行当在某些年代内是停滞的[2]。

E. 绝对专制主义的欧洲

唯有在绝对专制主义的欧洲——在那里都市中产阶级的商品制造活动和工业活动已逐渐发展到超出地方的限制——这些企业的领域、活动范围及其专业化的程度方才变得极其宏大，而且更多地浸润着重商主义和货币机制的体系亦得以发展起来。但即便在欧洲，直至18世纪末叶，这个体系仍主要是商业性的；它尚

---

[1] [R] Haring, 1927, 1947, ch.ii; Christelow, 1942, 1947; Miranda, 1944; Guthrie, 1939; Ots Capdequi, 1934[a]; Pares, 1936.

[2] [R] Haring, 1947, ch.xxiii; Howe, 1949.

非工业的体系，也不是环绕着市场而被充分地组织起来的[1]。

6. 交换机制的主要类型

上面所描述的全部发展证明了自给-自足经济单元的削弱，以及社会中各种各样经济单元与经济部门的日渐增长的相互依赖——一方面是诸生态单元的相互依赖；另一方面是不同的经济部门，即农业、工业和贸易的相互依赖。这些各种各样的单元和部门变得日益依赖于更具流动性的人力资源和资本资源，而且一个单元或部门的动荡必定波及其他单元。

这一日渐增长的相互依赖导致各种交换机制在这些社会经济结构中的重要性得以同步增长。在这些社会中，尚未发展出一元或同质的交换机制，而且，在每个社会内，不同层面或不同类型的此种(交换)机制都得到发展并运作着。

第一个类型的交换机制由任何村庄，村社群体或亲缘群体内传统的归属-互惠性安排所组成——例如，用于互相帮助和产品分配的各种各样的传统安排。

第二个类型的机制是用于地方市场或都市市场的局部性交易场所，它基于以货易货或间歇的、无规律的个体贸易。

第三个类型的机制由不同阶级之间(或在某种程度上，也在充

---

[1] 对比的一般性研究，参见 [S] Wilson, 1957; Nef, [Z] 1940, [A] 1958; [S] Clark, 1929-1959, 1957; [Z] Ashton, 1955 [a], 1955 [b]; [S] Braudel and Spooner, 1955; Leuillot, 1955; Vidalence, 1955。

当这些阶级的代表，处于统治者与臣民之间）的交换所构成；其中不同阶级按照他们归属的身份地位而获得一定的服务和商品。在这方面，至为重要的是对统治者或对较高等级的若干类贡赋，以及为调节和确保向社会不同群体供给各种商品（例如，向都市中心的人口供给食品）的固定价格作出安排，而不管市场的波动如何。

斯梅尔塞将交换的第四个类型称作为"动员性"的类型。该类型将履行统治者的目标或国家目标而对各种各样的经济资源加以紧张动员作为特征。其最重要的手段是税收。而且在这方面，经统治者之手还发展出对于资源的积累与保存，以及出于政治目的而对贸易与价格的活动加以的调节。累积起来的资源经常被统治者用于对外交换和对外贸易。不过，这样的贸易通常具有独特的政治本性，即主要作为政治扩张、维持政治关系或为政治目的而动员资源的手段[①]。

在这些社会中运转的另一个层面的交换机制是地方、国家或国际的市场交换。这个机制或则由面向各种产品的专门化市场所组成（在某种程度上，一如在伊朗、拜占庭、中国和西班牙-美洲帝国的情况中那样），或则由更为一般的、在经济上更加自主的、自我调节的市场交换机制所组成。

7. 市场和货币机制的范围和运行

在我们已经考察过的诸社会的经济体系中，于是便并列地发

---

① [A] *Smelser*, 1959.

展出不同类型的交换机制。这些类型必定与经济活动的分化程度，以及这些活动嵌入于非经济的社会群体与机制中的程度密切相关。

头三个层次（的交换）嵌入程度最深，而且并非为本书所研究的诸社会所专有。动员性机制一般地伴随着政治领域自主性的增长而发展起来，并且强调政治机制之于纯粹经济机制的优先地位。市场交换机制则是最少被嵌入的，而且在经济上最为自主。最后这两种机制相对而言的同步支配性（co-dominance），是历史官僚制社会经济结构的特征。

在不同社会之间，纯粹经济机制运转的各自的范围必定有着不同；而且在每个社会里，经济体系的较大部门依然嵌入于其他的非经济的群体中。然而在每个社会里，经济体系相对自治的机制并不是孤立或边际性的。程度固然不一，但该机制却渗透于经济体系的所有部门中。这通过货币机制在所有本书研究的社会中所具有的重要性而得到证实——各个社会都发展出若干货币手段和货币政策。

萨珊君主创制了各类铸币，作为统一帝国和控制某些经济活动的手段[①]。

在中国，发展出诸多货币体系：既有私人的，又有公立的。操纵通货是政府的主要关切之一。在唐代要求部分地以货币来支付的税制改革之后，对通货的操纵遂获得了特殊的重要性。然而，中国的货币体系颇为落后。古老的通货体系极端复杂和不便。计量单元（在满洲人治下，是盎司或两）在不同地区、不同行业和不

---

① [G]*Altheim*, 1955 [a], 1955 [b]; *Altheim and Stiehl*, 1954, 1957; *Ghirshman*, 1954.

同政府部门之间变动无常。20个不同的计量单元可以同时在一个都市内共同使用。维系贵金属的固定价值是不可能的。采纳以纯银来流通的笨拙的权宜之计必不可免,而每块银锭都不得不被量重和验证纯度。政府难以抑制铜币的贬值。由此而产生出来的通货单元与交换安排的紊乱,对于任何商人都是一种严重的障碍①。

在拜占庭帝国,统治者的绝大多数政策和行政活动都需要大批的货币支出。因此,统治者努力很大比重上以得到货币资源的持续供给和维系预算平衡为取向②。为做到这些,统治者发展出极为多样的货币政策,其持续地影响到一切经济部门——尽管在拜占庭历史后期,税收增长和通货膨胀促进了更为封闭的半封建等级的演进。

西班牙-美洲帝国的经济是"自然的"以物易物经济和伴随着市场经济的商品贸易等各种经济的混合体。西班牙人将市场经济——它主要地依赖于货币单元与货币交易——强加于各种各样的地方阶层与地方单元之上。货币体系在征服时期以后并未在西班牙-美洲帝国内立即发展起来。在征服的最初阶段——其时私人企业相对地占有优势,虽说仍接受国家指令——西班牙对于直接贡品、贵金属及其贵金属器皿等战利品予以强烈地重视。只是在帝国开始官僚化,对私人征服者加以了更多的限制之后,统一的货币体系也才逐渐地发展起来③。

---

① [I] *Swann*, 1950 [转引自 *Fairbank*, 1958, ch.iii]; *Lattimore*, 1951; *Franke*, 1949; *Balázs*, 1931–1933, 1960; *L.S.Yang*, 1952; *Gernet*, 1956, 1958.

② [L] *Segré*, 1945; *Lopez*, 1951 [a], 1951 [b]; *Andréadés*, 1911, 1921 [b], 1924; *Bratianu*, 1938.

③ 参见 [A] *Haring*, 1918, 1947; *Borah*, 1951; *Hamilton*, 1934; *Konetzke*, 1951 [a], 1951 [b]; *Ots Capdequi*, 1934 [a], 1932; *Sayous*, 1930, 1934; *Zavala*, 1943。

在我们正在此加以考察的诸社会中，货币机制和货币政策在绝对专制主义时代极其广泛地渗透到各个欧洲国家内。在这些国家里，整个经济逐渐环绕货币体系而连接起来[1]。

在一切付诸思考的社会里，货币的单元、体系、交易和政策变成调节各个经济群体之间交互关系的重要手段。当社会的贸易领域与交换领域扩张到超出地方的层面，并且不只按照单纯的政治考虑而经营时，这就尤为确凿无疑。

自然，货币机制并非在同等程度上渗透到经济的一切部门中。该机制对于某些部门尤其是农业部门鲜有影响——但甚至这些部门也通过税收、交换和贸易等问题而受到货币体系的触动。于是在某种程度上，甚至相对自给-自足的经济单元和经济部门对于货币的问题与发展也变得敏感起来。

在这里被研究的诸社会的经济体系内，传统-归属的机制、政治（动员）的机制以及纯粹经济交换的机制全都是互动的。这些不同机制运转的程度受到特定社会和特定社会部门的制约。但无论其彼此之间所具有的相对重要性如何，"经济的"（即货币交换的）原则都变得极端重要，并极大地影响到和深入于其他类型的交换机制之中。

通过这些经济（以及在较低程度上，动员）机制遍布四方的运转（虽说有时受到限制），经济体系一个部分或部门中的变迁便影响到其他部分或部门。于是一切部分对于货币资源及价格方面的波动都变得非常敏感。此外，"经济"调节机制与非经济调

---

[1] 关于货币系统在欧洲发展的一般性概述，参见 [S] Wilson, 1957; Clark, 1947; Braudel and Spooner, 1955; Heaton, 1937; [Y] Zeller, 1952。

节机制，以及自给-自足的不分化的经济单元和部门与分化了的经济单元和部门的共存，可能造成它们之间的持续波动和它们相对力量方面的变迁——甚至达到使"自由"的资源与部门衰退的地步。这种情形出现的程度与由以发生的条件，将在本书某些后续章节中予以思考。

8. 帝国经济体系之间的区别

这些社会经济体系的一般特征是为它们全体所共有的。然而，每个社会的经济体系皆与其他社会的经济体系区别开来，如上面的讨论和附表所提供的素材所证明的那样。

最为重要的区别如下：

(1) 专门经济角色被分化开来的程度；

(2) 生产、交换和消费的专门单元在经济的诸主要部门中发展的程度；

(3) 不同类型的交换机制的相对重要性——尤其是"纯粹的"经济机制、市场机制和货币机制的显著地位。

四　宗教与文化的组织和取向

1. 导言

眼下我们将对正在考察的诸社会的宗教与文化的结构加以分析。在每一个这类社会中，都发展出复杂的宗教组织和专门的宗教角色，尽管"普通"人的宗教生活极大地受到亲缘集团与地缘集团的限制。

除了印加帝国和古代埃及帝国之外，这些社会均形成了主要历史宗教藉以发展，并在不同程度上制度化的活动舞台。这些社会的主要价值体系基于宗教的价值观、象征与传统，而且其大众的人生观也被涂抹上这些价值观的色彩。在某些这类社会中，产生了各式各样世俗性的反宗教的运动。然而，这些运动通常只是对于宗教制度和宗教氛围的反应，并且迄今为止尚没有削弱宗教在价值观与文化领域内优先地位的自主性发展。不过，在大多数初民社会和世袭社会中所发现的整个（政治）共同体与宗教领域的认同业已不复存在。

2. 宗教组织

A. 萨珊波斯

在萨珊波斯，玛兹达教派从琐罗亚斯德虔诚派群体中演化出来[①]。自萨珊王朝开始，政体便强有力地与琐罗亚斯德教的教士（magi）以及教派结为盟友。教会是国家的一个至为重要的部分，并且履行众多功能，诸如国内的宗教、教育或裁决功能。但无论其地位如何强大，琐罗亚斯德教会却从不是全然高枕无忧的。在整个萨珊历史的始终，琐罗亚斯德教祭司都不得不与许多其他宗教竞争。在该国的社会历史与政治历史中，这些宗教冲突具有极其重要的意义。

在萨珊帝国，存在若干异邦宗教共同体。犹太教徒为数众多，尤其是在美索不达米亚和巴比伦诸城——特别是塞琉西亚-泰西封，犹太人的律法和宗教首脑拉什·格鲁塔（Resh Galuta）即生活在此，其选拔必须得到君主的首肯。

到安息帝国时代末期，由于埃德萨城（Edessa）传教士的热忱，基督教最先开始在西部波斯流传开来。在帝国的东部地区，佛教则声称有大批的信徒。

玛兹达派祭司在他们与非玛兹达派的关系中多少是倨傲的，而且在一定程度上难容异端——特别是对像摩尼教徒这样的危险

---

① [G] *Nyberg*, 1938; *Benveniste*, 1938; *Christensen*, 1936; *Ghirshman*, 1954. 关于玛兹达运动，参见 *Christensen*, 1925; *Klima*, 1957。

的改革者。但是只要不使自己与国家权威相对抗，抑或与国家敌人密谋通款，异邦宗教的信奉者便能够平静地生活，而且其组织及其宗教律法也都会受到尊重。是政治的原因，而非宗教的偏狭，引发了沙普尔二世（Shapur II）治下对基督徒的第一次大迫害。

　　琐罗亚斯德教祭司发展成一个细密的等级制组织[①]。教士构成较低等级的祭司。各种寺院中每一个首脑，都显然带有祭司长"教士之教士（moaguan magu）"的头衔。整个国家被划分作各教区，每个教区以一位莫贝德（mobadhs）为首。全部莫贝德的首领即教长"莫贝德的莫贝德（mobadhan mobadh）"乃是教会的首脑以及国家主要教区的显职。教长指导全部教区事务和任命莫贝德，而他本人则似乎系由国王指定，他是国王的首席宗教导师。

　　另一个教区官员群体是赫巴德（herbadhs），他们掌管寺院的仪式。他们的首领"赫巴德的赫巴德（herbadhan herbadh）"是一个重要的官职。在萨珊历史的若干时期内，这种首领的地位仅次于教长，除此之外还存在少数其他的专门僧侣，关于他们的功能我们知之不详甚或一无所知；以及"达斯图尔（dastuar）"即神学学者。

　　在萨珊政权期间，琐罗亚斯德教已充分地组织起来，具有许多新的重要教义和神学分支。宗教内部的主要发展在于：首先，最为重要的神学著述与神学象征的充分形式化和经典化；其次，在该教内更为广泛和普遍主义取向的出现；以及第三，与前两个发展密切相关，或者说是对这两个发展的反动的宗派运动的

[①] 紧接着 [G]*Christensen*, 1939。

四　宗教与文化的组织和取向

形成[1]。

若干普遍主义因素的演化，针对普遍主义应用性的某种要求，以及一些——虽说是软弱的——传教的尝试与取向，与其时发生于那个世界中的一般的、富于张力的宗教发展密切相关。更加广泛的取向，与来自君主的促进与激励结为一体，也赋予典章化尝试以推进力。君主们的目的是形成这样一个一般有效的传统，该传统似乎能够提供给世界，以及能够用作为文化活动与传教活动的基础。宗派活动的成长和宗派运动的崛起——社会-宗教运动，占首要地位的是玛兹达运动——或许也与这些活动和取向相关联。

B. 拜占庭帝国

拜占庭（东正）教会在拜占庭帝国的社会生活、政治生活和文化生活中发挥十分重要的作用。在整个中世纪东正教会延续时期，世俗与教区的权威都是携手合作的，彼此相互补充[2]。

教阶制 牧首（Patriarch）位于拜占庭教会复杂的官僚制等级的顶端。处在牧首之下的是都主教（metropolitan），他们被任命以统治教区行省。这些教区行省被划分成主教管区，在其辖区以内，主教对全部教区事务，诸如对他的牧师和修道士加以训练，以及对精神福祉与教化俗人等都负有责任。当教士被卷入一个案件，以及俗人要求他去仲裁时，他还具有一定的裁判权。

---

[1] [G]*Christensen*, 1936, 1939; *de Menasce*, 1955; *Mole*, 1953; *Coulborn*, 1958–1959.

[2] 参见 [L]*Barker*, 1957, pp.26–54, 86–89; *Bréhier*, 1947, 1949[b]; 1950; *Berkhof*, 1947; *Grégoire*, 1948; *Hussey*, 1937, 1957, pp.85–100; *Gelzer*, 1907, pp.571ff; *Baynes*, 1955, ch.iii, iv。

东正教会容许大批的世俗教士——即那些在教阶制中位置比主教低的教士——保留婚姻,如果他们在被委以下等辅祭职务以前就已完婚的话。这些教士也从事一切贸易活动,直至受到教规的禁制。他们的身份时常较为低等,而且许多人作为农业劳动者而在田间劳作,如当今希腊乡间的"帕帕斯(papas)"那样。在一块土地被售出时,他们也随之而往——正像乡村中的"帕罗伊科(paroikoi)",或曰依附性租佃者之尾随村社的财产一样。

东正教会并不贫困,而且帝国法规中充斥着控制其财产管理的规则。

由于皇帝是上帝的代表,他自然同东正教会有着特殊的关系。自5世纪中叶以降,由君士坦丁堡的牧首,即拜占庭教会的最高教区权威来加冕,对于每位君主皆已成为惯例。在某种程度上,这确乎将君主同普通俗人分化开来。在各种场合上,以及在一切机会中,都强调了皇帝独一无二的——的确,其神圣的——地位[1]。

一个单一的基督教帝国的概念意指:教会是政体的组成部分,而且在一切方面都处于皇帝的普遍关照之下——虽说还存在某些皇帝本人不能履行的专门功能。什么是恺撒的与什么是上帝的之间的两分法,在东罗马基督教帝国中绝不像在西罗马基督教中那样明显;唯有在皇帝是世袭的时候,该两分法方才显露出来。皇帝在他的教民与世俗臣民中维系法律与秩序的专门职责已为人所公认——帝国法典包含了涉及这个职责的法规的许多参照

---

[1]　[L] *Barker*, 1957; *Gelzer*, 1907; *Bréhier*, 1948 [b]; *Hussey*, 1957, pp.100–114; *Baynes*, 1955, ch.ii, iii.

四　宗教与文化的组织和取向　　　　143

条文。

首先，君主从一开始就在教会管理的最为重要的机关，即主教公会中占有一个举足轻重的地位。尽管皇室对教会一切领域的关切一般被视作正常的，这种关切并非未受挑战；不过，抗拒却实属罕见。在东罗马，在重新调整时期之后，接受了有关皇室对教会的控制的若干限制——但从未达到如在西罗马那样的同等程度。一般说来，皇帝之于牧首的关系，世俗之于教区的关系，并非经由引人误解的字眼"帝政主义"，而是经由"相互依存"的关系，在拜占庭获得了最佳的表达[①]。

隐修院制　隐修院构成了拜占庭宗教的一个基本方面[②]。在整个中世纪，隐修院皆保持为拜占庭生活的一个组成部分。自其发端伊始，一切拜占庭人，无论贵贱，都热烈地眷顾着这个制度。除精神上的吸引力之外，隐修院还向拜占庭人提供了极其重大的其他益处。例如，隐修院总是平安的避难所。

隐修院制在诸多方面为拜占庭政体服务。它所提供的教育还没有达到拉丁修道院在中世纪前期所达到的程度；但在社会服务的领域内，隐修院却是一个经常的盟友。编年史中充满了退入隐修院的败北政客，被废黜的君主以及不得人心的太后的实例——有时，只是再次留给他们一个最后的机会，而更为常见的，则是这些人就此从世界上永远地销声匿迹。

隐修院制自有其弊病，其真正的普遍性意味着它不得不去斗

---

① 关于拜占庭帝国中教会与国家之间的主要争执，参见 [L] *Bréhier*, 1899, 1904, 1938; *Ostrogorsky*, 1929[a], 1930[b]; *Grégoire*, 1927-1928[a]; *Lander*, 1940。

② [L] *Hussey*, 1937, 1957, pp.114-131; *Oeconomos*, 1918; *Barker*, 1957, pp.25-56; *Delahaye*, 1948[主要转引自 *Hussey*, 1957, *Barker*, 1957]。

争，以在诸隐修院内部维系其标准。隐修院的增长难以度量；它们获得大片土地；大量的人力逃入其中——所有这些都对拜占庭帝国的社会解体和经济解体，因而也对政治解体作用匪浅[1]。

隐修院是一个极其重要的政治因素，如在圣像破坏战争之中和之后所证明的那样。隐修院介入政治-宗教争端如此经常得到成功的事实，不仅出于少数杰出个人人格的影响，而且还由于隐修院作为一个整体的广泛的普及性。

然而，隐修院的生活，如它在东罗马帝国内演化的那样，并不是由专职牧师专门组织起来的，因为隐修士绝大多数乃是俗人，其甚至尚不具有献身慈善工作或"社会服务"的观点[2]。追求进入隐修院的人的目的是通过为了他自己的至善和救赎的工作，从而服务于上帝；他并不为对于别人的福祉作出贡献的炽烈情感所驱动。东罗马隐修院制与西罗马的种种教职与宗教圣会并无相似之处。希腊隐修院制从未在一个强有力的组织中寻得一席之地，它从未经受过严格的规训，也不曾受到一种持久和无可非议的权威的控制。

在这里，拜占庭帝国的隐修院与西欧的修道院之间存在悬殊的差别。拜占庭隐修院与世俗世界紧密交融。东方没有可同教皇统治相比拟的中央教区权威，盖因牧首在行政事务方面臣服于皇帝所致——皇帝是世俗统治者，并且不可能全部地、甚或主要地关切教区组织或隐修院改革。拜占庭隐修院制似乎总是被当成世俗存在的一个部分，而且该隐修院制没有西方教士那种因意识到

---

[1] [L] *Charanis*, 1948, 1951 [a], 1951 [b]; *Ostrogorsky*, 1954.
[2] 转引自 [L] *Barker*, 1957, pp.26-54。

四　宗教与文化的组织和取向

其在序列完备的教阶制中的一定地位而获得的力量和生气。这里不乏隐修院，但它们彼此隔绝，而且难得比奠立者的寿数更为长久。一般说来，这种隐修院产生的既非国务活动家又非教士，既非学究又非学派，它们只产生关切正统履行其隐修誓约的隐修士。

拜占庭隐修院与拜占庭教会共享一个十分重要的特质。虽说该隐修院与国家和世俗关系密切，但却在国家的崩溃中幸免于难，并且自此以后仍兴盛不衰。

C. 中国

在中国，王朝时代（自汉代以来，尤其自唐代以降）的宗教已是一种复杂的文化结构与组织结构。所出现的四个独特的宗教分支是：

(1)"初民的"中国宗教——更为严格地说，是若干信仰趋向和礼仪体系的黏合体，例如祖先崇拜，阴阳信仰系统，对若干神灵的信奉，风水礼仪，等等[1]。

(2) 儒教[2]。

(3) 佛教——尤其是大乘佛教，虽说若干其他形式亦有重要的影响[3]。

---

[1] [I] Des Rotours, 1955; Maspero, 1950 [b]; Hodous, 1951.

[2] [I] O.Franke, 1930–1952; Balázs, 1959 [b]; Kaltenmark, 1959 [a]; Nivison and Wright, 1959; Wright, 1955; De Bary, 1955; Levenson, 1958, p. I; Shryock, 1951; Chan, 1951.

[3] [I] Gernet, 1956; Wright, 1959; C.K.Yang, 1957; Demiéville, 1959 [a], 1959 [b]; Nicolas-Vandier, 1959 [a], 1959 [b]; Liebenthal, 1952.

(4) 道教 ①。

儒教 就儒教作为一种宗教而论，它乃是国教，而非个人的信仰体系。儒教未曾发展出专门的宗教角色或宗教组织，然而它却渗透于国家组织之中，使中国的国家成为教会-国家的特殊类型。

在儒教时代之初，儒教学者作为礼仪专家而开始了他们的活动。尽管他们随后变成了政治家、国务活动家和文学之士，但仍不曾放弃其原初的角色。儒教独有的政治身份反而加强了其作为被认可的国家礼仪正式代表的地位。

在公元前141年，经由颁布在最高官学中废黜非儒教学者的一道敕令，汉武帝最先确立了儒学的独尊地位。公元前136年，儒学教条被官方宣布为国家的教义。

接掌讲授国家教义的儒教学者着手组织他们的机构。国学被划分为五个部分，每部分专于五种儒学典籍之一。它们是：《书经》即一部史书；《诗经》即一部短诗集（诗歌的典籍）；《易经》，关于变迁的著作；《礼记》即礼仪的记录；以及《春秋》，即编年体春秋史。

在公元前129年*，儒家在长安建立了头一所国立太学。太学的既定宗旨清晰地表达了新型儒教的宗教与政治的诸方面。该宗旨被描述为：承先王之圣道，彰举国德性之知。在这所太学建立之后，其他众多官学也于各郡县中建立起来，以传授孔氏之学。

---

① [I] *Kaltenmark*, 1959 [b]; *Maspero*, 1950 [c]; *Dubs*, 1951.
* 原文如此。西汉建太学之始，实为公元前124年。

变成国家教义基础的儒教，包容着早期儒学教条与某些普遍中国信仰的一个综合。它在一系列典籍与礼仪中被典章化了①。

随儒学著述的教规化与典章化后接踵而至的是对孔夫子的神化。公元59年，汉明帝诏令在一切都市和官学中祭祀孔子及其弟子。孔夫子的故居成了朝圣的中心，建立了许多孔庙。道教与佛教的成长仅仅加剧了这一神化进程——在这两种宗教的影响之下，儒教吸收了在它们那里某些如此充分地发展起来的崇拜因素。在孔庙宇中，孔子的塑像取代了名位牌匾；到了唐代，伴随着官方裁定的祭祀礼仪的完成，孔子崇拜遂与其他种种崇拜同时共存②。

佛教 在中国，佛教在唐代，特别是在韦后的统治时期（705—712年）及其之后，达到了它的顶端③。

在4世纪中国的头一次分裂时期中，政治灾难为接纳新的观念准备了人选。儒教日趋式微，其安全和稳定的前提并未获得实现，而对儒生优越性的信仰也已灰飞烟灭。道教在理智上是有刺激力的，并且具有一种镇定的效用，但它却难得作为一种社会取向而出现。

当着在隋代及以后在唐代皇帝统治下做出统一帝国的新尝试之际，佛教的黄金时代便开始了。这些皇帝准备接受佛教为国教，并且将之用作为帝国的文化与宗教的整合力量。

新宗教信仰的组织核心是遍设于帝国四方的寺院。比丘与

---

① [I] *Dubs*, 1938 [*b*]; *Kaltenmark*, 1959 [*a*].
② [I] *Eiichi*, 1960.
③ 除了已经引用的文献，另外参见 [I] *Pulleyblank*, 1955; *Wright*, 1957 [*b*]; *Hu Shih*, 1932; *Tsukamoto*, 1960。

比丘尼是佛教最为重要的传教者——佛教真正的代表与虔诚的仆从。寺院之间存在一种等级制，位于顶端的是僧录，其控制着全国的寺庙。紧次于之的是僧正，其仅为单一州郡辖区而设。这些职位的实际权威则未被予以充分界定，而且依据帝国政策、国家与寺院等级之间的关联、寺院使自己甘愿臣服于中央当局的程度甚至高官显宦的个人人格而变动不已。

寺庙据有非常强大的地位，因为它们从属于祠部而得到了部分的支持。佛教的比丘与比丘尼并不与俗人一道编户在籍，而是列入单独的人口统计表格（称作为僧籍）；而其财产也被予以单独登录，也是十分可能的。

国家与寺院的关系遵循一种泾渭分明的功能分工。权威与政治控制掌握于国家的手中。在大都会地区，寺庙受到宣化善行的专门官员（功德使）的控制；而在郡县之中，地方行政长官具有实际的权威[①]。

在中国，佛教在唐代前期达到峰巅；在安禄山叛乱和唐帝国逐渐衰落之后，其鼎盛时期即告完结[②]。自是以降——尤其是自宋朝统治下新儒学的复兴以后——佛教遂在中国的宗教、文化和政治舞台上，仅仅扮演一个非常次要的角色[③]。

道教　依据正史，道教是在公元前6世纪由老子所创立的。在汉朝，道教的重要性与儒教的重要性成反比例变化[④]。

道教以普遍的形式在汉代中期迅速地传播开来。道教徒组织

---

① 　[I] *Gernet*, 1956; *Wright*, 1959; *Twitchett*, 1956[c], 1957[b].
② 　[I] *Pulleyblank*, 1955; *Wright*, 1959, 1951; *Ch'en*, 1952; *Chia*, 1956.
③ 　[I] *Wright*, 1959.
④ 　[I] *Maspero*, 1950[b]; *Kaltenmark*, 1959[b].

起深深嵌入于村社生活的秘密社团。在随王莽死后而至的动荡不安时期中，道教徒的秘密社团和准修道院式共同体提供了某种慰藉。这个普遍运动的一个重要结果便是张道陵在鹄鸣山缔造了道教邦国。这是一个以道士为首的组织完善的教会邦国。由于动荡和无序在帝国内部日渐增长，道教邦国遂成为反叛运动的一个精神中心。黄巾起义显然从鹄鸣山受到激励并受之指导。尽管黄巾军战败了，道教却依然没有失去其所掌握的大众。

道教是一种救赎的宗教，向其笃信者允诺不朽。不朽可以借助善行和净化身心而达成。道教的道德态度基于一种个体主义伦理，而非立足在现存社会结构和社会群体之上——事实上，道教否认社会给定的基本酬报：官职权位、财富和声望。遵循道教，个体所能履行的最为崇高的行动乃是自愿放弃财富与官职。这个意识形态悖谬的方面在于：把隐居行为作为与外在身份对立起来而加以评价。穷人从未如放弃其财产的富人那样得到如许之多的褒扬，低下等级的成员亦从不像挂冠而去的至上等级成员那样为人所尊崇。这样，欲成为一个理想的道教徒，个体便不得不首先致力于获得那些日后他必应放弃的东西。

或许道教的这些特征诠释了：何以甚至在其作为一种"半官方"宗教已告衰落以后，仍能以各种各样的普遍方式延续下来——尤其是在持续地影响了其宗教观的较高等级的人群之中延续下来。

3. 在唐代政权期间定型化的中国宗教组织的主要特征

在唐朝，中国宗教体系的主要特征，特别是其与社会体系的关系，已经充分地确立起来。这些特征如下：

(1) 中国"传统"社会并非一个显著的宗教社会，因为其至上的价值观并不是宗教的价值观。基本的意识形态强调现存社会组织的稳定性；这通过"天人合一"理论而以宗教术语表述出来；

(2) 同时，无论可能如何的悖谬，中国社会又都不是一个世俗的社会；没有一个重要活动或生活领域能从宗教牵涉之中解脱出来；

(3) 尽管不同宗教及其界说时时存在，一定程度的宗教的延续性和同质性依然保留下来。这个延续性的基本特点是：(a) 古代中国信仰体系的若干宗教观念的延续——孝行、祖先崇拜、阴-阳和道的理论，以及帝王的巫术-宗教角色；(b) 儒教伦理的支配，它形成了一种全部变迁皆发生于其中的框架；(c) 四种宗教的交互影响——每个新趋势都在社会的整体宗教模式的背景下出现，而且由一个趋势所导入的新观念会多少影响到全部模式；(d) 儒教的支配并不是一种垄断性的宗教规则——儒教并不试图回答宗教的众多"永恒"问题，因此次级的、大多是救赎的宗教便得以发展起来；以及 (e) 每个较大宗教至少都具有一种二元的理论体系与意识形态系统——具有引人注目的哲学风格的抽象系统，以及突出了巫术方面的通俗系统。贵族与平民之间的分裂，

以及贵族的文学教化传统,似乎密切地与这种二元化意识形态的发展相关联;

(4) 在中国,不存在有组织的教会。唐朝的佛教寺院最密切地接近于中央教会系统,但佛教寺院仍然与欧洲的天主教会毫无共同之处。没有一种中国宗教曾变成恰当地组织起来的具有自主性的单元,教会或教区的概念对于中国人的头脑是陌生的。排他性信仰者群体难以产生。通常的宗教取向对于矛盾的信仰是折中的,并且极端宽容,尤其是在精神(意识形态领域)中。宗教对抗与宗教偏执是以离经叛道活动的形式,而非信仰异端的形式获得表达。在中国频繁发生的宗教迫害通常首先是一种政治现象,却很少是文化-精神现象。在中国,当国家或统治阶层内部的权力群体对于其他群体累积起来的政治势力与经济势力的忧虑有所增长,而这些群体又碰巧隶属于一定的宗教派别之时,通常才会发生宗教迫害与宗教偏执[①]。

4. 伊斯兰教国家、西班牙-美洲帝国以及欧洲的宗教组织

在伊斯兰教国家,特别是在早期哈里发统治下,国家与宗教之间的关系极其复杂。这些国家是由征服者创建的——一种新的世界宗教在征服部族中产生并被其传播开来。在征服的初始阶段,部族与宗教之间有极大的同一性。在较晚的阶段,这种同一

---

① [1]C.K.Yang, 1957; Groot, 1903; Pulleyblank, 1955; Wright, 1959.

性却被削弱了；其时，更为中央集权的官僚制帝国（阿拔斯王朝和法蒂玛王朝）发展出来的，种族上的异质因素则被一种共同的宗教和新的政治框架结合在一起。

在理论上，哈里发一直服从沙里亚(Sharia)（伊斯兰教的神圣律法）的支配。由于许多晚期的哈里发（阿拔斯王朝与法蒂玛王朝）在宗教运动的顶峰执掌政权，故每一个哈里发都通过强调他权威的宗教方面，并奉迎宗教领袖来保持普遍的支持。然而，宗教的领导成员并未被组织成一个单独的教会，以及没有构成一个严密的组织整体；因此，正是宗教本身极大地依赖于统治者[①]。

因此，宗教对于政治权威的牵制并无成效。除了对政治权威的强制起而反叛之外别无任何机制；而且，各种宗教派别和宗教运动确实在这些国家里持续地发展起来，并时常促成这些国家的崩溃[②]。

在西班牙-美洲帝国[③]和大多数欧洲国家里，宗教组织受到天主教会及其不同的、最高程度地发展起来的自治宗教组织（"正式神职"和教堂系列）的支配。教会强烈的普遍主义取向超越任何给定的政治共同体。教会作为一种组织，总是构成一个自治和独立的政治力量。

在这个时期中，在某些欧洲国家内，教会垄断被新教异端所打破。这引发出特别富于张力的宗派（其组织从一个国家到另一

---

① [M]*Lewis*, 1950; [N]1953, [M]1954; *Brockelmann*, 1943; *Grunebaum*, 1946, 1955[*a*], 1955[*b*]; [N]*Cahen*, 1955[*a*]; *Denent*, 1939, 1950.

② [N]*Cahen*, 1957[*a*], 1957[*b*]; *Lewis*, 1953; [M]*Hodgson*, 1960.

③ [R]*Desdevises du Dezert*, 1914, 1917; *Haring*, 1947, ch.x; *Hanke*, 1937, 1951; *Mörner*, 1953; *Vida Viceus*, 1957.

四　宗教与文化的组织和取向

个国家在在有变),它们带有真正强烈的、自主的政治取向[1]。

5. 宗教体系自治的发展

如前面的描述所表明的,在此加以研究的各个社会所发展出来的宗教是极为不同的。然而,当根据宗教领域的社会分化加以思考时,它们具有若干共同的特点。在这些社会里,这种分化在下列发展中显现出来:(1)有异于社会其他制度领域的独特和自主的宗教领域或范围;(2)专门的宗教组织与宗教角色,以及(3)针对社会其他制度领域而强调宗教价值观与宗教行动自主性的若干类型的宗教取向。

在我们正予以考察的社会里,在众多初民的,甚至世袭的社会内所发现的整个共同体与宗教领域之间的同一性,大多已不复存在。在此所研究的大多数社会中,某个宗教组织或若干竞争着的宗教组织涵盖了全体社会成员。然而这些组织——即便当其是一个包容了全体社会成员的组织之际——乃是个别的、独特的单元,并且具有它们自己独特的特质和组织上的等级结构。该组织中仅有少数——或许唯独是在古代埃及帝国和印加帝国内——才存在着某些主要的政治角色和宗教角色的完全混同(例如,君主-上帝的角色)。甚至当君主在教阶制中发挥某种作用之际,教阶制也是不同于政治等级的。

---

[1] 对此一般性的概述,参见 [S]*Cobban*, 1957; *Greaves*, 1957; *Clark*, 1929–1959, 1957; *Sykes*, 1934; *Jedin*, 1955; *Leonard*, 1955; *Orcibal*, 1955。

宗教领域的自治在多维的宗教组织和它们之间的竞争中也是显而易见的。在我们于此所涉及的大多数社会中，发展出若干主要的宗教群体或宗教组织，它们时常彼此竞争。这些群体和组织的竞争通常与该事实相关：它们无不具有更为广泛的、时常是普遍主义的取向。

然而，在历史官僚制社会里，宗教领域的自主性并不需要该领域与其他制度领域彻底地相分别或相区别，或者世俗价值取向的发展。宗教的价值观与象征在一切阶层的文化取向中都占据显著的地位。统治者的合法性通常隐匿于宗教的形式之中，而且大多数阶层的文化生活皆环绕着宗教的象征与制度而被组织起来。这些制度是文化创造的主要中心，是这些社会传递文化传统的主要中心。

宗教领域有限的独特性甚至在更大的程度上显现在专门的宗教角色和宗教组织得以发展的范围中。许多专门的宗教组织——寺庙、宗教"基金会"、僧侣的社团、宗派、教会以及修道院等级——演化出来，而且它们中有许多都是按官僚制组织起来的。与之密切相关的是诸多专门宗教角色的发展：僧侣，传教士，以及/或者比丘，他们是教会组织与教阶制内不同职位的占有者。

另一方面，宗教崇拜共同体在很大程度上或则与地域群体相同一，或则与之密切关联。专门类型的宗教共同体唯独在宗派和修道院等级内才发展起来。因此，在宗教领域内，组织的若干关键方面——宗教领袖与信徒，宗教团体的结构及其目标，以及这些团体与政治领域的关系——都伴随一种引人注目的自主性和独特性而演化出来。只是在一个更小的程度上，这种独特性的范围才借助无所不包的宗教共同体的结构而获得展现，在该共同体

62

四　宗教与文化的组织和取向　　　　　　　　　　　　　　155

内，大多数宗教活动、宗教参与和宗教角色嵌入于其他（一般是亲缘和地缘的）群体之中，并与家庭角色和共同体参与紧密相连。

6. 宗教价值取向的特征

我们现在可以考察对于我们的分析十分重要的宗教取向与宗教价值观的若干方面。

头一个这样的方面是我们将称之为这些宗教的"群体指涉"（group referent）的东西。第二个方面由在宗教态度与政治活动和政治组织之间关系上意义重大的宗教信仰体系的某些构成因素所组成。第三个方面则是在这些宗教体系和价值体系中较为强大的自主意识形态取向的发展。

在此所考察的绝大多数宗教的群体指涉的首要特点在于，较之构成某一个这类社会的任何归属群体和地缘群体的特点，它都更加广泛。大多数这类宗教的基本群体指涉是（1）总体性社会，它通过宗教价值观而获得象征，以及作为此种文化和宗教价值观的承担者；以及/或者（2）专门的宗教共同体；或者（3）更广泛的即"潜在的"宗教集体，例如"一切信徒"或"整个人类"。汇聚于给定政体的更为自群主义的取向则大多发生于较少分化和更为传统的社会中，如埃及、波斯，以及在某种程度上还有中国[①]。

---

① [F]*Otto*, 1953; *Wilson*, 1951; *Frankfort*, 1948. 关于波斯，参见 [G]*Ghirshman*, 1954; *Christensen*, 1939; 1936, pp.110, ff.et 各处；*Mole*, 1953; *de Menasce*, 1955; *Klima*, 1957; *Coulborn*, 1958-1959。

在中国，对于大概在一切时代被运用于一切中国人的礼仪和伦理系统来说，已经存在一种更加一般的文化取向——这种文化取向可能还有着甚至更为广泛的运用。罗马帝国做过诸多尝试，以将更广泛的、几乎是普遍的意义赋予罗马文化和"罗马帝国太平天下"的各个方面。在拜占庭、绝对专制主义时代的欧洲国家、阿拉伯哈里发王朝以及西班牙-美洲帝国，都存在成熟的普遍宗教取向或文化取向。

这些广泛的、时常是普遍主义的取向，在许多方面增进了宗教领域的自主性和独特性。首先，该取向破坏了任何单纯自群主义群体的合法性，在某种程度上，它还强调了贯通于任何给定地缘群体或身份等级之中的某些共同的忠诚、规范和象征。此外，这些价值取向的特殊结构必定以专门群体中的宗教组织和对各种各样的居民群体直接的吸引作为根据，而强调文化-宗教领域的某种自主性。第三，这些宗教为统治者与统治精英所提供的合法性并不是无条件和"给定的"。该合法性时常取决于统治者对准许的行为模式和价值观模式的接受，取决于他们与宗教组织一起寻得某种妥协。在统治者与宗教组织之间易于产生紧张和竞争。宗教机构可能变成社会中的独立势力和权力焦点，这不仅因为它们各自的组织认同，而且也由于它们价值体系的构成要素使然。

与我们的分析相关，在此所研究的诸宗教的价值取向的第二个主要方面，是对于个体的道德-宗教责任和我们可称作为个体宗教"行动主义"的强调。强调正当的道德和宗教态度，以及强调对个体宗教态度中所含蕴的道德义务的履行，构成绝大多数这类宗教的一个重要面向。流行和占据优势的宗教以某些行动主义趋势为其特征，该趋势强调信徒对于若干宗教上的约束信条与行动

四 宗教与文化的组织和取向

路线的承诺，强调对将它们在社会生活中付诸践行的承诺；并且强调信徒承诺依照其宗教承诺所内在固有的尺度，至少影响和判断生活中的某些方面。表达这个着重点的方式从一个社会到另一个社会不尽相同，一般而言对履行方面所作的强调也是如此。然而，这个着重点的若干重要组成因素却存在于所研究的一切宗教之中，并且通常在社会活动和政治活动的结构中得到重要的回应。

行动主义趋势与对个体责任及其履行的强调，以及更加广泛的群体指涉，共同为宗教活动提供了其自身的自主动力，有助于组织各种各样社会活动和社会群体的原动力，以及一系列用于判断世俗现实各个方面的自主标准。这些标准在本性与内容上会是不同的。在某些案例中——诸如佛教、玛兹达教，以及在较小程度上，东方基督教派——其取向乃是"来世的"，对政治生活采取颇为消极的态度①。在另一些案例中——诸如儒教、天主教，以及特别是新教——该尺度则多半取向于它们各自社会的社会现实与政治现实内部的活动。无论其特定内容如何，该尺度都时常趋于引发对专门类型的行动与组织的创造，诸如创造出可能易于变成社会取向和政治忠诚独立中心的宗派和宗教团体。

7. 宗教体系内自治意识形态取向的发展

与我们的分析相关的这些宗教体系和价值体系的其余方面，

---

① [L]*Barker*, 1957; *Hussey*, 1937, 1957; [G]*Christensen*, 1936, pp. Ⅱ *ff.*, 1939; *Ghirshman*, 1954; *Klima*, 1957.

是其相对独立的意识形态体系的内在发展。这个体系由一些理想和活动体系组成，它们企图按照终极价值观去组织和评价该宗教在其中发展起来的那个社会现实，尽力按照给定的一系列价值观和目的去塑造世界，并努力使它人皈依这种努力。

自然，在一切宗教和价值系统中都能发现意识形态因素。每个宗教都包含着以基本的宗教价值观和宗教象征为依据的对于社会现实的某种指涉和评价。然而，这些指涉与取向时常嵌入于流行的宗教思想和神话思想之中。而在此所研究社会的许多宗教与价值体系内——尤其是在更加具有普遍主义的宗教和价值体系内——却与之相反地存在着产生某些自主的意识形态取向和体系的趋势，它们使其成员有义务评价社会现实，然后按照"合乎体统"的方向推动该现实。这些取向和体系所强加的承诺并非简单地嵌入于礼仪和宗教行动中，它们还含蕴着更为专门化的社会活动和政治活动。

意识形态因素与这些价值系统内的行动主义趋势密切相关。旨在为现状辩护的诸多保守意识形态自然已经出现，并且时常在这些宗教的价值体系中占有优势地位。然而，自主的意识形态体系的真实存在，却能够充当各种各样能动活动和自主活动的潜在焦点。

宗教领域独特性的每一个这种方面，在其他社会类型中也能够被发现。然而，所有这些方面结为一体，在历史官僚制社会中却似乎比在其他社会中显著得多。

从不同的观点看来，宗教价值取向的所有这些方面都强调了宗教领域的相对自治，及其对总体性共同体和其他制度性领域的"脱嵌"。然而，如上面所指出的那样，在此所考察的社会里，宗教领域的这个独特性极为有限。在全部宗教历史的始终,精英们都竭力在这些社会的文化领域中维系支配地位。他们的尝试经由其所发展或促进的若干活动模式而得到最佳阐释。

为宗教精英和宗教组织所造就的头一个这样的模式,是种种精英群体和僧侣群体而对宗教传统给予的极大的形式化与典章化。这种形式化显现为(1)神圣经典的典章化;(2)致力于阐释本文的诸学派的发展;(3)传播宗教知识的专门教育组织的成长;以及(4)对整个世界观和意识形态的精心阐述。

第二个主要的活动模式与宗教知识的"传播"密切相关。用罗德弗尔德(Redfield)的专门术语说,其由将各种地方的"小传统"整合成文化中心的"大传统"的尝试所组成。

8. 教育体系的结构

若不考虑到历史官僚制社会中教育的发展,则对该社会的文化-宗教领域的分析就将是不完善的。

对我们的讨论而言,在这些社会较高的、更为能动的阶层中,教育过程的头一个重要特性便是不复全然嵌入于固定的归属性的家庭或地缘群体内。专门的、形式化的教育机构,各种各样的学校或大学,已经发展出来。在萨珊波斯,存在着此种教育机构的若干雏形。在拜占庭帝国的学校、学院和大学系统中[1],

---

[1] [L] *Hussey*, 1937, pp.22–116; *Bréhier*, 1927; *Fuchs*, 1926; *Grégoire*, 1927–1928 [*b*]; *Buckler*, 1929; *Dietrich*, 1918.

以及在中华帝国用于文官职务考试的儒教学校和准备学堂的体系中，该机构获得充分的发展。在西班牙-美洲帝国，以及当然还在法国与英国，这样的学校甚至更大的程度上发展起来[1]。

正是在这些机构中，为了行政职位以及成为专家和精英的主要培训工作居于中心地位。学校被用作为社会流动的主要渠道。然而，学校所提供的培训，尤其对上层和中层等级而言，通常并不是专门化的；而且学校也并不被设想成唯独对技术知识与实际知识加以传递的场所[2]。

这些机构在很大程度上既关涉到知识的传递，又关涉到对更广泛的、颇具发散性的文化取向与价值观的灌输。它们较之任何地域群体的文化与传统都更具包容性，而且结合了不同"大传统"的诸多因素。萨珊波斯[3]保证了与新的国家、王朝和形式化的玛兹达教的认同[4]；在拜占庭，许多学校（私立和公立两者）、学院和大学发展起来，它们促进了与希腊文化的认同，而拜占庭的社会和政府则将自己视为这一文化的首要正宗[5]。在中国，产生了许多学校和书院，它们绝大多数取向于为国家（儒教的）科举考试作准备，或者构成儒教（而且，在某些情形中，也是佛教

---

[1] [Y]*Sagnac*, 1945, 1946; [Z]*Ashley*, 1947; [R]*Haring*, 1947, *ch.xi, xii*; *Priestley*, 1918.

[2] 比如，[L]*Andréadès*, 1926; *Baynes*, 1955, *chaps.i, ii*; *Barker*, 1957; [R]*Haring*, 1947, *chap.x*。

[3] [G]*Christensen*, 1936; *Altheim*, 1955[*a*], 1955[*b*]; *Massé*, 1952; *Mole*, 1953; *de menasce*, 1955; [I]*Galt*, 1951, 各处; *Hucker*, 1950, 1951; *Balázs*, 1950; *Kaltenmark*, 1959[*a*]。

[4] [G]*Christensen*, 1936, 1939; *Altheim*, 1955[*a*], 1955 [*b*].

[5] [L]*Baynes*, 1955, *ch.i–iii*; *Diehl*, 1943; *Barker*, 1957, pp.1–26, 50–56; *Bréhier*, 1950; *Jenkins*, 1953.

和道教）的传习中心[①]。在西班牙-美洲帝国，大批培育了与基督教-欧洲文化认同的学校和大学演化出来。在法国和英国，学校与学院则弥漫着朝向更为广泛的基督教文化，朝向其各种各样地域性文化，以及也渐次朝向更为广泛的欧洲文化的取向。在一个比较晚近的阶段上，这些欧洲的机构，以及各种各样的文化群体和文化协会（下面将予以讨论），变成在欧洲发展起来的新的世俗-理性趋势的组成部分。

注意到下列大多数国家内这些学院和群体是由国家（作为其官僚组织的组成部分）以及各种私人群体和个人所发展和维系的，这一点十分重要。最为重要的这些群体当然是各种各样的文化精英（对于这些精英，随后将给予极为详尽的讨论）。例如，在拜占庭，学院不唯受到国家的支持，而且也受到私人捐助者和东正教会的支持，同时学校却几乎总是全部由私人来支持的[②]。在学校与大学的设立、发展和维系方面，各种社会群体与"私人资源"的重要性，在欧洲国家和西班牙-美洲帝国中甚至得到了更加充分的表现。

在中国，许多儒教书院系由缙绅家族和学者家族所建立和维持的，而许多地方学堂则由各种宗教派别以及地域群体和地方家族所建立。

一经从起初的征服阶段过渡到某种程度上的稳定阶段，类似的模式便甚至在若干征服者帝国内也演化出来。西班牙-美洲帝

[①] [I]*Galt*, 1951; *Maspero*, 1950[*b*], 1950[*c*]; *Eberhard*, 1948[*a*]; *Strange*, 1950; *Franke*, 1930-1952.

[②] [L]*Hussey*, 1937, 1957, pp.145-156; *Barker*, 1957, pp.26-54.

国的例证具有高度的启发性。在这里，许多学习机构由政治群体、宗教群体和社会群体——通常是征服者群体——建立起来。这些机构被当成共同价值观与更广泛取向的中心——而且在某种（即使是有限的）程度上，它们在不同种族群体之间的沟壑上架起一座桥梁。

这些机构并非全都只限于上层或中上阶层，虽说这些阶层在该机构中占据了显著地位。当我们讨论较低等级的沟通模式时，我们便会看到，在该等级中也存有某种其功能在于播化此种广泛价值观与价值取向的教育组织和文化组织。在若干案例中——例如，在萨珊波斯和拜占庭帝国[①]——尤其在较低等级的农民和都市群体中发展、传播和维系这些广泛取向方面，军队是一个极其重要的机构[②]。

9. 小结

在教育领域、文化领域和宗教领域内，发展出若干可被视为"自由-流动"的取向和态度。文化和宗教的活动与取向，大多已变得同初级、归属的亲缘及地缘的群体和角色不复相关。这些活动和取向的这样一种潜能得到发展：即该活动和取向趋于被组织成专门的群体和角色，并且可以为创造专门的群体和角色充当蓄水池。这些取向和意识形态能够革新将不得不受一些机制调控的

---

① [L]*Diehl*, 1957, 1943; *Bréhier*, 1948[a], pp.334-430; *Jerkins*, 1953.
② [L]*Diehl*, 1943, 1957, pp.40-53; *Stein*, 1920.

权力中心和活动中心，这些机制有异于基本上是归属的亲缘群体与地缘群体的机制。分化的和个别的意识形态体系把自主取向的范围扩大到社会领域和政治领域。借助于所有这些因素，宗教群体和宗教组织本身便能够变成这个自由-流动权力的中心——而且能够按照其自己的取向和旨趣而尝试着去组织该权力。

总而言之，我们已勾描出的宗教的各种基本特征，对于全部在此加以研究的社会乃是共同的；然而，在不同的宗教之间也存在许多区别，如上面我们在某种程度上已经阐述的那样。这些区别对于我们的分析时常是极为重要的。最为紧要的区别在于下列因素：

（1）宗教领域与其他社会领域和社会制度基本分化的程度；

（2）宗教组织的独特性、自主性和内聚力的程度；

（3）宗教与政治体系认同的程度；

（4）普遍主义取向在宗教的主要取向中的重要性和强度；

（5）行动主义取向和自主的意识形态因素在宗教的价值取向中的强度。

五　社会组织与社会分层

1. 导言

对其发展将予以考察的下一个制度领域是社会组织与社会分层领域。如同在其他制度领域中一样，在这个领域中我们可以看到，在此所研究的社会从其中存在着相对而言未曾分化、归属性的和刚性的身份系统和社会组织的封建体系或世袭体系中发展出来。尽管存在许多归属性的标准依然奏效的事实，但这些社会还是演化出极其富于弹性和分化的社会组织与社会分层模式。

2. 社会组织与社会分层

A. 萨珊波斯

最少弹性与最不分化的社会组织与社会分层类型是萨珊波斯的类型[①]。

位于社会等级顶端的是国家的首脑：众王之王。在他以下有四个群体，其规模由小到大渐次变化，而以其人数最多者居于基

---

① 这里所参照的是 [G]Christensen, 1939; Benveniste, 1932。更详细的分析参见 [G]Christensen, 1936 各处; Altheim and Stiehl, 1954; Altheim, 1955[a], 1955[b]。

层。头一个等级由封臣组成——由于承认和忠实于波斯的霸权地位而被允许保持其王位的大大小小的诸侯。这个等级还包括有着皇族血统的亲王,他们被委以巨大行省以及征服和兼并的领土的管理权。

社会等级中比上一等级更低的是七大家族的首领——这批家族自阿契美尼德时期以降,历经许多世纪而延续下来。这些家族直接地从帕堤亚人那里承袭了封建体系;在帕堤亚人统治下,贵族的权势使得王国的政治很不稳定。萨珊人尽管接受了该体系,但却尽力削弱其力量。实际上,在沙普尔二世去世之前,贵族的权力在萨珊统治前期就已受到削弱。但一直到霍斯劳二世登位之前的"困苦与软弱的125年"期间内,贵族势力却再度增长起来。不过,在最后两代大君手中,该势力又一次受到抑制。

七大家族在实际上对全部行省行使权威,行省的农民除了皇家财政所要求的税务外还承担向这些家族纳税的义务。作为回报,这些家族向皇家提供军事支持,如果有必要的话,还有义务征募兵员。有些家族中掌有世袭的官职,既包括文官又包括武职,但在萨珊历史的四个世纪期间,这类官职也必然地经历了若干变更。

其成员被选拔为"显要与权贵"的那个等级,在事实上具有制止诸大家族权力受到侵蚀的功能。这个等级括及政府高级官员、大臣、行政机构的首脑和皇家官吏。该等级的成长与发展将一种新的因素导入社会中。依靠着这个等级以及军队,萨珊君主遂得以重组国家,并赋予这个国家以在安息王朝闻所未闻的力量。

在等级底层的是自由人:即土地贵族或村庄的首领(德克汉斯 Dekhans),即农民与中央政府官方代表之间的环节。他们对向农民征敛强加税赋的行政机构负责，而这些农民构成人口的大多数。农民虽说在法律上是自由的，但在事实上却被降低为从属于土地的农奴的状况，并随着地产和村庄而被出售。

在萨珊时代，显然也存在一个由商人、工业作坊的首领等等组成的相对强大和富有的中产阶级，它首先集中在城市，尤其是在都城之中[①]。

除教士群体之外，也存在着我们可称为"文化精英"或"专业人员"的群体。在这些群体中，占星术士和医学专家的各种群体尤为重要。这些群众通常并未曾被充分地组织起来，而是形成松散单个群体。

在已知的范围内，萨珊的社会结构是较为刚性和形式化的。从官方来说，至少在不同的社会等级之间——特别是在较高等级和较低等级之间——有着鲜明的区别，而且在这些等级之间似乎鲜有社会流动。然而，在实践中，社会结构则可能并非如此僵硬。关于个人从一个等级上升至另一个等级（特别是较高等级和中等群体）的众多案例已为人所知，而且诸王本身似亦借助于其分配荣誉的系统而对这些个人资以鼓励。

B. 拜占庭帝国

较之萨珊帝国，拜占庭社会的结构更加富于弹性，虽说在拜占庭，若干"传统的"、未尝分化的领域和群体也保存了下来[②]。

---

① [G] *Ghirshman*, 1954; *Christensen*, 1936, *ch.i*.

② 关于拜占庭帝国的一些一般侧面，参见 [L]*Charanis*, 1944-1945, 1951[a]; *Hussey*, 1957, *ch.viii, ix*; *Diehl*, 1906-1908, 1929, 1943, *ch.ix*; *Runciman*, 1933, *ch.viii, ix*; *Bréhier*, 1949[b], ch.*i, ii, iv, v*。

贵族与官僚位于等级顶端，他们大多由大土地占有者组成，其中有许多人来自久已存在的家庭。然而，这一顶端群体的诸多成员乃是其资格应归功于频繁政治事变的相对而言的新来者。由于对贵族身份不存在形式法的界定，贵族多半构成一个拥有土地者的群体，而其成员时常从较高的文职官僚中得到补充。军队首脑和行省大员亦可能跻身于贵族等级之中。贵族以其成员的旨趣和生活方式的相似性为特征，但对于新进之辈尚属可以接近[①]。

官僚是拜占庭社会最强有力的群体之一，而且约至12世纪，才能已成为进入该群体的一个手段，这些毫无疑义。官僚制是社会流动的一个主要渠道，官僚的许多成员从为帝国服务的不同都市阶层与乡村阶层中得到补充[②]。

如所指出的，商人和工匠在帝国的城市居民中是第二重要的因素——尤其是在首都。这样，在土地贵族和绝大多数都市人口之间，便存在一个可被描述为中产阶级（bourgeoisie）的等级。中产等级或许有其广泛的起源。随着该等级财富与影响的增大，其同情心似乎倾向于土地贵族[③]。在1342年以及在1345年两度爆发的震动帕撒罗尼加市的大规模民众起义中，中产等级并不曾与反叛者携手反对贵族，正是出于这个原因，该等级才被摧毁了。

除商人和工匠，以及宫廷、贵族官僚等各种群体外，拜占庭

[①] 关于拜占庭贵族，参见 [L]*Ostrogorsky*, 1956[a] 各处；*Jenkins*, 1953；*Lemerle*, 1958；*Runciman*, 1929, pp.109, ff.；*Charanis*, 1951[b]；*Guilland*, 1947-1948, 1954；*Beck*, 1956。

[②] 关于拜占庭的官僚制，参见 *Bréhier*, 1949[b], pp.39-166；*Stein*, 1924, 1954；*Dendias*, 1939；*Kalias*, 1939；*Andréadès*, 1926。关于拜占庭帝国晚期官僚制的贵族化，参见 *Guilland*, 1953-1955；*Ostrogorsky*, 1929[a], 1956[a], ch.v-vii, ix；*Lemerle*, 1958；*Stein*, 1924。

[③] [L]*Bratianu*, 1938；*Bréhier*, 1949[b], ch.vi, vii, 1950, ch.iii, iv。

都市社会还包括若干其他阶层。毫无疑问，最为重要的是各种宗教群体、文化群体和专业群体。在这里，我们必须提及的是：这些群体并不限于社会的都市部门；这些群体也分布在乡村社会，在一定程度上，其他文化群体也是如此。

各种各样的准专门群体成员——特别是法律学者和医生——在本性上是更加都市化的。这些群体在都市中心有相当的重要性。尤其是法理学家，还在专门组织中紧密地联合在一起。医生之间似亦存在类似的组织[1]。

这些准专门性组织与传习中心——学院与大学[2]，以及帝国宫廷——非常接近，并且充当了政治活动和文化活动的重要中心。尽管受到君主的严密监督，这些组织与中心却是具有高度内部团结与共同眼界和价值观的自主机体。

在帝国都市中心社会等级上的最低级者自然是大众[3]。尽管皇帝的官僚体系——以及后来，还有贵族——实际上统治着帝国，他们的地位却并非全然不受都市大众的影响；因为，尤其是在首都，都市平民在帝国政治生活中发挥着并非微不足道的作用。都市人口的不同部分隶属于不同的政治组织和政治机构。上层群体，即贵族和官僚（都市与非都市的因素于其中混为一体）在元老院中有其代表[4]。较下层的都市群体则通过带有政治目的和绝非仅仅用于体育运动的"德莫（deme）"或"竞技场团体"组

---

[1] [L]*Runciman*, 1933; *Hussey*, 1957, *ch.vii*; *Bréhier*, 1949[*b*]; *Baynes*, 1955, *ch.iv.*

[2] [L]*Hussey*, 1937, 1957.

[3] [L]*Ostrogorsky*, 1956[*a*], especially ch.ii; *Bratianu*, 1938; *Manojlovi*, 1936; *Janssens*, 1936. 同时还参见 *Hadjinicolaou-Marava*, 1950; *Lopes*, 1933。

[4] [L]*Diehl*, 1924, 1929, 1943, *ch.iv*; *Stein*, 1940.

织——著名的蓝党和绿党——被组织起来。其首脑系由政府指派的大众性的蓝党与绿党具有重要的公共功能：他们充当都市卫士，而且参与修复城池。蓝党和绿党在帝国的全部大都市中都发挥非常重要的作用，因为人民通过该党而表达政治意见[①]。

"德莫"显然只在5-7世纪内卓有成效。随后，其政治价值就大为减弱了。"德莫"逐渐变成单纯的娱乐群体，而它的重要性则化为乌有。但甚至到了13世纪，都市平民在帝国政治生活中的力量仍未遭摧毁。除了马其顿王朝的辉煌年代外，大众在11世纪又重新出现了。而且，马其顿王朝的最后代表从米歇尔五世手中恢复王位，也正归功于大众。

农民构成拜占庭社会结构的关键部分，而且君主总是对维系不依赖于贵族的自由农民表示关切。集中在这些村社中的自由农民为军队、官僚甚至专门人员提供了一个重要的补充泉源[②]。仅仅是在11世纪之后，由于贵族的持续侵蚀和中央政权的削弱，自由农民才开始衰落。

C. 唐代中国

在唐王朝，"儒教的"中国社会组织体系的众多特征开始定型化。然而，早先时代的若干遗迹——正如在贵族群体的相对显著地位中特别予以表明的那样——却仍然明晰可辨。

这个时期开始取得确定型式的新的社会组织的主要特征

[①] [L]*Maricq*, 1949; *Dvornik*, 1946; *Bury*, 1910, pp.105 ff.; *Bratianu*, 1937, 1948[a].

[②] [L]*Rouillard*, 1953; *Iorga*, 1940[a], 1940[b]; *Diehl*, 1943, ch.iv, ix, x; *Bréhier*, 1924; *Jenkins*, 1953; *Ostrogorsky*, 1956[a], ch.ii, v; *Charanis*, 1944-1945, 1951[a].

如下：

（1）政治-文学标准在身份界定中的相对支配地位——即文人学士与官员的官方显著地位；

（2）儒教意识形态在分层尺度界定中日渐增长的重要性；

（3）贵族的相对削弱，以及士绅日增的社会与经济优势地位；

（4）作为分层体系的一个重要焦点的宫廷的发展；

（5）若干次级模式的演化——诸如商人在实际上而非官方场合的重要性；军队的特殊地位；以及诸多局部变异的发展[①]。

中国社会的这些主要性质受到儒教意识形态的极大影响[②]，该意识形态将社会分为四个群体的等级序列：士、农、工、商。每个群体都根据其对于理想社会存在的生产贡献而被付诸评估。士具有最高的声望，因为唯有他们才通晓并保全了正确的社会生活。农的职责是为士供给生活资料。商没有声望，因为商品乃是"非必需品"和"琐屑之物"[③]。

较之儒教的意象，社会的实际结构极其复杂，而且等级也并不明显。该结构框架由一种相当稳定的二分法等级结构组成，而且每个等级还包含若干亚属[④]。

从官方来说，两分法基本上是遵循职业标准，即脑力劳动与体力劳动的分化而制定的。脑力劳动（管理活动和学术劳动）是

---

① 中国社会结构的一般特点是从前汉时期发展而来，并且在唐代定型化，贯穿了整个帝制时期，参见 [I]*Eberhard*, 1948[*a*], 1952, 1958; *Wittfogel*, 1935, 1938, 1950, 1957; *Strange*, 1951; *Pulleyblank*, 1958; *Eisenstadt*, 1958; *Bodde*, 1956; *Lattimore*, 1951; *Balázs*, 1952, 1959[*a*]。关于汉朝之后的历史，参见 [I]*Balázs*, 1948, 1950; *H.Franke*, 1951。

② [I]*O.Franke*, 1930–1952, 1945; *Fairbank*, 1958.

③ 参见 [I]*Chu*, 1957; [I]*Fairbank*, 1958, ch.ii, iv; *H.Franke*, 1951; *Pulleyblank*, 1954。

④ [I]*Pulleyblank*, 1954, 1955; *Balázs*, 1952, 1959[*a*], 1956.

上层等级的职责与特权，其与毫无争议的声望相一致。体力劳动则是下层等级的职能。掌握政权的法定特权与权利则为上层等级所独享。

没有一个等级是同质性的。在上层等级中，按照出身、学术和政治权力而分化成亚群；在下层等级中，则按照职业与财富分化成亚群。

在上层等级内，再划分的标准创立了三个部分地互相叠交的群体——贵族、（文人）士绅与官员。

与文人学士声望相关的贵族的声望时时有变，直至唐王朝的末期；其时贵族变得不复具有重要性[1]。儒教理念的周期性强化之后则通常尾随着士绅声望的提高。

在这个社会结构中，士绅等级具有特殊的重要性。该等级由这样一些家族阶层构成，这些家族建基于土地所有权之上，并位于受土地束缚的农民大众与形成包罗万象的行政活动和商业活动的流动基质的官员和商人之间[2]。

在"封建"一语（一个在今天被过于轻率地应用的术语）的任何确当意涵上言，士绅都不是一个封建等级。中国农民在法律与事实两方面都自由地出卖土地，而且在可能时还购置地产。农民由于许多环境因素而被束缚在土地上，但这却绝非由任何类似于欧洲封建体系的制度所造成的。

---

[1] [I]*Pulleyblank*, 1955; *Twitchett*, 1956[*b*]; *Eberhard*, 1952; *Balázs*, 1948, 1950; *Des Rotours*, 1926, 1932, Introduction.

[2] 关于士绅的不同定义，参见 [I]*Eberhard*, 1945, 1948[*a*], 1951, 1952; *Wittfogel*, 1957; *Pulleyblank*, 1958; [I]*Chang*, 1955; *Bodde*, 1956。关于士绅与文人之间的关系，参见 [I]*Chang*, 1955; *Eberhard*, 1945, 1948[*a*], 1951, 1952; *Pulleyblank*, 1955, 1958; [I]*Balázs*, 1952, 1959[*a*], 1960; *Ho*, 1959; *Kracke*, 1957。

士绅主要生活在高墙环抱的城镇而非乡村之中。他们是地方的精英，履行与其之下的农民相关的若干功能，以及与其之上的官员相关的某些其他功能。农民共同体视之为土地所有者，是巨大统治阶级中的最末一级。而且，绅士还掌管着使用土地的惯例系统和法定权利[①]。在中国社会结构中，扩大式家庭履行着一种关键作用，并且构成社会组织的核心[②]。

　　在较低的等级中，每个职业群体都有其自己的声望等级。财富突出了职业群体的内部分化，并且影响到每一种职业身份[③]。

　　"经典"（儒教）的教育是从较低等级向更高等级流动的合法渠道[④]。这条道路在法律上对于商人是封闭的，但富商却设法使其最具禀赋的子孙致力于学业。

　　商人还有其他两种可以毫不费力地进入士绅等级的手段——购置地产和通婚。由于农民是自由出售土地的，故商人便得到了一个在土地上投资的机缘，并据之既获得稳定的收益，又获得社会声望。与欧洲不同，中国在其形成之初便鲜有商人可以进行投资的对外贸易。土地一直是商业投资的主要对象；而且商人等级产生出远较商业资本家为多的地主[⑤]。

　　进入官僚制的合法门槛是通过科举考试。然而，通过买官，或则通过帝王直接地赏赐头衔（大多是军队首领），也可得到官职。在不同时期，这些手段的重要性也有所变更，但在大多数时

---

① [I]*Lattimore*, 1951; *Fairbank*, 1958.
② [I]*M.Levy*, 1955; *Liu*, 1957, 1959[*b*].
③ [I]*Balázs*, 1954[*a*], 1960.
④ [I]*Dubs*, 1938[*b*]; *Martin*, 1893; *O.Franke*, 1945, 1930–1952; *Ho*, 1959; *Des Rotours*, 1932, 1947–1948; *Chang*, 1955.
⑤ [I]*Fairbank*, 1958; *Chang*, 1955; *Eberhard*, 1952; *Ho*, 1959.

代，它们都构成流动的一个重要渠道①。

除去被界定为社会的整合部分与必要部分的这两个等级外，还存在着类似于种姓制度的第三个群体。这个群体由低下"卑贱"的人们组成——奴隶、娼妓、堂倌、官府杂役、仆佣、乞丐——他们的职业被打印上在社会中毫无价值的标记②。由于他们不准与较低等级交往或通婚，并被摒弃于科举考试体系的竞争之外，故他们从未得到过变更其卑下身份的机会。

D. 西班牙－美洲帝国

在西属印度群岛发展起来的社会由若干不同的要素组成。两个基本的要素是西班牙人的共同体和印第安人的共同体。然而，在这些群体内也逐渐地发展出许多区别，以及发展出共同体之间的某种虽说是非常微不足道的流动和交流。在西班牙人社会内部，在岛民西班牙人（他们在不同时期中被从西班牙派遣出来以充当官员等等）与"土著"西班牙人即克里奥尔人之间，演化出巨大的差别。在克里奥尔人内部则出现了许多不同的群体——土地贵族，商人（尽管这两个群体时常密切地相互关联），以及较低的群体（小土地所有者，小商贩，边缘的专业人员等等）③。

西班牙人共同体 为数寥寥的征服者后裔、与西班牙名门望

---

① [I]*Des Rotours*, 1947–1948, Introduction; *Chang*, 1955; *Pulleyblank*, 1955.
② [I]*Wilbur*, 1943; *Chu*, 1957; *C.I.Yang*, 1956[*a*], 1956[*b*].
③ 参见 [R]*Bagu*, 1949; *Konetzke*, 1949[*b*], 1951[*a*], 1951[*b*], 1952, 1953; *Vida Viceus*, 1957; *Miranda*, 1951; *Hernandez y Sanchez-Barba*, 1954, 1955; *Ots Capdequi*, 1934[*b*], 1941, 1951; *Durand*, 1953; *Villabolos*, 1951; *Zavala*, 1943, 1949。在印第安人共同体内，一些分化也增长了起来。[R]*Vida Viceus*, 1957; *Gallo*, 1951[*a*], 1951[*b*]; *Gibson*, 1955; *Garcia*, 1900; *Gongora*, 1951; *Konetzke*, 1949[*a*], 1949[*b*]; 1953; *Miranda*, 1952[*b*]; *Hanke*, 1936[*b*]; *Simpson*, 1934, 1938, 1940, 1950; *Zavala*, 1943.

族沾亲带故的定居者、高等文官以及领有头衔或勋位或取得某种永久性官职的富裕的克里奥尔人，融汇起来形成了主要以财富（大多是土地财富，但也并非全然如此）为基础的殖民地贵族。他们实际上垄断了进入法律专业、民军长官和高级职员的途径。他们具有绅士风范，精美的服饰使之与其他臣民区别开来。但这个贵族的封建化趋势早就受到王室的约束，而且其政治——以及在某种程度上，还有经济——权力也受到削弱。

在美洲，西班牙人地方政治组织的基本单元是城镇。在中世纪西班牙，城镇是占统治地位的形式，而且城镇还被充作重新组织征服地并使之西班牙化的手段。

许多城镇迅即发展出以确保由城镇居民牢靠控制为特点的选举与参政——虽说在几乎每个城镇之中，最初的议会都是由市区长官或者远征队首领所指定的。在1523年颁布并在1680年"西印度法典"中获得体现的敕令指导下，如果与皇家有关的征服者首领没有提供其他人选的话，自由民安顿下来以选举他们的议员。甚至于在议会系被委任之处，其成员也必是自由民——而且通常自由民为数寥寥，以至难以寻得足以充当的人选。在最初的城镇中（这些城镇由战士们所组成），除非得到自由民的首肯，否则议会便不可能指望发挥功能[①]。

然而，在17世纪，在地方行政机体中，愈来愈多的职位被用于出售或变成世袭的。管理者和监督官（corregideres）的权威以牺牲民选议会（cabildos）为代价而获得增长。

---

① [R]*Moore*, 1954; *Haring*, 1947, *ch.ix*; *Ots Capdequi*, 1934[a], 1941; *Palm*, 1951; *Vida Viceus*, 1957; *Borah*, 1956; *Durand*, 1953; *Gongora*, 1951; *Castañeda*, 1929.

五　社会组织与社会分层

印第安人共同体 在很大程度上，由于帝国的整个经济结构和社会结构都有赖于印第安人共同体的劳动，故该共同体显然是西班牙-美洲帝国社会结构的一个非常重要——虽说是最为低下——的组成部分。

西班牙征服者必定在印第安人共同体的结构方面引发若干变迁，而且众多共同体古老的社会区别也已必然地遭到湮没。西班牙人的政策确乎承认殖民地的印第安贵族：其成员被准许豁免纳税并享有一系列专门特权——例如，被许可骑马、穿着西班牙服饰、佩戴刀剑以及使用西班牙荣誉头衔。偶尔地，大酋长们还荣膺皇家盾形纹章和其他勋章。贵族中有一些是富有的大牧场主，少数人拥有黑奴，而且差不多全都握有地方自治官职。但到16世纪中叶与晚期，土著贵族已经取得了一种稳定的殖民地身份。其成员几乎无一例外地定居于城镇与都市之中，他们的特权世代相传。土著贵族中既括及男子，又括及女士，而且他们的成员与西班牙下层贵族等级的级别相一致。

在16世纪中叶，在许多情形下，印第安城镇的市政府在形式上被组织起来。该政府由地方等级制、诸多官职与机构所构成。西班牙的传统和印第安的传统对之都有所贡献。

在17和18世纪期间，印第安人共同体的状况极大地恶化了。这一恶化的最为重要的动因之一是西班牙殖民者所造就的大农庄即大种植园的发展。另一重要动因则是盘剥地方群体的印第安强人的内部压力。这些来自村镇内外两个方面的压力，导致了印第安人口的进一步的混乱。逃避地方贵族压迫的众多流亡者在西班牙人的生活中心，特别是在墨西哥城，寻得了匿身之处与避难场所。印第安人从周边城镇变幻无常时断时续向这里移栖，变成为土著贵族和西班牙当局所面临的首要难题之一。

E. 绝对专制主义时代的欧洲各国

在绝对专制主义时代，欧洲各国的社会体系在发展中的经济分化和社会分化的影响下持续不断地变迁。从社会的观点来看，18 世纪的欧洲社会依然首先是贵族的社会——虽说对于在政治上强有力的波兰、瑞典、匈牙利和（在一个全然不同的方面）英国的贵族，以及在政治上软弱无能的法国、丹麦与西班牙的贵族而言，他们各自的地位是差别极大的。在普鲁士，贵族必须服务于国家：或者在军队中，或者在文官机构中；而且在俄国和哈布斯堡帝国各部门，也做出了确保类似服务的尝试。

农民依然构成欧洲人口的主要部分。他们的情况颇为不同，包括从英国、瑞典以及法国某些部分的自由村民，以及欧洲中、南和东部许多区域的农奴[1]。

在整个 17 和 18 世纪，有一个趋势是显而易见的：都市中产阶级在数量和影响方面的增长。由于海外贸易的扩张，商人在数量与财富上都获得增长，在英、法两国尤其如此。在中欧和东欧，特别是在 18 世纪后半叶，由于任命愈来愈多的文职官员，中产阶级的范围也膨胀起来。

---

[1] 关于一般性的概述，参见 [S]*Lindsay*, 1957[a]; *Beloff*, 1954。关于法国和英格兰，尤其参见 [S]*Labrousse*, 1955; [Z]*Ashley*, 1952; *Mathew*, 1948; [Y]*Lough*, 1954, 1960。关于普鲁士，参见 [X]*Carsten*, 1954, 1955, 1959; *Bruford*, 1957; *Hintze*, 1900, 1914, 1915, 1943[a], Passim; *Rosenberg*, 1943-1944, 1958; [S]*Beloff*, 1954；关于俄国，参见 [W]*Brunner*, 1953; *Eck*, 1959; *Nolde*, 1952-1953; *Sacke*, 1938[a], 1938[b]; *Young*, 1957; *Beloff*, 1953, [S]1954, ch.vi。关于奥地利，参见 [T]*Blum*, 1948; *Jelusic*, 1936; *Macartney*, 1957; *Schenk*, 1953; [S]*Beloff*, 1954, ch.v。

3. 社团与共同体的结构

前此的素材可能为对在此所研究的诸社会中社会分层与社会组织体系加以分析提供了一个良好的基础。我们的分析将基本地集中于各种类型的分化与自由流动资源的发展上。相应地，在此与我们相关的社会组织与分层体系的诸层面将如下所列：

(1) 社会中主要群体与社团的结构；

(2) "总体性"社会或文化共同体界定的本性；

(3) 传统归属性的标准在身份系统内普遍盛行的程度——即身份尺度依赖于亲缘准则和地缘准则的程度，以及身份群体被嵌入于亲缘群体和地缘群体的程度；

(4) 身份等级的一致性和刚性。

我们将从分析这些历史官僚制社会中主要群体与集体的结构入手。

我们的讨论已经表明，在大多数这些社会中，都可以发现群体与社团具有一种巨大的复合性与多样性。在这些社会，而且特别是在经济领域和文化领域中，存在着在功能上具备某种专门取向的群体。在大多数这些社会中，在一种或多种形式下，存在工匠与商贩的行会与商会，以及文化和宗教的群体与社团；还存在若干类型的"社会"和文化-社会群体，它们取向于履行专门的功能和任务，以及取向于使其成员参与到社会生活和文化生活多少更加广阔的领域中去。中国的会社、崇拜社群和各种各样的社团，以及西班牙-美洲帝国与欧洲的城镇内崛起的无数文化社团、社会团体和娱乐社团，都可用作为例示。在所研究的全部社会中形成了许多社团，尽管在它们之间当然存在许多区别。这些社团在活动范围、意识形态框架以及与其他群体的接触方面，彼此之间是互有区别的。它可以是单纯的地方社团，仅限于一个城镇或地方；或是全国范围的，或至少也与其他地域的各种社团具有众多关联①。

在此所研究的各种各样的社会中，虽说个别社团活动的确切结构互有差异，但它们仍然具有某种易于辨别的共同特征。至为重要的共同特征在于下列各项的发展，尤其是在较高或中等阶层中的发展：(1) 某种有助于使亲缘、地缘、生态和部族等单元与主要类型的社团——即各种"专门化"社团和广泛先赋团结群体——分离开来的趋向；以及 (2) 在功能上专门化的社团和更加团结或以文化为取向的社团之间颇为有限的分化。

在大多数历史官僚制社会中，发展出许多在功能上专门化的团结-整合类型的社团。尽管程度不同，但所有这些群体都同地缘群体或亲缘群体两相分离了。通常而论，社团的成员资格并不依赖于亲缘尺度，或隶属于一个具有特定内聚力的地缘单元的尺度——纵使许多社团在实际上仅限于一定的地域。就整体而言，该社团的活动领域相对广阔，而横贯于亲缘单元和有限的"传统"地缘单元之中。

显而易见，依照诸社会以及任何给定社会的各种阶层，这种社团同亲缘限制和地缘限制的分离程度有着不同。通常地，这样

---

① [L]*Bréhier*, 1950, *ch.ii, iii*; [Y]*Sagnac*, 1945, 1946; *Barber*, 1955; [U]*Desdevises du Dezert*, 1925, 1927; [R]*Haring*, 1947; *Vida Viceus*, 1957; [I]*Balázs*, 1954[a]; *Fairbank*, 1958; *M.Levy*, 1955.

的分离在较低等级（农民，都市下层等级）内程度最低，在上层世袭等级中（特别在土地贵族之中）是有限的，而在都市与乡村的中等阶级，以及在宗教精英与宗教组织中程度最高。不过，即便在上层等级与下层等级内，也趋于发展出某种程度的分离。在许多这样的社会中，贵族成员在各种经济组织、文化组织和宗教组织内非常活跃；而且农民也时常形成不同类型的团结社团，诸如秘密崇拜群体和互助会等等。

类似地，在这些社会中，刚性界定的地缘群体和亲缘群体与主要的归属性团结分离开来。而在大多数初民社会和封建社会里，主要的归属性团结，例如身份群体和总体性文化集体，总是几乎全部地嵌入于地缘群体、亲缘群体和等级制群体中。在我们正予以考察的社会里，此种归属性团结变得有异于传统的亲缘群体、地缘群体和部族群体，并且变得更加流动和富于弹性。互助式的/基于共同利益的团结，或至少某种类似之物，在都市群体以及甚至在乡村群体之间也得到承认——虽说其基本认同大多是地方性的。诸等级的成员（例如，罗马帝国的诸等级）、文化上活跃的群体的成员、教育精英、文化精英和法律精英、文士（在中国）以及有时甚至是自由农民和兵士，都变得无须被组织在一个群体或集体之中便意识到共同体的利益和前景，意识到局部社会和文化的类似性。尽管这种对类似性或忠诚的意识时常限定于单个的地方或市镇，但在许多情形下，该意识都已超越了这样的界线。

在总体性文化单元及其主要象征的界定中出现了类似的趋势。如所讨论的，共有的认同与文化遗产的主要象征不再像初民部落的象征一样主要是神话性的。若干更为一般和更为综合的象征出现了——某些这类象征甚至展示出一定程度的历史意识。尽管较新的象征也经常具有独特的地缘指涉，但较之众多初民社会、世袭社会和封建社会中的那些象征，此种指涉却更为广泛。该指涉括及极其众多的各种亚群体，有时还包括若干普遍主义的意识形态因素。

一般地与共同文化单元的新的界定相关，众多阶层已演化出在某种程度上分化的、并非严格先赋性的与共同文化象征的认同。这些象征既非全然地限定于任何某个地缘单元或亲缘单元，也不由此种单元所中介。该象征培育出全面参与文化遗产的情感[①]。

各种社团和归属的亲缘单元与地缘单元之间的这种分离趋于发展；然而，在功能上专门化的和团结-整合的社团和群体却频繁地趋于连接与结合。众多在功能上专门化的群体发展出各种各样共同团结的象征，并且处理其成员面对的多种问题。这些社团调节社团成员多方面的私生活，并在各种法律事务和政治事务中代表这些成员。在这些方面，较之在纯粹专门化的明晰目标中所内在固有的功能范围，这些社团履行范围更为广大的整合功能。此外，这些整合活动还具有限制与调节这些群体更为专门化和工具化运转的性能。

历史官僚制社会的社团结构中的这些发展，不能等同于现代社会中社团活动和国家意识的成长。从一个社会到另一个社会固然不尽相同，但在大多数历史社团内，参与依然被限定在相对有

---

① [U]*Sarrailh*, 1951; [Y]*Cobban*, 1957[*a*]; [L]*Bréhier*, 1949[*b*], 1950; *Barker*, 1957; [R]*Haring*, 1947; *Vida Viceus*, 1957; [I]*Balázs*, 1952; *Fairbank*, 1957, 1958; *Nivision and Wright*, 1959; *O.Franke*, 1945; *W.Franke*, 1956; *Pulleyblank*, 1954.

选择的都市群体贵族群体中，而且依赖于诸多传统取向和组织模式。此外，此种社团变得以核心价值观和象征为取向的程度极其不同，大多数社团仍多限于狭小的地域。同样情况也适用于该社团在共同文化生活中的参与及其对共同集体象征和文化象征的认同。然而，这些社团中的每一个，无论其成员资格的范围或取向如何，都给社会带来了独特的分化因素。

4. 分层体系的基本特征

为便于我们对历史官僚制社会社团结构的各种意涵加以更为充分的理解，眼下我们将转而分析这些社会的分层体系。

对我们的分析而言，这些社会身份体系的两个相关特征是至为重要的。头一个是这样一个事实：这种社会中几乎没有一个（除去在某些边界线上的世袭-官僚制社会或衰败的官僚制政体）确实存在完善的传统-归属的体系。另一个特征则在于，在刚性的先赋群体中，并不曾发展出似乎使一切财富、权力和身份关系僵硬化的完全刚性的分层体系。

从表面上考察，在大多数这些社会里，分层体系似乎会与上面的陈述不符。在外观上，该体系表现为既是简单的，又是刚性的。位于该体系顶端的是君王、贵族，以及官僚制的上层（可能还有中层）官员。往下——然而远为低下并且没有更多的政治权力——是各种各样的都市群体（它们通常比在封建社会或世袭社会中发达得多）以及文化精英。整个体系的最为低下者来自农民和都市的最低等级。人们时常假定，在大多数这类社会中，君主对权力有彻底的垄断，而且存在一个将政治精英同其他社会群体分别开来的难以弥合的裂痕。这个概念或许多少是适用的，然而却过于简单化，并且没有虑及身份体系的弹性——一种在这些社会中存在并且有极大重要意义的弹性。

身份体系的这种弹性与相对"开放性"，大体上源于在三个主要分层尺度即财富、权力和声望之间分化的某种程度的增长；源于多少有所不同和相对非刚性身份等级的随后出现；以及源于与其他领域相比较，在某一领域中具有极为突出地位的独特群体的随后出现。

因而，在这些社会中出现了各种各样的经济群体。该群体在经济领域里的优势地位并不必然地意指他们在声望与合法性权力的等级上也列于高位。在古代埃及、波斯，以及特别是在中国，商人群体和工匠群体便提供了极佳例示。在中国，商人的官方声望甚至还低于农民。即便是在拜占庭与绝对专制主义的法国：在那里商人享有较高的声望和影响，但这些与其经济地位依然不成比例。另一方面，其他群体崛起了——如宗教精英、文化精英以及知识分子精英——虽说他们具有较大的象征声望，但却并不必然地在政治等级和经济等级上具有同样的地位。

同一情形下的身份标准间的这种歧异，当然也可在低度发展的社会中为人发现。但唯有在我们正予以考察的社会里，在这些标准之间才存在某种日渐增长的结构性分化和组织性分化。在这些社会内，与所运用的各种各样的评价标准相一致，同一群体可能（而且时常是确实地）拥有不同身份等级这个事实，并不是偶发性偏离的指标；这乃是体系基本的结构特征的一个标记。

存在不同身份等级的另一个极端重要的表现，是专门精英地位与活动的发展。在此所研究的大多数社会中，都发展出其成员在各种制度领域中从事领导与沟通的群体或人群的专门范畴，而这些范畴并不嵌入于任何归属性的身份的群体、角色或职位中。在宗教组织和文化组织中产生出若干这样的职位：其任职者从许多——尽管并非必然地从一切——身份群体中获得补充，而且其活动贯通于这些群体之中。在这方面，专门宗教群体与宗教组织的成员，如僧侣、各种传教士、不同宗教等级的成员，是特别重要的。

在政治领域里，在君主的亲随或行政机构的高级官员中，发展出一种相对新型的职位与活动，这就是专门的"党派-政治"活动。这样一些人出现了：他们的主要功能——即便具有专门的行政职位——注定是君主专门的政治代理人和密使，以及鼓动家和说客；并且出现了为各种各样的政策而在不同阶层的居民中动员支持与资源的个人。这些党派政治职位变成雄心勃勃的个人从各种群体和阶层中流动出来的重要通道。这些个人的活动通常并不限于任何给定的阶层，而是贯通于若干阶层之中。偶尔地，特别是在罗马与拜占庭，甚至皇帝有时也借助此种渠道而获得权力①。

在经济领域内，主要是在各种各样的经济社团，如作坊、行会、商人群体和银行，也演化出某种专门的精英功能。精英的功能是既处理社团的内部问题，又充当社团与文化领域，尤其是与政治领域之间的中介。

这些独特的精英功能不仅在政治活动与文化活动的较高层面

---

① [L]*Bréhier*, 1924, 1949[*b*], *ch.i*; *Ostrogorsky*, 1956[*a*], passim; *Runciman*, 1933; *Diehl*, 1943.

上产生，而且也在较低的层面上发展起来，尽管方式不同和程度较低。在乡村环境和在较低的都市阶层中，政治与文化的领导资格不再全然是一个传统世袭地位的事情。这些新的精英在地方上或在乡村中并不像在中心机构和都市中那样如此占据优势。在农民大众中间，以及在某种程度上，在更为传统的都市地区和城镇地区中，古老的、传统的领导模式可能维系下来并居于支配地位。然而，甚至在这些地方，新的领导类型时常也发展起来。这些类型通常与传统类型不同，并且与较大程度的分化，以及这些社会所发展的党派政治和政治操纵相关联[①]。

5. 分层体系的弹性范围

历史官僚制社会身份等级的相对弹性通过其分层体系的若干方面而显示出来。这些方面中的至为重要者是：(1) 不同群体身份的法律界定范围的缩小，以及在各种各样的群体中持续下来的这些法律界定的重要性的削弱；(2) 法律上非自由阶层的范围相对狭小；(3) 诸阶层间相对高度的流动；(4) "自由"都市群体的较大的重要性；(5) 具有弹性取向和认同象征的各种阶层的发展，尤其是在这些都市中心之内的这种发展。

对身份群体法律界定的刚性，以及涵盖在法律上自由的群体

[①] 参见 [L]*Iorga*, 1939, 1940[a], 1940[b]; *Bréhier*, 1924; *Rouillard*, 1953; [G]*Altheim and Stiehl*, 1954; *Fry*, 1956; *Christensen*, 1936; [Y]*Königsberger*, 1955; *Sagnac*, 1945, 1946; [R]*Haring*, 1947; *Vida Viceus*, 1957; [I]*Chang*, 1955; *Michael*, 1955–1956; *Eberhard*, 1948[a], passim。

的范围，从一个社会到另一个社会大为不同。然而，绝大多数社会都展示出一种有助于削弱此种法律界定或它们重要性的趋势。

因此，例如在波斯——我们的实例中最少分化的国度之一——便做出了易于辨别的尝试：借助法律来界定一切社会地位，纵使这些界定时常含糊不清；但在诸阶层间还是存在某种流动。然而，农民却依然按照种种方式而大多被束缚在土地上[①]。

在罗马帝国，在不同时期内状况也极为不同。在帝国衰落期间，一种刚性的归属制发展了起来，这是意味深长的。不过，各种等级（元老院等级、骑士等级之类）间的某种法律区别却是在其衰落前就已存在的[②]。

在拜占庭帝国，显然，若干官方的身份地位，例如官僚制中的身份地位，是由法律所界定的，而且爵位激增起来。然而，更切近的考察揭示出，许多官方地位并不曾在法律上被界定为个人身份地位，而且自由公民的广大阶层也不曾在法律上归属于任何群体或范畴。此外，6世纪与7世纪某些主要的法律改革，正是针对着"自由农民"的确立和先前时期法律限制的废除。随着后续时期中自由农民的衰落，施予人身自由的许多法律限制也发展了起来。但甚至在这时，这些限制也不像在最初时期中那样在法律上获得充分的明确表述[③]。

在中国，文士的地位是由法律来界定的，但官方上它们却是向一切人等开放的。此外，除了流民，对于绝大多数较低等级大

---

① [G]*Ghirshman*, 1954; *Christensen*, 1936, 1939; *Altheim and Stiehl*, 1954.
② [Q]*Boak*, 1955[a], passim; *Momigliano*, 1934; *Burns*, 1952; *Charlesworth*, 1936; *Pflaum*, 1950.
③ [L]*Diehl*, 1927; *Bréhier*, 1949[b], 1950; *Ostrogorsky*, 1929[a], 1956[b]; *Lemerle*, 1958.

众（农民、工匠等等）的人身自由并不存在法律的限制[①]。

在西班牙-美洲帝国，征服者建立一种头衔与分层的刚性封建体系的尝试未获成功。尽管不同的社会阶层（特别是强大的上地贵族）发展起来，但他们并没有经法律而予以充分界定。从官方来说，甚至印第安人也是自由人，虽然他们受到对国家与对自己的共同体的众多义务的束缚[②]。

在绝对专制主义时代的欧洲国家，情况则多少更为复杂一些。这里存在对各种身份群体的诸多法律界定、特权和象征，尤其是对较高群体，例如显贵团体与穿袍贵族（noblesse de robe），以及对专业群体，例如公证人员。某些法律限制被强加给较低阶层的农民，虽说彻底的农奴制度在西欧几乎已被完全废除。另一方面，在诸阶层间存在着大量的流动。这大多系由通婚和君主授与爵位使然。此外，更为能动与强有力的社会群体，特别是正在崛起的资产阶级，则趋于"破除"大多数法律限制，并超越这一法律框架，建立权力中心和新的身份群体的中心。

最具弹性的分层群体产生于英国。在这里，身份的法律界定（通过贵族的特许权）在分层体系中甚至对于较高社会群体的地位（尤其是作为经一个贵族的长子而传下的爵位）也不是唯一的决定因素。那一时代的英国难得有任何法律的人身管束，而且在

---

① [I]*Balázs*, 1950, 1959[*a*]; *Pulleyblank*, 1954; *Eberhard*, 1948[*a*], 1952; *Bodde*, 1953, 1956; *Chang*, 1955; *Michael*, 1955–1956; *O.Franke*, 1930–1952.
② 参见 [R]*Konetzke*, 1951[*a*], 1951[*b*], 1952, 1953; *Haring*, 1947; *Zavala*, 1943。关于与印第安人相关的立法，参见 [R]*Miranda*, 1951; *Simpson*, 1934, 1938; *Gallo*, 1951[*b*]; *Gongora*, 1951。

诸阶层间发展出较大程度的流动①。另外，较少弹性的欧洲式身份系统存在于俄国，也存在于普鲁士（在较小程度上）；那里的主要阶层（贵族、商人和农民）依然大多是以法律术语——他们的少量特权或权利，或根本没有该特权和权利——所界定的。

6. 都市等级在社会组织中的地位

在我们正予以考察的社会里，分层体系相对弹性的一个主要表现，是都市与自由都市阶层在社会、政治与文化上巨大的重要性。

各个都市的人口容量在这些社会之间极为不同，但该社会中没有一个是都市人口格外巨大的。大多数的这种社会基本上是农业社会。然而，在每个社会中，都市都在经济结构、社会结构和政治结构中发挥十分重要的作用。而且，都市还是行政权力和政治权力的中心，通常也是主要文化机构的立足之处。*

都市的社会成分在在有变，其构成因素的功能也是如此。都市人口由专门的都市成分，如商人、工匠和厂主，以及众多拥有城镇府邸的贵族这两者组成。都市人口也括及无数转瞬即逝的成分。若干类型的分化的社会组织——行会、商会、文化协会以及

---

① 对此的一般性描述，参见 [S]*Lindsay*, 1957[a]; [Y]*Barber*, 1955; *Sagnac*, 1945, 1946; *Lough*, 1954, 1960。

* 关于城市的文献在之前的引用中多已经给出。更一般的概述，参见 [A]*Recueils de la Société Jean Bodin*, Ⅵ, Ⅶ, Ⅷ (1954, 1955, 1957)；对于我们所关注的问题相关的分析性的进路，参见 [A]*Redfield and Singer*, 1954。

各种类型的自治机构——大多产生在都市内。经常横贯于任何固定身份群体内的文化精英、宗教精英和专业精英也主要地——即便不说是全部地——崛起于都市之中。这里也发展和集中了文化机构和教育机构的主体部分。虽说这些群体在乡村与都市中都可以是活跃的，但它们的活动通常集中于都市里，无论是首都还是行省。

因此，在与我们有关的大多数社会里，都市都充当紧张的经济活动和社会活动、文化活动与文化创造以及对于乡村的文化传播和文化沟通的中心。

由都市履行这些不可或缺功能的事实，解释了都市群体所发挥的作用，何以会同它们在人口中的数量实力不成比例，以及纯粹经济的都市群体即工匠、商人和厂主，何以时而会在显然不是与之直接相关的领域内富于影响。通过与各种各样的精英和专家的联系，这些群体遂能够被组织成这样一种更广泛的社会阶层：它既具有更为广泛的意识，有时又具有他们自己的专门活动。此外，恰恰在都市中，才环绕着各种各样精英团体的活动，发展出上面所分析的那些身份认同与文化认同的更为广泛、更具弹性的取向和象征。这些取向和象征横贯于任何固定和刚性的身份群体之中。

都市阶层和群体的重要性，以及都市作为社会中心和文化中心的重要性，通常与不同阶层之间相当高度的流动——尤其是向身份等级内较高与中上等级以及各种精英地位的流动——极其紧密地相互关联。虽说关于这些社会中流动的速率尚无准确数据，但全部可得资料却似乎已经指出，一种较高的流动在全部这些社会中业已出现。这种流动构成社会体系弹性的一个重要表现。此

五　社会组织与社会分层

外，该流动也是不同阶层之间，即更为被动的群体或边缘省份与中心的政治机构和文化机构之间的一个非常重要的纽结。

7. 分层体系中普遍主义与自致标准的范围与限制

  现在我们可以借助考察支配着建构主要群体和阶层的标准，而对我们关于分层体系的分析作出概要。

  在这些社会的身份等级中，我们已经提及对于固定、先赋和自群主义标准的某种削弱。在社会组织的若干部门内发展出自致的标准。角色按照这种自致标准而予以配置，正如官僚制、经济、军事与宗教等群体中的职位和成员资格能够依靠世袭之外的手段而获得这个事实所指出的那样。这种获得并非例外，而或多或少是一般规则的情况。在某些这样的社会中，甚至最高等级的成员资格，至少在某种程度上也可经由自致而进入，并能够通过各种各样的流动渠道而达成。

  与这些发展一道，出现了局部的专门化，如同各种各样的专业活动，以及经济活动和经济组织的出现所指明的那样。类似地，某种普遍主义身份标准和各种地位与角色的多少专门化的界定也逐渐被发展了出来。这个演化之至关重要的事例发生于这样的宗教领域中：该领域的众多职位在某种程度上对于具有基本的奉献和学习资格的任何人都是开放的；它还发生在这样的军事领域中：在该领域内军事才能之于擢拔升迁是一个重要的标准。在法律领域内，以及在更低程度上，在经济领域内，也发展出有关此种资格的标准。

然而，归属性与自群主义的身份标准，和各种地位之发散的界定已被削弱这个事实，并不意味着这些标准与界定已被废除，甚或它们在这些社会的社会体系与文化体系中已不复占据支配地位。用于配置角色的先赋予自群主义标准，在所研究的全部社会中依然或多或少占据优势。这一优势显现在若干方面。

在大多数这种社会里，更为归属性的阶层在数量上和身份与权力等级内的重要性上都是至高无上的。该阶层的支配地位自然与较低程度的社会分化和经济分化，以及在这些社会里占据优势的农业基础密切相关。除去中国有部分例外，每一个这样的社会都有某种土地贵族或官僚贵族。最低等级也主要是由实际上的世袭农民家族和极不稳定的都市无产阶级所组成。中产阶级和专业群体也趋于尽可能地获得更为发散与先赋的身份象征，而且在某种程度上使自身"贵族化"。此外，虽说对各种各样群体的补充常常主要是依照自致标准来挑选的，但他们的身份象征与意识形态象征却极大地突出了发散的、归属性的-传统的价值观。在许多情形下，这些群体倾向于使地位在它们以内世袭传递。在大多数城市阶层与群体中，同样的倾向也广为流行。在都市社团（例如，行会与文化社团）中，这一倾向尤为明显，该社团绝大多数都突出了其成员资格的自群主义与多少是归属性的本性，并强调了其身份象征的传统与发散的本性。

正如我已经提到的那样，政治领域的参与也受到传统取向的影响。对总体性政治共同体的"隶属关系"通常予以归属的方式界定。此外，居民通常并没有普遍主义的政治权利，而且大众与专制君主之间的关系也主要是以传统的归属性象征界定的。唯有在大众与行政机构之间的关系中，才有向某种普遍主义规则和标

五　社会组织与社会分层　　　　　　　　　　　　　191

准发展的趋势。

发散-自群主义行动的内容与按照自致标准的某种流动与补充的这一结合，或许通过中国士绅与文士而得到最佳的例示。中国的考试体系提供了经由自致而流动的一条主要渠道。同时，考试的内容及习得的象征却显然是发散和非专门化的，该象征由全部儒教传统，而非任何专门化的活动或知识构成。

唯独在欧洲国家（法国与英国）以及在较小的程度上，在西班牙-美洲帝国，某些这类局限才被破除。更为真实的普遍主义与自致取向的群体，崛起于社会结构的若干部分之中，而且角色的界定也包括了对于专门化的多少更为突出的强调。

因此，虽然自致与普遍主义标准极大地影响到历史官僚制社会中的流动过程和各种各样群体的组成与内部结构，但该标准在这些群体的价值取向、基本构成和生活方式方面的重要性，相对而言更小一些。然而，即使最低的等级亦受到分化过程的影响；虽说他们不能变更其低下的经济地位与社会地位，但至少在某种程度上，他们尽力在若干领域内达到更高的身份并且因而改进其一般状况。为建立和维系自由农民和军队所做出的尝试，提供了这方面的最为重要的例证。

在此所研究的诸社会的分层体系中，归属性的和自群主义标准的相对优势地位，在主要精英群体的结构和组成方面也是可以察见的。尽管向着这些精英的擢升之途大多是"开放"的，而且基于自致之上，但精英的内部组织的价值观、生活格调及挑选的标准与过程却显然是归属性的、发散的，甚或是传统的。出于所有这些原因，精英对于非精英的可接近程度，以及精英对于非精英群体的直接依赖，都是有限的。

因而，尽管这些社会的自群主义和等级制-归属性的社会体制，由于自致与普遍主义标准在其中占据优势的众多领域的发展而受到削弱，但这些标准并不曾居于支配地位。毋宁说，该尺度或多或少地适应于体系的归属性因素，并且在其之内表现出关键的然而却是次级的重要性。结果，普遍主义的、自致的标准以及专门性在其中占据优势的这些领域，便在这些社会阶层结构方面造成了导致重要反响的损害；这些领域不占统治地位，但它们对社会结构却又不是边缘性的，而且这些领域同身份等级之间日渐增长的分化，以及欠缺统一性与刚性的分层体系，都非常密切地关联在一起。

社会结构的分化，以及为自致（特别是普遍主义）标准所支配的有重要意义的社会领域的发展，驳斥了在这些社会里社会结构是刚性的，而且全部权力与声望都为政治精英所垄断的简单化假设①。在所研究的每一个社会里，统治者都拥有一种至高无上的地位，而且在某些社会里（萨珊波斯、拜占庭以及在某种程度上，还有中国），政治领域和国家乃是最为强大的社会因素。然而统治者却绝不曾对于身份和权力加以完全的垄断。在所有这些社会里，都存在足够多的各种类型的自由交换，市场关系和社会关系之间的分化，以引发在财产、身份和权力关系上的持续变迁。这些变迁在各种各样的个人和家族群体之间，以及结构性的、经济上专门化和更为一般与发散的身份群体之间产生出来。在其历史过程中，每一个这类社会都经历了许多这样的波动起伏，存在着各种各样的群体企图变更他们的社会地位，增长他们

---

① [I]*Wittfogel, 1957; Eisenstadt, 1958; Eberhard, 1958; Pulleyblank, 1958.*

的政治影响与社会身份的无数事例。在这些社会里，至为重要的这些斗争是贵族与小农之间的斗争，贵族与教会之间的斗争，以及所有这些群体与统治精英之间的斗争。在随后各章中，我们将系统地分析这些斗争的诸方面。在这里则只要注意到：这些斗争全都表明，没有一个群体具有对于权力和身份的完全垄断；在财产、权力和声望的规模与任何（或许，除去最低等级之外）群体的地位之间，也不存在严格的对应关系，已经是足够了。

8. 分层体系与社会组织主要特征的概要

在分层和社会组织的领域内，发展出"自由的"资源——即并非嵌入于归属性的群体结构之中的活动与取向，它们能够为弹性类型的群体与组织充当蓄水池。

这样的自由-流动资源的存在并不是未受挑战的。诸多传统的贵族群体都持续不断地试图限制此种资源的范围，以及扩张更为传统的调节类型的范围。更进一步说来，在众多情形中，统治者本身便竭力借助极端严密的管辖来限制自由-流动资源，并且建立刚性身份等级制以作为控制各种各样阶层的手段。然而，所有这些尝试都是基于此种自由-流动资源而做出的，而且统治者不可能完全淹灭这些资源而又不损坏这些社会的整个社会体系与政治体系根基。但在分层体系中持续不断的起伏波动，以及在各个群体之间（尤其是在颇为传统的群体与更加分化的、弹性的群体之间）为在这个领域中占据优势地位而进行的斗争，在一定条件下却可能导致更具弹性阶层的萎缩，以及极不分化的身份体系的发展。

像已加以分析的全部其他领域一样,对于我们正在研究的每一个社会,身份与社会组织的各个领域都有所不同。其区别大多可以依据下列标准而予以估量:

(1) 在身份体系中自致与普遍主义标准的相对重要性;

(2) 主要阶层之间的流动范围;

(3) 不同社团活动的范围以及诸类型社团间分化的程度;

(4) 身份体系的刚性程度。

前此的描述、分析以及表格素材,说明了每一个这类社会自相对而言未曾分化的社会结构演化成更为分化社会结构的途径,即使分化仍是有限的。

在这些社会的主要制度领域中,有限而又广泛的分化的发展,以及不同类型的自由资源的发展,在每一个社会里都影响了绝大多数群体和阶层的自给自足程度。这些群体和阶层全都变得极大地依赖于外部资源,而且不得不以使自己得以动员外部资源和为得到该资源而与其他群体竞争的方式,来组织自己的活动。即使对于许多更为归属性的与传统的群体,例如村社,以及特别对于在身份等级中处于高位的群体——贵族的家庭、世系和组织,这也是确凿无疑的。因此,这些群体发展出一种强调不同目标之自致的趋势,并将它们众多内部活动与该目的接合起来。这就是说,该群体在其组织之内,演化出众多主要地取向于提供这些多样的资源的专门活动——例如,在经济关系与政治关系中代表这些群体的活动,以及技术沟通的活动。

日渐增长的分化的另一个特点,是极为多样化的群体的出现。不仅许多"类似"群体发展了出来,而且在大多数制度领域和生态单元内，还发展出众多不同的群体，它们具有不同的成员资格结构和组成，而且追求着不同的目标。这一增长中的多样化是这些社会的社会结构中的一个常项，尽管该常项在较高阶层与中等阶层内比在较低阶层内更为显著。

这些社会的社会结构描绘出广泛但又受到限制的分化和变异。分化是广泛的，盖因虽说程度不同，却发生于一切制度领域中。这种广泛性阐释了这些社会与其他类型的社会（例如，封建或世袭的社会，抑或某种城邦国家）之间的一个主要区别。

不过，分化也是有限的。分化大多被限定于中等阶层或较高阶层中；较之专门角色的发展，其在专门群体的发展中更为显著；并且，就分化的确在各种各样的角色中有所发展而言，其在（作为有异于"消费者"的）"生产者"角色中发展得更加显著——尽管在这些社会里，众多进一步分化的起始点也已产生。在这些社会中，这个分化创造了一般化权力——不限于固定的、归属性的群体和目标，以及能够为不同的群体用以实现不同的目的的权力——的一定的有限潜能。

在这些社会的社会结构中，社会组织的两个层面——传统的和相对而言未曾分化的层面，以及非传统的和更加分化的层面在共同的框架内持续共存。然而，社会中不同群体相对实力的持续变动，却能够导致每一个这样的部门的削弱与衰败，并导致这些社会的社会结构的基本特征被损害。

9. 中央集权制帝国政治体系"外部"条件与持存问题的一般概要

　　从我们假设的观点出发，观察这个分化过程独立于统治者及其活动的程度，是饶有兴味的。在较后的章节中，我们将对此加以详尽思考。但在这里，却只宜作出某些初步的评论。

　　统治者与这个分化过程的关系是复杂的。在许多案例中，统治者引发并极大促进了这些分化过程。然而，唯有在各种阶层与群体内部已经存在某种便利的先决条件或先行趋势的时候，统治者在这样去做时才可能成功。另一方面，为了统治者自己的政治目的，他们又极其频繁地尝试着限制这样的分化，抑或通过对之加以刚性控制而使之"冻结"起来，因为维系统治者传统的合法性乃是他们的旨趣所在。统治者在具体情境下实现这些不同趋势的途径，将在某些后续章节中予以讨论。两者关系的极端复杂性证实了下述事实：在此所研究的社会里，统治者的政治趋向和社会分化的程度，在分析上乃是两个不同的和独立的变量。

六　政治体系的社会条件及其制度化

1. 假设的扼要重述

在前此的章节中，我们描述和分析了自主的政治取向和有限分化在所研究的诸社会主要制度领域——经济领域与文化-宗教领域，以及分层体系——内的发展。这样的分化显现为丰富多彩的专门组织、"生产者"角色和在更小范围内的"消费者"角色在社会主要制度领域内的发展。在所有这些领域里，这一分化都创造出不同类型的自由-流动资源。

这一有限而又广泛的分化，按照我们的假设来说，构成了那些为在此所考察的诸社会政治体系的主要特点——即中央集权的官僚行政机构、政治斗争的渠道以及分化的政治活动——制度化所不可或缺的"外部"条件。

因此，我们的主张是：正是有助于政治领域自主性的诸趋势的汇合，如自主的政治目标、统治者的目的以及"外部"条件（即上面所分析的广泛而又有限的分化的发展）所表明的那样，才促成了中央集权官僚制帝国政治体系主要组织特点的制度化，以及一元化政体的确立。在检验这个假设之前，我们必须尝试着去解释它。因此，我们必须研究和确定，在两种条件的共时发展当中，何者是有利于这样的制度化的特质。

2. 假设的诠释
政治领域的自治与社会结构的
分化所导致的调适问题

我们的诠释的出发点在于：分化和各种各样自由-流动资源的发展，创造了产生了这些发展的诸社会的配置、调适和整合的若干问题。

头一个这样的问题与这些社会中主要群体和制度领域的内部安排有关。该问题又与已经分析过的下列事实有关：这些群体不复能够确保用于履行其目标及其自我-维系的人力和资源，因此，它们必须为获得各种各样的自由-流动资源而竞争或斗争。

第二个问题与前者密切相关，即对诸不同群体之间的关系与冲突加以调适，和该群体在整个社会以内的整合问题。

让我们略微详尽地诠释这两个问题。

由于主要的社会领域与社会群体日渐变成自治的，并与其他制度系统和群体分化开来；由于它们在彼此之间变得较少嵌入，故其互动亦不可能仅仅地或主要地通过其内部的、共同的或互补的机制来调适。诸领域与群体之更大的分化，固然使得它们高度地互相依赖，但它们彼此之间的直接与间接的关联却并非必然地持续下去。因此，这些群体既不可能确保它们之间若干顺利的配置，以及便利和资源的流动，也不可能确保对潜在冲突的平衡与准自治性调适。该领域与该群体内部机制，以及先在的规范和安排，对于应付其相互关系问题并不像应付低度分化社会的相互关系问题那样如此适宜。

此外，将各种各样的群体整合成一个更广泛的社会，提出了诸多新的问题。每个群体在任何等级——身份、财富抑或权力等级——中的位置，并不是全然固定的；而且在各种群体之间，为了他们在社会中的相对位置和身份，一种持续性的斗争会持续不断。因此，将任何群体整合进总体社会，以及对于该社会的忠诚，并不像在低度分化的社会中那样是自明的。而且，如我们已看到的，社会结构日渐增长的分化，也与群体日增的多样性相关——即与不同类型的群体的出现相关联，每一群体都具有不同的结构与问题，它们妨碍了使其相互关联的统一调适。

这些一般问题在这些社会演化中的社会结构内导致一定的专门需求。

对于下列机制的需求产生出来：该机制能够确保各种资源与服务在不同社会群体和主要社会机构之间稳定地、持续地流动。更为具体地说来，不管社会中诸势力的货币的均衡如何，为了社会中不同群体之间的沟通，以及为了建立和维系确保某种程度的持续服务向这些群体流动的媒介和规则，需要有适当的技术与组织的便利。

为大多数群体、阶层和精英所拥护，并能够调节和疏通其冲突与竞争的规则或规范的需要也产生出来，而且实施此种规则的机构也是必需的。

最后，就社会各种各样的阶层而言，由于其丰富多彩的传统和生活样式，故维系对于社会中心象征与价值观的某种忠诚与取向的需求也发展起来。

这些要求在社会的全部制度领域中演化出来；而且，由于政治领域自主性的发展，这些要事也在政治领域和社会其他制度领域的交互关系中演化出来。在自主的政治领域与分化的制度领域的相互关系中产生出来的问题，为更加分化的政治活动，也为各种社会群体向统治者和政治制度所提要求的发展创造了潜力。[*]

3. 自治调适机制的发展

在历史官僚制社会中，产生出我们已列举出的问题与需要的同样的社会条件，也产生了若干新的、独特类型的调适机制。这些机制试图处理若干方面的问题，而成功的程度则各不相同。

这些机制可以大致地分成两个主要类型。第一个类型由"自主的-社会"机制——为各种各样群体与阶层所发展的，并且主要经由该群体与阶层自己的活动与交互关系来维系的调适机制——所组成。

第二个类型由政治机制——主要由政治精英所发展与掌握的机制——所组成。如已经指出的那样，这些机制中某些至为重要的部分，是官僚制行政机构与政治斗争机关。

为了便于理解我们已经描述过的各种各样的条件如何促进了这些政治机制的制度化，我们必须分析各种自治机制借以运转的方式；该机制得以应付从社会结构分化中出现的问题的程度；它们能够处理何种问题，以及其中何者导致了专门政治机制的制度化。

---

[*] 所产生的这些社会问题在本章之前的第二章、之后的第七和第八章所引用的主要的历史作品中有所描述。

最为重要的自主的"调适"机制是市场交换和货币机制，其通常是全国范围的，控制着不同群体和部门之间重要的非嵌入性经济资源的流动，以及调节着更为分化群体的内部活动及其相互间关系的内在自主机制。而这类机制中最有意义的又是各种类型的代议制、权力委派制或自治；地方自治或联合政府的机关；不同社会等级、阶层或社团之间形式化或非形式化的议会；自愿的调解法庭：在那里各种各样群体的内部事务及其相互之间的关系，经由该群体各自代表的调解、商议和竞争而获得解决[1]。

这些机关与机制之至关紧要的特征，在于它们并非嵌入于传统-归属性的群体结构之中，也不是依照传统-归属性标准予以调适。毋宁说，该群体趋于在不甚刚性的框架内定型化；其成员资格不是由归属性权利所预先决定的，并且发展出弹性的、自主的规范与规章。

4. 法律组织的发展

其次，在法律领域中存在若干意味深长的发展。

在历史官僚制社会的法律体系中，存在着极其多样性的细微枝节和差别。然而，该体系的绝大部分对于我们的讨论而言却共

---

[1] 参见 [L]*Bratianu*, 1938; *Lopez*, 1945; *Boak*, 1929; *Mickwitz*, 1936[a], 1936[b]; *Adel*, 1955; *Bréhier*, 1950, *ch.iv, v*; [R]*Haring*, 1947; *Konetzke*, 1953; [Y]*Sagnac*, 1945, 1946; *Coornaert*, 1941, 1952; [S]*Labrousse*, 1955。

享着某些基本的重要特征[1]。最有意义的共同特征是对于法律成律、契约、团体和权利系统，以及使之能够在其中得到实施和裁决的各种法庭的不断创立[2]。

与之相应，一般而言，形式化和统一化趋于在民事私法方面发展起来，特殊而言，则在契约领域中发展起来——或许，中国是个唯一的例外。这一发展的最佳例示可在罗马帝国中为人发见。

绝大多数这些形式化和典章化的法典体系，都显示出专门化与普遍主义的某些构成性取向。在这些历史官僚制社会中，一些被运用于一般界定特征的，独立于亲缘群体、地缘群体或种族群体身份的个人或集体范畴的规则产生了。为进入契约关系而演化出某些权利，其后果被界定为独立于个别缔约成员的亲缘或地缘的共同体关系。因而，能够从一定的自群主义团结的成员关系（如亲缘和部族的成员关系等）的身份与期待中抽象出来，而又无须摧毁该成员关系的权利与义务，便被创造出来。

普遍主义和专门性在法律体系内发达的程度，在每一个被考察的社会里都是不同的。它们在波斯以及在中国演化程度最低：在那里，自群主义法律关系的领域，如我们已经看到的，是相对广阔的。这种法律的普遍主义和专门性在拜占庭和西班牙-美洲帝国则颇有进展——虽说在那里其过于经常地被对乡村大众的特

---

[1] 关于此处相关的法律发展的一般问题，参见 [F]*Seidl*, 1933; [H]*Schiller*, 1933; [I]*Escarra*, 1933; [A]*Mühl*, 1933; [F]*Wilson*, 1954; [I]*Bodde*, 1954; [J]*Ingalls*, 1954.

[2] [Q]*Schultz*, 1946; [L]*Bréhier*, 1949[*b*]; *Ostrogorsky*, 1956[*a*], 1956[*b*]; *Zacharia von Lingenthal*, 1892; [G]*Christensen*, 1936, *ch.vi, vii*; [R]*Haring*, 1947, 各处; [Y]*Hanotaux*, 1886; *Lough*, 1954, 1960; *Sagnac*, 1945, 1946.

六　政治体系的社会条件及其制度化

殊对待，以及乡村共同体和各种都市社团成员具有相互责任的坚决主张所限制。普遍主义与专门性的成分在法国和英国的法律体系中尤为发达。不过，即使在这些成分尚微不足道之时，法律体系也趋于创造出广泛的法律范畴和权利体系。在这些框架内，不可避免地存在为权利，以及为发展新的、弹性的契约关系和义务而斗争的更大的余地。

这些与上面曾简短讨论过的法律专业的发展，以及确立其自身的某种自主性的专业趋势，都相互联结起来。

法律领域内各种各样的发展，为统治者以及众多活跃的社会群体和社会阶层，例如都市的宗教群体和专业群体所促进。在许多情形下，统治者推进了在其他居民阶层之间（特别是在法律精英和文化精英之间），以及在不同都市中心内已经演化着的趋势。然而，甚至当统治者在推动此种法律活动、法律组织和传习中心方面扮演确定角色时，他们也极其经常地变得依赖于这些法律机关和法律专家；这样，统治者便面临如何对这些人加以控制的问题。

5. 沟通模式的发展

最后，在这些社会中，发展出复杂的沟通模式。

沟通通常趋于在两个层面上被组织起来：地方层面，尤其是乡村群体的层面；以及都市层面，尤其是大都会中心的层面。在地方的、村庄的层面上，沟通模式相对而言是不曾分化和传统的；它与在许多初民国家内所发见的模式相吻合。

在上等阶层与中等阶层之间，演化出远为分化的模式。存在着诸多并非限定于礼仪和社会场合的专门沟通情境。各种各样的社团、非正式会议场所、商议群体和沙龙，是这样的沟通情境的极佳例证。

此外，地方与政治-都市中心之间专门的、相互联结的沟通渠道也被建立起来。而且，虽说乡村以及较低都市群体的沟通模式一般是传统和相对不曾分化的，但该模式却并非全然自给自足的。该模式的"小传统"变得愈益依赖于这些中心的"大传统"。地方在各种各样的程度上依赖于从都市中心发散出来的沟通，并在某种程度上以一定的中心象征和中心问题为取向。在这个方面，这些沟通履行调适与整合的功能[①]。

6. 从关于调适问题的观点来看的自主机制的不适当性

"自主的"（非政治的）调适机制大多在上面分析过的社团、专业群体和精英之内并借助它们而运转。社团、群体与精英在组织和调适不同的市场活动与交换活动方面履行许多重要功能。该机制为使各种各样的群体和阶层保持与社会中心领域及其终极价值观和象征的联系而充当重要的渠道。这些调适机制时常为不同

[①] 参见 [L]*Sinogowitz*, 1953[*a*], 1953[*b*]; *Treitinger*, 1958; *Brightman*, 1901; *Barker*, 1957, pp.1-56; *Ostrogorsky*, 1956[*a*]，各处; *Diehl*, 1927; [G]*Christensen*, 1936，各处，同样参见 [Y]*Sagnac*, 1945, 1946; *Göhring*, 1947。

群体的代表和成员提供会商场所：在那里该群体的交互关系能够得到调适。该机制是用于各种群体和阶层中更为能动因素的政治活动与社会活动的出口。而且，至少在某种程度上，它们在制度化架构内疏通了这些活动，还在诸身份等级之间提供若干连接之点，而且这样一来，便泯除了诸等级的区别之处。

然而，单靠这些机制尚不可能解决在这些社会中产生出来的全部主要的调适问题和整合问题。

这些机制不可能单靠自己来调适政治制度与其他制度之间的关系；其不可能确保各种资源流向政体，从而确保统治者有能力履行各式各样的目标；其不可能保证各种群体彼此之间的政治权利与义务，或担保这些群体的要求能被统治者所接受；其也不可能对广泛地缘限制以内的交互群体关系恰当地提供全面的调适，而且不适宜于处理要求对法律的决策、义务和契约加以实际贯彻的问题。

此外，精英与社团活动和专业活动的多样性——绝大多数这些机制借此运转——以及他们之间必不可免的竞争，从本质上缩减了这些活动和组织调节其全部交互关系和冲突的可能性。在这些活动和社团中，有许多旨在确保自由资源对社会中各种各样群体的承诺。然而其各自的基本结构是基于成员资格、活动模式与取向的弹性标准之上的，这个事实使它们免于将任何一个主要制度领域内可资利用的自由资源全部"冻结"为一个已经规定下来的刚性组织。

换言之，在这些社会的制度结构中，自由-流动资源的层面是如此地包罗万象，因此任何给定领域分支的内部调适机制和安排，均无能力充分地整合与疏通它们。

7. 调适问题的发展与官僚制行政机构制度化的关系

我们现在着手对于我们假说的核心部分加以解释，即对于主要"外部"条件与中央集权官僚制帝国政治体系主要特点的制度化之间的关系加以解释。

由于分化和自由流动资源的日渐增长，许多调适问题发展出来，而各式各样的自主的(非政治性)调适机制却不适于处理这些所有方面的问题。这便为政治体系主要组织特点的制度化创造了条件。

出于三点原因，这些条件使得这一制度化成为可能：

(1)组织模式可能有助于调适为自主调适机制所不能适当处理的诸方面问题；

(2)该模式能够为主要群体和阶层提供丰富多彩的服务和下列框架：其于该框架中，他们能够疏导主要群体和阶层的社会抱负和政治抱负，以及它们所产生的一般化权力；

(3)经由这些制度化机关所履行的各种各样的调适功能，在某种程度上能够确保持续地向统治者提供为实施其基本目标，以及坚持政治领域的自主性和一元化政体框架所需要的那些资源。

那么，在社会主要制度领域内作为日渐增长分化的伴生物而出现的调适问题，与社会的行政机关和政治斗争机关的具体关系是怎样的？

持续的行政组织发展起来，这些行政组织至少是部分地由专业人员所组成，而这些专业人员的活动则在或高或低的程度上受到独立于其他群体的机制调节。这些组织确保在社会范围基础上，技术服务与技术便利对于社会各种各样的群体都是持久地可资利用的。该组织也促进了对社会主要群体的交互关系与潜在冲突的某些方面的调适。而且，该组织使这些群体确信能得到某种持续性服务以及其所支持的权利，而不管该群体权力关系的短暂变迁如何。* 类似地，官僚制行政机构也有助于稳定社会中政治领域、统治者和其他群体之间的关系。该机构调节统治者为从主要社会群体中得到不同资源的需求，确保动员这些资源的某种规律性和持续性，并向主要社会群体提供若干以统治者的名义而履行的持续服务。

8. 调适问题的发展与政治斗争机关发展的关系

然而，官僚制行政机构的日常活动，不可能处理或在统治者与主要社会群体之间，或在社会中各种各样的群体之间所产生的全部调适问题。行政机构尤其不可能解决不同群体之间的基本冲突与政治竞争，或是应付这些群体影响统治者决策和参与政治斗争的尝试。

此外，由官僚制所维系的、用以调节向社会中不同阶层提供服务的特定规则，并不总是"给定的"。该规则本身乃是诸群体之间——包括统治者——希望加以变更，以适合他们自己的个别

---

* 对行政机构的诸发展、一般的政治斗争的主要机关及更具体的代议制机构的发展，参见本章所引用的历史学作品。

利益的冲突与斗争的目标。

在这些环境中，使政治斗争的机关和渠道得以制度化的条件出现了。这些机关起初是由统治者为了自身的目的而创立或推进的；但是，该机关持续地发挥功能，却也经常变得有赖于为主要社会群体需求提供服务。逐渐地，在这些机关内发展出"政治游戏的规则"，使参与该机关的群体能够从事在前述各章中勾描出来的不同活动。这些规则也有助于调适统治者与若干主要群体之间，以及这些不同主要群体之间的关系。

官僚制行政机关主要地涉及确保将资源提供给各种各样的群体，以及动员来自这些群体的资源。政治斗争机关则大多涉及调适诸群体间的政治冲突与政治斗争，及其对较高的政治地位和为影响统治者而开展的竞争。

无论日常官僚制活动和政治斗争渠道之间的分化若何，在它们之间必定存在一种密切的联系。它们两者皆主要地关注统治者个人，以及履行政策和政治目标问题。在组织上，它们通常是紧密地相互联系的——如我们已见到的，各种各样的政治议会时常充当官僚制组织的顶点。类似地，对于指导行政活动的许多规则的界定，如已指出的那样，其本身频频成为政治斗争的一个目标，官僚则时常参与其中。

政治斗争渠道和官僚制组织这两者都同司法制度产生了密切关联。在所研究的一切社会里，行政机构和政治斗争机关都履行若干司法功能。在这方面，它们两者遂与司法制度一起，为维持在上面描述的自主的调适机制中时常欠缺的各种合法戒律和决策提供了一个框架。但这些功能通常仅仅构成司法行政机构的一个部分，而且为履行该功能的权力而进行的冲突（例如，界定各式各样司法权威的界域，以及限制君主和行政机构的司法专断），是这些社会政治生活的一个恒常特点。政策斗争机关中的官僚和参与者都有意于实施司法功能，是因为两者都体察到，唯其如此，他们的活动才能获得充分确认，而且他们才能享受合法性和实际权力。

政治斗争机关通常与自主的调适机制紧密相关。这些机关为某些社会群体提供用于政治活动和社会升迁，以及使这些群体得以向统治者并在彼此之间作出自己的要求的机会。该机关为诸多群体的成员供给社会流动和升迁的机缘。此外，该机关还是这些群体能够在其中追求自身目的，以及解决由它们的活动、利益和交互关系所导致的各种问题的领域。

在这些社会中，政治斗争机关和行政机构两者在运行范围方面受到相同因素的限制。一个限制是由统治者传统的合法性所强加的。另一个限制则产生于"传统的"、未曾分化的政治态度的较为广泛的领域，以及下列事实：大部分群众感到与统治者有着一种基本和传统的认同，并且时常表现出对于在中央机关内开展的政治斗争诸方面的冷漠。

然而，在这些社会的政治体系中，这些机关确乎履行着基本的功能。它们是用来解决产生于政治领域自主性的伴生发展和其他领域中有限分化各种问题的唯一手段。这些政治机关和行政机关的制度化及其延续，提供了为维系中央集权政体和这些政治体系的基本框架所必备的诸条件。

在所有这些方面，行政机构和政治斗争机关是对不同类型的自主的调适机制的补充。它们建立了这些机制得以在其中运转的框架，以及合法地认可了这些运作。但是，政治与非政治的调适机制，以及每一个政治调适机制的相对重要性——即政治斗争渠道和行政机构的相对重要性——从一个社会到另一个社会是极为不同的。这些变异将构成我们分析的主要问题之一。

9. 解释的小结

上面我们已试图解释：政治领域的自主性和社会结构之广泛而又有限的分化，何以会为下列各项创造了条件：(1)历史官僚制帝国政治体系的发展和初始制度化；以及(2)这些政治体系主要组织特点的制度化。我们已经表明，制度化受到下列事实的推进：行政机关和政治机关有助于解决产生于这些伴生性发展，而又不可能为自主的调适机制所单独处理的若干调适问题。此外，这些条件为行政机关和政治机关提供了它们需要经营的资源，而且通过为各种阶层的居民提供服务，这些机关可能有利于供给这些资源。

这并不意味着：一般结构的此种有限而又广泛的分化的演进，就必然地伴随着历史官僚制社会政治体系专门特点的发展与制度化。如我们已看到的，在许多情形中，统治者的自主的政治目标和取向的发展，并不曾与必要水准社会分化的发展相"契合"。同样，分化则可能在并不与统治者必需的政治取向发展相契合的社会结构方面发展起来。这种情况经希腊城邦国家的例证而得到最佳阐释。在这两个案例中，我们都将看到，历史官僚制社会政治体系的主要特点不可能变得完全地制度化。在下一节中，我们将尝试证实我们的假说。

10. 假说的证实

A. 政治体系的制度化以及欠缺制度化的条件

如已经陈述的，我们的假说设定了中央集权官僚制帝国政治体系主要特点的制度化，有赖于政治领域自主性的趋势（其主要显现在统治者的目的与活动之中）以及有限分化与自由资源这两者的伴生发展。

这个假说试图经由一系列中介变量以解释自变量和因变量之间的关系。这些变量即社会结构中的若干问题和诸群体间潜在冲突的发展，以及在这些社会中发展出来的自主的（非政治的）机制的相对不适当性。

为证实这个假说，我们必须首先表明，中央集权官僚制社会政治体系的主要特点，唯有当两个自变量共同出现，而非其中任一自变量单独发生之际，才能被真正地制度化。其次，自变量与因变量的相关变动，与中介变量的某些变动相关。在表 1[1] 中所提供的数据已被汇聚起来，以检验这个假说。数据包容着最初的若干案例，其中存在的唯一自变量是有助于政治领域自主性的趋势；而广泛程度的分化则不曾在社会的一切制度领域和自由-流动资源方面发展起来。

最为重要的案例是蒙古帝国与加洛林帝国，以及波斯阿契美

---

① 参见附录原文页码 449 页。（见本书 626 页。——译者）

尼德王朝的某些案例①。在这些案例的每一个之中，统治者的努力都是不成功的；而且历史中央集权制帝国政治领域的制度化要么不曾发展起来，要么不曾在任何一段较长时间内延续下去。

其次，对我们的分析而言，同欧洲，尤其是大约于10和11世纪西欧的封建主义出现相关的社会条件是重要的。在不同的制度领域内，分化与自由－流动资源的程度是极为不同的。它们在经济和分层的领域中极其微弱，而在宗教领域与文化领域中，以及在某种程度上，也在某些群体的政治取向中，则相对强大——虽说统治者自主性的范围（在加洛林帝国衰落以后）是微乎其微的。尽管宗教领域高度分化，但这些条件却没有使一种中央集权官僚制政体的发展成为可能②。

第三，我们的数据包容了若干案例：其中，若干高度分化的发展确实已经出现，而没有其他的自变量所伴随，例如像腓尼基和希腊城邦国家（以及或许尚有其他城邦国家）那样。在城邦社会的绝大多数制度领域内都发展出较高程度的分化。然而，与之同时，统治精英却仍然嵌入于古老的亲缘或"城市－同盟"的界限与框架之中，而且不曾发展出走向政治领域自主的倾向。在城邦国家发展的顶端演化出行政机构、协作的政治行动机关，和更具弹性与广泛性的政治取向的某些胚胎形式；不过，这些并不曾发展到超出胚胎阶段以外，而且精英的传统取向亦阻碍了更为一元化政体的发展。唯有当（如在罗马帝国所发生的那样）从传统（世袭）精英内部发展出一种具有针对政治目标自主性的强烈倾向

---

① [E]*Ehtécham, 1946; Delaporte and Huart, 1943; Christensen, 1936, ch.i.*
② [D]*Bloch, 1939–1940; Hintze, 1929; Coulborn, 1956.*

的、更加能动的精英之际——唯有此时，这些政治组织才确实变得制度化，而同一种新的、更为分化的政治体系才发展出来[1]。

B. 影响官僚制行政机构与政治斗争渠道发展程度的条件

我们的分析已经论证：当共时地演化出政治领域的自主性和社会结构中广泛而又有限的分化之际，历史官僚制中央集权政体的政治体系的专有特点——政治斗争渠道和行政机关——便被制度化了。但自变量和因变量这两者的自主性发展程度，在不同的社会却有所不同。如果我们的假说是有效的，则将历史官僚制政体的社会体系基本特征在发展中的区别，与其政治体系的分化程度和/或其政治领域的自治关联起来，就应是可能的。现在，让我们简要地考察一番：我们的材料在何等程度上支持了我们的假说。

一般而言，我们的数据支持我们的假说。在表 1 至表 8*中提供和概述的详细素材表明，统治者政治目标的自治和社会结构的分化愈大，通常下列各项也就愈大：(1) 中央集权政体的程度和演化；(2) 自治官僚组织的出现；(3) "非传统的"（即并非嵌入于传统-归属性的亲缘群体和地缘群体内的）政治斗争渠道的发展，抑或虽说在形式上嵌入于传统群体（而且，尤其嵌入于皇家宫廷或官僚制之内），却又演化出更为非传统的（明确的或专断的）成员资格规则之渠道的发展；以及 (4) 它们的权力的非传统性制度化。

---

[1] 关于希腊，参见 [B]*Glotz*, 1929; *Toynbee*, 1959, ch.iv-ix，各处；*Ehrenberg*, 1960，尤其是 p.I；*Beyer*, 1959；及其参考文献。关于与罗马的对比，尤其参见 [Q]*Homo*, 1950; *Syme*, 1939。关于城邦国家的一般问题，参见 [A]*Oppenheimer*, 1912; [B]*Toynbee*, 1959。

* 参见附录部分。

通过更为详尽的考察，在我们的案例研究中所展示的数据表明：在"低度"分化的社会（如萨珊波斯与古代埃及）中，政治斗争渠道和官僚制行政机构尚没有充分地分化和作为自主的机体而被组织起来。政治斗争渠道主要地与传统宫廷机关和集团，以及与较高的行政机关相同一。在这些机关中，很少存在对于斗争或成员关系的规则的阐明，纵使统治者确实试图突破这样的传统制度和传统团体，并向之注入新鲜血液[①]。行政机构尽管在某种程度上发展起来，然而却非常具有自主性。但是，在将该机构角色与各种身份群体的角色划分开来，以及使用更广泛的补充标准方面，该机构却表现出较高程度的中央集权化、专门化和组织化。

在中国，分化和统治者政治目标的范围要更大一些。在这里，行政机构的自主性，按照上面运用的尺度来衡量，则更为可观[②]。但至少在官方场合，政治斗争的自主的机关尚未作为单独的机体在这一范围中出现。不过，成员资格与运转的规则却已格外明确——特别是在实践中，尽管在意识形态上尚非如此明确[③]。

在拜占庭帝国，分化在诸多社会领域内极为广泛。在拜占庭城，政治斗争的机关是非常独特的（如在元老院与集团派系中所明显表示的），正像其运转的规则一样；而且根据角色的独特性、自主的补充尺度、集中化和专门化来看，官僚制也是极为

---

① 关于埃及，参见 [F]*Drioton and Vandier*, 1952; *Kees*, 1933[*a*]; *Wilson*, 1951; *Otto*, 1953; *Meyer*, 1928。关于波斯，参见 [G]*Christensen*, 1936, 各处; *Altheim and Stiehl*, 1954, 各处, 关于"世袭"和"中央集权"君主统治之间的分化，参见 *Altheim*, 1955[*a*]; *Faziolleh*, 1938。

② [I]*Des Rotours*, 1932, Introduction, 各处, 1947-1948, Introduction, 各处; *Wang*, 1949; *Hucker*, 1950; *Kracke*, 1953; *Eberhard*, 1948[*a*], 各处。

③ [I]*Des Rotours*, 1932, 1947-1948; *De Bary*, 1957; *Liu*, 1959[*a*], 1959[*c*]。

发达的[①]。

西班牙-美洲帝国的欧洲居民具有相对高度发达的政治斗争渠道（例如，在市政委员会和地方议会中显现的），虽说这两个渠道皆受到西班牙王室的强大中央集权趋势的限制。向这些渠道的参与通常并不对印第安居民开放。行政机关的独特组织程度较高，其与欧洲要素之间的高度分化，以及与其强加于印第安要素的低度分化，都是相互关联的[②]。

政治斗争渠道之最高水平的独特组织，出现于英国（以及在较低程度上，亦在法国）。英国官僚制组织也达到了较高水平的独特性，纵使该水平或许尚不如拜占庭那样高。而且，在英国，尽管至少某些行政部门是相对高度中央集权的，但行政机构活动的范围与专门化，却不是十分广泛的[③]。

---

① [L]*Ostrogorsky*, 1929[*a*], 1956[*a*], 1956[*b*]，各处。关于元老院和代议制机构，参见 [L]*Bratianu*, 1937, 1948[*a*]; *Bréhier*, 1949[*b*]; pp.89ff.; *Diehl*, 1927。关于拜占庭的官僚制的发展，参见 [L]*Ostrogorsky*, 1956[*a*], 1956[*b*] 各处。*Bréhier*, 1917, 1949[*b*] [livers Ⅱ, Ⅲ]; *Diehl*, 1927; *Dendias*, 1939; *Stein*, 1924, 1954; *Ensslin*, 1948; *Moravcsik and Jenkins*, 1949。关于特定的部门，参见 [L]*Dölger*, 1927, 1956; *Stein*, 1919, pp.141-160, 1923-1925; *Lemerle*, 1949; *Guilland*, 1946[*a*], 1946[*b*]; *Andréadès*, 1921[*a*]。关于罗马的行政机关，参见 [Q]*Boak*, 1955[*a*]; *Mattingly*, 1957; *Last*, 1936[*a*], 1936[*b*]; *Miller*, 1956; *Ensslin*, 1956。

② [R]*Gallo*, 1944; *Haring*, 1947, ch.iv, v, vii-viii, ix; *Zavala*, 1943; *Fisher*, 1926, 1936; *Simpson*, 1934, 1938; *Ots Capdequi*, 1951; *Borah*, 1956。

③ 关于法国和欧洲大陆国家的行政的发展，参见 [S]*Lindsay*, 1957[*b*]; *Beloff*, 1954; [Y]*Zeller*, 1948; *Pagés*, 1928, 1932[*a*], 1932[*b*]; *Doucet*, 1948。关于相对较早的英国行政机构的发展，参见 [Z]*Elton*, 1953; *Davies*, 1937; *Clark*, 1955。关于欧洲代议制系统的发展，参见 [X]*Hintze*, 1931[*a*], 1931[*b*]; *McIlwain*, 1932; [Y]*Cobban*, 1950; *Sagnac*, 1945, 1946; *Ford*, 1953; *Göhring*, 1947; *Egret*, 1952; *Zeller*, 1948; *Doucet*, 1948。关于英格兰，参见 e.g.[Z]*Pares*, 1957; *Thomson*, 1938; *Namier*, 1929, 1952。

在此所研究的每一个社会之内，官僚制的较大的发展，专门化和日渐增长的专业化，通常都与社会结构和统治者政治需要方面的日渐增长的分化相关联。例如，在中国，官僚制专门化的扩充，在宋朝（960-1279年）和明朝（1368-1644年），是与日渐增长的社会分化和经济分化相关联的①。类似的发展，如我们已察见的，亦出现于霍斯劳一世统治下的萨珊波斯之中②。

11. 诠释的某些附加问题

上面所提供的素材已经表明，在所考察的被我们的假设作为基础来设定的那两个条件业已出现的社会中，政治体系的主要特点都已充分地制度化了。然而，这些特点发展的程度，一般而言是有所不同的；而且在其发展的相对重要性方面也存在着区别。我们的数据表明：这些特点中的每一个，即政治斗争的渠道，或行政机构及其不同方面的发展与制度化程度，在相同的社会和不同的社会中，都是多少独立地变化的。例如，在官僚制行政机构和政治斗争机关的相对发展程度之间即存在许多区别；无论其一般的发展程度若何，在官僚制对于或者利用技术活动，或者利用调适活动的重视程度上，也存在许多区别；而且，在政治斗争渠

---

① [I]*Kracke*, 1953; *Hucker*, 1950.
② [G]*Christensen*, 1936, ch.vii; *Altheim and Stiehl*, 1954; *Altheim*, 1955[*a*], 1955[*b*]。这一趋势在英国、法国、普鲁士的行政机构的历史中，还能找到很多例子。参见，[X] *Dorwart*, 1953; *Dom*, 1931; *Fay*, 1946; *Hintze*, 1901, 1903, 1905; *Schmoller*, 1898; *Bruford*, 1957。

道组织不同方面的发展中，也存在着诸多变异。

这些区别的存在必不可免地提出了若干问题。首先是它们究竟能否被我们的假说所解释。这就是说，在何等范围内，这些区别可以被归因于政治领域自变量的自主性（以及社会结构的分化）发展的类型或程度，或归因于干预变量运转的区别（群体间的冲突与调适问题，以及自主的调适机制的运转）？

第二个问题是社会结构和政治结构中的这种区别，仍然能被容纳于历史官僚制社会政治体系框架以内的程度的问题。换言之，这些区别对这些体系恒存不朽的条件，具有何种影响？我们将在本书其余章节内讨论这些问题。

12. 历史官僚制帝国发展的条件。它们恒存不朽的条件

我们已经检验和证实了我们关于为历史官僚制社会政治体系主要特点的制度化所必需的诸条件。我们业已论证了此种制度化依赖于政治领域有限自主的同步发展（以统治者自主的政治目标的发展为代表），和在社会一切主要制度领域内有限而又广泛的分化的发展。

我们的分析已指出了历史官僚制帝国政治体系的基本先决条件或前提。这些条件可被界定为：维系使一定水平的自由-流动资源和分化政治活动，以及一定水平的传统政治态度——其为各部分居民所坚执，将会有助于维持统治者的传统合法性——这两者之持续和共时的一般化成为可能的社会条件和制度化框架。

这必定导致在这些政治体系确立与制度化之后，使之恒存不朽的条件问题。如若我们先前的分析是正确的，则我们便可假定：这些体系的恒存不朽主要地依赖于与其制度化所必不可少的同样条件的持续——即有赖于一定水平的自主的政治目标与政治取向，以及社会结构之有限而又广泛的分化的恒常共存。然而，我们必须思考：历史官僚制社会政治体系主要特点的真正制度化，究竟是否确保了这些条件的持续存在。换言之，我们必须确定，究竟中央集权政体的建立，政治斗争机关和行政机构的制度化、运转和发挥功能，以及由统治者、各式各样的群体及诸阶层对该机关和机构的参与——究竟所有这些因素是否确保了这些政治体系的基本条件的持续性共存。

　　前此的分析似已指出：政治体系的制度化本身并不曾使这些条件的持续确切无疑。在这些社会政治过程的特定结构中，经常创造出能够损害此种条件的各种各样的不相容性。不相容性通常与传统社会和更为分化的社会和政治旨趣及取向在统治者和主要阶层之间的共存相关。

　　这些要素的共存，与不同群体和阶层的相对实力和不断变化的可能性相结合，创造了若干重要类型的不相容性得以在这些社会的社会结构与政治结构中发展的环境。例如，社会结构的分化可能低于统治者政治取向所似乎要求的程度；或者此种分化可能扩张到超出由统治者的传统合法性所设立的限制。而且，各种各样的群体和阶层可能试图扩大政治参与，而超出这些政治体系的前提是这种参与会损害统治者的传统合法性。

　　在这个脉络中，我们应当牢记，由政治斗争机关和官僚制行政机构所演化出来的调适活动，仅仅构成在这些社会所发展的若干多样性调适机制的一个侧面,这些调适机制都是为了应付为日渐增长的分化所导致的问题。例如,该活动的出现与各式各样的自治调适机制的发展——在各个不同的程度上——相符合,而且后者在某种程度上会为了资源和活动范围而与前者竞争。

因为实现这些潜在不相容性的可能乃是这些社会政治结构所内在固有的——即便是在政治体系已被制度化的社会中——该体系不可能总是确保为其发挥功能所必须的资源,将会是持续性地可资利用的。资源的可资利用性依赖于统治者和社会中诸主要群体和阶层的结构、利益、态度和政治活动,以及它们与政治体系基本先决条件的关系。当然,群体的态度受到这些群体的结构与组成要素方面的区别、它们的分化与专门化的程度,以及它们利用和依赖于自治调适机制的规模的影响。

统治者与主要阶层的政治取向与政治活动的一种具体构成,可能会有利于恒久保存为历史官僚制社会政治体系的延续所必须的条件。同时,不同的构成可能有相反的后果。

因而,要理解为这些政治体系的恒久保存或非恒久保存所必须的条件,我们必须分析这些体系中的政治过程——在统治者与主要群体的政治活动方面的种种不同。

II

历史官僚制帝国政治体系恒久保存的条件

第二部分 规划

前此的讨论业已指出我们在下面各章中会加以关切的主要问题。在已经陈述了对历史官僚制帝国政治体系发展的先决条件加以解释的假说之后，现在，我们必须研究为这些体系恒存不朽所必需的条件。这个研究将首先涉及分析在此所研究的诸社会间的主要区别、中央集权官僚制帝国政治体系的主要和首要特点，以及政治权力的本性——即统治者的政策以及主要群体的政治活动。我们将试图确定这些区别与社会结构基本特征的变异之间的关系。这就是说，我们将分析政治领域在帝国中发展自主性的范围；帝国使其群体的社会结构分化的程度；由此种分化所导致的调适问题的强度；以及自治机制的范围。

其次，我们必须研究使这些变动趋于对政治体系持续发挥功能有所助益的条件，以及这些变动趋于损害这一持续性的条件。

七　统治者的政策

1. 恒久保存政治体系的问题

在第六章的结尾之处，我们提出了为历史官僚制社会政治体系的恒久性与持续性所必不可少的条件这一主题。我们看到，这个持续性并非由这些政治体系发展所必需的条件，或其主要特点的初始制度化所给定或确保的。与之相反，该持续性主要依赖于统治者和主要群体的社会政治取向及他们的特点，这在政治斗争中——在这些社会中崛起的政治活动与政治组织中——已变得昭然若揭。因此，我们眼下应当进而分析这种政治斗争，描述该斗争的主要参与者及其政治取向、政治组织和政治活动，并且考察其参与对于历史官僚制帝国各种政治制度的结构，以及政治体系的持续性这两者发生影响的方式。

让我们从考察历史官僚制政体政治斗争的框架，以及历数其主要的参与者来入手。这些参与者是统治者及与之旗鼓相当堂堂对阵的主要群体和阶层——官僚、贵族、宗教精英和文化精英、上层都市群体（特别是商人和自由民）、中等与低等都市群体、占有地产的缙绅以及农民。

在所研究的大多数社会里，统治者的政策为政治斗争提供了实际框架。自然，这些政策不是在社会真空中出现的，而且在第六章，我们业已分析了影响这些政策发展的首要社会条件。然而这些政策通常构成政治过程中最为活跃和能动的要素。该政策塑造了其他群体不得不对之作出适应和反响的环境与背景，即便这些群体在政治斗争中很少是消极的。

在这里，简要地描述一下这些社会中的统治者和政治精英是适宜的。描述将在某种程度上扼要复述前此章节内所提出的论点。在所考察的大多数国家，政治精英由统治者——国王或皇帝、他们的首席谋士和私人家臣、宫廷官员以及（在某种程度上）不同的官僚制行政机构的首脑所组成。

政治精英的成员——其有异于国家的全部上等阶层（贵族、士绅与官僚）——并非按照刚性或形式的标准来选拔的。该精英从许多不同的社会阶层，例如贵族、某些中等阶级、宗教群体甚或农民中得到补充。在若干案例中（在欧洲、埃及和萨珊波斯，以及在更低程度上，还在拜占庭和中国），君主来源于古老的、显赫的王族；在其他案例中（例如罗马，而且——仅仅在某种程度上——也在拜占庭和中国），他们也时常来源于诸如僭主或军阀之类的不同阶层。

无论政治精英的起源如何，由于特殊的政治视野、目的和行为，其都有异于一切社会群体——在某种程度上，也包括其若干成员隶属于之的官僚。政治精英坚持和推进了已经描述和分析过的政治领域和政治目标的自主性。

2. 统治者的主要目标

在所研究的社会中，统治者与政治精英的首要目标是什么？

各种各样历史官僚制社会统治者个别的具体目标是极为不同的。该目标括及领土的统一和扩张、征服，政体的充实，经济的发展，以及维系或扩张一种给定的文化模式。显然，该统治者的目标总是体现为可被称作任何统治者的普遍目标或基本目标的东西——即在反对者前维系自己的权位，并且为他个人的需求而确保动员资源的可能性。但是，无论统治者的具体目的若何，他通常都将这些目的想象为一元化中央集权政治的自主的政治目标并加以履行。这个特殊的事实影响到统治者一般政治取向的性质，及其具体目的和政策的性质。这些社会统治者的任何特殊目标或目的，就其具体细节言，都可能并非有异于世袭或封建统治者的类似目的。但为能够履行他们的目标，历史官僚制社会的统治者迫不得已——借助于他们在社会结构中的地位以及他们的一般政治取向——演化出某种新的、附加的一般目标。这些目标提供了使他们的更为具体的政策与目的得以发展的框架。

头一个一般性的目标是建立和维系一元化和中央集权的政体，以及统治者对于该政体的绝对权力。在这些社会的若干历史阶段上，建立此种政体本身可能就是主要目标，在其他阶段上，持续地维系该政体则构成一个重要的目标。

于是，历史官僚制社会的统治者发展出与动员资源有关的专门取向。他们的目标是获得下列确定性：使自己能够从社会中各种阶层得到的持续和独立的资源补充。如我们已看到的，这些统治者通常并非仅仅属意于履行任何一个政策或具体目的。除此而外，他们还关切持续不断地按照变更的需要和按照自己的意愿而践行政策的可能性。该统治者得以存在的理由——在他们同传统的封建因素或世袭因素的搏斗中——主要地基于他们持续地履行

七　统治者的政策

各种各样政策和维系一元化中央集权政治框架的能力，以及他们在选择政策和具体目标方面的弹性。而且，统治者需要资源的恒常供给，以维系行政机器，这构成统治者用于持续实施其政策的力量与媒介的一个基础。

由于他们的目标及他们在社会中的结构位置，历史官僚制帝国的统治者总是对持续和独立地从其他群体和阶层中动员资源具有基本的兴趣。这就是说，他们对大体上独立于这些群体和阶层的固定归属性权利和职责，以及其成员的愿望的那种动员感兴趣。

这个兴趣表现在统治者或者将大部分资源集中在他们自己的手中（例如，囤积商品与货币，以及积聚国家财富），或者推进并非束缚于任何归属性群体的各种类型的自由-流动和可被动员的资源的发展，因而得以自由地积聚与交换该资源的愿望中。这样，统治者便可以随心所欲地控制和利用这些资源。在所研究的全部社会中，君主都拥有某种"私人"或封建的财产和资源，但这些是不敷使用的，而且统治者持续不断地面临动员额外资源的需要。显而易见，社会结构愈是发达和分化，对于统治者而言，垄断全部所需资源也就愈是困难重重。这样，他们持续地控制自由-流动资源的能力也就变得更为重要。因而，他们尽力创造这样一种情境，在那里，这样的资源乃是持续性地可资利用的，而且在那里，无论何时为他们自己的目的所需要，他们都能够充分地控制和动员这些资源。

唯有当社会中存在既非全然依赖于其他群体，亦非对其使用有所约束，又非仅仅通过该群体的良好意愿即可获得的权力和资源时，中央集权官僚制政体的统治者才能实现他的目的。虽说统治者偶尔也会利用那些嵌入和约束性资源，但持续性依赖于此种资源，却必将使统治者丧失独立性、制定目标与主旨的自由，以及实施政策的能力。与众多初民体系、世袭体系或封建体系的统治者不同，官僚制政体的统治者并不甘心仅仅成为类似于部落单元或世袭制单元的统治者或拥有者之中的最强悍者或"头人"。与之相反，这些统治者竭力使社会主要的权力中心和控制中心汇集于他们自己的手里。

当统治者与官僚各自的利益并无冲突之际，为确保各种的自由-流动资源的持续存在，以及由他们对之加以持续控制，这两者会联合起来。他们试图防止社会中任何一个群体或阶层控制对于自由-流动资源——无论其为财富、声望、沟通，抑或政治权力和政治支持本身——的有效使用，这种有效使用能使后者向统治者对该资源的控制发出挑战。

因此，这些政体的统治者与官僚集团总是趋于调适或削减一切其他的权力中心，使它们依赖于自己，或是削弱这些中心的权力，从而缩小该中心在社会中变为完全自治的中心或垄断资源的机遇。统治者总是试图为他们自己创造出得以控制大部分可得资源的战略地位。马克斯·韦伯业已指出，每一个官僚制机构就其特征而言，都试图"削平"各种各样的社会差别。不过，注意到这一趋势并不限于官僚制行政机构，这是至为重要的；该趋势也发生在——而且或许大多发生在——官僚制政体的政治精英之中[1]。

概括地讲，这些政体的统治者展示出一个三重化的趋势：

---

① [I] *Weber*, 1922, pp.650 及以下诸页。

(1) 他们旨在促进自由资源并免除自群主义-归属性群体对它的约束；

(2) 他们并不希望这些资源发展至超出适宜于他们自己的传统合法性的限制以外的程度；

(3) 他们试图控制这些资源——似乎是使之受限于他们自己的使用。

显然，统治者的努力获得成功的个别程度是极其不同的。然而，这些社会的绝大多数却在其方向上共享某种一般的趋势。例外者只是边际世袭制社会（例如在某种程度上，在萨珊波斯存在着），以及官僚制政体解体期间的若干案例。

我们所讨论的所有目的与政策都阐释了这个一般趋势，即倾向于发展出较高水平的权力的一般化。这一趋势为历史官僚制政体的统治者所共有。这些统治者需要和企求一种事态，其中政治权力——至少是潜在地由他们所支配的权力——能够被加以一般化，伴随相对的自由而从传统限制中扩张开来，并按照统治者的旨趣和考虑而被运用于各种各样的目标。

这个针对建立某种水准的权力一般化的趋势，是统治者政策取向中独一无二的最具普遍性的特征。该趋势按一种使他们的活动足以同低度分化类型政体统治者的活动区别开来的模式来组织这些活动。然而，这个趋势受到统治者的结构情境与结构取向所内在固有的传统因素的限制（如我们将更为详尽地讨论的）。这个限制又使这些统治者的政策与更为分化的——尤其是现代的——社会的政策区别开来。

3. 实施统治者目标的社会环境

为理解统治者的一般趋势和目标如何被转化成具体的政策,我们必须回想该趋势与目标藉以得到详尽表达和实施的环境。统治者的基本目的不得不在自由-流动资源的发展受到限制的诸社会中获得实现。这个限制首先是由不同类型的自然经济或半自然经济在农业中所具有的巨大优势所施加的。经济发展与经济扩张的范围、社会流动的幅度以及新的阶层与群体的可能出现的众多重要后果都与自然经济或半自然经济的这一优势有关。该优势对于流动资源、交换的可能性,以及积聚交换手段,也都设置了显而易见的界线。这些界线构成历史官僚制体系与现代社会之间的一个首要区别。在现代社会中,全部经济活动与经济机制都趋向于以市场交换为其核心。

其次,尽管有普遍主义与自致的尺度所造成的一切损害,但这些社会的社会结构,如先前已指出的,依然突出地以归属性标准和等级制分层为立足之点。不过,对于各种各样的精英和其他在政治和社会上能动的群体来说,可资利用的基本传统资源或政治支持都受到业已提及的条件的极大限制。

社会结构的低度分化,并不是限制统治者履行意在推进自由资源的这些政策的唯一因素。限制还是由统治者自己的某些取向——尤其是由他们对于社会的社会组织与价值观中许多归属性与传统方面的认同,以及他们对于传统合法性的强调——所施加的。

统治精英的实际政策，以及他们的态度，唯有与所有这些条件联系在一起时，才能为人理解。

社会分化与自由-流动资源的程度从一个社会到一个社会都是不同的。因而，即便在这些社会统治精英的若干基本目标是相似的时候，其政策也在具体细节上有所区别。当我们分析这些政策在各种各样领域内的表现时，此种区别将被加以考虑。

随后，我们将格外详尽地描述为历史官僚制政体的统治者所采纳的诸主要政策。这些政策中的众多要素也可于其他政治体系类型——在封建、世袭甚或现代的类型——中为人发见。在我们分析的这个阶段上，我们将不虑及这些政策中何者为历史官僚制政体所专有这个问题。我们将径直进至主要制度领域内——经济、分层、宗教与教育、法律以及政治领域自身——统治者的政策。我们将确定统治者的一般政治目的和趋势何以而且在什么程度上被显现于这些政策之中，以及统治者利用何种政策以实现他们的目的。

4. 统治者在经济领域的政策

A. 首要的特征

统治者在经济领域内具有三个基本和始终如一的目的。第一个目的是垄断——或至少也是确保——迅速动员有效的经济资源和人力资源的可能性，以确保他们的任何目标和政策都会持续地得到履行，并确保他们的行政机构能够得到维系。第二个主要目的是持续地控制和调节经济资源。统治者的第三个重要目的是经由利用各种各样的经济政策，来维系他们对于社会中不同群体的政治控制，恰如他们所屡屡去做的那样。

这些目标能够借助于极其多样的具体政策和手段而得到实施。统治者基本上利用下列手段去实现这些目标：(1)直接征集劳力和促进国家企业；(2)税收，以及(3)各种各样的财政货币措施和政策。

现在我们将思考为历史官僚制社会统治者所使用的主要经济政策和经济措施，以及这些经济政策和措施实现统治者经济目标的方式。

首先，让我们探讨统治者解决使资源对他们自己成为可资利用这一问题的方式。统治者有两种可能的抉择：直接地积聚资源；抑或鼓励各种各样的群体与阶层发展资源，尔后统治者将以使它们能得到有保证的、恒常的供给这样一种方式，对之加以调节和控制。

存在着众多的案例，阐释了统治者将各种各样资源直接地集中于他们的手中。一个例证是，在所研究的众多国家内，存在着不同类型的垄断——以国家占有矿产、工厂和商业船队，以及对诸如盐、铁一类必需品的分配加以专控这两种形式[①]。

统治者确保使最大限额的人力对其经济活动、行政活动和军事活动成为可资利用的方法，包括为矿山、舰队和工场动员自由或奴役的人力（这与垄断紧密相关），以及将农民束缚在国家所

---

① [G]*Christensen*, 1936, *ch.ii*; *Altheim and Stiehl*, 1954, 1957, *ch.i, ii, iii*, [L]*Andréadès*, 1934; *Bratianu*, 1938; [R]*Haring*, 1927; *Zavala*, 1943; [I]*Gale*, 1930, 1931; *Wilbur*, 1943; *Balázs*, 1931–1933, 1960.

占有的土地上并限制他们迁移的自由，从而保证使国家得到必要的税收和产品。这些措施通常在这样一些社会或其部门内发展起来；在那里鲜有经济分化与流动人力。例示可见于萨珊波斯[①]和西班牙-美洲帝国的印第安居民；以及相对而言较为发达的社会如普鲁士与俄国等，在那里，统治者在与贵族的合作中，试图限制农民的自由和流动，并将他们束缚在土地上[②]。将各种等级的人民——农民，工匠等等——束缚于其行业之上的措施被著为法规，以确保劳动力的基本生产效率以及由之而征敛税赋。该措施的目的可能是确保使各种各样的居民部分完成公用事业。类似这样的指令性措施也频频发生在晚期罗马和早期拜占庭阶段[③]、希腊化君主制时期以及（在较小程度上）西班牙-美洲帝国之中[④]。

统治者还具有另一个手段，以确保资源和人力的供给：即建立农民士兵的垦殖地和定居点，从而保证国家会得到充足的军事人力。这些垦殖地并非必然地为国家占有，而且还与更为复杂的经济措施和经济政策——例如各种类型的税收——紧密关联。建立此种垦殖地的政策部分地在边界防卫问题具有头等重要性的社会演化出来。在拜占庭，据推测由希拉克略皇帝（610-641年在位）建立的著名的塞姆斯制度的一个目的，便是为边境要塞提供适当的人力。这个目的通过创立自由农民的军事殖垦地而达

---

① [G]*Ghirshman*, 1954; *Christensen*, 1936; *Altheim and Stiehl*, 1954, 1957.
② [X]*Carsten*, 1954, 1955; *Hintze*, 1914, 1915; *Beloff*, [W]1953, [S]1954, *ch.i, vi*; [W]*Young*, 1957; *Sacke*, 1938[*a*], 1938[*b*].
③ [L]*Ostrogorsky*, 1931; *Charanis*, 1944-1945; *Stein*, 1928[*a*], 1928[*b*].
④ [R]*Simpson*, 1934, 1938; *Zavala*, 1943; *Ots Capdequi*, 1934[*a*], 1934[*b*], 1939; *Haring*, 1927.

成，由之而使兵员得到义务性补充[1]。霍斯劳一世在萨珊帝国也建立了类似的模式[2]，他被人称作为"灵魂不朽的霍斯劳"。唐王朝（618-907年）也依同样路线而组织起屯田军兵[3]。

值得注意的是，在与这些指令性措施以及一般税收政策的关联中，统治者和管理者发展了（或从前此的政体类型中继承了）各种各样登录户籍与人口普查的活动与组织，其中甚至包括了财产登记在内。

B. 税收的主要类型

通过经营或对可资利用资源的直接指定而进行的资源专控，仅仅是统治者实现其经济目的的一个方式。在更为分化的社会体系与经济体系中，该系统涉及诸多困难，而且很少具有开掘和利用全部可得资源的能力。因此，作为这样直接集中资源的伴生物，而且作为一种补充，统治者还发展出新的、更为复杂的政策。后者的功能是确保对于资源的动员——不是经由统治者对资源的直接占有关系，而是经由发展、调节和控制各式各样的经济力量。在更为复杂的政策中，某些至为重要的政策是各种各样的财政政策与货币政策，以及利用税收。这些政策是达成统治者意旨的一个主要手段。

如我们已经看到的，税收的首要目的时常是尽可能多地为统治者积聚资源作出贡献。然而，税收也有助于若干长期的社会政

---

[1] *Ostrogorsky*, 1927, 1931; *Stein*, 1920, 1928[*b*]; *Constantinescu*, 1924; *Lemerle*, 1958; *Gelzer*, 1899; *Setton*, 1953; *J.Darko*, 1939; *Stadtmüller*, 1937; *Baynes*, 1952; *Cassimatis*, 1939.

[2] [G]*Stein*, 1920; *Christensen*, 1936, ch.viii; *Altheim and Stiehl*, 1954.

[3] [I]*Des Rotours*, 1947-1948, Introduction; *Pulleyblank*, 1955; *Balázs*, 1931-1933.

策与经济政策。历史官僚制社会的统治者所利用的税收类型是丰富多彩的，而两个极其重要的类型则是土地税和"个人"税——即每个个人（或个人所属的任何等级的成员）所应纳的税：为使用任何设施，例如道路、桥梁和森林而课税；对不同的日用品征税；关税；以及从居民的不同等级强征的贡品或勒索的财物。这些税务通常起源于不同的历史环境或习俗，其中有许多是统治者从先前的（封建、世袭或城邦）惯例中承袭而来的，并借助于这些惯例而使之延续下去。不过，纵使许多细节得以存留下来，但就总体而言，虽说具有程度不同的连贯性，统治者还是改变了在所研究的每个社会中所使用的税收体系。这一改变可以在税务组织与财政组织的两个不同方面为人所辨察。首先，王国的财政一般以一个相对一元化的框架和预算来组织，其通常有异于王室的财政；其次，在大多数情况中，税收的单纯纳贡或"征集"方面，变得与一种更为广泛的——虽说并不总是充分地凝为一体和首尾连贯的——财政政策的框架协调一致与结合起来。

税收的首要目的之一总是持续不断地具有纯粹财政和积累的性质。然而，即便财政的方面也是以这个新框架来组织的。该框架以下列方式——有异于世袭社会或征服者社会的方式——从事组织工作：即虑及不同群体的经济利益，以及至少稍稍地不仅谋划推进对直接资源的动员，而且还谋划获得更为持续动员的可能性。由于这一组织的缘故，税收遂可能变成实现复杂的、弹性的经济政策与社会政策的一个重要手段。因而较之封建社会或世袭社会的统治者，这些社会的统治者很少具有利用财政手段与经济手段（支付、订约，等等）充当内部政治交易工具的趋势。与之相反，他们更多地趋于利用财政政策作为政治控制和社会政策的手段[1]。

C. 税收的首要用途

税收服务于何种更加广阔的目标？

首先，涉及调节土地资源与人口之间的关系，以及提供适当的人力供给时，税收被用作为一个关键的工具，虽说这一工具尚非总是成功的。税收作为人力流动的调节器是尤为重要的。这样，税收遂被广泛地在这些国家和以下时期加以使用：斯时斯地由于人口的削减或人口变得愈加流动，致使广大区域受到遗弃的威胁。

例如，在人口锐减时期——例如在拜占庭时代的前期，以及在中国的某些时期——发展出将土地税与人头税结合起来的税收制度，从而把农民束缚在土地上，并将工匠束缚在作坊中。另一方面，人口适当的社会则别具匠心地将这些税务划分开来，并且鼓动更大的人力流动——尤其是向边塞地区的迁移。向帝国的边境地区移民并保证移民的耕作，是拜占庭希拉克略所做的著名税务改革的目的[2]。类似的趋势也在唐代中国土地税务法规中被揭示出来[3]。拜占庭人头税与土地税之间的区分，以及唐王朝土地税的货币统一所导致的改良的税收体系，是趋向于扩充农民等

---

[1] [L]*Andréadès*, 1921[*b*]; *Stein*, 1923; *Dögler*, 1927, 1956; [G]*Faziolleh*, 1938; *Altheim and Stiehl*, 1954, 1957; [Y]*Zeller*, 1923–1925, 1948, 1952; [S]*Beloff*, 1954; [Z]*Mousnier*, 1951; [R]*Haring*, 1927, 1947; *Ots Capdequi*, 1934[*a*], 1934[*b*], 1939; *Zavala*, 1943, 1947[*b*].

[2] [L]*Ostrogorsky*, 1927, 1930[*a*], 1931；同样参见 *Lemerle*, 1958; *Karayanopulus*, 1956; *Stein*, 1928[*a*], 1928[*b*]。

[3] [I]*Balázs*, 1931–1933, 1954[*a*]; *Maspero*, 1950[*a*]; *Pulleyblank*, 1955, ch.iv, v.

级，确保他们有安全的土地使用权，鼓励他们在边塞地区定居，并且使他们向国家供给更具弹性——最好是货币——的资源的两个案例。相形之下，更为宽泛的经济-社会宏旨，而且并非仅仅出于获得更多税赋的直接目标，在波斯鼓动起由霍斯劳一世实施的某些税制改革。不过这些改革却鲜获成功，因为波斯经济分化水准起初是低下的[①]。

其次，分化的税务政策在实际中时常是能够损害众多强大群体（例如，贵族、工匠等）经济势力和政治势力的一种"区别对待"或"拉平"的工具。类似这样的一种税收政策因而能够调节权力与经济便利在社会中的分配。在我们正加以研究的某些社会中反复出现的这一拉平的主要例证，是由统治者和官僚集团做出的促进自由农民的努力而构成的。这些努力的目的是限制土地贵族的势力和扩张，并通过自由农民而为统治者提供经济支持与政治支持，以及提供军事机构和行政机构的人力。

在萨珊波斯，拉平趋势发生于卡瓦德一世（488-531年）和霍斯劳一世（531-579年）统治时期，虽说他们的努力在波斯从未得到过任何长久的成功。同样的趋势也在拜占庭诸帝（自希拉克略以降，至少到君士坦丁七世在位期间，即，自610至959年）声名遐迩的政策中获得表现，该政策严格地限制了大地主从自由的小土地所有者那里购买地产的权利[②]。类似的趋势还可见于（1）中国：在那里大多数王朝持续不断地试图借助于成文法规来限制

---

① [G]*Christensen*, 1936, *ch.viii*; *Stein*, 1920; *Altheim and Stiehl*, 1954, 1957, *ch.i, ii, iii*.
② [L]*Ostrogorsky*, 1929[a], 1930[a], 1956[a] 各处; *Guilland*, 1953-1955; *Jenkins*, 1953; *Lemerle*, 1958; *Charanis*, 1944-1945, 1951; *Diehl*, 1943, *ch.vii, viii, ix*.

任何个人所被许可拥有地产的最高限额[1]；(2)罗马：在那里做出了防止罗马与意大利小农受到大庄园蚕食的尝试[2]；以及(3)西班牙-美洲帝国：在那里做了许多努力以限制大恩科米恩达主的势力和确保印第安共同体的某些权力[3]。

在绝对专制主义时代的欧洲各国，拉平问题则不很重要。欧洲的贵族不再垄断经济与政治的权力，因为古老类型自给自足的贵族和庄园单元已被打破。

第三，税收时常通过提供用于调适各种部门与群体的不同经济活动的手段而服务于统治者和官僚集团。这一点通过对都市经济的控制而得到最佳阐释。这一控制的目的在于确保都市群众能够为统治者与社会中不同群体提供各种各样的资源，以及使统治者能够控制后面这些群体。在许多案例中（特别是在欧洲），这些都市经济政策在城镇中已经发端，而且此后遂被中央集权制国家的统治者所接受。

此外，税收还时常服务于统治者的更为一般（而且并非总是充分地予以明确表达）的目的：尽其可能地控制全部在经济上活跃的群体，从而防止该群体组成独立的经济力量，和使统治者得以随心所欲地动员财政资源。

第四，税收有时会为经济资源与经济活动的发展提供各种各样的刺激。在我们正予以研究的绝大多数社会里，经济发展尚不曾被十分明确地表述为充分自觉的政策的目的。在萨珊波斯，甚

---

[1] [I]*Balázs*, 1953[*b*], 1954[*b*]; *Maspero*, 1950[*a*]; *H.Franke*, 1953[*a*]; *K.Wang*, 1956; *Liang*, 1956[*a*], *Rieger*, 1937.

[2] [Q]*Charlesworth*, 1936; *Momigliano*, 1934.

[3] 如，参见 [R]*Zavala*, 1943。

或在拜占庭和中国，经济发展大多屈从于政治与文化的目标和考虑。就对经济发展给予鼓励而言，这一鼓励亦首先是基于国家的政治利益才被赋予的[1]。唯独在欧洲，以及在较低程度上，还在西班牙-美洲帝国，经济发展才被作为一个目标而赋予优先地位[2]。

对贸易征税和进行指导在对外政策和对外关系中时常构成一个重要的因素。对贸易的调节被认作是维系政治力量与自由的政治机动性所不可或缺的。

D. 货币与财政政策

除税收之外，历史官僚制政体的统治者还利用若干经济手段，以达到他们的调适与财政的目标。最为重要的货币手段和财政手段是操纵通货和强制、半强制性的国债制度。这些手段为大多数这些社会的统治者所利用，以动员资源、调节和巩固经济力量的泉源；他们有时也利用该手段来促进经济资源的发展。君主们经常操纵通货，经由铸造他们自己的通货而与地方货币竞争，从而他们可以损害大土地所有者与工商业巨头的经济力量。通货还频频被贬值，以便以占有土地的财产所有者群体为代价，向国家提供更多的自由-流动的货币资源。

在这些社会中，货币手段与货币政策的重要性，超越了统治

---

[1] [G]*Altheim*, 1955[*a*], 1955[*b*]; *Christensen*, 1936, 各处; [L]*Ostrogorsky*, 1931; *Dölger*, 1927, 1956; *Danstrup*, 1946[*a*], 1946[*b*]; *Runciman*, 1952; *Boak*, 1929; [I]*Blue*, 1948; *Balázs*, 1960。

[2] [S]*Wilson*, 1958; *Heckscher*, 1932; *Viner*, 1948; *Beloff*, 1954; [R]*Ots Capdequi*, 1932, 1939; *Zavala*, 1943。

者预期的单纯积累财政资产的重要性。皇家行政机构的功能运转通常是完全地取决于其持续地拥有或自由地接近货币手段，以及依统治者平衡预算的能力。由于统治者这样地极其依赖于弹性经济货币手段，并且依赖于能够持续地动员这些手段，故他们对于在货币供求方面的任何波动都极为敏感。调节货币的供给对他们的大多数人而言也就变成一个主要的政策问题。

因此，在我们正加以考察的一切社会中，统治者并不仅仅是"积累"货币。他们还通过种种的手段和权术，试图确保对货币的稳定供给，以及控制使它成为可资利用的条件。对货币的价值、贬值与铸造权的操纵，以及控制信贷的泉源，变成经济政策的基本权术。在这方面，统治者自己的政策对于经济的功能运转就变成生命攸关的紧要之物。但与此同时，统治者也变得极大地依赖于经济中各种各样的波动[1]。

E. 食品供给的调节

统治者控制社会中许多有战略意义的调节点和依据若干基本的期待（以及合法性模式）为人口提供生计的趋势，也通过他们承担维系商品——尤其是食品——的生产与分配的职责而得到证明。承担这个职责是众多不同类型的社会中统治者的特征。在此所研究的大部分社会中，统治者也趋于承担这一职责——虽说有些时候，特别是当该趋势阻碍某些群体的经济发展之际，其会受

---

[1] [G]*Faziolleh*, 1938; *Altheim and Stiehl*, 1954, 1957; [L]*Andréadès*, 1921[*b*]; *Stein*, 1919, 1949, 1954; *Lopez*, 1945, 1951[*a*], 1951[*b*]; *Segrè*, 1940–1941, 1942–1943, 1945; [I]*N.Li*, 1956; *Balázs*, 1960; *Blue*, 1948; [Z]*Lipson*, 1929–1930; *Mousiner*, 1951; [Y]*Zeller*, 1952.

到这些群体的反对。

在古代埃及帝国,统治者自己承担责任的趋势,在仓廪制度方面是最为显而易见的。这个制度保证在旱灾期间向全部人口供应谷物和口粮,并以"公道"的价格向都市居民的某些部分供给粮食。在萨珊波斯,尽管尚不广泛,但也采纳了类似的政策[1]。

中国也存在一种仓廪制度。贮存于谷仓中的产品被用来平抑基本口粮价格方面任何极端的波动[2]。

在拜占庭,政府负有向首都和其他都市中心供给必需品的职责。此外,政府还主要地为了消费者的利益而调节价格。从罗马共和国灭亡至拜占庭帝国衰败之前,这个措施还被罗马与拜占庭诸帝持之以恒地加以利用[3]。

类似地,西班牙-美洲帝国的政府总是承担着向都市中心提供——或指导提供——适量和廉价的食品之职[4]。

在绝对专制主义时代,欧洲的国民政府接受、改造和扩充了许多调节价格的传统政策,以便为都市中心供给食品,并且积聚适应于其人口需求的资源。那个时期众多国务活动家的经济政策和意识形态,都强烈地突出了财富的积累与国家经济的自给自足[5]。

这些供给政策显现出统治者的若干目标。在意识形态上,这

---

[1] [F]*Drioton and Vandier*, 1952; *Kees*, 1933[a]; *Edgerton*, 1947[a]; [G]*Altheim and Stiehl*, 1954, 1957, ch.i, ii; *Ghirshman*, 1954.

[2] [I]*Blue*, 1948; *Balázs*, 1931-1933, 1953[a], 1960; *Gale*, 1930, 1931.

[3] [L]*Bratianu*, 1934[a], 1938; *Andréadès*, 1934.

[4] [R]*Guthrie*, 1939.

[5] [S]*Hauser*, 1940; *Wilson*, 1958; *Heckscher*, 1932; *Viner*, 1948; [Z]*Lipson*, 1929-1930;更早期的例子参见 *Bisson*, 1957。

些政策将统治者强调为社会的"供养者"。而且，它们还被用于有效地调节社会生产和经济生活，在供求层面上维系一定的均衡，并且为保持消费水准而创造恰如其分的动机。此外，在诸多案例中（例如在拜占庭），这些政策还能够充当统治者使都市人口在政治上分离或活跃的因素保持安定的工具。

F. 行政机构人力的动员

我们现在可以进而分析向各种国家机构，尤其是行政机构供给人力的政策。这些政策中有一些约略可以同经济政策相平行。除了已经描述过的募集政策与指令性政策之外，统治者还使用两种主要的方法以实现他们的目标。其一是通过各个种类的直接酬劳——诸如工资、津贴以及救济——以招募人力。其二则由"转包"税务和卖官鬻爵组成[1]。在所研究的几乎一切社会中，后面这些惯例在不同程度上都是普遍存在的。此种惯例服务于补充人选的公开目的。此外，该惯例还构成向国家提供更多赋税，以及将众多能动的社会因素吸收于国家政治框架之内的方式。

我们必须指出，这些补充政策都立足于某种流动和弹性的人力资源的存在之上，而且统治者使用这些政策，是为了确保一经需要即可使该人力的一个适当部分成为可资利用的。

G. 经济政策的概要

上面的讨论业已表明：官僚制社会的统治者在经济领域中使用极其多样的方法和政策，以实现经济目标与政治目标。一种方

---

[1] [L]*Kolias*, 1939; [S]*Swart*, 1949.

法和政策通常服务于若干混合的目标，而非仅仅单一的目标。

尽管经济政策的相对重要性在有变，但它们的最为重要的目标，对于我们正在研究的诸社会的统治精英却有共同之处。我们可将这些目标概述如下：(1)尽可能多地将经济资源直接集中于国家控制之下；(2)调节经济力量，并且确保自由（即，绝大多数是货币的）资源向着国家的恒常流转；(3)鼓励经济发展，以及对于经济增长和投资潜能的国家调节，使国家得以从任何资源中受益，并且增长国家中的生产能力；(4)履行国家向居民提供主要必需品的职责，实施国家的保护功能，并且为居民提供各种各样的服务设施，从而维系统治者对于社会的一般控制；以及(5)利用经济措施作为政治控制的工具，以削弱同统治者的对立和增强该统治者的潜在支持者的力量。

这些目标和政策中亦有若干在其他类型的政治体系中存在。置于(1)和(4)之下的目的，以及在较小程度上，置于(5)之下的目的——这些目的都出现于初民社会、世袭社会和封建社会中，而且在某种程度上，也出现于城邦国家中。诚然，实施任何这样的目标，从一种社会类型到另一种社会类型在细节上都有着极大的变化。然而，即便如此，还是可以发现许多类似之处。

存在着独特的、唯独在历史官僚制政体统治者的政策中才表现出来的经济政策特征。这些具有特色的品格，首先在统治者鼓励——即便受到限制——某些自由资源的政策中显露出来。该特征也显示于统治者控制和调节自由资源的一切中心的尝试中。就总体言，动员的方面——即表征统治者努力动员最大限度的资源来履行其目的的那个方面——似乎在他们的经济政策中已占据优势地位。然而，对于统治者来说，动员他们所需要的全部资源而无须先行鼓励自主的经济活动，通常并无可能。结果，无论在何种规模上，统治者都不得不促进某种自主的经济活动，而随后又不得不由他们来调节这些活动。

统治者的绝大部分经济政策是由官僚制行政机构来履行的。行政机构履行众多这样的政策，遂在行政机构自身之内，导致了日渐增长的专门化和部门分化，以及行政技能和行政方法的某种一般的理性化。因而，当这些政策在某种意义上成为这些社会迈向一般化权力的趋势的表现时，它们又反转过来引起了行政技能的理性化，及其机关与其他社会领域之间关系的某种发展。

5. 统治者在军事领域的政策

我们已经指出，在历史官僚制社会统治精英的目标中，军事目标与外交目标通常是极其重要的。领土扩张与征服，以及通过外交抗争而获得的"国际政治"收益，对于这些社会的统治者是不可缺少的，并且时常构成他们的主要政治目标。在这些社会历史的长久时期中，以达到这些目的为取向的政策占据优势地位。

为实现此种目标，统治者不得不发展若干以动员及有效地控制军队（和外交机构）为中心的国内政策。出于内、外两方面的原因，统治者与维系一支常备军——或至少也是能够迅速地动员之——利益攸关，并且指望这支军队隶属于他们自己，而不是贵族或封建家臣的武装力量。

统治者利用若干政策来实现这些军事目标。在大多数这类社会中，统治者"私人的"（世袭或封建的）军队并不适宜于其需要。因此，统治者被迫依靠两种主要的征募兵员的方式，或依靠这两种方式的混合。

第一个方法是为一支"国家"军队而募集兵勇，其核心由职业和半职业的兵士与军官组成。"国家"军队还包括农民练勇，其在前线地区尤为重要。这样的国家军队存在于萨珊波斯，尤其是霍斯劳一世统治时期之后[1]；存在于唐代中国：在那里民军也是普遍盛行的[2]；以及存在于拜占庭：其通过塞姆斯制度而被建立起来[3]。在法国和英国，国家军队则没那么重要[4]。国家军队通过下列方式来征募人员：(1)强制性征募，例如，依靠抓丁拉夫；(2)建立专门的军队殖垦地；(3)建立士兵可由之而得到补充的农民殖垦区；以及(4)从社会的各种群体中普遍动员人力。

这些社会统治者所利用的另一个军事征募的主要方法，是使用雇佣兵。这样的雇佣军队可能有两个类型，并且时常交织在一起。在拜占庭和中国，以及在较小规模上，也在英国和法国，受俸的雇佣军队都被加以利用[5]。统治者经由妥协方案——即是说，经由将征募兵员"转包"给各种各样占有地产的显宦与贵族——而为另一类型的雇佣军队获得兵员。这个手法通过晚期拜占庭的普罗诺伊埃制（pronoia），以及法国和英国的后封建制军队——纵然不那么贴切——而得到最佳例示[6]。

---

[1] [G]*Stein*, 1920; *Altheim and Stiehl*, 1954.

[2] [I]*Pulleyblank*, 1955; *Des Rotours*, 1947–1948; *Michael*, 1946.

[3] [G]*Christensen*, 1936, ch.viii; *Stein*, 1920; [L]*Diehl*, 1943, 1957, pp.40–57; *J.Darko*, 1939; *E.Darko*, 1946–1948.

[4] [S]*Roberts*, 1956; [A]*Speier*, 1952.

[5] [L]*Bréhier*, 1949[b]; *Diehl*, 1943.

[6] [L]*Ostrogorsky*, 1956[a], 1956[b].

在所有这些案例中，统治者都不得不有效地控制军事力量并且缩减其变得独立的可能。这些必要性引起了一个与控制官僚集团多少相类似的问题（后一个问题将在下面加以讨论）。然而，对军队的控制要更加复杂。这个问题使统治者面对三个可能性：(1)军队的"封建化"；(2)军队篡夺政府中心；以及(3)士兵的反叛与暴动。

统治者克服——就他们从根本上克服而言——这些潜在的困难，靠的是发展(1)一支非贵族化的军队，其直接由统治者组织起来，并有赖于统治者的供养；(2)控制和监督军队的制度，并且利用该制度来控制人口的不同阶层。

然而，如我们稍后将会更为详尽地看到的，统治者所做出的尝试并不总是完全成功的。

6. 统治者在社会组织与社会分层领域的政策

官僚制政体统治者的首要目的被转化为社会组织和在社会中分配荣誉与声望的领域的政策——换言之，即分层领域中的具体政策。统治者在这个领域中最为一般的目标，泛泛地概括起来，类似于他们在其他领域内的目标。他们希望削弱传统（特别是贵族）群体与阶层的实力和独立性，并且鼓励或是更具弹性的群体，或至少也是反对贵族的诸阶层的发展。另一方面，统治者又急于使受到鼓励的阶层的自主的发展被限制在一定的限度以内，并且希望对所有这些阶层的运动加以控制。

统治者尤其属意于调控流动的渠道——而且，在极端的情况中,他们希望剔除流动,以便保存他们自己对于居民的控制。

关于实现这些一般目标的工具,历史官僚制政体的统治者演化出三种一般性政策。

第一类政策由谋划使君主成为社会声望的主要布施者,从而在这个方面缩减各种阶层的自给自足性的政策所构成。统治者持之以恒地试图把接近与进入政治权力和政治地位的程度确定为分层的基本标准,并且同时尽可能多地获得和保存对这一进入的诸渠道的控制。这与统治者使身份体系形式化,并垄断此种形式化的努力紧密相关。换言之,统治者试图对于一般而言贵族群体的政治地位,以及更具体的爵位的世袭传递加以限制,并且使持有和袭取这种地位依统治者的意愿为转移。

第二种类型的政策演化出来,盖因(我们将在后面分析理由)全面实现第一种类型政策并无可能。就其之为不可能的而言,统治者遂趋于竭力在任何一个领域里孤立权力的持有者,并防止该持有者在其他社会领域中发挥有效影响,从而限制其权力的范围。在类似这样的情形下,统治者通常系统地提出企图将对任何制度领域中的首要地位的控制都集中在他们自己的手里,以及防止中等或更低的地位持有者获得这些首要地位的政策。

第三种政策是反复地——尽管尚非总是成功地和一贯地——鼓励中等阶层和较低阶层为使他们自己摆脱过分依赖贵族而进行尝试。统治者颁布这样的政策,以增强这些阶层对于统治者的直接依赖,并且提高统治者自己在冲突着的诸阶层之间作为仲裁者和中介人的地位。在若干案例中(例如,在普鲁士与俄国),统治者控制这些群体的尝试,导致了对较低阶层日渐增长的约束与管辖。这些尝试由统治者在某些较高阶层——官僚和贵族——的协助下予以落实。不过，这些较高阶层也变得有赖于统治者①。

我们的历史素材为全部三个类型的政策提供了丰富的例证。数据证实：在这个领域中，统治者的首要目的，不仅被为这个专门领域所设计的专门政策，而且还被源于其他领域——如经济领域、政治领域或宗教领域——的政策所促成。

A. 垄断权力与声望配置的尝试

第一个类型的政策，即试图将统治者树立为权力与声望的主要布施者的政策，通过在拜占庭和中国的颁赐官爵和荣誉的方法，以及——虽说不是在同等程度上——在罗马帝国与绝对专制主义法国所使用的方法，而得到最佳的例示。罗马、拜占庭和中华帝国，每一个都具有一种双重的爵位体系。官爵的一个种类标示出其承担者具有隶属于某个特定等级的一般品格——例如，罗马的元老院成员和骑士等级、拜占庭的诸如"克拉里塞米"（clarissimi）的爵位以及中国的品级官阶。官爵的另一类别则标示出其承担者的特殊功能与职责——例如，在一个部院或军事单元中的首脑地位，抑或一个行省的长官职位。

在中华帝国，此种体系是普遍盛行的——一说肇始于汉朝（公元前206-220年），但确乎源自晚唐。显要与贵族的爵位愈益变得更加限定于皇室家族，而其承担者却被剥夺了实在的政治权力。尽管中国的品级体系极其久远和系统化，而甚于在拜占庭所

---

① [X]*Carsten*, 1954, 1955; *Hintze*, 1914, 1915; *Beloff*, [W]1953, [S]1954, *ch.v*; [W]*Sacke*, 1938[*a*], 1938[*b*]; *Young*, 1957.

使用的体系，但其仍以一般品级与官职的功能标示之间的区别，以及限制官爵的世袭遗传为其特征[①]。

在绝对专制主义的法国（以及其他欧洲国家，诸如西班牙），由统治者分配官爵的政策是显而易见的。该政策表现为王室企图创设新的爵位和官职，区别世袭爵位与实效官职，借助像卖官鬻爵一类的手法补充"新鲜血液"，以及限制或阻隔新创设官爵的世袭遗传的可能性[②]。

许多这类社会的统治者还使用另一个重要的手段。这便是借助于不断地创设新的爵位与官职而使官爵数量膨胀起来——从而削弱许诸多官爵的现实乃至象征的价值。

B. 限制上层（贵族）群体权力和影响的尝试

第二个类型的政策在于限制任何强大身份群体的权力和影响。这种政策在不同程度上存在于一切主要的历史官僚制社会中。其最为重要的表现是：土地贵族逐渐被剥夺了实在的政治权力，并被限定于经济领域内的活动，而中等阶级则被排拒于社会（崇高）声望的领域之外。

因而在萨珊帝国，为限制封建家族的势力创造出一种专门的行政等级，以及一种专门的"王公贵族"等级[③]。

---

① 关于中国，参见 [I]*Des Rotours*, 1932, 1947–1948; *Chang*, 1955; *Pulleyblank*, 1955; *Kracke*, 1953。关于拜占庭的皇帝们，参见 [L]*Diehl*, 1927; *Benesevic*, 1926–1928; *Bréhier*, 1949[*b*], pp.81*ff*; *Courtois*, 1949; *Ostrogorsky*, 1956[*a*]，各处。

② 参见 [Y]*Sagnac*, 1945, 1946; *Ford*, 1953, p.I; *Pagés*, 1928; [U]*Desdevises du Dezert*, 1925, 1927; [S]*Beloff*, 1954。关于英国的平行的发展，参见 [Z]*Black*, 1936; *Williamson*, 1953; *Davies*, 1937; *Clark*, 1935。

③ [G]*Christensen*, 1936, ch.i, ii, 1939; *Altheim*, 1955[*a*], 1955[*b*]; *Benveniste*, 1938.

拜占庭统治者也希望限制贵族的政治势力。他们试图通过拒绝赋予贵族以充分的政治权利，以及在贵族的爵位与官僚制职位之间形成分化来实现这一希望[1]。

在中国，中央集权的儒教国家通常是与显贵家族两相对立的，前者竭力限制贵族的影响。由于国家政策的缘故，显贵家族在唐代以后（即于907年之后）已变得几乎全然销声匿迹了，并且只有在中国臣服于异邦征服者之后才作为征服集团的组成部分而重新出现。即便在这些案例中，中国的异邦征服者通常也竭力阻止他们自己的家族与部落成员在中国体系中执掌任何显赫的政治职位[2]。

在西班牙-美洲帝国的初期——即紧接征服而至的时期——西班牙王室即尽力削减独立贵族或许会崛起的可能性。王室极其慷慨地馈赠贵族与封建的爵位，并试图防止受赐者形成具有政治权力和经济权力的独立贵族。与之类似，西班牙王室竭力限制以其自己的名义征服西属美洲的军事首领的经济自主性与政治自主性。王室指望西班牙征服者会变成城镇居民，他们将不直接地参与共同体水准上的生产，而宁可保持对于王室仔细分级划等的赏赐的依赖。这样，西班牙征服者就没有地域上的根基，而会直接地依赖于一群来自中心地点的官吏的摆布。为促使达成这些联合目标而产生的主要手段是恩科米恩达制。恩科米恩达的持有者对于一定数量的印第安人贡品和服务享有权利，但却既不允许他自己来组织劳动力，又不允许他在印第安人城镇中定居。控制印第

---

[1] [L]*Diehl*, 1927, 1943; *Ostrogorsky*, 1956[a]，各处。
[2] [I]*Eberhard*, 1948[a]，各处，1952, *ch.i, ii*; *Pulleyblank*, 1955; *Michael*, 1942。

安人劳动力和配发贡赋钱粮这两者，都是王室官吏独占的保留特权[1]。统治者的这些政策，恰如其他政策一样，并不总是成功的；在以后的时期内，王室在这个领域中的政策被削弱了。然而，在帝国的最初阶段，这些趋势却是普遍盛行的。

这类政策之最为重要的例证出现于绝对专制主义的欧洲。该政策在法国得到特别充分的例示：法国的统治者剥夺了旧式封建贵族（即佩剑贵族）的政治权力，并代之以穿袍贵族，作为统治者主要的行政工具与政治工具[2]。

C. 中层与较低阶层的升迁

第三种政策包括为了支持或创造既比贵族低下又与之相对立的阶层与身份群体而设计的那些政策。这些政策具有各式各样的表现，其中许多都与经济领域和政治领域内的政策相关。最广为人知的例证或许是晚期中世纪和绝对专制主义的君主们扩充了对于资产阶级分子的种种巨大支持、这些君主废除土地占有者封建特权的尝试，以及他们促使农民得到更多的自由的做法。

纵使所有这些政策都充斥着矛盾（对于其中若干我们将在后面予以分析），但它们的一般目的却是彰明昭著的。即使在社会结构分化只具有狭小范围的萨珊帝国，我们也观察到为统治者所鼓励——如果不是创造的话——的特殊的新等级（例如，官僚集团以及书手录事）。

---

[1] [R]*Zavala*, 1943, 1944, 1951; *Gallo*, 1951[b], 1952; *Konetzke*, 1951[a], 1952, 1953; *Simpson*, 1934, 1938, 1950.

[2] 参见 [S]*Beloff*, 1954; [Y]*Ford*, 1953; *Pagés*, 1928。关于英国的平行发展，参见 [Z]*Black*, 1936; *Davis*, 1937; *Williamson*, 1953; *Clark*, 1955。

在拜占庭，自7世纪至11世纪的诸皇帝们推进了各种中等群体——占有土地的士绅、法律专业的成员以及若干都市群体——的发展，诸帝从这些群体中动员官僚与军队[1]。

自汉朝（公元前206-220年）——而且特别是自宋代（960-1279年）——以降，中国诸帝就以牺牲贵族势力为代价来鼓励绅士与文士，而且持之以恒地与缙绅的贵族化趋势作斗争。这已经如此为人熟知，以至无需在此予以悉心评论。

在罗马帝国，骑士等级一直经由统治者对政治官职与行政官职配置而受到推动，与之同时，元老等级则日益被剥去政治权力[2]。

就统治者方面言，促进各种都市群体崛起而又同时使之依附于中央政府的类似尝试，也在其他许多地方发生。其一即是西班牙-美洲帝国。西班牙王室日渐努力使西属美洲的定居者"都市化"，培育像"卡比尔多"（cabildo，即市政管理机构）那样的准市政自治制度，并且为市政的自治创造出一个核心[3]。

第三种政策的最为有趣与最为重要的例证，或许是由统治者创立和维系具有小地产的独立的自耕农，并限制地主蚕食这些小地产的各种尝试所提供的。在上面的适当部分，我们已经分析了这种政策的经济方面，尤其是其在拜占庭与中国的实施。不过，

---

[1] [L]*Guilland*, 1946[*a*], 1953[*a*], 1953[*b*], 1954; *Bréhier*, 1924; *Diehl*, 1924, 1927, 1929, 1943; *Diehl and Maredis*, 1936, 各处。

[2] [Q]*Alföldi*, 1956, 特别是 pp.216-219, 223-229; *Stein*, 1927; *Pflaum*, 1950; *Momigliano*, 1934, ch.iii。

[3] [R]*Chapman*, 1942; *Haring*, 1947; *Zavala*, 1943; *Ots Capdequi*, 1932, 1934[*a*], 1941, 1945; *Pierson*, 1922; *Konetzke*, 1952。

该政策的意涵和目的并不仅仅是经济的。列入第三类范畴的任何政策的一个基本意图，都在于创造或强化这样的社会阶层：这个阶层不仅依附于国家，而且效忠于国家；这个阶层比任何领主都更为强固地与皇帝认同。我们必须记住，自耕农在这些帝国的每一个之中都构成国家军队或民军的主干。

在这一点上，为西班牙-美洲帝国的西班牙当局所采纳的若干政策是意味深长的。其至关重要的政策是鼓励将印第安人口组织成为严密共同体的政策；该共同体的内部事务受其成员的调节，并且服从王室长官的监督和干预。这个政策导致新的印第安共同体的发展。它们被极富成效地组织起来并超过了早先（即前西班牙征服时期）所曾存在的共同体。另一后果是一个印第安人首领新等级的出现，他们被认为对王室有其用处；虽说在稍后的时期，他们却屈从于大土地占有者的权势①。

统治者还时常发展出与更为都市化群体相关的促进政策，试图帮助该群体在经济领域和社会领域中获得进展，并在统治者建立的政治制度框架以内为之提供多样化的机会。然而，在某些案例中，统治者却针对较低的社会群体趋于更多地强调控制取向与指令取向，以及发展目的在于缩减这些阶层的弹性和迁移自由的刚性的指令政策。这个趋势的最为重要的例证，可见于晚期罗马帝国，以及17至18世纪的俄国和普鲁士。

---

① [R]*Gallo*, 1953; *Zavala*, 1943; *Gongora*, 1951; *Miranda*, 1951; *Garcia*, 1900; *Gibson*, 1955; *Levene*, 1953.

7. 统治者的法律政策

官僚制政体统治精英所坚持的基本目标，也显现于他们的法律政策之中。较之其他领域的政策，关系到法律领域的各项政策，或许从一个社会到另一个社会差别更多。然而，该政策仍分享某些共同的特点。

绝大多数官僚制政体都有众多的法律政策——尽管其在每一个官僚制政体中的相对优势和重要意义，从一个案例到另一个案例都有所不同。广义地说，统治者在法律领域内的一般目的是缩减传统群体和传统阶层（例如，贵族或都市权贵）的法律自主性，并且促进更为复杂和分化的法律制度与法律活动的发展。然而，统治者却同时指望维系对这些制度的控制，并且尽其可能地阻止它们自主性的增长[1]。

为履行这些目标而采用的最闻名于世的政策，或许是法律的典章化和统一化。典章化和统一化的意图时常是在各种各样的领域内调适法律活动，从而调节这些活动所蕴含的整个社会控制系统（虽说使法律典章化和统一化的政策也被运用于非官僚制政体——尤其是神权取向占据优势地位的政体——但该政策通常在官僚制政体中才获得极大的进展）。下面是这一政策在所研究的诸社会里的若干显著例证：查士丁尼法典（529–535年编纂）；以

---

[1] *Beloff* [W]1953; [S]1954; [W]*Sacke*, 1938[*a*], 1938[*b*]; [X]*Carsten*, 1954, 1955; *Rosenberg*, 1958; *Hintze*, 1914, 1915.

及巴西尔一世（867-886年在位）和利奥六世（886-912年在位）编纂法典的活动。这些活动也发生于拜占庭[1]；还有为大多数中国王朝在各自统治时期初年颁布的法典[2]；西班牙-美洲帝国的《法律汇编》[3]是绝对专制主义欧洲的典章化巨著[4]；以及萨珊波斯使法律形式化、理性化与典章化的尝试[5]。统治精英使法律典章化，是以反对形形色色"流行"的自主的法律传统，诸如贵族和不同乡村或都市权贵的法律传统为取向的。由统治精英所造成的法律的典章化，也以防止法官与法律专业成员自主地和独立地创立法律为其取向。因此，典章化与统治精英使审判与法律专业尽可能地官僚制化的尝试密切相关。

统治者限制各种群体的法律领域的自主性，并且将大多数法律活动集中于他们自己控制之下的努力，旨在既反对传统贵族和／或传统群体，又反对更为分化的法律群体。当前一类群体占据优势地位之际（例如在萨珊波斯），统治者的努力便大多指向集中和垄断法律传统与法律活动的主体部分。由于法律群体和法律制度变得愈加分化，故统治者遂愈加趋于在中央行政机关中树立专门的法律官职，并通过这些官职来维系他们对于各种法律群体的控制。

统治者通过三个主要类型的政策作为达到这些一般目标的

---

① [L]*Ostrogorsky*, 1956[*a*]; *Schulz*, 1953, pp.262-399; *Zacharia von Lingenthal*, 1892; *Angelov*, 1945-1946; *Lemerle*, 1949.
② [I]*Balázs*, 1954[*a*], 1959[*a*]; *Bünger*, no date, 1952.
③ *Recopilacion de Leyes* [R]*Levene*, 1953; *Zavala*, 1943; *Gongora*, 1951; *Miranda*, 1951.
④ [Y]*Doucet*, 1948; *Zeller*, 1948.
⑤ [G]*Christensen*, 1936, pp.300*ff*., 1939.

工具。

第一种类型的政策是在法律组织的领域内被加以运用：既被运用于统治者将刑事诉讼法权从不同群体转移到他们自己与官僚制手里的尝试之中，又被运用于使他们的中央法律行政机构理性化的尝试之中。这类政策在下列社会内付诸利用：

(1) 在萨珊波斯，君主竭力控制——或亲自动手，或与祭司一道——大多数的司法和政治功能；

(2) 在罗马，在元首制（the Principate）时期（公元前30-公元192年），元首以及国家官员盗用了源自元老和选官的更多的立法职能与司法职能[1]；

(3) 在拜占庭，诉讼权大多是君主与官僚的特权[2]；

(4) 在14世纪的英国，君主通过将刑法及其程序扩张到封建与民事法典来扩张置于他们司法权之下的范围[3]；

(5) 在绝对专制主义的法国，君主坚定不移地废弃了诸如行省总督与高等法院之类"中介"群体的司法权，继而使这些群体臣服于王室的立法机构和司法行动[4]。

君主用以限制形形色色群体法律自治的第二种政策，是限制法律专业活动的自治范围，和/或使这些活动服从严格的王室监督的方法。这个方法在罗马、拜占庭和绝对专制主义的欧洲尤为

---

[1] [L]*Pringsheim*, 1950; [Q]*Schiller*, 1949[*a*], 1949[*b*], 1953; *Jones*, 1954.

[2] [L]*Bréhier*, 1949[*b*], pp.218-248; *Schultz*, 1953, pp.262-299; *Pringsheim*, 1950; *Collient*, 1947.

[3] [Y]*Chenon*, 1929, II, pp.452 及以下诸页；[Z]*Des Longrais*, 1956.

[4] 参见 [Y]*Zeller*, 1948; *Pagès*, 1928, 1932[*b*]; *Sagnac*, 1945; *Rébillon*, 1928; *Ford*, 1953, ch.i；作为比较，另参见 [Z]*Black*, 1936; *Williamson*, 1953; *Zeeveld*, 1948。

普遍流行。该政策被系统地表述为各个方面的法律训练和法律活动、不胜枚举的规章以及加诸法律专业成员立法活动之上的限制。例如，在绝对专制主义的欧洲（尤其是法国），君主试图控制和监督法律专业。此外，经由利用和扩充罗马法，君主在利用法律专业推进他们自己的政策和中央集权化目标方面也获得了成功。

统治精英用以达到他们在法律领域内的目标的第三个类型的政策或许最为重要。其包含下列政策：尽可能多地限制民法程序（使用现代语言说）领域，使民法领域屈从于刑事司法权与程序——刑法可能更易于为统治者所垄断。例如，在罗马帝国，元首所指定的刑事诉讼长官的司法权范围，为私人个体与选官以牺牲诉讼权为代价，而获得了经常不断地扩张。这个方法与法律领域内国家干预的新概念的发展相关联[1]。

在中国，在汉朝期间以及其后，民法事务几乎完全受到刑法的抑制[2]。纯粹的"私"法或民法以及立法，在中国的法律中仅有极小的范围。大多数法规都首先趋于维系大众对于帝王的臣服，及使其屈从于现存社会秩序。众多的所谓民事讼案都经由公断而"在法院之外"获得解决。这些诉讼充当了直接的政治控制与社会控制的工具，而不是作为在冲突着的利益之间充当中介和仲裁的手段。刑法的崛起为中国法律的特有品格所促进。法家的教诲与儒教传统的"伦理学"取向及其对于维系现存社会秩序的强调

---

[1] Jones, 1954.

[2] [I]*Balázs*, 1954[*c*]; *Hulsewé*, 1955; *Bünger*, no date, 1952; *Twitchett*, 1958; *Bodde*, 1954; *Escarra*, 1936; *Balázs*, 1959[*b*]; *Riasanovsky*, 1937; *Duyvendak*, 1928, 1958; *Cheng*, 1956; *Sprenkel*, 1956.

结成一体。这个混合物引发了一种极其强大的、家长制-道德化刑法的发展，同时又极大地阻碍了民法的演进。

然而，历史官僚制政体的统治者和官僚集团，并非总能实现使民法完全地屈从于刑法。因此，该统治者通常发展出用于控制公民权和民事司法权的政策。这样一种政策首先可能就是限制私人团体对法权、要求与义务的独自创立，从而将之尽可能地集中于统治者自己的控制之下。这个过程自然时常与典章化政策紧密相关。其次，统治者可能时常企图将诸多法权与要求直接地归属于国家。这也与统治者控制法律行政机构的一般趋势密切相关，尽管通过要求该机构服务于实效利益和政治便利，而使他们的垄断理性化了。

8. 统治者的宗教、文化与教育政策

在对统治者在文化领域、宗教领域和教育领域中的目的与政策加以分析之前，让我们指出统治者对这些领域以及政治领域中的基本活动的根本态度。通过促进统治者自己的合法性、突出和抬高其地位的声望与尊严、强调他们对社会基本价值观和象征的虔信以及树立他们在政治、教育和培训等领域内的垄断等愿望，这一态度遂得以形成。

在此所研究的一切社会中，统治者都试图将他们自己和他们建立的政治体系装扮成特定文化象征和文化使命的载体。他们竭力把自己描绘为正在传播独特的文明——或是复苏古老的"民族"文化，或是传递普遍的宗教价值观。我们已经指出，此种广泛的

取向与象征，对中央集权官僚制政体的发展与存在乃是决定性的因素。我们必须强调这个事实：这些社会的统治者总是力图使自己被人看作为这些文化取向与文化传统的鼓动家和拥护者，并且将他们的政体表述成该取向与传统的承担者[①]。统治者尽可能密切地与社会的价值观和象征相认同。这个愿望的伴生物，是他们缩减任何群体得到判断和评价统治者或认可其合法性的权利的意向。

然而，众多群体确乎试图在使统治者合法化和对他们加以控制方面施以影响。这样一种可能性是宗教领域的自主性所内在固有的。统治者对于政治支持的需求也可能使他们依赖于宗教中各式各样的势力。因此，统治者不得不创造专门的活动和政策，以便实现他们的目标。不过，他们的努力时常受到限制，不但是因为他们的合法性基本上是传统的和宗教的，还因为统治者并不希望政治参与的范围被扩展得过于宽大。

统治者在文化领域和宗教领域内的不同取向在两组——时常是矛盾的——政策中得到表达。一组由建立和促进学院、学校和宗教机构的政策组成。另一组则包括对于独立的文化活动与文化机构加以直接、严密控制的政策，而且有时甚至是镇压政策。

统治者对帮助文化、宗教和教育等机构获得进展感兴趣，是

---

① 关于波斯的例子，参见 [G]*Christensen*, 1936, 各处; *Altheim*, 1955[*a*], 1955[*b*]。关于拜占庭帝国，参见 [L]*Mitard*, 1930; *Bratianu*, 1937; *Sinogowitz*, 1953[*a*]; *Baynes*, 1955, pp.47-64; *Bréhier*, 1937, 1949[*b*], pp.1-52; *Ensslin*.1939; *Charanis*, 1940-1941[*a*]; *Diehl*, 1943, ch.iv; *Grobar*, 1937。关于穆斯林，参见 [M]*Lewis*, 1950; *Hodgson*, 1960; [N]*Schacht*, 1955。关于欧洲，参见，[Y]*Göhring*, 1947; [S]*Beloff*, 1954。关于西班牙-美洲帝国，参见 [R]*Hanke*, 1936[*a*], 1937; *Parry*, 1940。

出于下列原因：

（1）该机构能够为统治者的合法性提供大量的支持；

（2）该机构可能有助于创造一种更为广泛的群体意识与普遍认同——横贯地域、家族和归属群体，以及有助于创造将各种群体的初始意象和传统与统治者的象征联系起来的象征；

（3）该机构为操纵对于统治者而言是重要的、作为对他们目标和政策政治支持之潜在源泉的象征、认同和群体忠诚提供了机会；

（4）该机构为充实各种官僚制职位提供了训练有素的人选，并且是使不同群体成员藉以得到政治控制的一个渠道。

另一方面，统治者又关切着控制文化机构、宗教机构和教育机构。他们希望阻止这些机构变成独立的权力中心，并且最大限度地削减这些机构对居民的各个阶层实现其潜在影响的机会。

统治精英试图以众多方式控制这些文化领域。他们努力维系与社会中更为能动——或至少潜在地是能动的——群体相沟通的直接渠道；限制该机构的自主发展；并且监督这样的传习中心和文化创造中心：在那里形成了能够被传播到社会诸阶层与群体的文化和宗教的象征与价值观。总而言之，统治者首先关切对于沟通、教育人材和文化创造的各种渠道加以指导，以及若有可能就对之加以垄断。他们对于允许自由-流动的理论旨趣和文化活动的深入发展则鲜有兴趣。统治者希望保存许多传统取向，以及限制独立的、批判的舆论的出现。他们时常将自由-流动的理论活动视为不同群体对他们效忠基础的威胁。

由于只有少量自主的文化机构和宗教机构存在，以及由于此类机构大多嵌入于传统群体的结构之中，统治者遂屡屡将他们自己树立为文化与宗教的价值观和活动的首要象征和唯一载体。在包括众多自主和独特的文化群体和文化机构的更为分化的社会中,统治者时常趋于鼓励和促进这些机构——尽管与此同时,他们通常也竭力限制该机构的自主性,并获得对它们的控制。

调控和抑制自主文化活动的政策作为这些因素的后果而演化出来。在罗马,皇帝们抑制若干"哲学"群体与文学群体,以及早期基督教派的愿望,导致了压迫政策的发展。在中国,统治者残害那些在某些阶段上似乎正在寻求过多独立权力的宗教群体,例如道教徒、佛教徒以及儒教的书院[①]。在拜占庭,大型传习中心的状况与特定的统治君主密切相关,而且其兴衰同君主变化着的态度与政策有关[②]。

在欧洲,建立和／或推进了学院与大学的同样的君主,也试图完全地垄断它们。君主希望这些机构会变成新的准国家意识中心,以及为发展官僚制所需的办事人材的泉源。然而,与此同时,他们也希望控制、指导和训诫这些机构的活动。

统治者的涉及建立能被用作为对其行政机构补充人员的学校和培训机构的政策,在这个领域则具有特殊的重要性。在此所研究的几乎全部社会中,统治者都竭力建立这样的机构,并使之彻底成为依附性的。在所有这些社会里,统治者都亟需训练有素的人材——用于他们个人的服务机构和／或用于官僚制。而且他们准备利用全部可资利用的训练人材的泉源,包括宗教学校与专业

---

① [I]*Hucker*, 1958; *Galt*, 1951, 各处; *Goodrich*, 1953。关于历史书写在中国的政治角色,参见 [I]*Balázs*, 1957; *L.S.Yang*, 1957[*b*]。

② [L]*Hussey*, 1937, 各处; *Ostrogorsky*, 1956[*a*]。

学校，甚或贵族的家学。此外，君主通常趋于创建能够为他们提供所需人力的教育机构与培训机构。不过，统治者总是希望限制这些机构的独立和自主性，最大限度地削减使它们变成独立权力中心的机会，并对之施以最大限度的控制。此种愿望导致许多这样的情形，其时该学校饱受摧残，并且处于种种政治波折之中。这种情形也导致统治者做出许多努力，以创造直接置于其监督之下的"封闭性"教育机构，各种宫廷学校，尤其是奥斯曼帝国的宫廷学校[①]，是这种机构的最佳例证[②]。

9. 统治者在政治领域的政策

官僚制政体的统治者的全部主要目的和政策，都必定强烈地反映在政治领域本身之中。我们已经在此思考了其中若干目的和政策，现在则将从我们当下分析的观点出发，对之加以简短扼要的重述。

在政治领域中，统治者旨在(1)建立和维系中央集权的政治框架；(2)鼓励对他们自己的政治忠诚和推进他们自己的基本上是传统的合法性；(3)演化出某种新的政治意识，这种新的政治意识与他们自己的统治及他们的政体相认同；(4)削弱对于贵族领主或各种自群主义、世袭或封建单元的传统忠诚；(5)增强不同阶层对他们自己的体系与目标的认同，并为这些阶层提供在中

---

① [O]*Miller*, 1941.
② [L]*Hussey*, 1937; *Fuchs*, 1926; [H]*Haring*, 1947, ch.xi, xii.

央集权政体的政治制度框架内获得进展的机会；(6)维系他们对一切在政治上具有重要性的群体的政治控制；以及(7)创造权力工具和履行目标的工具——主要以各种行政单元的形式——并以最大限度的效率而将之组织起来。

该政体统治者的这些目的，在这些社会中引发了迈向政治权力一般化的趋势。我们已经看到试图建立新式政治实体和象征的萨珊、拜占庭和中国诸帝，以及西班牙、法国和英国的君主借以创立培育忠诚于这些实体和象征的众多沟通渠道的方式[1]。这些统治者意欲削弱可能与其角逐的一切群体的政治力量，并调节这些潜在竞争对手的政治地位和政治权力。显而易见，该统治者所有的政策都是为有助于这个目的的实现而设计的。但除此而外，统治者也启用专门的政策，以配置政治角色和政治权力。这些政策显示出若干基本趋势。一个趋势是对许多封建政体和世袭制政体中存在的世袭或半世袭官职的权力加以限制。君主通常试图剥夺这些官职的任何实在的政治价值和政治权力，创立将会完全地只依附于统治者的新官职和行政机体，并且控制在政治机构中进展的一切通道。此种依附于君主而非传统（独裁的，宗教的）势力的新创造的行政机体和行政机关，可被用以反对这些势力[2]。

但是，新的行政机关的建立仅仅是初始的阶段，而且这通常

---

[1] 参见本书页边码 pp.31-32 所引用的文献。
[2] 关于法国，参见 [Y]*Zeller*, 1948; *Dupont-Ferrier*, 1932; *Doucet*, 1948; *Pagès*, 1928。关于英格兰，参见 [Z]*Richardson*, 1952; *Williams*, 1935; *Pickthorn*, 1949; *Beloff*, 1938; [L]*Bréhier*, 1949[*b*]; [S]*Skalweit*, 1957。关于拜占庭帝国，参见 [L]*Ostrogorsky*, 1956[*a*], *ch.i, ii*。关于波斯，参见 [G]*Christensen*, 1936, *ch. i, ii*; *Altheim and Stiehl*, 1954, 1957; *Altheim*, 1955[*a*]。关于西班牙-美洲帝国，参见 [R]*Haring*, 1927, 1947; *Ots Capdequi*, 1934[*a*]; *Gallo*, 1944; *Zavala*, 1943; *Fisher*, 1926, 1936。

使统治者面临新的控制问题。这些机关中有许多时常趋于使自己与某种古老的、贵族或世袭的群体相认同。此外，统治者试图吸引不同（尤其是非贵族）群体与阶层的更为能动的因素，而且一般而言在政体以内，更具体地在政治和行政的制度与组织的框架以内，为他们提供社会、政治和经济的机会。因而，统治者不得不发展出控制这些机关和群体的新途径。

这些控制系统中的某些部分具有专门的旨趣。一个是在众多君主政体中都广为使用宦官[①]。另一则是统治者创立和维系"内廷"官员的永久核心，而由统治者自己所直接控制。然而，这些官员中有许多逐渐变得相对独立并失去了与统治者的联系。这个事实解释了不同的官员地位何以会频繁变动，以及君主和臣僚何以会持续不断地创立职位与爵位[②]。

各种各样的控制官员和检查官员的出现——专差代表、监督人员、巡按官吏等等[③]——也是意味深长的。他们作为"特派"官员而演化出来，负有执行专门使命之责。这些官员通常旨在动员专门的资源，抑或统一和控制行政组织。在这个脉络中，并不派任该官员前往其自己家乡地区的极为流行的惯例非常重要。

就我们分析的这一条目言，中国的察院制度尤为有关。察院发展成为官僚制内部控制的一个机构。统治者与士大夫全都试图利用和操纵它[④]。

---

① [L]*Guilland*, 1943, 1944–1945; [I]*Rideout*, 1949.

② [L]*Bréhier*, 1949[*b*], *ch.i, ii*; *Diehl*, 1927; *Boak and Dunlap*, 1924; *Guilland*, 1946[*b*], 1954.

③ [X]*Hintz*, 1903, 1907, 1914; *Dorn*, 1931; *Dorwart*, 1953; [Y]*Pagès*, 1932[*b*]; *Zeller*, 1939, 1944, 1947; [R]*Fisher*, 1926, 1929; *Pierson*, 1941; *Parry*, 1948; *Haring*, 1927; *Ots Capdequi*, 1945.

④ [I]*Des Rotours*, 1932, 1947–1948; *Hucker*, 1950, 1959[*a*], 1959[*b*]; *Li*, 1936.

另一个有意义的控制方法表现为内部各种议会系统、只限于少数人的枢密院以及内阁会议的发展，这一发展刻画出这些社会行政机构历史的特征。这些不同的行政机构变化迅速——盖因成长的需要和专业化，以及统治者缩减其自治和维系控制的持续尝试使然[①]。

统治者在控制官僚制方面的困难，反映出在历史官僚制社会中发展的政治控制颇具一般性的问题。统治者试图控制更强有力群体的政治活动，以便将其组织成为有效和独立的政治力量的机会压缩至最低限度，并且确保他们自己从这些群体获得直接的支持[②]。

一旦某个这类统治者意识到某个潜在能动的群体，该统治者就既竭力"收买它"，又借助迫害、经济剥削和鼓励其竞争对手来损害它的力量。在这些情境中，统治者不得不发展不同的技能和组织。他们发展出若干类型的"党派-政治"活动——例如，广泛的宣传鼓动，或者操纵政治团伙。他们借用若干动员和补充的政策，将经世之才从颇为能动的单元中吸引到自己身边，为这些经世之才提供擢升的可能性，如上面所描述的那样。另一方面，统治者也时常利用镇压政策。警察是用于履行这些政策的重要工具。

在本书所研究的众多社会里——特别是在拜占庭和法国，以

---

① [Y]*Pagès*, 1928, 1932[*b*]; [S]*Beloff*, 1954; [Y]*Zeller*, 1948; [R]*Parry*, 1948; *Gallo*, 1944; *Fisher*, 1926, 1929; *Roscher*, 1944; *Haring*, 1947, ch.iv, v, vi; [I]*Ho*, 1952.

② 关于社会政策，参见 [L]*Barker*, 1957; *Guillard*, 1954, 1953–1955; *Bréhier*, 1924; [R]*Konetzke*, 1951[*a*], 1952; [Q]*Alföldi*, 1956; [I]*Balázs*, 1950, 1959[*a*]; *Eberhard*, 1952; *Wittfogel*, 1957。

及在较小程度上，在萨珊波斯和西班牙-美洲帝国——统治者组织起履行一系列功能的警察力量，这些功能包括巡视街道、围捕流民和罪犯、维持治安并且一般性地监督市场和公共秩序。此外，警察还是政治控制的非常重要的手段。特殊而言的警察力量，和更一般的武装力量，可以用来平息暴动、迫害"颠覆"群体，等等。

与迫害颠覆分子相关，我们还应当提及警察活动的一个类型，这便是为所谓"风化警察"所践行的活动，其以胚胎形态出现于萨珊波斯和中国（在此其功能和察院紧密相关），而以更为发达的形态出现于拜占庭，西属美洲与法国。警戒道德的功能或则由专门的警官，或则由警方会同教士来践行。道德警察是压抑"颠覆性"宗教组织和宗教群体，以及世俗知识界宗派的首要工具。该警察服务于二重目的。首先，他们被设计出来，以确保居民的行为合乎体统，符合基本的规范与戒律，以及惩治任何从确当行为的离轨；其次，他们还供抑制任何可能导致离轨行为的"颠覆"理想之用。第一个目的经由正规警察的活动加以实施，而第二个目的则经由迫害众多独立的文化宗教中心和文化中心，以及对出版物的广泛审查而付诸践行。人们可以假设：道德警察的发展，同缩减众多归属性群体的自我-控制，也和以中央政治制度为取向的政治活动之日渐增长的重要性，都是息息相关的。

10. 统治者政策之主要类型的划分

我们业已分析了统治精英的基本目标和用以实现目标的政

策。目标与实现目标的手段这两者是处处有异、时时不同的。统治者时常变更他们的政策——若干此类转换将于下面论说比较政治过程的各章里予以考察。在这里，我们主要关切的是更为一般类型的政策。

这样的政策中有许多与世袭体制或封建体系的统治者所使用的政策相类似。不过，中央集权官僚制帝国的统治者也发展出独特类型的政策，这些政策为此类社会所独具，并发源于统治者维系其针对政治领域自治的特定取向及履行从这些取向中产生的目标的努力。

统治者不同的工具性政策可依据若干标准而加以划分：

第一个标准奠基于技术服务、创造与调适服务间的区别之上。技术服务仅提供或转让不同群体或部门间的服务。另一种服务则还旨在调适社会中主要的制度领域，或者在其之内创造新的结构。主要的技术政策被再划分为下列两个范畴：

(1) 技术–积累政策。其为直接剥削（例如，经由征集税款和贡赋）某些社会领域，以便积聚资源和为统治者的垄断而将该资源集中汇拢的初级功能而设计出来。

(2) 服务活动，其主要功能在于向不同的阶层提供技术服务（例如，调节供水系统或沟通线路），以及履行各种各样的警察与司法功能。

在试图对创造政策和调适政策加以分类之前，我们必须在它们之间作出分辨。

创造政策是统治者藉以在不同社会领域内试图直接创立专门组织和专门结构的那些政策。建立各种类型的国有企业、垄断、准世袭制或封建制领域，是这类政策的例子。

调适政策则不如此涉及创立新类型的组织。该政策的首要功能是利用并服务即存的社会组织，抑或在它们以内促进新的、自主的发展。此外，这些政策还是调节社会各种制度领域的手段。它们为不同群体与机构调节人力和资源的分配，建立调控这一分配的标准，并且监督诸领域和机构内部的功能运转。

调适政策可以依据下列尺度加以分类。用于调适政策分类的第一个标准是：与促进相对立的、对社会领域中各种企业加以指令的范围。我们用"指令政策"意指那些为了严密监督社会各领域并从中受益的目的，而被设计出来以调节这些领域的政策。促进政策则针对创造有助于不同群体发展的一般条件，这些群体是统治者所需诸类型资源的潜在提供者。

纯粹指令性政策的最佳例证是这些案例：将农民束缚在他们的土地上；在同业公会和其他组织中维系世袭成员资格的要求；以及向各种各样的都市群体征敛直接税赋。促进政策则经由拜占庭希拉克略的税制改革、唐代中国的土地税改革（这些改革致力于创造将会间接促使居民向人口稀少和低度发展地区流动的条件）；以及在法国和英国重商主义的庇护之下开创各种货币和税收的政策而得到最佳阐释。显然，具体的政策时常兼备指令与促进这两种品格。

第二个标准涉及对调适政策的内容加以支配的考虑。可能考虑的主要有：(1) 一般价值取向，例如，维系一定的道德准则或文化模式的取向；(2) 某些集体目标或群体目标的履行；(3) 权力以及统治者权势地位的最大限度的扩大；和 (4) 社会中不同群体的利益。

用以履行统治者政治目标的种种政策还可按照它们所引发的

一般化权力的水准而加以区别。政治领域的自主和统治者自主政治目标的明晰表达，在极端简单的创造政策和积累政策占据优势地位的诸社会之内并不多见。唯独更为复杂的调适政策才体现出更为明确表达的专门政治目标和更高水准的权力一般化，因为这样的政策取决于处于政治领域与社会其他领域关联之中的独特性。调适政策以调控若干社会领域的战略地位，以便确保资源与支持向统治者不间断的流动为取向，该政策与达成对这些领域的直接"占有关系"或直接控制并无关涉。

这些调适政策与历史官僚制社会的特定结构及其统治者的专门目标和意图最为密切地关联起来。统治者的促进和指令这两种政策均在这个脉络中演化出来。两个类型俱于同一脉络内演化出来的事实，指出了统治者基本取向中的某种内在矛盾。眼下我们将研究和分析这些矛盾。

11. 统治者政策中的主要矛盾

如我们已经看见的，中央集权官僚制政体的统治者具有若干独特的目标。首先，他们试图促进一定数量的"自由-流动"资源。然而他们又希望将这些资源限于指定的界限以内，使之不能损害统治者传统合法性的根基。其次，即便当统治者推进此种资源的发展之际，他们也意在维系其自己对于资源的控制，以及缩减产生资源的那些群体的自主性。此外，他们的目标中有一些——例如，军事扩张——则易于使自由-流动资源消耗殆尽。

统治者的目标和取向看上去可能是时时互为补充的。不过，一个二重的矛盾可能易于在这些目标和取向之间发展出来。首先，统治者的传统取向与更具弹性的取向是彼此矛盾的。其次，统治者颇具弹性的取向与控制自由阶层并利用他们的资源以达成其自己的目标——就中若干目标因其特殊的本性而会耗尽该阶层的资源——的尝试是相互冲突的。

统治者并不总是自觉地意识到这些矛盾。不过，这些矛盾又是为统治者的结构性地位、他们不得不应付的问题和事变，以及他们用以处理这些问题与事变的具体政策所内在固有的。

A. 分层系统中的矛盾

矛盾首先显现于合法性与分层的领域之中。如我们已经指出的，统治者屡屡试图限制贵族的权力，并且创造新的、更具"弹性的"身份群体。但是这些尝试遇到某些阻碍。无论统治者在这领域中独立活动的范围、其所创立爵位的数量以及新阶层受到鼓励的程度如何，统治者所使用的身份象征通常都与占有地产的世袭贵族或宗教精英所使用的身份象征极为类似。统治者的合法性根本上是一个涉及传统的和／或卡里斯玛论旨的变种：借助于它，统治者以传统作为根据就会得到认可，并被期待维系给定的文化传统（一种全新的、世俗的和"理性化"的合法性类型奠立于社会群体或普遍主义的象征和价值观之上，它从来也不曾在任何历史官僚制帝国内被制度化。这个概念对于此种帝国来说或则过于超前，以及／或则由于该合法性必将包摄扩大政治参与范围而与其基本政治旨趣相冲突）。因此，君主们通常不可能超越恰恰是统治者希望限制其影响的那个阶层所产生和表征的分层与合法性的象征。

例如，法国诸王认定自己是王国的第一绅士并在社会上与贵族相认同。许多拜占庭与萨珊的统治者也是如此。而且，强烈的"封建"或"世袭"特点甚至在中华帝国的样式和象征中也保持下来。

统治者合法性的传统本性导致一系列意味深长的后果。首先，该传统限制了统治者与居民的较低阶层之间相互认同的可能性，以及前者得以诉诸于后者的可能性。合法性之传统本性的第二个后果甚至更为重要。由于强调贵族的象征与价值观的优越性与价值，遂使众多新的阶层或群体渴求通过使他们自己与这些象征和价值观相认同而达到"贵族化"。在这个方面，中等群体和较低群体的流动和进取的机会，以及中央政治机构所具有的从这些群体中吸引更为能动因素的权力，都可能变得受到彻底限制。贵族化的一个重要侧面是几乎所有付诸研究的社会的一个特点，而且构成贯彻统治者许多目标的一个附加障碍。这就是对于土地财富（以及与之相关的固定地租-收入保障，在欧洲则尤其是"显贵"们的地产财富）作为一种身份象征——以及相关联的，对于在另一些方面颇有助于经济增长的其他类型的经济活动的类似情感——评价过高。对于土地财富的过高评价也频频导致阻塞流动的渠道。这个反作用通常是在经济增长、经济扩张和与政体及统治精英的积极分离的初始时期之后接踵而至的。

统治者政策与目标中的矛盾趋于在另一不同方向上得到结果。无论统治精英受到传统多少限制，他们的政策都要求其在不同制度领域内创立和鼓动附加的弹性自由资源。这样的鼓动或则引发或则推进众多的宗教群体、知识群体和法律群体，以及其价值取向有异于传统取向的"中等阶层"。这些成分时常全都极为脆弱，易于屈从更为保守群体的影响和统治精英的政策。然而，在许多其他案例中，此种成分却演化成相对独立的权力中心。其与统治精英的对立，正是由于后者更为保守的政策的刺激所造成的。

B. 经济领域中的矛盾

类似的矛盾在统治者与经济结构的关系中也可察见。在这个领域中，统治精英的长期政策与短期政策时常两相矛盾。

例如，税收的两个主要目的——即为给定的目标而动员必要的资源，以及调节和平衡各种权力中心，以便控制自由资源的流动——便时常是冲突着的。大土地所有者和大商人构成重要的经济力量中心，他们屡屡试图以巩固自己的地位为筹码，向政府提供短期配给物，从而强化这个矛盾。

许多——如若不是全部——官僚制政体的统治精英潜在地依附于土地贵族或贵族化官僚自身的资源。这种依附性常常不唯由这些社会一般的经济落后，而且多半由某些统治者自己的经济政策所引起。在大多数案例中，统治精英都尽力控制一切潜在的投资中心（特别是在贸易与工业方面），并对之课以重税。在这方面，统治者经常损害投资活动经济价值的基础，损耗其力量，削减投资中心的经济重要性，并且将大部分投资转向地产。此外，由于过度税收、行政管理、法院与战争的庞大支出，统治者时常又损坏了大众购买力的根基，令现存的地方市场萎缩，激起通货膨胀，和导致资本流向国外。

这样，就可能存在一种基本上是悖谬的情境：统治者通过恒常动员和严格管辖，所抽空和耗尽的却正是这样的群体：该群体正好构成统治者经济实力的主脉和弹性资源的根砥。各种各样的都市群体，以及时而还加上具有较易标价财富的小自耕农群体，乃是通税与专税的显而易见的靶的。由于国家预算增加的需要，这些群体的实力便逐渐地衰竭了。这种情境发生于罗马帝国末期，即拜占庭帝国的较晚阶段中[1]，以及在某种程度上，还发生于西班牙-美洲帝国内[2]。

类似的矛盾也存在于与行政机构人力问题相关的长期政策和短期政策之间。在许多案例中，并无足够的人力可资利用，以履行各种行政任务与政治任务。在另一些案例中，不充分的沟通设施和技术设施使富于成效地监督行政人员困难重重。在每种情境下，统治者都迫不得已而将不同的功能与职位"转包"出去——交付给地方士绅和土地所有者，或逐渐变得贵族化的官员。

C. 卖官制度：统治者政策矛盾之后果的案例研究

统治者的取向和政策中矛盾的构成因素，时而显现于统治者创立或促进的诸群体所带来的演进过程中。统治精英所创立或推进的社会群体能局部地反对统治目标与基本政治前提。卖官制度为这一情况，提供了一个最佳的例证。这个制度的发展密切地关系到向官僚制补充人材的全过程。

这个制度出现于所思考的大多数社会里，而且在拜占庭帝国[3]、中国、法国和绝对专制主义时代的其他欧洲国家，以及西

---

[1] [L]*Charanis*, 1951[a], 1953[a]; *Ostrogorsky*, 1929[a], 1956[a]；各处；*Guilland*, 1953-1955)、在中国很多王朝"循环"的最后阶段 [I]*Eberhard*, 1945, 1952, ch.ii, iii; *Sprenkel*, 1952; *Twitchett*, 1956[a], 1956[b]。

[2] [R]*Haring*, 1947; *Ots Capdequi*, 1941, 1951.

[3] [L]*Kolias*, 1939; *Andréadès*, 1921[a]; *Leicht*, 1937.

班牙-美洲帝国尤为彰著[1]。该制度通常为统治者所导入，以作为解决其财政问题，和将新的（非贵族的）因素容纳进其行政机构之内（这样便削减了对贵族因素的依附）的一种方法。然而，在大多数这些社会中，官僚集团逐渐地开始把官僚制的职位当作个人的拥有物，并且或者使之在他们的家庭内传袭，或者拿到市场上出售。结果，不管统治者针对这一趋势的许多努力若何，他们都慢慢地失掉了对官僚制职位的控制。他们的控制日渐削弱，系由其日益依赖于恰恰以上述方式而使官职从中得到补充的那个群体的政治支持所造成。

然而，统治者为了人力资源和经济资源而极大地依赖于颇为传统的力量，仅仅是他们政策中矛盾的一个方面。当统治者的诸目标相互矛盾之际，这些矛盾有时便趋于在不同的方向上获得解决。统治者也时常试图推进其他都市群体或自由的自耕农的经济活动与经济实力。他们的努力时而会受到传统-贵族分子的经济力量和政治力量，以及他们自己提高这些群体权势的政策的全面阻挠。在另一些情形中——尤其是在绝对专制主义时代的欧洲各国，以及西班牙-美洲帝国——经济上能动的群体最终证明较贵族群体和贵族化的精英更为强大有力，并有能力克服统治精英经济迟滞政策的后果。不过——除为数不多的例外，譬如传统中国——这些强大的经济群体不可能被容纳于统治者的政策框架之内。经济群体与各式各样的知识界精英一起，构成社会体系与政治体系中影响变迁的关键性力量。

---

[1] [R]*Parry,* 1953.

12. 概要

现在，我们可以对历史官僚制政体统治精英在政策方面的内在矛盾的主要原因加以概述。这些矛盾应归咎于统治者政治取向和政治目标中内在固有的若干态度，以及这些取向和目标与能够得到用以完成其业绩的资源之间的关系。

历史官僚制政体强烈地突出了统治者对于特定的、自主的政治目标的追求。因此，该政体的统治者关切着创造和动员为实现这些目的所必需的资源，并且试图确立使政治权力一般化的条件。但是对于统治者的基本社会取向而言，可资利用的资源却时常是不充分和不相容的。就物质经济资源和政治的支持与认同这两者而言，这种偶然都可能发生。经济愈是较少分化，以及社会的合法性基础愈是传统的，则"自由"资源对于政体就愈是鲜能成为可资利用的，而且专门的、分化的政治目标的实现也就愈是困难。另一方面，在以更高程度的经济分化和发展，以及较低程度的传统主义为其特征的社会里，在能够供给为实现这些目标所必须的绝大部分经济资源和政治支持的阶层的取向，与统治精英的更为传统的取向与合法性基础之间，则可能存在一种不相容性。

在某些案例中，统治者内部政策方面的矛盾由可被称之为"前官僚制的"（传统）因素的东西，诸如贵族等等的优势地位所引起。有时，该矛盾还是由统治者自己冲突着的取向和目标所引起的。这些冲突必定导致涉及资源的补充、各种各样社会阶层的发展，以及所寻求的政治支持类型等方面的矛盾政策。

这种性质的内在矛盾最为明显地表现于统治者对于所谓"自由"资源——一个决定性的领域——的态度之中。统治者意在建立和维系不曾限制于任何传统和自群主义群体的自由资源的蓄水池。但是，统治者并不希望促使这些资源发展至超出其所控制的那一点。统治者通常并不信任构成自由资源根砥的社会群体所展示的任何强大的自主趋势。他们的疑虑来自其价值观的传统方面，以及他们保存随心所欲地动员这些资源的权力的强烈愿望之中。

与自由资源相关的某些潜在的内部矛盾是统治者目标所内在固有的。在他们的目标中，诸如促进经济利益或中等和较低阶层之类的目标，将有助于此种资源的发展。另外的目标，诸如军事扩张的目标，却将持续不断地消耗该资源。正是在这个领域中，统治者主要目标之间的冲突，或他们的短期政策和长期政策之间的相互矛盾就变得至为重要。因为需要直接的资源，并且面对经济体系的基本限制，统治者便被迫以可能使自由资源耗费殆尽的方式来统辖该资源。

概括起来，在这些社会的统治者展示出权力一般化的强固趋势的同时，他们自己也将诸多内部限制强加于这种一般化之上。这些限制为下列各项所内在固有：(1)统治者的传统取向；(2)他们借以处理政治任务和政治事变的控制政策；以及(3)他们可以利用的实现其目标与政策的资源。

此外，统治者的政策还由于各种各样的群体与阶层政治取向和政治要求的发展而受到限制。

这个概要将我们带到下一章的主题，即历史官僚制政体中主要群体的政治取向和政治活动。

七　统治者的政策　　275

八 主要群体与阶层的政治取向与政治活动

1. 卷入政治斗争的主要群体

在第七章所描述的统治精英的政策，构成历史官僚制社会政治斗争的基本框架。在这些政体尚处于形成阶段之际，这些政策便为不同的群体与阶层提供了新的制度结构（官僚制行政机构和政治斗争渠道）和主要参照点。通过统治者的政策，历史官僚制社会的基本前提获得了明确表达。然而，全部其他群体在政治斗争方面的参与，并非必然地限定于消极地适应统治者的政策。实际上，绝大多数群体皆有自己的旨趣和目的，而且其中若干旨趣与目的还与该群体在社会中的结构地位息息相关。这些旨趣和目的引起针对统治精英的旨趣与政策的不同态度。而统治精英的政策与其他主要群体和阶层的旨趣、态度和目标之间的互动，则规定了政治斗争的主要方面。

我们将在此讨论两种主要的群体。头一个类型由"生态的"群体和阶层——即土地占有者群体（例如，贵族、士绅和农民）及主要的都市经济群体——构成，其依据每一群体的地域、职业和生活方式而加以界定。第二个类型包括主要依据其功能而加以界定的群体，即官僚、军队、宗教精英和文化精英，以及专业群体。

显而易见，与不同职业相关，这两种群体在某些地方是互有叠交的，我们将在每个案例中分析这种叠交。这两个类型的群体必定在社会里占据不同的结构地位，而这种地位会影响该群体对官僚制政体基本前提的态度。一般而言，"生态"类型主要在提供政体所需资源方面尤为重要；反之，"功能"类型则主要涉及对这些资源的组织、调适与疏通。这两者时常互相叠交，尤其在提供政治支持的领域内更是如此。

政治斗争大多借助官僚制政体特有的专门渠道，以及也存在于其他类型社会中的活动场所来进行。政治斗争的活动场所是：(1) 宫廷集团与派系；(2) 官僚制上层集团，较高与中等的官僚制职位和组织；(3) 地方行省的官僚集团和地方自治的种种机构；以及 (4) 不同的代议机构或准代议机构（例如，罗马的元老院和公民大会、拜占庭元老院和团体派别以及欧洲的议会或等级会议）。

在每个社会中，每一个这类活动场所都至为重要，而且为各种群体在不同程度上加以利用。

现在，让我们考察这些社会中参与政治斗争的主要群体与阶层的政治态度和政治取向。

2. 官僚在政治斗争中的地位

A. 官僚的社会构成

在统治精英以下，官僚制社会中参与政治斗争的头一个群体就是官僚自身。诚然，行政官员的整个机体从未构成一种其成员共享同一目标和观点的同质与统一的群体。在各种各样的官僚之间存在许多社会、经济和地域的差别。此外，不同的派系、群体与观点也在较高和更为能动的水准上共存。官僚的上、中层集团通常自上、中层的都市群体和士绅，以及上层农民群体和军队中获得补充。来自每一阶层的成员比例在官僚制不同集团中显然有所不同。官僚的较低的集团则通常由较低级的都市群体、农民和军队等阶层中得到补充。

官僚的各种集团所保持的与他们由以得到补充的那些群体的认同范围，从一个社会到另一个社会极为不同。然而，在所研究的大多数社会里，官僚却具有某些这样的社会旨趣：它们超越于执行官僚制-组织角色的旨趣，并且并不被看作为单纯的职业旨趣。只存在极其罕见的案例，其中发展出尚不曾嵌入于更广泛社会旨趣和经济旨趣内的纯粹官僚制的"职业-模式"。自由资源的相对匮乏，地产利益巨大的社会与经济的重要性，归属性身份尺度的相对优势地位，以及依据该归属性尺度来限定流动的惯例——所有这些都必定极大地影响这些社会中官员们的观点，纵使在不同的情形中程度也会有所不同。这些因素时常诱导官员们将其地位当作他们自己、他们的家庭以及有时还当作他们由之而来的那个群体达到经济目标和身份目标的手段。

因此，官僚制官员与其他能动的经济群体和身份群体的关系是极其密切的。官僚集团、统治者与其他社会群体的趋同或者对立，以及它们相互之间的利益与冲突，对官僚群体的政治活动具有重大意义。如业已指出的，官僚机关诸集团在这个方面区别极大，正像当论述不同社会中所利用的对官僚制的补充模式时，我们将加以分析的那样。

不过，在所研究的每一社会中，官僚——或至少是其上层与中层，由于他们特定的结构地位及其与统治者和不同社会阶层的接近——在政治斗争中时常是能动的。官僚成员并非仅仅是技术或行政的执行者。虽说该成员参与其中的具体问题在不同的情形下会有所不同，但官僚政治斗争的两个基本焦点仍可为人所发见。一个焦点是官僚与统治者的关系，另一个焦点则是官僚同参与政治斗争的社会群体及阶层的关系①。

B. 官僚的主要取向

在最简单的层面上，官僚制的能动因素与统治精英之间产生的主要竞争，起因于官僚制各种集团对于确保他们的收益、增加薪俸、被委派以有利可图的职位、并且使他们的地位得到保障等关切。在此研究的每个社会的历史中，官僚制的官员们都或者独自地，或者集体地奋力达到这些目标。官员们为使自己在行政机构中获得更有利可图和富于影响的地位而争斗，而且一旦必要，便从他们的对手那里强取豪夺。

然而，除此而外，在官僚和统治者之间还出现了更为基本的问题，通常而论，这些更为广泛的问题并不在官僚制政体的头一个发展阶段上出现：其时官僚趋于与君主相认同，并将自己限定于上面开列的诸具体目标，而未曾表现出其自身众多的一般旨趣。以后，当官僚演化成具有其自身传统的多少自主的机体之际，便趋于发展出同统治者的冲突。这些冲突一般以官僚在政治

---

① 虽然不是很系统，关于这一情况的一般性论述，参见 [A]*Borch,* 1954，特别是 pp.21-159。

领域、身份领域和经济领域内获得自主性和独立的勃勃雄心为焦点。

官僚作为一个身份群体和一种相对独立的政治力量，对某种程度的自主性的抱负，通常与他们要求有异于统治精英的合法性密切相关。在大多数这些社会里，官僚制的上层和中等集团，尤其是在其发展的始初阶段以后，确立了他们的多少自主的合法性。这种合法性与统治精英之更为卡里斯玛或传统的合法性不同，大多属"法理"性质或专业性质的。在某些案例中，官僚还为其合法性要求准贵族式的根基。

在所研究的大多数国家里，官僚都在某种程度上发展出下列意识形态：其强调该集团自身的自主性，以及该集团对于执行社会首要价值观和目标的直接的伦理责任和专业（以及某些时候，甚至法律）责任。这种意识形态同统治者的政治经历或专横政策的兴衰变化形成对照[1]。这个意识形态在诸如萨珊波斯之类的相对而言低度发展的社会里——在介于封建制和世袭制，以及中央集权政体之间的边际中——并未充分显露出来，即便在该社会中业已存在专门的职业-官僚制取向的若干雏形[2]。在中国，它特别清楚地呈现于有关官员职责的意识形态中[3]，其更以法律术语隐隐呈现在罗马和拜占庭[4]：在那里，罗马的法律传统将其印痕铭刻于官僚的态度与行为之上。在欧洲国家，法律意识形态和法律

---

[1] [A]*Borch*, 1954, 各处。

[2] [G]*Christensen*, 1933, 1936, 各处；*Altheim*, 1955[a]。

[3] [I]*Des Rotours*, 1932, 1947–1948；*Liu*, 1957, 1959[a], 1959[b]；*Bünger*, no date；*De Bary*, 1957。

[4] [L]*Bréhier*, 1949[b], 1950；*Diehl*, 1927；*Barker*, 1957, 各处；*Hussey*, 1937。

态度，以及强烈的集体精神，在上、中层官僚中发展起来，这些意识形态和态度都突出了该集团自己的特定地位和特定传统。在绝对专制主义时代，欧洲各国官僚制的专业取向与准专业取向，甚至发展到了更大的范围①。

C. 官僚的目的

政治领域 由官僚对于政治领域独立的要求而造成了若干问题。

第一个主要问题涉及官僚的政治自主性。该问题通过针对统治者对官僚控制的程度的斗争而得到表现。反过来说，该问题可能通过官僚集团——尤其是其上层集团——得以确定调控该集团活动的基本政策，从而以某种方式变成其自己在政治上的主宰者的程度而得到指征。

在这个一般的脉络中，发展出某些具体的议题。最为重要的议题是：君主的私人官员在官僚制政务会议中能够对主要政治决策和行政决策的制定加以有效控制的程度；君主能够借助通常外在于官僚的独立媒介而行动的领域；以及官僚自身决定调控其成员的补充标准的范围。

涉及这些问题的竞争通过君主所采纳的措施而得到表现。例如，统治者试图维系一批独立于官僚制机构与派系的私人官吏和谋臣（自然，官僚也努力渗透和影响这些团体）、广为利用宦官与"无党派"的个人（譬如，僧侣）——他们在政治斗争中处于一

---

① 参见 [S]*Beloff*, 1954; *Lindsay*, 1957[b]; [Y]*Sagnac*, 1945, 1946; *Pagè*, 1928; [A]*Borch*, 1954; [Y]*Göhring*, 1947; *Lough*, 1954, 1960。

种矛盾重重的位置——以及创造"内廷"官员的核心，其直接置之于统治者的控制下，而不会被官僚所吸收。这些官员中有许多终究会变成独立的，并且失去与君主的接触。这个事实解释了各式各样官员职位何以会频频更动，以及何以会出现对同一官职与爵位的不断创立[①]。

在君主与官僚之间经常发展出来的另一个冲突之点，涉及位于官僚制顶端的首长与一般的官员议政会议的存在和功能。他们在政体中作为主要政策和决策的制定机构而行动。君主试图废黜该官员或该议会（作为一个法人团体），抑或操纵其一以反对另一；而官僚则当然对之竭力培植。在拜占庭，枢密院的集权化在贵族相对支配的时期达到极端，这是意味深长的[②]；在这些时期中，元老院只有相对的重要性[③]。在中国，在官僚得以支配君主的时期，内阁以及尤其是首揆最富有影响[④]；在法国，专制君主或则试图变成其自己的首相，或则迫使各种各样的议会接受君主挑选出来的大臣作为首脑[⑤]。普鲁士国王则趋于对其臣僚施以甚至更为集权化的监督，并常常严禁这些臣僚在一起工作[⑥]。

---

① [L]*Boak and Dunlap*, 1924; *Diehl*, 1927; *Guilland*, 1946[*a*], 1949, 1950[*a*], 1953[*a*]; *Des Rotours*, 1926, 1932, Introduction, 1947–1948, Introduction; *Pulleyblank*, 1955; *Wang*, 1949; [G]*Christensen*, 1939; *Altheim and Stiehl*, 1954.

② [L]*Beck*, 1955.

③ [L]*Bratianu*, 1948[*a*]; *Bury*, 1910, pp.106 及以下诸页 ; *Diehl*, 1924; *Ostrogorsky*, 1956[*a*], 各处; *Vasiliev*, 1952。

④ [I]*Ho*, 1952; *Hucker*, 1950, 各处。

⑤ [S]*Beloff*, 1954; [Y]*Pagès*, 1932[*a*], 1932[*b*], 1937, 1938; [X]*Hintze*, 1903, 1904; [Y]*Mousnier*, 1938, 1948; *Antoine*, 1951.

⑥ 参见 [X]*Dorn*, 1931; *Rosenberg*, 1958; *Hintze*, 1915; *Dorwart*, 1953; [A]*Finer*, 1949, ch.xxviii; [R]*Haring*, 1947; *Gallo*, 1944; *Ots Capdequi*, 1951.

还存在与维系对官僚加以惩戒和控制有关的众多具体问题。统治者意欲或将绝大多数这类事务集中于他们自己的手中，或尽可能地将这类事务授权给各部门的众多首脑。这遂与官僚建立其自己的规章与机关的趋势——一种也曾充当过影响君主政策与态度的手段的趋势——相冲突。中国的察院或许是这一官僚制趋势最为重要的例示[①]。就法国议会调节售卖官职和处理准惩戒事务而言，以及就拜占庭法官涉足于此类活动而言，其也以同样的趋势为特征[②]。除此而外，这些法官还试图调控官职的任期和保障的诸不同方面，并缩减统治者对这些事务的干预。在此提及的官僚，或至少其上层集团，为达成对教育体系——尤其是官员由以得到补充的那些学校——的控制而作出的尝试，是事关宏旨的。官僚屡屡试图维系类似这样的自治学校，并在这个领域中达到半垄断性。

统治者控制官僚的尝试也表现在他们不时地任命各种各样的控制官员之中。这些官员被派出督察地方官吏。拜占庭的监察官、中国的察院官员、法国的督察代表以及西班牙的巡视员（visitores），都属此类官员。此类官员中多有才隽之士，其来自通常的行政机构等级之外。起初的被提名者往往是君主的特殊心腹，但由于这些官职逐步变得制度化，官僚便利用许多手段，在自己的追随者中"委派"这些官职。一般说来，对这些官员的控制构成统治者与官僚之间一个持久斗争的问题。

---

① [I]*Hucker*, 1950, 1959[*a*], 1959[*b*].
② [L]*Bréhier*, 1949[*b*], 1950, *ch.ii, iii*; *Lemerle*, 1948; *Hussey*, 1957; [Y]*Pagés*, 1928, 1938; *Oliver-Martin*, 1933; *Rébillon*, 1928; *Lough*, 1945, 1960; *Zeller*, 1944, 1948; *Swart*, 1949.

官僚制中若干专门的职位——特别是那些靠近文化领域的职位[①]，诸如中国钦天监官员和古代埃及的私人祭师[②]——也时时被用来影响统治者和执行机关。

在存在代议制机构的社会里，官僚时常达成对其中若干机构的控制[③]。例如，在法国，这种控制通过法国国会（在其作为主要司法机构的时期），与穿袍贵族的关系而得到阐释。另一例证则由西班牙-美洲帝国的官僚努力获得对市政官员的控制，并且确保使其屈从官僚制派系的基本规范和价值观所提供。官僚或其上层的某些集团，在影响甚或垄断若干这样的机构方面得到巨大的成功[④]。

官僚的这一政治斗争，主要在设计出来以维系君主的独立性及他们控制官僚的行政机关和机制中展开。主要的政策主要是在这些机关内被决定的。内廷官员、官僚的最高议会、各种"私人"宫廷集团，以及（在某些国度里）主要的代议制度，乃是这些行政机构至为重要的特征。

身份领域 官僚在身份领域内的勃勃雄心构成官僚和统治精英之间第二个主要的一般性议题，它以官僚作为一个身份群体的独立和自律的问题为中心。

这些雄心必定导致官僚试图获得身份的高贵（主要是贵族与准贵族）象征，并确立对于身份的世袭传递。然而，除了在某些

---

① [I]*Eberhard*, 1957；更一般的情况，参见 *Sprenkel*, 1958。

② [F]*Wilson*, 1954.

③ [S]*Beloff*, 1954; *Zeller*, 1939, 1947, 1948; *Doucet*, 1948; [R]*Fisher*, 1926, 1936; *Haring*, 1947; *Gallo*, 1944.

④ [Y]*Ford*, 1953; *Sagnac*, 1945, 1946; *Egret*, 1952; [R]*Borah*, 1956; *Haring*, 1947.

这类社会的彻底衰落时期以外，此种尝试通常都密切地关系到各种"合法"与准专业性的系统表达和意识形态，突出了官僚制上层集团特定的合法价值观和专业取向。

我们已经指出，爵位的分配构成君主在分层领域内政策的一个基本的焦点。它同样是统治者和官僚在身份领域中冲突的一个重要根源。君主时常努力建立和保持在官僚制中功能性的官职名称与标示官员在等级制中一般身份的尊贵爵位之间的区别。虽说这两者间存在某种对应性，但却从不是同一的。官职与身份之间的区别，作为控制官僚和贵族、使之依赖于统治者，并且遏止他们垄断身份和行政机构职位的手段而服务于统治者。有时，统治者会利用高爵显位来补偿失去权力的其他官员，或者创立直接依附于统治者的新"豪门贵族"[①]。

为抵消统治者的这些手段，官僚时常竭力使爵位或多或少成为世袭的，获得对于职位的所有权，以及发展作为一个身份群体的强大内聚力。例如，在萨珊波斯，统治者起初尝试建立一种有异于古老封建-贵族家族的王室官吏圈子。后来，这个新等级的上层集团迅速发展成为一种极其封闭的新贵族，而与贵族的诸部分强固地关联起来[②]。

在拜占庭，大多由官员和前官员组成的元老院贵族，持续不断地试图使自己得到恒久保存。该元老院贵族希望世世代代地传袭其官衔、职位和财富，并且尽可能地规避皇帝的罢黜。该贵族

[①] 参见 [L]*Diehl*, 1927; *Diehl and Marçais*, 1936; *Diehl* et al., 1954; *Guilland*, 1946[a]; [G]*Christensen*, 1936; *Ghirshman*, 1954; [R]*Konetzke*, 1951[a], 1951[b], 1952。

[②] [G]*Christensen*, 1936, especially *ch.ix, x*, 1939; *Altheim and Stiehl*, 1954; *Ghirshman*, 1954; [L]*Ostrogorsky*, 1956[a], 各处; *Jenkins*, 1953; *Beck*, 1956。

发展出相当强大的阶级意识，成为拜占庭帝国政治演化中的一个重要因素[1]。

在中国，表面上看来，对于官爵的官方控制（经过科举制度）最为巨大。然而，不同的士绅和其他家族对此种职位的垄断程度极高，虽说这种垄断从一个时期到另一个时期是不断变化的[2]。

在为独立身份的斗争中，官僚时常使自己与宗教精英和法律精英，有时还与贵族结盟。不过，这些同盟并不十分稳定，因为其组成者的旨趣常是背道而驰的。

官僚的这些一般取向对其制定政策的立场必定产生某些反响。在官僚集团中，难以发见任何占据优势的政治取向。然而，一般说来，官僚作为一个群体表现出一种颇为传统和守法的态度。官僚一心想维系给定的身份，远甚于在践行领域内采取主动——虽说有时恰恰从这个等级中产生出伟大的改革家和创新者。官僚颇为保守和守法的态度，在其与法律问题和改革的关系中尤为昭著。较之君主或高级行政大臣，官僚通常对于法律传统极为尊崇，更加屈从于系统化和典章化，并且很少倾向于使用非常手段。因此，官僚时常被纳入于与法律专业的密切接触中，有时甚至被结合为该专业的一个部分，然而，这个取向也间或存在例外——譬如，出现伟大的改革家。

财政领域 官僚和统治者在经济和财政的领域内也是彼此冲突的，因为官员们一般而言希望财政的独立，特殊而言则希望占

---

[1] [L]*Guilland*, 1947–1948, 1954; *Diehl*, 1927; *Charanis*, 1951[*b*]。
[2] 参见 [I]*Chang*, 1955; *Eberhard*, 1952; *Sprenkel*, 1952, 1958; *Kracke*, 1953, 1957; p.110。

有他们自己的职位。

这一斗争集中于两个主要问题上。一个问题涉及君主对资源加以监督和控制的程度,以及官员在规定的薪俸和酬金之外可能从官职上取得收益的总量。这通常与转包税务的各个方面相关。另一个问题是经在职官员之手而售卖官职。

售卖官职是统治者的权宜之计,出于中央集权活动所包含的技术上的困难,以及尽可能多地动员弹性的自由-流动资源的必要性(才使用)。在官僚制政体的初始发展阶段,卖官也是打破贵族对官位的垄断,以及将新鲜(大多是资产阶级)血液和自致尺度注入行政管理机构的重要手段。但在这些阶段之后,却造就了许多新问题。卖官阻碍了君主对官僚的财政控制,并且时常将官职转变成各类投资和私有财产[①]。这些自然导致一系列的争执和法律问题,导致法律传统与教义的整个体系的出现,以及政治妥协和社会妥协。无论如何,该议题本身依然持续地成为所研究的绝大多数社会中政治斗争的焦点。

我们必须强调,这些广泛的政治和身份的取向与抱负,大多限定于在此所研究的官僚的中层集团,而且唯有自主的传统和内聚力群体在官僚制内部有所发展的范围时才演化出来。官僚的中、下层集团——职员,低级技师和行政人员,通常并不参与更为广泛的斗争。他们也并非总是使自己与这些广泛的目标相认同。他们的目标通常极其具体——保全官职和报酬、确保各式各样的收益以及在某种程度上得到擢升的机缘。

---

① [L]*Kolias*, 1939; *Guilland*, 1953[*a*]; [S]*Lotz*, 1935; [Y]*Swart*, 1949; *Pagès*, 1932[*a*]; 1938; *Göhring*, 1938; [R]*Parry*, 1953.

唯有当官僚的下层和中下层集团变得多少专业化之际——当他们的人员得到或者法律上或者技术上的官僚制训练，并演化出自治的专业取向之际——他们才会显示出对广泛的斗争问题的某些旨趣。在拜占庭，这仅仅在狭小的规模上发生：在那里官僚制中层集团时常参与广泛的社会运动或政治运动。其以宏大规模出现于西班牙-美洲帝国与法国：在那里，在官僚制中等地位上发展出重要的专业法律集团[①]。

D. 官僚与主要政治和社会群体的关系

官僚政治斗争的第二条战线是该集团同其他社会阶层的关系。由于官僚的特定权力地位，其与众多阶层的关系可能具有极大的政治重要性。那么，在官僚和各种社会群体与阶层之间发展起来的关联与接触是怎样的？它们以官僚自身的政策和取向为特征，抑或仅仅代表主要阶层的利益？官僚的种种政策仅仅是这些社会群体的反映，还是更为自主趋势的显现？官僚仅仅是中国绅士与文士的代表，拜占庭占有地产的和都市群体的代表、西欧崛起中的资产者的代表吗？换言之，官僚在政治斗争方面是与社会中的君主和其他群体相对立的自主力量吗？

为解答这个问题起见，我们必须研究若干领域。首先，我们必须确定：在何种范围内与什么条件下，上层官僚是一个具有同质社会取向与政治取向的统一整体。其次，假使此种同质性存在，则我们必须确定它究竟是否与任何一个社会群体在官僚中的优先地位相关。

---

① [Y]*Sagnac*, 1945, 1946; [R]*Haring*, 1947; *Ots Capdequi*, 1951.

对可得素材的分析指出：在任何一个时代，都难以发现一个给定国家的整个官僚究竟是否具备与不同群体或阶级取向完全不同的同质社会-政治取向。王毓铨以一种非常极端的方式铺陈出这一点：

> 无论其成员的基本旨趣如何，官僚都不构成一个同质整体。该集团由一系列全都在为最高权力而争斗的派系构成，这些派系基于对权力和地位的个人雄心或荐举的基础上形成。官僚依靠在各种派系之间力量的均衡，或者其中之一的支配地位而得以维系[①]。

因此，即使在中国，士绅在官僚中的支配地位最为彰著，但士绅自身内部也总是存在具有不同旨趣的不同派系，其包括各种各样的地区派系、或大或小的土地所有者的派系、不同的家族或群体的派系。而且，纯粹的士绅集团尚非唯一重要的派系。贵族或军队集团有时也至为重要。此外，在若干时期，尤其在宋朝经济扩张的伟大时期，各种各样的商人群体业已极其接近于在官僚中直接获得代表。而且各种宗教群体，例如道教徒与佛教徒的群体，也为在官僚内施加影响而争斗不已[②]。

所研究的大多数其他社会中官僚制上层集团的构成甚至更为多样化。除去在全面崩溃时期——这时官僚业已变得几乎完全贵

[①] [I] *Wang*, 1949.
[②] 参见 [I] *Des Routours*, 1932, 1947–1948, Introduction; *Pulleyblank*, 1955; *Eberhard*, 1945, 1948[*a*], 1951, 1952, ch.ii, iii; *Balázs*, 1952, 1959[*a*], 1960。

族化了——的可能的例外，拜占庭帝国的官僚从未被一个主要群体或社会阶层所彻底支配过。其成员五方杂厝，来自贵族、上层官僚、都市专业人员和士绅等出身[1]。

在法国和西班牙-美洲帝国，官僚的构成也是极为丰富多彩的。贵族、穿袍者、专业群体和资产者诸成分，全都参与到行政结构的不同集团中去——纵使在若干时期，贵族或穿袍者的成分趋于垄断若干上层层面[2]。在萨珊波斯，许多官僚制职位掌握于土地贵族的手中。不过，其他群体的众多成员也找到了他们自己的途径以进入官僚。他们甚至还试图将自己建立为一个独立的身份群体[3]。

因此，依据社会构成和社会取向来看，上层官僚很少成为一个同质群体。然而，各种群体的确试图支配官僚，并时而在这样去做时获得成功。但唯有在罕见的案例中——通常是在衰落时期中——官僚才变得为一个社会群体所完全地支配。

在社会构成与社会眼界方面根本欠缺完全的同质性，强调了这个事实：相对于主要的社会阶层，官僚（或至少其上、中层集团）趋于发展与维系其自身的某种组织自主性和社会-政治自主性。这个自治所被维系或得以发展的范围，从一个案例到另一个案例各不相同。但一般而言，却存在三个主要的表现——其对于相对的自主性，时而是互补的，时而是矛盾的。

---

[1] [L]*Runciman*, 1933; *Bréhier*, 1924, 1949[b], 各处; *Andréadès*, 1926; *Diehl*, 1906-1908, 1929。

[2] [Y]*Ford*, 1953; *Sagnac*, 1945, 1946; *Egret*, 1952; [R]*Konetzke*, 1951[a], 1951[a], 1952; *Fisher*, 1926, 1936; *Haring*, 1947; *Zavala*, 1943。

[3] [G]*Christensen*, 1936, *ch.vi-viii*; *Altheim and Stiehl*, 1954, 1957; *Massé*, 1952, 特别是 *ch.iv*。

这个趋势所显现的第一个方面在于下列事实：由于官僚的异质构成，官僚制的制度和组织便为调适诸派系间的冲突，以及这些派系所可能代表的其他旨趣，提供了一个基本的框架。

绝大部分这类冲突发生于官僚制组织、规则和取向的框架之内。不同的群体和派系可能因税收和经济政策的诸细节而互有争执，然而，这些群体和派系却鲜能排拒得到某种这样的政策或坚持若干基本规则和活动框架的必要性。这些框架将不会允许某些群体所要求的全部特权，包括拒绝向居民中的低等阶层赋予全部法律权益——纵使官僚自身通常会对这些阶层提出大量的要求。因此，大多数这样的群体通常坚持某些一般的共同取向和共同规则，即便当这些取向和规则反对与它们最为密切相关的社会阶层的利益之际也是如此——如若因为与统治者相对立的官僚自己的立场主要是依赖于其维系此种取向的话。

官僚趋于自主性的第二个表现，由其将自己组织成为一种分立身份群体的尝试所组成——该身份群体甚至有异于它由以而构成的、具有强固的有时还是准贵族化象征的那些阶层。

官僚达成身份自律的努力的主要焦点，在于该集团强调将官僚制活动的专业-职业（以及有时还有权力）方面，以之作为构成社会身份的一个主要的独特根源，并且强调一种试图着重于专业自主并将之体现于社会身份象征之内的准专业化意识形态的发展。这种身份自主性适用于在此付诸研究的几乎所有国家之中[1]。

即便在官僚尽可能与士绅十分密切地关联在一起的中国，该集团与士绅也不是同一的。官僚意欲使自己与士绅和文士这两者

---

[1] [A]Borch, 1954, 各处; [L]Bréhier, 1949[b]; Diehl, 1929。

多少分化开来，并维系自己的框架和政策。把持某种头衔地位的重要性、与此种把持相关的各种合法特权与实际特权以及由科举经历所造就的共同眼界，所有这些都导致官僚中的文士与其他群体之间某种程度的分化，甚至是与文士极为密切相关并结为盟友的那些群体的分化[①]。

这样，在许多情形中，官僚制上、中层集团便演化成多少具有自主性的身份群体。经由将该群体的归属性尺度和价值观加于其上、垄断诸多高官显爵、权力与声望的根源，以及垄断了对它们加以配置的权限，这些集团便抑制了身份体系的弹性。官僚制群体所达成的自主性的各个程度，从一个案例至另一个案例在不同，然而，大多数这些社会中的官僚都渴望使自己在与其他社会阶层的关系，以及与统治者的关系中实现此种自主性。

官僚的自主性趋向的最后一个，而且或许是最为重要的表现，在于他缩减社会中所发展的自主调适机制的范围，并且对之加以控制的尝试。无论官僚集团同任何社会群体的旨趣如何密切地相认同，前者通常都并不乐意考虑这些群体为拓张自己的自主性，以及自主调适机制而做出的任何尝试。官僚持续不断地试图或则缩减这种自主性的范围或控制这种自主性。

E. 官僚自主性衰落的可能性。官僚内部的改革运动

以上的分析论证了官僚于其中维系相对于统治者和其他群体的某种程度的自主的范围。显而易见，特定的社会决定了这样的自主性得以维系的范围。在许多例证中，官僚变得受到某个群体

---

① [I] *Chang*, 1955; *Eberhard*, 1948[a], 各处, 1952; *Wittfogel*, 1957; *Pulleyblank*, 1955。

或若干群体的排他性支配，并变得完全或几乎完全地独立于统治者。在许多其他的案例中，该集团的自主性与创造性已为统治者所窒息和损害。但直至较后章节之前，我们却将不去思考所有这些变异，或该变异赖以发展的条件。

在这里，我们只希望指出官僚不同政治态度的层级与范围，其对各种自主性要求的根本重要性，以及这些要求对于该集团基本政治取向的可能的意涵。

在官僚变得既有独立性又有腐朽性的众多案例内，改革与变迁的运动便会在官僚自身内部——时而与君主协作，时而与之对立——被引发出来。这种情况是意味深长的。改革运动或多或少地以使官僚免受社会中任何强大群体的完全抑制、为提供服务而建立更加公道的模式，和依靠官僚制来更有成效地动员资源的格局为取向。

这些改革的尝试通过广为人知和录载详尽的各种案例——宋代中国的王安石①、奥斯曼帝国后期的圣默罕默德·帕沙②和绝对专制主义时代欧洲的权相重臣们——而得到阐释③。但是，在这个方面，这些个人时常只是表征着更为广泛的改革运动，或至少也是代表着诸取向。他们全都旨在提高官僚制的效能，确保官僚制职责及它对于君主利益而非对其他任何群体利益的忠诚得到不折不扣的执行。诚然，在实现这些目标方面，他们并非总是获得成功。官僚制机器可能依然是"腐败"的，并受到某一群体或宗派

---

① [I]*Williamson*, 1937; *O.Franke*, 1931, 1932; *Lui*, 1959[*a*], 1959[*b*].
② [O]*Wright*, 1935.
③ 关于一般性的概述，参见 [S]*Beloff*, 1954; [Y]*Pagès*, 1928。

八　主要群体与阶层的政治取向与政治活动　　　293

的支配。然而，这个腐败却可以成为使既存政治体系终结的开端——正如为中国历史中著名的"王朝循环"的出现[①]、拜占庭和奥斯曼帝国的日渐萎缩和解体[②]或欧洲的政治革命[③]所阐释的那样。这些没落与官僚失去其独立活动的权力相关——即该集团不复有能力在竞争着的派系与社会群体之间维系均衡——这对我们的分析是意义深远的。这些竞争最终导致众多社会群体从现存政治框架内疏远出去。

当解体后的重组时期接踵而来之际，这些重组时期通常系由一种相对自主的、得到良好控制和富有成效的官僚制组织的复位所引发。这样的过程在中国是广为人知和证诸档案的[④]，而且在法国和西班牙-美洲帝国也得到发展[⑤]。

因此，几乎所有这些改革运动都强调了官僚不曾变得全然屈从于任何一个群体的重要性。该集团坚执更为一般的规则，并且为众多群体与阶层提供服务，以延续其在政体中的若干功能。

这个分析并不意味着：在所研究的任何社会里，官僚制组织与活动的诸原则都不曾越过某些社会阶层而偏袒另一些阶层。首先，在政治上和社会上被动的那些群体——特别是农

[①] [I]*Sprenkel*, 1952; *Eberhard*, 1954; *Balàzs*, 1950；一个没有那么细致的论述，参见 *Wang*, 1936。

[②] [L]*Ostrogorsky*, 1956[a]; *Vasiliev*, 1952; *Stein*, 1954; [O]*Gibb and Bowen*, 1950, 1957; [N]*Lewis*, 1953。

[③] [Y]*Pagès*, 1928, 1932[b]; [S]*Beloff*, 1954。

[④] [I]*Liu*, 1959[a], 1959[b]; *O.Franke*, 1931, 1932; *Hu*, 1955; *Sprenkel*, 1952, 1958。

[⑤] [Y]*Pagès*, 1928; [R]*Haring*, 1947; *Ots Capdequi*, 1945；关于波斯，参见 [G]*Christensen*, 1936, ch.viii; *Altheim and Stiehl*, 1954; *Altheim*, 1955[a], 1955[b]；及以某种不同的方式，在拜占庭帝国的数个时期（发生），参见 [Y]*Pagès*, 1928, 各处；[L]*Ostrogorsky*, 1956[a], 各处；*Bréhier*, 1949[b], *lives* Ⅳ, Ⅶ, 各处。

民——并未对官僚的主体部分发挥任何较大的影响，后者对他们的旨趣的考虑也微乎其微，这一点显而易见。也存在若干例外，尤其是在从7世纪到11世纪的拜占庭，不过这些例外是极其罕见的[①]。

其次，官僚自身以及指挥该集团的君主，通常不会过分逾越在一个给定社会中存在的基本的身份原则。毋宁说，他们试图使其政策适应于现存的分层体系——多少对之加以修订，抑或隔离其某些方面，但绝非完全地废弃这些原则。因而在所研究的绝大多数案例中，统治精英皆无不于坚持若干基本的贵族身份与贵族声望的象征，以及身份体系的一般等级结构。然而，与此同时，统治者和官僚在分层领域内的基本政策，却针对削弱各种身份群体的垄断地位。这些政策的真实存在——纵使对成功的实施从一个社会至另一个社会有所不同——解释了下列事实：官僚时而与统治者携手合作，时而与之两相对立，通常都尽力执行某些基本的中介功能与调适功能，而其后果并不完全与诸阶层中任何一个集团的旨趣相同一。除非业已彻底腐化，否则，官僚甚至还趋于为下层群体与阶层的利益服务，以及按照该群体的期待，为维系该群体的某种稳定和延续而提供最低限度的保护。通常来说，唯有在特定条件之下，一般地是在历史官僚制社会政治体系的没落时期，官僚才似乎变得全然屈从于诸阶层内的某一集团。但是，官僚确实执行它的功能和维系某种程度自主性的范围，从一个案例至另一案例仍是截然不同的，如我们将在以后加以分析的那样。

---

① [L]*Jenkins*, 1953.

唯独在没落时期——例如，在中国诸王朝的衰败时期、拜占庭历史的最终阶段以及18世纪的法国——官僚才变成下等阶层之冷酷无情和"总体性"的压迫者[①]。

F. 官僚的政治活动与政治体系基本前提的关系

现在，我们可以就官僚对于官僚制历史政体诸前提的基本态度加以简要概述。官僚的政治活动和社会活动被定位于统治者的基本目标和居民的各种能动阶层的目标之间。该集团的取向、目的和旨趣同这两极之间存在的问题有关联。该集团在历史官僚制政体的基本前提以内持续地发挥功能，极大地有赖于它保持介乎于这两极之间的"中介地位"，以及维系与这两者相关的某种程度的自主性。在官僚这样去做的范围内，它得以在历史官僚制社会的制度框架中执行其基本功能，并对这种社会关键性前提维持一种基本积极的态度。

然而，由于官僚在政治领域中占据了一个极端具有战略意义的位置，故可能易于发展出获得完全独立和不受控制的权力与身份地位的趋势，并垄断这些地位，以及缩减对它自己和对各种自主的调适机制活动领域的任何有效控制。

由于官僚具有这些倾向，而且趋于获得归属-世袭的身份象征，故对于统治者试图维系其控制社会中自由资源蓄水池来说，就可能变成一种具有全面重要性的对头或障碍。

由于其活动的特定本性，官僚遂不可能——除非它业已完全

[①] [L]*Ostrogorsky*, 1956[*a*], 1956[*b*]; *Vasiliev*, 1952; [Y]*Cobban*, 1957[*b*]; *Barber*, 1955; *Pagès*, 1928, 1932[*b*].

贵族化，并且使自己变成统治精英——与官僚制政体的基本前提在总体上相对立。然而，该集团却可能在这个政体的权力均衡方面引发巨大的变动，并限制该政体可能的发展。在这个方面，官僚——在一定意义上，它是使政治权力一般化的首要具体工具——可能易于发展出这样的趋向，此种趋向会羁绊和限制社会中权力的一般化，甚至损害使自由资源成为可资利用的条件与根基。

3. 军队在政治斗争中的地位

A. 军队的构成

军队在历史官僚制社会的政治斗争中也是一个经常的、能动的参与者。从一种纯粹形式的观点来看，军队自然可被认作为官僚的一个组成部分。然而，当军队独立参与政治斗争之际，其态度和目的竟然会如此迥然有异于主要官僚制群体所坚执的态度和目的，故而值得对军队给予专门讨论。

军队作为一种独立势力而参与政治斗争的重要性，在所研究的每一个社会中都有所不同。在罗马、拜占庭、哈里发和奥斯曼诸帝国，军队扮演了主角。在中国，虽说在不同的时期内，军队具有相对较大的政治重要性，但在政治过程中。军队并不构成一种持久的、半合法性（或至少是为人接受）的因素[1]。在法国和西班牙-美洲帝国，军队很少具有政治的重要性。在萨珊波斯，军

---

① [I]*Michael*, 1946; *Des Rotours*, 1926, 1947–1948; *Pulleyblank*, 1955.

队或者作为封建群体，或者作为官僚的一个构成成分而参与政治斗争[1]。

然而，军队可能是一个潜在的独立政治力量的事实，与历史官僚制社会的若干特征紧密相关。首先，几乎所有这些政体——尤其是面临外部安全和内部安全主要问题的、具有集体扩张主义目标的诸政体——都对外部关系给予了极大强调，并且因此而对维系适当的军事力量给予了极大的强调。

其次，由职业士兵组成的军队，以及雇佣和"公民"的军队（正像在罗马共和国和早期罗马帝国，以及拜占庭的这些军队一样）时常变成暴民活动的中心和政治鼓动的温床。

再次，这些社会的许多统治者不得不使用雇佣军，因为难以获得自由流动人力，统治者惧怕"民众"武装，或技术知识和组织知识的水准低下。在某些案例中（如我们将在较后一章中予以讨论的），这些因素将雇佣军置于强有力的地位上，并使其首领得以具有重大的政治影响。

最后，当军队（尤其是经由征募而获得补充的军队，但有时也包括雇佣军）变成流动的主要渠道时，其在社会中就获了相对较大的社会与政治层面的重要性。

当讨论军队时，人们必须将士兵大众同军事精英与军事领袖分辨开来。后者时常属于不同的社会群体，他们共享一定的政治抱负和社会抱负，而且还可能趋于利用军事地位以达成其各自的目标。在"国家"军队发展出来之际——如自7世纪至10

---

[1] [G]Christensen, 1936, 各处; Altheim, 1955[a], 1955[b]; Altheim and Stiehl, 1954, 1957。

世纪在拜占庭[1]，以及在霍斯劳一世治下的波斯所发展出来的军队[2]——其成员则通常经过他们所隶属的各个社会群体而参与政治活动[3]。

这个参与的最为极端的例证，或许是将自己视为社会的宗教价值观与政治价值观最重要载体的"宗教"军队等案例，例如伊斯兰教的军队和等级那样。这种宗教军队有时还同演化出更为自主的政治雄心的军队类型——常常试图或希望篡夺其所服务的那个社会的政治权力的雇佣军队——混合起来[4]。

B. 不同军队集团的政治目的

甚至当军队构成一种自主的政治因素时，在其两个主要构成成分的目标之间，通常也存在极大的区别。广大的士兵群众——包括没有军衔和低级的官长——大多属意于具体的经济事务和社会事务。至为重要的这类事务有：提高薪饷、保全恩俸、在官僚制中获得有利可图的官职，并且有时还是为了其家族的安全和特殊庇护。这些士兵也可能被鼓动得强烈地感受到"爱国"议题——例如，有关对王朝的外来威胁，或者宗教争端。但他们的广泛旨趣难得是自发的；一般而言，该旨趣是被政治领袖和军事首领所唤起的。更进一步地说，这种旨趣不是恒久的，或者不能

---

[1] [L]*Bréhier*, 1949[*b*]; *Diehl*, 1943; *Diehl* 等，1945; *Jenkins*, 1953; *Ostrogorsky*, 1956[*a*]，各处; *Diehl and Marçais*, 1936。

[2] [G]*Stein*, 1920; *Christensen*, 1936, ch.viii.

[3] 比如关于法国，参见 [Y]*Leonard*, 1948。

[4] [N]*Cahen*, 1957[*a*], 1957[*b*]; [M]*Hodgson*, 1955, 1960; *Grunebaum*, 1954, 1955[*a*], 1955[*b*]。

长期地与更为具体的问题隔离开来。因此，在罗马、拜占庭等地，众多以国家、政治和宗教为理想的军事反叛，如果士兵们关于增长薪饷、对土地的权利等等要求得到兑现和/或他们的代表在执掌权力地位方面获得成功，则通常便极少是狂风暴雨式的。一般说来，唯独从宗教等级和宗教派系中衍生出来，并维系一种强固的宗教认同感的军队，才在更广泛的政治问题上显示出颇为持久的旨趣。这类军队经由在阿拔斯（749—1258年）和法蒂玛（约909—1171年）诸哈里发王朝所发展出来的各种"等级"而得到最佳例示。

士兵们通常经由威胁撤回他们的服务、反叛和兵变以及逃亡，而在军队自身的框架以内进行他们的斗争。在某些案例中（例如在拜占庭、中国和法国），士兵也参与更为广泛的反叛运动。

军事领袖的政治目标自然远为复杂和丰富多彩，并且与政体的核心问题相关联。除了利用其地位以充实他们自己及其家族而外，军事领袖还在获得下列各项上显示出政治旨趣：

(1) 政治影响，通过占据谋士和官僚制诸职位来实现；

(2) 集中并且在可能的范围以内垄断具有实效的政治权力，通过控制关键的职位来实现；

(3) 控制统治精英，通过控制君主和继承王位来实现；

(4) 在极端的案例中，攫取王国和统治。

显然，军事领袖的政治战争是在宫廷政治的大多数中心场所和官僚制的上层集团中展开的。他们使用各种各样的方法，但全部方法却可能最终归结为此种威胁：要么使用他们的军事力量以反对其对手，要么撤回他们的服务。由于军队时常由来自众多阶层的成员所构成，故这样的威胁可能得到某些广泛的社会反响。

C. 军队的政治活动与政治体系基本前提的关系

就军队在政治斗争中发挥某种独立作用而论，其不同构成因素在何种程度上会与官僚制政体的基本前提和统治精英的根本政策相认同？表面上看，大多数这类军队似乎基本上遵循着统治精英的一般政策——唯有在其框架以内，这种军队的存在才获得保证。

然而，在某些情形下，军队在此种框架内的战略地位，却可能导致损坏统治精英基本政策和政治前提根基的结果。

首先，由维系军队而引起的对于资源的巨大要求，可能时常导致官僚制政体的萎缩以及最终解组。

其次，军队通常并不信任为主要社会阶层所发展的自主的调适机制，以及文职官僚集团的活动。因此，军队时时渴求通过直接地篡夺权力而控制这些机制和活动。

最后，军队可能在变更和破坏政体的特定目标方面发挥重要作用。军队的强固地位使其得以将自己的目标强加于统治者。当军队篡夺了社会中的最高权力时，它的重要性便尤为彰著。因此军队能够变更政体的基本目标，以及相应地，变更政体的基本制度框架[1]。

---

[1] 参见 [N]*Cahen*, 1957[*a*], 1957[*b*]; *Hoeuerbach*, 1950; [X]*Craig*, 1955。关于革命前法国军队中的一些社会问题，参见 [Y]*Girardet*, 1953。

4. 贵族在政治斗争中的地位

A. 贵族的构成

除政治精英、官僚和军队之外，贵族在我们所研究的社会中是另一个经常参与政治斗争的主要群体。贵族通常由借助于亲缘纽结、时而还有地缘邻近的纽结、共同的生活方式和共同价值观而交互关联起来的占有地产的家族所组成。在分层体系中，在荣誉、声望以及有时还在权力方面，贵族握有较高或者最高的地位。贵族内部至为重要的区别是财富和身份的区别。另一关键的内部区别则在于其"文职"与军事的构成成分之间的区别。例如，在拜占庭帝国便演化出此种区别。这样，尽管贵族通常系由若干亚群所构成，而且在其边缘，趋于与士绅结合起来，但在总体上，贵族仍然能够区别于其他群体。

在大多数官僚制社会结构内部，贵族都占据一种具有战略意义的地位——即使其地位并不总是依据政体的基本前提就可予以清楚界定的。贵族相对强大的力量起因于这样的事实：大多数官僚制政体是由受贵族群体支配的政治体系（大多数是封建社会或世袭制社会）——诸如前萨珊波斯，封建（汉代之前，即公元前206年以前）中国，以及显而易见的，封建欧洲——发展而来的。

贯穿萨珊波斯的始终，强大的贵族势力以"久已确立"的王公和封建家族的形式而存在。在萨珊帝国的较晚时期，其权却以成长着的新贵族形态延续下来：贵族的经济力量和政治力量并未受到任何较长期的羁绊，除非是在霍斯劳一世统治时期①。

在拜占庭帝国历史的不同时期中，在贵族的构成方面或许存在较大的转折。然而，在拜占庭，地产巨头、高级官吏和军队首领，也试图将他们自己立为一种独立的或占有土地的贵族，继续有力地保存经济地位与政治地位。在帝国历史中，这些贵族从上层都市阶层得到新成分的补充②。

在中国，贵族或封建家族也存在于汉朝时期（公元前206-220年）。在唐代（618-907年），贵族在某种程度上复苏了。然而，至905年，贵族却已变得几乎全然灭绝了，虽说士绅家族时常试图扩充他们的地产，并获得贵族的身份——在后一方面，士绅并不是很成功③。此后，唯有在大多数的征服者王朝，诸如蒙古王朝和清王朝，才环绕着皇室和朝廷建立起各式各样的贵族家族。不过，这些家族并未被整合到中国的社会结构中④。

在大多数欧洲国家里，封建贵族以某种形式延续下来。然而，正像我们看到的，他们业已被极大地转变了，并失落了其大多数政治与经济的（有异于社会的）优势⑤。在西班牙-美洲帝国，不在"古老的"土著贵族。尽管当地的克里奥耳人贵族发展起来，

---

① [G]Christensen, 1933, 1936, 各处, 1939; Ghirshman, 1954; Delaporte and Huart, 1943; Altheim, 1955[a], 1955[b]; Altheim and Stiehl, 1954, 1957; Widengren, 1956。

② 参见 [L]Runciman, 1929, pp.109 ff.; Charanis, 1951[b]; Jenkins, 1953; Guilland, 1947-1948, 1954; Bréhier, 1949[b], 1950, 各处; Ostrogorsky, 1956[a], 各处; Vasiliev, 1952。

③ 参见 [I]Pulleyblank, 1955; Stange, 1950。关于某种不同的观点，参见 Eberhard, 1948[a], 1952; Balázs, 1948, 1950。

④ 参见，如 [I]Michael, 1942。

⑤ [S]Lindsay, 1957[a]; Goodwin, 1953; [Y]Bloch, 1936; Carré, 1920; d'Avenel, 1901; Ford, 1953; Sagnac, 1945, 1946; [U]Desdevises du Dezert, 1925, 1927。

并成为社会领域和经济领域中的支配者,但其封建趋向却受到王室和王室官员的抑制①。

在这些社会的历史中,占有土地的群体和贵族群体总是积极地参与政治斗争。出于这个原因,他们构成了政治结构,尤其是政体发展初始阶段中最成问题的因素之一。在这些早期阶段,贵族的目标时常基本上与官僚制政体的基本前提相对立,从而引起统治精英的政策被导向反对贵族。这种政策导致了贵族对于统治精英,以及官僚制政体的前提与目标,一般而言都具有一种否定或矛盾的态度。

在我们正予以考察的大多数社会里,贵族对于中央集权政体诸前提的矛盾心态均得以显示出来。然而,这种矛盾的表现却是处处不同,时时有异的。贵族同官僚制政体的前提及其统治者政策的对立,存在着两个主要的类型或阶段。头一个类型系以公开或几乎公开的对立为特征。第二个类型则以贵族对于这些政体框架的相对适应,和试图在这些框架中获得最大限度的利益为特征;以及在大多数案例中,还以对这些政治体系基本前提和统治者政策的许多方面的某种一般的、庚续不绝的否定取向为特征。虽说这些类型或阶段所表现区别并不总是泾渭分明的,但在分析上却是可以相互有别的。

B. 贵族与政治体系诸前提的对立

第一个类型 起初,贵族的对立主要表现于其阻碍统治精英实现自主的目标的尝试中。例如,贵族竭力建立独立的政治组

---

① [R]*Konetzke*, 1951[*a*], 1951[*b*], 1952, 1953; *Zavala*, 1943; *Levene*, 1953.

织、统一和扩张领土、竭力削减自由的资源对于统治者的可资利用性并缩小统治者和官僚内部与外部两方面活动的范围。因此，贵族对于遏止创建新的忠诚、团结的象征，以及遏制往往贯通于强大自群主义（地缘、亲缘和身份）群体并作为新型共同体与国家的中心而以统治者为焦点的认同，都具有极大的兴趣。贵族希望维系将会大体上独立于统治者，并且基于贵族的价值观、生活方式和地位之上的身份体系。

体现出贵族政治态度的具体目标、取向和活动是怎样的？

贵族的首要目标之一，是维系与崛起中的王权相对立的自主性，并且限制后者的资源与有效性。贵族利用若干手段以达成这个目标。手段之一即是借助占有众多资源、税收渠道、人力动员和保存某些封建传统与世袭传统，从而削弱在经济上对于君主的主要支持。

贵族还竭力使其在御前会议、行政机构与代议制度中的职权得到形式化和恒久保存。这些制度中当然有许多是君主用来破除贵族的权力和扩大参与政治斗争范围的手段。然而，该制度中也有许多是从历史官僚制社会的封建成例和世袭成例中延伸而来的。贵族时常借助于恒久保存这些官职的要求，试图限制君权的有效性、独立性及其目标的独特性，并且保留贵族自己对于做出主要政治决策的影响。例如，萨珊波斯，甚至新贵族以及存各个时期的改革之后创生的军事贵族，也发展成为借助其官职成功地控制了君主的半地主化的军事群体[①]。与之类似，拜占庭和法国的贵族也时常企图垄断具有战略意义的官职，并且削弱中央集权

---

① [G]*Christensen*, 1936, 特别是 *ch.viii, ix, x*; *Altheim and Stiehl*, 1954; *Ghirshman*, 1954。

君主政体的权力①。

贵族的这些趋向，一般主要地在处于世袭制、封建社会与官僚制政体之间的边缘地带的诸政体中发展起来。例如，在古代波斯，贵族分子——无论其为土地贵族或军事贵族——屡屡在国家中占据支配地位，为了他们自己的意图而竭力利用国家机器，并且成功地限制了统治者的权力及其政策的实现。

在中国，在从秦王朝（公元前221-前206年）到汉王朝的转变时期，以及在较小的程度上，亦降及唐代，贵族都从事于类似的活动，直至官僚制政治体系充分地建立起来②。同样的行动还发生于波兰，以及在较小程度上，发生于匈牙利：在那里权贵们在一个相当长的时间里，设法防止了一元化政体从任何地方崛起③。

不过，这些趋势并不仅仅存在于官僚制与前官僚制政体之间的这些边际情况中，或仅存在于中央集权制政体建立的初始阶段上。该趋势也出现于许多业已充分确立的官僚制社会中。在这些政体内，贵族可能在政体发展的较后阶段上发展出此种趋势。例如，拜占庭贵族就持续不断地试图限制君权对于王政的依赖，将其自己的目标强加于君权之上，并维系自己的地位与免赋特权。而且，在大多数欧洲绝对专制主义国家里，迟至18世纪，贵族还在试图限制君权的效能及其独立活动的范围④。

---

① [L]*Ostrogorsky*, 1956[a], 1956[b]; *Charanis*, 1951[a], 1951[b], 1953[a]; [Y]*Pagès*, 1928; *Ford*, 1953; *Sagnac*, 1946.

② [I]*Pulleyblank*, 1955; *Stange*, 1950.

③ [S]*Goodwin*, 1953.

④ [S]*Goodwin*, 1953; also[Y]*Ford*, 1953; *Pagès*, 1928.

第二个类型　贵族在实现反对统治精英和官僚的目标方面得到成功，在每个社会都有所不同。但是，贵族从来也没有（除去唐代以后的中国这个唯一和局部的例外）全然销声匿迹，或被阻止发挥任何社会影响和政治影响。即便是在唐代以后的中国，一些皇族和贵族家族也会死灰复燃，而且贵族化的趋势虽然未曾充分地获得明确地表达，但也通过各种各样的缙绅家族而表现出来。

在萨珊波斯，贵族蒙受了诸多兴衰荣辱，在霍斯劳一世治下反对贵族的迫害时期中尤为昭著。然而，直至帝国末年，贵族仍一再申明自己的存在。

在拜占庭帝国，从7世纪到10世纪的皇帝们，都尽力限制贵族，使之免于过分强盛和蚕食自由农民。然而，自11世纪以降，这些努力却日益鲜见成功。不同的贵族群体在经济上（通过扩充其地产）和政治上都占尽了优势。其最后的王朝——科穆宁王朝（1057-1059年，1081-1118年）和巴列奥略王朝（1261-1453年）——便受到不同贵族群体的极大支配[1]。

在大多数其他国家里，贵族可能不曾达成其首要目的，并且因此而不得不适应于官僚制政体的基本前提和基本框架。然而，即使在这样的案例中，贵族也没有停止在各种领域中发挥重要作用和参与政治斗争。统治精英自身在其政策中也时常承认，甚至还强调贵族在社会领域的优势地位。贵族的高等社会身份使之得以参与政治斗争，虽说他们不得不追求的目的和使用的手段，与他们在同统治者相对峙的初始时期中所具有目的和手段已经大相

---

[1]　[L]*Guilland*, 1953-1955; *Ostrogorsky*, 1956[a]; *Jenkins*, 1953; *Vasiliev*, 1933, 1952.

径庭。这样，便出现了贵族与官僚制政体统治精英相对立的第二个阶段或类型。

在某些欧洲国家，诸如法国、西班牙和葡萄牙，贵族在绝对专制主义时代的最初时期，在政治上和经济上就受到极大削弱，但仍维持着在社会上的优势地位。以后，在 18 世纪，贵族变得在政治上更为活跃。在法国，古老的（佩剑者）贵族和新的（穿袍者）贵族之间的联盟，在路易十五去世之后（1715 年），导致了"贵族的反动"，极大地削弱了政体的稳定性①。在普鲁士，在霍亨索伦家族与古老贵族的最初裂痕于 18 世纪被弥合之后，贵族——在统治者借助于提供服务而使其归化以后——变得在社会上和政治上都占据支配地位②。

在古老的土地贵族被统治者所成功地驯服并部分地转变成新贵族之后，或在统治者创立了这样一种新贵族之后，这个对立阶段通常便发展起来。此后各种各样的贵族群体变得较少关心对政体的领域和目的加以彻底限制，他们主要旨在为了自己的意图而适当地利用这些框架——提高他们的权力、声望和财富，以及在社会结构和政治结构中将贵族的成分与象征增至极限。贵族分子试图以许多方式达成这些目标。

贵族依然持续地试图垄断官僚制中各种各样的职位。统治者则旨在将贵族的此种控制限定在单纯荣誉性的职位上——例如，在法国，是国王的内侍或总管一类的职务。然而，贵族却努力或者使这些职位在政治上富于实效，或者渗入和垄断其他各种在战

---

① [Y]*Ford,* 1953; *Sagnac,* 1945, 1946; *Pagès,* 1928; *Barber,* 1955.
② [X]*Hintz,* 1914, 1915; *Carsten,* 1954, 1955; *Schmoller,* 1898; *Rosenberg,* 1958.

略上至为重要的行政活动和政治活动领域，例如军队和法院。在某些案例中，贵族甚至试图垄断君王的御前会议和决策权力。

贵族试图——或者有意，或者无意——将众多上层官僚导向贵族的价值观与生活方式。他们的方法包括将在社会上礼贤下士和保持距离结合起来、通婚和财政分配，直至公开的政治结盟，并且接纳上层官僚的某些成员跻身贵族之列。最后一个方法在18世纪的法国（穿袍者和佩剑者的局部结盟），在较小的程度上还在普鲁士，以及或许在最大程度上，在自11世纪以降的拜占庭，都被加以利用。在拜占庭帝国，文职贵族和军队贵族试图从其他阶层和精英中汲收大批活跃分子。

各种贵族家族都试图利用统治者提供的经济便利和机会，以扩充他们自己的经济利益。有时，贵族涉足于贸易和制造业；而更为经常的，则是变成农业经营者，改进许多耕作技术，或以使农产品进入市场为取向。在某些案例中，例如在普鲁士和奥地利，贵族还将这些活动与对国家权力的利用结合起来，以强化他们对于农民的权利和增长他们施之于农奴的权威。一般而言，贵族以牺牲其他群体为代价而试图垄断经济地位和经济机会[①]。

最后，贵族频频引发和组织强大的运动，以反对可能使国内其他阶级受益的君主政策。这个方法的两个例证是：18世纪发端之际法国贵族与国王政策的对立；以及11世纪中叶拜占庭文职贵族与军事贵族的攫取政权[②]。

---

① [X]*Hintze*, 1914, 1915; *Rosenberg*, 1958; [T]*Schenk*, 1953; *Blum*, 1948；同样参见[V]*Gohlin*, 1953; [s]*Redlich*, 1953。
② 参见[Y]*Ford*, 1953; *Pagès*, 1928; [L]*Ostrogorsky*, 1956[*a*], 1956[*b*]; *Vasiliev*, 1952; *Jenkins*, 1953。

就这些尝试获得成功而言，它们增强了贵族在官僚制政体内的政治力量。此种尝试使贵族得以在政治议会中发挥更大的影响，并且保护其特定的经济利益和社会利益。

C. 贵族政治活动与政治体系基本前提的关系

贵族与官僚制政体基本前提及统治者之间相对立的这两个阶段或两个类型之间的区别，并不总是泾渭分明的。除去中国和英国而外①，土地贵族甚至在适应于官僚制政体的框架，并且于其中获得经济繁荣时，也总是多少与该框架的若干实际取向或潜在取向、社会发展趋势、统治者的某些政策以及统治者对自由资源的促进相对峙的。贵族极其频繁地强烈抵制其他群体实现对政治过程的潜在参与，并且反对这些群体的自主政治发展——如在18世纪的普鲁士那样。换言之，贵族通常是这样的社会力量：其最为强烈地与社会分化的任何扩展进行斗争，而且在极端的案例中，他们还阻挡权力向统治者手中的集中及自由地利用权力来追求统治者目标。在不很激进的形式中，贵族的对峙由下列尝试组成：限制在其他阶层中隐伏的自由权力中心的潜在发展，以及这些阶层利用权力以实现他们自己的目标和政治抱负。在这些案例中，贵族时常竭力培育和鼓励统治者的更为传统或指令性的取向。

贵族的这些政治趋向，在其所发展的与社会其他群体的关系中，以及在这些关系之于社会政治过程所具有的意义中，表现得最为明显。贵族与社会中大多数群体都有关联，这包括农民和

---

① [Z]*Habakkuk*, 1953; *Namier*, 1929, 1930, 1952; *Pares*, 1957; [S]*Beloff*, 1954, ch.ix.

宗教精英：贵族在地方上，并通过参与中央政治机构也在中心与他们保持接触；以及都市群体，诸如商人和制造业者：贵族出于经济和政治两方面原因而与之有所接触。贵族或许构成一个"生态"群体，与其他阶层和功能精英都有最为广泛的接触。然而，贵族试图在他们自己与其他群体和阶层之间传统和自群主义的直接关系的基础上，保持所有这些接触，并将后者从中央的行政活动和政治活动的领域内排除出去。贵族还试图阻止在这些群体和阶层与统治者之间形成直接的关系。在这个方面，贵族影响到历史官僚制政体的稳定性和持续性。

贵族与历史官僚制帝国政体体系诸前提相对峙的两个阶段之间的区别——异化-封建或世袭-贵族分子与之完全公开对立的阶段，以及相对"归化"的贵族为其自己的利益而在这些政体内部工作的阶段——并非总是泾渭分明的。然而，关于与每一阶段或类型相关联的各种类型的政治活动，仍有若干区别可以察见。

贵族与中央集权化政策相对立的头一个类型或阶段，通常是由领主、行省长官等基于地方和行省的层面上所提供的。这些人试图通过"个人"家族派系和阴谋诡计而维系相对独立于皇家宫廷内的中央当局。贵族对峙的第二个类型则通常是在国家的层面上，或以官僚制或以不同的代议制度而组织起来。在这个阶段上，贵族变得极具内聚力和组织性，其主要地由中央集权君主政体的活动所引导，而且发生于其制度框架以内。

贵族-封建趋势与官僚制政体基本前提的第一种类型的对峙，在许多情形下（例如，在萨珊波斯）导致了中央集权政体的解组或衰落。

对峙的第二个类型适应于官僚制政体的框架，并且通常并不具有这样深远或直接的后果。当官僚制政体强大有力的时候——例如，在普鲁士，以及在某种程度上也在拜占庭帝国——贵族一般宁愿利用该政体，并按照对自己有利的方式变更内部权力的均衡。不过，贵族与统治者的对立也可能引起这样的社会过程和经济过程：它会反转过来导致官僚制政体的解体或转变。当贵族业已发展成为一个相对封闭的身份群体，意欲将统治者可资利用的自由资源保持在最低限度，并且使统治精英与构成这些资源主要源泉的诸群体相异化时，这个解体便尤其会发生。

在拜占庭帝国，政体的逐渐解组，与贵族的权力日益上升，以及与社会中自由资源日渐枯竭相关联[1]。

在法国，旧体系的废除与君主和上层官僚日增的贵族化，以及与路易十四去世后接踵而至的"贵族的反对"相关联[2]。在英国——以及在更小的程度上，在普鲁士和俄国——贵族却变得适应和认同于官僚制政体诸前提，而且并未对其解组推波助澜[3]。不过，在普鲁士，18世纪末期贵族势力与专制君主的重新组合，却导致了冻结社会结构和政治结构，并且削弱了政体。这些条件促进了18世纪末和19世纪初在这里发展起来的改革运动[4]。

---

[1] [L]*Ostrogorsky*, 1956[*a*], 1956[*b*]; *Charanis*, 1951[*b*], 1953[*a*]; *Lemerie*, 1958.

[2] [Y]*Ford*, 1953; *Pagès*, 1928; *Cobban*, 1937[*a*]; *Carré*, 1890, 1920; *Bloch*, 1936; *Egret*, 1952, 1955.

[3] [Z]*Ashley*, 1952; *Plumb*, 1950; *Mamier*, 1929, 1930, 1952; *Mathew*, 1948; [S]*Lindsay*, 1957[*a*]; [Z]*Brock*, 1957; *Habakkuk*, 1953.

[4] [X]*Rosenberg*, 1958; *Hintze*, 1914, 1915; *Bruford*, 1935, 1957.

5. 宗教群体和文化群体在政治斗争中的地位

A. 宗教群体和文化群体的构成

各种宗教群体与文化群体，以及精英等级也参与政治斗争。这些群体和精英，主要是由宗教机构的首脑和各色人物、不同的宗教等级尤其是修道院和准修道院等级的成员、教派与宗教运动的领袖以及在某些情形中还有颇具卡里斯玛性格的人物——尽管最后这些人旨趣显然与既存教会机构和宗教机构成员的旨趣迥然有异——所组成。

文化精英的另一分支括及诸如大学与学院之类高等学习机构的首脑，这些机构可能或者附属于或者独立于宗教机构。在此所研究的许多社会中，宗教-文化精英都被较为完善地组织起来——时常是依照官僚制的模式而组织起来。

在我们关于官僚制社会的社会先决条件的讨论中，我们已指出更为广泛的文化取向在这些社会的结构中的重大意义。这些取向和价值观，以及把持该取向和价值观的群体和精英，在创造这些必要条件方面执行着非常重要的功能。在统治精英维系与政治体系、文化体系及其象征相认同的努力中，这些群体和精英是该统治精英的重要潜在盟友。更进一步说来，他们通常是居民中广大阶层的地方传统与文化中心和政治中心的"大传统"之间主要的关联环节。

因为宗教群体和文化群体在社会结构和政治结构中占据这样的地位，因此它们通常都被吸引到政治斗争中去，而且既不可能为大多数争斗着的派别所忽略，也不可能为之所漠视。一般而言，斗争着的派别都极大地有赖于宗教精英和文化精英来促进对它们旨趣的合法性的宣传，以及对其个别象征的有效沟通与传播。此外，宗教领袖和宗教机构还凭借其自身的力量而构成经济权力和政治权力的中心。

出于这些原因，文化精英和宗教精英便成为这些社会政治斗争的积极参与者。君主和官僚，或君主与某些贵族势力之间的权力均衡的变更，常常是各种宗教机构或教派命运盛衰的伴生物，在古代波斯，玛兹达教派某些支脉密切地与土地贵族和/或国王相互关联，而且，在玛兹达运动和中、低等阶级之间，以及在较小程度上，也与改革的君主之间，也存在着密切的关系[1]。

在拜占庭帝国，在圣像破坏争端期间（8世纪和9世纪），教会与众多反对君主的运动和大众运动通力合作[2]。在中国，道教徒和佛教徒与各式各样的宫廷和中央官僚派系，以及与若干缙绅和行省群体结盟[3]。在西班牙-美洲帝国，教会和传教机构经常与不同的官僚派系结盟，而且甚至更为重要的，还与某些印第安共同体形成盟约[4]。在16世纪欧洲的宗教改革和宗教战争期间，在各种社会、政治群体与宗教派系之间，也存在非常密切的关系[5]。

---

[1] [G]*Christensen*, 1936, *ch.iii, vi, vii*, 1939; *Mole*, 1953; *Massé*, 1952; *Klima*, 1957.

[2] [L]*Bréhier*, 1899, 1904; *Ostrogorsky*, 1929[*a*], 1930[*b*]; *Dvornik*, 1948; *Runciman*, 1955; *Jugie*, 1941.

[3] [I]*Gernet*, 1956; *Wright*, 1959; *Pulleyblank*, 1955.

[4] [R]*Haring*, 1947, *ch.x*; *Mörner*, 1953; *Hanke*, 1937, 1949, 1951, 1952; *Desdevises du Dezert*, 1914, 1917; *Zavala*, 1943.

[5] *Clark*, [S]1929–1959, 1957[Z], 1955; [Y]*Königsberger*, 1955; [S]*Jedin*, 1955; *Leonard*, 1955; *Orcibal*, 1955.

B. 宗教群体的主要政治目标

官僚制政体框架中宗教精英和文化精英的主要政治旨趣和政治取向，可以轻而易举地为人所察见。宗教群体的头一个具体目标（显然导源于他们的基本价值观）得到官方的充分承认和国家保护——若有可能便作为国教，不然便作为次级、公认和受到庇护的宗教。

宗教精英的第二个目标是在执行主要社会功能方面获得独立。这个独立性通常包括：(1)宗教群体和宗教机构在内部管理、活动组织和成员补充方面实现自主性的可能性；(2)确立宣传信条、维系圣殿、庙宇和教育机构的相对自主；以及(3)主要的宗教价值观与教义的独立确定和传播。宗教群体主要向统治精英和官僚要求自主，如先前所讨论的，后者通常都渴求控制宗教精英的活动并将之结合到其行政活动的一般框架之内。

宗教精英的第三个主要目标与第一个目标紧密相关。这便是保存和扩充其物质基础（即财产），以及提高他们在社会中的一般地位。

至少，宗教精英的某些成员还具有第四个目标，这个目标就是获得具有政治乃至行政上具有重要性和影响力的地位。除去个人的抱负外，具有这个目标的精英还受到下列愿望的促动：(1)充当统治者和管理者的精神导师，从而保全和维系他们对于宗教精英的价值观和象征的忠诚；以及(2)壮大宗教机构与宗教群体的政治力量和经济力量。

出于一个明显的原因，许多官僚制政体的统治者（以及其他类型政体的统治者）都时常在政治机关中雇佣教士。因为教士

(特别是在罗马天主教国家)鲜有家族纽结和家族义务,故被认为与任何给定群体,包括官僚本身在内,都只有最少的直接牵连。然而,这第二个假设却并非总是为事实所证实。教士与从事政治斗争的任何特定群体相认同的范围,从一个社会到另一个社会都极为不同。这一范围主要取决于宗教组织参与政治斗争的性质和程度,以及取决于教士的家族和地方联系。

在宗教群体与宗教领袖的若干分支之间,另一种类型的目标也趋于发展起来。这个目标便是转变政体的某些基本前提,并且确立基于宗教的价值观,以及基于宗教领袖和宗教共同体之优势的新政策。

C. 宗教群体政治斗争的手段

宗教和文化的群体与等级,在社会中以不同的方式和在不同的地点展开斗争,并在斗争中使用不同的武器。由于他们具有战略意义的地位和社会范围的组织与功能,故能够在地方行省层面和更为中心的层面上行动。因为该群体可以接近的一切阶层居民并与之紧密关联。所以能够在政治上轻而易举地影响这些阶层,并且动员这些阶层的支持。

宗教精英的成员也能够接近宫廷和官僚制的较为高等的集团,正如其易于接近政治斗争之颇为中心的场所一样。该精英还时常具有通向统治者及其首席谋士的直接门径,而他们自己也可能充当谋臣,并且屡屡被委派到官僚制的高等职位上去。这样,该精英便具有足够的机会参加宫廷的派系和斗争,并且在诸多政治决策方面享有发言权。

宗教精英还能够组织起他们自己的权力中心和鼓动中心——

一般而言，这些中心是强有力的。中国和拜占庭的各式各样的书院（学院）提供了极佳的例证[1]。此外，教士还频频建立或参与各种政治组织。在代议制方面——尤其是在这样的等级会议上：在那里，宗教精英或作为单独的等级，或与其他等级联合行动——他们也相当活跃。

宗教精英趋于利用几乎一切可资利用的政治斗争手段。无论如何，他们——或许除了统治精英外，较之任何其他群体都更为频繁地——诉诸鼓动宣传，以获取"舆论"和获得对其立场和政策的支持。教会和传习中心即创立了这样的宣传，而地方的宗教活动（教派、传教士和修道院，等等）则时常充当其活跃的渠道[2]。这种鼓动作为自由-流动的社会力量和一般化政治力量的疏导者，具有重要的意义，这些精英能够指引这种力量符合或者反对统治者的目标，或使之完全偏离该政治目标[3]。因此，文化精英和宗教精英为达成控制而与统治精英激烈地竞争——而且后者总是试图控制前者在沟通领域里的活动。

D. 宗教群体对于中央集权政体的基本态度

宗教精英具有极其多样化的政治旨趣和政治活动。这个事实自然会引起他们对于历史官僚制帝国政治体系诸前提的基本态度问题。

初看上去，要抽引出关于这些态度的任何一般结论都似乎是

---

[1] [L]*Hussey*, 1937; *Fuchs*, 1926; [I]*Galt*, 1951；各处；*Hucker*, 1951, 1959[a]; *Wilhelm*, 1951。

[2] 参见，e.g., [L]*Hussey*, 1937, 1957; *Barker*, 1957; *Baynes*, 1955; [I]*Reischauer*, 1955。

[3] [G]*Christensen*, 1936, 特别是 *ch.vi-viii*, 1939。

不可能的。宗教群体和宗教精英使自己与众多不同的群体结盟，并且在同一个社会里非常频繁地从一个群体到另一个群体转变其忠诚。从表面上看，该精英在根本上并不必然地表现出任何明晰、持续和稳定的政治取向。例如，在某些案例中，该精英明显地利用他们与其他群体的密切联系，以强化其自身与统治者的政治认同，并且创造一般化权力的新的潜在蓄水池；在另一些案例中，他们的所作所为却显然刚好相反。

在某种意义上，这个断言是确凿有据的。宗教精英和文化精英的价值观与取向通常超越于任何一个群体或政体。而且，虽说这些精英确乎参与官僚制社会的政治斗争，但他们在这个斗争中却并不必然地对任何其他参与者抱有一种根深蒂固的忠诚。

然而，这个观点并没有涵盖问题的全部有关方面。我们必须记住，在这些社会的社会体系，政治体系与统治者的合法性方面，宗教精英和文化精英执行着不可或缺的功能。因此，这些精英对于政治体系及其象征的基本态度，以及对于政体都是非常重要的，而且这种基本态度必定与其诸信条的价值观、取向和意识形态密切相关。

在宗教精英和文化精英的取向与价值观结构中愈是包含有传统、自群主义和非超越性因素，以及这些因素愈是以强调宗教角色和政治角色两相融合的方式而被组织起来，则该精英也就愈是很少能够产生同历史官僚制政体基本前提紧密关联的更为广泛的文化取向。此种宗教组织的一个重要例证是波斯的玛兹达教派，其表征出诸多自群主义因素和传统特点，而且时常是更为世袭制因素或封建制因素强固的盟友。这样的宗教精英通常促进了统治者合法性中基于传统价值观和传统取向的那些方面。在诸如此类的案例中，宗教精英和文化精英并不曾为官僚制政体提供真正强有力的支持，但通常确实向统治者提供了基本的传统合法性。

不过，在付诸思考的更为分化的社会中，宗教精英的基本取向与历史官僚制政治体系的基本前提之间，却存在一种特别紧密的关系。为宗教精英所传播的广泛取向和对于执行该取向的有力强调，创造出为这些政治体系所必需的某些基本资源。

这样，在我们所研究的一切社会里，宗教精英既维系统治者的传统合法性，又在原则上支持统治者某些出类拔萃的、更富于弹性的政治取向和政策——尽管他们在具体问题上同统治者有数不胜数的冲突。例如，在拜占庭教会大部分历史的始终（除去圣像破坏战争的局部例外），该教会为皇帝们执行此种功能[1]。而天主教会为了法国（非新教的）君主们、儒教学者通过其传授活动和宗教活动为中国的统治者，也都践行这些功能[2]。这类合法性通过礼仪、加冕典礼和为君主的专门祈祷等等象征化。在西班牙-美洲帝国，征服在意识形态上经教皇亚历山大三世敕令而被证明为正当。贯串帝国存在的始终，教会与传教机构的宗教活动和殖民活动都是非常重要的[3]。

但是，宗教组织和政治体系之间的密切关联，并不意味着前者总是后者的主要支柱。宗教群体的实际政治参与指出：该群体可能易于发展出有损于政体的政治取向与政治活动。这些可能性植根于这些社会宗教组织的若干基本特征之中。

---

[1] [L]Gelzer, 1907; Grégoire, 1948; Baynes, 1955.

[2] [I]Kracke, 1953; H.Franke, 1953[b]; De Bary, 1957; Nivison and Wright, 1959.

[3] [R]Hanke, 1937, 1951; Mörner, 1953; Desdevises du Dezert, 1914, 1917; Haring, 1947, ch.x.

E. 宗教群体参与政治斗争的基本模式

在实际参与政治斗争方面,宗教精英趋于展示出针对各自政治体系基本前提所可能具有的全部重要取向。

参与合法的政治斗争 在所研究的大多数国家内,宗教群体的政治参与,至少在一定时期内,被完好地包容于给定的官僚制政体的前提与框架以内。因而,宗教群体推进了社会中合法政治斗争的发展,从而有助于该社会的持续。关于宗教群体积极参与社会的制度框架,存在着许多例证:在波斯有玛兹达教派的政治参与及其与统治者和不同社会群体的协作;在拜占庭帝国有东正教会的政治活动及与其他群体的协作;特别是还有儒教徒和佛教徒在中华帝国从事的政治斗争。

然而,在历史官僚制社会,宗教组织却可能不仅充当现存政治体系的主要柱石,而且充当社会变迁与政治服从的焦点,而后一方面则损害了社会政治体系的基本前提。在众多案例中,宗教等级和宗教群体使自己与社会中的改革运动相认同。有时,国教还为这些改革提供了动力,或至少是为之辩护。宗教群体在伊斯兰国家①、宗教改革的欧洲以及西班牙-美洲帝国的某些活动中都充当了政治变迁的发轫之点②。此外,在所有这些社会里,宗教群体和宗教组织还能够激发起可能使政治支持偏离统治者的政治消极态度。

---

① [M]*Lewis*, 1950, 1953; [N]*Cahen*, 1955[*a*], 1957[*a*], 1958-1959; [M]*Hodgson*, 1960; *Grunebaum*, 1946, 1954, 1955[*a*], 1955[*b*]; *Brockelmann*, 1943.
② [S]*Clark*, 1929-1959, 1957; *Jedin*, 1955; *Leonard*, 1955; *Orcibal*, 1955; [Y]*Königsberger*, 1955.

关于在这些社会中宗教组织和宗教取向何以能够充当激进变迁与政治服从的焦点或肇始之点，存在着三个基本的原因。所有这三者都导源于历史官僚制社会宗教组织的基本特征——即宗教领域的分化、该领域的相对自主性及其与政治领域的持续互动。

在所研究的大多数社会里，主要宗教的价值系统都高度地分化，包涵了普遍主义和／或超越取向的浓烈成分。这样，该系统便构成自主取向、变迁和不满的潜在源泉。

众多宗教组织复杂的官僚制特征，以及对成文传统及其译解的极大重要性，是宗派运动和宗派等级得以成长的深厚根基。这些宗派和等级出现于所有这些社会里——时而在国教教会的真正中心，时而则在边缘。

参与叛乱和变迁运动 在所研究的许多社会里，若干宗教机构和宗教组织为社会中的优势地位而相互竞争。通常——例如，基督教、伊斯兰教和佛教教会的案例——竞争着的群体是超国家的，并具有贯穿给定版图和政治单元的洲际范围的旨趣和取向。在所有这些案例中，众多宗派群体和宗教运动都能够发展出那些既强调意识形态因素，又强调政治因素的宗教取向。

这些因素屡屡预先安排某些宗教群体和宗教精英发展出更为极端的政治取向，以及参与激进的政治运动和社会运动。该因素也使得其他群体（或同一的群体而在不同的环境之下）倾向于发展基本的政治消极性。

刻画出某些宗教机构、宗教等级和宗教群体特征的对于变迁的潜在偏好，诠释了其何以频频参与"激进"的社会运动和政治运动——例如，参与农民暴动以及都市运动和密谋集团。"民众"运动和宗教秘密社会首领之间的协作,是中国的叛乱[①],以及在某种程度上,也是拜占庭的叛乱以及法国的农民起义所共同具有的[②]。

在另一些案例中——例如,在穆斯林世界,以及在宗教改革的欧洲——宗教群体有助于创造新型的能动政治组织。各种宗教政治党派,秘密社会或修道会便是例证[③]。

参与促进政治消极性 宗教组织也可能影响政治体系的变迁过程。宗教组织借助于煽动或促动取消与统治精英的积极的社会认同和政治认同,以及借助于发展政治消极性和政治冷漠而发挥此种影响。宗教组织所以能够这么做,是因为其所激发的社会认同的主要指涉,屡屡是宗教共同体而非政治共同体。当然,普遍宗教象征与价值观的创立,推进了更为广泛的政治认同与政治忠诚的演化。此外,在某些官僚制社会中,教会与国家也有局部的认同:例如,在萨珊波斯、拜占庭和中国便是如此。但即便这时,就这些宗教以自主的制度和独立的宗教价值观作为特征而言,与宗教共同体以及与超越价值观的认同,因其有异于对政治共同体的忠诚,便可能发展起来。这个认同可能贯通于政治疆界和/或强调教会或宗派之持续的重要性,而不管其政治上的荣辱兴衰如何。

---

① [I]*Balázs*, 1952; *Shih*, 1956; *Levy*, 1955.

② [L]*Barker*, 1957, pp.184-194; *Charanis*, 1940-1941[b]; [G]*Christensen*, 1936, ch.vii; *Klima*, 1957.

③ [N]*Lewis*, 1950, 1953; *Caben*, 1958-1959; [M]*Hodgson*, 1960; *Brockelman*, 1943; *Grunebaum*, 1954, 1955[a]; [L]*Barker*, 1957, pp.26-51; *Hussey*, 1957; *Bréhier*, 1950; [G]*Christensen*, 1936, ch.ix, x; *Ghirshman*, 1954; *Widengren*, 1956.

这尤其适用于在宗教范围内崛起的一定修道会和宗派，而且时而也适用于诸教会。在政治突变和衰落时期，或经由同贵族势力结盟，这些等级和宗派便能够促成一种独特的厌恶政治的态度。事实上，这些等级和宗派割断了人类宗教和世俗政治意象之间的关系，并且强调了政治秩序内在固有的邪恶。在这个方面，它们能够将众多潜在的社会热忱从积极参与政治过程方面扭转方向。虽然厌恶政治的态度常常使宗教群体参与公开或能动的反叛缩减到最低限度，但该态度也屡屡剥夺了为统治者所可能需要的对他们的能动的支持与认同。

　　具有重大意义的是，在所研究的众多社会里，还存在这样的宗教组织和教会：它们比自己与之结盟并在其中发挥功能的政体更为经久。例如，在波斯，玛兹达教派在阿拉伯征服者之后仍以各种形式幸存下来，而东正教基督教会则比拜占庭帝国寿数更长。

F. 世俗文化精英在政治斗争中的地位

　　至此为止，我们的讨论主要地致力于宗教精英——对于该精英，我们有时还加上"文化的"一词，以指谓执行主要文化功能的宗教精英或准宗教精英（例如儒生）。然而，在所研究的许多社会里（例如，在拜占庭、西欧以及在某种程度上还在中国），其他群体——包括专业群体和专业精英，以及在若干社会中产生的"世俗知识界人士"——也执行文化功能。在某些案例中，专业精英和知识界人士是较为软弱的，而且在社会结构和文化结构中只具有次级重要性。他们时常极大地依赖于统治精英为其提供生计，并且恩准他们追求自己的旨趣和从事自己的事业。

　　然而，在其他案例中（例如，在拜占庭和欧洲），专家和知识界人士在政治体系的合法性方面更为卓越并发挥关键作用[1]。如我们将在后面予以更为详尽讨论的那样，特别是法律专业达成了这种优势和重要性。在中国，儒教文士则构成一种对于社会的整个制度结构具有巨大影响的独特世俗-宗教精英。

还存在这样的社会：在那里世俗知识界人士的群体（例如，西班牙-美洲帝国的世俗"哲人"，以及绝对专制主义时代的欧洲知识界人士）在业已出现的社会变迁和政治变迁中甚至更为活跃。该群体在影响古代政体的变迁与转变方面的作用是广为人知的[2]。

这些知识界人士时常在不同阶层的文化和价值取向方面鼓动和引发改革。除去在文化领域内直接的创造活动之外，他们也偶尔充当构成政治变迁潜在根源的诸力量的集结中心。这特别出现于普遍主义取向正在被世俗化的那些社会中。

但是，在历史官僚制社会中，世俗知识界人士在政治上并不总是毫不变异的能动者。在某些条件下，这些人士对于政治事务展示出与宗教精英相似的——虽说尚非同样的——消极、冷漠的态度。这个态度导源于普遍主义的超越概念和理想，并于逆境之下发展起来。这种态度通过希腊化时代的哲学家与神秘主义者，以及罗马斯多噶派的政治冷漠而得到最佳例示[3]。

在此所讨论的各种宗教精英和世俗精英中，儒教文士是十分

---

[1] [L]*Bréhier*, 1950; *Hussey*, 1937, 1957; *Diehl*, 1929.

[2] [U]*Sarrailh*, 1951; [S]*Beloff*, 1954; [Y]*Cobban*, 1957[a]; [S]*Hartung and Mousnier*, 1955; [Y]*Sagnac*, 1945, 1946; [R]*Haring*, 1947, *ch.xi, xii*; *Leonard*, 1942; *Moses*, 1926; *Ots Capdequi*, 1946[a]; *Parra*, 1933; *Spell*, 1935; *Whitaker*, 1942.

[3] 参见，e.g., [Q]*Jones*, 1955。

独特的。儒教文士构成一种具有强固宗教背景和宗教取向的传统-世俗精英。他们以坚执一种并非由民俗-社会"天然"发育的分化文化传统为取向。更确切地说，该传统借助于具有强大的文献传统、高度发达和组织化的制度的诸群体而演化出来，并得到精心阐述。儒教文士形成了一种分化和发达的、同时又受其本身自群主义传统取向束缚的文化群体。尽管其构成一种非常能动的文化精英和政治精英，但却不曾发展出任何超越政治共同体的政治取向。与之相反，儒教文士为政体提供了基本的合法性，并奠立了政治取向和意识形态的基本框架。在与统治者的关系中，儒教文士时常构成一种颇为保守和抑制的政治因素。他们与统治者之间恒常的交互影响，是内在于中国历史的一个首要的焦点[1]。

G. 宗教和文化群体的政治活动与政治体系前提的关系

在前此分析的基础上，我们可以对宗教精英和文化精英在官僚制政体的政治过程中的地位作出概述。

尽管——或者，也许正是因为——具有关键的位置，但宗教群体与宗教精英的政治取向和具体活动却既非固定的又非同质的。即便在该群体笃信同一个宗教之际，他们也是处处不同和时时有异的。该群体和精英的活动从保守的、对现存统治者给予支持并在给定政体进程内从事具体的政治游戏，直至撤回支持，展示出政治冷漠甚至鼓励参与改革运动。

文化与宗教的群体与机构之难以确定的本性系由下列事实所

---

[1] [1]*Balász*, 1952, 1959[*a*], 1960; *Kaltenmark*, 1959[*a*]; *Nivison and Wright*, 1959; *De Bary*, 1957; *Liu*, 1959[*a*], 1959[*b*].

引起：尽管该群体在政体内执行重要的调适功能，并且为该政体的发展创造某些先决条件，但其基本指涉却不是政体本身。他们的活动基本上以自身的特定价值观和宗教共同体为取向，而且这两者都时常超越抑或旨在变更该政体。

通过发展各式各样的自由-流动取向，宗教群体确乎对官僚制政体基本前提的恒存不朽有所贡献。然而，与之同时，或则经由使潜在的支持偏离统治者，或则经由变成体系内转变和变迁过程的焦点，该群体的活动也可能并不利于这一连续性。

6. 专业精英在政治斗争中的地位

A. 专业精英的构成

现在，让我们对不同专业精英在官僚制社会政治斗争中所占据的地位，加以简要的讨论。

如我们业已观察到的，专业精英出现于我们所研究的某些社会中。其由这样一批群体构成，这些群体各自的重要性在不同的社会中亦有所不同，恰如一般而言专业精英的重要性之有所不同那样。通常，该精英最为重要的成员是与法律专业相关的成员——法官、仲裁人、律师以及法律学院的首脑和职员。

在拜占庭①、绝对专制主义的欧洲及西班牙-美洲帝国②，法律

---

① [L]*Bréhier*, 1949[*b*], 1950; *Zacharia von Lingenthal*, 1892.
② [Y]*Sagnac*, 1945, 1946; *Ford*, 1953; *Barber*, 1955; [S]*Beloff*, 1954; [U]*Desdevises du Dezert*, 1925, 1927; [X]*Hintze*, 1907; [R]*Haring*, 1947.

专业及其分支机构是繁荣昌盛的。法官的自治组织在英国尤其显著[1]。在某些社会里——例如，在中国[2]，以及在某种程度上，还在拜占庭——其成员的主体部分是为政府所雇佣的。在这些案例中，这些成员在法律部门、学院和学校的工作，是演化出某种程度内聚力的唯一手段。

在中国，以及在较小程度上，也在萨珊帝国[3]，某些法律专家也充当了都市和乡村地区非正式的仲裁人和中介者。他们不曾发展出任何显著的专业意识形态，而且不曾按特定的专业群体组织起来。

然而，在其他社会中，法律专业成员却更为自主地组织起来——他们在其自己的学院和社团之内对于政府制度的框架发挥巨大的影响，并且活动于该框架之中。例如，在法国、西班牙-美洲帝国和英国，法律专业成员在名士委员会里是占据显要地位的。在拜占庭，他们的优势则略小一些，虽说依然是非常明显。

第二种主要的专业精英是医务精英。一般而论，医生也被组织在以不同程度受到国家监督的学院与社团之中。医学院和社团以初级形式存在于萨珊帝国[4]；在中国演化得多少更为发达一些[5]。在拜占庭[6]、西欧和西班牙-美洲帝国则被高度地组织起来，

---

[1] [Z]*Mathew*, 1948; *Trevelyan*, 1944; *Namier*, 1929, 1930; *Plumb*, 1950; *Ashley*, 1952; *Holdsworth*, 1938; *Clark*, 1955; *Davies*, 1937.

[2] [I]*Balázs*, 1954[*c*].

[3] [G]*Christensen*, 1936, pp.300 及以下诸页。

[4] [G]*Christensen*, 1936，特别是 *ch.ii*; *Ghirshman*, 1954。

[5] [I]*Balázs*, 1954[*a*].

[6] [L]*Bréhier*, 1950; *Grumel*, 1949; *Hussey*, 1937.

在那里其也与大学和学院有关联①。

有时,建筑师、天文术士和其他类型的开业者与专门家,也被视为专业精英。然而,他们在社会中的影响力和重要性尚属次等,而且他们的组织通常亦极其软弱。

一般而言,在此所研究的许多社会里(例如,波斯和中国),专业群体相对软弱,其发展也被抑止于胚胎阶段。该群体的自主程度及潜在势力受到限制,而且不是屈从于官僚,就是屈从于宗教精英。或者屈从于这两者。

不过,在西欧、西班牙-美洲帝国,以及(多少还在)拜占庭,专业群体颇为充分地发展起来。该群体与其他群体更加分化开来,具有更高的自主性,并且发挥更大的政治影响②。

B. 专业精英的政治目标及其与政治体系基本前提的关系

专业群体的主要政治目标与取向是什么?入手之初,我们必须指出,该群体具有多少与宗教精英相类似的目标和取向,但又时常较之更受限制。

专业群体的具体目标集中于达成相对自主性、扩张他们的活动范围、确保其身份地位和收益以及经济保障。在这个群体较为强大和更加自主的社会里,他们也试图建立自己的自主权、对于内部事务的独立监督,以及对准许进入专业的标准的决定权。

为执行其目标,专业人员常常使自己与文化精英集团结

---

① [Y]*Barber*, 1955; *Sagnac*, 1945, 1946; [U]*Sarrailh*, 1951; [S]*Lindsay*, 1957[a]; [R]*Haring*, 1947.
② [Y]*Sagnac*, 1945, 1946; *Lough*, 1954, 1960; [S]*Lindsay*, 1957[a]; [Y]*Barber*, 1955; *Ford*, 1953; [Z]*Mathew*, 1948; *Davies*, 1937; *Clark*, 1955; [R]*Haring*, 1947.

盟——尤其是与传习中心和大学结盟。专业群体屡屡在更为广泛的价值观与象征的名义下要求自主性。例如，在拜占庭，法律专业同仁在围绕大学堂而出现的各种文化-政治趋势中与更为广泛的文化群体通力协作①。在法国，法律专业成员与高等法院紧密关联，而且在18世纪，这些成员还多少参与各种沙龙和思想运动。

  这就将我们带到专业群体对于中央集权官僚制政体诸前提所具有的基本态度问题上。专业功能多少总是技术性的，并且源自该群体在其中并非是最强有力因素的制度结构和权力结构的基本前提。这通过法律专业的案例而得到最佳例示。与众多宗教精英和文化精英不同，法律专业高度依赖于国家为继续推进其主要活动而提供的制度框架，而且法律精英并不总是具有超越共同体和政体的内在取向。然而，当法律专业更为自主时，也能够演化出对于法律系统内在固有的、一般的、有时是普遍主义的原则的取向和忠诚。在这样的情境下，该专业与中央统治精英的接近以及法律普遍主义的取向，使法律专业若干分支得以在社会的制度结构内扮演多少独立的角色，并对制度结构加以某种独立的影响。这便是在英国，以及在较小程度上也在法国、西班牙-美洲帝国，和拜占庭帝国的法官的情形②。

  任何一个这类专业精英中的相对权力位置，及其对政治进程主动参与的总量，都有赖于许多因素。一般说来，这些因素有：该精英自己的自主性和更广泛社会取向的范围；各种各样的文化

---

① [L]*Hussey*, 1937; *Fuchs*, 1926; *Barker*, 1957, Introduction.
② [Y]*Sagnac*, 1945, 1946.

精英和"世俗知识界人士"的力量、构成与价值取向；以及更加能动的社会阶层。就占据优势地位的文化精英的价值取向受到传统的强大束缚而言，就宗教精英的结构相对强固而言，以及就这些精英与统治精英的关系是和平与协作的关系而言——专业精英的权力和影响便受到限制，即便在其自己的领域内可能具有一些自主性。

另一方面，当以更加独立的政治态度为特征的能动社会群体业已存在时，法律专业的某些部分就可能与之结合起来，而且甚至会形成该群体斗争的前导。例如法国的地方法官和高等法院涉足于耶稣会教士和高卢教（Gallicanism）信徒之间的政治斗争，和18世纪"贵族的"反动。在英国，法官在议会和国王之间政治斗争中的角色则已如此为人熟知，以致毋庸赘述了。

专业精英，尤其是法律精英，在政治上变成更为广泛的能动者的可能性，潜藏于某些更具弹性的法律系统的内在固有的取向，及其专业群体在诸社会的社会体系和政治体系内的地位之中。

专业群体与这些体系基本前提的认同因而常常是极其巨大的。然而，这并不必然保证着专业群体与政治规则和行政规则实际领域相认同，或与政治统治者和行政机构扩张这个领域的雄心相认同。与此相反，法律精英时常拥护更为自主的社会-调适机构——尤其是自主的法律安排和市场活动机制——并且试图使能够确保这些机制功能运转的法权形式化。出于这一原因，该精英频频参与目标在于确保基本政治权利和放宽政治参与的那些政治活动和政治运动。在某些条件下，该精英甚至已变成此种活动与斗争的焦点或象征(例如在英国)①。

专业群体的首要政治取向和政治态度，以及他们在社会中的结构地位，也制约着他们位于其内并藉以从事政治斗争的场所和渠道。由于他们与政治权力中心在结构上是接近的，故他们将其政治活动主要地集中于更为中心的政治斗争场所——例如，宫廷、官僚制司法机构，以及在若干案例中，类似法国最高法院那样的准代议制司法机构。当该精英参与地方事务时，其主要在市政机关中从事斗争(在这个层面上，斗争集中于专业社团自主性的诸问题)。

当偶然发生专业群体的成员逾越其专业界限时，还会参与到更为能动类型的政治组织——例如，社会运动和政治运动，以及准政党组织——中去。

7. 都市经济和社会群体在政治斗争中的地位

A. 都市经济和社会群体的构成

我们现在将要思考都市群体的政治取向和政治目标，该群体在官僚制社会的政治斗争中在不同程度上是能动的。

三个主要的特定都市群体是：(1)中产阶级分子，诸如商人、银行家、金融家、制造业者和工匠；(2)在财政与贸易方面斗争的众多乡村群体(例如，中国的士绅、罗马骑士等级的成员或者拜占庭的富裕农民)，其既属意于都市中心，又与之相关联，而

---

① [Z]*Davies*, 1937; *Clark*, 1955; *Ashley*, 1952.

且在一年中至少有部分时间居留于城市中；(3) 都市居民中的下层和不固定的群体——都市无产者的不同组成部分[1]。

都市人口的数量在每一个这类社会中都是不同的，但在这类社会中却没有一个是占据优势地位的。这些社会全都是显著的农业社会。然而，都市在这类社会的经济结构、社会结构和政治的结构中却是一个重要的因素。

各种类型的社会组织——例如，同业公会、商会以及文化社团——主要在城市内发展起来。由于都市群体位于社会活动、文化活动和政治活动的中心，并且密切地关联到各种精英和行业，故能够发挥与其在人口中的数量不成比例的影响。纯粹的都市经济群体——工匠、商人、制造业者——有时会在明显地与之没有直接关涉的领域中富于影响。此外，该群众还可能被组织成为带有明确表达政治意识的更为广泛的社会阶层，而且有时甚至从事其自己的密集和有组织的政治活动。

除西欧外，都市群体（与政治精英或贵族不同）在这些社会的形成阶段都难得是独立的力量。然而，在这些社会的形成期间和形成以后，该群体却屡屡有助于官僚制社会制度框架的演化。都市群体的结构位置时常将之置于社会中最有影响和最为重要的群体之列。

官僚制政体和行政机构的发展，创造出对不同都市群体的若干追求的扩张有所助益的条件。通过开放新的经济扩张区域和国际贸易的增长、建立官僚组织以及追求政治目标，统治者时常使都市群体得以扩张其活动，并对此资以鼓励。在某些案例中（例

---

[1] [S]*Labrousse*, 1955; [Y]*Coornaert*, 1941; *Mousnier*, 1955; [R]*Haring*, 1947, *ch.ix*; *Bagu*, 1949.

如在西欧和中欧），官僚制政体的统治者甚至试图强迫城市变成这些更加广泛的政治框架的一个部分，并且相应地调整——以及随之而变更——该群体的经济活动、社会取向与政治取向。

B. 都市群体的主要政治目标

都市阶层最为重要的政治取向、具体问题和要求有下列各项：

(1) 都市群体要求统治者缩减和调节从他们身上征敛的税额，而他们自己则试图以合同、补贴、原料和人力等形式从政府得到经济配给；

(2) 都市群体屡屡试图影响统治者经济政策的一般趋向，使之有利于某个给定群体或经济活动。这个问题周期发生的例证，便是涉及外贸保护与外贸自由，以及价格调节和国内贸易的控制与自由的争论；

(3) 都市群体想要努力促进他们的经济发展和扩张，以及维系其自己生活方式方面的广泛利益；

(4) 各种各样的都市群体——包括同业公会、商会，而且有时还有整个市政机构——都竭力保留其自主性和自我-管理，以便保护自己，防止政治精英的侵蚀。该群体还试图防止统治精英调节对其成员的补充和监督，以及防止对其经济活动和内部事务的控制。都市群体希望确保建立更加广泛的都市自治和政治自主性的可能性，并且维系和提高他们的身份。在这个脉络中，都市群体为建立和延续其自己的教育机构或影响那些为统治者所建立的主要教育机构而做出的众多努力，是非常重要的。

显而易见，不同的都市群体并不必然地共享同样的旨趣和取向。存在着反复出现的分歧甚至冲突——在小商贩与大商人之间以及制造业者、体力劳动者与手工工人之间的冲突，等等。都市无产者屡屡起而暴动，反对权贵显要和同业公会，而不同的社团和行会又频频地相互竞争。就都市群体对自主性的要求还以在市政管理中施加影响为取向而言，任何冲突着的要求的出现，都会促使统治者扩展他们的权力和调适范围。

都市群体一个附加的基本社会-政治目标在于：确保该群体将会得到广泛的社会流动、经济流动和政治流动的可能，并且接近精英的位置。

这些问题存在于统治者政体的基本框架以内。除此之外，都市群体还时而演化出政治取向，并且支持超越这个框架的政治观点。至为重要的这些取向与观点有：

（1）都市群体在政治机构以及决策和政策制定的过程中，获得一种公认地位的尝试；

（2）该群体影响政策的一般系统表达和付诸践行的努力；

（3）该群体在地方和中央这两个层面上，通过达成对世袭制、准世袭制或寡头制身份标准的正式认可来增强他们自己的身份地位，从而在政治结构中达成一种得到认可和受到支持的地位的尝试。

（4）该群体在政治制度的结构中引发变迁，以及影响社会分层和政治参与基本标准决定因素的尝试；

（5）该群体以牺牲明确的政治规章和官僚制规章作为代价，对各式各样自主机制领域的推进。

各种都市群体这些取向的演化，与其能动和密集地参与政治事务以及产生专门的、高度分化的政治组织形式相关。都市群体的政治活动可能在两个正好完全相反的方向上发展起来。

首先，发展可能沿一种保守的、传统的方向进行，而导致对普遍主义标准的范围加以限制，以及增强社会的归属性基础。一般而言，这个趋势表现为都市群体——特别是上层都市贵族等级——主要注重提高和维系他们自己的地位、特权和独立。这样的反动都市贵族等级存在于17和18世纪的法国[1]、西班牙-美洲帝国[2]，以及在一定程度上，也存在于拜占庭帝国。在所有这些社会里，若干上层都市资产者群体都试图通过向中央当局施加有组织的政治压力而获得较高的、并且在某种程度上是世袭的身份。为获得此种身份，资产者群体屡屡与贵族分子结盟。例如，这种同类型的同盟即存在于拜占庭的上层都市等级中[3]；该同盟也通过17和18世纪法国上层都市群体和各色贵族群体之间的关系而得到显现[4]。

此外，许多下层都市群体时常参与起义、暴动和示威游行。在这个方面，该群体形成许多变迁进程的起始点和孵化器。

都市群体参与中央政治竞争所可能采取的第二个方向，是以推进社会分层、自由-流动的经济力量和政治力量、自主的调适机制的范围，以及更加广泛的政治参与领域的发展为取向的。

一般而言，当纯粹的都市经济群体与各种其他能动群体——诸如宗教群体、文化群体、思想和专业的精英——联合起来，并形成一个更为广泛、颇具弹性的阶层之际，就演化出这些更加宽泛的取向和活动。当这个阶层出现时——如在某种程度上，在阿

---

[1] [Y]*Sagnac*, 1945, 1946; *Ford*, 1953; *Barber*, 1955.
[2] [R]*Haring*, 1947, ch.xii; *Borah*, 1956.
[3] [L]*Ostrogorsky*, 1956[a]; *Diehl*, 1929.
[4] [Y]*Ford*, 1953; *Pagès*, 1928; *Baber*, 1955; *Coornaert*, 1941.

拔斯帝国①、拜占庭帝国②，以及尤其是在法国和英国所出现的那样——都市群体就在事实上超出了其地方环境，极大地增长了其在全国范围的交往，而变成以国家范围的政治制度为取向，并持续地活跃于其中③。这些发展自然会在各种阶层之间引发冲突。个别城市及其地方制度的内聚力遂被更为广泛的社团与组织所取代，而这些社团和组织则贯串于特定市政机构和都市群体之中。

C. 都市群体政治斗争的主要场所

现在我们可以思考都市群体进行政治斗争和政治活动的场所，以及这些群体的主要类型的政治组织。

第一个此种场所由地方环境和官僚制机构组成，在那里，都市群体能够影响政策的执行和获得各式各样的实惠。

第二个领域由各种市政自治机构组成，都市群体竭力维系和利用这些机构，并以之作为该群体与统治者斗争中的武器。

第三个领域由接近统治者的诸派系、上层政治精英和实际的决策与政策制定者群体构成，都市群体试图渗入其中并施加影响。在这个场所内，各种各样的个人和家族都竭力获得和占据重要的政治地位：或者是行政的地位，或者是咨询的地位。

第四个领域是官僚。都市群体试图为官僚所接纳，如果可能，还希望垄断其重要职位，都市群体因而将有能力影响政策的

---

① [N]*Cahen*, 1953, 1955[*a*], 1958-1959.

② [L]*Bratianu*, 1938; *Ostrogorsky*, 1956[*a*]; *Diehl*, 1924; *Hussey*, 1957; *Manojlovic*, 1936; [R]*Haring*, 1947.

③ [Y]*Barber*, 1955; [S]*Labrousse*, 1955; *Beloff*, 1954; [Y]*Pagès*, 1928; *Ford*, 1953; [U]*Desdevises du Dezert*, 1925, 1927; *Sarrailh*, 1951; *Ortiz*, 1955; [Z]*Clark*, 1955; *Mathew*, 1948.

形成和实施。

第五个场所由社会运动和有组织的政治压力集团组成。这些因素构成更加广泛和更为异质类型的政治组织：一种并非仅仅限于地方问题的政治组织。

第六个场所（主要与第五个场所密切关联而存在）由各种代议制或准代议制机构组成。

这后两个场所将我们导向为都市群体所发展出来的政治组织诸类型的问题。

某些类型的组织有时是为都市人口所专有的。最为有趣的这类组织或许是拜占庭的集团党派，以及在许多其他城市内存在的类似组织（例如，在若干希腊化时期的城市里）。不过，在欧洲和西班牙-美洲帝国的都市中心演化出来的明确的政治组织诸类型（例如，政治俱乐部和初级政治党派），甚至更加重要。

这些不同场所被付诸使用的程度，从一个社会到另一个社会极为不同。该程度受到都市群体的实力、内聚力、组织和经济资源及其与其他精英的交互关系的极大制约（如我们将在第九章更为详尽地看到的那样）。在波斯和中国，以及在更小的程度上，也在拜占庭和西班牙-美洲帝国，都市群体的政治斗争与政治组织一般而言仅仅是局部性的。在拜占庭（通过参与集团派系），都市群体扩张了与文化精英和知识界人士的交往，设法产生出更加明确表达和能动的政治取向与活动形式；在欧洲就更是如此。

D. 都市群体的政治活动与政治体系基本前提的关系

概括起来，都市群体对官僚制政体基本前提及统治者政策的主要关系和主要取向如下：都市群体的充分发展，在某种程度上，取决于统治者及其政策所建立的制度框架。另一方面，都市群体又是官僚制政体的主要柱石。

都市群体的活动在产生有助于历史官僚制政体主要特征的扩张和制度化的条件方面是关键的。该群体提供了这些官僚制政体所依赖的众多资源——财政、人力以及政治支持。此外，这些政体的制度框架通常对于许多都市群体活动的发展也有所助益。而且，官僚制行政机构供给该群体以升迁的机会，从而培育了他们对流动的热望。

这些群体的政治态度经常容许含有更为广泛的取向与普遍主义价值观。这些群体屡屡发觉，由于强调发展自由资源，故官僚制政体的制度框架总是适投其缘。

显而易见，在每一个社会里，都市群体对于官僚制政体基本前提都在实际上程度不一地产生了这些形形色色的态度。而且，这样的态度通常正是更为能动的都市群体的特征。这些群体具有更加广泛的旨趣和取向，与不同精英和专业发生密切交往，并且参与明确的政治运动。一般说来，较低的群体——小手艺人、季节性势工和都市无产者——都表现出远为消极的取向。他们不曾在任何值得注意的程度上实现政治表达——除去秘密社会和起义、暴动和反叛之外。

但是，更为能动的都市群体与官僚制政体基本前提之间这一潜在的巨大趋同，并不意指在任何给定国家内，该群体都恒定地遵守统治者政策的具体细节——甚或遵守政治参与的诸原则。都市分子可能反对历史官僚制社会政治体系基本前提的潜在可能性，植根于若干因素之中。都市分子趋于培育自己的自主的调适机制的领域，尤其是自治机制的领域。都市群体还希望维系各种经济机制和自主活动,并且频频与统治者和官僚扩张政治调适机制范围的愿望两相对立。这种对立的可能性为下列事实所指明:都市群体的普遍主义取向可能超越历史官僚制政体的制度框架。

都市群体的旨趣和取向与统治者的政策和目标在两种情形下是誓不两立的。无论何时,只要都市群体限制统治者对地方问题的关切,并且拒不参与或不甚热衷于统治者希望推进的更为广泛的框架,头一个难以调和的不相容性便会出现。这样的冷漠,就该群体作为政治体系所需资源的潜在供给者之一而言,可能对于这些政体的稳定和发展产生重要的影响。

当某些都市群体——尤其是和某些精英一道——变成扩大政治参与领域和／或自主调适机制范围而进行紧张政治斗争的重要中心之际,第二个不相容性便会出现。在这样的情境下,各种都市群体,当其设法克服——至少是暂时性地——某些内部差别,以及同其他能动群体团结起来并携手合作时,则可能易于演化成社会变迁和政治改革的载体。

8. 绅士在政治斗争中的地位

我们有关官僚制社会政治斗争可能的参与者名单上的最末一项,是非贵族的乡村群体,即绅士和农民。

A. 绅士的构成

土地所有者阶层的范畴包括——位于贵族与农民之间或处于农民之中的——各种各样的士绅群体。绅士的成员可以被界定为相当富裕的农民或者较小的地主，他们与贵族群体多少有关，但又相对地独立于后者。士绅一般地包括中等业主、以地租为生计者以及地主。其地产利益至少部分地是商业性的，而且趋于强大的市场取向。一般说来，这些群体并不受强加于其他部分农民的法律限制的束缚。

显然，在萨珊波斯，士绅——即是说，达克汉斯(the Dekhans)——具有某种重要性，尽管受到一定的限制。在拜占庭帝国，众多上层农民业已崛起，纵使他们并不总是与其他较低下的农民群体分化开来[①]。这些农民尤其在7世纪希拉克略改革后出现，并始终存留于拜占庭历史中——尽管他们在11世纪开始衰落，缓慢地但又确实地日渐式微[②]。

在西班牙-美洲帝国，绅士由低级和中等恩科米恩达主和印第安村社的首领构成[③]。

在法国，自14世纪以降，许多富裕的农民群体业已出现，并且变成乡村情境的重要特色。然而，这个群体并非总是兴盛的——如他们在18世纪陷入困境所显示的那样；他们也并不必然地构成一个分立的阶层[④]。

唯独中国和英国的士绅在达成重要的政治优势方面获得成功。在中国，约略从汉王朝（公元前206-220年）以来，一个支

---

① [G]Christensen, 1936, ch.ii; Altheim and Stiehl, 1954; Stein, 1928.
② [L]Guilland, 1953-1955; Ostrogorsky, 1956[a], 1956[b]; Vasiliev, 1952; Charanis, 1951[a], 1953[a], 1953[b]; Bréhier, 1927-1929.
③ [R]Gibson, 1955; Zavala, 1936[a], 1943, 1949; Haring, 1947; Miranda, 1941-1942; Konetzke, 1951[a], 1952, 1953.
④ [Y]Sagnac, 1945, 1946; Goubaert, 1956.

配着乡村环境并执行地方政府大部分工作的士绅阶级已发展起来。而且,绝大多数官员正是自这个阶级擢拔的。在英国,士绅(例如,"地方的"非贵族土地持有者)主要在都铎时代晚期已作为一个重要的阶层而产生。而且自此以后便在国家的政治生活中发挥一种重要的作用[1]。尽管士绅起初与贵族密切相关,但至16世纪,其却已开始作为乡村生活与农业经济企业主身份的主干而出现。

B. 士绅的政治活动及其与政治体系基本前提的关系

士绅的旨趣和政治取向是复杂的。他们显示出某些贵族的趋向和热望,而且可能与各种贵族群体结盟或者变得贵族化。然而,贵族却倾向于侵蚀士绅的地产及社会地位和政治地位,而且一般说来,竭力维系贵族作为一个占据高位的阶层;贵族宁愿将士绅排斥在外。唯独在例外的情形中——诸如后18世纪的普鲁士——士绅与贵族的旨趣之间才确乎出现了某些基本的一致性。不过,这种一致却是由统治者实现的对贵族的"驯化"所引发和促进的。

士绅独特地具有一种相对强大的市场取向,对货币租金和各种商业事务,以及与贵族的潜在角逐有其旨趣。这些品格一般地预先使士绅倾向于支持官僚制政体的基本前提,以及统治者意在支持贸易关系、强化中等身份群体地位的那些政策。此外,士绅还时常从官僚制的发展中吸取直接的实惠,因为士绅成员在官僚

---

[1] [Z]*Tawney*, 1954; *Trevor-Roper*, 1953; *Campbell*, 1945; *Clark*, 1955; *Davies*, 1937; *Ashley*, 1952; *Hughes*, 1952.

制内占据了各式各样的地位。

因此，士绅通常具有充分的原因支持统治者及其中央集权化的政体，而且在许多案例中，士绅还跻身于其主要支柱之列。我们业已指出，在拜占庭、中国、西班牙-美洲帝国、法国和英国，统治者是如何竭力建立和推进士绅群体的。只要这些努力获得成功，统治者通常就能得到士绅的效忠，并从后者的经济资源和人力资源中，以及从其在乡村地方行政领域内的重要贡献中受惠。绅士和较为富有的小自耕农结合起来，决定着由农业经济部门所供给的各种自由资源。设使这两个群体被许可维系他们的独立地位和经济活动，并且能够建立乡村的社会风尚和文化风尚，统治者就可能或多或少地保证得到适当的经济资源、人力资源、文化认同以及政治支持。因此，士绅与上层农民群体的衰落，时常不是反映出资源的萎缩，就是反映出政治体系的完全转变。

士绅的主要政治活动和主要取向基本上与都市群体所持有的活动和取向相类似。士绅集中于获得社会和经济的实惠、影响政府的经济决策、在政治机构内谋得对其有利的地位并且在地方自治政府中维系某种程度的自主性。一般而言，士绅或是在地方的层面上（在地方政府中，借助于地方官员的关系，等等），或是在中央的层面上（经由官僚制宫廷派系和在主要机关之内）开展其斗争的。然而，在总体上，较之若干都市群体，士绅之参与社会运动和政治运动，没有前者那么密集和持续。唯有在相对例外的环境下，士绅成员才从事更加广泛的社会运动和政治运动。即便在中国和英国：在那里士绅设法建立起更加广泛和更为核心的联系，也唯有某些真正经过筛选的成员，才在向中央官僚制、政治群体与文化群体进行渗透方面获得成功。士绅的主体部分依然驻足于地方界限之内。在这些界限内，他们组建、发展和维系各种类型的社会、文化和宗教的活动和组织。通过这些方式，他们也能够在各自的地方环境中，推进某些更加广泛的文化取向和政治取向。

然而，由于士绅的结构地位，以及他们对地产财富具有旨趣，因而士绅在官僚制政体框架内的基本态度通常是相对保守的。当这种保守态度引导他们与贵族携手合作，并通过使前者变成后者的仆从而臣服于贵族时（如同在拜占庭后期的情况一样），士绅便转而变成农民起义的靶的——但士绅的某些成员有时也会作为首领而参与起义。另一方面，在某些环境中，士绅又表现出颇为激进的倾向，使自己同都市群体更为极端的分子及宗教精英结盟，以及积极地参与政治运动。这样的案例，固然十分罕见，但仍不失为绅士群体更为活跃潜能的显现。

9. 农民在政治斗争中的地位

A. 农民的构成

在数量上，中、下层农民群体是乡村人口中的最大部分。

在此所研究的诸社会中，严格意义上的乡村非士绅人员绝没有构成一个同质阶层。如果我们略去单纯的地方变异和地方差别，则我们便能够划分出三个主要的农民群体：(1) 相对自由的农民，某种地产的所有者；(2) 各种类型的依附农，例如农奴；以及 (3) 被征用和非隶属性的农业劳动者。在历史官僚制政体中，农民或许承担着最大的赋税和军事动员的重担。同时，一般说来，该群体在政治上也是最为消极和不善表达以及最欠缺组织化的阶层。紧张的内部政治活动固然会在每个村庄或村社群体中开展起来，但这些活动与社会中心的政治过程却大多是隔漠和孤立的。这些村社历经世代沧桑而成为各种"小传统"的强大持有者与使之以永存者。在若干案例中，农民还为下层地方行政机构——尤其是为官僚和军队的下层集团，以及地方政府的次等官员——提供人选。

农民在政治上尤其难得变成主动的。即便当农民活跃起来时，其通常也不会变成积极独立的，而多与其他的群体和阶层，诸如军队和宗教运动等携手合作。

如早先所讨论的那样，在官僚制社会中，统治精英的政策显示出对农民的社会、经济的身份与活动的极大偏重。然而，统治者促进农民福利的努力并非总是成功的，而且，统治者也时常对土地贵族的要求作出让步。

农民的政治取向和政治态度在统治者的政策框架及其摇摆不定中发展起来，其首要目标通常如下：

(1) 减轻税务负担，无论其为封建领主还是为国家所强加的；

(2) 防止大土地所有者侵蚀他们的财产，支撑其相对的经济独立；

(3) 获得人身自由和废弃依附身份；

(4) 维系多少独立的文化传统，以及一定程度的乡村和群体自我-管理的自主性，防止官僚制以及中央集权和一元化宗教组织的侵犯；

(5) 在行政机关、军队特别是在地方政府中得到代表（这个目标在绝大多数农民群体中是颇为模糊或比较暧昧的）。

在某些罕见的案例中——例如，在法国大革命前夜，以及在英国——若干农民群体从事明确表达和在政治上组织起来的社会运动与社会组织，此种运动和组织针对的是实现政治目标，以及改革政治权利与议员代表的分配[1]。农民屡屡参与宗教和准宗教活动、秘密会社以及带有某种间接政治意义的崇拜团体——如在中国和萨珊波斯那样。

农民或在其自己的成员，或在被边缘化的官僚、缙绅或宗教领袖的领导下，常常参与反叛，有时甚至发动叛乱。中国的无数农民起义大概提供了最为人熟知的例证。但与之类似，在所研究的一切社会中都爆发过农民的叛乱，尽管或许较少组织性和明确的政治表达[2]。

农民政治活动的主要焦点和场所是：

（1）地方政府机关。在那里，农民通过对地方官员施加压力而试图影响各种政策的执行（尤其是那些关涉到税收和人力动员的政策）；

（2）较不常见的还有中央政府机关。在那里，农民群体一般而言鸣诉他们的不满并竭力影响政策的制定，特殊而言则涉及维系自由的自耕农的各种问题；

（3）集团党派和其他政治组织。农民和乡村分子参与其中，但并不具有头等的重要性；

（4）军队。其在某些案例中——例如在罗马和拜占庭——向

---

[1] 关于法国，参见 [Y]*Sagnac*, 1946; *Egret*, 1955；关于英格兰，参见 [Z]*Tawney*, 1912, 1954; *Trevor-Roper*, 1953; *Davies*, 1937; *Clark*, 1955。

[2] 关于中国的情况，参见 e.g., [I]*Balázs*, 1948, 1950; *Shih*, 1956; *Levy*, 1956; *Eichhorn*, 1954。

农民提供了维护自己权利的机会。

农民有若干武器任其使用，这些武器包括：

（1）为求得保护而转向大土地所有者。从而他们既使国家丧失了人力和税赋，又撤除了农民的军事服务与农业服务。虽说这主要是一种消极的抵抗，但却是农民的主要武器；而且从长远来看，使用这种武器对于社会结构具有重大影响；

（2）参与暴动和反叛。在所研究的大多数社会里，这是极其频繁的。这些起义构成明确表达农民的任何潜在能动政治态度的最为特殊的形式；

（3）从事更加广泛和完好组建的社会运动与政治运动，以及组建政治组织和党派，正像法国和英国的农民所从事的那样。然而，这个武器却很少为农民群体所使用。

B. 农民的政治活动与政治体系基本前提的关系

农民对于历史官僚制政体诸前提的基本态度和关系是极端不稳定的，而且较之社会中的任何其他群体都更加依统治者政策的波动为转移。在总体上，只要统治者努力促进农民的经济及其相对受限而又不善表达的政治利益，农民便会使自己与统治者及其政策相认同。

随统治者努力的失败及农民利益之被忽视的程度，农民增长了他们对于更加广泛的政治问题和中央集权官僚制政体统治者的象征与政策的消极和冷漠。农民会煽动或参与起义和暴动，或者改变他们对于土地贵族、封建和准封建分子以及行省和地方象征的忠诚。在某些例外的情形中，农民也会参与激进的、改革-取向的运动。

然而，农民难得在这些社会的内部变迁和转变过程中构成一种能动与独立的因素。他们是中立的成分，很少诉诸于有组织的政治活动：唯有受到能动因素的支配时，才主要地求助于政治活动。

因此，这个在官僚制社会中最大而且在经济上具有根本意义的阶层，对于这些政体的关键前提，在政治上既是暧昧的，又基本上是中立或中性的。显而易见，这个事实对于理解这些社会中稳定与变迁的条件具有极大的重要性。农民的冷漠极大地限制了社会分化与经济分化的过程，束缚了自由资源的可资利用性，并且制约着这些社会中权力一般化的可能范围。

10. 主要群体和阶层政治取向的主要类型及其与政治体系基本前提的关系

各种阶层对于官僚制政体的基本前提，以及对于统治者政策的主要态度是怎样的？在前面所提供素材的基础上，我们可以划分出四种主要态度。

头一种态度主要地通过贵族而得到显现。该态度是政体基本前提的对立者之一，并且主要表现为削减自由流动资源和在政体中降低一般化权力水准的尝试。

第二种态度是对于这些前提的服从——一种对行政机构与中央当局之要求的"经验性"适应的态度。这个态度通过农民并且亦屡屡通过仅属意于维系自己的有限地方自治权及直接经济利益的其他群体，而得到最高程度的显现。

第三种态度在官僚，以及都市群体、专业精英和文化精英的诸部分中最为盛行（除去最后一种成分局部的例外）。这一态度由该群体和精英与给定官僚制体系前提的基本认同、其在官僚制框架内的利益以及在统治者所建立的现存政治制度与政策的框架内部疏导其自身潜在权力而斗争的意愿所构成。

第四种态度在更加分化的都市群体与都市精英中最为发达。它支持将政治参与范围的变迁扩张到超出更加分化诸群体的前提之外。通过下列尝试：即改变体系的基本前提和价值观，放宽在政体内的政治参与的模式，和／或发现超越给定政治体系的政治取向的指涉，这个态度遂得到表现。

这四种态度在现实中自然是互有叠交的。如我们所频频论证的那样，每个群体和阶层的具体态度在不同的社会和时期中是有所变化的。此外，任何一个群体的态度都从不是同质和稳定的。然而，这四个类型构成在不同群体与阶层内不同程度地存在的可能的基本态度。

任何一个群体的基本态度，都主要受到群体构成、结构地位及其从官僚制政体框架和统治者政策中所可能获得的潜在利益、现实利益与宣泄通道的制约。

中央集权官僚制社会中不同的社会群体和阶层，都以对这些政体基本前提的各种态度为其特征。这个事实是这些社会原始制度不适宜于保证这些政体恒存不朽和持续存在的一个表现。尽管在若干条件下，不同群体的政治活动极大地有助于此种政体的延续，但在另外的条件下，该活动却可能对之有害。在下一章中，我们将试图确定和分析不同类型的政治活动借以发展的条件，以及其次，这些活动借以促进或损害这些政体延续的条件。不过，在此之前，我们必须尝试对这些不同的政治问题、政治活动和政治组织，作出一个系统的分类。

11. 政治问题主要类型的划分

以上，我们描述和分析了历史官僚制社会主要群体的政治取向和政治活动。在讨论每个群体或阶层时，我们分析了它在社会结构中的地位、政治取向和政治活动的范围以及这些取向和活动与历史官僚制社会政治体系的相容性和不相容性。这个分析必不可免地提出了上面所分析的政治活动与政治组织何种程度上为这些社会的政治体系所专有的问题。

从表面上来看，若干特征表现为在此付诸研究的历史官僚制社会中的政治斗争，以及在任何其他类型的社会中的政治斗争这两者所共同具有的。我们业已考察过的众多群体——例如，贵族，自治市公民、绅士和农民——也存在于封建社会中，而且他们在官僚制政体中的政治活动似亦与其在世袭制、封建制或者城邦国家政体中的活动并无二致。为分析同一个群体的政治进程分别在这一社会类型和其他社会类型之间的相似与区别起见，对在历史官僚制社会中发展起来的主要类型的政治斗争、政治组织和政治活动等问题，提供一种系统的分类与分析，是值得花费些时间的。

我们将从分析官僚制社会中发展的政治斗争的主要问题入手。

这些问题，即政治斗争的主要目标，遵循下列标准而分化为专门的政治问题，这些标准试图指出其发展本身的范围：

(1) 该问题的范围，其以相关群体和该问题贯通于不同群体中的程度为根据；

(2) 该问题被专门地作为政治问题而予以明确表达的程度；

(3) 该问题所涉及的原则或尺度的一般性；

(4) 该问题以之为取向并与之相关的那种政治机构和政治场所。

在此所研究的诸社会中政治活动与政治斗争最为重要的问题有下列类型：

(1) 就问题作用于各种个人与群体的具体利益和直接利益而言，其关涉到影响政策的系统制定和付诸践行。这个类型问题的佳例，包括力主由统治者和官僚对报酬与便利——例如，津贴，职位，等等——加以直接分配和配置；以及压缩统治者的具体要求——例如对税额或人力的要求——的尝试；

(2) 问题涉及依据各种群体更为一般与持续的取向和价值观，从而影响政策的制定。这些问题涉及对于政治要求的一种颇为复杂和较不具体的明确表达水准：依据更加广泛的和更为持续的利益和价值观而使要求获得表述；以及不同群体试图影响统治者的长期政策，使之有利于该群体的目的和利益。例如，贵族的基本政治取向集中于限制统治者自主的政策目标的范围；商人和大土地占有者时常试图使政体的具体目标偏向于领土扩张，促进投资，以及国际贸易和特许权；宗教群体则为其身份的充分认可和制度化而斗争。

(3) 贯通这两个问题的是由个别群体与派系做出的通过篡权或指定王位继承人而掌握政权的尝试。在某些案例中，这些尝试仅是个人或派系意愿的显现，而在另一些案例中，这些尝试则代表了更加广泛的问题、意愿和旨趣。

(4) 第四种主要问题由各种群体的下列关切和目的构成：维系和发展在不同领域内对于其他群体——特别是相对于统治精英和官僚——的自主性。

这些群体所寻求的自主性包括两个主要类型。一个类型可被称之为"消极的自主性"——即努力"不受干涉"，同统治精英和官僚只具有最低限度的联系，并且不曾显示出参与政治过程与政治决策的雄心。这种自治权极为类似于魏特夫① 描述为乡村群体和都市群体的"乞丐式民主"的东西。

从政治学观点来看，第二个类型的自主性是更为明确表达和能动的。其所表示的抱负并不限于要求统治精英和官僚的非干预性。这些要求也是达成在政治生活的边缘——如果不是某种中心的话——之某种程度的能动参与，以及被允许发展和维系众多自主的调适机制，而无须统治者或官僚过度干预的雄心。

(5) 在中央集权官僚制社会中所发现的第五种政治问题，涉及由不同群体为获得和建立将使他们从不同方面在法律上独立于统治者的若干基本法权而做出的尝试。这些尝试集中于下列各项的法典化：(a) 自主性，如以上所描述的；(b) 更为一般的法权，例如，确当的法律过程、财产之不可侵犯等等；(c) 独立的法律体系与法院的自主权；以及 (d) 一般的、"普遍的"人权或政治权利。不过，最后这些要求是一种较晚的发展，而且通常与在第 7 点以下加以讨论的更为"激进"政治取向的演化相关。

(6) 政治斗争的第六个问题涉及不同群体的目标——达成与

---

① · [1]*Wittfogel*, 1957, p.108 及以下诸页。

制定政治决策相关的某种认可与官方地位、在政治机构的较高集团中得到代表，并且在确定政治目标时被虑及在内。这种目标在本质上有异于已经讨论过的诸目标。它所表示的并不限于达成来自垄断政治决策的统治精英的特权、权利和便利的意愿，也不是借助于任何一个群体或使某个统治者群体取代另一统治者群体，来单纯地夺占政权的雄心。毋宁说，该目标代表着影响甚或决定——通过在政治机构中获正式的战略地位——权力的分配，或至少影响调节权力配置与抉择政治目标和政策原则的愿望。

这种目的主要在所研究的诸社会的边陲演化出来。其主要表现之一由借助于支配对统治者配置财政资源，从而控制其行政权的尝试所组成。此种尝试从维系对经费加以暂时控制的偶一为之的努力，直到达成对预算的持久控制。这个目标的另一表现则由对王室臣属的任命加以监督的尝试所组成。

（7）与刚才所讨论的目标紧密相关的，是针对扩张政治参与领域，以及至少在某种程度上变更基本的政治框架、价值观和政治参与模式的目标。

12. 政治组织主要类型的划分

历史官僚制社会政治组织的主要类型可以按照下列标准而加以分类：

（1）组织专属于政治活动并区别于其他社会活动与社会集群的程度；

（2）政治组织的恒久性与牢固性；

(3) 参与组织的社会群体的数量、类型，以及同质性和异质性；组织的随之而来的疏导社会中现存自由-流动的政治势力，以及在该框架内汇集不同政治旨趣的能力；

(4) 组织的合法性程度及其在社会体系和政治体系中活动的程度。

这些标准指出了政治组织的主要（最为常见）类型。

第一种类型的政治组织和政治活动由关于具体、特定问题的个人代表制或群体代表制，以及请愿活动组成。

在这种政治组织中，"被代表的"个人和群体尚不曾作为一种独立（即便是软弱）的力量而充分地参与政治斗争。毋宁说，他们是一种消极的请愿力量或群体，在政治活动中并不具有持久与独立的地位，唯有当这些运动牵涉他们的个人利益时才对之做出反应。

这种组织通常与一个独特类型的领导人员相关，其包括在统治者之先的一种特别的群体代表制，以及领导人员作为恳求者和请愿者的形象。一般说来，领袖得到群体的授权，因为领袖在群体内部占据或多或少的固定地位。但领袖并没有将群体所具有的与统治者相关的政治潜能组织成为任何直接或专门的单元。他们的领导能力和代表活动全然嵌入于现存社会群体的结构之内，而且通常并不构成一种分立的政治活动。

第二个类型的政治组织和政治活动在这些社会中极其普遍。这便是宫廷派系或官僚制派系，它通常由统治家族、宦官、贵族或上层官僚的成员所组成。这样的组织在某些方面类似于前面的类型——而不论该组织在接近权力中心和参与执行过程和行政过程方面的显而易见的区别。它们的类似性导源于下列事实：在许多这类社会中，这些派系和个人并不曾被公认为政权的合法竞争者，而且在许多情形下，这些派系代表"固定的"亲缘群体与地缘群体。然而，这些派系甚至更为经常地确乎成为各不相同与丰富多彩的社会群体与阶层的代表。因此，在大多数这类社会中，他们在政治斗争中位于最为重要、持久和活跃的成分之列——尤其是在很少存在用于这个斗争的合法渠道和合法组织时。在这样的案例中，这些派系在其框架以内履行汇聚多少有所不同的政治旨趣，以及在政治斗争的中央渠道内对之予以明确表达的关键功能。

这些社会的政治制度包涵这样的职位，其在某种程度上有助于此种派系的发展。此种职位有：(1)"内廷"部门和王室家庭（例如，后宫）；(2)控制部门；以及(3)半独立性部门，例如，宫廷天文术士部门、宗教部门或与外部的独立组织相联结的部门。

这些派系造成了较为新型的政治领袖与群体领袖。这种领袖由在政治权谋和影响方面的准专家和行家里手。他们或者将自己认作为若干群体（家族，地方，等等）的代表，或者被要求执行一定中介或准代议制功能的人们所组成。然而这些领袖的代表功能或中介功能却既未得到充分的认可与任命，又不是由在这些群体中的任何固定的地位所导致的。这些功能主要源于该领袖作为谋士、君主侍从、官僚或军事职位持有者的官方地位。他们大多在政治上变成雄心勃勃的（若非为其自己，便是为其盟友或朋友）。一般说来，这是他们从事于宗派阴谋的缘由。至少，他们中有一些为求得支持而诉诸"内廷"派别、官僚以及强大的家族或都市与乡村的群体。结果，他们本身又是为所有这些群体所"可能接近"的。这样，组织派系便时常代表着自治党派-政治活动的萌芽阶段。

这些派系的具体目标屡屡成为不同于特殊群体代表所造成的引发请愿的那些问题的一个序列。它们主要的目标如下：

（1）对涉及具体问题的政策制定和决策施以影响，这些具体议题作用于（它们的）直接的利益；以及在某些案例中，还引发对该派系自己或其他群体和阶层的更为广泛与持久的关切；

（2）将不同群体的成员安置在宫廷机关和官僚制之中，使之得以攫取权力和施加影响，从而施惠于这些群体；

（3）影响各种政策的决定和执行，尤其是在该政策与不同群体的利益和价值观有所关联的范围内。

此种派系活动的主要焦点常常是围绕着承嗣王位，时而还有任命主要大臣的问题的斗争。诸派系或与颇具反叛性的运动携手合作，或基于他们自己的主动性，有时甚至谋划废黜某个统治者或推翻一个王朝。

第三个类型的政治活动与政治组织是各个群体在一个特定政治框架中的持续性或半永久性的代议制。这个类型经由民众会议而得到最佳例示——例如，罗马和拜占庭的元老院，以及欧洲等级会议。在王室宫廷中，借助于其成员的特定地位，许多宗教机构也得到代表，尽管这是以一种较少明确表达的形式。

代议制是政治活动和政治组织的一种更有组织性和持久性的类型，以及明确表达不同政治旨趣并将之汇聚于一个共同框架以内的极其多样化的形式。然而，这种类型的组织依然刚性地与特定群体相联结。因此，该组织很少具有对自由-流动的政治力量和政治态度不受妨碍地加以操纵的可能。不过，这个代议制类型毕竟允许对自由-流动力量的某种操纵。首先，代议制机关在政治上时常已经是准独立性的，而且其自身已构成政治斗争的一个焦点。其次，代表们也许有能力或被要求作为君王和不同群体之间的媒介而行动，并且从这些群体中动员资源与政治支持。此外，这些代表是专门、独特的政治制度框架内发挥功能的。这种制度框架在社会内被予以合法化，并授予了代表某种独特的政治身份。

同样的代表有时会变成相对独立的政治领袖，并且组织起为不同群体和不同阶层而充分动员支持的政治集团和政治派系。

另一类型的社会和政治组织——在某种意义上，其贯通于先前的阶段，而且也构成一种新的发展——由社会-政治运动和各种叛乱组成。这些运动最为普遍的特征是，它们有能力在一个比较共同的框架内，将极其多样与不同的群体组织起来。这些运动由民众领袖、昙花一现的卡里斯玛个人、罗宾汉们、宗教神秘主义者、军队歹徒以及时而还有心怀不满和萌生异志的贵族和官僚制军阀所引导①。

这些社会-政治运动在稳定性、延续性、持续性的领导权以及专门政治问题的内在明确表达的程度上，都是大相径庭的。

在这个一般的范畴中，应当提及两个专门的次属类型。一个是"秘密社会"——一种通常带有某种宗教取向、从事暗中活动并且时常参与反叛或民众暴动的社会。秘密社会的最佳例证是由中国提供的②，虽说类似的例证也能够在其他社会中发现。

第二个次属类型是好斗的宗教派系或修道会（由穆斯林"暗杀团"而得到最佳例示）③。这样的群体，除了其公开申明的宗教

---

① [G]*Christensen*, 1936, *ch vii*; *Klima* 1957.
② [I]*Groot*, 1903; *Levy*, 1956; *Eichhorn*, 1954.
③ [M]*Hodgson*, 1955.

目的之外，有时还寻求推翻一个政治体系、谋刺某位统治者或建立一种新的宗教政体。

在某种程度上，这些群体和运动或者是与突如其来和转瞬即逝的运动及反叛相接近，或者是与更加充分地明确表达和独立的政治组织相接近。绝大多数这类群体和运动仅仅是局部——如果从根本上说——合法的，并且常常演化成公开的叛乱。其出现往往是由欠缺用于政治斗争的任何合法出路与合法渠道所导致的。不过，若干这样的运动却确实经历了向更加持久类型的政治组织的变型。

历史官僚制社会政治组织发展的最后阶段，是专门与持久的群体的崛起，该群体为了政治目的而被组织起来，并以某种明确的政治纲领为特点（显然，在众多例证中，这个类型的政治组织与代议制阶段密切关联——尤其与其更加"发达"或复杂的发展密切关联）。这个范畴的诸组织在持久性、目标的一般性和专门性以及参与其中的社会阶层的异质性总量方面是互有区别的。

这些群体以下列各项为其特征：在政治问题方面，在政治斗争的中心渠道内对不同类型的政治旨趣及其明确表达予以较高程度的汇聚。

由这种形式的政治组织所引起和担负的新型领导关系的显著特征是：(1)领导关系（尤其是地方和乡村）之不同水准的分化；(2)不以固定方式附属于任何归属性群体的"自由"领导关系的发展；(3)在类似或不同的阶层成员之间和不同领袖之间建立国家范围或社会范围的契约；(4)不同领袖群体之间的准制度性竞争。在此所研究的欧洲国家中，以及在某种程度上还在西班牙-美洲帝国中，这些发展最为普遍。该发展也出现于拜占庭与晚期罗马共和国和早期罗马帝国之中，尽管尚不发达[1]。

主要正是这个类型的组织，才以常规性和有条理地尝试持续地动员不同社团，以及非归属性群体和阶层的潜在政治支持为特征。虽说在低度分化类型的政治组织中，该动员方式只以初级形式存在，而唯有在比较持久和明确的政治组织中，才充分地获得明确表达。

不同类型的政治组织业已按照复杂性的次序（除去各种社会-政治运动的局部例外，对这些运动的确切地位不可能予以指明，因为它们毗连于前一阶段与随后阶段之间）而表述于此。为明晰起见，在分析中，每一类型都被认作与其他类型强固地分化开来——虽说在现实中，政治组织时常具有不止于一个类型的特征。

13. 政治斗争手段主要类型的划分

在历史官僚制社会的政治斗争中所使用的主要手段，类似于在任何一种社会中所利用的手段。统治者的方法包括：分配便利和奖赏；当作出决策和执行政策时虑及各种群体的利益；以及高压统治的区别使用。臣民们所使用的手段则主要地由向统治者供给不同的资源与支持组成。

---

[1] 参见 [Y]*Königsberger*, 1955; *Sagnac*, 1946; [Z]*Namier*, 1929, 1930, 1952; [L]*Marica*, 1949; *Manojlovic*, 1936; [R]*Whitaker*, 1942; *Parry*, 1957.

但是，这些手段借以被组织起来的方式，从一个类型的社会或政治体系到另一个类型的社会或政治体系却必定有所不同，而且某些方式是为在此所研究的官僚制社会所特有的。一个给定社会的基本特征，决定了在其之内政治斗争的最为卓著的特定类别。从这个观点出发，历史官僚制社会政治结构中最有意义的因素就在于自由-流动的资源与支持的决定性重要地位，以及统治者控制这些资源，而同时却又维系若干基本的、无条件的支持与合法性的尝试。

相应地，在这些社会中，臣民阶层和群体在其政治斗争中使用下列主要手段：

(1) 撤回基本的、无条件的支持，并且发展对于统治者的冷漠；

(2) 拒绝向统治者提供直接资源，无论其为人力和财政的资源——通过逃亡，拒缴税赋，或不去执行任务和职责——还是政治支持；

(3) 通过迁移或投顺封建领主而损害全部自由-流动资源持续发展的根基；

(4) 以对统治精英造成损害——或者至少不使之有益——的方式来组织自由资源（特别是随之而来的政治支持）；

(5) 阻塞各种社会阶层与统治者之间的沟通、影响和供给的渠道；

(6) 发展冷漠，以及间接地撤销资源（这有时极其接近于 (1) 和 (5)）。

14. 与政治体系基本前提相关的政治问题与政治组织的诸类型

我们已经描述和分析了在历史官僚制社会中出现的主要类型的政治议题、政治组织和政治领导。其中有些议题既存在于这些社会中,又存在于低度分化的社会——初民社会、世袭社会或封建社会中。然而,还有一些问题却特别是在历史官僚制社会中才为人发现的,在此种政治斗争的独特议题之中,至为重要的有:

(1) 影响政体目标领域与方向的尝试;

(2) 贯通任何固定群体具体旨趣之中的特别明确表达的政治目标,以及更为广泛的问题与旨趣的发展;

(3) 某些群体所做出的尝试,其不仅变更配置给他们的具体实惠以及他们在固定身份等级制中的相对位置,而且还在某种程度上改变分层的若干原则,并将他们自己的某些价值观强加于身份等级制之上;

(4) 改革现存社会结构、政治结构、政治目标与价值观体系,以及拓宽政治参与领域的努力。

组织政治活动的一个主要方式在历史官僚制社会中获得发展,但却不曾在低度分化类型的政治体系内兴起。这就是或代表相对流动的群体,或由不同群体的成员组成并受到恰当领导指引的组织类型。

历史官僚制社会政治体系所最为专有的政治斗争手段,是阻塞向统治者传送自由资源和政治支持的那些手段,以及能够导致对统治者的政策、对这些政体基本前提的半组织化的冷漠。

这些更加分化和在政治上专门化类型的政治斗争、政治组织和政治领导问题是极其密切地关联起来的。这就是说,其通常(如我们将在后面所详尽看到的)趋于同步发展,虽说在某些案例中——特别是恰逢叛乱和教派运动之际——这些问题也个别地出现。

但是,这些社会的政治体系本性的最为重要的特征,并不是这些更加分化类型的政治活动、政治组织与政治问题的纯粹发展,而是它们在同一个框架与组织内和极不分化政治态度的共存。在此所研究的一切社会里,这些"发达"、"明确表达"和"分化"类型的政治活动和政治组织都与较不分化类型的政治活动和政治组织一道存在。不过,它们也并不是仅仅地共存着,不是每一类型皆在其自己的隔绝单元内孤立不羁。当然,在地方的层面上,低度分化与未明确表达类型的政治活动通常占据优势。但这些活动却通过更加分化与明确表达类型的政治活动而同中心的政治斗争机关联结起来,在某种意义上,更加分化和明确表达的政治活动在其框架以内涵容了较不分化类型的政治活动,并为之提供与中心政治活动的联系,这个联系环节或许构成历史官僚制社会政治体系独一无二的、至为重要的特征。这就诠释了这些社会中在不同时期内从事一切类型政治活动的全部主要群体——而且,正是通过所有这些活动,这些群体才明确表达了对于政治体系根本前提的基本态度。在下一章中,我们将分析在此所研究的社会里这些政治活动的各个变异。

八 主要群体与阶层的政治取向与政治活动

九 政治过程的社会决定因素：比较分析

1. 导言：影响政治过程的主要变量

在前几章，我们已分析了历史官僚制社会政治体系主要特征的发展程度、统治者政策的不同类型、主要社会群体的基本政治取向及其实际政治活动的潜在范围。

在本章中，我们将力图以系统方式分析影响前几章中所描述的各类政治组织、政治取向和政治活动发展的条件。我们所说的"条件"，意指我们在假设中所提出的种种不同的价值观或基本自变量的群集，即显现于统治者目标类型中的政治领域的自主性，以及显现于具有各种日益演化的自主调节机制的主要社会群体和社会组织之中的社会结构分化程度。

这些变量影响了所有主要层面的政治斗争，也就是影响了统治者的政策以及群体和阶层在社会上的政治参与。显然，每一种这样的变量与某一层面政治过程的关系都比与其他层面政治过程的关系更为密切。因此，统治者政策受其自己目标的影响大于受群体政治参与的影响。而且，这些群体的社会结构和取向对其参与政治过程比对统治者的政策有着更多的影响。可以设想，统治者所需资源的类型的数量、其对内部和外部紧急状态的反应及其对社会各阶层的要求，几乎完全受该目标的影响，因此该目标实际产生了这些社会政治过程的基本框架。另一方面，社会结构分化的类型和程度以及该结构中群体分化的程度和类型，又影响着这些群体政治取向和政治活动的范围及其对统治者要求的范围，从而影响统治者的政策。

然而，我们必须谨防过分简单化。我们将更加仔细地检视统治者的不同取向和目标怎样影响了不同群体和阶层政治参与，以及后者的构成反过来又是如何影响统治者政策的。我们还将考虑统治者的政策和主要群体的政治活动及取向影响政治斗争机构和官僚机构演化及其活动范围扩展的程度。我们关于这些变量对历史官僚制社会中不同政治活动发展的作用的系统分析，将有助于我们进一步分析这些政治体系长存或变迁的条件。

2. 统治者目标的主要类型

首先，让我们考察一下统治者的目标、取向、主要任务以及与此相关的紧急状态。

广义地讲，人们可以区分两种主要的——往往是非常密切相关的——统治者目标。一种类型构成统治者声称完成的集体目标。这时目标包括维系和宣传给定的文化传统、领土扩张和经济的增强。所有这些集体目标在每一个历史官僚制中都存在，但每一个目标的相对重要性在各个社会是不同的。另一个主要类型构成任何统治精英维系其权力和权威地位的"天然"目标。

这两类目标之间的具体关系是多种多样的。然而一般地说，统治者实现集体目标及其处理社会内外紧急状态的能力，在我们所研究的社会中构成了维系其合法性的重要条件。这种合法性的准则——即统治者借以维系其权力的主要价值观和标准以及统治者及其行动在社会上依此获得评价的价值观和标准，在其他因素中极大地影响着统治者达到目标所需资源的性质和范围，以及从其臣民中所能期待的支持的大小和类型。

因此，必须密切联系在主要社会群体中盛行并为统治者自己宣传的价值取向来思考不同统治者的目标。

在社会中盛行的价值取向与统治者目标之间的关系如何？这一关系怎样影响社会的政治过程？从这种观点来看，哪些方面的价值取向最为重要？

对于我们的讨论来说，对价值取向分类的最有用的方法就是区分每一个主要政治目标的基本指涉，也就是出于什么目的或为了谁的利益实现目标。该方法最初似乎是幼稚的——表面上看，实现这些政治目标似乎显然是为了维持统治者的地位和政治体系的功能。然而，假设统治者合法性的存在和必要性，这就意味着所有在此所研究的社会（大概还在所有政治体系中）存在确定其他目标指涉这一问题。在我们关心的社会里，由于政治领域与文化领域间的分化、每一个领域的相对自主性、这些领域的不断互动，以及统治者不断地寻求支持，该问题尤其严重。

因此，政治秩序的主要指涉可以是：

（1）囊括了统治者、政体和社会各阶层的文化秩序或文化传统；

（2）作为独特统一体的统治者和／或政体：

（3）社会中的各种不同群体；

（4）必须由政体和社会来宣传的价值系统。

在以下的分析中，我们将把政治活动的任何一种这样的价值指涉在其中占有支配地位的政体，称为具有"文化"、"政治"、"集体政治"、"社会经济"等目标的政体。同样，在描述不同类型的政策、政治活动、组织和取向时，我们将经常使用"简单的"、"复杂的"、"更广泛的"等一类的形容词，但并不进一步精细描述这些政策和政治活动。这些形容词涉及前几章做出的政策和政治活动分类，凡是这些形容词在给定的上下文中能够获得充分理解的地方，我们便使用这种速记。

表格1-20表明了统治者目标的主要类型与社会结构分化的不同水平之间，以及统治者政策的主要类型与主要社会群体政治参与及取向的主要类型之间的关系。这些表格的材料在以下几节将获得详细讨论和分析。此外，主要是出于用作例证的目的，我们在下几节还将涉及那些在前几章已讨论过的六至八种社会。不过，该分析将以表格中分析的所有社会为根据。

3. "文化"取向与统治者的目标

让我们从检视那些受文化取向或"维系模式"取向支配的历史官僚体系开始。换言之，我们将从检视那些十分强调维系给定文化传统、秩序和模式的社会，也就是构成藉以实现政体主要功能以及（至少在理论上）必然要使政治目标服从的基本框架的社会开始。

这种类型的文化取向——以后被称为"文化-自群主义"取向——必须与另一类型的取向区别开来。这第二种类型由那些导向宗教传教（或世俗）活动的文化取向——借助给定的集体及其政治活动来传播"正确信仰"的文化取向所构成。这两种类型文化取向之间的主要分析差别在于它们关于政治活动的基本参考和标准不同。

文化-自群主义取向强调维系给定的文化传统以及与该传统相联系的特定集体界限内的秩序，并把所有异己要素纳入该传统和集体之中。

第二种类型的取向以伊斯兰国家来说明是再清楚不过了。其致力于传播某种超越任何给定集体界限的普遍信仰或信条，也就是把此种信仰强加给其他集体和（或）把新的集体建立在对于该信仰之信奉的基础上。

这两种类型文化取向的具体表现往往趋于相互交织在一起，在新的"普遍"信条制度化的较后阶段尤其如此。阿拔斯（和法蒂玛王朝）哈里发统治后期和奥斯曼帝国后期伊斯兰教的发展证实了这一点，随着更加强调维系现存文化传统，文化-普遍主义目的或目标至少部分地转变为文化自群主义取向。

在许多初民社会，文化-自群主义取向占有优势。然而，在我们正在检视的历史官僚制社会，这种取向的产生则是以政治领域与文化领域间的分化以及每一领域的相对自主为基础的。因此该取向所支撑的文化秩序并非"给定的传统"秩序，而是更为分化和更有弹性的秩序。有时，甚至当这些取向在政治目标等级中不是处于最高层级时，该取向的影响也清晰可见。这种情况出现于西属印度群岛某些教会活动和王国政府活动中，以及在较小程度上还出现于在拜占庭建立同质文化框架的活动和尝试中。不过，在那些文化取向是最重要的目标的较少事例中——尤其在中华帝国和古埃及帝国——文化取向的影响更为显著[①]。在后者中，这些目标是相对不分化的、传统的以及以政治取向与宗教取向间较大程度的融合为基础的。

因此，为了明晰起见，我们将把有关这些取向对更为分化的政治体系中政治过程的影响的分析限于中国的情况。不过，它与这些目标在其中具有某种重要性的其他政体也有许多方面相似。

4. 文化取向和文化目标在中华帝国的影响

那么，这些相对非传统的、分化的文化-自群主义价值取向是怎样影响政治过程，尤其是中华帝国政治过程的呢？

A. 文化取向及其目标对统治者合法化模式的影响

分析以文化为取向的体系之政治过程的最佳起点，是检视该体系统治者合法性的性质[②]。对文化价值观和目标的强调，通常涉及把某一世袭群体或新群体标明为古老的特定文化传统的载体。甚至当新王朝兴起时，它们仍趋于强调同那些可作为"黄金时代"象征的古代祖先或君主的关系。但是，统治者的合法性既不是依据纯粹"传统主义"，也不是基于世袭承传；其主要基于该统治者承接"天命"以及以该天命和戒律为依据的行为。

---

① [F]*Frankfort*, 1948, 1951; *Drioton and Vandier*, 1952; *Edgerton*, 1947[*a*], 1956; *Otto*, 1953; *Kees*, 1933[*a*], 1952; *Meyer*, 1928; *Spiegel*, 1950; *Stock*, 1949; *Wilson*, 1951.
② 参见 [I]*Kracke*, 1953; *H.Franke*, 1953[*b*]; *Lee*, 1954; *De Bary*, 1957; *Liu*, 1957，此处转引自 *Lee*, 1954; *O.Frank*, 1925, 1930-1952; *Bodde*, 1953, 1956; *Weber*, 1922; *Dubs*, 1938[*b*]。

中国王朝统治者的卡里斯玛特征经常得到强调。皇帝被通称为"天子"，他从上天那里获得皇权并按天意进行统治。他既不对其臣民也不对其可能制定的任何法律负责。理想地说，他对某种能使人民安居乐业的慈善而自然的秩序负责。自然界任何奇特事件或灾异，如日食、彗星的出现、山崩，当然还有饥荒，在传统上都被视为上天警告统治者的征兆。在这种时刻，进行统治的皇帝通常的做法是发布罪己诏，以便对他可能的失职表示最深的忏悔；并且进行咨询，尤其是向他的监察官咨询。在宫廷尽责的儒士非常乐于利用这一机缘来再次宣扬儒教治国原则，从而加强他们在行政管理中的地位。

由于君主的权威基于公正原则，它显然易受争论、询问和挑战。如果统治者的没有选择合格和公正的行政管理并因此不能使人民幸福，由此而造成的人民对其效忠的丧失便会剥夺其所有特权。那么他不再是君主，而成为"小人"（以孟子的话说）。儒教伦理含有许多为推翻这种统治者的起义辩护的论据。

这种类型的合法性影响了中国社会的政治过程。这种文化取向及其所要求的基本合法性极大地影响了统治者具体目标的制定和该目标所需资源类型的配置。

在任何历史官僚制国家，统治者都需要实现其权力和追求各种政治目标的多种物质资源（尤其是人力资源和经济资源）。但是，由于强烈的文化取向，统治者所需的资源数量有时是较少的。这种政体中的统治者一般被期望较少地强调集体-政治目标，如领土扩张、军事扩张和经济增长。这些目标是开支庞大的；当其重要性被降至第二位时，统治者就只需花费较少的资源。

我们的意思并不是主张：中国（或古埃及）的统治者不把集体

的增强、扩张等等视为重要的目标。然而重要的是，这些目标通常是以文化术语来表达并作为文化价值观和文化取向的从属物来阐述的。即使皇帝对纯军事的扩张主义目标感兴趣，其实现这些目标的能力也大体上依赖于具有文化取向的群体。因此，皇帝不得不考虑自己的基本合法性，而此种合法性是强调该文化取向的[1]。

在整个中国历史中，统治者与儒教士大夫之间正是在这一点上出现了多种多样的紧张状态。皇帝倾向于强调更大的多种多样的集体扩张主义目标，而儒教士大夫则趋于限制这些目标，强调文化目标和意识形态。这种争论在中国是政治斗争的主要焦点。

不过，此种争论的存在和持续，证明文化取向在决定中国政治过程方面有着巨大的重要性。甚至在那些统治者以牺牲儒士来扩大自己专制权力的中国历史时期（尤其是更为后期的、从宋朝开始的"现代"时期），皇帝也从未完全抛弃儒教意识形态；没有儒教士大夫的帮助和援助，他们便不能够完全统治[2]。儒教意识形态确立了一个统一帝国的基本理想，为维系统一提供了制度框架和文化框架。

同样，在中国社会居支配地位的文化取向也影响着皇帝的基本政治取向、目标和内部需要。

当然，中国皇帝需要货币和人力资源不仅仅是为了获得其"集体"目标。这些资源对于进行基本的行政活动也是必要的。

---

[1] [I]*Balázs*, 1950, 1959[*a*]; *Eberhard*, 1948[*a*], 1952; *Pulleyblank*, 1954.
[2] [I]*Hulsewé*, 1955; *Hucker*, 1950, 1959[*a*], 1959[*b*]; *De Bary*, 1957; *Twitchett*, 1957[*c*]; *Balázs*, 1952, 1959[*a*]; *Pulleyblank*, 1954.

然而，这些活动只有较窄的范围，因为有助于文化目标的一般取向无不趋于强调地方群体和家庭群体的自主性及其政治服从。中国皇帝的合法性要求他照顾其臣民并使之处于他的监视之下；但是政体的意识形态取向很少在全民中唤起积极持续的政治参与。通常，统治者要求和获得的直接而积极的政治支持的程度是较小的。居统治地位的意识形态强调这样一种传统和道德合法性：其规定并不要求统治者积极地寻求支持。被动和接受一般被认为是潜在地更为积极的阶层，如官僚、城市居民或贵族绅士的属性。一般说来，统治者假定各个不同的阶层都忠于政体及其目标，通常并不认为有必要使这些阶层卷入积极的党派政治活动或决定实际政策。

统治者主要对通过各种礼仪和教育活动维持这些阶层的忠诚感兴趣[①]。(他们的)主要的强调是依据基本的文化箴言和伦理戒律维系文化行为和文化组织本身。

不过，管理、行政和政策问题并没有被忽视。相反，这些问题的解决被认为是内含于适当的文化行为和道德行为中。中国的意识形态往往假定适当的管理行为和取向几乎自动地解决了所有实际问题。然而另外，这些问题的解决又被想当然地认为将会有助于适当文化秩序永存不朽。换言之，中国意识形态不仅对于具体的行政管理和秩序问题，而且对于统治者解决这些问题的方法都有独特的态度。正因为手段问题、管理问题及其目标被想象为其本身具有较小的重要性，皇帝处理这些问题和目标的无能才被看作是他不再能够对付任何问题的某种迹象，因而也就是证明其

---

① [1]*De Bary*, 1957; *Eberhard*, 1948[*a*], 1952, 1957; *Balázs*, 1952, 1959[*a*]; *Reischaeur*, 1955.

合法化要求不再为正当的某种表征[①]。

B. 文化取向及其目标对统治者具体政策的影响

这些基本政治态度及其取向体现在统治者所发展的具体政策之中。在内部事务方面,旨在维系统治精英对经济资源分配控制的调节政策、维系强大的"家长制"的土地分配标准的调节政策,以及维系对经济供求的控制、对某些必需品垄断和对更为活跃的经济群体监督和隔离的调节政策占据着优势。一般地讲,这些政策十分强调各种地缘群体和专业群体的相对自给自足,最大限度地减少这些群体之间"自由的"相互联系,并通过隔离和控制各个不同群体来调控它们的相互关系。甚至当统治者鼓励贸易活动时,他们也试图在不同程度上成功地控制这些活动并在社会和政治上孤立商人[②]。

因此,中国统治精英的政策可被描绘成一般的创造-积累性政策和调节政策;这些政策极少为促进性的政策。调节政策多针对维持社会和政治现状。

非常重要的是,儒士强烈反对国家直接创办经济企业,无论是通过垄断控制还是依靠整个所有权都是如此。他们担心这将会导致商人集中和垄断权力,从而损害农业。相反,儒教通常提倡只受非常一般的法规调控的小私有商贸。换言之,与促进性政策

[①] [I]*Bingham*, 1941; *Bielenstein*, 1953[*a*], 1953[*b*]; *Gale*, 1929, 1930, 1931; *Des Rotours*, 1932, 1947–1948; *Sprenkel*, 1958; *Liu*, 1959[*a*].

[②] [I] *Balázs*, 1953[*a*], 1953[*b*], 1954[*a*], 1960; *Blue*, 1948; *Gale*, 1929, 1930; *Liu*, 1959[*a*], 各处; *O.Franke*, 1931, 1932, 1933[*a*], 1933[*b*]; *Duyvendak*, 1928, 1958, 各处; *Stange*, 1950。

相比，他们更偏爱指令-调节性政策。虽然许多皇帝有时制定的政策是为了使国家直接促进经济活动，但儒教的态度通常限制了这类政策的潜能[①]。一般说来，促进性政策只在农业税收领域和殖民地得到成功的贯彻。这类政策在那一领域和地区之所以如此，是因为政策目标是间接调节农业人力的供给和农业税的征收。

在文化领域，统治者显然非常注重垄断或控制文化-宗教活动以及对全体居民的"文化"和"道德"监督。同样，统治者试图通过强调文化自致——在中国则通过科举考试体系——为身份的主要标准，并通过监督考试体系和文化组织来控制身份系统[②]。

在对外政策方面，中国皇帝们往往寻求领土扩张，进行多种战争。然而，他们如果不是一贯的话，那也经常宣称战争的目的旨在巩固帝国或维系文化统一。即使这种文化动机的表达只是为了宣传，它也明显地影响了政策的实际制定和执行。而且，既然只有在儒教框架内才能实现统一帝国的理想，那么在统一领土等方面，统治者就不得不利用文化群体和文化阶层，因而更加强化了这些阶层的地位。

指导对调控政策加以确切阐述的官方准则主要与维系文化秩序问题相关；此外，显然至少在较小程度上，其还与紧急状态的考虑和内部强权政治相关[③]。从表面上看，在官方那里鲜有政策主动关心各种阶层的利益和目标，这些阶层的幸福被认为暗含

---

① [I]*Gale*, 1929, 1930, 1931; *Blue*, 1948; *Balázs*, 1953[*a*], 1960; *Liu*, 1959[*b*].
② [I]*Des Rotours*, 1932, 1947–1948; *Chang*, 1955; *Hucker*, 1950, 1959, 1959[*a*], 1959[*b*]; *Liu*, 1959[*a*], 1959[*b*]; *Busch*, 1955.
③ [I] *De Bary*, 1957; *Holzman*, 1957.

于不朽的一般文化秩序之中①；但是，正如我们将要看到的那样，现实的情境往往与这种"理想"有着极大的不同。

对调控政策、制定该政策的文化考虑以及全体居民的政治服从的极大强调，必然需要严格限制政治斗争机构的发展。所暴露的"官方"政治斗争大多集中于御前会议和秘书机构，并且主要是由宫廷和官僚派系进行的。在形式上，这些机构只充当国王的顾问团；它们没有自己的自主权，只有在相互之间才能公开进行有限的政治斗争②。然而，实际上现实是更为复杂的：这些机构通常成为持续政治斗争的焦点。

以上描述的情景是简化的，因为在整个中国历史的进程中，儒教群体和儒教理想的重要性及影响有着极大的波动。这种波动大体上可追溯到许多不同的朝代。在较早期的朝代——如汉代（公元前 206-220 年）和唐代（618-907 年）——儒教国家框架尚未充分建立起来，统治者往往支持其他宗教团体（例如，佛教团体）或试图把儒士从朝廷中任何有影响的地位上赶走。只是到宋代（960-1279 年）新儒家意识形态才取得了支配地位，给国家的整个制度结构打下了其印记。但是，这种支配地位是通过加强皇家独裁和减少儒教士大夫——至少就个人而言，其相当屈从于皇权专制主义——的独立性获得的③。

此外，不但在中国分裂时期，而且尤其在外来王朝即元朝

---

① [1]*Blue*, 1948; *Balázs*, 1959[*a*], 1960.

② [1] *Des Rotours*, 1932, 1947-1948; *Rideout*, 1949; *Pulleyblank*, 1954, 1955; *Hucker*, 1950, 1958, 1959[*a*], 1959[*b*]; *Liu*, 1957; 1959[*a*].

③ [1]*Kracke*, 1953, 1955; Aspects de la Chine, 1959, 各处; *De Bary*, 1957; *Hucker*, 1958, 1959[*a*], 1959[*b*]; *Twitchett*, 1957[*a*]; *Miyakawa*, 1955; *Bünger*, 1936.

(1271-1368年)和清朝(1644-1911年)统治时期，外来统治者的基本政治取向并未受到儒教意识形态的极大影响。然而，尽管存在所有这些变化和差别，逐渐形成的儒教国家的基本框架在中国从未被废除，虽然其经历了许多变异和不同的强调。甚至外来王朝也不得不在很大程度上使自己适应该框架，至少在其对内政策上是如此。

C. 文化取向及其目标对主要群体的政治活动和取向的影响

当我们分析以文化为取向的社会的政治过程的其他层面——即主要社会阶层的政治态度和活动——时，我们的讨论将再次主要涉及中国。

对文化取向的强调极大地影响了主要群体和阶层所涉及的政治问题的性质。此一强调还对政治斗争问题的表达以及政治斗争的规则和组织设定了明确的界限。

中国政治意识形态假定文化规范和伦理规范包括所有适当的政治行为准则和政策原则。因此，只有当政策与该原则不相容时，反对该政策或就该政策展开争论才被认为是正当的。尽管这显然是一种"理想"和纯粹意识形态的假定，但却盛行和强烈到足以阻止任何直率而公开的政策冲突的发展，因而排除了系统阐述该冲突规则的需要。所有这些争论原则上都必须被视为对基本文化戒律的解释和应用[1]。

然而，确切地讲，这种有关明确表达政治问题和政治要求的

---

① [I]*De Bary*, 1957; *Liu*, 1957, 1959[b]; *Nivison*, 1959; *Nivison and Wright*, 1959, 各处; *Gale*, 1929; *Blue*, 1948; *Balázs*, 1953[a], 1954[c]。

意识形态及其相随的政治服从，必然导致各个群体和阶层在政治参与程度上有较大的差别。因此，正如已经提到的那样，该意识形态增强了那些最关心文化价值观和分别直接行使权力的群体——即文士阶层和各种官僚分支机构——的地位。

既然文化目的受到格外的重视，那么文化群体和文化机构便是至为重要的了。于是，这些机构便不仅能够把自己而且还被其他群体视为统治者所应负责的主要机构。此外，确定适当的文化传统和应付各种问题的适当指南便会成为主要的政治问题。其结果是，文化群体和官僚集团便成为政治斗争的最积极参与者之一；而官僚机构——尤其是其某些中心机关和/或半礼仪机关——则成为政治斗争最重要的舞台。在这一点上，从事文化监督、行政监督和道德监督的官职——如中国的察院和礼部——尤其重要。从官方上讲，这些群体不可能参与任何积极的政治斗争，因为官方意识形态否认这种斗争的真实存在。然而，这些群体往往不仅被他人而且还把自己看作是政权合法化的依赖者和统治者的亲信。一般而言，充当控制渠道的群体必然成为各个派系政治斗争的焦点[1]。

因此，虽然从表面上看，以文化为取向的政体表现为只有较简单的议题类型或政治活动组织类型——如旨在确保利益分配和维系地方自主性的直接请愿或派系活动，但现实是更为复杂的。虽然派系类型的政治组织在中国最为突出，但它似乎掩盖了种种更为集中和明确表达的政治取向。这一事实与中国文化取向和目标中的高度弹性和非传统主义密切相关。诸派系往往关心更

---

① [1] *De Bary*, 1957; *Liu*, 1957, 1959[*b*]; *Eberhard*, 1957.

为广泛的问题和争论（如制定基本的经济政策和对内政策），即使其目的通常是根据有限的目标和／或文化戒律的解释而系统阐述的。

因此，在整个中国历史中，几个更为广泛的主要问题便成为争执、讨论和政治论战的焦点。其中最重要的是：(1) 亲王的合法行为，或亲王与专制君主之间的差别；(2) 公私两种行为中的法律与习俗和道德的对立；(3) 大臣尤其是相臣的品质、职责和自主权：(4) 宦官的政治角色；(5) 文职机构和地方政府中的招收与晋升标准；(6) 官吏特有的行为；(7) 土地改革、税制和对其他类型经济活动的鼓励；(8) 学校和书院的建立[①]。

在中国，有关上述问题的文化戒律以及许多界定适当"政治"行为和官僚行为的法规，存在着广泛的"典范"和解释性文献。这种文献的存在是许多具有更广泛取向的力量崛起的表现，以及由此造成的为把这些力量纳入精英的基本文化目标框架而使法规形式化的需要。

尽管意识形态否认政治斗争的存在，但较广泛的政治争论通过这些社会所使用的几种政治手段还是明确地表达出来。若干能动的群体——尤其是官僚分支机构和文士——经常试图组织广泛的宣传事业。在他们同派系、宦官和"残暴的"皇帝斗争时，最重要的宣传活动都是由书院和学校指导的。宣传活动不仅广泛而且有效，尤其在文士、士绅甚至某些上层农民群体之中[②]。

---

① 关于这一点，参见 [I] *De Bary*, 1957；同样参见 *Hucker*, 1958; *Liu*, 1959[a]; *Haenisch*, 1944; *H. Franke*, 1940; *Wilheim*, 1935-1936, 1951。

② [I]*Galt*, 1951，各处；*Hucker*, 1958, 1959[a]; *Nivison*, 1959。

D. 技术因素与地理因素

维系较低水平的政治活动和政治参与在很大程度上是由某些地理条件和技术条件造成的。一般技术和特殊的军事技术并不高度发达。这种因素与以下事实相关：幅员辽阔的帝国的若干部分主要是通过灌溉系统而紧密相互依赖的。这些要素的结合对统治者不断维持某种程度的中央控制有着促进作用。此外，该结合还有助于若干地区和社会单元获得和保持较大的自治权但又不会使之发展为完全独立自主的权力中心[①]。

当然，所描述的政治过程类型在多大程度上可归因于技术因素，以及政治制度和文化制度在多大程度上限制了技术的发展，这还是争论未决之事。不过，两者十分密切相互作用则是无疑的。此外，既能使统治者保持有效但又有限的控制，同时又可阻止社会上能动群体获得强大技术手段或沟通手段的一般技术和军事技术水平，极大地加强了文化取向的优势以及由此造成的政治活动类型的支配地位，也是不容置疑的。

在该领域，在中国历史的不同时期还出现过许多变异。儒士的地位和重要性依据其他宗教群体和军事领袖的变化而不断变化。在政体内各个不同地区群体和家庭的相对重要性不断转换。例如，都市群体在宋代上升到相对突出的地位，然后又再次衰落。在战争或解体时期，军事领袖迅速地获得了重要地位。然而，所有这些波动都是在较为弹性的政治框架内引发的，这一框

---

① [1]*Lattimore*, 1951; *Balázs*, 1959[*a*], 1960.

架的主要特点在变迁中保全了下来[①]。

5. 文化取向和文化目标对政治过程的影响概要

文化目标占支配地位的社会（或其部分）中政治斗争的特征，可通过分析该社会内的权力一般化过程来概括。这种社会的若干特征——社会较高度分化的存在以及政治取向具有某种自治——有助于权力极大地一般化。然而，这些条件在某种程度上为政治活动的文化指涉所抵销。文化取向的压倒优势不但把种种限制强加给各种群体，而且还强加给统治者。由于这种框架包括许多把统治者和最能动的群体束缚于共同文化取向和活动范围内的制度，如中国的科举考试制度和官僚制，因此极大地有助于调控统治者与该能动群体间的紧张。

不同群体（和统治者）的潜在权力与基本文化取向间的张力强度，与社会结构的分化程度是成比例的。中华帝国与古埃及帝国之间的（与我们的讨论相关的）重大区别出自这样一种关系：在古埃及，分化（尤其是政治领域与宗教领域之间分化）的一般程度较低，因此大多数社会群体的政治服从不仅仅是一种意识形态假设；在埃及，这一假设要比在中国更加符合现实。结果，埃及统治者的创造性政策和指令性政策能够被执行，而又不像在中国那样遇到如此多的困难。

---

① [1]*Kracke*, 1955; *Aspects de la Chine*, 1959, 各处; *Hucker*, 1958, 1959[*a*], 1959[*b*]; *Liu*, 1959[*b*]; *O.Franke*, 1945; *Eberhard*, 1948[*a*]; *Stange*, 1950。

然而，当更为弹性的、分化的阶层在这些社会开始发展时，该阶层不会轻易地被纳入更为刚性的目标框架和政治制度框架。我们将在论及变迁的那一章论述这一问题[①]。

6. 在以文化为取向的政体中产生的紧急状态的主要类型

为了阐明这些张力的性质以及这些政治体系所能容纳该张力的范围，值得对政治体系所面临的某些主要紧急状态加以分析。

显然，以文化为取向的社会及它们的统治者经常面临某些由大体上不受其控制的外部因素所引起的困难和问题，如战争和入侵。但是，正如在其他社会中那样，在该社会，它们对某种目标和价值观的强调会引起对特殊类型紧急状态的敏感，从而造成应付该紧急状态的特殊困难。

我们已经注意到，文化目标在社会中占据支配地位，必然给该社会带来特定种类的行政问题和安全问题，也就是特定类型的内部和外部紧急状态及张力。这类政体内部困境的某些原因如下：

（1）皇帝和官僚的奢侈所造成的对资源的一般压力。

（2）统治者和官僚在处理具体行政问题上的管理失误和无能。这与上述（1）的情况密切相关。

---

① [F]*Drioton and Vandier*, 1952; *Edgerton*, 1947[*a*], 1956; *Stock*, 1949; *Becherat*, 1951; *Wilson*, 1951; *Meyer*, 1928; *Otto*, 1953; *Kees*, 1933[*a*], 1933[*b*], 1934, 1935; *Spiegel*, 1950.

(3)围绕不同群体和地区之间的权力分配而聚集形成的危机。

(4)统治者与文化精英之间关系的危机,或这些精英间的激烈竞争[1]。

外部压力所造成的外部紧急状态带来了安全问题以及维系帝国统一和统治王朝稳定的问题。

政治上能动的群体对这些问题和紧急状态的态度在某种程度上决定于占据支配地位的文化取向。一般而言,这基于以下假设:如果统治者的行为和王国的组织受文化-伦理戒律支配,那么政体的安全或多或少将是有保障的。因此,这类群体对军事活动和军事组织持怀疑和担忧态度。同时,该政权往往不能控制军事力量或维持有效的军事机构。在某种程度上讲,军事管理处于一般行政管理之外。在危机时期,军方能够具有相当的独立性、易于推翻现行统治并建立新的政权。例如,在整个中国历史中,曾有若干军事领袖在王朝更换时期和对外战争时期扮演非常重要的角色——虽然他们只是在近代才产生了种种自主的政治取向[2]。

统治者以种种方式解决内部和外部困难。他们通常既使用镇压手段,又使用"道德"劝导措施,并试图修正政策和改革官僚制[3]。统治者被迫不断地解决问题,因为他们所没有克服的任何一种特殊困难都会容易引起社会的广泛变迁,甚至导致他们自己的垮台。因此,内部紧急状态可导致叛乱和夺权的尝试;而外部

---

① [1]Sprenkel, 1952; Balázs, 1948, 1950, 1952, 1959[a], 1960; Eberhard, 1948[a]; Stange, 1950.

② [1]Michael, 1946; Des Rotours, 1926, 1947-1948, Introduction; Pulleyblank, 1955.

③ [1]Liu, 1959[b]; Sprenkel, 1952, 1958; Pulleyblank, 1954, 1955; Eberhard, 1948[a]; Stange, 1950.

紧张状态则可加强军官、军人领袖、军阀的权力和或外部强权的征服。当然，未解决困难的种种后果与这些社会内发生的诸变迁过程相关；这将在有关章节得到系统的讨论。

7. 集体－实施目标的主要类型

现在让我们分析其他类型的价值取向及政治活动和政治目标的指涉对官僚社会政治过程的影响。这类社会最有优势的一般取向——尤其是统治者的取向——之一，就是倾向于把政治共同体上升为目的本身。这种取向是大多数官僚社会所共有的；它是许多统治者的居支配地位的取向，以及他们大多数人的基本的附属目标。这种类型的取向强调政治领域的自主性和优越性，尽管其同时也重视与文化价值观领域直接相关的政体要求。

这种取向的各自表现在这些社会颇为不同，并且是通过强调相应不同的目标来表现的。这些表现之间的差别在分析上具有一定的重要性。主要的具体表现显然有以下几个方面：

(1)强调纯粹的政治——集体目标，如征服、领土扩张和在国际外交中保持战略地位。这种强调出现于萨珊波斯[1]和拜占庭[2]并贯穿于其大部分历史时期。当然，该强调在被征服的帝国，如奥斯曼帝国也是很显著的，不过，在那里这种强调与宗教目的相关；此外，该强调在西班牙－美洲帝国同样十分突出，在

---
[1] [G]*Christensen*, 1936; *Altheim and Stiehl*, 1954; *Altheim*, 1955[*a*], 1955[*b*]; *Ghirshman*, 1954.
[2] 参见 e.g.[L]*Ostrogorsky*, 1956[*a*], 各处; *Vasiliev*, 1952; *Bréhier*, 1947, 1949[*b*], 1950。

那里（正如在许多欧洲绝对专制主义政权中那样）这种强调多少与文化目标和经济目标相关[①]。

(2) 强调政体本身的经济实力和经济扩充。此种类型的经济目标在分析上必须与强调社会群体或整个人口（或"社会"）的经济发展和经济增长区别开来。后者属于个人、个体群体或社会的经济增长，而非政体本身的经济增长。而前者则关心作为改善政体的手段或作为政体本身附属目标的经济增长和经济发展。诚然，强调政体的经济发展通常意味着某种不同于纯粹政治-集体目标的途径。这种政体以经济福利为目标的取向通常与那种把政体作为分立的实体多少更为宽泛的概念相关，即把该实体作为虽然为统治者所表征但并不与他们完全相同的实体来看待。

这两种类型经济目标之间的区别是分析上的区别。在这两种类型目标偶尔重合在一起的具体情况中，不可能总是为人所辨查。许多欧洲绝对专制主义国家提供了这两种取向重合的最佳例证。一般而言，17 和 18 世纪法国和普鲁士的所谓重商主义政策主要受第一种类型的经济目标支配。然而，第二种类型的目标逐渐渗入法国的某些要素之中[②]。在英国的同一时期和"大叛乱"之前，两种类型经济目标都很盛行，但第二种类型有日渐占据支配地位的趋向[③]。

(3) 将集体扩充为普遍主义价值观的体现及集体的文化价值

---

① [R]*Haring*, 1927, 1947; *Hanke*, 1949; *Parry*, 1940; *Ots Capdequi*, 1941; *Zavala*, 1943.

② [S]*Hartung and Mousnier*, 1955; *Morazé*, 1948; *Wilson*, 1958; *Heckscher*, 1932; *Heaton*, 1937; *Viner*, 1948; *Treue*, 1957; [X]*Schmoller*, 1910; [Y]*Cole*, 1939, 1943.

③ 参见 [S]*Beloff*, 1954; *Viner*, 1948; [Z]*Ashley*, 1952; *Plumb*, 1950; *Nef*, 1940; *Lipson*, 1929-1930; *Davies*, 1937; *Clark*, 1955。

观和宗教价值观的恒存不朽。伊斯兰国家，尤其是阿拔斯和法蒂玛哈里发王朝，以及在某种程度上还有奥斯曼帝国①，为这种类型文化取向提供了突出的例子。正如法国启蒙运动和"开明专制主义"学说以及英国新教群体的内部活动及取向所表明的那样，法国和英国也多少有些以这种类型的文化目标为取向②。

此种文化取向还存在于萨珊波斯，尤其在开国君主和霍斯劳一世统治时期，但该取向在那里并不强固并且较少具有传教目的。在拜占庭，直至其开始衰落为止，该取向始终存在③。此外，西班牙-美洲帝国统治者和教会的活动在某种程度上也具有该种文化取向④。

显然，在具体情况中，这些不同的"文化"取向能够广泛相互叠交并与以上讨论的纯粹文化-自群主义取向重合在一起。然而，在分析上，每一种取向又是截然不同。

（4）强调政体和统治者唯一恒存不朽，亦即强调维持政治体系的现状。

一般而言，不同类型的政治-集体目标往往相互叠交在一起，其相对重要性在任何给定的社会都可以是不同的。例如，在拜占庭，政治-集体目标通常占支配地位，而军事目标、经济目标和文化目标的相对重要性在不同时期则是不同的⑤。在西班牙-美洲帝国，文化目标的重要性在该帝国发展的第二世纪之后

---

① [O]*Gibb and Bowen*, 1950, 1957; *Wittek*, 1938; [N]*Lewis*, 1953.
② [S]*Hartung and Mousnier*, 1955; *Beloff*, 1954.
③ [L]*Diehl*, 1943; *Barker*, 1957.
④ [R]*Hanke*, 1949; *Parry*, 1940; *Ots Capdequi*, 1941; *Zavala*, 1943; *Haring*, 1947.
⑤ 参见，e.g. [L]*Hussey*, 1957; *Ostrogorsky*, 1956[*a*]; *Diehl*, 1943。

开始下降[1]。在法国，在着重纯粹的集体扩充与着重政体的扩张的更广泛的概念之间，强调之点不断波动，其括及实际和潜在的经济实力及文化成就[2]。

8. 集体-实施的目标对统治者合法化模式的影响

为了充分理解这类取向和目标对政治过程的影响，我们应当首先检视趋于与该取向和目标共同产生的合法化体系。在各个社会，这类体系在细节上有很大的区别。

在已研究的大多数政体中，合法统治可以说都已给予了世袭统治者。最著名的例外便是罗马和拜占庭，在那里，至少在某些时期，王位是法定选举的，元老院、人民和军队以种种不同的方式参与选举。甚至在类似西班牙帝国和法国君主政体那样合法统治具有世袭性的政体中，统治者所不得不实现的价值观及其必须遵守的行为方式也是颇为不同和复杂的。统治者被要求能够实现集体目标、进行集体活动、维系行政机构、秩序和公正，并使某些传统、宗教价值观和制度恒存不朽。此外，统治者还被要求履行实现国家政治目标和提高其荣誉的非明确的功能——这一功能的定义往往十分模糊并且易于接受各种各样的解释。像其他国家一样，强调集体目标的国家，呈现出君主的职责和行为与宗教所规定的理想和象征之间有着密切的关系。前者是按照后者界定

---

[1] [R]*Haring*, 1947; *Ots Capdequi*, 1945, 1946[a]; *Parry*, 1940, 1957.
[2] [Y]*Sagnac*, 1945, 1946; *Lough*, 1954, 1960; *Pagès*, 1928.

的。公正、秩序以及人民和国家的福祉——所有这些往往都被转化为强调君主统治与宗教关系的宗教仪式和文化仪式，如加冕典礼和节日庆典。

然而，具有集体-实施取向政体的统治者的合法化，就其希望统治者满足的要求的性质而言，不同于以文化（模式-维持）为取向社会的统治者的合法化。统治者被期望维系给定的自然秩序或使给定的文化模式恒存不朽。此外，他们还有义务促进社会生活及政治生活的某些事务和某些方面，活跃于各个领域并经常推动政体"本身"。甚至统治者自己也强调这种义务。而且，他们不断重视和被期望实现几种类型的目标。对一般地增强集体的重视，亦即对作为价值观体现的政体——作为价值观和价值取向自主指涉的政体——的强调，说明统治者有责任促进目标的多样性，却缺乏评判统治者的清晰明确的标准[1]。

因此，在大多数这样的社会中，统治者合法化的模式以及统治者希望依此获得评价（和他们经常依此被评判）的价值观，既非一致又不简单。这一事实使各种群体有机会向统治者提出许多要求；在某些情况下，它使这些作为政治目标和政治活动主要指涉的群体的某些次属转变成为可能。这种合法化模式甚至在许多征服的社会也存在；例如，在某些中央集权官僚政治体系是通过征服而建立的社会就是如此。一旦这种政体建立起来，如果其统治者想要使他们的体系恒存不朽，他们就必须发展出类似的合

---

[1] 参见 e.g.[L] *Bréhier*, 1949[*b*], p.1; *Sinogowitz*, 1953[*b*]; *Baynes*, 1955, ch.iii; *Ensslin*, 1939; *Charanis*, 1940-1941[*a*]; [G]*Christensen*, 1936；特别参见 *Altheim and Stiehl*, 1954; *Altheim*, 1955[*a*], 1955[*b*]; [R]*Hanke*, 1945; *Parry*, 1940; [S]*Beloff*, 1954，各处。

法化模式——尽管被征服群体能使统治者负责任的程度无疑是有限的。

9. 集体-实施的目标对统治者的政策和主要阶层政治取向的影响

现在让我们来考虑各种类型的集体取向以及与此相关的合法化模式对官僚制社会政治过程的某些一般影响。

这类目标对统治精英制定的主要政策的影响是显著的。这些政策准确反映了精英所需资源的种类和数量。在以集体为取向的社会，统治者对"物质"（经济和人力）资源的需求比类似经济发展和社会分化层面上的、以文化为取向的政体中的这种需求要大得多。统治者所追求的集体政治目标和具体任务（如军事活动和官僚政治活动）通常需要耗费大量的这种资源。运用这些资源的需要必然扩大行政管理活动和行政机构的范围，并因此增加对附加人力和附加资源的需求。

此外，以集体为取向的国家的统治者需要更为明确表达的政治支持。其所以如此是出于几种原因，这些原因既同统治者合法化性质相关，又与各种群体对统治者的要求可能较大这一事实相关。

对巨大和各种各样的支持的需要还是由目标的多样性、复杂性和易变性引起的。目标的这些性质往往引起政策的改变，增加统治者为这一改变而从其随从和更广泛阶层的目标中寻求支持的需要，以及通过各种宣传渠道解释其政策变化的需要。有助于统治者对支持的大量需要的另一个因素是对政治领域的自主性和统治精英自主性的突出强调，这种强调与仍在积极发挥作用的传统和贵族的目标形成对照。

因此，政治过程在以集体为取向的国家比在强调文化取向的国家更为多样和复杂。这种复杂性反映在诸政治目标十分明确的表达、更为明确表达和灵活多变的政策的产生、参与政治活动和政治领导的阶层的数量以及争端的性质和政治斗争的途径上。因此，不仅就统治者的选择和目标的界定来说，而且就统治者所需的资源而言，各种集体取向及其所导致的集体实施的目标通常都引起较高水平的权力一般化。

这种情况在征服的社会多少有些不同。虽然该社会的统治者也需要许多资源，但由于最初的征服情境，该统治者可以最大限度地减少从被征服者那里获得所需政治支持的数量——只要该统治者从自己的（征服）群体内获得了此种支持的话[①]。

对各种类型政治-集体目标的强调的发展通常是由某些技术条件和地缘政治条件——如多处暴露于其他国家或面临迁移运动，位于国际交叉点、有限的领土以及某些能使统治者控制该领土的技术水平——促进的，尽管这些条件并不必然导致这种发展。但是，这些地理因素和技术因素与统治者的目标和政策之间的关系从来都不是简单或单向的。在建构"外部"框架和追求这种政治体系时，每一方面都对其他方面产生影响。

---

① 比如，参见 [Q]*Boak*, 1955[*a*]，各处；[R]*Zavala*, 1943; *Haring*, 1947; [O]*Stavrianos*, 1957[*a*], pp.1-2, 1957[*b*]。

10. 不同类型的集体-实施的目标对统治者政策的影响

然而，当与具有文化-自群主义取向的社会的政治过程比较时，如果不考虑整体上的相似，则具有集体目标取向的国家的政治过程显然不是同一的。某些差异至少可归因于它们对不同目标的强调。这些强调或取向可依据它们所导致的不同水平的一般化权力的总量区别开来。也就是说，该强调或取向可依据它们含有普遍主义取向和能动主义取向的程度，以及因此使目标的更大复杂性成为可能，并在某种程度上转变某些社会群体的政治活动指涉的程度，或"客观的"、超越的普遍主义价值观而区别开来。

依据此种假设，在其统治者的集体目标极大地受传统羁绊束缚的那些社会，将会有小范围的政治斗争。而另一方面，在传统羁绊弱小的那些社会，政治斗争的范围将会更大；此外，在那些或一般强调经济价值观和增进各个社会群体价值，或一般强调传播普遍主义价值观和取向，但又不同于强调纯粹政治-集体态度的政体中，政治斗争的范围也会更大。

现在让我们来检视一下我们的资料对这些有关不同类型集体目标和取向，与这些社会各方面政治过程之间关系的一般假设所给予的支持。

首先，我们将简略地比较以政治-集体目标——如军事扩张——为取向的国家的统治者所制定的政策类型。在此种情形下，统治者主要制定大体上取向于他们对各权力中心直接控制的积累-指令性政策和调节政策。这产生于最早期的萨珊波斯[①]、早期的拜占庭[②]、西班牙-美洲帝国的早期发展阶段（这个时期美洲大陆为了西班牙王室的直接利益而被剥削）[③]以及绝对专制主义之扩张主义阶段和增进外交阶段的普鲁士[④]。在这些案例中，统治者的政策几乎完全被用来帮助他们直接积聚已成为其政治和经济直接需要的权力和资源；在制定这些政策时统治者极少考虑其他群体的利益。统治者往往试图把农民束缚在土地上或阻止他们流动，以便确保人力资源充足或创造国家控制的工业企业。统治者的取向越具有传统性，这种企图便越加明显。确实，这些国家的分化愈大，统治者利用积累性和指令性措施的能力以及诉诸各种调节政策的能力就愈小。但是，就经济者自身利益和取向而言，他们尽可能多地诉诸"创造性的"和积累性的措施。

无论在何时或何地，为了强调国家的经济增长、经济潜力的开掘或既定文化的维持和传播，统治者都制定更具有调节性和促进性的政策。这些政策表明对于其他群体的利益和要求给予了一定的考虑。例如，在拜占庭，尽管经济考虑总是服从政治考虑，但在马其顿（867-1057年）和伊苏里亚（717-802年）王朝，却产生过若干有助于增强自由农民利益的政策；甚至还存在过某些有关工业和文化的促进性政策——尽管其是软弱无力的[⑤]。在萨珊波

---

① [G] *Christensen*, 1936; *Altheim and Stiehl*, 1954.
② [L] *Ostrogorsky*, 1931; *Stein*, 1919; *Lemerle*, 1958.
③ [R]*Zavala*, 1943; *Ots Capadequi*, 1939; *Haring*, 1927, 1947; *Gallo*, 1944.
④ [X]*Hintze*, 1915; *Carsten*, 1954, 1955; [S]*Beloff*, 1954.
⑤ [L] *Ostrogorsky*, 1956[a], 各处; *Guilland*, 1953-1955; *Bratianu*, 1938; *Runciman*, 1952; *Hussey*, 1937.

斯，霍斯劳一世的更为复杂的文化-政治目标不仅涉及创造性和积累性的农民政策，而且还与更具有调节性和指令性的农民政策相关[①]。在西班牙-美洲帝国，每逢君主或征服者除了自己的直接剥削之外还考虑大陆内部问题和持续发展时，有关分配土地和动员劳动力的调节政策（恩科米恩达制和摊派劳役制）便得到发展，贸易和工业通过特许权和免税而得到鼓励[②]。在重商主义的英国和法国，逐步产生了涉及补贴、弹性关税制度和财政的促进性政策。重商主义政策多少有些关心不同群体和阶层的潜在利益；在重商主义思想中，共同体的福利与消费者的福利之间渐渐地有了一定程度的区别。在"光荣革命"后的英国，政策有更多的促进性质，如直接税和鼓励自由银行体系。此外还有某些政策特意关心国会所代表的主要群体——如土地贵族、绅士和商人——的利益。

　　强调各种各样社会群体福利和利益的取向和目标占据支配地位，意味着政治活动的主要指涉从统治者和政体转向了各种各样的社会群体。然而，在已研究的历史官僚制政体中，只有在极为罕见的特殊情况下，该目标才获得哪怕只是部分的优势。这种情况的两个突出的例子是17和18世纪英国和荷兰的海权国家。在那里，更为能动的社会群体和政治群体在一定范围内成功地使国家为它们自己的目的或目标服务，如促进贸易或提

---

① [G] Christensen, 1936；特别参见 Altheim and Stiehl, 1954, ch.ii, 1957, ch.i, ii, iii; Stein, 1920; Altheim, 1955[a], pp.73-125, 1955[b], pp.94-115。

② [R]Ots Capdequi, 1939, 1941; Zavala, 1943; Haring, 1947; Simpson, 1934, 1938, 1950; Congora, 1951; Konetzke, 1952, 1953.

供安全①。

虽然这类取向和目标极少占优势，但对它们的相对强调甚至也影响了统治者若干方面的政策。首先，正如上面以英国和荷兰来说明的那样，在这种情况下，逐步形成了一种强调国家为社会中更能动和更强大的群体提供多方面服务的趋向②。

其次，实现此种目标必须运用促进性政策。我们已经讨论了这些政策在英国的重要性。在拜占庭和中国，有关农业人口的促进性政策在某种程度上是由统治精英对农民福利的关心以及为了社会的物质福利而保持某些基本条件的需要引起的③。

第三，在制定和贯彻这些政策时，统治精英必然考虑许多群体和阶层的利益。这种必然性往往就是这些群体和阶层的代表施加压力的结果④。

正如我们已经说明的那样，目标类型和目标分化与政策类型之间的广泛互动，大体上是由统治者所需的资源、统治者产生或推动的力量，以及统治者所主张和他们的统治所基于的合法性造成的。所有这些力量都为不同群体进行广泛的政治参与创造了潜在的框架。这种潜在的框架在多大程度上得到实现则有赖于我们现在将要研究的几组因素。

---

① [S]*Beloff*, 1954; *Wilson*, 1958; *Heckscher*, 1932; [Y]*Cole*, 1939, 1943; [S]*Heaton*, 1937; *Viner*, 1948; [Z]*Ashley*, 1952; *Plumb*, 1950; *Mousnier*, 1951; *Clark*, 1955; *Nef*, 1940; *Namier*, 1929, 1930, 1952.
② [S]*Beloff*, 1954, ch.vii.
③ [L]*Guilland*, 1953-1955; *Ostrogorsky*, 1929[*a*], 1931; [I]*Pulleyblank*, 1955; *Balázs*, 1953[*b*], 1954[*a*].
④ [S]*Wilson*, 1958; *Beloff*, 1954; *Hartung and Mousnier*, 1955; *Heckscher*, 1932; *Clark*, 1957; [Z]*Ashley*, 1952; *Plumb*, 1950; *Nef*, 1940; *Namier*, 1929, 1952; *Pares*, 1957; *Mousnier*, 1951.

11. 不同类型的集体-实施的目标对主要群体政治活动的影响

现在让我们尝试更详细地分析历史官僚制政体中以种种集体目标为取同的群体和阶层的政治活动和政治态度。

当统治者的需要和政策更为复杂时，此种需要和政策便提供了潜在和更为广泛的政治斗争范围。统治者的更为分化和富于弹性的需求必然使其更加依赖于大体上对所需资源之"生产"负责的阶层和群体——经济和政治上能动的群体、专业精英和文化精英。结果，这些群体能够并经常确实是精力旺盛地参与政治斗争。它们提出更多的要求、面向更广泛的政治争端并寻找更为明确表达的政治组织形式。

表格 1-10 表明，以政治争端和政治活动的复杂性和清晰度以及政治-法律权利的发展来衡量，在其他条件相同的情况下，政治斗争的范围在统治者的目标受传统羁绊束缚或统治者目标的复杂性和该目标的普遍主义要素最少的那些社会——也就是当集体-文化目标和集体-经济目标相对重要时——最小。这通过政治斗争的自主机构在各社会中的发展程度以及各群体政治活动的范围和清晰度有所表明。

这种假设可通过简略比较波斯、拜占庭、西班牙-美洲帝国、法国和英国的这些过程来证明。在所有这些国家，存在着政治斗争的自主机构日益发展的趋向和范围日益扩大的政治斗争。

这些情况在萨珊波斯发生得最少①。然而，甚至在萨珊波斯，贵族、上层官僚和宗教精英也从事某些较为能动和明确表达的政治活动。拜占庭的政治斗争是更为广泛的，并具有官僚、上层都市群体、宗教精英以及某些情况下的农民积极参与的特点。此外，在拜占庭还存在若干在某种程度上受统治者支持的特定政治斗争机构②。

在西班牙-美洲帝国，政治斗争仅限于地方问题。这种局限性是由于其"征服"性质以及西班牙君主占据支配地位的剥削态度和适应-整合政策造成的。此外，该局限性也是由臣民的种族异质性造成的③。原则问题大体上是在大都市中决定的。在地方上，最著名和在政治上有发言权的群体是教会、地方贵族和上层都市阶级。由于殖民征服情境的特点，印第安人政治活动的水平比起国家授权的内部分化要低得多④。

在英国和法国，政治斗争特定机构的制度化程度更高。政治斗争的范围（正如我们在论述社会分化对政治斗争的作用时将要更仔细地讨论的那样）更为广泛和明确并取向于更广泛、更复杂的问题。文化精英、知识分子和都市群体在政治斗争中特别活跃⑤。

强调各种社会群体福利的目标与政治斗争范围之间的关系几乎是自明的。凡是这类目标具有一定重要性的地方，便存在更明确表

---

① [G]*Christensen*, 1939; *Altheim and Stiehl*, 1954.
② [L]*Ostrogorsky*, 1956[a]; *Vasiliev*, 1952; *Bréhier*, 1917, 1948[a], 1948[b]; *Bratianu*, 1938; *Manojlovic*, 1936.
③ [R]*Haring*, 1947; *Parry*, 1957; *Borah*, 1956.
④ [R]*Gibson*, 1955.
⑤ 参见[Y]e.g., *Sagnac*, 1945, 1946; [Z]*Ashley*, 1952; *Plumb*, 1950; *Namier*, 1929, 1930, 1952; *Pares*, 1953, 1957; *Browning*, 1948; *Brock*, 1957; [S]*Lindsay*, 1957[a]; *Beloff*, 1954。

达类型的政治斗争。这不过是一种自然状况,因为如果各群体和阶层的要求必须被考虑的话,该群体和阶层则不得不表达其要求。

12. 以普遍主义宗教目标或文化目标为取向的社会中的政治参与模式

在不同类型集体目标所引起的过程和问题的一般框架中,与传播普遍主义价值观和普遍主义宗教的取向在社会上占优势相关的政治动力尤其重要。集体目标取向的最重要例证由以下地区和国家提供:阿拔斯(749-1258年)和法蒂玛(大约909-1171年)哈里发王朝(在某种程度上讲)、初期的奥斯曼帝国[1]、西班牙-美洲帝国(尤其是帝国的传教活动)[2]——尽管在较小程度上——以及16-18世纪的法国和英国[3]。在法国,正如我们已看到的那样,这种例证在"开明专制主义"时代提出的要求知识占据支配地位的种种主张中是明显的。在英国则表现于若干方面的旨在把某些文化价值观强加给政治体系的新教和清教活动中,以后又表现于把宗教宽容作为自身目的来逐步确立的活动之中。

传播普遍的价值观和普遍宗教的取向在一定程度上决定了统治者合法化的性质,以及他们所需要和要求的支持的性质。这种

---

[1] [O]*Wittek*, 1938; *Stavrianos*, 1957[a], p.i, 1957[b]; *Gibb and Bowen*, 1950; *Fisher*, 1941; *Inalcik*, 1954; *Kissling*, 1953, 1954; *Köprülü*, 1935.

[2] [R]*Haring*, 1947, ch.ix; *Mörner*, 1953; *Desdevises du Dezert*, 1917.

[3] [S]*Hartung*, 1937, 1957; *Hartung and Mousnier*, 1955; *Lhériter*, 1923; *Lefebvre*, 1949; *Wittram*, 1948.

取向还使诸群体把自己看作是使该价值观恒存不朽的载体，因而是统治者的裁判者。显然，此种取向极大地提高了文化精英和宗教精英的地位和身份，导致他们积极地进行政治参与。

然而，这种取向所支配的政体的最重要特征，是被提供给许多群体的那种宣布自己是有关普遍宗教价值观的代表的机会，尽管它不是充分制度化的机会。当普遍主义价值观的传播被作为统治精英和集体的主要（或一种主要的）目标来强调时，这种强调意味着对获得这种目标的参与将是广泛的。相应地，这种广泛的参与意味着参与者将对统治者提出政治要求。此外，参与群体同与这些价值观和目标并不充分认同的"传统"要素——如部族要素和贵族要素——的斗争，使统治者较为依赖更广泛的阶层和群体，尤其是依赖宗教或世俗知识分子派别和群体。

这些群体经常阻止统治者试图使其统治制度化、稳定化和常规化；它们经常要求统治者不断地致力于宗教传播，而无论政治代价如何。因此，社会的宗教意识形态能够激励和促进不同社会力量和社会群体要求变革。这些状况造成了几种其性质通常依社会分化程度而定的政治过程和政治运动（这将在第十二章更详细地分析）。

有时，宗教意识形态导致好战的宗教教派政治活动。然而，在其他环境下，如在晚期伊斯兰时期（在所谓的"伊斯兰中世纪"），该意识形态则导致日益强化的政治服从[1]。

---

① 参见 [M]*Hodgson*, 1960; *Lewis*, [M]1950, [N]1953, [M]1954, [O]1958; [N]*Cahen*, 1955[*a*], 1957[*a*], 1957[*b*]; [M]*Grunebaum*, 1954, 1955[*a*], 1955[*b*]; *Levy*, 1957; [N]*Arnold*, 1924; [M]*Schacht*, 1950; *Gabrielli*, 1950; *Rosenthal*, 1958; [N]*Samadi*, 1955[*b*]; [O]*Stavrianos*, 1957[*a*], pp.1-2, 1957[*b*].

因此，在统治者目标的复杂性、目标中的普遍主义要素的数量和不同阶层政治参与的范围之间存在广泛的关联。然而，这种广泛的关联并没有考虑许多变异。统治者的目标通过不同群体为更广泛的政治参与的发展创造了潜在的框架。但是，这些群体的政治取向和政治抱负能够比统治者创造的框架更剧烈和更广泛——比如，西班牙-美洲帝国、法国和英国的情况就是如此；在较小程度上和更为琐细的形式中，7至11世纪的拜占庭和中国的情况也是如此。另一方面，这些群体的取向有时是不适当的，也就是说，该取向比统治者建构的政治框架要更为传统，波斯以及6世纪初、7世纪和14世纪后期的拜占庭的情况差不多就是这样。斯时斯地社会上各个群体的政治取向和政治活动并非只是由其统治者的目标决定的。其他条件也能够对该取向和活动产生影响。

在我们能够分析这些其他条件以前，我们必须考虑某些与统治者目标类型相关的附加问题。

13. 具有集体-实施目标的政体中产生的紧急状态的性质

我们必须研究的第一个问题，是各种政治-集体目标类型于其中占据优势的历史官僚制政体中产生的政治紧急状态的性质。

正如在所有其他社会那样，在这类社会，很容易产生许多完全是由于超出社会控制范围的外部环境所造成的紧急状态。然而，统治者目标的着重点往往导致对两种类型的紧急状态特别敏感。一是外部-政治紧急状态，其产生于外部政治力量对政体的政治形势的影响；另一个则为内部紧急状态。

具有强烈政治-集体目标的政治体系对外部紧急状态非常敏感——比其目标是文化的政体更为敏感。在许多受这些政治-集体取向支配的社会，正是这类目标的性质导致了"外部政治的优先"；外部力量的影响在该社会往往成为内部变迁的起点。

内部紧急状态可以划分为两类。第一类由内部行政问题组成，其大多由为实现统治者各种目标和政策而动员广泛资源的需要所造成。这类问题经常与外部紧急状态一起产生——例如，与某些阶层无力或不愿满足统治者因其军事扩张或军事防御计划对所需资源的需求一起产生。这种内部紧急状态的意义表明了军队的重要作用。而这种军队的重要性可通过萨珊波斯地方军队司令官的地位[1]、拜占庭（例如，科穆宁王朝）军事管制或军人王朝的司令官[2]，以及各种最终完全屈从于军人统治的哈里发来举例说明[3]。

第二种类型的内部紧急状态出现于最初为统治者促进的各种强大内部力量达到现存政治制度不再能适应的地步之时。

关于与社会上居支配地位的目标取向相关的紧急状态的任何讨论，都必然要涉及相关的社会变迁和政治变迁问题。对于后者我们将在专门研究变迁的那一章详细加以分析。

---

[1] [G]*Altheim and Stiehl*, 1954, p.2; *Christensen*, 1936.

[2] [L]*Ostrogorsky*, 1956[a]; *Guilland*, 1953-1955.

[3] [N]*Cahen*, 1957[a], 1957[b].

14. 产生自我维持之目标的条件及其对政治过程的影响

至此,我们已涉及统治者的目标对其政策和不同阶层政治活动的影响。尤其是我们已努力分析了含有某些明确的文化内容或取向的目标的影响。然而,已研究的所有政体的统治者还把自我维系的目标,即使其自己的身份和权力恒存不朽的目标,作为这些目标的伴生物。

但是,主要(或完全)以自我维持为取向的历史官僚社会的统治者精英的活动和意识形态则是例外。虽然自我维持的目标普遍存在,但它们只有在某些条件下才占优势。在意识形态和政治上,该目标通常被看作是次要的,也就是说不被看作是目的本身,而被视为实现政体主要目标和维持统治者权力地位的手段。

当这些政体受到外部危险和内部解体威胁时,自我维系便作为该政体的主要目标而占据支配地位——尽管只是暂时的。例如,如果统治者的地位遭到许多群体的极大威胁时,他会因此而首先关心其地位的安全,然后会重视自我维持的目标。甚至在这种状况下,自我维持的目标也很少充分合法化或被认可。不过,在拜占庭和西班牙-美洲帝国的末期以及中国社会政治动乱时期,统治者大多强调维持现状(尽管此时这与所尝试的改革并存)[①]。

[①] [L]*Ostrogorsky*, 1956[*a*]; *Stein*, 1954; [R]*Ots Capdequi*, 1945; *Parry*, 1957; *Haring*, 1947, ch.xvii; [I]*Duyvendak*, 1928; *Balázs*, 1948, 1950; *Hucker*, 1958; *Liu*, 1949[*a*].

其次，在成功地扩张了政体和创造了新的政治活动形式以后，统治者有时便会主要取向于维持现状，但这既不是开放的目标，也非官方的目标。统治者主要关心的事情是稳定政体。这在征服性社会和其统治者在最初的成功之后便停止进一步征战并尽力确保现状和既定社会绵延的帝国最为明显。在所有这些情况下，该取向通常为统治者所宣称的各种集体目标和文化目标的实现所合法化。第一次征服浪潮之后西班牙-美洲帝国①和奥斯曼帝国②的政治取向，以及新王朝建立后的中国更为强调自我维系。17和18世纪的普鲁士和俄国统治者也重视自我维系。他们在首创了其结果是刺激了贵族的反抗和唤起了下层阶级，尤其是农民的政治抱负的现代化纲领之后便是如此③。

统治者自我维系的取向显然影响了他对所实施政策类型的选择。统治者依据其权力来思考对不同领域获得总体控制的倾向，以及为那些他认为与己对立或具有与己独立潜力的阶层制定强硬指令性政策的倾向，均出自此种取向。

此外，对自我维持目标的强调还促使统治者制定和贯彻政党-政治政策。这些政策主要关心宣传，并被用来反复灌输对统治者基本忠诚的思想和为统治者赢得支持。统治者往往试图占用社会政治文化传统的象征和价值观。这些活动在统治者的政策选择遭到强烈反对和有所争议，因而他急需支持时特别突出。因此，党派的政治政策和宣传政策在拜占庭反对圣像崇拜者教会

---

① [R]*Haring*, 1927, 1947; *Ots Capdequi*, 1939, 1941; *Zavala*, 1943.
② [O]*Köprülü*, 1935; *Wittek*, 1938; *Lybyer*, 1913; *Fisher*, 1941.
③ [X]*Rosenberg*, 1958; *Bruford*, 1935, 1957; *Carsten*, 1954, 1955, 1959.

分立时期[1]、法国和英国宗教战争时期[2]，以及中国皇帝与儒士及大臣冲突时期非常显著[3]。这些政策在17和18世纪的普鲁士和俄国也多少有些突出[4]。在所有这些事例中（尤其在最后的例子中），该政策都与旨在既反对旧贵族群体，又反对其政治抱负可能受统治者引进的现代化过程激励的（类似农民或城市群体那么样的）群体的强有力的指令性政策结合在一起。这些指令性政策在法律领域和政治领域最为明显。例如，统治者试图使身份系统刚性化，力图破坏不同群体和阶层的自主的沟通渠道，以及最大限度地减少它们之间交往的可能性。

最具有限制性的政策通常发展于统治者自我维持取向与纯粹政治-集体目标密切结合之时（如许多征服性国家中的情况那样）。这两种取向的结合通常导致统治者最大限度地发展指令性政策和控制政策，以及建立与"东方专制主义"这一传统观念颇为相似的政治控制模式[5]。

对政体自我维持取向的相对优势对政体的群体和阶层政治活动影响的方式的检视表明，就这些群体和阶层与统治者认同，或成功地被迫屈服于统治者的要求而言，其对更广泛问题和活动的旨趣被减少或最大限度地被减少了。于是，最活跃的政治群体和阶层使其活动和要求适应于依据统治者政策和目的而建立的框

---

[1] [L]*Bréhier*, 1904, 1938; *Ostrogorsky*, 1929[*b*], 1930[*b*]; *Hussey*, 1937; *Barker*, 1957.

[2] [Y]*Königsberger*, 1955; [Z]*Ashley*, 1952; *Namier*, 1929, 1930, 1952; *Pares*, 1953, 1957; *Walcott*, 1956.

[3] e.g., [I]*Hucker*, 1958, 1959[*a*]; *Liu*, 1959[*a*].

[4] [X]*Carsten*, 1954, 1955; *Hintze*, 1915; *Rosenberg*, 1958; [S]*Beloff*, 1954; [W]*Young*, 1957; *Nolde*, 1952-1953.

[5] [I]*Wittfogel*, 1957; *Eberhard*, 1958; *Eisenstadt*, 1958; *Pulleyblank*, 1958.

架。然而，主要群体往往并不与统治者的目标认同并反对统治者的成就。在此种情况下，有时便产生导致种种变迁过程的严重外部紧急状态。这些过程将在此后的章节加以分析。

15. 不同水平的社会分化对政治过程的一般影响

到目前为止，我们已考察了统治者不同类型取向和目标对历史官僚社会政治过程的影响。这一考察的目的在于论证这些取向和目标限定统治者政策、统治者所建立的政治框架及其所需资源的方式。我们还指出了这些不同类型的取向和目标影响若干群体政治参与程度和自治政治斗争机构发展程度的方式。我们已经看到统治者的目标为不同群体的政治参与至多只提供了一般框架或方向。而这些群体的参与表现大多依赖于它们的社会构成和取向。

A. 不同水平分化的一般影响

我们的分析表明，影响主要群体政治参与性质的这些群体的构成和主要取向，是那些与政体中社会分化的数量最为密切相关的构成和取向。我们已经证实社会结构分化所引起的大多数调节、整合问题都与政体中自由-流动的——经济的、人力的、社会的和政治的——活动和资源密切相关。因此，可以设想，与自由-流动资源和活动的发展最直接相关的同样条件还构成了主要群体政治参与的主要决定因素。某一历史官僚帝国中的此种社会分化的程度可通过确定以下情况在个别帝国发展的程度来衡量：

(1) 市场和交换经济；

(2) 普遍主义和自致标准以及流动；

(3) 身份系统的弹性；

(4) 普遍主义价值取向和以对社会积极参与为取向的自主的文化组织；

(5) 呈现出普遍主义取向和能动参与的文化精英和专业精英。

社会分化的数量能够以两种方式影响任何既定群体的政治参与。通过影响群体的内部结构和群体在社会中的结构地位，社会分化的数量能够设定群体基本政治态度的范围。其次，该分化还影响群体活动于其中的更为广泛的制度框架和该群体所面临的具体问题；因此能够影响群体具体政治活动的表达。分化的一般程度尤其能够影响不同群体间的联系、建立更广泛政治活动框架的可能性，以及把更传统的政治取向和活动与更分化类型的政治取向和活动结合在一起的可能性。以这些方式，社会结构分化的数量能够影响各个阶层造成的权力一般化的水平。这种水平愈高，若干社会群体和阶层的政治取向和活动就愈分化和明确。

因此，我们已经用这些术语系统地阐明了我们的基本假设。社会分化愈是盛行和广泛，那么在其他条件相同的情况下，则：(1) 统治者政策及其所提供的政治活动基本框架的弹性就愈大；(2) 各个群体和阶层对更广泛的一般问题和更复杂的政治参与就愈感兴趣；(3) 相对不同的政治组织和不同的政治领导的政治斗争的组织水平就愈高；(4) 参与中心政治斗争的阶层和群体的数量就愈大；(5) 该群体和阶层获得的政治-法律权利就愈多。

16. 不同水平的社会分化对各群体政治活动的影响

我们将首先比较社会分化对不同社会或同一社会中的主要社会群体和阶层政治参与的影响。我们将力图证实：每一类型的群体或阶层政治参与的范围，既依赖该群体或阶层内部结构按照所提及的主要标准而分化的程度，又依赖该群体活动于其中的一般制度框架分化的数量。

换言之，我们将详细分析不同阶层和群体的分化程度、自致取向和身份弹性之间的关系，以及这些阶层参与政治斗争的数量和性质。

A. 贵族

由于贵族是最具有归属性的阶层之一，因此其利益通常并不与日益增长的社会分化一致。同时，贵族通常还是政治上更活跃的阶层之一。然而，贵族的政治活动往往取向于限制其他阶层自主的和自由的政治参与，保持中央与地方层面上的更为简单类型的政治争端和政治组织。在地方层面上，贵族基本上通过与其他群体的直接（个人或群体）关系来进行政治活动；而在中央层面上，其主要通过不同类型的派系参与政治斗争。

贵族群体的结构愈是传统和愈不分化，其特定政治取向的范围便愈狭窄，从而这类取向更按照"传统的"非分化的方式被仿造——甚至当贵族（如它经常那样）是社会中的政治上最活跃的群体时也是如此。因此，在萨珊波斯[①]和欧洲君主专制的最初阶段（15和16世纪，此时贵族具有明显的世袭封建特征）出现了最为传统类型的贵族政治活动。而在拜占庭、西班牙-美洲以及18世纪的欧洲——尤其在英国和普鲁士，以及法国的某些地方，贵族则从事更为分化和明确表达的政治活动[②]。在这些国家，社会基础和社会结构更为分化，更与市场经济和更为分化的社会结构相关。

然而，政体的一般社会结构的分化程度还影响贵族的政治活动，使之随着一般社会结构分化的增加而越发分化和明确。例如，在波斯，从萨珊王朝开始——尤其在卡瓦德一世（488-531年）和霍斯劳一世（531-579年）统治时期，贵族群体不得不从事更广泛的党派政治生活，参与更一般的政治活动并放弃其纯粹的封建态度[③]。

在6至11世纪的拜占庭，贵族群体参与宫廷党派政治。元老院和官僚以派系形式演化出某些明确表达的政治组织和政治活动，并参与它们自己的内部群体和政党。然而，在贵族占据优势和帝国衰落时期，贵族往往更加关切直接篡权，并强调与中央政府的要求相反的归属性领土权[④]。

同样，把普鲁士贵族与法国和英国贵族进行比较表明，后者——尤其是英国贵族——往往在较分化的社会结构框架之内活

---

① [G]*Christensen*, 1936; *Ghirshman*, 1954; *Altheim and Stiehl*, 1954, pp.2-3.
② [L]*Ostrogorsky*, 1956[*a*]; *Stein*, 1919, 1928[*b*], 1954; [R]*Konetzke*, 1951[*a*], 1952; *Haring*, 1947; *Parry*, 1957; [S]*Goodwin*, 1953.
③ [G]*Altheim and Stiehl*, 1954; *Christensen*, 1936, 各处; *Widengren*, 1956.
④ [L]*Ostrogorsky*, 1956[*a*], 各处, 1956[*b*]; *Guilland*, 1947-1948, 1954.

动。他们发展出更明确表达类型的政治活动,尽管这些活动的取向基本上是保守的[1]。

本节只致力于官僚政治态度的研究。因此下面让我们分析文化精英、专业精英和宗教精英的政治活动。

B. 文化精英、宗教精英和专业精英

正如我们已讨论的那样,文化精英、宗教精英和专业精英(当其最终成为十分重要的精英时)从事许多类型的政治活动。这些活动的范围从为具体利益和维系其有限的自治而进行的单纯请愿和有限的斗争,到最明确表达的政治参与。

宗教群体和宗教机构从事政治活动的程度大体上取决于几种相互依存的变量。首先,该群体的基本政治取向和政治活动范围受群体内部结构若干方面的极大影响。其中最重要的是:(1)普遍主义取向和行动主义原则在宗教中居支配地位的程度;(2)国家构成宗教活动的重要指涉的程度;(3)宗教群体的内部分化、组织和内聚力,以及该群体的自主性和与其他社会领域和政治领域的区别发展的程度。

就我们的典型事例而言,玛兹达教会是最保守的宗教群体——它极少与政治结构分化,并与国家认同。它基本上仅限于简单而非十分明确表达的宫廷和行省中的政治活动类型,主要关心维系其在社会政治结构中的既定地位。作为该教会的反应而产生的社会-宗教运动——即玛兹达运动——是在此所讨论的许多

---

[1] [X]*Hintze*, 1915; *Rosenberg*, 1958; [S]*Goodwin*, 1953, 各处; *Lindsay*, 1957[a]。

运动之中于政治上最缺乏明确表达的运动[1]。

中国的儒教精英更具有内聚力，他们非常积极地以国家和政治活动为取向。同时，该精英还显示出强大的自群主义取向，并且缺乏自己的中心组织。这些精英主要参与那些取向于更为简单的争端和政治活动类型的政治活动，或依据占优势的自群主义价值观和准则在既定政治框架内对政策施加影响。儒教精英分子在成为政治斗争重要焦点的组织化群体、派系、机构（如察院、文书房，等等）中更为活跃——尽管其活动的范围和清晰度十分有限[2]。道教群体和佛教群体具有更大的消极性和出世性，此种群体通常参与更为简单和较少明确表达的政治活动。产生于该群体中的各种运动在政治上也是相对而言未获明确表达的，它们不是暂时易逝的，便是旨在夺取王位和重建以前官僚模式的更广泛的起义的一部分。大多数这样的起义并不造成任何广泛的政治消极性和政治支持与政体的偏离。相反，在中国社会它们强调和维持了对下层群体所被期望的消极水平[3]。

拜占庭教会具有更大的自主取向和普遍主义取向，并拥有自己的强大组织。然而，这种自主性由于该教会与国家的牢固关系和接受国家（和皇帝）在宗教领域的强权地位而受到极大的限制。该教会大量参加元老院、宫廷和官僚系统中的中央政治机构。此外，它还开创了基本的政治争端（例如在反对圣像崇拜战

---

[1] [G]*Nyberg*, 1938; *Christensen*, 1925, 1936, pp.110 *ff.*; *Coulborn*, 1958–1959; *Klima*, 1957.

[2] [I]*Liu*, 1957, 1959[*b*]; *Hucker*, 1958, 1959[*a*]; *De Bary*, 1957; *Balázs*, 1952, 1959[*a*]; *Nicolas-Vandier*, 1959[*a*], 1959[*b*]; *Kaltenmark*, 1959[*a*]; *Pulleyblank*, 1954.

[3] [I]*Wright*, 1959; *Maspero*, 1950[*b*], 1950[*c*]; *Gernet*, 1956; *Pulleyblank*, 1955; *Kaltenmark*, 1959[*b*]; *Demiéville*, 1959[*a*], 1959[*b*].

争时期）。履行多种至为重要的政治功能和行政功能，并经常关心更广泛的政策问题。然而，由于该教会含有强大的出世要素，以及它对于政治上消极的修道生活的兴起和教会对国家文化地位的认可，其政治活动大体上限于现存政治制度所建立的框架和组织之内。在极端的情况下，该教会从事提高广泛的政治消极性的活动。虽然产生于教会内的各种社会-宗教运动（如修士会）往往在统治者建立的政治框架内很活跃，但它们并没有产生任何新的或更广泛类型的政治活动和政治取向；此外它们还经常产生政治服从。同样，拜占庭帝国崩溃时期产生的反叛运动在政治上也相对缺乏明确的表达，并受到乌托邦意识形态象征的极大激励[1]。

西班牙-美洲帝国和法国的天主教会具有很大程度的普遍主义取向、主张依据教会作为载体的超越准则来评判政体，它的组织也具有高度的自由性。因此，它们表现出很大的政治战斗性并积极参加代议机构和高级政府会议。在西班牙-美洲帝国，教会基本上没有创造出新型的政治活动。然而，它在制定有关印第安人的政策方面却起着主要作用，并对印第安人的人道待遇基本负责。因此，该教会积极参与政治斗争——一方面传播更为广泛的价值观和原则；另一方面又为它在政府中的地位和垄断文化领域而战斗[2]。

除了伊斯兰国家外，新教群体在宗教战争和英国国内战争（1642-1649年）时期也表现出最大的政治战斗性、组织性和政治争端的明确性。新教群体具有强烈的普遍主义和政治行动主义取

---

[1] [L]*Hussey*, 1937, 1957; *Barker*, 1957; *Bréhier*, 1948[*a*], 1948[*b*], 1950.
[2] [R]*Haring*, 1947, *ch.ix*; *Mörner*, 1953; *Hanke*, 1949, 1951, 1952; *Desdevises du Dezert*, 1915.

向、教派组织和行动主义世俗倾向的特征。这最后一个特征在该群体对政治斗争的积极参与、较为明确表达的政治群体和政治组织的形成，以及其改革参与政治体系的基本模式和政治系统的组织的反复尝试中表现得颇为明显[①]。

较早些时候分析的伊斯兰群体，表现出最好战的普遍主义取向。在该群体中，普遍主义-传教取向是颇为强有力的，因为该群体把国家作为宗教共同体的框架来强调，尽管是以服从该共同体的方式来强调的。另一方面，宗教群体和神职人员没有整合性组织或内聚力。结果，政治参与是较为有限的，大多限于宫廷派系和对官僚机构的参与，否则便产生这样一些极端的教派活动：它们的目的不是摧毁现存的和建立新的、在宗教上"纯洁"和忠诚的政权，便是成为政治消极性的载体[②]。

然而，宗教文化群体的确切政治活动也是由该群体活动于其中的社会结构的一般分化程度和统治者的目标类型决定的。因此，这种结构愈分化，宗教（和文化）精英的联系和政治活动就愈广泛[*]。

例如，在卡瓦德一世和霍斯劳一世统治时期，当社会分化日益扩大时，玛兹达教会便逐步产生了更为活跃和明确表达的政治宣传活动。

在拜占庭，当整个帝国的社会结构高度分化时，也就是在7

---

① [Y]*Königsberger*, 1955; [S]*Beloff*, 1954; [Z]*Ashley*, 1952; *Plumb*, 1950; [S]*Clark*, 1929–1959, [Z]1955; *Davies*, 1955; *Ogg*, 1934, 1955; *Trevelyan*, 1930–1934; *Hill*, 1955; *Jordan*, 1932; *Sykes*, 1934; *Tawney*, 1926.

② [N]*Lewis*, 1950, 1953; *Cahen*, 1957[*a*], 1957[*b*].

* 这一节中的完整的参考书目会在下一节中给出。

至10世纪，尤其是在8和9世纪反对圣像崇拜战争时期，教会活动达到了高峰。同时，教会政治活动的范围更多地限于教派活动和个人与统治者的关系，教会对出世取向和政治活动的强调在一般分化水平降低时，也就是在帝国衰落时期更大。

同样，儒教精英的作用在唐朝(618-907年)和宋朝(960-1279年)之初的社会结构日益分化时期更为明确和积极。在欧洲各国，法国和西班牙天主教会的活动以及英国、法国和荷兰新教教会和新教群体的活动提供了类似的例证。

政治消极性、对出世的强调以及政治支持与政体的偏离，全都潜在于在此所研究的许多宗教之中。这些现象在政治衰落和社会解组时期最为明显。

知识分子、文化精英和专业精英的政治活动决定于支配宗教群体政治参与的同样因素、对于知识分子和专业精英来说，决定性的因素就是他们自己自主性的程度以及具有弹性的普遍主义取向的阶层和群体的数量。因此，在较少分化的社会，这些群体表现出政治消极性。只有在更为分化的社会，它们才更加积极地参与政治斗争。因此，这些群体的政治活动、对更广泛运动和明确表达的组织的参与，以及对更广泛政治争端的兴趣，在英国和法国较大，在西班牙-美洲帝国以及中国和拜占庭则较小。

C. 都市群体

同样的基本条件还影响主要都市群体所从事的政治活动类型。这类群体较不发达和较少明确表达的政治活动旨在获得地方自主性和各种直接经济利益。凡在这类都市群体较不分化之处，此种活动便占优势。这些活动基本上限于其他地方环境，与更广泛的、分化的环境无关，并接受大多数政体的基本主张，而此种主张构成更广泛价值观的主要体现与政治活动的指涉。

在萨珊波斯[1]和中国，统治者的政策、官僚制度以及政体的基本文化取向都阻止都市群体潜在而更广泛的取向的实现。同样的状况在西班牙－美洲帝国及拜占庭和法国都市中心也很盛行，尽管在较小的程度上。在所有这些国家，存在许多分化程度有限的都市中心。它们显示出高度的保守主义和低度表达的政治参与。

在拜占庭[2]，尤其在英国和法国，也产生了都市群体之更为广泛和明确表达的政治参与。这种情况的表现是都市群体取向于更广泛的争端和获得法定政治权利。该参与同经济活动和社会活动的更大分化——整个社会环境和群体自身结构的更大分化——直接相关，也与群体日益接受更广泛的普遍主义价值观以及作为这些价值观载体的群体本身的自我概念的发展直接相关。每当都市群体活动于其中的社会结构的相对一般分化程度加大时，该群体便趋于产生出更为活跃的明确表达类型的政治活动。这可通过6至10世纪的拜占庭、宋代的中国[3]，尤其是17和18世纪的欧洲国家（特别是西欧国家）来举例说明[4]。在此种状况下，都市群体的特定政治取向与各种文化精英和专业精英的更为广泛的取向

---

[1]　[I]*Balázs*, 1954[*a*], 1960; *Kracke*, 1953, 1955; *Liu*, 1959[*b*].

[2]　[L]*Ostrogorsky*, 1956[*a*], *Vasiliev*, 1952; *Bratianu*, 1938; *Diehl*, 1905, 1924, 1929; *Bréhier*, 1917.

[3]　[I]*Balázs*, 1960; *Kracke*, 1953, 1955.

[4]　[S]*Labrousse*, 1955; [Z]*Clark*, 1955, [S]1957; *Lindsay*, 1957[*a*]; *Briggs*, 1956; [Z]*Beloff*, 1938.

相关，并通过这些取向被引入更为分化和更为明确表达类型的政治活动。

有意思的是：凡是在都市群体相对不分化和具有强大的归属性特征的地方，该群体往往参与零散的、政治上缺乏明确表达的叛乱和起义。这种情况发生于拜占庭和中国，在较小程度上还出现于欧洲[①]。

D. 绅士与农民

我们关于社会分化对政治参与程度影响的一般假设，还为有关士绅与农民政治活动的分析所证实。正如我们已看到的那样，士绅群体和农民群体的政治活动一般限于地方水平，此种活动既不是颇为明确表达的，也非广泛的（在许多情况下，士绅群体与某些农民群体之间的差异是很小的）。只有在特殊条件下，才达到更为高度的明确表达。当这些群体在内部变得更为分化和产生出更广泛的取向时，或当它们所参与的社会结构的一般分化水平提高以及其代表被合并和部分地被整合进更广泛的制度框架时，才会获得必要条件。例如，多少被整合进士大夫框架的中国士绅群体就从事更为明确表达的政治活动。英国的士绅也是如此，他们逐渐与中央政治机构——即下议院——或各种地方政府机构整合在一起。在较小程度上，这些发展也出现于西班牙-美洲帝国，在那里，较少数有影响的殖民者和印第安人共同体领袖的代表参与地方政治活动和官僚机构。

---

① [L]*Charanis*, 1940–1941[b], 1953[a]; *Barker*, 1957; *Ostrogorsky*, 1956[a]; *Vasiliev*, 1952; *Diehl*et al, 1945; [S]*Labrousse*, 1955; *Beloff*, 1954.

在试图使自耕农获得独立性的那些皇帝统治时期的拜占庭，农民获得了高度明确的表达。而一般在中国和欧洲，尤其在英国，农民则获得多少更为低度的表达。通常，这些农民群体缺乏内部分化或没有被整合进更广泛的框架，而只是保持在其狭窄的所在地范围内。因此他们经常参加各种无组织或半组织的起义和非法活动。

　　以上例示和分析使我们有关社会结构分化程度、主要阶层造成的权力一般化水平以及这些阶层政治取向和活动被明确表达的程度之间关系的假设得到承认。我们已努力说明此种关系是通过该类型群体的内部分化和社会结构的一般分化来起作用的。

　　然而，每一个群体的内部分化在决定群体的基本政治态度上似乎是更为重要的。"一般"分化程度所产生的影响，通常限于决定任何既定群体的何种潜在政治取向会变得最为明确，而不创造任何新的取向。

　　由此种分析还得出这样的结论：分化程度在同一社会所有部分中无需相同，因而不同社会中的同一类型阶层政治参与的各个程度之间可以存在差异。例如，农民在英国和法国比在拜占庭更为消极，而都市阶级在前者比在后者更为活跃。

17. 不同水平的社会分化对统治者政策的影响

　　以上分析已指出了社会内部分化程度大体上决定不同阶层政治参与的方式。然而，这种因素的影响并不限于不同阶层的政治参与，在某种程度上还影响到统治者的政策。为了检视这一点，我们可对各种居支配地位的取向和政治目标类似、但社会结构的各自分化水平又不相同的社会再次进行有益的比较。

出于两种主要的理由，决策部分地受分化程度限定。首先，社会分化以及由此造成的各群体的政治态度，对统治者合法化的某些方面有时产生巨大的影响，尤其是能够对统治精英的选派、统治者合法化具有传统卡里斯马性质或选举和非传统性质的程度、统治精英对不同社会群体负责的程度，以及这些群体对选派统治精英的作用施加影响。

其次，社会分化愈大，统治者为获得资源而依赖的阶层便愈发达和强大。因此，统治者在制定政策时考虑这些阶层利益的潜在义务就愈大。

因此，当社会内部分化程度增大时，在其他条件，尤其是统治者取向与主要阶层取向之间的和谐程度相同的情况下，半官方或官方在制定政策和决策过程中，以及在各群体利益藉以能够获得代表和扩大的官方或半官方渠道范围内，会更多地考虑各种群体的利益。

在萨珊波斯，各种群体利益明确表达的调适很小。其唯一的官方表示手段便是直接向国王请愿或反叛国王[①]。在中国，官方对各种不同群体利益的考虑也较为罕见。然而，在中国通常更多地考虑非官方体现的"利益"。

在拜占庭，不同群体比在萨珊波斯或中国在政治过程中获得更大程度的体现，这些群体所明确表达的目标和利益对统治者的

---

① 参见 [G]*Christensen, 1936; Delaporte and Huart, 1943*，各处；*Altheim and Stiehl, 1954; Altheim, 1955[a], 1955[b]; Ghirshman, 1954*。

政策也有更多的影响。在西班牙-美洲帝国，都市居民和农村上层欧洲居民的利益被给予较多的考虑，而较少有发言权的土著居民的利益如果不是完全不被考虑的话那也是很少被考虑。除了殖民寡头对不同群体的部分调适外，对这些群体的官方调适在17世纪随着大都市和殖民地社会政治结构愈益僵化而日趋减少[①]。在法国，尤其是在英国，群体及其利益更多地被考虑，此种利益支配更多的表征渠道。在法国，若干城市群体和"穿袍贵族"在国会、等级会议和官僚机构中获得了某种程度半官方和制度化的适应[②]。在英国，许多都市群体和士绅阶层在议会获得了重要和有影响的体现[③]。

此外，这些群体本身和一般社会结构的分化愈大，不同群体对政治斗争机构参与的范围及其主张享有某些公认权利的要求也愈是强烈。正如我们所见的那样，这种政治参与在萨珊波斯最小，在拜占庭较大，在欧洲，尤其是在英国和法国（在某种程度上还在西班牙-美洲帝国）则达到了其发展的顶峰。

社会分化的程度通常还影响那些有关向统治者提供某些资源——人力、经济资源和政治支持——的政策。那么，在其他条件相同的情况下，这种分化愈大，创造性政策或纯调控政策的重要性便愈小，从而在政治上更为明确表达的政策——无论是促进性的还是指令性的政策——也就愈多。

这种一般假设可通过首先分析社会分化对以文化为取向的

[①] [R]*Haring*, 1947; *Ots Capdequi*, 1939, 1941, 1945, 1946[a]; *Zavala*, 1943; *Parry*, 1957.
[②] [Y]*Sagnac*, 1945, 1946; *Pagès*, 1928; *Barber*, 1955.
[③] [Z]*Plumb*, 1950; *Ashley*, 1952; *Namier*, 1929, 1930, 1952; *Pares*, 1957; *Brock*, 1957; [S]*Beloff*, 1954.

社会中政治过程的影响来验证。中国将充当我们的出发点。在中国，社会结构在宋朝（960-1279年）和明朝（1368-1644年）比在唐朝（618-907年）有更大的分化。这导致在经济（贸易）领域采纳大量较为促进性的政策，并同时对更活跃的群体和所有阶层实行更广泛的控制[①]。同样，在农业部门的流动和分化范围日趋扩大的那些时期（如在唐代），还产生了更具有促进-调节性的农业政策[②]。

与中华帝国相比，古埃及帝国的政体则较少分化，它主要取向于颇为传统的非分化的目标：因此埃及统治者强烈地倾向于诉诸积累性政策和创造-指令性政策；他们很少制定调节和促进性政策，即使此种政策也时有存在[③]。

社会分化对那些涉及具有不同类型政治-集体取向和目标的社会之资源供给的统治者政策也有类似的影响。在许多这样的社会，社会分化的发展导致更为弹性的政策——甚至当目标本身没有发生大的变化时也是如此。

在所有这些社会——法国和英国的部分情况除外——都存在各种类型的创造性政策、积累性政策和传统指令性政策。这些政策的目的是建立国有工场和国家垄断、征收某些直接税、为军队和公共工程补充人力。该政策在未分化的社会最为重要。例如，这些政策曾盛行于萨珊波斯，在那里，该政策在城市、皇家工场和工业的创建中，在把农民束缚于土地的相当刚性的体系中以及

---

① [I]*Liu*, 1959[*b*]; *Kracke*, 1953, 1955; *Twitchett*, 1957[*b*], 1957[*c*]; *Miyakawa*, 1955; *Rieger*, 1937; *H.Franke*, 1953[*a*].

② [I]*Balázs*, 1953[*b*], 1954[*a*]; *Pulleyblank*, 1955.

③ [F]*Kees*, 1933[*a*]; *Drioton and Vandier*, 1952; *Otto*, 1953.

通过各种户籍制度对农民征税的若干方式中表现得十分明显。此种政策在晚期罗马帝国向早期拜占庭帝国的转变时期[1]和后者衰落的时期[2]也被利用过。

这些政策还在西班牙-美洲帝国初期，亦即在恩科米恩达制和动员印第安人劳力的弹性体系充分建立以前占过优势。摊派劳作制、垄断、征税和贸易及采矿岁入是指令性政策和创造性政策在整个帝国历史中持续存在的表现。此种政策之所以成为必要的，一部分出自西班牙君主的剥削目的，另一部分则是欧洲居民与土著居民之间的巨大隔阂所致[3]。

然而，在较少分化的国家，这种创造性政策和积累-指令性政策并不是唯一的政策。随着社会结构分化的增加，该政策的重要性则日益减少。甚至在萨珊波斯，随着经济结构和社会结构的分化发展到卡瓦德和霍斯劳一世统治时期，以及随着国王的活动而相应增加，在该国便产生了更多有关农民、贵族和都市集团的调控-指令性政策[4]。

在17和18世纪的法国和英国（尤其在后者）——我们的范例中最为分化的社会，除了调控性政策外，促进性政策的重要性也在增加。对该时期这两个国家财政政策的比较分析也证实了我们的假设。在法国，纯调控性政策较为突出；而在英国，促进性

---

[1] [Q]*Boak*, 1955[a]; *Jones*, 1955; *Kraemer*, 1953; *Westerman*, 1955.

[2] [L]*Ostrogorsky*, 1929[a], 1931, 1956[a], 1956[b]; *Lemerle*, 1958; *Stein*, 1919, 1954.

[3] [R]*Ots Capdequi*, 1934[a], 1939, 1941; *Zavala*, 1943, 1945; *Haring*, 1922, 1927, 1947; *Simpson*, 1934, 1938, 1950; *Konetzke*, 1946, 1949[a], 1951[a], 1951[b], 1952, 1953; *Gongora*, 1951; *Miranda*, 1941–1945, 1951; *Chaunu*, 1956; *Hanke*, 1936[b]; *Barber*, 1932.

[4] [G]*Stein*, 1920; *Altheim and Stiehl*, 1954[a]; *Christensen*, 1936.

政策则更为昭著[1]。

在法国，大多数金融政策强调直接税和补贴。在英国，则有更多主张间接税、银行作用和有助于贸易发展的关税体系的促进型财政政策。

对于我们的假设而言，一般的税收政策的发展和特殊的有关土地问题的税收政策的发展具有特殊旨趣。从兼有人头税和土地税的纯调控-积累性政策到与这些税制相脱离的更为"自由的"调控-促进性政策的转变，通常与社会结构分化的增长、纯归属性自给自足的农业单元范围的缩减和不同群体间互动的增加相关。这种相关性也存在于拜占庭、唐代中国和霍斯劳一世伟大的行政改革和税制改革时期的萨珊波斯[2]。

18. 社会结构的分化与不同类型统治者目标的发展

也许有人声称社会分化对决策的影响是我们先前所考察目标的复杂性的展开。还也许有人声称我们在分析社会分化的作用时并没有成功地使统治者取向和目标保持不变，因为这两种变量——目标的复杂性与社会结构的分化——是同一的，至少就它们对统治者政策的影响来说是如此。

当然，统治者目标的复杂性可以被看作是社会结构一般分化的一种体现。而且该目标的发展在某种程度上可归因于更为分化

---

[1] [Z]*Nef*, 1940; *Mousnier*, 1951; [S]*Beloff*, 1954; *Wilson*, 1958.
[2] [L]*Ostrogorsky*, 1931; *Stein*, 1920.

和复杂的社会群体的压力，以及统治者适应压力的尝试。然而，统治者目标的复杂性与社会分化的压力既不同一，也不必然在同样程度上发展。两者可以不同，而在程度上相互无关。社会结构的日益分化可以产生种种压力促使统治者考虑不同群体的利益，但却不必引起统治者主要文化取向和目标的复杂性发生变化。

例如，拜占庭的社会结构在帝国最昌盛时期较为高度分化，但统治者仍主要取向于政治-集体目标，较少注重经济的增长。又如在西班牙-美洲帝国，统治者目标的复杂性与社会分化的程度并不均衡。这种不均衡性是由（大都市与地方、西班牙人与印第安人的）政治斗争水平的不同以及君主与殖民地各自的手段和利益的差异造成的。法国、英国和中国大体上也提供了类似的例子，在这些国家，正如已指出的那样，对文化目标的强调导致试图消除社会分化的任何政治后果。

换言之，各种"分化的"群体的政治抱负和价值取向（就其对政治活动所施加的影响而言）与统治者一般的价值取向和政治取向并非总是和谐的。此种抱负也并不总是完全被转化为统治者的目标和政策。诚然，正如我们以上指出的那样，统治者在制定具体政策时不得不考虑这些群体的抱负及其所产生的问题。但是，这些抱负只能被视为某种外在条件，而不能被看作是对政治过程充分合法的参与。

与此相似，统治者的目标有时表现出极大的复杂性，但在社会上并不存在相应水平的社会结构分化。这一点可通过种种处于从世袭制向官僚制转变过程中的、其统治者尽管遭到贵族和传统的反对，但仍希望获得复合目标的社会来举例说明。萨珊波斯历史时期的情况往往就是如此。

在目标的复杂程度与社会分化的程度之间往往存在非常密切的关系。然而，正如以上指出的那样，这两种变量能够多少有些起伏不定和相互无关，并能够在不同方向上影响政治斗争的范围。

这使我们转向本章将要研究的最后一个问题——即统治者的目标与社会中主要群体和阶层的利益之间的一致性或和谐性，以及该一致性对政治过程的影响。

19. 统治者的政治目标与主要阶层的政治目标之间的不一致性对政治过程的影响

至此，我们已含蓄地假设：统治者的一般政治取向与最活跃的社会群体和阶层的政治取向基本上是一致的，各个阶层的具体政治活动与政治制度所提供的政治斗争框架是协调的。除了（尚未系统分析的）彻底的反叛和暴动外，我们已假设大多数活跃的群体在现存制度框架内都能够找到表达和实现其政治目标或目的的适当渠道，尽管这并不必然表明此种情境是持久或完满的。

只有在分析各社会所产生的主要类型的紧急状态时，我们才能更为明确地（尽管不是详细地）提及社会统治者与社会群体之间不一致的可能性。在此，我们已触及历史官僚社会内的某些变迁问题——当统治者与隶属的群体之间缺乏基本和谐时，这些社会便会演化出不同的变迁过程。我们将在本书倒数第二章分析这些过程；但是，在此拿出几页篇幅专门就这种和谐的欠缺对历史官僚社会某些层面政治过程的一般影响给予简短的初步分析，将是值得的。

这种不和谐性的最重要的一个影响是统治者越发强调我们所谓的"自我维系"的目标，该目标具有针对不同阶层的十分强烈的"惩罚取向"。统治者以严厉的惩戒政策报复这些群体，并试图消灭或至少使所有潜在的权力中心和政治活动中立化，要不然就完全征服它们。在某些情况下，政治斗争变得极为激烈。于是，统治者和官僚竭尽全力通过限制性政策的执行和力图对主要社会生活领域全面控制来压制该斗争。这种极端不和谐的情境出现于中国唐朝末期，一般地讲，还出现于叛乱时期和其他朝代末期，此时种种压制政策被加以尝试。类似的指令-惩戒性措施也为反对贵族的拜占庭帝国统治者和宗教战争时期及绝对专制主义初期的法国和英国君主所使用。

当统治者的最初目标是政治-集体性目标——取向于军事征服和军事扩张或取向于通过各种"现代化"过程强化政体，而社会群体又反对该目标时，压制-指令性政策具有最大的范围。政治-集体类型的目标和政策产生于征服的情形之中，如产生于奥斯曼帝国[①]或普鲁士和俄国那样的征服情形之中。在这些国家，统治者建立的半现代政治框架和经济框架遭到了传统（贵族）群体的反对。同时，该框架的建立还能够扩大各个下层群体的政治权力，于是这些群体可能力图摆脱统治者的牢固控制。例如，在普鲁士和俄国，君主强烈反对城市自治政府和代议制度。他们在经济领域实行强制，并对许多居民群体实行严格的警察监督[②]。

---

① [O]*Gibb and Bowen*, 1950, 1957; *Stavrianos*, 1957[a], p.1, 1957[b]; *Köprülü*, 1935; *Wittek*, 1938.
② [X]*Carsten*, 1954, 1955, 1959; *Hintze*, 1915; [S]*Beloff*, 1954; [X]*Rosenberg*, 1958; [W]*Nolde*, 1952–1953; *Sacke*, 1938.

在所有这些情况下，在（表现于政治制度中的）权力一般化水平、统治者的政策，以及不同社会群体的政治抱负之间产生了制度上的不相容。换言之，所出现的政治活动形式与统治者所允许和要求的政治组织类型不相符合。从这种不和谐中，有时还出现不同的变迁过程。

20. 概要

本章的主要论点可概括如下。我们的探究涉及若干似乎影响历史官僚社会政治过程程度和范围的变量。这些变量是：(1) 社会中占支配地位并影响统治者目标、任务和合化法的主要文化取向，以及面对该取向的紧急状态；(2) 社会结构分化的程度与主要社会群体的政治取向。

表格1-20简略概括了更详细提供的资料；其中一部分表明了统治者目标的不同结合和社会结构分化水平对统治者政策和主要群体政治取向及政治参与的不同影响。

以上分析已表明了下列要点：

(1) 政治斗争的范围和政治斗争的自主机构的进化，相对地讲仅限于文化模式维持的取向于其中占优势以及既定文化传统和秩序在其中被视为政治活动主要指涉的社会或时期。

(2) 政治斗争的范围在主要以作为政治活动主要指涉的政体为取向的社会或时期——也就是在强调集体类型的目标时——更大。在这类取向和目标的一般框架内，政治斗争的范围和该斗争机构的发展在纯政治-集体目标占优势的地方或时期最小最慢。

而该斗争的范围和该机构的发展在强调国民经济增长，或强调政体的信仰或普遍主义价值观体系传播的地方或时期则更广更快。

（3）在强调共同体及其某些部分和单个成员的提高和物质丰富并把政体视为这些群体的工具的社会，和/或这些群体在其中成为普遍主义价值观主要载体，因而也是政治活动主要指涉的社会，政治斗争的范围和斗争机构的发展最为广泛。然而，这种取向的发展在历史官僚社会框架内只处于胚胎形式。

（4）政治斗争的范围，尤其是不同群体参与政治斗争的程度，是依据自由市场经济的发展、弹性标准和普遍主义价值取向来衡量的社会结构分化程度的函数。

（5）政治斗争的范围在统治者的目标与社会的政治取向不一致的那些社会是不对称的。

在这些社会，统治者的政策得到了较高度的明确表达，但同时，统治者又力图制定政策来最大限度地减少主要群体和阶层政治活动的明确表达。统治者在这方面努力的成功有赖于统治者和主要阶层的相对实力；然而，这种矛盾的取向和活动的产生通常与政治系统变迁过程的发展相关。

前三个变量颇为直接地影响了统治者的政策，并为规划不同群体的政治参与创造了某些框架。最后一个变量在对制定政策提出某些要求的同时，直接影响了这种潜在参与的范围。

这些变量通过一种基本的中介变量——即权力一般化程度——而相互关联。我们以上指出，权力一般化的程度愈高，社会中政治斗争的范围就愈广泛。我们已经观察到，权力的一般化呈现出一种依据我们可称之为"理性"思考所固有的东西，不受传统和归属性条件限制来运用权力的趋向。因此，我们可以说，这种趋向愈占优势，不同类型的政治活动和政治组织便愈是复杂、表达明确和自主。

此种设想得到了以上概括和分析的诸假设的充分支持。这些假设涉及这样一些变量，其中每一个变量都能影响这种有助于无羁绊地运用权力的趋向发展的程度。统治者合法化的性质、取向、目标和任务决定其所需权力的数量和类型以及其运用权力的方式。因此，各个目标的重点和该目标的界定能够决定统治者所需权力的程度和运用。我们已经看到强调不同类型的取向和目标与不同水平的权力一般化有着怎样的关系。我们已经提及，当自群主义要素和归属性要素在目标的界定中占优势时，权力一般化的水平则较低；相应地，当文化（模式-维持）取向占优势时，权力一般化水平最低。当强调"纯粹"集体目标时，该权力一般化水平则较高；而当目标呈现出普遍主义要素和自致要素在目标界定中占优势的特征时，该水平最高。

同样，当社会结构的分化增加时，不同阶层中所实现的权力的潜在一般化水平则更高，从而这些阶层的政治活动也就更为复杂和表达明确。

因此，权力一般化的趋向可看作是已讨论的所有主要变量的公分母。然而，这并不意指统治者目标和社会结构分化程度所造成的权力一般化水平在每个社会都必然相同。在权力一般化水平的不同范围内，产生了各种各样的变迁过程。对于这一产生种种变迁过程的趋向我们随后将加以分析。

十 官僚在政治过程中的地位

1. 官僚的基本特征；官僚的基本特征对其政治取向的影响

在前几章，我们已从统治者政策与主要群体在社会上的政治活动这两个主要方面，分析了影响不同类型历史官僚制社会的政治过程中不同群体发展的条件。由于官僚尤其是上、中层官僚在这些社会的社会政治结构中扮演至为重要的角色，因此其政治取向、目标和活动，以及决定这些取向、目标和活动的条件，需要予以特别关注。

本章将专注于官僚的政治取向。然而我们不可能论及官僚组织的所有主要方面——如活动和部门专门化程度，或专门培训的发展——或研究影响这些方面的各种社会条件。在讨论的现阶段，我们只考虑那些与官僚在政治过程中的地位直接相关的方面。

在第八章（第 2 节），我们讨论了上中层官僚的主要政治取向和利益。我们证实：官僚的主要政治取向，就其超越官僚成员对个人利益和个人影响的欲望而言，主要集中于获得某种相对于统治者或最高社会阶层的自主性。

这类政治抱负极少充分和有意识地取向于侵蚀历史官僚体制。然而，在某些条件下，官僚通过最大限度地增加其自己的自主性和权力的尝试能够侵蚀官僚政策的基础，并在这些政策中产生变迁过程。

为了分析主要类型的官僚政治取向和有助于该取向发展的条件，我们必须简略地概括官僚发展和官僚组织的某些主要特征。我们已经看到，历史官僚制社会的官僚行政机构具有下列地位：它处于因自己的需要和目的而意欲运用该机构的统治者，与某些统治者（和行政管理本身）想要从中动员资源的主要群体和阶层之间。这些群体和阶层通常也趋于发展出某些对由官僚所提供的服务的期待。

因此，为了对统治者履行它的职能，官僚行政机构不得不照顾最主要和最活跃的社会阶层的某些需要。官僚不得不持续地向这些阶层提供各种服务，或多或少地调节它们与统治者的关系。在这些不同的要求和压力下，官僚（尤其是上层官僚）行政产生出许多独具的组织特征，尤其是它们的组织自主性和专业自主性。

这种趋于某种自主性的倾向表现于官僚活动和官僚组织两个主要方面。首先，官僚通常建立和维系某些一般的服务惯例或服务规则和标准，以便考虑居民的某些一般利益和顶住那些旨在为自己利益而不断或间歇改变的人们的压力。其次，大多数这样的官僚往往形成一种把自己视为国家或共同体公仆的观念（尽管这个"国家"主要是以一个王朝来象征的），而不仅仅是统治者私人奴仆的观念[1]。

---

[1] [A]*Borch*, 1954; *Weber*, 1921; *Finer*, 1949, pp.724-740, 794-810; [X]*Schmoller*, 1898; *Rosenberg*, 1958; *Hartung*, 1941; [I]*Des Rotours*, 1932, 1947-1948; [Y]*Zeller*, 1948; *Pagès*, 1928.

然而，官僚的自主性往往为统治者所怀疑。统治者通常力图限制这种自主性并对此保持某种程度的政治控制，以及最大限度地减少官僚产生相对独立的政治目标和政治活动的可能性。

因此，在执行各种不同的任务时，官僚行政机构面临打破这些不同压力和趋向之间某种平衡的需要。官僚机构建立某种程度的组织自主性和社会自主性的趋向与统治者和主要阶层对该机构进行控制和施加压力的趋向之间，冲突尤为尖锐。在这些趋向和压力之间达到平衡并非总是易事。如果某一趋向变得占有优势——如经常发生的那样，它就能够消除或削弱其他趋向。相应地，它将会影响官僚活动的范围和方向。这些可能性之所以能够出现，是出自若干原因——而所有这些原因又都与这些政体中的官僚行政发展的基本条件，以及从一开始官僚就陷身于政体中的政治斗争这一事实相关。

首先，官僚在通常鲜有针对权力的"宪法"限制的那些社会，以及较为限制对权力的接近的那些社会所获得的权力，把官僚机构成员置于特殊的特权地位。其次，这些社会十分强调某些归属性的身份象征。这种强调必然诱导官僚机构成员不是利用其地位来获得此种象征，便是使其地位成为该象征的基础。第三，较低水平的经济发展和社会分化只能使充分有利的专门化职业角色的发展低缓。

因此，不同层次的这类官僚往往倾向于曲解许多习惯规则或成文规则，把许多服务转而用于自己的利益和或某些与其认同的社会群体的利益。结果，这些官僚不仅与社会中的其他阶层和群体相疏远，而且还成为这些阶层和群体的压迫者。换言之，官僚转移了为统治者和/或若干社会阶层服务的目标，代之以强调自身利益和自我扩张的目标。

另一方面，许多政治群体相对的政治软弱性和官僚对国王的极大依赖，往往削弱和破坏官僚的自主性。统治者通过把所有官僚的活动用于自己的专门目的，不允许官僚为社会各阶层进行任何连续服务或维护任何提供服务的一般规则，就能够完全使官僚屈服。

2. 官僚政治取向的主要类型。官僚活动的模式

以上讨论表明历史官僚制社会的官僚能够产生以下主要的政治取向类型：

(1) 保持既为统治者又为主要阶层服务的取向（在此所研究的社会，通常更强调为统治者服务）；

(2) 演化成统治者十足的驯服工具，很少具有内在的自主性或为不同阶层的人服务；

(3) 转移其为各种阶层和政体服务的目标，以利于自我扩张的目标，或专为其自身利益和/或与之认同的群体的利益而篡权的目标；

(4) 在保持为政体和统治者服务的目标同时，以自我扩张和夺取政治权力的目标取代为主要阶层服务的目标。

当然，每一个历史官僚制政体中的官僚通常都展示出所有这些趋向或取向的混合或叠交。然而，对于每个政体的历史——如果不是整个历史的话，至少也是部分历史——来说，通常只有一个特殊趋向占据优势。在此我们主要关心这种相对优势及其对社

会政治体系延续的影响。

为了讨论官僚的政治取向，我们还必须考虑这些取向与官僚活动范围联系的方式。当我们讨论历史官僚制政体的社会条件时，我们观察到这种依据官僚活跃于其中的制度领域和部门专门化程度来衡量的范围，一般与这些社会的基本条件的发展程度密切相关。换言之，其与这些社会制度结构的分化程度以及政治领域在该社会中自主性的范围相关。

然而，在我们前面的讨论中，我们并没有对官僚所能从事的若干活动类型进行区分，尤其没有对技术活动与调控活动进行区分。虽然任何历史官僚制社会的官僚行政机构都显然参与这两种类型的活动，但每一种活动的相对优势在各个情况下则是颇为不同的。此外，调控目标依此被认为有效的标准以及判断哪些群体从该目标中获益的标准必然相当不同。正如我们在后面将会更为详细看到的那样，这些变量全都受官僚政治取向和政治活动影响。

3. 以服务为取向的官僚

我们将从描述出现于历史官僚制社会中的官僚的主要政治取向和政治活动开始[①]。

首先，我们将分析官僚不仅对统治者而且对某些主要阶层

---

① [L]*Brehier*, 1949[*b*]; *Ostrogorsky*, 1956[*a*]; *Hussey*, 1957; *Diehl and Marçais*, 1936; *Diehl* et al, 1945; *Runciman*, 1929; *Stein*, 1954; *Charanis*, 1951[*a*].

保持其服务取向的那些案例——尽管在我们关注的社会中，总是更多地强调为统治者服务。官僚曾在以下国家形成和维持此种政治取向和倾向：萨珊波斯——尤其是最初历史时期和卡瓦德一世（488-531年）统治时期[①]、7至10世纪大部分时期的拜占庭帝国[②]、前150年间的西班牙-美洲帝国[③]、法国，尤其是从"福隆德运动"（1648-1653年）至约17世纪末时期的法国[④]、"光荣革命"（1688-1689年）后的英国[⑤]、大多数王朝初、中期的中国[⑥]、11世纪以前的阿拔斯哈里发王朝[⑦]。

在大部分这种案例中，官僚保持某种程度的内部组织自主性。同时，统治者对官僚的最终控制并没有被削弱——尽管不仅在官僚内部而且在官僚与统治者之间总是产生许多张力和争吵。在官僚内部，不但保持着连续和一般的服务、委任及晋升习惯，甚或有关的明确规则，而且还产生出某种相对强烈的职业"团结精神"，甚至部门"团结精神"，以及某种程度的内部同僚关系和责任心。此外，还产生了各种力图保持训练和服务标准的内部监督机构和纪律团体。

[①] [G]*Christensen*, 1936, pp.201-235, 1939, pp.114-118; *Altheim and Stiehl*, 1957, pp.55-75.

[②] [L]*Bréhier*, 1949[b]; *Diehl*, 1927; *Stein*, 1954, pp.113-138; *Ostrogorsky*, 1956[a].

[③] [R]*Haring*, 1927, 1947, ch.vii, viii, xi; *Gongora*, 1951; *Zavala*, 1943; *Konetzke*, 1951[a], 1951[b], 1952, 1953; *Gallo*, 1944; *Hanke*, 1936[a]; *Ots Capdequi*, 1934[a], 1934[b], 1945, 1951; *Vida Viceus*, 1957.

[④] [Y]*Sagnac*, 1945, 1946; *Pagés*, 1928, 1932[b]; *Barber*, 1955; *Zeller*, 1948; *Doucet*, 1948.

[⑤] [Z]*Brock*, 1957; *Plumb*, 1950; *Ashley*, 1952; *Trevelyan*, 1944.

[⑥] [I]*Des Rotours*, 1932, 1947-1948; *Sprenkel*, 1958; *Kracke*, 1953; *Balázs*, 1952, 1959[a]; *Chang*, 1955; *Liu*, 1957, 1959[a], 1959[b].

[⑦] [M]*Levy*, 1957; [N]*Cahen*, 1955[a], 1955[b], 1957[a], 1957[b]; [M]*Brockelmann*, 1943; *Lewis*, 1950.

同时，统治者通常成功地获得了对以服务为取向的官僚的控制。这种控制是通过特殊的官吏（内廷的私人官吏、特别监督官或视察官）、对预算分配和政府机关的私人交往实行较强控制，以及直接参与上层官僚的决策过程来实现的。

4. 统治者对官僚的征服

历史官僚制社会的官僚所能具有的第二种主要类型的政治取向的特征是官僚完全屈从于国王。这种取向妨碍官僚向主要阶层的人提供几乎任何服务——少数技术服务除外。这种取向可通过17和18世纪的普鲁士官僚[1]和奥斯曼帝国官僚，尤其是最初150年间的该帝国的官僚[2]得到最佳说明。在类似早期西班牙-美洲帝国那样的征服帝国[3]，王权迅速变革和重组时期即霍斯劳一世治下的萨珊波斯[4]，以及面临外部巨大威胁时期，尤其是610至641年间希拉克略统治时的拜占庭[5]，官僚也具有此种取向，尽管尚处于胚胎形式之中。

---

[1] [X]*Dorn*, 1931; *Hintze*, 1900, 1901, 1915; *Rosenberg*, 1958; *Dorwart*, 1953; *Schmoller*, 1870, 1898; *Carsten*, 1954, 1955, 1959; *Bruford*, 1935, 1957.

[2] [O]*Lybyer*, 1913; *Stripling*, 1942; *Gibb and Bowen*, 1950, 1957; *Stavrianos*, 1957[a], 1957[b]; *Wittek*, 1938.

[3] [R]*Gallo*, 1944; *Haring*, 1927, 1947; *Zavala*, 1943; *Ots Capdequi*, 1941, 1951; *Vida Viceus*, 1957.

[4] [G]*Christensen*, 1936, pp.358-436; *Altheim*, 1955[a], 1955[b]; *Altheim and Stiehl*, 1954; *Fry*, 1956.

[5] [L]*Ostrogorsky*, 1956[a], pp.83-110.

在这些事例中，统治者对官僚的支配首先表现在具有很小程度内部自主性特征的官僚组织上。这种至为重要的特征有许多表现。其中之一便是官吏从一处到另一处、从一个衙门到另一个衙门的无任何一般固定规则的不断转换。另一个表现则是统治者摧毁任何独特的职业模式，保持往往是专横但又不基于任何一般准则的严格戒律。还有一种表现是统治者破坏任何部门或职业的"团结精神"与合作，并坚持认为官僚是统治者和作为其化身的"国家"的"私人"奴仆[①]。统治者对官僚强有力的、往往是冷酷的指导，使官僚暂时地成为获得统治者主要目标——如动员资源、统一国家、镇压反抗——的较为有效的工具，在新政体建立初期尤其如此。然而，从长远来看，统治者的这种"铁腕"往往破坏了官僚的效率，扼杀了官吏的首创精神，以及导致过于形式主义的态度和活动。此外它还使官吏满口花言巧语和玩弄阴谋诡计，以期逃避统治者的控制。进一步讲，正如我们在后面将要看到的那样，它往往导致官僚日益贪得无厌和自作主张。

5. 官僚服务目标的转移。官僚自主和自我取向的趋势

官僚的第三种主要类型的政治取向强调官僚自身的自主性和自身利益，这有时达到逃避上峰的所有政治监督和／或转移其为

---

① [X]*Dorn*, 1931; *Rosenberg*, 1958; *Hintze*, 1901, 1915; *Schmoller*, 1898; [O]*Lybyer*, 1913; *Gibb and Bowen*, 1950, 1957.

不同阶层服务之目标的程度。当这种取向盛行时，上层官僚试图几乎只为自身利益或它们与之结盟或认同的群体或阶层的利益而行动。这些官僚试图尽可能最大限度地减少其服务取向和职业责任及政治责任。

这种有助于官僚政治自治和社会自治的倾向在我们已研究的许多案例中都存在。其最极端的表现出现于萨珊波斯贵族统治时期[①]、中国诸王朝衰落时期，也就是官僚变得贪婪并与特定的士绅群体几乎完全认同之时[②]、拜占庭帝国末期[③]、18世纪法国贵族反动时期[④]。不那么极端的表现则出现于哈布斯堡皇室统治时代结束之际、西班牙-美洲帝国衰落时期[⑤]、阿拔斯哈里发王朝后期[⑥]。

官僚具有这一类型的社会-政治取向通常与官僚内部结构的若干发展有关。这些发展全都根源于行政机构向相对无效和追求私利的群体，即主要关心为自己获得最大利益的工作和极少关注公共义务和效率的群体的部分转变或整体转变。这些发展的最重要表现如下：

（1）招募官僚机构成员主要通过官僚自身内部的裙带关系；

（2）官僚机构的官吏把其职位主要（或仅仅）看成是闲职、私人财产甚至世袭财产；以及机关中不受约束和不受调节的深交的

---

① [G]*Christensen*, 1936，各处，特别是 *ch.x*; *Altheim and Stiehl*, 1954, 1957; *Widengren*, 1956。
② [I]*Chang*, 1955; *Michael*, 1955; *Sprenkel*, 1952, 1958; *Balázs*, 1950, 1959[a]; *J.T.C.Liu*, 1959[a], 1959[b], 1959[c]; *Hu*, 1955; *Eberhard*, 1945, 1948[a]。
③ [L]*Charanis*, 1951[a]; *Ostrogorsky*, 1929[a], 1956[a], 1956[b]。
④ [Y]*Lough*, 1954, 1960; *Ford*, 1953; *Barber*, 1955; *Sagnac*, 1945, 1946; *Pagés*, 1928, 1932[b]。
⑤ [R]*Ots Capdequi*, 1941, 1945; *Haring*, 1947, *ch.vii*; *Parry*, 1957。
⑥ [N]*Cahen*, 1955[b], 1957[a], 1957[b]; *Lewis*, 1950。

发展；

(3) 由此造成的官僚机构人员超出执行任务所需人数而大量膨胀，以及一种用现代惯用语来说可称为遵循"帕金森定律"的倾向；

(4) 部门迅速激增，各部门之间的协调日益困难；

(5) 官僚活动的效率锐减；

(6) 在官僚的实践中——不仅在官僚的内部关系中，而且在官僚与其委托人的关系上——形式主义和仪式主义日益增加。

6. 与为政体服务取向相结合的官僚的自我取向

第四种类型的政治取向往往产生于历史官僚制社会的官僚之中。此种类型的取向表现为与针对政体和统治者服务的取向相结合的官僚的强烈自我取向（即有助于在社会、经济和政治领域自我扩张的取向），其几乎完全缺乏任何为其他阶层和社会群体服务的取向。

在我们正在考察的社会中，对于此种仍保持一定政治责任和服务行为的半僭越的官僚来说，有两种主要的类型。

其中一种类型存在于较不发达的、更传统的社会。这些社会包括古埃及[①]和世袭阶段的萨珊波斯[②]——也就是其历史最初两

[①] [F]*Drioton and Vandier*, 1952; *Edgerton*, 1947[a]; *Hayes*, 1953; *Kees*, 1933[a], 1933[b], 1935; *Maspero*, 1890; *Moulet*, 1946; *Otto*, 1953; *Bagnani*, 1934.

[②] [G]*Christensen*, 1936, ch.i, iv; *Altheim*, 1955[a]; *Altheim and Stiehl*, 1954.

个时期的波斯，此时较为自主的官僚往往与传统和半世袭的统治者亲密联盟。第二种类型的最佳范例是18世纪末和19世纪初的普鲁士和奥地利，此时官僚与某些贵族群体一起在颇为分化的官僚政体框架内同国王达成了暂时的妥协[①]。

在这两种案例中，官僚的组织模式和活动模式在某些重要方面既不同于完全屈从的模式，也有别于完全贵族化的模式。在我们的大多数案例中，官僚呈现出较为封闭性群体的许多特征：这些群体的成员大体上限于来自上层社会群体的人。然而，官僚同时保持相对有效的行政结构。这种官僚制具有某种类型的部门分工和某种内部监督系统，以便能够较为有效地促进各项政策和政治目标。此外，在引证的大多数官僚中，某些层次的官僚趋于保持某种职业或服务性意识形态和身份形象，其中，至少在某程度上强调了为政体的服务[②]。

7. 官僚在身份系统中的社会构成和社会地位的标准

以上分析表明，特定官僚行政趋于产生的政治取向的类型与官僚在社会上的地位，尤其是它与统治者和各种社会阶层的关系密切相关。因此，为了理解官僚政治取向发展的条件，我们必须首先考察官僚在社会结构中的地位。

---

① [X]*Rosenberg*, 1958; *Hintze*, 1914; [S]*Beloff*, 1954.
② [X]*Schmoller*, 1870, 1898; *Dorwart*, 1953; *Rosenberg*, 1958; [F]*Drioton and Vandier*, 1952; [G]*Christensen*, 1936, *ch.i* et, 各处；*Altheim and Stiehl*, 1954; *Altheim*, 1955[*a*], 1955[*b*]。

这种地位可依据下列标准来检验：

(1) 主要官僚在社会身份和社会权力等级中的地位。

(2) 官僚或上、中层官僚构成独立身份群体的程度；或者相反，不同等级的官僚被视为其他社会阶层一部分的程度。

(3) 当官僚（或官僚的不同等级）构成独立的身份群体时，把它与其他阶层区分开来的标准——尤其是官僚与统治者的接近的程度和官僚行使权力充当此种标准的程度，以及在此种情况下官僚与其他社会群体的疏远程度。

(4) 相反，当官僚（或其上层）被视为其他生态阶层或身份阶层的一部分时，哪些特质把官僚（或其上层）与同一阶层的其他亚群体区分开来。

8. 官僚的社会条件和社会构成

A. 以服务为取向的官僚的不同类型

表格 17 所显示的可得资料表明，[*]官僚（尤其是上层官僚）的社会地位与其主要政治取向之间存在非常密切的关系。可资利用的历史资料还表明，招募官僚的模式和途径构成了与政治取向相关的主要机制之一。

资料显示出官僚保持为统治者和主要阶层服务的取向取决于官僚对统治者的依赖，以及官僚与各种弹性和"自由"阶层的部分结合，或至少不与之疏远。

---

[*] 参见附录。

官僚与弹性的、非传统的上中层都市群体和农民（或士绅）群体的最大结合发生在英国和中国。这每一个国家的官僚都大体上被视为这些阶层的一部分。官僚使用同样的主要身份象征，具有类似的生活方式。尽管官僚产生和强调其特殊的职业角色和职业模式。在英国和中国，特殊的官僚职业通常作为一种可能性而被列入对上中等阶层成员开放的职业角色和身份角色范围之中。

在英国，从事行政职业对于农村上层阶级成员来说是受欢迎的生活方式。在较小程度上，这种提升方式也为城市上层阶级的某些成员所欢迎[①]。

在中国，官僚在任何场合都极为屈从于统治者，并从统治者那里获得其部分声望。然而，通过科举制度，官僚把古典（儒教）教育标准作为身份的主要决定因素而加以强调。中国的官僚一般被看作是更广泛的文士群体的一部分，并基本上根源于士绅阶层，尽管并非完全扎根于此。中国官吏的声望来自考试获得的学衔和对与文士共享的儒教理想的忠诚。中国官僚在多大程度上构成与士绅阶层相分化的完全自主的群体，还是一个争论的问题。但是，共同文化传统的这两个方面之间存在十分稳固的相互联系，则是很少令人怀疑的[②]。

虽然官僚的结合很少充分发展，但官僚在亨利四世统治时期（1589—1610年）及其稍后的法国仍被结合进各种中等社会阶层。尤其对于中等官僚来说，此种结合发生于日益发展的"穿袍

---

① [Z]Trevelyan, 1944; Mathew, 1948; Brock, 1957; Namier, 1929, 1930, 1952; Ashley, 1952.
② 参见[I]Chang, 1955; Eberhard, 1945, 1948[a], 1948[b], 1952; Sprenkel, 1952, 1958; Balázs, 1950, 1959[a], 1960；同样参见 Michael, 1955; Wittfogel, 1957.

贵族"与日益崛起的都市群体之间的联系之中①。

在上述案例中，上、中层官僚成员是从上、中层弹性阶层中招募的，亦即主要来自上中层都市-群体、职业圈子、士绅阶层和上层农民群体。这些官僚成员通常不断地与其出身的群体保持紧密和稳固的关系。他们往往形成把更为传统的群体和行省与产生于政体中心的更为分化类型的政治活动联系起来的重要渠道。

在卡瓦德一世（488-531年）和霍斯劳一世（531-575年）统治下的萨珊波斯、拜占庭帝国的早期和中期、西班牙-美洲帝国和阿拔斯哈里发王朝的以服务为取向的（尤其强调为统治者服务的）官僚中出现了一种稍微不同的社会模式②。上层官僚趋于发展成这样一些相对自主的身份群体：其不是把服务和政治地位，就是把权力作为他们的区别标准来强调。在这种情况下，官僚构成了强调自己身份标准的几乎分立的群体。然而，官僚与其许多成员由之而获得补充的种种上中层都市群体、职业群体、士绅阶层和上层农民群体不断地保持某种联系。在大多数这样的社会，官僚成员并不与这些阶层相疏离。实际上，他们构成了这些群体与中央政治机构之间的重要联系环节——甚至当官僚与这些阶层不完全认同和／或它们之间的生活方式及社会政治参与存在很大差异时也是如此。

例如，在早期和中期的拜占庭，官僚构成了较为独立的身份群体，他们主要取向于实现皇帝的目标和政策。这种官僚服从皇

---

① [Y]*Sagnac*, 1945, 1946; *Ford*, 1953; *Barber*, 1955; *Pagès*, 1928, 1932[*a*].
② [G]*Christensen*, 1936; *Altheim and Stiehl*, 1954, 1957; *Altheim*, 1955[*a*], 1955[*b*]; *Bréhier*, 1949[*b*], 1950; *Ostrogorsky*, 1956[*a*]; [R]*Haring*, 1947; [N]*Cahen*, 1955[*b*], 1957[*a*]; [M]*Levy*, 1957.

帝的严格监督，趋于强调既为皇帝又为政体服务。官僚成员通常把官职和上述特征一起作为基本的身份标准而加以强调。在社会领域，官僚是相对自主的，并与其他群体相区别；但它与某些主要社会阶层，尤其与上层农民群体、商人群体、都市职业群体和文化群体具有密切联系。这种描述适用于7至10世纪——或许希拉克略统治时期(610-641年)部分除外——时值全盛时期的拜占庭的官僚。只有在帝国衰落时期，也就是当国家被削弱而贵族变得强大之际，官僚才的确与贵族关系密切。然后官僚在某种程度上被结合进贵族阶层，从而与更分化的中等群体相疏远并压迫该群体和下层群体[①]。

类似的情境还产生于西班牙-美洲帝国。官僚从一开始便构成分立的群体，其既与西班牙移民又与土著居民相分别，并强调君主授予其自主身份这一事实。但是，这种官僚也与地方上层阶级移民和地方贵族群体交往甚密。正如在拜占庭那样，西班牙-美洲帝国官僚在统治者的权力以及由此造成的统治者实现其目标的能力日趋削弱时，也趋于贵族化和与上层阶层同化[②]。

直到10世纪中叶，阿拔斯哈里发王朝才表现出有助于某种程度社会自主性的类似趋向。这基于官僚为统治者的服务和官僚的权力地位；但官僚与各种群体（尤其是中层城市和农村群体）有着较为密切和明确的关系。

还是在这些社会，上、中层官僚通常从中层都市群体和农村

---

① [L] Bréhier, 1924, 1948[b], 1949[b], ch.iii, iv; Ostrogorsky, 1929[a], 1956[b], pp.271-491, 1956[b]; Lemerle, 1958; Charanis, 1951[a].

② [R]Ots Capdequi, 1941, 1945; Konetzke, 1951[a], 1951[b], 1952, 1953; Haring, 1947, ch.xvii; Parry, 1957.

群体中招募。然而，招募过程是按特殊方式进行选拔的。尽管没有产生或强调特殊的疏离态度，但强调官僚职业模式的特殊性，排除从官僚出身的群体进行招募以及削弱官僚与这些群体的关系，则是预先安排好的。

B. 屈从于统治者的官僚

官僚对统治者的屈从通常是官僚构成这样一种分立身份群体的伴生物：该群体的主要社会特征是官僚十分强调权力和为统治者服务。虽然这类官僚在社会上是自主的，并具有基于其特殊地位的身份，但他们在政治上则服从统治者的监督。在奥斯曼帝国的初期，使官僚主要由苏丹的私人奴隶和从外国人中招募的成员所组成的制度确保了官僚的政治服从和社会自主[①]。在17世纪的普鲁士，霍亨索伦王朝建立了完全屈从于统治者的庞大的官僚组织。这种官僚从它与统治者的关系中获得其身份和权力，并在其发展的最初阶段显然与贵族、古老的城镇自治团体和各种身份组织相互敌对[②]。

在类似这样的情况下，上中层官僚通常从下层阶层或非常软弱的中等阶层招募人员，有时也从外族群体中招募人员，这类官僚与其出身的群体脱离关系；招募过程强调官僚与任何传统社会身份的疏离和完全的区别。然后，至少在统治者能够控制官僚的时期，与官僚阶层的许多成员所由之而来的阶层相疏离的官僚，

[①] [O]*Gibb and Bowen*, 1950, 1957; *Stavrianos*, 1957[*a*], parts, i, ii, 1957[*b*]; *Wittek*, 1938; *Miller*, 1941.

[②] [X]*Carsten*, 1954, 1955, 1959; *Hintze*, 1915; *Rosenberg*, 1958; *Bruford*, 1957.

产生出针对该阶层的明确的惩罚取向。官僚通常产生坚如磐石的身份抱负，并往往在统治者的鼓励下力求建立大体上基于权力标准的、使官僚将会成为其唯一顶点的身份等级。

然而，此种官僚对国王的依附妨碍它力图充分实现其自主的权力和自律身份的抱负。只要统治者保持其对官僚的牢固控制，官僚通常就不可能发展成为分立的内聚性身份群体。官僚成员及其家庭往往为君主意志的变化和专横所左右。因此，当官僚获得发展和变得更为稳定化和多样化时，其常常试图发现维护其自己身份的方式。官僚还在某些能提供给它对抗统治的身份象征和社会地位的群体——尤其是贵族群体——中寻找同盟者[①]。

C. 以自我为取向的官僚

当上层官僚产生出转移其为各种阶层和/或统治者服务的目标的倾向时，其这样做通常与其演变成归属性很强的阶层有关。该阶层不是变成（把权力作为身份标准来强调的）独立的半贵族阶层或"士绅"阶层，便是成为现存贵族阶层的一部分。官僚至少在某种程度上与统治者相疏远。此种发展出现于拜占庭衰落时期，也就是从 13 世纪至 14 世纪中叶（1453 年）其灭亡之时，[②] 阿拔斯哈里发王朝[③]、18 世纪法国的贵族反动时期[④]，以及在较小程

---

① [O]*Lewis*, 1958; *Gibb and Boden*, 1950, 1957; [X]*Rosenberg*, 1958; *Hintze*, 1914.
② [L]*Stein*, 1954; *Ostrogorsky*, 1956[*a*]; *Vasiliev*, 1952; *Guilland*, 1954; *Charanis*, 1951[*b*]; *Bréhier*, 1949[*b*].
③ [N]*Cahen*, 1957[*a*], 1957[*b*].
④ [Y]*Ford*, 1953; *Pagès*, 1928; *Barber*, 1955.

度上还出现于若干中国王朝衰落时期[①]。

在此种情况下，官僚通常倾向于削弱和轻视其职业生涯模式的特殊性以及其作为国家公仆的职业意识形态的自我概念。官僚力图使其地位具有贵族身份的基本属性，把其官职变成私人世袭财产和采邑。官僚还试图把适合在官僚机构中服务的选拔条件仅限于官僚家庭成员，最大限度地减少应对各种阶层负责的程度，以及在极端的情况下应对统治者负责的程度，

只有在官僚既不与统治者相疏离又不强烈反对某些其他阶层这一范围内，贵族化的官僚才会保持某种有助于公用事业的取向。此类条件通行于古埃及，在较小程度上还出现于17和18世纪的普鲁士和俄国。

9. 统治者的目标和统治者与主要阶层之间的关系对不同类型官僚政治取向发展的影响

我们已经看到，官僚的每一个主要的政治取向都与官僚成员在社会结构中占据的特定地位相关。我们现在力图确定影响官僚社会地位的性质以及藉此影响官僚政治取向和活动模式的特定条件。

此处的情景必然是十分复杂的。我们在第九章说明的、影响主要群体政治取向和政治活动的同样的主要变量，也就是分化程度和统治者的目标，当然也影响官僚的政治取向。然而，官僚在

---

① 除了以上引用的文献外，参见 [I]*Stange*, 1950。

这些社会的政治结构和社会结构中具有特殊的地位。由于这一事实，社会中的政治力量群集和政治过程，尤其是统治者的目标与最主要群体的政治取向之间的一致程度，在决定官僚社会身份和政治取向发展上有着关键作用。

表格Ⅲ*和表格 16-20*表明有关数据是相当复杂的，这种复杂不易使相互联系成为可能。然而，我们可以提供基于该表格资料，尤其是基于我们案例研究的资料的一般试验性建议。

我们将从简略地分析统治者的主要目标对官僚的社会地位和政治取向的影响开始。

当政体的首要目标主要是政治-集体目标时，官僚趋于强调其自己的自主身份地位。政治-集体目标强调在某种意义上成为该目标主要载体的统治者的自主性和特殊地位，因此也强调了为统治者服务和官僚的自主性和特殊地位。当政体的大多数目标是文化目标或经济目标时（如在中国、阿拔斯帝国和英国那样），官僚往往被并入更广泛的较有弹性的群体和阶层。

然而，在任何政体中，统治者居于支配地位的目标只提供了官僚的社会政治取向（和活动模式）在其中能够演化的框架。它的取向的具体发展基本上依赖于以上详细说明的诸条件，即统治者的目标与主要群体的目标之间的一致性和社会结构分化的总量。

当主要阶层的目标和利益与统治者的目标和利益基本上不一致时，官僚便在统治者的帮助下趋于把权力作为其自主身份最重要的标准来发挥。官僚不是变得完全自主，与其他阶层疏远，极

---

* 参见附录。

大地依赖和屈从于统治者，便是力图与某些这样的阶层达成暂时的妥协。抉择取决于统治者与这些"对立阶层"的相对实力。当对立阶层不很强大或在政治上不十分活跃时，或者当统治者有足够的力量镇压该阶层并使之在政治上屈从时，官僚（尤其是上层官僚）就趋于把权力建立为身份的主要标准，并依据这一标准而获得自主的身份。我们的数据中所包括的这种发展的两个最佳例子是由普鲁士和奥斯曼帝国提供的。在这每一个国家，官僚最初是独立的群体或阶层，它同所有其他阶层分化开来并取向于反对贵族，市民和诸等级。此外，官僚最初还被认为是君主实现后者目标的工具，它完全从君主那里和为君主服务中获得其身份。然而，随着官僚成员获得财政稳定和社会稳定，其社会自主性和政治服从便相应减少，这种现象还与统治者与某些贵族群体和力量之间关系的重新组合密切相关①。

当对立阶层更为强大，统治者软弱无力和不能控制该阶层时——如许多历史政体衰落时期的情况那样，官僚往往在牺牲统治者和其他阶层的情况下与那些（大多数贵族的）群体结盟，并形成将为统治者和其他阶层服务的目标取代开来的倾向（此类情况将在下面更为详细地加以研究）。

另一方面，统治者最主要的目标与主要阶层的政治取向之间的一致性愈大，事情似乎是官僚加入自由阶层的倾向便愈大，或者至少不会与该阶层疏远。这种一致性还使官僚易于保持为统治者和自由阶层服务的取向。统治者和弹性的阶层的力量阻止了官僚对社会自主性和政治自主性潜在渴望的出现。然而同时，不同

---

① [X]*Carsten*, 1950, 1955, 1959; *Hintze*, 1915; *Bruford*, 1935, 1957; *Rosenberg*, 1958.

阶层与统治者之间的互动和这些阶层的多样性在该阶层相对强大时则对官僚施加压力，并能使官僚产生出某种组织自主性和职业自主性，以及自主的职业意向。此外，官僚的职业模式同时还易于与这些阶层的一般生活方式相结合。当弹性的中等阶层强大且又在社会结构中较为占据支配地位时，亦即当社会结构的分化较大时，官僚对服务取向的保持最为充分。7至12世纪的拜占庭、大多数历史时期的中国和17世纪的西欧提供了这一情况的佳例。

当社会结构分化范围狭小，贵族或贵族化的官僚构成占优势的社会阶层时，官僚也能产生类似的取向。不过，这种取向只有当统治者的政治目标、政治上活跃的贵族的政治目标和软弱的中等阶层的最消极取向之间存在基本一致时才能获得发展。在此种情况下，贵族虽然在社会等级和经济等级中占有相对优势，但却或多或少是在官僚政体的框架内被"驯化"的。贵族自己的权力和经济地位基本上依赖于这些框架的存在；因此它通常与统治者达成某种妥协。

正如我们已讨论的那样，有两种主要的贵族化服务性官僚类型。一种产生于传统的、较为不分化的社会，如古埃及和萨珊波斯。在这些社会，官僚通常沿两个主要方向之一发展。当自主的贵族世袭等级相对强大时（如该等级在大部分萨珊波斯历史中那样），它通常同化和容纳上层官僚。不过，如果贵族软弱（如埃及那样）或受统治者压迫（如萨珊波斯初期，尤其是卡瓦德一世和霍斯劳一世统治时期那样），上层官僚就趋于发展成多少有些把权力作为身份自主标准来强调的、更为自主的阶层。然而，甚至在这种情况下，采纳贵族生活方式的倾向一般占优势，尽管新贵族大体上是服务的贵族或"新贵族"[1]。

在类似这样的情况下，下中层官僚通常来自社会边缘群体或外部。无论这些官僚有什么样的个人声望和权力，他们都极少演变成独立的阶层。这种层次的官僚就其试图获得经济地位和安全这一范围而言，其属于与下层阶层（如农民，或稍微处于主要的社会身份等级之外的阶层）一样的层次。

第二种类型的贵族化服务性官僚以弗里德里希大帝（1740-1786年）时代以来的普鲁士为例可得到最佳说明。在较小程度上，此种官僚还出现于18和19世纪的奥地利和俄国[2]。在普鲁士，官僚最初以统治者和权力为取向而反对贵族；官僚是中产阶级获得社会升迁的手段。然而，在弗里德里希大帝统治下，存在着统治者造成的贵族的反动，官僚阶层日益充斥贵族分子。类似的发展也出现于奥地利和俄国。

在此种情况下，统治者对官僚的控制和官僚的服务取向并不因官僚部分贵族化而被完全削弱。实际上，这种控制和取向为统治者对官僚的依赖和官僚与贵族群体的政治权力所大为增加。这种增加必然出自这样一种历史时期：在该时期，不仅贵族群体而且在较低程度上还有（传统）市民群体都变得适应统治者的要求，从政治框架中获得经济实惠。在同一时期，存同各种中层群体调节之后，统治者本身强调其保守取向和对某些更有弹性的群体的

---

[1] [F]*Drioton and Vandier*, 1952; *Kees*, 1933[a]; *Otto*, 1953; [G]*Christensen*, 1936 各处; *Altheim and Stiehl*, 1954, 1957; *Ghirshman*, 1954。

[2] [X]*Rosenberg*, 1958; *Hintze*, 1914; [W]*Young*, 1957; *Beloff*, 1953; [S]1954; [T]*Schenck*, 1953; *Macartney*, 1957.

不信任。同时，这些群体在社会结构中仍然具有重要性[1]。

贵族化官僚服务目标的全面转移通常大体上出现于下列情况之中：此时，统治者的政策耗尽了或远离于各种自由流动资源和政治支持之源；结果，统治者渐渐地很少能够保持其独特的政治取向和目标，而更多地依赖各种不同的保守的贵族势力。这种贵族势力力图垄断社会中最重要的经济地位和政治地位。通过如此行事，该势力促使弹性阶层衰退或与现存政治制度框架和象征相疏离。在这种情况下，官僚通常不是力图把某些这样的阶层并入基于权力标准的其自己的身份等级，便是竭力作为独立的贵族阶层来发展并试图获得许多贵族身份象征。

此种状况可出现于类似奥斯曼帝国和西班牙-美洲帝国（在较小程度上）那样的社会。在该帝国，官僚一开始便屈从于统治者。该状况还可产生于像拜占庭、阿拔斯帝国和法国那样的社会，在该社会，以服务为取向的官僚曾存在较长时期。

10. 官僚政治取向的变化。改革官僚制的尝试

与不同类型官僚政治取向发展相关的条件并不是固定不变的。在任何社会，该条件在整个社会历史中都会发生变化，这种条件的变化必然导致官僚的社会地位和政治取向的变化。

在此所研究的许多社会——或许是大部分社会——中，日益发展的官僚对统治者最初的牢固屈从往往被官僚面向统治者和主

---

[1] [X]*Rosenberg*, 1958; *Carsten*, 1954, 1955, 1959.

要阶层的更为分化的服务取向所取代。例如，这种情况曾发生于8世纪后的拜占庭和其发展的头两个世纪的西班牙-美洲帝国。然而，有时——尤其当政体受到外部威胁时——官僚的服务取向也会变弱，其对统治者的服从得到发展或得到重新确立。

在许多其他情况下，统治者试图制止贵族自我扩张的倾向。统治者或某些活跃的大臣对官僚制定期进行有效改革的尝试在这方面颇有启发。许多改革——如弗里德里希·威廉一世（1688-1740年）在普鲁士的改革[①]、王安石（1021-1086年）在中国的变法[②]；希拉克略（610-641年）、列奥三世（717-740年）和列奥四世（886-912年）在拜占庭的改革[③]——旨在重建统治者对官僚的控制，反对上层官僚日益猖獗的篡权和转移服务目标。通常，此类改革目的在于反对那些被视为官僚完全独立之最重要表现的官僚制结构特征，尤其是反对下列现象：

（1）官僚的招募基础日益变窄；
（2）把官职视为某种闲差的观念；
（3）过分形式化和仪式化；
（4）不协调的活动和部门激增及缺乏控制。

在每一个尝试官僚制改革的政体中，尤其在每一个改革获得成功的政体中，统治者在尝试改革时获得不同社会群体的援助是非常重要的。这种援助尤其来自日益兴起的中产阶级，或者在某些情况下，如在拜占庭那样，则来自农村中等阶级。

---

① [X]*Dorwat*, 1953; *Rosenberg*, 1958.
② [I]*Liu*, 1957, 1959[a], 1959[b], 1959[c]；关于其他的中国改革，参见 [I]*Stange*, 1934, 1939; O.*Franke*, 1931, 1932; *Dubs*, 1939; *Williamson*, 1937.
③ [L]*Ostrogorsky*, 1956[a], ch.ii, iii; *Bréhier*, 1949[b]; *Livers*, Ⅱ, Ⅲ; *Stein*, 1954.

在此所研究的社会中，最经常发生和最盛行的官僚政治取向的变化，就是政治体系衰落时期以统治者为中心或以服务为取向的官僚，向以自我为中心的贵族或半贵族团体的变型。

11. 官僚的服务取向对官僚活动模式的影响

以上分析表明和证实了这样一种论点：在中央集权的官僚制政治体系中，官僚的政治取向只有同官僚在社会结构中的身份和功能以及官僚与该结构内的政治力量群集的关系联系起来才能被充分理解。官僚的政治取向的性质和活动模式受官僚在社会中的社会地位极大影响。而这种地位又依次受以下因素影响：(1) 社会结构分化的程度；(2) 统治者的主要目标；(3) 亦即最重要的一点，各主要社会阶层与统治者的力量对比和各主要阶层之间的力量对比，以及统治者的目标与这些阶层的政治取向之间一致的程度。此外，我们还观察到影响官僚政治取向发展的社会条件和政治条件在任何社会都不是固定不变的；相反，这些条件趋于随着诸社会力量的对比和它们之间政治斗争的不同结果而发生变化。

由于官僚在历史官僚制政体的政治斗争中占有关键地位，因此官僚的各种不同政治取向和政治活动还能对上述那些条件和社会中诸政治力量群集的变化产生多种深远影响。为了充分理解这些可能存在的影响，我们还应当分析不同类型的官僚在这些社会所产生的活动模式。

正如我们已看到的那样，官僚活动的一般范围大体上决定于各个社会的社会结构分化的一般结果和主要目标。然而，正如我们还见到的那样，官僚的政治取向对官僚若干方面的活动，尤其是技术活动或调控活动的相对重要性有着极大的影响。

因此，那些对统治者和最主要阶层保持服务取向的官僚，不仅强调技术活动而且还重视调控活动。这种官僚重视其中某一活动的程度和进行此种调控所依据的标准取决于以下两种因素：其一是统治者或主要阶层在政治领域中的相对优势；其二是不同阶层所产生的自主调控机制的范围。

在表格17-20中，我们已就这一点概括了可得数据。把这些数据作为我们的依据，我们便可着手我们的分析。

例如，在统治者占优势的情况下——如拜占庭或西班牙-美洲帝国那样，官僚为全体居民提供许多技术服务。同时，它还在主要为统治者感兴趣的主要制度领域——即经济、政治和文化领域——贯彻多种调控政策。但另一方面，在若干社会群体和阶层非常强大的政体中，如在英国，尤其是"光荣革命"（1688-1689年）后的英国，以及在更有限的程度上还在中国，官僚更强调提供技术服务，而对主要社会阶层和主要制度领域只重视间接控制。官僚的调控活动也受政治上强大阶层的利益的极大影响。

因此，一般而言，当官僚的调控活动受到重视时，主要群体在政治斗争机构享有政治参与的程度便微乎其微。而在调控活动和技术活动都被强调的地方，官僚活动范围的扩大通常还明显地表现为主要阶层在政治斗争机构中参与的增加。

决定官僚调控活动或技术活动相对重要性的第二种因素是主要社会阶层在主要制度领域产生的自主调控机制的范围。这类自主机制的运行范围愈大，官僚调控活动的范围便愈小。如果这些群体的自我调控范围相对狭小或它们对统治者较为满意这一点而言，官僚调控活动的范围更大。

那么，在其他条件相等的情况下，不同群体的经济自我调控（如经济协会、经济组织、经济行会的发展和在自主的市场安排及财政资源动员中所表现的那样）通常使官僚在经济领域的活动仅限于：(1)技术活动，如辩护、法律服务和沟通系统的维持，(2)提供外来资源和监督各种经济资源向其他制度领域的流动。

不同群体的经济自我调控肯定影响了官僚调控活动的范围。对产生于下列情形中的官僚活动范围和类型的检验证实这一陈述是有根据的：(1)中国士绅的地方性自我调控；(2)半自治的都市中心（例如拜占庭的商埠、希腊化城市、欧洲绝对专制主义早期的城市）；(3) 18 世纪海洋性社会（如荷兰的都市经济[1]）；(4)造就于普鲁士那样的官僚政体并为之所容纳的，以市场为取向的贵族经济活动[2]。

有时在维护与统治者的文化模式和身份等级相对的独立文化模式和身份等级上，主要群体和阶层的分层系统基本上是自我调控的。而且，官僚在分层领域的活动通常限于现存权利的合法运用以及／或者对（各种群体的戒律所界定的）越轨行为的阻止和惩罚。

例如，在英国，贵族、士绅和都市群体逐渐形成各自的身份系统和价值观。在那里，官僚和统治精英通常并不调整现存等级——他们基本上维护和强化该等级。另一方面，在法国，大多数最重要的群体（佩剑贵族除外）仅产生出微弱的自主身份标准。

---

[1] [S]*Beloff*, 1954, *ch.ix.*
[2] [X]*Carsten*, 1950, 1955; *Hintze*, 1914.

法国中央当局（即宫廷和官僚）不仅强化现存身份特征，而且还产生出许多新的身份象征和群体。直到官僚开始篡夺某些中等群体的地位和发展成自主的半贵族身份群体以前，该当局一直把品位和高贵的身份赐予该中等群体[1]。中国提供了另一种令人感兴趣的恰当的例子。在中国，地方身份系统是较为自主的，而不受外部调控的影响。然而，受伦理（儒家）价值观和政治价值观支配并基于自致标准（学位考试和官职）的中央身份系统在很大程度上为官僚制所调控和加强[2]。

当自主的群体之间和群体内部法律调控的程度加大时——如在许多"自主的"仲裁机构以及相对独立的司法机关和/或法律职业中所表现的那样，官僚的司法活动和法律活动主要涉及司法管理以及法律的典章化、制度化和强化。因此，在英国，产生了各种各样的自主法律制度和传统。这些制度和传统基本上抵消了各种类型的行政司法权的侵蚀[3]。在中国，法律自治在地方上较大而在中央较小。中国官僚的地方性法律活动主要是技术性的，而它在中央的法律活动则是综合和调控性的[4]。

在法国，自主的法律机构——"议会"和法院——试图以各种方式阻止中央当局司法管理的扩展。在这方面，它们只在16世纪获得部分成功。因此，在法国，中央当局的行政-司法活动的范围不断扩大，尽管"议会"能够不时地为它设置障碍。法国"议

---

[1] 关于英格兰，参见 [Z]*Trevelyan*, 1944; *Mathew*, 1948; *Ashley*, 1952; [S]*Goodwin*, 1953。关于法国，参见 [Y]*Zeller*, 1948; *Sagnac*, 1945, 1946; *Pagès*, 1928; *Barber*, 1955。

[2] *Balázs*, 1950, 1959[a]; *Chang*, 1955.

[3] [Z]*Holdsworth*, 1938; *Davies*, 1937; *Clark*, 1955.

[4] [I]*Des Rotours*, 1932; *Sprenkel*, 1952, 1958; *Escarra*, 1933, 1936; *Balázs*, 1954[c]。

会"尽管在18世纪末,也就是该议会成为贵族反对的焦点时部分地获得了复兴,但即使在那时,该议会也没有能够极大地阻碍行政司法权[①]。在法律机构很少自主性的拜占庭和法律机构几乎没有自主性的萨珊波斯,存在着非常综合的司法管理系统[②]。

12. 官僚面向统治者的取向和自我扩张的取向对官僚活动模式的影响

在最大限度地减少为诸群体和阶层服务的取向,强调为统治者和/或自我扩张服务类型的官僚中,调控活动通常占有优势,而技术服务极少被强调。

因此,当官僚完全屈从于统治者时——如在普鲁士或奥斯曼帝国那样,官僚倾向于在统治者指导下进行某些调控活动。这类活动旨在确保统治者和官僚的权力地位,以及他们所需要的资源,反对(潜在活跃的)社会阶层的活动[③]。最重要的这类调控活动如下:

(1) 全面调控全部社会领域的尝试。这些尝试旨在为不同群体和阶层提供技术服务,确立支配调控社会、经济、政治、文化活动的一般原则和/或创造许多新型的此种组织和活动。

(2) 向许多社会领域和群体渗透的尝试,即使这些领域和群

---

① [Y]*Cobban*, 1950; *Zeller*, 1948; *Pagès*, 1928; *Sagnac*, 1945, 1946.
② [L]*Bréhier*, 1949[*b*]; *Ostrogorsky*, 1956[*a*].
③ [O]*Lybyer*, 1913; *Stavrianos*, 1957[*a*], Parts i, ii; *Gibb and Bowen*, 1950; [X]*Rosenberg*, 1958; *Dorn*, 1931; *Hintze*, 1915.

体似乎不需要官僚这些特定的服务。

（3）发展各种旨在严格管辖和规定社会生活诸多方面的法律活动的尝试。

（4）发展各种政党活动和宣传活动的尝试。这些活动的主要目的是控制甚至垄断在社会中自由流动的政治潜力，以及最大限度地减少形成独立权力中心的可能性。

十分类似的活动模式还出现于那些趋于转移服务目标，以利于自身利益和自我扩张目标的官僚之中。在此种情况下，官僚通常形成篡权和调控-指令活动。这类活动主要为上层官僚自身的利益和官僚与之结盟并反对统治者的其他群体和阶层的利益服务。因此官僚的调控指令活动通常并不触及它与之结盟的阶层——尤其是贵族群体和某些上层传统精英——的特权和特殊利益。然而，官僚的活动对于其他阶层来说往往具有很大的压迫性。

此外，在此种情况下，官僚的活动并不适合于实现任何占据优势的政治目标或任何连贯的一系列政策。该活动倾向于为不同官僚群体和贵族群体的多种——往往是有差异的——利益服务。因此，较之完全屈从于统治者的、初期的压迫性官僚，这种官僚通常表现出较低程度的效率和政策的统一。

通常，那些倾向于部分篡权和牢固自主性并具有从事公用事业取向的官僚，也强调对大部分层面的社会生活进行强有力的调控。不过，该调控通常并不像完全贵族化的官僚所进行的调控那样如此具有压迫性和以自我为取向。一般而言，在此种情境中，不同的官僚都维系某一种职业意识形态和意象。在这方面，为政体服务得到了突出强调，因此官僚的调控活动往往受一贯政策和目标指导。

13. 官僚的活动对政治体系的基本社会条件的影响

在以上分析中，我们已详细地表明了官僚活动藉以能够影响历史官僚制社会政治体系的基本社会条件和该社会中的政治力量群集及政治过程的方式。

就官僚面向统治者和主要阶层保持其基本服务取向而言，官僚通常有助于政权的延续和稳定，尤其是有助于维护官僚中央集权制的基本条件。在官僚保持此种服务取向的社会或时期，统治者借助于官僚便能够保持其地位以及那些支持他的阶层的地位。因此统治者还能够压制那些与中央集权政治体系的基本前提相对立的阶层。如果官僚能够垄断最高社会地位、政治地位和经济地位，最大限度地减少自己对统治者和／或主要弹性阶层的政治义务和责任，官僚通常有助于以多种方式（这些方式将在以下几章详细加以分析）削弱此类政治框架。

以上分析还表明了官僚与历史官僚制社会政治体系发挥功能所必需的基本前提的自相矛盾关系。

由于官僚在历史官僚制社会中具有中心调控功能，因此它执行非常重要的从内部控制自由流动权力的任务和确保自由流动权力和资源持续有序流动的任务。然而，就官僚成为半独立阶层或在政治领域没有被有效控制这一点来说，其本身也能变成该自由资源的综合消费者。此外，官僚还能极大地妨碍各种自主调控机制发挥功能，和成为受调控的一般化权力持续流动的障碍。

与某些增加官僚篡夺政治权力和侵占社会地位可能性的条件

相比，官僚与历史官僚制社会政治体系功能前提的这种自相矛盾或似是而非的关系，在有助于官僚活动范围扩大的条件中表现得更为明显。

官僚的活动，尤其是官僚的技术活动的一般范围与分化的增加、自由资源的日益发展和各种流动阶层在社会中的兴起密切相关。然而，官僚调控活动的范围与该阶层的社会政治力量实力成反比。官僚技术活动的范围通常随着社会分化的增加而扩大。然而，官僚在社会和政治上成为独立群体的能力的大小受这样事实的严格限制：此种社会分化与主要社会群体日益增加的社会、经济、政治自我调控以及政治上强大的统治者和群体的生存发生关系。这一特征最明显的表现是官僚的调控活动与政治斗争机构的活动范围和该机构内的群体政治活动范围之间通常所存在的反比关系。

因此导致官僚技术活动和服务活动扩大的条件与那些使官僚篡夺政治控制权和置换服务目标成为可能的条件并不必然一致。缺乏这种必需的一致性是官僚结构地位和官僚发展基础固有的特性。实际上，就本质而言，官僚不仅是履行有关特定功能的功能群体，而且还是与权力基础密切相关的群体，因而能够垄断权力地位并演变成能阻止上述政治体系延续的独立社会阶层。

官僚的这些取向和活动与历史官僚制社会政治体系的变迁过程相联系的确切方式将在以下几章中讨论。

十一　政治过程在中央集权制帝国社会结构中的地位

1. 传统的政治活动与分化的政治活动在政治过程中的相互联系

在以上几章，我们分析了统治者和主要群体不同类型的政治取向藉以发展的条件。

为了更充分理解主要群体的不同政治活动和政治取向有助于历史上的社会政治体系发挥功能的方式或破坏该体系基本前提的方式，我们必须更详细、更系统地分析政治过程在这些社会的社会结构中占有的地位。

正如我们已看到的那样，政治领域的相对自主性、权力一般化的趋向和清晰的政治目标的明确表达，全都增加了政治领域对其他领域资源的依赖。同时，这些因素使此种资源的供应更加成为问题，更加依各种不同社会群体之间政治关系的状况和变化而定。

历史官僚制政体呈现出"自治流动"资源与传统资源并存的特征，以及诸政治力量和政治取向并存的特征。此种"并存"是这些体系发挥功能的基本前提。除了使统治者对维系其传统合法化和政治决策的垄断，以及在该框架内实现更分化和政治上更自主的目标和政策感兴趣这一事实外，这种并存的现实还使统治者对与自由流动资源发展相关的问题，以及该资源同更为传统的社会结构层面之间关系问题特别敏感。

　　自由流动资源的主要源泉和潜在的权力一般化的主要基础，大体上集中于那些不受归属性标准和自群主义标准调控的社会部分。该部分在政治上也是更为明确表达的，因而能够力图促进其独立的政治目标，破坏统治者的传统合法性。另一方面，这种自由流动资源的相对缺乏以及再加上许多"传统"力量的存在，可能易于引起自由流动资源的减少和最活跃阶层产生广泛的政治冷淡。而这种情况又导致这样一种传统——基本上是贵族——分子占据优势；他们强大的政治活动能够容易地被用来反对那些能使官僚政体持续发挥功能的前提。

　　因此，对于统治者来说，调控和疏导更活跃的群体和自由流动力量，并在共同的政治框架和组织内不断地使之与更传统的力量相结合是至为重要的。统治者政治权力的有效行使大体上依赖于他们保持此种调控的能力。不过，这种保持只有在统治者考虑到这些活跃群体的需求和取向时才有可能。正如统治者既需要传统合法化又需要更分化的一般化权力和支持一样，该活跃群体的特定需求和取向也是通过较少分化的政治活动和政治取向与更分化的和更明确表达的政治活动和取向的接合而表现的。

　　正如以上所指出的那样，统治者的政策和主要群体的政治活动和政治组织是趋于在历史官僚制社会中形成的权力一般化的两个层面的双重表现。权力一般化的这两个层面总是密切相关的。不过，它们并非总是必然充分和谐的。其结果是，统治者不断地面临寻找能使各阶层产生的一般化权力潜能转变为政治框架，并为统治者政策所容纳的途径和制度化渠道问题。

2. 对主要群体和阶层政治活动的疏导

为了理解统治者对一般化权力所需水平的引导、定型化和维系的极大关心，我们必须考虑不同群体和阶层之间的多种相互关系、斗争和张力对历史官僚制社会政治过程的潜在关键作用。

在这方面，历史官僚政体不同于初民政体、封建政体和世袭政体。在许多初民社会，不同群体之间的内部共同相互关系构成了政治过程最主要的表现。这在政治地位和政治活动尚未与其他职责和功能发生极大分化时尤其如此。然而，随着政治活动和政治角色在初民社会、封建社会或世袭社会日益分化和发展，也就是特殊统治者群体在这些社会更多地出现，与中心政治过程多少相隔离并对此有些冷淡或消极的社会关系和社会组织的范围则日益增大。在很大程度上，这种现象还产生于历史官僚制社会的广大社会生活领域，尤其是那些在政治上未得到明确表达的阶层——农民和某些都市群体——所聚集的社会生活领域。该领域表现出政治争端和政治组织最不发达和极少得到明确表达的特征。

然而，在历史官僚制社会，逐渐产生出若干其控制对于政治过程来说日益具有直接重要性的社会生活领域——尽管在不同的社会程度也有所不同。这些领域表现出高度分化的特征、各种群体广泛相互依赖和广泛接触的特征以及该群体趋于发展出更广泛的社会政治取向的特征。此外，这些不同领域之间的密切相互关系还使以共同政治框架连接各群体的、对政治过程所具有的极为关键的重要作用成为可能。

正如我们已讨论的那样，在更为分化的社会生活领域，产生了许多调控和整合问题，以及各种群体之间冲突的众多焦点。由于许多这样的群体构成了自由流动资源的主要源泉和一般化权力的潜在中心，因此该群体与较少分化的群体的联系方式、它们所达到的共识的类型，或它们之间冲突的焦点，对政治过程全都变得具有极为重要的作用。所有这些群体之间的过程不仅对这些群体依赖政体的程度，而且对该群体向政体提出的要求具有重大意义。此外，上述这些群体之间的过程，还能够决定使这些群体成为政体可资利用的资源类型和将会结晶为政治争端的问题。

这些问题、争端和社会冲突与政治过程直接相关的程度，正如我们已见到的那样，在不同的历史官僚制社会是十分不同的。然而，无论这每一种社会的各种变化如何，总比现代社会更大程度地保留许多因其结构地位而在政治上未得到明确表达的阶层，以及其问题是在不顾及整个社会政治过程的情况下得到调控的生活领域。不过，与较少分化的社会相比，在历史官僚制社会，群体关系结晶成政治争端的程度较大。

3. 政治斗争规范和政治合意规范的制度化

在历史官僚制社会，以上列举的社会条件不但为那种其疏导构成该社会政治制度主要问题的一般化权力发展创造了潜力，而且还为之设定了界限。那么，在实现这种潜在的政治权力之后，完成该疏导的具体方式又是什么呢？

最主要的方式是系统阐述政治行为和政治程序的各种规范并使之制度化。在上述分析中,我们强调了政治过程的引起争论的方面——"斗争"方面。然而,我们必须记住,在这同一个过程中,还在各群体之间形成了某些共同的规范、某种程度的共识和协议,产生了涉及调控这些问题和冲突及有关形成适当规范并使之制度化的自主(即非政治的)机制和官僚政治机制。虽然这些不同类型的机制彼此不同,相互竞争,但它们仍是密切相关的。在许多情况下,这种规范的明确表达和系统阐述以及这种疏导渠道的制度化,都与政治斗争和政治过程以及统治者的政策直接相关,并成为后者的重要方面。

因此,在这些社会,统治者借以垄断决策权的政治制度之持续发挥功能,依赖于该制度框架允许各社会群体开展某些自主-调控活动的程度。同时,主要社会群体之间相互关系的自主调控,如不参考政治制度所建立的框架便不能充分进行。因此,不同群体产生的法典和法规,或它们在各个社会领域确立各自权利的企图,往往是在官僚政治框架和政治斗争机构内实现的,并且正如已讨论的那样,还构成了政治斗争结局的重要方面。这种斗争的复杂结局,尤其是政治结局,以及政治组织的类型提供了社会政治取向与主要群体活动之间的主要联系环节和中心政治机构之间的主要联系环节。这些一般的争议——更具弹性的政策和更为明确表达的政治组织类型——能使各社会群体和阶层自我组织起来,明确表达和调控其自己的某些政治目标,控制它们与其他社会群体的关系和冲突。就其性质而言,该过程中形成的规范并不具有过度的刚性;因而该规范能使群体间的问题不断地重组和重新明确表达。

在这个脉络中，官僚行政机构总是履行重要功能。它为主要阶层提供持续的服务，并且无论政治力量平衡在任何既定时刻如何，都确保某些特定权利的延续。因此，官僚维系某些政治和法律行为及活动的一般规范。同样，政治斗争机构在这些更为弹性的规范的发展和制度化中也发挥重要作用。

不过，把这些更为分化的政治活动与较少分化的政治活动接合在一起是必要的。其结果是，在这些社会产生了两种有关政治斗争的基本规范。这些规范意味着这些社会存在着两种水准的政治共识。

这些社会所产生的政治共识并不只集中于主要的共同象征。总的趋势是把统治者（国王等等）的基本合法化与其具体政策和各政府机构的政策区别开来。这种趋势的表现是调控对统治者基本忠诚的规范与有关对不同具体政策态度的规范之间的区分，以及各社会群体之间的相互关系和这些群体与统治者之间的相互关系的转变。

虽然第一种类型的规范和价值观通常是非常传统和归属性的，但其他类型的规范和价值观则是更具弹性和可变的。大部分政治斗争都集中于后一种类型规范和价值观的具体界定和派生物上。

此外，统治者的合法化中存留着传统要素或取向这一事实，并不必然意味着统治者不从事有关第二种类型规范界定的政治斗争。相反，统治者总是不断地卷入政治论战。他们得到的无条件支持比他们和较少分化的社会系统可利用的支持要少得多。因此，在历史官僚制帝国，统治者逐渐卷入党派政治活动，并与其他政治领袖展开竞争，从而发现考虑更为活跃的群体和阶层的政治取向和活动是必要的。存在于许多阶层中的潜在的一般化政治权力在其被实现和转化为政治目标的政治争端时,迫使统治者努力使权力一般化并或多或少不加区别地利用该权力。这些对统治者专制主义倾向的限制是一般化权力的制度化过程所固有的。它们与应归于传统力量优势的限制和束缚一般化权力发展的限制有所不同。然而,这两种限制和(以下讨论的)第三种限制在历史官僚制社会总是并存的。它们通过主要社会群体的政治活动和政治取向发挥功能和实现这些社会政治体系的延续。这些不同类型的对一般化权力的限制的特有的并存,不仅是历史官僚制政体政治体系的特征,而且还是该体系延续的基本前提。

4. 各种群体和阶层与政治体系的基本前提和使该体系恒存不朽的条件的关系

为了从历史官僚制政体的社会结构与维持有助于该政体的政治体系恒存不朽的条件这两方面概括我们对政治过程的讨论,我们应当把这一讨论与分析各群体和阶层对这些政治体系基本前提的态度联系起来。我们可以研究不同阶层促进不同水准的一般化权力发展与维系的程度,和这些阶层阻碍这一发展的程度。

紧随着以上的分析,我们可以区分不同类型的对统治权力一般化倾向的限制和反对。

第一种类型的限制包括以下几个方面:(1)自由流动资源和此种一般化权力基础的可能的缺乏;(2)不同群体的积极反对;

(3) 各阶层政治上的消极被动和积极支持的缺乏。此种类型的限制容易阻止统治者努力达到所期待的权力一般化水平。

第二种类型的限制针对统治者行使一般化权力，此种行使是因与既定体系的基本前提的相认同、在该体系框架内活动并在该体系明确表达的政治取向内发展的群体和阶层的整合和调控问题而强加给统治者的。这些群体的政治参与、政治抱负和政治目标，以及该群体间的相互冲突和多种多样的自主调控机制的运行必然对统治者的权力一般化倾向强行加以大量的限制。

此外，统治者的传统取向以及其自己对更为活跃的社会阶层的权力潜能和政治目标进行更为持久控制的企图，也会阻止某些水准的权力一般化的存在。

对统治者的权力一般化的倾向所给予的这三种类型限制的持续并存，对于历史官僚制帝国政治体系的延续是绝对必要的。

第一种和第三种限制都能单独破坏中央集权官僚制社会的条件和前提。第二种限制在与其他限制结合时能够成为有助于这些社会延续的关键因素。

我们以上的讨论证明，政治过程之更为分化和具有弹性的方面能够产生某种维持与特定体系认同的群体和阶层强加给权力一般化的限制所必需的条件。通过这些条件，该方面政治过程有效地保证了社会政体与社会其他部分之间关系的互换；而这种互换又使该政治体系的功能运转获得了可靠的保证。更为弹性的政治制度在某种程度上能够应付资源分配和资源集中的转变。更为明确表达和更具有弹性的政治组织和政治领导在其与较少分化的政治组织和政治领导有效地结合时，有助于该政治制度持续发挥功能。这种政治组织和政治领导是使不同群体的政治目标与统治者的政治目的或目标造成的一般化权力水平和谐一致的主要方法。就某些条件有利于该组织和领导的发展而言，这些条件能够成为体系弹性和有助于确保该体系延续的重要动因。

在这一点上，官僚制内部的发展必然具有关键作用。官僚对其服务和服务取向的保持能够确保不同群体对现存政治框架的不断适应。此外，官僚提供的服务能够为疏导许多群体的社会、政治抱负提供某种最重要的机制。然而，作为其结果，官僚的服务目标为自我扩张的目标所取代的可能性以及官僚篡权的可能性也在增加。这些可能性一旦实现，便会导致官僚演变成某种"封闭的"半贵族式社会阶层。这对于不同群体适应现存政治制度框架的机会，以及必要水准的一般化权力制度化的可能性具有最不利的影响。

因此，官僚是历史官僚制社会政治过程的焦点。统治者和主要阶层的活动及取向与官僚的活动和取向之间持续互动的影响，对于维持或破坏这些社会政治体系的延续有着至为重要的作用。

对历史官僚制政体的政治体系诸基本前提的这种种态度，说明了统治者为何从事反对其对手的种种活动，以及统治者的这类反动活动——正如我们已注意到的那样——为什么含有两种不同的要素。

统治者反动活动的第一个要素含有统治者的下列企图，即：似乎以牺牲更活跃的阶层为代价并通过否定其相对自主性来控制这些更为弹性和更为分化的阶层所导致的一般化权力，垄断所有与此种水平的社会分化相关的调控活动，保持统治者自己的一般化权力水准。换言之，统治者总是力图垄断明确表达和聚集更为分化的政治利益的所有主要功能。

统治者反动活动的第二种要素由以下企图所构成：回复到更为传统的权力合法化和一般化水平，对更具有弹性阶层的权力一般化强行给予"传统的"限制。

这两种要素总是在统治者旨在保持其对控制和权力之垄断的活动中并存，是历史官僚制社会的基本条件和该社会统治者的双重取向的表征。

十二　政治体系的变迁过程

1. 群体结构和政治组织的变迁过程

在前几章，我们已分析了历史官僚制社会中主要群体的主要政治活动和政治取向，讨论了该活动和取向的变化范围，考虑了政治过程在这些政体的社会结构中的地位以及对这一政治过程的不同参与在原则上会有助于或危害这些政治体系发挥功能和延续的方式。

我们已涉及历史官僚制社会政治过程主要参与者政治态度和政治活动的主要差别和这些差别趋于产生的条件。对这些差别的分析必然引出这些差别为历史官僚制社会政治制度框架所能容纳的程度，或该差别与任何此类政治体系基本前提的延续其和谐一致的程度这一问题。

为了分析这类问题，我们必须记住，这些不同的政治取向和活动，正如我们已指出的那样，是在特定社会条件下形成的。然而，这些条件并不受任何给定的静态或无变化的社会的限制。在每一个历史官僚制社会内，这些条件本身都在持续变化——如同政治过程的主要参与者的政治态度和政治活动那样。为了理解这些政治体系的延续过程或变迁过程，我们必须首先描述和分析历史官僚制中发生的变迁的主要类型。然后，我们必须确定该变迁类型借以被作为社会过程来组织和构造的方式，和该社会主要类型变迁产生的条件。最后，但并非就不重要的是，我们必须研究政治过程与变迁过程的关系，即：这些变迁在政治过程中获得表现的方式，和该变迁为社会政治制度所能调控和容纳的程度。

产生于该社会的大多数重要变迁都涉及或根源于群体结构的变迁，尤其是下列变迁：

（1）社会中群体之间结构的变迁，该变迁显现于新群体出现或不同群体的相对力量和相对优势变化之时。历史官僚制社会中此种变迁的最佳事例是：专业、文化和宗教精英及机构的力量的崛起、发展和衰落，君主与贵族、贵族与都市群体和自由农民力量的相对转变，或官僚相对力量和独立性的转变。

（2）群体内部的变迁，即主要群体和阶层内部结构、内部构成、内部力量和内部组合的转变。例如，此种转变发生于文职要素或军事要素在官僚内部占有相对优势之时或半自主的军事集团出现之时。

无论任何一种这类变迁过程的真正起源是什么，该变迁过程总是同某些群体与现存社会制度框架的某种程度的脱节相关。这种脱节通常显现于某一群体为改变其在制度结构中的相对地位而做出的尝试、不同群体之间日益扩大的冲突、此种群体与占优势的制度结构之间主要沟通渠道的断裂，以及这些群体为建立将会与其抱负更为一致的新渠道而进行的努力之中。

这种脱节通常在生态阶层与功能群体及精英中同时产生。当此种脱节在生态性群体和阶层中逐步产生时，其通常表现为沟通线路与政治制度、许多功能群体及精英的断裂。这种脱节有时在与政体和其他群体基本象征分离的群体认同的象征发展中也表现得颇为明显。当脱节在功能群体和精英中出现时，它通常表现于新象征和新规范的明确表达、功能群体与功能精英之间的沟通、统治者与那些具有其象征和取向并忠于统治者的阶层之间的沟通突然中断，以及对新象征和新规范在其中能被广为传播的新阶层或"追随者"的寻求之中。在这些情况下，群体政治活动的基本指涉的概念往往发生转变。

所有这些变迁必然在社会的主要群体和阶层（至少是某些群体和阶层）之间产生冲突——或是潜在冲突，或是现实冲突。它们必然引起涉及该冲突调控或解决的制度活动和制度安排的持续发展和重新系统阐述。因此，该变迁与这些社会的政治过程密切相关并表现于政治制度的种种变迁之中。其中最重要的变迁如下：

(1) 行政管理人员、政治官员和内阁成员的变化。

(2) 任何群体在政治舞台上的相对优势的变化，这以群体对政策决定的影响、群体从政治权威中获得各种利益，或群体对统治者长期目标（至少是某些目标）的界定可能具有的影响为根据。

(3) 不同群体——如军事集团、宦官或某些上层官僚集团——对政治权力和决策权的直接僭越和篡夺。这种类型的变迁不是个人的（如某一统治者被其家庭成员或宫廷废黜时那样）便是王朝的——或者该变迁涉及代表某一这类群体的、获得王权的新王朝之兴起。

(4) 各种各样的叛乱、宗教活动、暴动和革命。

2. 通过政治活动和政治领导来明确表达变迁过程

群体结构的变迁通过在这些社会趋于产生的不同类型的政治活动与政治制度变迁相联系，最重要的这类政治活动如下：

(1) 某几种倡导新政策和拥护在社会及该社会政治机构中，对利益及权力实行某种再分配的领导者的崛起。这些领导者的取向和活动限于某一阶层，或旨在包括若干阶层。但在某种程度上，所有这种类型的领导者都趋于强调、产生或形成某些一般象征——尽管这些领导者重视某一群体或阶层的价值观或利益，而甚于重视其他阶层或群体的价值观或利益。统治者本身及其代表，或统治精英成员往往扮演此种领导角色。

(2) 这些领导者为在不同群体和阶层中获得支持，与不同精英和功能群体合作，"开发"各种自由流动资源并组织和引导其扩大自己的权力所做的尝试。这些尝试表现为(a)领导者努力发展各种类型和不同表达程度的社会和政治组织，(b)在政治机构中获得政治影响和政治权力，以及(c)从多种文化、专业和宗教群体及精英中获得支持、塑造新的社会认同和政治认同象征、产生各种类型的社团和组织、本身成为某种价值观的象征，以及重新界定社会的"大"传统与"小"传统之间的关系。

(3) 这些领导者通过与不同群体和精英合作或对其压制，来建立不同群体和阶层为调控冲突而不得不求助的调控和整合组织及制度的尝试。在某些情况下，领导者(就其从事这一类型的党派政治活动而言，尤其是统治者本身)可以激起群体间的冲突，以便迫使这些群体为仲裁和调解而诉诸这些领导者自己。

通过所有这些活动，各种领导者力图疏导和控制政体所获得的主要类型的资源，并导致政治领域与其他社会领域之间关系发生某些变迁——无论其是不是基本变迁。

3. 变迁的主要类型

这些活动构成了不同群体藉以同政治制度结构连接或脱节的渠道。因此，这些社会政治领导的取向和活动在指导变迁过程中是极为重要的。从这一观点来看，我们能够区分若干主要类型的变迁过程。

A. 适应性变迁

第一种类型的变迁由某些在很大程度上能为任何既定历史官僚制社会政治体系的基本前提和制度所适应的变迁组成。这种类型的变迁主要包括政治制度中的各种具体角色的界定的变化、各种参与该制度的群体的结构变迁，以及在某种程度上还有政治制度的某些具体规范和安排的变迁。这种类型的变迁并不扩大到中央政治制度的基本规范、基本象征和基本活动水准。

B. 总体性变迁

与上述类型的变迁相比，某些主要王朝的变迁（尤其是与新群体夺取最高权力相关的变迁），特别是导致政体转型的变迁，不可能为现存政治制度框架、合法性和象征框架所适应。政治制度的此种"总体性"变迁过程或"非适应性"变迁过程不仅呈现出不同角色和群体变迁的特征,而且还带有政治体系的基本规范、象征和价值取向变化的特征。

在这第二种类型的变迁中,脱节的群体并不为现行政治体系基本规范的框架所重新适应。代之而产生的则是新的政治规范、框架和象征;政治象征和政治意识形态的延续被打断了。这种打断通常是意识到政治秩序不稳定和不适当的表现。

C. 边际性变迁

在刚刚讨论的这两种类型的变迁之间,往往还产生一种边际类型的变迁,不同种类的叛乱和宗派活动是其主要的例子。这种活动呈现出两种特质。一是其取向和象征通常否定现存政治秩序及其基本前提。另一个则是这种活动大体上因其不适当的政治表达和领导而不能产生新型有效的政治象征、组织和活动。

在现实情况中,这些不同类型的变迁往往相互交织在一起。例如,个人变化与王朝变迁之间的交织,以及王朝变迁与政体转型之间的交织。有时,适应性或边际性变迁的积累能够导致政治体系的总体转型。这种情况发生的程度和不同类型变迁发生的条件将是我们下面分析的主题。

4. 中央集权制帝国政治体系的基本前提

那么,这些不同类型的变迁在历史官僚制社会趋于形成的条件是什么呢?

为了能够分析这些条件，我们必须首先简略概括有关已详述的历史官僚制帝国政治体系基本前提的分析。

这些政治体系发挥功能的基本前提是统治者同时被给予传统的无条件支持与各种类型的自由流动资源和支持。此种自由流动资源（在基本的传统合法化界限内）的不断发展和供应，正如我们在以上讨论中所见到的那样，是这些政治体系持续发挥功能的基本条件、维持适当水准的一般化权力的基本条件，以及在该体系中具有某种程度弹性共识的基本条件。

不过，为了维系不同制度领域自由资源和传统合法化持续增长所需的条件，政治领域不得不产生或促进此种有限的自由流动资源不断发展所需的条件。

我们已经看到，要维持这些必要条件，除了与我们已讨论的某些积累性政策和创造性政策发生联系外，还与调控政策和促进政策的发展相关。最重要的此类政策是那些旨在调控主要社会阶层和维持某种水平的对统治者传统支持的同时，还能使这些阶层和功能群体制定出它们自己的规范和规则的政策、确立该阶层和群体自己与其他亚群体相互关系的政策，以及为自主活动和创造性保留某种余地的政策。在这种情形下，不同的群体和阶层便能够持续地产生某些更有弹性的政治活动与对政治体系的制度基本前提的"传统"认可。

在这些政策中，经济领域中最重要的政策是那些通过税收政策和操纵通货来鼓励自由资源持续发展所必需的生产率水平提高的政策。因此，为了有效生产就必须确保一定的技术知识、储蓄、熟练和流动劳动力水平；而为了给生产单元的产品创造潜在的市场，就必须在不同的阶层和群体中创造一定的需求。

在"社会"政策中，最重要的政策是那些：(1) 提供能够确保不同身份等级在其中得以发展和共存的一般框架的政策；(2) 保证维持和调控不同群体之间关系的手段得以产生的政策；(3) 保证为这些群体随意利用各种类型的、能使各个群体的政治目标和政治抱负合法地明确表达及贯彻的影响、权力和声望象征创造便利条件的政策。

在文化领域中，最重要的政策是那些：(1) 保证提供使宗教和文化制度发展、宗教-文化价值观在社会中传播和维持文化生活中心与各群体居民之间适当沟通渠道成为可能的一般制度框架的政策；(2) 保证允许对不同文化象征和制度形成各自的、独特忠诚的政策；(3) 保证在认可和促进宗教和文化精英的基本规范和价值观方面支持这些精英的政策。

如果这种类型的政治体系在必要的一般化权力水平上的功能发挥想要得到保证的话，政治制度必须不断供给其他社会领域和群体的这些服务和弹性框架，必须既限制自由流动经济资源和人力资源，又限制这些群体和阶层给予政体的政治支持和完全传统的合法性。换言之，任何历史官僚制社会适应变迁的能力、不同群体相对地位和构成的转变及该群体政治取向和政治活动的转变，大体上都依赖于体系对充足但受到限制的自由资源的不断接受，以及为该资源在主要社会群体内的发展提供框架的政治决策。当统治者的政策与主要群体的政治活动之间的这种互换在这两者的任何一极被阻断时，给定政治体系都会崩溃。

在所有这些功能的实现中，政治斗争的主要机构和官僚制起到了关键作用。就政治斗争机构为分化的政治取向的合法明确表达提供了框架、官僚不断提供某些基本服务和维持某种程度的服务取向而言，它们履行两种重要的功能：它们保证为大多数社会群体提供必要资源，调控这些群体之间的相互关系及其与政体的关系。因此，政治斗争机构和官僚趋于确保各种调控促进政策的不断实施、各种自由资源在不同社会阶层内的持续发展，以及这些资源向政体的不断流动。

5. 使政治体系恒存不朽的基本条件。统治者的政策和主要群体的政治活动在使这些条件恒存不朽中的地位

因此，在概括我们对历史官僚制社会主要前提的分析之后，我们现在可以分析不同变迁过程在这些社会发展的一般条件与每一主要类型变迁相关的更为具体的条件。

我们已经看到，在历史官僚制社会内出现的各种变迁过程一方面根源于其发展条件——政治领域的有限的自主性和不同社会领域和群体的有限的自主性、另一方面又导源于这些不同领域的互动。在这些社会中，这些变迁过程既是某些特定的、有助于权力一般化的倾向——统治者为利用一般化权力和实施不同政治目标而发展一般化权力的倾向——所固有的，又是各群众和阶层形成其自主社会取向及政治目标的倾向，和为实现其目标和取向而疏导这种一般化权力的倾向所固有的。

其次，在这些社会产生的变迁过程根源于自由流动资源和弹性取向与更传统的取向和利益之间的持续紧张和矛盾。我们已经看到，这类紧张和矛盾既是统治者政治态度和政策的特征，又是主要社会阶层政治活动和政治取向的特征。

更具体地讲，我们可以把产生历史官僚制社会变迁过程的主要因素描述如下：

（1）统治者对不同类型资源的需要，尤其是统治者对各种弹性资源的日益依赖；

（2）统治者以传统合法性和对更为弹性的社会力量进行有效政治控制来维系其控制地位的企图；

（3）在大部分此种社会出现所谓"外交政策优先"的可能性[①]，以及由此造成的该社会内部结构对外部压力，即国际领域政治领域和经济发展的较大的持久敏感；

（4）统治者为处理国际军事、外交和经济形势变化造成的问题而利用资源的需要；

（5）主要阶层的各种自主取向和目标及其对统治者种种要求的演变。

在这些不同的需求中，能够产生种种将会导致不同种类政治活动和变迁的张力和矛盾。

6. 政治过程中矛盾的主要焦点

A. 统治者的政策

这些可能出现的矛盾的焦点由自主政治目标的发展和具有积极政治取向的自主群体的发展所构成。此种自主目标的发展和实施有时导致若干矛盾的政策。而该政策又可能耗尽作为该社会自

[①] 参见，e.g.[G]*Altheim*, 1955[b], pp.124 ff。

由资源主要提供者的那些群体的资源，或使该自由资源与其政治体系的基本前提相疏离——以此种方式最大限度地减少该体系的生存力。

这种可能性是这些目标的某些层面所固有的。就其性质而言，强大的政治-集体目标需要依靠广泛的经济资源和人力资源来执行。如果社会经济相对低度发展，在社会上许多较为流动的经济资源在实现这些目标时便易于被限制。在经济更为发达的社会，这些目标能够加大统治者对那些经济上活跃的、可能难以控制的阶层的依赖。

统治者的过度需求和日增的消费、由此造成的征税和通货膨胀，以及消费者的过于集权和计划的企图，如不加以制止的话，有时会对其经济地位以更为弹性的资源为基础的那些群体给予最猛烈的打击，从而耗尽了这些资源。这些群体被日益增加的政府开支导致的此类征税和通货膨胀弄得精疲力尽。这在极大地依赖于国际金融发展中的波动——而又不能充分应付其后果——的资源有限的经济中尤其如此。

此种耗尽采取了各种不同的形式：对人口相关问题的彻底的冷漠以及由此造成的人力的减少[1]、削弱更为独立的经济要素并使该要素从属于更为保守及具有贵族-世袭（或封建）性的要素、流动资本的缩减或抽逃。

其次，对此种自主目标以及该目标总是与之相关的统治者传统取向的特别强调，极大地减少了纯粹经济活动的重要性和长远经济考虑，并使该活动服从眼前资源的需要。坚持政治-集体目

---

[1] 比如，参见 [Q]*Boak*, 1955[b]。

标的统治者所制定的政策往往趋于轻视长期经济投资和发展，以利于眼前国库岁入和人力的需要。这种状况反过来又使政治和经济体系极少能够处理国际经济波动造成的问题——货币和贵金属效力的变化、商道的变迁，等等。

第三，对政治-集体目标的强调通常扩大了那些习惯于从事此种活动的分子和阶层（主要是军人和贵族）的声望和权力。该强调还进一步削弱了自由阶层——农民与都市群体和精英，从而使前者变得更加依赖贵族，而后者则被耗尽其资源。

作为类似这种发展的结果，往往出现可达到的自由或弹性资源供应减少、生产率一般水平的降低、在经济和社会上更为活跃的阶层与统治者及其政策和社会政治制度的疏离。这种疏离往往为这些政体的许多部分经常因征服而被合并这一事实所加强。因此，在政体发展的某些阶段无论会产生什么样的消极忠诚，该忠诚都往往为统治者的各种指令性政策所逐渐破坏。

类似的发展还出现于身份、宗教和文化领域。统治者对传统合法性和／或给予各种群体以指令性控制（这在被征服的地方尤其明显）的强调，能够减少身份系统的弹性，阻塞社会中的流动过程，不是削弱某些更为活跃的都市、文化、宗教和专业群体，便是使它们与现行政治框架及其价值观和象征相疏远。在更为传统的社会，统治者对传统合法性和指令性控制的强调，能够加重宗教精英和专业精英与政体的象征的疏离；该强调还能导致这些精英不再关注政治议题和政治取向，从而最终能够引起弹性较少、传统主义较强的政治取向和领导的演变。在更为分化的社会中，活跃的群体与政体象征的疏离，能够导致旨在建立新的思想活动和社会活动焦点的出现，该焦点乃是新的组织原则、参与原则与新的政治活动的主要指涉。无论在哪种情况下，此种疏离都能导致不同阶层——尤其是更传统的阶层与更"活跃的"分化的阶层——之间日益分裂。此外，它往往还促进各种宗派群体、非政治群体和宗教好斗群体的发展。

第四，对政治-集体目标和军事扩张目标的强调与自由资源的供应日益减少，一并造成统治者无力应付各种紧急状态（如外部压力和对大量资源的需要）以及日益依赖于外部势力和要素。例如，在为军事服役所能利用的国内阶层缺乏时，统治者往往诉诸外国雇佣军；或者，当经济上活跃的群体缺乏或被耗尽精力时，往往吸收外国商人：这些外国雇佣军和／或商人易于在经济和军事上获得重要的战略地位。

B. 主要群体的政治取向

我们以上描述的变迁过程不仅仅是历史官僚制社会统治者政策的结果。该过程还是各群体构成和相对力量变化的结果。关于这一点，许多具有更为广泛普遍主义取向和较大政治表达及活动潜力的弹性群体发展的程度尤为重要。这类群体与统治者政策之间往往形成自相矛盾的相互关系。在官僚政体成长的最初阶段，该政体的统治者通常对有限制地促进该自由阶层感兴趣。然而，这些阶层的进一步成长，再加上外部紧急状态和控制该阶层的问题日益增加，往往使统治者的政策在该政体发展的一定阶段更具有指令性。

在内部需求和外部紧急状态日增的形势下，统治者往往进退维谷，而这种两难境地又是统治者自己的政治取向、目标和政策所固有的。这种两难境地是由统治者的如下矛盾着的旨趣造成的：其一是发展某种水平的"自由"资源的旨趣，另一个则是统治者希望保持传统的合法性，并对不同阶层实行全面控制的旨趣。当"自由"群体的崛起与统治者的内外需要和紧急状态的增加同时并存时，统治者的控制倾向易于占据优势。这扩大了传统力量的势力，使该力量与自由阶层的尖锐冲突，并且不是摧毁了更为"自由的"群体和阶层，便是使它们与统治者疏远。

当这种情况发生时，统治者通常显示出日益倾向于强调"自我维系"目标，发展各种指令性政策，过度地制定中央计划。这种状况，正如我们在第七章已注意到的那样，总是与这些目标占据优势相关。虽然大部分这种指令性政策以意识形态术语表达，目的在于维持对统治者的"传统"忠诚，但该政策必然超越纯粹的"传统主义"。因此，尽管统治者公开声称的目标往往是恢复传统主义，但他们不得不诉诸大量的既不可能把较低传统水平的政治活动视为当然，又旨在对更活跃的阶层进行政治压制的指令性措施和政策。统治者所使用的一般化权力必然要高于以纯粹传统思考为依据的一般化权力的水准，但统治者也不断地应用传统主义的象征。此类政策反映了统治者目标或目的上的矛盾——最终会破坏历史官僚制社会政治体系主要机构持续发挥功能的矛盾。这种矛盾削弱了政治斗争机构和官僚行政机构，破坏了该机构执行基本任务的能力，也就是为政体动员适当资源、调节不同社会群体之间关系及其与政体之间关系的能力。该矛盾最终还以这种方式破坏该政治体系发挥功能所必需的前提。

因此，在所有已研究的社会中，统治者的目标和政策，以及它们同各种群体和阶层产生的自主的政治取向的潜在冲突所共同造成的紧急状态，造成了通常导致变迁过程的压力。这种变迁过程潜在地含有适应性的变迁、对历史官僚制政体政治体系基本前提的部分或整体破坏和该体系的变化。不过，这些潜力的实现程度在不同社会和不同时间也是不同的。

7. 适应性变迁过程的基本条件和特征

我们现在能够考虑和分析导致历史官僚制社会各种类型变迁——适应性变迁、总体性变迁和各种边际性变迁——的特定条件。

依据我们前面的分析，我们可以假定这些特定条件是由已概括的政治过程各主要方面的群集所形成的。这些主要方面如下：（1）统治者的主要政策及其对各阶层相对力量的影响；（2）内部经济、宗教或政治发展造成的各阶层相对力量的变化；（3）内、外紧急状态的发生；（4）统治者所制定的作为此种紧急状态反应的政策对不同社会群体相对力量的影响；（5）主要精英和政治领导的构成和社会取向；（6）不同社会群体和阶层之间交换和流动的程度。

相应地，我们可以假设各类型适应性的变迁趋于在下列范围内同时产生：（1）统治者的政策、统治者面临的紧急状态，以及处理此种状态的代价并没有超出一定限度而耗尽现存资源。即：执行政策的代价并不太高，或"自由"阶层数量众多并且强大到足以承担重担而并没有丧失其存在基础；（2）统治者总是能够给予社会上更为活跃的群体和阶层以一定的鼓励，并不过分强调其自己的传统合法性或并不对弹性群体实行过分的控制和限制；

(3) 这些弹性群体的抱负和取向或多或少地受到限制，其发展并没有超出与那种把政体或统治者视为其政治活动和取向基本指涉的态度相一致的范围。

因此，适应性变迁的过程同那些使各政治领导的取向与他们活动于其框架内的政体基本前提之间的某种基本和谐持续保持成为可能——使政体的主要象征、合法性和基本的政治-文化意识形态明显延续成为可能——的社会条件相关。在此种状况下发展的政治过程具有这样的特征：政治领导及其所组织的群体接受统治者寻求支持的要求。他们认为在统治者实施人事、组织和政策变迁的意图中能够使自己的抱负获得适当满足。

此外，通常还产生这样一种被倡导的流动过程：该流动过程能够为现行社会政治结构所调控和容纳，并保证更为活跃的社会要素从主要阶层流入该结构。

在此种状况下，产生于不同群体与其利益之间的冲突能够为统治者和各种不同精英通过社会的主要政治机构和调控机构的规范和活动所调控。这些冲突并不破坏社会中各群体共同的弹性取向和框架，尤其是更为传统和更为分化的群体共同的弹性取向和框架。在整个这样的活动中，使更为传统的群体和阶层与更为分化的群体和阶层相联系的不同类型的政治组织和领导仍然未受触动，甚至当该群体和阶层的特殊性质和组织经历许多变迁时也是如此。当这类变迁发生时，从各种更为活跃的群体和地方向中心精英扩展的主要流动渠道仍未受损。

同样，官僚制和政治斗争机构通过主要社会群体的社会政治活动以及从更活跃的阶层中不断补充政治官员和行政人员而适当地持续发挥功能。

在所有这样的情形下，历史官僚制社会的政体与其他社会领域之间的特定相互关系并没有根本转变。例如，不论政体中的各个群体(贵族、都市群体、宗教精英，等等)的相对优势如何，社会结构都保持充分的分化和弹性，以便使自由-流动资源的一定供应持续不断和社会流动成为可能。同时，在社会内还保持了必要的传统取向和力量。此外，统治者政策的任何变化都仍保留足够的类似弹性和"促进性"，以便使自由资源保持在必要的水平上。这就保证了框架和领导将会是充分弹性的。它还把更保守的群体和要素与更为弹性的群体和要素结合或束缚在一起，确保精英的补充，从而使在大多数群体内不断培养更为弹性的取向成为可能。

在这一点上，官僚政治取向的变化在适应性变迁的每一个情形下都不超越一定限度尤其重要。该变迁从未完全否定某种服务取向，尤其是面向统治者(在较少程度上还面向群体)的服务取向。这一事实使官僚能够在政治体系中持续地发挥某些基本功能。

8. 中国的适应性变迁

A. 主要类型分析

中国提供了发生适应性变迁过程的社会和该变迁过程趋于形成的具体条件的良好例子。在中国许多世纪中(直到19世纪末和与西方相遇为止)，适应性变迁和边际性变迁(反叛和王朝变迁)构成了变迁的主要类型。另一方面，所有边际类型的变迁不是消失于适应性变迁过程之中，便是并入该变迁过程，从而被重新整合进政治制度的基本框架。

在中国，正如在所有中央集权的官僚政体中一样，导致许多社会变迁和政治变迁的基本因素是统治者的政策、政策的变化、政体面临的各种紧急状态，以及统治者处理该状况的方式。在第七和第八章中，我们曾指出，像许多其他类型的官僚政体的统治者一样，中国的统治者趋于强调集体目标，如军事保障和扩张、某种经济增长，等等。追求和实现这些各种各样的集体目标的费用和在农业经济条件下维持行政体系的费用使社会的经济资源定期发生紧张。这种周期性紧张的后果往往导致小农的毁灭，地主和军阀的势力的扩大和对商人的盘剥。然而在中国，资源的压力以及由此造成的资源减少并不像在伊朗、拜占庭和其他古代帝国那样广泛和尖锐。有几种因素限制了中国统治者对许多类型资源的潜在需求。

首先，正如我们已看到的那样，技术发展的较低水平不但限制了对物质资源和政治支持的需要，而且还限制了统治者政治活动和行政活动的范围。于是，地方自治和大众的政治服从遂被加以十分强调；为完成各级政府和半政府的任务而依靠文士和士绅则成为关键。确实，这些因素本身并不总是强大到足以抑制统治者和阻止其制定过于奢侈的政策——尽管在许多情况下该因素在这方面是有效的。不过，该因素保证了在对奢侈政策的反叛性反应之后，以现存社会群体和制度框架为基础重组国家的可能性。因此，该因素阻止了帝国框架的根本转变甚至毁灭。此外——与以上列举的技术条件、地理条件和政治条件密切相关——"外交政策优先"在中国比任何在此研究的社会都更微弱；外部紧急状

十二 政治体系的变迁过程

态和军事紧急状态虽然连续发生，但并不像在其他国家那样对政治结构具有同样根本的重要性。

第二种对变迁过程负责的主要因素，在中国如在此所研究的其他社会一样，由不同群体或家庭、官僚集团或地方群体的相对力量的转变以及它们内部结构的变化所构成。这些变量往往与国际形势和国际关系的转变或国际经济的发展相关。关于这一事实，最重要的是大部分这类群体并未产生较为弹性的官僚制度框架和文士群体所难以充分适应的自主的目标和自主的组织。

关于这一点，能破坏现存制度框架的三种至为重要的趋向在中国从未发展到超出胚胎阶段，是尤其重要的。第一种趋向是潜在的封建化或世袭分权化趋向。这种趋向有时通过士绅或其他旧贵族来表现。它往往出现于许多中国王朝的后期，此时，持续的繁荣再加上政府的需求日增，能使许多士绅群体以牺牲农民为代价来扩大自己的土地财产，并在某种程度上逃避中央政府的监督。然而，由于士绅群体为维系某些水利工程、确保帝国各部分相互联系的可能存在，以及他们自己及其家庭成员的政治地位和特权而如此依赖中央行政机构，因此这种趋向在唐代以后（即905年以后）的任何时期并未占据支配地位[①]。

诚然，在中国出现过土地所有制明显的变迁。尤其在明朝（1368-1644年）产生过建立大庄园和减少自由农民的强烈趋向。然而，甚至这类变迁——其在某种程度上为统治者的政策所抵

---

① [I]*Eberhard*, 1945, 1948[a], 1951; *Stange*, 1950; *Chang*, 1955; *Michael*, 1942; *Balázs*, 1952; *Lattimore*, 1951.

消——也未导致贵族阶层的出现[①]。

在中国从未充分实现的另一种潜力是都市商人和专业群体完全独立的趋向。在中国历史的不同时期，这些群体在社会结构中的相对地位出现过变化；在某些时期，这些群体的权力和影响导致统治者在制定政策时考虑它们的利益。然而，它们从未成为充分自主和政治独立的社会力量。甚至当都市群体较为强大时——例如在宋代(960-1279年)，它们也被社会结构所容纳，这种容纳主要是通过扩大流动渠道，从而允许这些群体进入士绅、文士阶层以及官僚阶层[②]。

第三种潜在的趋向是行动主义和普遍主义宗教取向与文化取向发展的趋向。这种趋向导源于唐代儒教书院和佛教教派的某些特征。不过，除了初始阶段外，该趋向也从未实现过[③]。

如果"封建"趋向的发展超出了胚胎阶段，该趋向就能导致更为归属性和较少分化的社会结构的发展。如果都市群体和知识分子群体的潜在趋向更加充分成熟，它就能够导致广泛的普遍主义取向。然而，这些群体通常为现存制度和文化框架所适应——尽管这一框架不得不为这些群体寻找相对特殊的位置。对这些群体的适应(正如随后将要讨论的那样)表现在政治和官僚机构人事的变动、这些群体的利益分配，以及在某种程度上考虑了不同群体利益和力量变化的一般政策的制定上。

对于中国发生的主要边际类型的变迁——反叛、地方官员

---

① [I]*Twitchett*, 1957[a], 1957[c].
② [I] *Balázs*, 1954[a], 1960; *Eberhard*, 1948[a]; [A]*Weber*, 1920-1921.
③ [A]*Weber*, 1920-1921; [I]*Wright*, 1959; *De Bary*, 1953; *Levenson*, 1953, 1958.

发展成半自主的军阀——而言，也可以说是同样的。每一个这种类型的变迁都与中华帝国面临的主要内外紧急状态相关。内部紧急状态通常起因于派系的发展、官僚的腐败和/或苛捐杂税。外部紧急状态则由外部力量日增的压力——如人口对帝国疆界的压力——所致。这两种类型的紧急状态往往同时出现，相互强化。它们往往能够导致王朝的变迁和帝国暂时——甚至长期——的肢解。各种边际型的变迁常常与以上分析的适应性变迁——如宫廷派系阴谋或贵族与士绅群体间的家族世仇和斗争——密切相关。

从政治组织的着眼点来看，这类反叛和军事暴乱通常并没有呈现出明显不同水平或新水平的政治表达特征[1]。反叛常常是零散而偶发的，或往往由各种狂热信徒和秘密社团所进行。而这类信徒和社团尽管产生了许多社会抗拒象征，但较少对政治问题和政治活动进行积极明确的表达。它们的特定象征含有强烈的厌恶政治、反历史和半神秘或乌托邦要素。这些要素一般与现存价值建构和取向密切关联。因此，这类反叛对现存价值建构通常只提供了次要阐释，并未变革出任何基本的新取向。就这些反叛具有任何各类积极的政治取向和目的而言，这些取向和目的基本也被置于现存政治框架之内。通常，反叛的目的是夺取政府和官僚机构，建立同样模式的新政府。

军人统治者和军阀的政治取向通常也被置于现存价值框架和

---

[1] 参见 [I]*Shih*, 1956; *Eberhard*, 1945; *Levy*, 1959; *Eichhorn*, 1954; *Chiang*, 1954; *Frisch*, 1927; *Haloun*, 1949-1952; *Bielenstein*, 1953[a], 1953[b]; *Bingham*, 1941; *Hsia*, 1956; *Parsons*, 1957; *Muramutsu*, 1960。

政治框架之内①。虽然他们力求更大程度地独立于或夺取中央政府，但从未设想建立新型政治体系。通常，军阀甚至不倾向于政府结构的完全军事化；相反，他们对为自己、其家庭及其派系控制现行政治制度感兴趣。

在某些时期，军人政府的这种发展和活动导致了帝国肢解的极端后果——若干不同国家的建立，在这些国家中，儒教传统和儒教制度的力量往往被削弱。不过，甚至在这些国家，帝国统一的种种倾向也在发展，该倾向在某种程度上保持了最终的政治理想。这些倾向受到儒士极大的鼓励；其"天然"意味着传统制度结构的加强。

或许，中国制度史上更为明显的变迁——即主要的王朝变迁——并未导致政治秩序的基本象征和基本制度发生重大转变，是更令人感兴趣的。正如我们已看到的那样，一般地讲，这些变迁也是由内外紧急状态的增加和并发造成的。而这些紧急状况的增加和并发往往同社会经济结构更为广泛的变迁相关②。然而，在中国——与在此研究的其他社会相比——这些变迁从未通过对各种事件和紧急状态的积累冲破现存制度框架。实际上，这些王朝变迁往往与统治者各具体目标着重点的明显变化、不同群体的相对重要性，以及行政管理结构的某些变化相关。我们已注意到，宋朝之后，尤其是在元（1271-1368年）、明（1368-1644年）两王朝之中，中国政府呈现出更为专制的特征。它极度减少个别

---

① [1]*Des Rotours*, 1926, 1947-1948, Introduction; *Pulleyblank*, 1955; *Levy*, 1956; *Bingham*, 1941; *Parsons*, 1957.

② [1]*Frisch*, 1927; *Bingham*, 1941; *Dubs*, 1938[a]; *Eberhard*, 1945, 1948[a]; *Bielenstein*, 1953[a], 1953[b]; *Stange*, 1950.

文士和官僚群体的政治权力，加强统治者的专制主义——而统治者也在行政结构上进行若干变革，以保证其对行政的控制①。

然而，甚至这些后来王朝的统治者也不能不利用文士团体和官僚，尽管他们贬低个别官僚。因此，这些统治者至少在原则上接受儒教秩序的基本文化取向和合法性，以及该秩序强加给与民众及其政治活动相关的、统治者直接政治措施的限制。

甚至统治中国的外来征服性王朝——尤其是元朝和清朝（1644-1911年）——也不得不适应这种传统框架。这些王朝的基本政治取向并不是由该框架形成的；它们为各种不同的考虑所支配，这在外部事务上尤其如此。然而，在内部事务方面，这些王朝不得不依赖业已存在的制度框架②。

反叛和王朝循环引起了中华帝国制度结构和领土构成许多细节的变化，并与不同群体或地区相对权力地位的许多重大变化相关。不过，这些反叛和王朝循环并没有改变政治秩序的基本结构——社会政治制度与社会其他主要制度领域之间基本相互关系的性质。

B. 有助于中国的适应性变迁的主要社会条件

对中国——直至20世纪帝国在西方冲击下崩溃以前——所有重大的变迁都为现行政治象征和政治制度框架所容纳的事实该如何解释？我们能够详细说明社会结构主要组成部分的群集和在

---

① [I]*Miyakawa*, 1955; *Liu*, 1959[*b*]; *Hucker*, 1950, 1951, 1959[*a*]; Aspects de le Chine, 1959, part i 各处。

② [I]*Eberhard*, 1948[*a*]; *Wittfogel*, 1951.

中国起作用的、最大程度上减少其变迁过程强度的历史官僚制社会的政治过程吗？

我们认为在以上列举的地理条件和技术条件所强加的范围内，这一事实主要是由中国社会结构的某些特有因素造成的。这些因素是分化的中国政体和社会占据支配地位的文化取向、儒教社会秩序理想的盛行，以及这些取向与统治者政策之间的关系和主要阶层政治取向之间的关系。

中国占据支配地位的文化目标取向以两种决定性方式有助于保持社会-政治结构的稳定性。较大部分居民对该取向的接受构成了维持帝国统一的稳固和表面上独特的基础（至少在理想上是如此）。此外，体现和持有这类价值观的文士的特殊社会地位也是十分重要的。

文士是功能群体和精英与半生态阶层的特殊结合——他们与士绅有着密切的联系，尽管不是全部的。巴拉茨十分强调文士的构成和活动的功能层面并对此作了如下恰当的描述：

> "归根结底，文士在社会中的地位既不依赖于他们的塑造和世袭特权，也不依赖于他们家庭或个人的资产或财富，这种社会地位是他们社会状况的构成要素，而他们的社会状况是由其在社会各个层面实际发挥的作用来决定的[1]。"

同时，通过与士绅的关系，文士——最终还有官僚——倾

---

① [1]*Balázs*, 1952.

于与某些生态阶层，尤其是所谓士绅阶层认同[1]。文士的双重社会身份或取向，再加上他们与统治者相对的地位，能使他们在社会中发挥若干关键的调控和整合功能，尤其是与政治制度相关的此种功能。作为精英群体，文士的存在取决于统一帝国理想的保持：其活动与官僚及行政机构密切相关。然而，另一方面，文士的特殊地位使他们能影响统治者和主要阶层人士的政治取向和政治活动。文士以意识形态，即通过坚持共同的社会文化等级秩序的理想来施加此种影响，此种理想既约束统治者，又约束主要阶层。

文士还充当体系内被倡导的流动的渠道。他们从士绅、都市群体、军事群体，甚至农民群体那里吸收许多积极的要素并将其注入现存社会和政治结构。因此，文士保证了此种流动从现存结构的着眼点来看是功能性的，并且还为该结构所控制。

通过此种影响和各种将被简略分析的机制的发展，文士能够最大限度地限制统治者和主要阶层目标与取向固有的内在矛盾的充分发展。首先，文士往往试图阻止统治者制定奢侈政策，尤其阻止统治者试图确立具有强烈军事取向的、不顾儒教价值观的卡里斯马传统合法性。文士竭力制止统治者追求纯粹行政目标和军事目标，以便使实现该目标所需要的人力资源的数量在总人口中占很少部分。文士不断制止那些不受官僚和他们自己所中介的政治参与及与君主的直接认同。同时，文士通过其活动限制了统治者所需要的自由资源和支持的程度。他们在这方面努力的成功程度有很大的不同；在许多实际情况中，他们对政策的具体细节和

---

[1]　[I]*Eberhard*, 1948[a], 1952; *Chang*, 1955.

具体执行的影响是有限的。然而，甚至在那时，统治者也未能在现存政体文化取向的基本范围和框架上进行任何重大的变革。在中国如在其他官僚制社会中一样，追求各种政治-行政目标所固有的压力和紧张趋于减少可得资源的供应。不过，这种耗尽在中国不像在其他历史官僚制政体中那么严重；在中国，在现行政治制度框架内进行重组是可能的。

其次，文士把他们对共同的等级社会秩序理想的支持与进行调控性功能活动结合在一起。文士与生态群体的密切关系有助于各种这样的机制进化与保持：通过该机制，文士往往能够制止那些既能导致前官僚制倾向（如封建化倾向）出现又能导致更广泛自由流动的普遍主义力量出现的矛盾要素在社会结构内的成长。文士的存在以及他们与帝国官僚的密切关系，为不同社会群体提供了重要的流动渠道。文士和官僚提供了乡村与都市群体中更为活跃的要素能够接触的汇合点，极大地减少了在各阶层中产生无法无天的冲突和否定政体基本前提的强烈取向的可能性。

此外，儒教意识形态在文士中的坚持与发展，还往往制止了官僚本身的各种腐败倾向和半封建倾向。这种坚持和发展儒教意识形态还充当了许多改革官僚制的尝试，即腐败和相对解组时期之后所做出的尝试的起点[①]。

在概括我们到目前为止的讨论时，我们能够断言，文士的关键地位和活动应对中国社会变迁条件的两个主要特征负责。首先，该地位和活动解释了统治者和官僚对国家的资源供应所施加

---

① [I]*Williamson*, 1937; *Liu*, 1959[a], 1959[b]; *Stange*, 1934, 1939; *O.Franke*, 1931, 1932; *Dubs*, 1938[a]，特别是 pp.171 及以下诸页，216 及以下诸页，1939。

的压力从未强大到足以摧毁维持中央集权官僚制政体所必需的有限自由流动资源的基础这一事实。其次，它们表明了社会政治制度和调控制度怎样充分容纳下列的机制和力量：其能够调控和适应新群体出现以及现行政治制度和政治取向的变迁。

这种适应是通过几种机制实现的。这些机制全都与社会的特定价值取向以及士大夫的结构和活动相关[①]。最重要的此种机制如下：

(1) 吸收不同群体的某些成员进入士大夫阶层；

(2) 在决策时考虑该阶层的利益，例如在经济和身份方面给予特殊许可；

(3) 促进该阶层种种利益，例如文化价值观的传播或贸易关系的发展；

(4) 提供适当的便利和服务，从而确保该阶层不断地把维系国家框架作为己任。

C. 中国的变迁与古埃及帝国变迁的比较

就中国而言，我们把适应类型的变迁的存在归因于分化的（非传统的）文化取向的优势、共同等级秩序意识形态的坚持，以及体现了该价值观和取向的阶层所独具的特征。为了验证我们解释的有效程度，简略分析古埃及帝国发生的诸类型变迁和导致该变迁的条件将是有益的。

古埃及帝国（尤其是旧帝国）也呈现出强烈的文化取向和目

---

① [1]*Chang*, 1955; *Eberhard*, 1945, 1948[a]; *Stange*, 1950, *Balázs*, 1952, 1959[b], 1960; *Pulleyblank*, 1960.

标①。但这些取向和目标不像中国的自主的政治目标那样分化和得到明确表达。它们所体现的文化-政治秩序观念具有更为传统的、非分化的性质。作为该价值观载体的群体的社会特征与此密切相关。各种祭司群体，尤其是神庙祭司，构成具有日趋成为贵族化官僚之强烈倾向的半独立地缘群体。由于具有强烈的传统主义取向、生态取向和群体组织基础，该群体并不很受官僚区划组织基本前提的束缚，并能够逐步游离于中央集权政体框架。它们不能适当和持续地应付那些对古埃及帝国施加压力，从而导致其分裂成若干世袭小国的内外紧急状态。统治者的政策和需要对现存阶层及其资源的压力往往如此之大，以致其耗尽了这些阶层的力量，使这些阶层无力提供官僚制政体持续发挥功能所必需的自由-流动资源。因此，古埃及帝国的历史含有许多肢解成狭小的世袭单元过程的例子。然而同时，法老的传统力量和埃及的文化-政治秩序的基本概念如此之强，以致在若干世纪中，每当内部政治统一力量出现时，它们便构成复兴和延续的焦点。

在埃及和中国，政体的主要文化象征和文化-政治秩序观念都有着长久的延续。然而，在埃及（与中国不同），这种延续伴随着政治制度结构和不同群体对政治过程参与的明显的制度性间断，甚至是某些层面的统治者合法性的明显制度性间断②。

因此，由于文化取向对统治者目标合法化和主要阶层政治取向的影响，该文化取向本身便构成了延续的重要因素并促进了适

---

① [F]*Drioton and Vandier*, 1952; *Otto*, 1953; *Wilson*, 1951; *Edgerton*, 1947[a]。
② [F]*Drioton and Vandier*, 1952; *Otto*, 1953; *Kees*, 1933[a], 1934[b], 1935, 1952; *Becherat*, 1951; *Spiegel*, 1950; *Stock*, 1949; *Meyer*, 1928; *Erman*, 1923。

应性变迁。不过，在适应变迁方面具有至为重要作用的正是社会内部的弹性和分化程度，以及作为这些价值观载体的阶层的弹性程度和社会特征，因为只有这种弹性才有可能保证持续适应各种类型政治变迁，并最大限度地减少统治者和不同阶层取向的内在矛盾。

9. 与边际性变迁和总体性变迁过程的发展相关的主要条件

我们已列举了能解释适应性变迁在中国盛行并最终把边际型变迁（反叛和王朝变迁）重新整合进主要类型的适应性变迁和现行政治框架的条件。

有助于和导致适应性变迁发展的条件可在不同的社会分化水平上出现和持续，例如其既在一般化权力和政治活动表达水平较低的社会出现和持续，又能在分化、权力一般化、政治活动、政治参与以及其他弹性的活跃群体成长水平较高的社会出现和持续。

在我们正在检验的所有社会，不同群体的权力和地位的转变在较长时期并未破坏中央集权政体的框架。然而，此种状况并未保持很长时期。在每一个这样的社会，无论其社会结构的分化水平如何，都产生了张力和对立。这种张力和对立不仅引起和各种类型的适应性变迁，而且还导致了其他种类的变迁，如反叛、暴动，从而最终出现引起个别历史官僚制社会政治体系转型的变迁。

此外，在许多这样的社会，不同类型的边际性变迁——反叛、篡权和王朝变迁——并未重新被整合进现存政治秩序。相反，它们不是导致该秩序消失，便是被整合成导致政体转型的运动。

在波斯，较为中央集权的阿契美尼德帝国和萨珊帝国（226-641年）解组为若干独立的世袭行省并/或在外部力量的冲击下肢解了[①]。同样的情况也出现于古埃及帝国。在拜占庭，正如我们所见，帝国的逐渐解组过程始于11和12世纪并持续下来[②]。在西班牙-美洲帝国、法国、英国等等，历史官僚制社会的政治体系通过内部革命而逐步转变[③]。

我们必须界定引起这些反叛，尤其是引起这些帝国政治体系转型的确切条件。某些指标是不能从我们以上有关适应性变迁过程的分析中得出的。可以设定，叛乱过程和"总体"变迁——政治体系转变——过程的演进，与各种在适应性变迁情况下起作用的"限制"或调解机制和条件（如统治者和主要阶层共有的面向同一社会秩序的取向，或某些精英群体作为统治者与主要阶层之间持续的调解者的功能）的丧失能够成比例。在什么样的条件下，这种机制不能在这些社会的结构中充分和持续制度化呢？

这些机制失灵的第一个主要条件，是以政体和/或某些作为非传统的、分化的政治活动主要指涉的社会群体为焦点的政治取

[①] [G]*Christensen*, 1936, *ch.ix, x*; *Ghirshman*, 1954; *Altheim*, 1955[b].

[②] [L]*Ostrogorsky*, 1956[a], 1956[b]; *Vasiliev*, 1952; *Diehl* et al., 1945; *Charanis*, 1940-1941[b], 1953[a]; *Stein*, 1924.

[③] [R]*Haring*, 1947; [S]*Beloff*, 1954; [Y]*Cobban*, 1957[b]; [Z]*Brock*, 1957; [Y]*Sagnac*, 1945, 1946; *Pagès*, 1928.

向和社会取向在统治者与主导阶层中占据优势。此种政治活动强调政体和作为政治活动主要焦点的那些群体的扩张和发展，并／或把政体或某些社会群体作为任何指导政治活动的价值观的基本载体。在这种情况下，在统治者政治取向的主要指涉与主要阶层的主要指涉之间易于出现明显的差别和对立。统治者强调他们自己在这方面的完全自主性和独立。然而，各种群体把自己看作是能动的政治价值观和活动的主要直接载体。或者，某些最主要的阶层或群体产生了大体上非政治的取向，并把某些非政治的群体，如教会或宗教组织，视为社会活动甚至政治活动的主要焦点或指涉。

当此种情况发生时，统治者和不同群体所分享的任何共同政治取向和支持此种共同取向的不同政治机制和社会机制往往被逐步破坏，结果，统治者与群体各自取向的潜在矛盾可能趋于尖锐和加强。当统治者和主要阶层及精英在种族或文化-宗教上不同质时，此种可能性更大。

有助于"调解"机制持续制度化欠缺的第二个主要条件，由社会中的主要精英群体的某些特征和社会取向所构成，尤其由从那种不受历史官僚制政体制度框架发展支配，或超越这些政体主要象征和制度的社会环境获得经济基础和该精英社会文化取向的程度构成。

此种可能性的最重要的具体表现如下：

（1）具有强大的贵族和生态基础及取向的文化精英、宗教精英和官僚精英占据支配地位，这些精英有时与历史官僚制社会政治体系的制度框架逐步分离并使政治支持和调控活动与此种制度偏离。

(2)通过分化过程、技术及经济发展和强调普遍主义价值观而逐步与传统生态阶层脱节的精英和专业群体的进化和占据优势。于是，该传统阶层无法调控这些群体中产生的冲突或无法把它们的活动引入现行政治制度。

(3)在不同精英群体之间出现持续的激烈冲突的可能性。

(4)"外来"人种要素在不同精英的构成中日益具有重要性。

如果这两个关键条件在历史官僚制社会盛行，它们首先能够导致各阶层和群体发展水平与统治者建立的政治框架发展水平之间出现张力。

其次，这两个关键条件能够使统治者对各种内外紧急状态变得更为敏感并很少能够应付此种状况。当这种对外部紧急状态的敏感出现时，它基本上根源于对行政-政治目标的突出强调，和由此造成的统治者对实现该目标所必需资源的日益增大的压力。

显然，外部紧急状态的压力往往决定于纯粹外部因素和力量；在某些情况下，正是这种外部力量的压力决定着政体的命运。不过，在许多所研究的情况中，对这种压力的敏感性和对付该压力的能力受内部社会力量、政治力量以及既定政体很大影响。

10. 伴随边际性变迁和总体性变迁过程而发展的政治过程

我们已列举的条件在历史官僚制社会的结构中往往很突出。这些条件占据优势能够促进可导致反叛和总体性变迁的政治过程在某一社会内发展。这种过程最重要的特征如下：

(1)各种政治领导的活动、一般化权力水平以及由此造成的活动类型和组织类型,与现存政治机构的基本框架不断发生矛盾,也就是说,这些机构政治活动的基本指涉与各种领导的政治活动的基本指涉并不一致。

(2)不同阶层、群体和领导并不理会统治者和政治机构对资源和支持的需求。

(3)主要精英和功能群体或其某一部分与现行政治制度逐步疏离。这种疏离表现为:(a)试图改变主要社会文化象征和这些象征与政体象征之间的关系;(b)组织新型的社会、经济和政治活动,这些组织并不能为现行政治框架所容纳。

(4)更为传统和非分化的群体与更有弹性的群体之间的分离日益加大。把更传统的群体和阶层与更分化的群体和阶层相互联结起来的政治领导的共同框架、活动和组织受到破坏。不同群体在社会中的冲突加剧。

(5)在现行规范和调控制度框架内调控这些冲突是困难的。这一困难为统治者或各个领导压制或禁止任何此类冲突的尝试所证实和/或为控制此类冲突的普遍无效所证实。这种对调控此类冲突的无能为力往往是由更为活跃的社会群体不同水平的发展和分化,以及统治者所建立的政治制度的不同水平的发展和分化造成的。

(6)社会中的活动渠道被阻塞或冻结,尤其是那些便利成员招收的渠道,亦即从不同群体和行省招收中心精英的渠道是如此。

在所有这些情况中,在政治活动的"供"与"求"之间都出现了间断。换言之,尽管往往存在各种指令性措施,政治制度(统治者和主要的政治机构）不能招收到充足的对政治和行政职位忠诚的人员，以及与更活跃的社会群体保持适当沟通渠道。此外，官僚还产生了强烈的转移服务目标的倾向和贵族化倾向。这些倾向破坏了官僚作为不同阶层与中央政治制度之间联系环节的功效。

历史官僚制社会政治体系的机构出现了功能障碍，其活动逐步被破坏。这些机构——无论是政治斗争机构还是官僚行政机构——不能有效动员为政体发挥功能所必需的资源。然而，另一方面，该机构也不能有效地控制不同社会群体之间的相互关系和该群体与政体间的相互关系。所有这些过程都有助于政体与主要社会领域之间相互关系发生变化。

在某些情况下，社会阶层和群体不再供给统治者以基本的传统支持和合法化，或其所需要的自由流动资源。同时，统治者的政策不再针对促进自由流动资源；要不然就是现行政治制度不再提供主要制度领域自由资源发展所必需的框架和条件。各群体的独立的创造力不再得到促进，实际上，它已为各种类型的指令性政策所大为减少。

在另一些情况下，社会群体和阶层产生了许多不能为现存的任一政治制度框架所适应的自由流动资源的取向。这些资源的取向趋于削弱统治者传统合法化的基础。所有这一切都与中央机构缺乏倡导或调控社会流动的能力相关。有时，中央机构从各阶层中发起一定数量流动的尝试因这些阶层内缺乏活跃因素而陷于失败。在其他情况下，这种活跃因素又泛滥过剩，不能为现行制度所调控。

11. 边际性变迁和总体性变迁过程的内部条件与外部条件之间的关系

有利于广泛的边际性变迁和总体性变迁发展的条件在一切所研究的社会(中国除外,古埃及帝国和英国部分除外),其程度是不同的。正如我们所见到的那样,在所有这些社会,都存在过这些条件不占优势或不充分起作用的较长的时期,因此,适应性变迁过程在这些时期也有发展。但是,其他类型变迁的必要条件在这些社会的社会结构中占据优势。在每一个这样的政体中,由于该必要条件占据优势,最终发展出某些导致该政体转型的过程。

这些一般条件导致某一给定历史官僚制社会政治制度总体性变迁的程度与速度,有赖于固有的结构原因、偶然原因以及这两种原因的结合。更为固有或内在的结构原因之一,便是政治制度的相对发展和分化水平与各阶层的相对发展和分化水平之间的和谐程度,以及统治者的取向与主要阶层的取向之间的和谐度(这种和谐程度,尤其是它与这些社会的政治过程的关系在第七、八、九章已被分析过)。

重要原因大多为偶然或外部的原因,包括各种不同程度的外部压力(游牧部落的主要迁移和征服,或国际经济波动)。另一个此类原因是种族异质性在某一给定社会从一开始就存在的程度。按照界定,大多数偶然原因都产生于特定的政体范围之外。但是,甚至这些偶然原因也主要是通过内部因素施加影响，并通过对以上分析的内在矛盾的强调加速不同变迁过程。尽管这些偶然压力的速度和强度通常取决于外部力量，但任何特定官僚制社会的内部条件都能够对把此种力量"导入"该社会产生影响。

当然，像基本地理因素或地缘政治因素那样的"外部"条件，往往构成这些社会的直接环境的基本部分，以及该社会政治自我意识的基本部分。这些条件提供了内外紧急状态藉以相互联系的媒介的重要方面。

一般而言，内外压力与内外紧急状态的某种结合，加速了历史官僚制社会政治体系的变迁。因此，内部矛盾的强度和社会内部力量不能应付的外部紧急状态的压力愈大，社会变迁过程的加剧和积累以及该社会政治体系转型的速度便愈快和愈强。

由于此种变迁速度的事例较少以及缺乏有关此种变迁速度的清晰指标（或许某一给定系统的短暂时期除外），很难充分检验这种一般性假设。然而，对于考虑了比较政治过程的第九章所提供的事实加以的粗略检验，显然对这一假设给予了暂时的支持。例如，在外部紧急状态和内部矛盾的强度都较低的古埃及帝国，变迁的速度很慢；然而每当外部紧急状态的压力强化了内部矛盾，而后者反过来又削弱了应付前者的可能性时，变迁过程便变得更为剧烈，在拜占庭，外部紧急状况造成的压力加剧了内部的矛盾，后者又削弱了应对前者的可能性，这时，变迁的过程便变得更加剧烈[1]。同样，在西班牙-美洲帝国，国际因素群集与内部

---

[1] [L]*Ostrogorsky*, 1956[a], 1956[b]; *Vasiliev*, 1952; *Diehl* et al., 1945; *Jenkins*, 1953; *Stein*, 1924; [Q]*Boak*, 1955[a], 各处; *Jones*, 1955。

压力的结合加速了独立战争的爆发[①]。正是在内部竞争时期，如在萨珊波斯晚期和罗马帝国晚期，对外部紧急状态的敏感才趋于增加[②]。

从量的方面证明我们的假设并非易事。不过，数据清楚地表明，在所有存在这些条件的社会，都产生过此种变迁过程；而且，这些变迁过程与前面提到的条件的发展有着系统的联系。

正如已指出的那样，在此种不同的诸过程趋于形成和成熟的条件上——除了所有与反叛的发展和官僚制社会政治体系转型相关的变迁过程共有的特征和条件外——还有许多变异。统治者取向和政策的矛盾，以及统治者与主要阶层之间的张力起作用的确切方式，随着参与这些矛盾形成的主要因素的相对力量的不同，在不同的情况下是不同的。这些因素是：

(1) 统治者压力的强度、统治者不得不应付的外部紧急状态的加剧和他们对资源需求的增大，以及统治者指令性控制政策的发展；

(2) 由于因素(1)和分化与发展水平而被耗尽资源的确切群体或制度领域，以及相反，仍能够维持某种程度弹性取向、组织和社会分化的领域或群体；

(3) 某种组织化的政治领导在各个不同群体、阶层和制度领域出现的程度，以及这种领导的社会政治取向的性质；

(4) 不同类型精英和领导的可用性以及他们的基本政治取向。

这些因素群集的差别是影响变迁过程结果的最重要的决定因

[①]　[R]*Haring*, 1947, *ch.xviii*; *Parry*, 1957.

[②]　[G]*Christensen*, 1936, *ch.x*; *Altheim and Stiehl*, 1954.

素——总是在给定情境中产生的不同类型边际性变迁和非适应型变迁的决定因素——之一。

12. 对某些类型的边际性变迁的分析

首先，让我们考虑某些更为边际的变迁类型，如各种反叛和军人集团篡夺最高政治权力，并看一看什么样的条件群集导致了这些变迁。

A. 军人篡权

我们将要分析的第一种类型是军人集团对最高政治权力的篡夺——如在阿拔斯哈里发王朝和罗马帝国发生的那样[①]。当统治者的政策、官僚和更为保守的贵族群体对自由阶层共同施加的压力与日益加剧的外部紧急状态、统治者与人口中活跃的阶层之间的种族隔离和/或宗教隔离，以及活跃阶层的高度种族异质性相结合时，此种篡权便趋于发生。在此种条件下，更活跃的阶层被弄得耗尽了任何有效的政治领导资源。都市中心与乡村中心之间的分裂普遍增大。在许多产生于这些阶层的宗教群体中出现了政治冷淡，有时甚至是许多出世取向。与此种耗尽和冷淡相关，外部要素不断流入王国的中心。外国军人集团最初只有外国雇佣军、

---

① [N]*Cahen*, 1957[a], 1957[b]; [M]*Brockelman*, 1943; *Lewis*, 1937; *Hodgson*, 1955, 1960; [Q]*Boak*, 1955[a]，各处; *Jones*, 1955; *Churlesworth*, 1936; *Kraemer*, 1953; *Waterman*, 1955; *Alföldi*, 1956。

佣工、统治者私人助手的身份。但是，随着当地阶层被耗尽精力，内外紧急状态的日增，这些雇佣军遂逐步成功地渗透到某些最重要的政治岗位（如宦官、军队司令和大臣）并最终完全篡夺了最高政治权力。

正如已指出的那样，此种篡权可被视为处于适应性变迁与政治体系转型之间的一种边际情况。大部分此种篡权者至少在表面上坚持某些使前政治体系合法化的主要象征。他们大多维系和利用现存制度和组织。不过，他们同时往往也对这些制度和组织进行具有深远意义的改革。其中最重要的改革是：(1) 把许多群体赶下政治舞台；(2) 普遍降低政治参与水平；(3) 以多种指令性和压迫性政策阻止社会进一步分化和新自由阶层的兴起①。

对于在此种篡权完结之后重新建立更为弹性的政体一事是闻所未闻的，这是颇为重要的。况且，此种篡权所建立的体系和理想类型的东方专制政权最为相似。

B. 反叛

军人篡权事件往往与历史官僚制政体的转型和各种先于此种篡权并为此铺平道路的反叛和爆发相关。因此，现在让我们分析某些与此种反叛的产生相关的条件。

在一切所研究的社会，都爆发过各种反叛。有时这是心怀不满的农民或城市无产者的简单反叛。有时这又呈现出强烈的宗教取向和组织特征——不是在教派群体的幌子下，就是在秘密（迷

---

① 例如，参见 [N]*Cahen*, 1957[a], 1957[b]。

信)社团的伪装下。在某些情况下，例如在波斯①，以及尤其在14世纪拜占庭的"狂热信徒"中，曾有过各种样的宗教-社会乌托邦要素和取向②。这些反叛通常大部分是在以上分析的更为一般的变迁条件之特定群集时产生的。

导致这些反叛产生的最重要的条件如下：

(1) 对不同阶层居民（尤其是在社会上较少分化和在政治上较少明确表达的下层群体）的强大压力，以及这些阶层的经济基础和组织化的传统领导的耗尽。

(2) 这些阶层与那些迄今仍使它们与中央政治制度相联系的精英和功能群体决裂。

(3) "较低"阶层与更为活跃的"中等"阶层（通常为都市阶层）日益分裂，以及联系这两者的流动渠道的僵化。

(4) 由于这些决裂和分裂，"初民的"、"本土主义的"领导崛起——这些领导强调宗教-社会的、半乌托邦的象征和组织化的秘密单元，但同时他们既不能够创立持久而明确表达的政治组织和纲领，也不能够进行以任何更广泛的政治、经济或文化取向为基础的调控和整合活动。

因此，这类反叛可以被看作是各种身份相对低下和不分化的群体脱节与疏离的表现。这些群体因其所控一般化权力的水平低下而不能创立新型的、持久的政治组织，并同时与其中的代表无力疏导这些群体潜在权力的任何中心领域逐步脱离关系。

反叛影响现行体系的程度取决于该反叛动因持续的时间。因

---

① [G]Ghirshman, 1954; Christensen, 1925, 1936; Klima, 1957, 特别是 ch.viii。
② [L]Charanis, 1940–1941[b], 1953[a]; Barker, 1957; Ostrogorsky, 1956[a]; Vasiliev, 1952.

此，如果动因是短暂的——尽管在长时期内重复出现，爆发便能够平息而没有给社会的制度结构打下任何引人注目的印记。然而，当反叛的动因是特有的和长时间持续时，尤其当较少分化的阶层和任何活跃的社会或政治领导不断被耗尽时，这就为历史官僚制政体基本前提的总崩溃，也就是该政体的肢解或转型铺平了道路。

此种反叛或爆发能够导致某一政权力量的逐步耗散和该政权的肢解，或者能够被重新整合进更广泛、更明确表达的政治过程——这些政治过程不是与"适应性"变迁相关，便是与总体性变迁相关。反叛实际采取哪一种途径，在很大程度上取决于可得到何种类型的领导和精英及他们所维系的调控框架。

13. 历史官僚制社会政治体系转变为前官僚制政体的一般条件

这将我们导向了分析历史官僚制社会政治体系主要类型的转型。正如我们已指出的那样，政治体系可沿着两种方向变迁。一种方向导致政治体系建立在较低的、有限的一般化权力水平之上并倒退为前官僚制类型的政治体系。另一种方向导致更分化的官僚政治体系（即通常所谓的"现代"政治体系）的发展。

让我们从分析下列政治过程的特征入手：该过程与导致某种前官僚制政体发展的历史官僚制社会的转型相关。这种转型是在以下条件下形成的：

（1）主要制度领域（至少是某些主要制度领域）的社会分化

(尤其是与统治者需求相关的社会分化)较为有限，以及由此造成的少数可资利用的自由资源的不断耗尽。

(2)较强的传统要素和以权力为取向的要素在使统治者合法化的体系中占优势，因此统治者不可能容忍社会中存在高度弹性的群体和政治取向。

(3)若干具有某种水平的组织能力与潜在传统取向和／或非政治取向的精英群体(尤其是宗教精英和行政-政治精英)以及旧贵族分子的存在。

当然，在不同的社会，每种这样的特征或条件产生的程度是有很大差别的。这种差别必然影响所出现的前官僚政治体系的性质。不过，在讨论这一点之前，我们将考虑导致所有类型前官僚制政体发展的变迁的共同特征。

A. 拜占庭帝国的案例

然而，在我们着手这样做之前，通过描述某些实例来说明这些过程将是值得的。导致拜占庭帝国崩溃的过程可以为此种目的服务[①]。

在9和10世纪，自由村社因大庄园——世俗的、教会的和修道院的大庄园——极度扩张而受到严重危害。这种发展显然可看作是对10世纪开明皇帝统治下国家的利益的危害。罗曼努斯·利卡潘努斯(Romanus Lecapenus)(卒于948年)在他的《新法》之一中宣称：

[①] 此处参照的是 [L]*Ostrogorsky*, 1956[a]，及 *Charanis*, 1940-1941[b], 1953[a]。

> 我们采取这些措施并非出于对富人的憎恨和妒忌，而是为了保护穷人、穷人的安全，以及整个帝国的安全……如果本法律对强者势力的扩张不加以制止，该扩张便会造成公共利益无法弥补的损失。因为正是多数务农者满足了一般需求、纳税和为军队提供了兵源。当缺乏这一多数时，一切也就崩溃了。

但是，罗曼努斯一世及其直接继承者为制止这种发展而采取的一系列强硬措施终以失败告终。巴西尔二世于1025年去世之后，不再有任何保护小自耕农免受强权侵犯的问题。自由村庄在13世纪仍然存在，但其数量大概不多了。

大庄园在9和10世纪的极度扩张不仅逐步导致对小农大部分财产的吞并，而且对军队状况也有类似的影响。10世纪试图挽救小农的诸皇帝还力图保护士兵，但是正如对前一种情况一样，这些皇帝的措施对后一种情况也证明是无效的。作为军人贵族与文职官僚之间斗争的结果，自由战士的衰落终于在11世纪达到了顶点。半封建的"普鲁诺伊"体系的发展与此有关。

在13世纪，帝国的绝大部分农业人口都是通称为"帕罗伊卡"的依附农。在以后几个世纪，被束缚于土地的"帕罗伊卡"的数量在国有土地上也大幅度增加——国家对自耕农减少兴趣的现象，对于我们的分析具有重大意义。

因此，为大家利益而组织和调节的小农社会或工匠社会，为10世纪的社会斗争和11世纪军人贵族带来的政治灾难和军事灾难所破坏。实际上，这种社会斗争是帝国从显赫地位跌落下来的主要原因。都市生活和都市经济的若干趋势与农业的此种发展还共同破坏了帝国社会结构的稳定。

在11世纪末，拜占庭的贸易开始经历剧烈的变迁，此后它从未恢复原状。塞尔柱人对小亚细亚的征服（1071年），通过掠夺君士坦丁堡的谷物供给之源及大量的纯农民人口——君士坦丁堡实力的主要基础之一——改变了整个拜占庭经济。此外，小亚细亚的连绵不断的战争搅乱了拜占庭的领土，甚至其沿海贸易。同时，诺曼人在南意大利的出现，意味着对繁荣的希腊半岛的海盗劫掠，并对帝国的所有欧洲行省构成了真正的威胁。在这期间，意大利商业城市稳步发展其舰队并愈来愈蚕食东方市场。

最后，十字军东侵对拜占庭贸易的影响是巨大的——尽管不是直接的。起初，君士坦丁堡位于十字军东侵的主要道路上，十字军的来去对于拜占庭的警察虽然是恼人之事，但却给城市市场带来了新的买主。但是，这场运动的最终结果是重新开放了对欧洲商人封闭达5个世纪之久的叙利亚诸口岸。这提供了如此之新的道路，以致东方商品不经过帝国本土便能到达西欧。

拜占庭帝国贸易关系的这种发展与拜占庭统治者所采取的各种经济政策——尤其是货币政策——措施相关并为此所加强。就总的轮廓而言，塞尔柱人在曼西克特之战（1071年）大获全胜以后的时期，拜占庭货币史与引进条金后的西班牙货币史十分相似：存在强烈的通货膨胀趋向，而且该趋向定期为通过"币制改革"进行的极度无效的紧缩通货的尝试所阻断。其结果是"劣币驱逐良币的法则"（"格雷沙姆定律"）大有任意发挥的余地、货币标准混乱，以及对整个经济灾难性的影响[①]。

---

① 此处改自 [A]*Hoselitz*, 1956。

价格的这种不稳定对农业、工业和商业有着全面的不利影响。它导致价格大幅度急剧波动，破坏了预测，窒息了独创性，阻止了商业企业生机勃勃的经营，造成了对国家经济生活——尤其是农业——的浩劫以及贸易与工业关系的恶化。

拜占庭帝国晚期货币趋势的这种毁灭性恶果根源于帝国统治者的基本经济政策和取向，尤其根源于统治者出于政治原因在帝国整个历史中都力保"比赞"（拜占庭帝国金币）稳定的政策。因此，就支配经济政策的思考而言，这似乎表明拜占庭经济衰落的种子在帝国全盛时期就已播下了[①]。

"比赞"的稳定如果不是拜占庭经济停滞的原因的话，那也是其征兆。虽然在拜占庭帝国不存在影响商业和工业发展的严重障碍，但也不存在生产与消费的明显增长。只有丝绸工业显示出沿资本主义道路发展的趋向，况且丝绸显然是奢侈品。

拜占庭帝国盛行的高物价对外贸有着不利影响。拜占庭的造币厂只能通过贸易所得的外来金币增添其储备。政府力图阻止黄金出口，并尽可能多地获得外国金币。

黄金收入极少补偿拜占庭外交慷慨挥霍所造成的贡金外流和行贿消耗，以及帝国对外贸易中大量逆差的消耗。这一事实有助于解释拜占庭商人为何不愿冒险在外国市场进行大规模投资和在外国市场偿付外国商人钱币。拜占庭商人的防护态度阻碍了外贸——一种唯一能够带来更多金币的行业——的扩展。这种恶性循环不是为通货膨胀就是为扩大信贷所打断，两者的任何一种都能刺激国内廉价出口商品的生产；"但比赞仍保持稳定，信贷不

---

① 此处采用的是以下作品的讲法，[L]*Lopez*, 1951[a], 1951[b], 及 [A]*Hoselitz*, 1956。

会增长"①。

因此，当欧洲复兴和发展时，拜占庭帝国却不得不使其铸币贬值。质劣的比赞对衰败的经济毫无刺激。"信贷在较繁荣时期没有发展，在总危机时几乎不能扩大"②。

对经济活动进行强固的政治控制导致拜占庭以馈赠外国王公"礼品"和支付外国士兵款项的形式输出资本；另一种形式则是私人资本的抽逃。就效果而言，这种控制趋于造成稳定而不是进步或衰落。

关于这一点，征税与资本的损耗是相互关联的。工业日趋停滞或衰落，贸易几乎全部控制在外国人手中。因此通过税收聚敛的资金和输出的资金——如贡金、贿赂，或支付外国雇佣军或驻扎在外国的军队款项——构成了农业帝国实际或潜在资本的大量损耗。

国内贸易比对外贸易更为衰落还与国内商业关系普遍逐渐萎缩相关。旧市场和集市丧失了其重要性，在许多情况下完全被取消。日益兴旺的庄园更加自给自足，它们不仅削减从城市购物，而且还减少向城市送货，因而大规模地退回到"自然经济"——一种常规市场机制在其中极难运行并往往崩溃的系统。在该系统中，持续发生的所有交易以及赋税的服务的单方面支付是以实物而不是货币进行。当然，这并不意味着货币不再作为交换的一般手段而发挥功能——我们已经看到，作为农业国经济停滞的因素，价格的发展是多么重要。对货币波动、生产停滞和商业渠道

---

① [L]*Lopez*, 1951[a].
② 同上。

347　萎缩的一个重要反应便是(与货币经济对立的)以货易货和自然经济的相对增加。

所有这些发展都与外部压力的日益增加相关。从 13 世纪起，种种外部压力的结合导致了拜占庭帝国的逐步缩小、贵族日益占优势，以及农民和下层都市群体资源的耗尽。14 世纪在各城市和农业中心发生的许多反叛和反叛活动——尤其是狂热信徒的反叛活动——证明大众的不满日益增加，以及大众与帝国政治体系的异化。

B. 奥斯曼帝国的衰落

类似的趋向——尽管在细节和群集上不同——也出现于其他帝国，如出现于衰落时期的罗马帝国、萨珊帝国和许多哈里发王朝[1]。B. 刘易斯在分析奥斯曼帝国衰落时强调某些类似的广泛趋向。在此提及他对奥斯曼帝国的分析是值得的[2]。这一分析展示了导致那种尽管因脱离的叛乱而分崩离析，但后来在其核心则转变为更分化的现代体系的帝国衰落的趋向：

> 正是在产生货币和财政危机的 16 世纪末，政府不得不着手大幅度增加对受薪职员的货币支出。当征服者穆罕默德过去面临货币危机时，他减少了支饷士兵的数量，增加了以采邑而不是货币酬劳其服役的骑兵("塞帕")的数量。但是

---

[1] [Q]*Jones*, 1955; *Boak*, 1955[b]; [G]*Christensen*, 1936; *Altheim*, 1955; [N]*Cahen*, 1957[a]，1957[b]。

[2] [O]*Lewis*, 1958, 各处。

在16和17世纪已变化的战争条件下，这不再成为可能。火器和大炮使用的大幅度增加必然需要保持愈来愈庞大的被支付薪水的职业军人队伍，减少"封建"骑兵的相对重要性。

价格日益令人震惊。面临的开支日益增加和货币越发贬值，国库的需求愈来愈贪得无厌。被少付工资和过于庞大的受薪的国家职员——文职人员、军人和宗教人士——越来越难以使收支相抵，并且必然影响他们的诚实、威望和进一步的招募。当封建骑兵曾始终是其关键部分的旧奥斯曼农业体系摇摇欲坠和土崩瓦解时，虽然这种骑兵不再为军队所需要，但其消失在农村仍令人感觉极为强烈。代替驻扎在采邑之中或附近并从中获得世袭利益的"塞帕"，官廷的宠儿、食客和投机者成为采邑的接受者，他们有时积聚了大量的采邑，因而实际上成为大领地的遥领的领有者。其他采邑归属帝国领地。但官僚的无能和贪污的日增阻止了任何有效的国家估价和征税体系的形成。这些任务被给予了包税商，他们的介入和对岁入的截取，时机一到便成为规定的世袭权利。除此之外，他们还增加了许多广大的被忽视的领地。

因此，帝国日益萎缩的经济不得不支撑费用日增和成为拖累的上层建筑。宫廷、官僚和宗教等级、至少在开支上是近代的军队，以及寄生虫式的包税商阶级和离地地主——所有这一切都比中世纪国家，甚至罗马帝国试图支撑的要多得多；然而奥斯曼帝国的上层建筑所依赖的经济却不比这些国家或帝国的经济更发达。农业技术水平仍然处于原始状态。16世纪后土耳其农村的社会条件阻止任何类似英国17世纪以他们的实验彻底变革了英国农业的乡绅一类人物的出现。

这些发展并非土耳其所特有。货币贬值和物价上涨、政府的战争费用日增，以及出卖官职和承包税收——所有这一切都为其他地中海沿岸国家的毗邻国家所熟悉。在这些国家，上述因素有助于对政府具有日益增大建设性影响的、新的资本家和金融家阶级的崛起。

在土耳其，也有富商和银行家，如希腊人迈克尔·坎塔库彻诺思、葡萄牙人朱·约瑟夫·纳西也就是布劳德尔所称为"东方的福格"。但他们从未能够扮演任何类似其欧洲同行所扮演的那种财政、经济和政治角色。毫无疑问，导致这种状况的部分原因必须到奥斯曼帝国贸易的逐步停滞中去寻找，对此已含蓄地提及过。但这不是全部原因。这样的商人如不是全部的话，那也大多数是基督教徒或犹太人，他们默认只是伊斯兰国家的二等臣民。无论他们的经济力量有多么大，他们在政治上都处于极为不利的地位并在社会上被隔离开来；他们只能暗中获得政治权力并且只能靠对所有相关事务起破坏作用的阴谋诡计来行使该权力。尽管他们的金融活动具有相当规模和程度，但他们无法创造更有利于商业的政治条件，或建立任何稳固的银行和信贷结构，从而在奥斯曼帝国政府出现周期性财政困难时予以帮助。

随着17和18世纪官僚效率的逐步降低，以前的定期勘测土地的制度和人口普查制度被放弃了。中央政府不再对农业和乡村事务进行任何核查或控制，其让位于包税、租借人和宫廷任命的执行官的不受核查的掠夺。在17世纪，某些更为持久确定的租借人开始与地主结合并转变为新土地贵族——"阿尼-马姆拉克（a'yan-i memleket）"，或国家显赫人物，他们的出现和对某些政府功能及权威的篡夺，在17世纪已有所记载。尽管农业衰落，但工业的遭遇也不更好。

在穆斯林创造的既封建又官僚的军事帝国，穆斯林只知道四种职业——政府管理、战争、宗教和农业。工业和贸易让给了被征服的、不断实践其祖传手艺的非穆斯林臣民。因此异教徒所从事的职业有了异教徒的污名，而且甚至在许多工匠成为穆斯林之后也是如此。西方人和当地基督徒、银行家、商人和手艺人全都遭到普遍的蔑视，这致使奥斯曼穆斯林对基督徒血统者的思想或发明无动于衷，以及不愿把自己的思想集中于手艺人和卑鄙技工的问题上。原始的生产技术、原始的运输手段、长期的不安稳和社会惩罚共同阻碍了任何长期或大规模的事业，使奥斯曼帝国经济在管理、独创性和道德上始终处于最低水平[①]。

14. 与历史官僚制社会政治体系转变为前官僚制政体相关的政治过程

依据以上分析，我们现在可以对与历史官僚制帝国政治体系转变为某种类型的前官僚体系相关的过程进行一般的分析。

依据界定，这种转型具有可资利用的自由经济资源和人力资源的供应日益减少的特征。这表现为流动人力的耗尽、交换和货

---

① [O]*Lewis*, 1950, 各处。

币手段的重要性不断降低、许多群体的政治冷淡日增，以及执行主要官僚和行政任务的适当职员的缺乏。这种自由资源的减少通常是由统治者过度的需求和更为弹性的群体与贵族群体之间的冲突引发的，并造成了这些社会的政治与社会过程的恶性循环。作为自由资源这种初步耗尽或疏离的结果，统治者使用了各种权宜之计。其包括苛捐杂税、转包税收，以及与地方政府官员"讨价还价"。求助于这些权宜之计最终极大地减少了统治者对行政人员的控制，阻碍了统治者与自由资源的战略源泉直接打交道。此外，它还增加了这些食利生活者群体的负担。结果，产生了若干新的较少分化（更为世袭或封建）类型的经济组织，这种类型的组织成功地吸引了许多阶层和群体或使它们从属于自己[①]。

像这样的发展通常伴随各阶层与中央政治制度、职业和功能群体，以及宗教组织的普遍脱节。这种脱节表现为这些阶层活动范围的减小，以及普遍主义和／或"行动主义"政治取向或更分化的经济活动的削弱。类似的脱节也出现于某些更为分化的功能群体与精英之间。主要的生态群体和阶层变得相互脱节，贵族分子转为占优势。后者不断破坏中央政治制度框架和那些坚持相对弹性规范的整合与调控制度框架。此外，在经历此种变迁的大多数社会，文化-宗教组织在其活动、象征和价值取向方面趋于产生出强烈的非政治偏好。

通常，这些发展会招致某些结果，包括政治组织水平与各阶

---

① [L]*Ostrogorsky*, 1929[a], 1956[a], 各处; *Jenkins*, 1953; *Charanis*, 1953[a]; *Zakythinos*, 1947–1948; [G]*Christensen*, 1936, ch.viii, ix; *Ghirshman*, 1954; *Altheim and Stiehl*, 1954, 1957; *Altheim*, 1955[a], 1955[b]; [F]*Drioton and Vandier*, 1952; *Kees*, 1933[a], 1933[b]。

层政治目的及问题表达的普遍退化、许多这类阶层的消极服从的增长、对下层群体压迫的增加以及新的、传统的或"受束缚的"领导类型的逐步出现。这种领导通常与那些能够容纳和吸引相对被动的阶层和群体并以新的生态政治框架组织它们的、新型贵族-经济领导稳固结合①。这种情况总是与某些流动模式相关——通常与大多数阶层内部活跃要素的逐步枯竭相关。

政治冷淡与"大""小"传统载体之间沟通的破坏——政治权威的象征与"小传统"产生的原初人类集体象征之间的日益分裂——密切相关。其结果，不是产生新的传统象征，便是旧传统通过行政机关强调其传统-特殊主义或出世的非政治要素而发生转型。

这种普遍脱节的最重要表现之一是，尽管政体在不断变迁，许多群体和组织依然在其中固守并保存了下来。各宗教组织和机构在中央集权的君主政体解组后仍然存留、具有强烈出世取向的新教派和从这些主要宗教组织中分化出来的宗教组织的不断进化，以及许多都市中心和社团的坚韧不拔的延续，都最清楚地说明了这一表现。这些群体和组织往往是新出现的非弹性经济群体和组织的文化中心和政治中心。

官僚内部的发展对这些过程总是具有重要的作用。在大部分这样的情境下，官僚趋于演变为半贵族的、具有传统取向的群体。它垄断许多自由弹性资源的潜在中心，形成若干主要旨在增

---

① [L]*Ostrogorsky*, 1952, 1954, 1956[a], 1956[b]; *Charanis*, 1940-1941[b], 1953[a]; *Barker*, 1957; *Hussey*, 1957; *Vasiliev*, 1952，特别是 pp.563 及以下诸页 ; *Stein*, 1924; *Kantorowicz*, 1956; [G]*Ghirshman*, 1954; *Christensen*, 1936。

大自己利益的指令性政策，逐渐成为经济的沉重负担，以及在很大程度上摆脱了任何中央政治控制。官僚通常以这种方式加剧了这些社会自由资源的进一步减少[①]。

15. 从历史官僚制社会转变而来的前官僚制政体的主要类型

以上所描述的过程在某些情况下——如在某些中亚国家——导致政体简单解体和屈服于异邦入侵，或导致其政权为外国军团所篡夺。在另一些情况下，该过程有助于或导致更为定型的前官僚制政治体系的演化。正如我们以上指出的那样，所演化出的前官僚制政体的确切类型在不同的情况下是有很大区别的。在我们的案例中演化出的政治体系的主要形式是：（1）较小的世袭单元，如埃及"中王国时期"[②]或波斯的世袭单元那样；（2）半封建的贵族国家，如拜占庭[③]，以及在较小程度上还有萨珊波斯[④]那样的贵族国家；（3）某种封建体系，尤其像欧洲那样的封建体系[⑤]。

所有这些变迁都与官僚制政体持续发挥功能所必需的自由弹

[①] [L]*Ostrogorsky*, 1954, 1956[a], 1956[b]；*Vasiliev*, 1952；*Diehl*, et al., 1945；*Bréhier*, 1945, 1947；*Lemerle*, 1958；*Kantorowicz*, 1956；[N]*Lewis*, 1953；[G]*Christensen*, 1936, 特别是 ch.vii, x；*Altheim*, 1955[a], 1955[b]；*Ghirshman*, 1954；[F]*Drioton and Vandier*, 1952。

[②] [F]*Drioton and Vandier*, 1952；*Stock*, 1949；*Spiegel*, 1950；*Remondon*, 1955；*Kees*, 1934；*Farina*, 1921；*Edgerton*, 1951。

[③] [L]*Ostrogorsky*, 1956[a]；*Vasiliev*, 1952；*Diehl* et al., 1945。

[④] [G]*Altheim and Stiehl*, 1954，各处；*Chirstensen*, 1936；*Ghrishman*, 1954。

[⑤] [D]*Bloch*, 1939–1940；*Hintze*, 1929。

性资源的耗尽相关。不过，在不同的情况下，该资源耗尽的程度、此种耗尽最为明显的制度领域，以及精英和功能群体仍旧取向于普遍主义价值观的程度是十分不同的。这些差别对在每一种情况下从这些变迁过程发展而来的前官僚制政体类型的性质有着巨大的影响。虽然对前者与后者之间关系的充分分析超出了本文的范围，但在此可以提出某些尝试性的初步假设。

当扩张主义政治目标和紧急状态的压力如此之大，以致它几乎完全耗尽了自由流动经济资源的供给时，便会发生向波斯或古埃及帝国那样的分权和世袭型体系倒退。该压力还使任何积极的政治支持偏离中央集权政体，同时又使某些更具有传统取向的精英和群体几乎未受触动。这往往发生于经济发展水平一开始就较为低下，并且统治者的合法体系和主要精英的最初构成具有强烈的传统主义和归属性要素的社会。在这些社会，自由资源的耗尽通常引起政治体系明显变迁，但不会导致文化领域显著变迁。对于后者来说，大体上由于最初的传统取向占据优势，因而存在某种不断的延续[①]。

如拜占庭所发生的那种官僚政体逐步贵族化的解体，还与执行扩张主义政策的过度开支相关。不过，这发生在内部更为分化的体系和高度敏感及不安全的国际形势之中。较为高度的经济、社会和文化分化，以及国际局势持续的不稳定，导致了趋于耗尽现有资源的代价高而浪费大的政策。然而，由于社会更为分化，独立的世袭单元不可能通过简单的领土划分来确立。因此，中

---

① [G]*Christensen*, 1936; *Altheim*, 1955; *Altheim and Stiehl*, 1954; *Ghrishman*, 1954; [F]*Drioton and Vandier*, 1952; *Stock*, 1949; *Kees*, 1933[b].

央集权制被保存下来——但以内部贵族化和外来征服为代价。内部贵族化导致（精英）致力于半封建单元的经济生产、减少内部贸易活动并不断地从中央政治制度中撤出自由资源。这削弱了国家，直至其不能抵御外来侵略，并促进了有权势者、军阀和侵略者之间的同盟①。

封建化——在某些类型的封建结构发展中达到顶峰的过程，与经济资源的耗尽有关。这发生于持续不断的政治紧急状态和坚持广泛的、往往是普遍主义的宗教取向和政治理想（如普遍帝国的理想）并存的环境之中。这些情况反过来又有助于若干束缚性力量的不断进化（如一般贵族和骑士阶层的兴起、骑士法典的出现）以及普遍教会的持续演化。这些力量和教会坚持这些体系不受狭隘的地方单元范围的限制，并创造出比其他类型的前官僚制政体更为复杂的社会政治结构——尽管该结构在某几点上是不平衡的②。

16. 历史官僚制社会政治体系向更为分化的政治体系的转变

历史官僚制帝国的第二种主要的结构变迁是导致更分化政体的变迁类型。此种变迁主要见于欧洲国家，尤其是法国和英国，

---

① [L]*Ostrogorsky*, 1952, 1954, 1956[a], 1956[b]; *Vasiliev*, 1952; *Diehl et al*, 1945; *Zakythinos*, 1947-1948, 1948.

② [D]*Bloch*, 1939-1940; *Hintze*, 1929; *Coulborn*, 1956; *Ganshof*, 1947; *Boutruche*, 1959.

以及西班牙-美洲帝国；在较小程度上还可见于倭马亚王朝至阿拔斯哈里发时期的伊斯兰国家。

这种变迁的出现与某些同以上讨论的因素相似的因素相关。这些因素是统治者取向和政策的内在矛盾、统治者对资源需求的日增、不同社会群体对由此造成的向它们所施加的压力反应，以及统治者通过不同种类的指令性政策和强调自我维系目标而对任何发达的"自由"群体出现的抵制和控制的尝试。因此，在许多方面，导致这些政体转型的发展与那些引起某些前官僚制政治体系类型演变的发展相似。

例如，在18世纪的法国，君主政体明显日益衰落，而与此同时，贵族（不仅佩剑贵族，而且还有穿袍贵族）则更为强大；农民的经济困难不断增加，从日益崛起的中产阶级向上层群体流动的途径被冻结①。在18世纪末期的西班牙-美洲帝国，政府机构也有类似的衰弱；经济的普遍衰退导致人口（尤其是印第安人）锐减；土地贵族日益强大；克里奥耳人上层群体与西班牙官吏之间的疏远以及某些日益兴起的中产阶级与贵族之间的疏远日趋扩大②。

然而，在这些社会，这些因素还伴有在那些其转型沿前官僚制政体方向进行的社会所不能看到的其他因素。当此类因素与上述因素相结合时，便最终导致了更分化的官僚制政体建立的变迁。此类因素是：

---

① 参见 [Y]*Sagnac*, 1945, 1946; *Pagès*, 1928; *Barber*, 1955; *Ford*, 1953; [S]*Beloff*, 1954。关于西班牙，还参见 [U]*Hamilton*, 1954; *Sarailh*, 1951; *Trevor-Davis*, 1957; *Suárez*, 1950。
② [R]*Haring*, 1947, ch.vii; *Parry*, 1957; *Thomas*, 1956; *Whitaker*, 1942, 1955; *Moses*, 1919, 1926; *Vida Viceus*, 1957; *Christelow*, 1942, 1947.

（1）经济和社会具有相当程度的分化，较高的技术发展水平和经济生产能力。这些情况在欧洲各绝对专制主义社会尤为占据优势，在19世纪初期西班牙-美洲帝国较少，在阿拔斯王朝初期则更少。

（2）十分强调经济力量和国家的发展构成政体和社会的独特目标，并且是各种重商主义理论和政策的主要表现。确切地讲，社会的经济发展一般主要被视为扩张政治和强化国家的手段。不过，后一个目标并不被设想为只是国家资源的积累，而是被想象成整个生产率的普遍提高和国家的富裕[1]。

（3）某一独特的价值取向在最活跃的社会群体中盛行。这种价值取向内含强烈的普遍主义要素和能动的政治-社会意识形态，如阿拉伯诸哈里发王朝新的普遍主义伊斯兰宗教，或欧洲绝对专制主义时代的意识形态（尤其是与所谓"开明"专制主义时代相关的意识形态）[2]。

（4）各种具有普遍主义取向的、高度分化的群体的发展。这些群体逐渐开始把自身视为这些价值观的主要载体和政治活动的主要群体指涉。许多这样的群体对政治目标和政治组织给予了较高度明确的表达。这表现为该群体对政治问题、政治组织和政治斗争给予更明确的表达，它们对宗教系统与意识形态系统的区分，以及它们对那些将会向政治领域提出表达明确的政治要求的能动性世俗意识形态的强调[3]。

---

[1] [S]Viner, 1948; Wilson, 1958; Heckscher, 1932; Heaton, 1937; Morazé, 1948.

[2] [S]Hartung, 1937, 1957; Hartung and Mousnier, 1955; Beloff, 1954; Lefebvre, 1949; Wittram, 1948; [T]Müller, 1937; Peterka, 1937; [Y]Oliver-Martin, 1933; [U]Alcázar, 1933.

[3] [Y]Cobban, 1957[a], 1957[b]; [S]Beloff, 1954; [Z]Brock, 1957.

像最后一种情况的群体的演化构成了导致前官僚制类型政体的变迁过程，与最终导致建立更分化的官僚体系的变迁过程的主要区别。在前一种情况下，主要的功能精英和群体丧失了许多弹性取向和框架。结果，它们不仅不能限制各生态群体和阶层与更为弹性的官僚制政体的政治制度的脱节，反而实际促进了这种脱节和更传统的阶层与更分化的阶层之间的日益分裂。在后一种情况下，所出现的许多活跃的功能精英群体能够潜在地提供新的、更有弹性的普遍主义调控原则。这些原则提供了能够重新容纳和依据更广泛的普遍主义原则调控各种脱节群体和阶层的框架。而且，经济上活跃的商人群体、金融家群体，等等——它们在政治上也是活跃的，并通过与不同精英的联系而被相对整合进共同体中心政治生活——的发展，从应付某些与统治者政策相关的经济波动的后果来看，能够具有极大的重要性。它们能够极大地减少资本外流，使许多社会群体和经济群体在政治上不再被动，并吸收其许多更为活跃的要素。

作为我们正在讨论的这一发展的结果，现行政治框架和统治者的政策不再能够调节新群体与精英之间的相互关系或适应它们的政治取向和目标。同时，更活跃群体的政治取向对现行制度框架不仅不合适，而且过于强烈，因此该框架往往为这种群体所破坏。

官僚的社会政治倾向对于这些条件的出现总是具有重要的作用。在大多数这样的社会，官僚逐渐演变成某种贵族化或半贵族化的群体。于是它能够垄断最高的社会、政治和经济地位，尽量减少它对统治者和/或主要弹性阶层的政治责任和义务。

有时，如法国的穿袍贵族那样，官僚几乎完全贵族化并与国王的更为专制的倾向强烈对立①。在其他情况下，如在普鲁士、奥地利以及俄国（程度较低），官僚与统治者保持更为基本的认同，并在某种程度上与政体的基本框架相适应。不过，官僚力求冻结和限制社会分化程度，因而造成了中下阶层流动渠道的堵塞和它们参与的极大减少。在官僚遵循此种模式的每一个政体中，官僚不是有助于自由资源和阶层的减少，便是造成自由阶层与现行政治制度的日益疏离。

颇为重要的是，在此所研究的社会中，只有在英国——在较小程度上还在荷兰和斯堪的纳维亚国家——官僚没有沿此种路线演化。这主要是官僚活动范围狭小所致。而这种较小的活动范围又是由这些国家主要阶层的高度自我调节和政治表达，以及这些阶层对政体目标的巨大影响造成的。这些国家的官僚没有经历过贵族化和疏离过程这一事实，从多方面说明了这些国家为何总是"逐渐"进行政治变迁②。

17. 历史官僚制帝国政治体系向更为分化的政治体系转变的主要类型

导致更分化的官僚体系出现的变迁动力，可出自几种社会群体和制度领域，并产生于存在各种水平普遍分化的社会。分析所

---

① [Y]*Ford*, 1953; *Pagès*, 1928, 1932[b]; *Barber*, 1955; [R]*Haring*, 1947, *ch.vii*; *Vida Viceus*, 1957; *Griffin*, 1949.
② [S]*Beloff*, 1954, *ch.ix*; [Z]*Brock*, 1957.

有可能存在的变异将超出本章的范围；我们只对某些变异给予简单的初步考虑。

让我们从检查由普遍主义信条和教派出现所造成的、政治组织和社会经济分化水平相对低下的社会的变迁开始。这发生于从倭马亚王朝向阿拔斯哈里发转变的时期以及阿拔斯王朝统治时期[①]。

这些条件通常产生导致弹性的，以宗教为取向的政体建立的过程。而这些政体在较短时期内趋于保持高水平的社会政治活动。这种高水平政治活动的短暂持续是由以下因素造成的：(1)经济发展和社会分化的水平极为低下；(2)文化和经济领域的弹性及自由资源水平参差不齐；(3)不断贯彻统治者过度的政治和军事政策；(4)最活跃群体的政治和种族异质性日益增加。这最后一个因素是由普遍宗教的扩展和统治者对其自己社会的这些新群体而非更为传统的群体的依赖造成的。这些发展引起了宗教活动与政治和经济组织很大程度的分离。于是统治者政策压力的相应增大导致了统治者与各种在社会和宗教上活跃的阶层日益疏远[②]。在此种情况下，在弹性框架出现和扩展以后，紧接着这一发展时期之后的通常是日益发展的军人统治和军人篡权、政体的衰落和肢解，或短暂易逝的宗派秩序和宗教国家的发展。

西班牙-美洲帝国的肢解提供了一个佳例，其说明了有关经济发展局限、较强的普遍主义思想取向，以及少数活跃阶层的活

---

① [N]*Dennett*, 1939, 1950; *Lewis*, 1950; *Cahen*, 1954, 1957[a], 1957[b]; [M]*Brockelmann*, 1943; [N]*Samadi*, 1955[a].

② [N] *Cahen*, 1957[a], 1957[b], 1958-1959; [M]*Hodgson*, 1960; [N]*Lewis*, 1950, 1953.

动对呈现出较高分化水平特征社会的影响。在该帝国，与某些在普遍低度发展的经济领域内起作用的经济上活跃的群体关系密切的、较小精英群体的思想-政治骚动不但导致了与大都会联系的断裂，而且还造成新政权的确立。不过，每一个这样的新政权都根据权力制度化和一般化的水平展现出与先前政权明显的连续性。这些新政体的特征是：(1)形式宪政的发展；(2)有效的权力相对集中于某些小群体手中；(3)大众在政治上消极被动；(4)因统治集团之间冲突、取消广泛群体的政治参与、普遍的政治冷淡而造成的持续的不稳定[1]。

在此所研究的诸社会中，较稳定的、非传统类型的分化的官僚制政体只产生于欧洲，尤其是法国和英国。这应归因于以下事实：在欧洲，有助于更分化取向的动力同时出现于各个制度领域。这表现如下：

(1) 农民阶层和都市阶层的经济发展迅猛，生产率和理性化程度高[2]；

(2) 农村和城市的、分化的经济权力中心演化为相对自主的政治权力中心；

(3) 指导文化和经济活动并具有一定政治取向的、世俗的、分化的领导和精英所体现的高水平政治组织和活动的出现[3]；

---

[1] [R]*Haring*, 1947, *ch.vii*; *Moses*, 1908, 1919, 1926; *Parry*, 1957; *Thomas*, 1956; *Vida Viceus*, 1957; [U]*Suárez*, 1950.

[2] [A]*Brunner*, 1956, 特别是 *ch.iii, iv, v*; *Nef*, 1958, 特别是 *ch.ii*; [S]*Wilson*, 1958; *Beloff*, 1954; *Hartung*, 1957; *Lindsay*, 1957[a]; [T]*Müller*, 1937; *Peterka*, 1937; [Y]*Oliver-Martin*, 1933; *Cobban*, 1957[a], 1957[b]; [U]*Alcázar*, 1933; [Z]*Brock*, 1957.

[3] [S]*Labrousse*, 1955; [Y]*Cobban*, 1957[b]; *Sagnac*, 1946; [Z]*Plumb*, 1950; *Mathew*, 1948.

（4）功能精英与领导阶层之间的相互关系密切，他们在共同的文化和政治活动中联合在一起；

（5）统治者的合法化、目标和政策中强固的普遍主义要素与政治体系的相对弹性结合在一起。

社会和经济大幅度的分化与普遍主义取向和意识形态一起同统治者的政策发生了激烈的冲突。统治者并不想使自由阶层和精英的演化超出一定限度。随之产生的冲突破坏了历史官僚制社会的基本前提，导致了深远而广泛的变迁。上述因素为更分化的"现代"政治体系的形成奠定了基础。旧体系的最终转型或崩溃通常是通过边际类型的变迁——反叛或爆发，如英国的内战或法国大革命——实现的。经过此种变迁，政体的基本政治制度框架和主要象征只在英国被保存下来。在那里，政治制度的弹性、统治者与日益崛起的十分活跃的中等群体的稳固同盟、贵族政治的弹性结构、官僚的相对虚弱及其活动范围的狭窄，以及减少了对外政策压力的地理隔绝——所有这一切共同抹去了内战的印记。政体的基本特征持续不断地被保持下来，甚至在"光荣革命"之后也依然如此[①]。

因此，欧洲官僚制的发展并不是与其他国家的现存力量完全不同的力量所致。相反，它是若干条件同时进化的结果，而在其他地方这些条件通常是独立发展的——或许由某些这样的条件在质上更进一步发展所致。换言之，在欧洲，在经济、政治和价值-文化领域出现了由弹性政治框架促进和激励的高度广泛、平衡和相似的发展。

---

① 参见 [Z]Clark, 1955; Trevelyan, 1944; Ashley, 1952; Plumb, 1950; Pares, 1957; Namier, 1952。

18. 概要

我们已提出了有关历史官僚制社会所经历的变迁类型与各种社会-经济条件、统治者和主要阶层取向的内在矛盾之间关系的假设。如这些假设是正确的，它便充分支持以下论点：每一种社会分化水平和类型以及历史官僚制社会政治过程主要成分的每一种群集，不仅与不同政治活动水平或类型相关，而且还与不同潜在或现实的变迁类型相关。

我们已证明了以下论点：出现于历史官僚制社会的各种类型的社会政治变迁与这些社会的基本社会经济条件和产生于该条件下的基本政治过程可以具有系统的关系。我们已经看到，这些社会的变迁过程根源于下列条件：

(1) 自由-流动资源和政治领域自主性相对有限的发展；

(2) 统治者取向和政策以及主要社会阶层政治取向和目标的内在矛盾；

(3) 统治者目标的性质、对政治领域自主性的强调以及主要阶层的社会构成和取向所造成的、这些体系所面临并对此敏感的紧急状态。

当然，关于这种紧急状态的详细性质和直接原因，尚有许多变量与它们相关。许多紧急状态大体上取决于给定政体之外的、偶然的历史和外部环境（如人口流动）。不过，我们已经表明，特定体系所面临并对此特别敏感的紧急状态的一般性质，至少在某种程度上根源于它的基本社会条件和政治特征。此外，我们还表明，变迁过程所采取的特殊形式基本上取决于社会中的政治活动、政治争端和政治组织。因此，这些变迁不在于突然的、莫名其妙的喷发或爆发。相反，这些变迁是它们发生于其中的社会的结构特征和政治过程固有和重要的组成部分。

在较少分化的历史官僚制政治体系中逐步形成的内部矛盾，与更具创造性和指令性的政策的发展，以及由此造成的自由经济资源的耗尽和撤销对分化型政体的积极政治支持相关。另一方面，在更为分化的政体中，内部张力通常与主要政治活动指涉概念从政体向普遍主义价值系统和／或各种社会群体转变相关，因而与建立具有不同政治决策基本模式的更分化的政治体系的抱负相关。

因此，我们指出，正如制约变迁过程的条件在各历史官僚制社会并不相同一样，这些变迁过程的方向和结果，从它们最终导致的政治体系类型（无论是前官僚制政体还是更分化的官僚政体）来看也是不同的。

十三 结论

1. 论点的概述

在本章，我们将力图对我们分析的线索加以简略概括。我们还将努力指出从这一分析中所能得出的、有关政治体系与社会结构之间相互关系的某些更为一般的结论。

正如我们在本书开始所陈述的那样，我们主要关心的是对历史官僚制帝国进行社会学分析，描述它们的基本特征，分析它们赖以产生和发挥功能的社会条件和使它们的延续成为可能或导致它们变迁的社会政治过程。

我们分析的起点是讨论历史官僚制帝国政治体系赖以制度化的条件。所发现的最重要的此类条件是：(1) 统治者有助于自主政治目标实现的倾向；(2) 一定的（尽管较为有限）分化水平和自由-流动资源在社会所有主要制度领域的提高和发展。

只有当这两个条件同时成熟时——尽管成熟程度不同，历史官僚制社会政治体系的基本前提才能以中央集权制政体的形式、政治斗争机构的形式和官僚行政机构的形式不断地演化和制度化。

这些系统——政治斗争机构和官僚制行政机构——的基本组织特征可被视为保证这些社会政治领域与其他主要制度领域持续相互作用的方式或机制。不过，这些机构有效发挥功能和这些政治体系的恒存不朽取决于以上描述的基本条件不断占据优势。在任何历史官僚制社会，这些条件突出依赖于该社会政治过程的性质：首先依赖于统治者的政策；其次依赖于主要阶层的取向、目标和政治活动；第三依赖于这两者的相互关系。通过统治者的政策与主要阶层政治活动不断的互动，历史官僚制政体发挥功能和该政体的主要机构有效运行所必需的基本前提才能够得以维持。

不过，我们已经看到，在统治者的取向、目标和活动以及主要阶层的主要社会政治取向中，存在着矛盾的要素。这些要素涉及统治者和主要阶层对历史官僚制社会政治体系基本前提的态度。因此，统治者有时呈现出许多传统的控制取向，利用各种指令性政策破坏主要社会群体自由-流动资源的不断发展，以及该群体与更为传统的群体和阶层的联系。在某些情况下，每一个主要阶层都存在超越这些政体制度前提的传统与更为自主这两方面的——无论被动还是主动的——取向和目标。统治者和主要阶层取向的这些矛盾成分在他们各自的取向与目标不和谐时便会加强；此外，该成分还为各种外部因素和紧急状态所强化。这些不同力量的不断互动造成了帝国政治结构的基本问题和紧张。该互动还产生了各种能够破坏传统型社会结构与更为分化类型社会结构之间的平衡、破坏两者密切的相互联系和政治斗争机构及官僚行政机构发挥功能的变迁过程。

这些变迁过程具有不同的类型。区别这些类型主要依据该变迁过程为历史官僚制帝国基本政治制度框架所能适应的程度。

当统治者的取向和政策与主要阶层的目标和活动之间的矛盾不太尖锐时，便出现适应性变迁过程。于是，这些政治体系的基本前提和条件便得以延续不断——甚至当各群体的实际构成和力量以及统治者的政策发生许多变化时也是如此。在此种情况下，各种政治和行政机构不断发挥功能，使政治领域与其他社会领域相互关联——尽管它们发挥功能的许多细节必然出现变化。

在某些历史官僚帝国，统治者和主要阶层各自取向和活动的矛盾，以及他们相互关系的矛盾变得如此尖锐，以致该矛盾破坏了历史官僚制政体的基本条件和前提。这导致官僚体系沿较少分化和较少有弹性的政治体系方向进行的转型过程——总体性变迁过程。这些政体的各种特定的政治和行政机构不能有效地发挥功能，以使政治领域与其他社会领域相互联系，确保资源在它们之间相互流动。此种交换崩溃的一个关键层面是官僚擅自转移为统治者和主要阶层服务的目标的倾向——强调自我扩张目标，因而严重降低其效率的倾向。

2. 政治体系与社会其他部分之间的关系。政治自主性和权力一般化倾向

本书所给予的分析在某种程度上还可以澄清更为一般的问题——政治制度与整个社会之间的相互关系、政治制度在社会结构中的地位，以及与政治领域自主性的潜在发展相关的种种可能性。

我们的分析以政治体系构成社会的特殊子系统或领域这一假设开始。这一领域必然依赖于社会的其他子系统。为了能够完满地发挥功能，政治体系需要各种只能由社会的其他部分或制度来供给的东西，如经济和人力资源、其活动的合法化和对这一活动

的支持，以及对它的目标的认同。

政治体系与社会其他子系统的关系集中在政治过程的组织上，亦即集中于政治权力的掌握者对主要阶层的要求，以及他们两者的活动和服务的互换上。

不过，政治子系统具有某种程度的自主性。它所表明的倾向和取向涉及社会的其他子系统或制度，而这些子系统或制度则依赖政治体系的输出。政治子系统的这种相对自主性在行使权力的倾向或取向中表现得最为显著。权力似乎是这一领域主要的自主成分。权力的此种行使有两种基本表现：掌权者能够：（1）利用各种资源来实现不同的目标；（2）任意动员人力资源——行使权力者（"统治者"）能够把其意志强加给其他人。

因此，为了分析政治体系可能强调或发展其自主性的方式，我们必须检视政治权力藉以能够无阻碍地发展的方式。无拘无束地使用权力的倾向有两种主要表现。这两种表现虽然往往相互关联，但分析起来又有不同。

第一种表现是所谓政治权力的纯专横性——表现为统治者对他人生活的个人统治和任意摆布，也就是统治者可能成为"暴君"。此种暴虐、专横的个人权力的例子当然在从最原始到最发达的各种类型的社会和政治体制中都能找到。在许多政治体系中，我们都能够发现统治者试图任意行使权力的事情——尽管程度不同和成功度有别。统治者的企图是否受到制止和限制则有赖于环境。

不过，这些企图本身并没有充分表明政治权力自主性发展的第二个和更核心的层面。除了对其他人直接任意统治的层面外，这个层面也在于权力应用——换言之，诸类型的目标是通过权力的运用和资源的动员实现的。在许多更为简单的社会，尽管统治者的行为专横，但在目标的制定和实现上极大地受传统价值观和社会分化的程度的限制。这些因素能够以两种方式限制统治者的政治活动。第一种方式是通过统治者可资利用的资源。第二种方式是通过社会中占据优势的价值观和文化取向——这些方式能够阻止统治者制定任何与这些价值观无关，并基本上没有被嵌入主要社会群体结构的自主目标。权力一般化水平在这些更为简单的社会是较低的。因此，权力自主性的这两个层面——统治者与被统治者人际关系方面权力的任意使用，以及把政治权力用于特定政治目标——并非必然是同一或相随的。

显然，从社会学的观点来看，后一方面的权力一般化具有更大的兴味。因此，研究有关这后一层面的权力一般化可能赖以发展的条件，是对政治体系进行社会学分析的核心。所以，对历史官僚制帝国政治体系进行分析具有重大意义而且是贴切的。

3. 对历史官僚制帝国政治体系中的权力一般化趋向的限制

对历史官僚制社会特殊分析的兴趣部分地出自这样的事实：在这些社会出现了日益扩大的社会结构的分化，分化的社会群体日益诉诸政治体系。这些群体的某些社会目标和抱负变得与政治过程密切相关，并在某种程度上转变为政治目标。另一方面，统治者合法化的传统层面仍占支配地位，某些传统取向存在于几乎所有的社会阶层之中。这一事实极大地限制了（相对分化的）诸政治领域和社会领域相互渗透的程度，使每个领域保持很大的独特性和分立性。尽管这些领域日益相互依赖，但它们仍旧不仅是自主的，而且还分离，并非完全相互渗透。

这表现在这些社会政治过程的组织，以及政治过程与社会结构之间的关系上，即表现为这样的事实：许多群体和阶层多少都有些脱离中心的政治过程，但同时这种脱离只是部分的。

因此，研究此类政治体系有助于我们分析政治领域自主性，即权力一般化倾向赖以发展的条件，以及可产生于各种社会环境的、对此种倾向的种种限制。

正如我们已看到的那样，权力一般化倾向的发展在很大程度上是由社会分化的出现和自由-流动资源的增长促进的。这一倾向的发展因许多传统力量和取向占据优势，普遍的政治被动以及社会分化和自由-流动资源低度发展而受到极大的限制。因此，无论某一此类社会的统治者会表现出何种程度的个人专横和任意性，他对社会目标的运用必然受这些条件的限制。不过，在这些政治体系中所出现的对权力一般化倾向和其他类型的限制，对于我们的分析甚至更为合适。这类限制的形成与促进上述倾向发展的条件密切相关，也就是说，它是在社会结构日益分化和自由-流动资源发展的条件下形成的。

历史官僚制社会的统治者从维护其合法性这一点来讲，比更为传统社会的统治者多少更依赖社会力量。这种依赖应归因于以下事实：社会、文化和政治领域之间的基本分化——尽管这些领域仍保持独特性——以及统治者制定自主的政治目标的倾向，使统治者的政治目标与各社会群体之间占据优势的价值取向的关系问题更为严重。结果是，统治者的合法性在很大程度上取决于各群体和阶层的期待及要求——往往依据上述价值取向来表达的期待和要求。

诸群体和阶层的期待和要求至少在某种程度上"被转化"为它们的政治目标；而这些目标则是通过群体对政治过程的参与来疏导的。因此，从一开始，统治者的权力一般化倾向便面临由被统治者的相似或相同倾向的发展所自然导致的问题。

这些政治体系的统治者总是不得不考虑这样的事实：不同的社会群体也趋于形成相当特定的政治抱负。尽管在较少分化的社会，政治角色在其他群体中的大量嵌入而会使统治者与被统治者在纯粹政治方面区别分明，但自主的政治领域的相对发展不仅促进了统治者自己的权力一般化倾向的发展，而且还推动了被统治者之间相同倾向的发展。

这一点与另外一点，即权力一般化倾向的发展与各种因社会分化的演进而产生的调控和整合问题之间的关系，是密切相关的。正如我们已观察到的那样，导致社会分化和自由资源发展的条件同样也产生有关主要社会群体和阶层之间冲突和关系的若干调控问题。政治制度的许多层面——尤其是官僚和政治斗争途径的发展——可按照为各群体提供服务和调节它们的关系这两点来考虑。

因此，历史官僚制帝国统治者的权力一般化倾向不仅为自由资源的缺乏所限，而且还为许多传统力量的存在所限制。此外，该倾向也为因社会结构的日益分化而产生的内部调控问题所限制。通常，这些情况有助于统治者尽量扩大权力一般化的倾向，以及各群体把其社会抱负转化为政治目标的日益增长的倾向之间的某种趋同。

不过，在历史官僚制社会，此种趋同从不是完全的。分化的政治和社会领域仍有区别，也就是说，每个领域都保持各自的同一性。在传统群体和更分化的群体中，所形成的政治活动指涉或多或少都超越了现行政体。甚至当这些指涉以政体为取向时，它们在某种程度上仍保持自主性和独立性。

各群体的政治目标随着社会分化的扩大而日益得到明确表达。然而，不管其如何得到明确表达，这些群体从未完全被纳入政治领域。也就是说，它们从未安排政体目标，选择统治者或进行政治决策。因此中心的政治过程在某种程度上与许多群体的内在社会和"政治"过程是相互孤立的，并且没有触及所有可能存在的这些群体的社会生活层面。

社会领域与政治领域仍保持区别，各群体诉诸政体的程度也受到限制。这种限制为传统群体和阶层与更分化的群体和阶层的紧密结合所大为促进。

对政治领域自主性的此种限制在统治者本身对权力一般化持矛盾态度上看得最为清楚。我们已提及，甚至当历史官僚制社会统治者制定最极权主义的指令性政策时，他们也趋于给此类政策披上某种传统的外衣——此种方式遏制了他们专横和极权主义的倾向。

由此而论，对统治者权力一般化的限制，即对政治领域完全自主性的限制，基本上取决于社会群体的自主性和特殊性——无论其是传统的，还是更为分化的。

社会分化越少，传统取向在社会中越占支配地位，在更分化的政治角色、政治组织以及各社会领域之间直接接触也就趋于越少。于是，政治领域的自主性受到传统要素的限制；但在较分化的政治领域内，政治权力的掌握者无须在很大程度上依赖各社会群体。社会结构的分化越大，社会结构与诸社会领域之间的潜在联系便愈多。此外，在后一种情况中，对统治者的权力一般化倾向往往形成各种各样更为复杂的限制，与此同时，对社会群体向政体的求助潜能也趋于产生同样限制。

在历史官僚制帝国内，两种类型的限制并存。这两种限制通过它们的关系而相互强化——尽管这同样的关系也能破坏这些体系的持续。然而，此种关系在更为发达、分化的政治体系中则无法持存。

这种关系的存在既创造了这些体系持续的特定条件，又造成了其特有的"体系"脆弱性。正如在所有政治体系中那样，这种延续依赖所需资源的供给、其他社会领域对政体的支持，以及由政治决策所导致的有助于该供给的条件的形成。但是，正如在上一章中所分析的那样，历史官僚制帝国政治体系依赖分化资源及其支持，以及传统资源及其支持的特定方式，造成了这些体系特有的敏感性。

4. 权力在更为分化的（现代的）政治体系中一般化的趋向

对权力一般化和政治领域自主性造成更为有力限制的力量同样也与这些社会的变迁过程最密切相关。这些力量的进一步演化能够引起这些政治体系变迁，导致新型政治体系——我们在历史官僚制帝国已看到的对权力一般化和政治领域自主性的多种限制在其中于某种程度上能够得以消除的体系——的发展。这种可能性是更分化的现代政治体系的出现所固有的。这些体系所具有的特征是统治者目标与被统治者政治抱负之间的区别日益减少，以及旨在把各群体的社会和政治抱负与政体的目标结合在一起的诸类型政治制度和政治过程的发展。

在历史官僚制体系中，统治者垄断了官方的政治决策。被统治者的政治抱负只表现为对统治者潜在的，但并非完全制度化的要求——只有统治者才能将之转化为政治目标的要求。在现代体系中，统治者与被统治者之间形式上的政治差别不断被消除；两者都是作为政治权力、政治取向和政治要求相对直接的持有者或代表而产生的。政治决策过程大体上由或多或少一种新类型的统治精英来完成，而这种精英对合法化的首要要求是其成员代表不同的社会群体及其价值观和取向。这种新型精英力图把这些价值观和抱负纳入政治过程，并把它们转化为政体的最终目标。权力一般化过程的两个主要层面——政体（统治者）的目标和若干社会群体的政治抱负——在现代社会变得更加相互紧密关联和结合，尽管它们两者在整体永远不能够相互涵盖。以此种方式，社会的政治子系统或制度与其他子系统或制度之间的相互联系变得更为密切；调节和疏导这些相互联系的种种机制——如宪法、表决机制、组织化的政党——变得更具有明确表达性。同时，正是这些机制特别强调高度分化的政治制度领域与其他制度（"社会"）领域之间日益增长的相互依赖性和潜在同一性。

所有这些条件促进和最大限度地扩大了权力一般化的种种倾向，因而导致高度分化、自主的"社会"领域——形成了自己强大政治取向的领域——与类似分化、自主的政治领域之间不断出

十三　结论　　539

现紧张状态。这类张力在不同类型的现代政体中是以不同的方式加以消解的。然而，所有这些政体——民主的、极权的，或任何混合类型——都必然充满了不断变迁的可能性，因为在所有这些政体中此类张力持续存在，对其消解不可能被认作是最终的和不变的。

在现代社会，政治活动的传统取向、分化取向和超越取向之间的所有基本张力以及把政体作为价值观主要基础来求助之间的基本张力变得更加一致、更为充分地得到表达和精密均衡。不过，这也会增加政体想成为此种价值观唯一代表的要求。

在这些一般条件下，权力全面一般化的某些可能性变得越发明显——尽管其"总体"在此也许比现实可能性更为明显。社会的已分化的政治子系统与其他子系统的相互依赖和相互渗透有可能造成社会制度将"完全"服从政治制度，也就是说，为政治制度所容纳。

在合法化方面，此种相互依赖具有易于引起政治活动之主要指涉——从各种自主群体、传统和超越的价值观到某些可成为政治活动的价值观和取向主要直接表现的政治群体和机构——转变的潜力。政体本身以此种方式可能成为这种价值观和取向之最终及直接的再现；此外，政体还可以把所有的自主群体和价值取向纳入自身之中，并基本上消除了其对政治制度的自主性。

随着社会分化的扩大和分化的政治制度与其他社会制度之间相互依赖的增加而出现的若干调节问题日益突出。这些问题的突出能够促使政体力图垄断所有此类调节机制，使该机制与纯粹政治机制同一，以及压制其任何自主性或若干社会群体对自主政治影响的潜在渴望。这种压制通常并非是按照否定被统治者政治取向的方式进行的，而是通过在精英的垄断性政治机构中疏导这些取向而实现的。因此，政治活动的传统取向、分化取向和超越取向之间的张力在此种类型的现代社会中可得到转换——合并为单一的国家结构；而这种结构则是建立在分化的政治领域与其他制度领域密切相互渗透的基础上的。权力一般化趋向的各个层面至少在某种程度上合并为此种单一的政治结构。这种结构力图垄断、调节和支配政治机构与其他社会机构之间的输入和输出流。

这种极权主义的发展并非是现代政治体系演化不可避免的结果。不过，它一直潜在地存在着；这种可能性是日益扩大的社会分化所固有的；也蕴藏在统治者与被统治者的政治活动及权利之间差别的减少，和诸种分化的、非嵌入性制度领域之间的相互依赖的日益增加之中。

只有在这些条件下，潜在而专横的极权主义权力——历史官僚制帝国政治体系所具有的、虽然是局部和自相矛盾的但却是最主要的表现——才能完全实现和充分发展；然而，也只有在这些条件下，各社会群体更充分自由参与政治过程——也是历史官僚制帝国政治体系所具有的部分表现——的潜能才能够充分发展。

附录

各分析表总体说明

1. 在表Ⅰ、表Ⅱ和表Ⅲ中，有关32个社会的主要相关变量被归类。这些社会中5个是前官僚制的；27个展现出历史上官僚制社会政治体系的特征。由于前官僚制社会的变量只对证实有关这些体系发展和制度化的条件的假设具有重要性（本书第一部分），因此，这些变量只在表Ⅰ，而没有在表Ⅱ和表Ⅲ得到详细分析。

2. 我们的数值分析中所使用的分类量表只对历史官僚制社会是恰当的。因此，这些社会的最不发达者（印加）被归入最低分，而最发达者（英格兰）则被给予最高分。在某些社会，大多是前官僚制社会，某些变量具有如此低的价值，以致它们被打零分，从而把这些社会与其他的变量具有更高价值的官僚制社会区分开来。反过来讲，如果我们在我们的表中必须分析一个现代社会，那么我们将不得不对这个社会给予比我们在许多案例中规定的标准更高的分数。

3. 在大多数案例中，我们努力描述我们在此所研究的社会在历史不同时期发生的发展。对于每个社会，读者在注释 a 中都将会发现每一个历史时期的界限。当对发展没有足够的信息时，或发展对我们的目的没有重要意义时，只给予一个一般的估值。

4. 当把数值附加在我们的变量上时，我们注重两种考虑：(a) 供我们使用的材料应顾及某种程度的精制；(b)细微的区分对我们目的的重要性。在可利用的材料是值得考虑且变量是重要的案例中，尝试分析了九类数值。在另外一些案例中，只有五个或者甚至三类数值被使用。每当通常适合我们目的的类别数目不允许做重要区分时，我们不得不把"中间值"视为处于两个全数值种类之间；这些种类由主值与次值组成（后者被括在圆括号里）。

5. 分析表按下列排序参照本书某些部分：表Ⅰ参照第Ⅰ部分；表Ⅰ-A参照第Ⅱ部分第十一章；表Ⅱ参照第Ⅱ部分第七至第九章；表Ⅲ参照第十章。

6. 在有关我们的变量和种类的总支出方案的界定和描述上，只有那些其意义在正文中没有被弄清楚的变量才被加以考虑；至于其余，读者被指点去看正文的适当章节。

7. ——（-）用于指某一社会变量的缺失。

8. 问号表示信息的缺乏。

9. 如果次要倾向在重要性上非常小，它则被放在圆括号内；例如，在表Ⅰ-D中的变量Ⅸ-B.1方面，使用了"技术的"这一类别并且与这方面的某种自觉的政治取向的存在相关，而圆括号内同样的符号指只有最小的技术服务存在。

10. 尽管所研究的大多数社会含有与士绅相近的富农群体，但士绅只在那些它于其中构成一个被明确表达的社会群体的社会才作为一个特殊群体来分析。

11. 在表Ⅰ变量Ⅲ中，分析了四个制度群体的分化。最后者，包含文化-世俗群体，只在那些它在其中具有某些政治重要性的社会才被加以分析；其分析在同表变量Ⅳ中，在涉及制度群体的定型化时被省略，因为并不预期这一过程会在此处所涉及的社会发生。

12. 在表Ⅰ-D，关于变量Ⅸ-A，我们区分了中央与地方层次的官僚组织活动。在差别不重要或未知的案例中，只给出一行估值，以表示社会各种制度领域的一般官僚制活动。

13. 表Ⅰ、表Ⅱ和表Ⅲ的注释属于表中的单独栏目，并按特定社会归类。

分析表中所用变量的界定

表 Ⅰ

Ⅰ. 统治者政治目标的自主性；即在设立政治目标时统治者不受归属性和传统规范束缚的程度。

Ⅱ. 统治者的传统合法化；即统治者依归属性的传统价值观和文化而合法化的程度。

Ⅲ. 社会结构的分化；即专门制度和群体的存在。

  A. 领域

  在界定各个领域时，下列指标被加以考虑：

1. 经济领域

  a. 活动：农业、工业、贸易、金融

  b. 角色：工匠、商人、银行家

  c. 组织：制造业商行、行会、贸易公司

  d. 机制：自我调节的市场

  e. 价值观和规范

   （1）个人发财致富，经济成长和发展

   （2）财产交办的准则

  f. 精英：大商人、银行家、实业家

2. 政治领域
　　a. 活动：行政、政党活动
　　b. 角色：行政官员、宣传家、政治顾问
　　c. 组织：政党
　　d. 机制：自主的自我管理、群体之间和内部的仲裁、地区政治制度
　　e. 价值观和规范
　　　（1）政治权力
　　　（2）政治行为规范
　　f. 精英：政治精英和行政管理精英
3. 法律领域
　　a. 活动：司法程序、法律活动
　　b. 角色：法官、辩护律师
　　c. 组织：法律机构
　　d. 机制：自主的法律体系
　　e. 价值观和规范
　　　（1）袍服的神圣性
　　　（2）司法公正、一般化和抽象的法律规范
　　f. 精英：法官、法律专家
4. 宗教领域
　　a. 活动：宗教仪式和典礼、教会和神学活动
　　b. 角色：祭司、神学家、僧侣、长老、教派成员、主教
　　c. 组织：教派、组织、教会
　　d. 机制：教会的宗教会议
　　e. 价值观和规范
　　　（1）救世、虔诚的生活
　　　（2）理想和宗教规范
　　f. 精英：宗教组织和团体领袖；主教
5. 教育与文化
　　a. 活动：教育，学术的、艺术的、哲学的活动
　　b. 角色：教师、哲学家

c. 组织：学校体系
　　d. 价值观和规范
　　　（1）有教养的人格
　　　（2）教育和文化的观
　　　　　念及规范
　　e. 精英：教授、文化精英
6. 分层
　　a. 群体和社团在社会中
　　　的发展
　　　（1）特定功能的群体
　　　　　（如手工业者和
　　　　　商人行会、商会、
　　　　　宗教和文化社团）
　　　（2）"社会的"和文
　　　　　化-社会的群体
　　　　　（社会俱乐部、
　　　　　娱乐协会）
　　　（3）团结的整合性团
　　　　　体（狂热崇拜的
　　　　　群体、互助协会）
　　　（4）一般归属性团结
　　b. 身份，即作为身份标
　　　准的特定职业、政治
　　　权利和法权、宗教从
　　　属关系，以及教育的

　　　发展程度
　　c. 主要制度领域的特定
　　　精英，即诸如政治
　　　家、传教士、经济巨
　　　头、教授那样的沟通
　　　和领导职位的发展
　　d. 群体和社团的特定
　　　身份象征，即等级和
　　　先后秩序的象征的分
　　　化、品行规范和成规
　　　的分化，以及各种阶
　　　级和职业群体的特定
　　　生活方式的分化

B. 群体
　　a. 生态群体
　　　1. 农民
　　　2. 士绅
　　　3. 贵族
　　　4. 都市群体
在分析每个生态群体的分化
时，使用了下列指标：
　　1. 群体资源的多样化
　　2. 经济活动的分化
　　　a. 与其他群体

b. 在群体内
3. 经济组织的分化
　　a. 与其他群体
　　b. 在群体内
4. 参与市场经济
5. 政治组织和领导的分化；即群体参与党派/集会的程度，群体代表的分化
6. 成员的政治隶属关系的多样化，即成员对各党派和派系分别隶属的程度
7. 宗教组织和领导的分化，即各种类型的宗教派别、宗教秩序和宗教等级在同一社会群体中的分化——这种分化不同于其他群体中的分化，也不同于群体彼此间的分化——程度
　　a. 与其他群体
　　b. 在群体内
8. 成员的宗教隶属关系的多样化，即成员对各个宗教派别和秩序分别隶属的程度
9. 身份标准的分化，即把一群体与其他群体区别开来并把群体内次群体彼此区别开来的特定身份标准的发展程度
　　a. 与其他群体
　　b. 彼此
10. 社会次群体的分化
　　a. 在群体内
　　b. 在群体之间
11. 个人身份的分化，即非归属性的个人身份与整个群体或次群体的归属性身份分化的程度
　　b. 制度群体
　　　5. 法律职业
　　　6. 军事职业
　　　7. 宗教职业
　　　8. 文化-世俗职业
在分析每个制度群体的分化时，使用了下列指标：
1. 职业角色的分化

a. 与其他非职业角色
　　b. 彼此
2. 职业组织和领导的分化
3. 职业群体内次群体的分化，即各军种（如步兵、骑兵、作战象队、舰队）、法学派和法传统，以及宗教学园和科学学院
4. 职业准则的发展，即特定行为规范和职业成规的分化
5. 特定职业群体身份在社会中的分化

IV. 制度群体的定型化，即制度群体脱离生态群体而自治的程度（如军事集团与贵族和地方群体的分化，法律群体与宗教群体的分化）
1. 法律职业
2. 军事职业
3. 宗教职业
4. 文化-世俗群体

V. 社会中自由-流动的权力的发展；领域：
1. 经济领域
2. 政治领域
3. 法领域
4. 宗教领域
5. 教育和文化
6. 分层

下列指标被用于每个领域：
1. 自由-流动资源（货币和各种类型可交换的商品）发展的程度
2. 自由-流动人口（自由的农村人口；宗教、政治和法律上非承担义务的人口）发展的程度
3. 规范和价值观普遍性的程度
4. 制度组织的弹性程度
5. 制度领域流动的程度
6. 非归属性的普世的身份标准发展的程度

VI. 中央集权政体
在界定这种变量时，使用了下列指标

A. 统治群体与归属性和生态群体分化的程度
B. 更广泛社会中直接公民身份的程度
C. 社会界限的固定描述
D. 中央政治单位对地方政治单位的控制
E. 统治者合法君权的程度

VII. 政治角色的分化
A. 生产者：即立法的、行政的、政党的角色；统治者在政治领域的特定角色发展的程度
B. 消费者：即公民、投票人；臣民被动的但又是特定的政治角色发展的程度

VIII. 政治斗争途径的发展
A. 政治斗争途径的类型；即承载社会中政治过程的主要机制
本分析使用了下列类别：
1. 议会
2. 统治者的内阁
3. 上院
4. 官僚制
5. 诸侯会议
6. 市议会
7. 领地群体
8. 军队
9. 统治家族
B. 途径嵌入的程度；即政治斗争途径缺乏与其他诸如国王、家庭、亲族和领地群体这样的社会群体分化的程度
1. 传统的途径：部落、领地群体
2. 传统途径加特设的政治机关：部落、领地群体和国王、宫廷、政务会
3. 特设的政治机关：国王、宫廷、政务会
4. 特设的政治单独机关：国王、宫廷、政务会和非嵌入的机关
5. 单独的：非嵌入的
C. 斗争途径中的成员资格

1. 群体
   (1) 农民
   (2) 士绅
   (3) 贵族
   (4) 都市群体
   (5) 法律职业
   (6) 军事职业
   (7) 宗教职业
   (8) 文化-世俗群体
   (9) 官僚制

   本分析使用了下列类别：
   a. 非参与
   b. 持续的参与
   c. 偶尔的参与
   d. 罕见的参与

2. 对斗争途径中成员资格规则的精细解释；即对群体在政治斗争途径中借以获得成员资格的规则的清晰界定的程度

   本分析使用了下列类别：
   a. 明晰的传统的
   b. 明晰的法律的
   c. 非清晰的传统的
   d. 非清晰的法律的

D. 政治斗争途径的权力

1. 权力的程度；即诸途径对统治者政策影响的程度

   本分析使用了下列类别：
   a. 对统治者决策的认可
   b. 顾问
   c. 决策
   d. 控制职务行为
   e. 实施

2. 权力的范围；即对付和依靠途径的物质内容的范围

   本分析使用了下列类别：
   a. 政策
   b. 预算
   c. 委任
   d. 合法性
   e. 自我调节
   f. 行政控制
   g. 选举

3. 权力的制度化；即权力明确界定的程度

E. 统治者与群体之间政治

斗争规则的精细解释

在界定类别时，使用了下列指标：

1. 仲裁规则的存在
2. 请愿规则的存在
3. 针对每项指标的政治行为形式化的程度

  a. 统治者与群体之间

  b. 各个群体之间

本分析使用了下列类别：

1. 非明晰-传统的
2. 明晰的-传统的
3. 非明晰-非传统的
4. 明晰的-非传统的

IX. 官僚活动的范围

 A. 领域

  1. 中央层次

 (1) 经济的

 (2) 政治的（包括外交的）

 (3) 法律的

 (4) 宗教的

 (5) 教育和文化的

 (6) 分层

  2. 地方层次

 (1) 经济的

 (2) 政治的

 (3) 法律的

 (4) 宗教的

 (5) 教育和文化的

 (6) 分层

 B. 官僚活动领域的类型

每个领域使用了下列类别：

1. 技术的：涉及机构运行和对不同群体发挥功能的条件加以维护的活动
2. 调节的：聚焦于主要制度领域的调节和社会权力中心的调节的活动
3. 平衡的：调节政策与技术政策之间的平衡

 C. 官僚组织的自主性；即官僚制独立和区别于其他社会群体和领域的程度

在界定这个变量时，每个领域使用了下列指标：

1. 角色
2. 目标
3. 规则

 D. 官僚角色职业化的程度

在界定类别时使用了下列指标：

  1. 角色界定的程度

  2. 任期固定的程度

  3. 职业意识形态的发展

  4. 官僚机器等级化的程度

  5. 与招募标准的外在性相反的内在性的程度（如职业资格与卖官鬻爵相对）

E. 官僚制酬报的类型

本分析使用了下列类别：

  1. 统治者给予的世袭的酬报

    a. 授予

    b. 特定的

    c. 持续的

    d. 税款包收

  2. 委托人给予的酬报

    a. 贿赂

    b. 提供服务

  3. 荣誉

F. 职能部门化的程度；即政府部门分化和专门化的程度

表 II

I. 统治者目标的主要取向和参照；即统治者目标的主要参照系，这些目标的界定内容、复杂性和异质性如下：

A. 内容

B. 复杂性

C. 异质性

本分析使用了下列类别：

A. 文化归属性的（我群主义的）

B. 集体参照

  1. 政治-集体的

  2. 经济-集体的

  3. 文化-集体的

  4. 自我-维护政策

  5. 社会-群体参照

II. 统治者政治目标的自主性（见表 I，变量 I.）

III. 分化的程度（见表 I，变量 III.C.）

Ⅳ. 群体的自我调节
   A. 传统的
   B. 非传统的
   在界定类别时,使用了下列指标:
      a. 群体内的调节
         1. 传统的自我治理能动作用
         2. 经济的自给自足
         3. 自治的法律制度
         4. 分层的自主性
      b. 群体间的调节
         1. 依据其他社会群体的调节
         2. 自治的地方统治者的调节
         3. 宗教制度的调节
   在几乎每项指标中,自我调节不是传统的,就是非传统的:
         1. 传统的:在归属性的框架和规范中维持的,诸如亲缘和领地群体、行会,等等
         2. 非传统的:通过非归属性的机制维持的,诸如市场、特定的政治组织、不同群体的自我治理和仲裁程序

Ⅴ. 群体的政治参与程度
   A. 群体的政治参与强度;即群体在政治斗争中活动的范围
      1. 农民
      2. 士绅
      3. 贵族
      4. 都市群体
      5. 法律职业
      6. 军事职业
      7. 宗教职业
      8. 文化-世俗群体
      9. 官僚制
   B. 群体政治目标的表达;即与直接具体的报偿要求相对的群体政治取向的一般化(上述同样的群体)
   C. 政治组织在社会中定型

化的程度

D. 群体参与政治组织的程度（上述同样的群体）

E. 群体参与的一般程度：变量 V.A.–V.C. 的概要

VI. 反叛*

VII. 统治者为实现其目标而运用的政策的类型

本分析使用了下列类别和指标：

A. 创造性政策

1. 新社会群体的创造
2. 新组织和机制的创造
3. 现存社会组织和机制的复制
4. 新象征和价值观的创造

B. 积累性政策（只在经济领域）

1. 资源的积累

   a. 货币

   b. 人力

   c. 商品

C. 调节性政策

1. 下列供给的调节

   a. 商品

   b. 货币

   c. 土地

2. 人力供给条件的调节
3. 契约的调节
4. 行为细节的调节和规范的解禁
5. 群体之间关系的调节

D. 规范性政策

1. 群体的行为规范
2. 群体的约束
3. 拉平
4. 群体的解构

E. 统治者提供的服务

1. 基本商品
2. 公用事业
3. 内部秩序与外部安全
4. 宗教活动的礼节

---

* 这不是分析变量，而是被插入的，目的在于指出制度上为政治斗争提供途径的社会与政治斗争表现为暴力起义爆发的社会之间的区别。

5. 司法服务
F. 促进性政策：通过以下方式对社会群体活动和发展的鼓励
   1. 直接帮助
   2. 促进性的立法
   3. 特权的颁布

表Ⅲ

Ⅰ. 群体一般的分化（见表Ⅰ，变量Ⅲ-B.）

Ⅱ. 群体政治参与的程度（见表Ⅱ，变量Ⅴ-A.）

Ⅲ. 群体与统治者的相对实力
   本分析使用了下列类别：
   a. 统治者更强
   b. 群体更强

Ⅳ. 贵族与中下层群体的相对实力
   本分析使用了下列类别：
   a. 贵族更强
   b. 均势
   c. 群体更强

Ⅴ. 群体的目标与统治者的目标可和谐共存
   本分析使用了下列类别：
   a. 可和谐共存的积极的
   b. 可和谐共存的消极的
   c. 非和谐共存的积极的
   d. 非和谐共存的消极的

Ⅵ. 群体和国家的自我调节（见表Ⅱ，变量Ⅳ.）
   A. 传统的（见表Ⅱ，变量Ⅳ-A.）
   B. 非传统的（见表Ⅱ，变量Ⅳ-B.）

Ⅶ. 官僚活动的类型
   本分析使用了下列类别：
   a. 技术的
   b. 调节的

Ⅷ. 官僚组织的自主性（见表Ⅰ-D，变量Ⅸ-C1）

IX. 官僚的社会身份

A. 官僚制嵌入的程度；即官僚与其他群体和阶层的分化

本分析使用了下列类别：
- *a.* 嵌入中央政体
- *b.* 嵌入贵族
- *c.* 嵌入中等群体
- *d.* 嵌入士绅
- *e.* 非嵌入

B. 官僚身份的标准

本分析使用了下列类别：
- *a.* 权力标准
- *b.* 教育-文化标准
- *c.* 专业标准
- *d.* 流动性的象征

X. 官僚的政治取向；即主要群体或制度充当官僚政治活动和取向的参照

本分析使用了下列类别：
- *a.* 统治者取向的
- *b.* 群体取向的
- *c.* 自我取向的
- *d.* 自我取向和政体取向的

XI. 官僚与统治者的相对实力

本分析使用了下列类别：
- *a.* 统治者更强
- *b.* 均势
- *c.* 官僚更强

表中所使用的标度的界定

表 I

变量	标度	界定
I	1-2	几乎总体依赖
	3-4	在归属性和传统限制框架内的自主
	5	大自主性
II	1	非传统的合法性
	2	某种传统的合法性
	3	完全传统的合法性
III	1-3	低度或没有分化
	4-6	中等分化
	7-9	高度分化
IV	1	制度群体整体嵌入生态群体
	2	制度群体与生态群体多少有些分化
	3	制度群体与生态群体完全分化
V	1-3	自由浮动的权力在制度领域的低度发展
	4-6	非分化的自由浮动权力在制度领域居中
	7-9	分化的自由浮动权力在制度领域居高
VI	1-2	低度中央集权：半封建的政体组织
	3-4	中度中央集权：尤其在王国的中心部分
	5	高度中央集权
VII	1	政治生产者分化的缺乏
	2	政治生产者少数角色的分化

	3	政治生产者的高度分化
VIII	1	制度化的总体缺乏
	2	某种但不充分的制度化
	3	充分的制度化
IX	1	低
	2	中
	3	高

表 II

变量	标度	界定
II	1–5	从非自主的到自主的
III	1–9	从低度分化到高度分化
IV	1	非自我调节
	2–3	某些或大多数制度领域的中度的自我调节
	4–5	几乎所有制度领域的高度的自我调节
V.A	1	低强度
	2	中强度
	3	高强度
B	1	低度的表达：在管理他们自己的事务时大多要求直接的酬报和自治；力图在社会上夺权
	2	中度的表达：大多要求对决策施加影响并在决定价值观和身份标准上拥有自主性；力图在社会上夺权
	3	高度的表达：大多要求一般权利，尤其是法权，以及政治决策上的影响

C	1	定型化的缺乏：派系发展
	2	中度的定型化：集会、群体代表制、秘密会社、宗教社会运动的发展
	3	高度的定型化：特定组织（政党）的发展
D	1	群体对政治组织的低度参与
	2	群体对政治组织的中度参与
	3	群体对政治组织的高度参与
E	1	群体对政治斗争的低度参与
	2	群体对政治斗争的中度参与
	3	群体对政治斗争的高度参与
VI	1	无反叛
	2	很少反叛
	3	许多反叛

表 III

变量	标度	界定
I	1-9	由低度分化到高度分化
II	1-3	由低度参与到高度参与
VI	1-5	由低度自我调节到高度自我调节
VIII	1-3	由低度自主到高度自主

图表

表 I　政治体系制度化的社会条件

	A. 前官僚制社会				
变量	希腊[a]	蒙古[a]	封建欧洲	阿契美尼德[a]	加洛林帝国[a]
I. 统治者政治目标的自主性	0(1)	4	1	1(2)	4
II. 统治者传统的合法性	1	3	1	3	1
III. 社会结构的分化					
A. 领域――一般的	4	1	2	2	2
1. 经济的	4	1	2	2(3)	2
2. 政治的	2	1	2	2	2
3. 法律的	3	0	2	2	2
4. 宗教的	4	1	6	2	6
5. 教育和文化	4	1	2	1	2
6. 分层	5	1(2)	2	2	2
B. 群体――一般的	4(5)	1(2)	3	2	4
1. 农民	4	2	1	1	1
2. 士绅	–	–	–	–	–
3. 贵族	2	2	3	3	2
4. 都市群体	5	1	1	2	1
5. 法律职业	2	–	2	1	2
6. 军事职业	–	–	_[b]	–	_[b]
7. 宗教职业	3	1	5	2	4
8. 文化-世俗群体	5	–	–	–	–
IV. 制度群体的定型化					
1. 法律的	1	–	1	1	1
2. 军事的	–	–	–	–	–
3. 宗教的	1	0	1	2	1
4. 文化-世俗的	1	–	–	–	–
V. 自由浮动权力的发展					
领域――一般的	4	0	3	2	3
1. 经济的	4	1	1	2	1
2. 政治的	4	0(1)	1	2	1
3. 法律的	3	0	2	1	2
4. 宗教的	4	0	5	2	5
5. 教育和文化	5	0	3	2	3
6. 分层	4	0(1)	2	2	2
VI. 中央集权的政体	1	1(2)	1	2	2
VII. 政治角色的分化：					
A. "生产者"	2	1	1	1	1
B. "消费者"	3	1	1	1	1

表 I（续） 政治体系制度化的社会条件

				B.历史官僚制社会							
印加帝国	古埃及[a]			萨珊波斯[a]				托勒密王朝	塞琉西[a]	唐朝[a]		
	I	II	III	I	II	III	IV			I	II	III
1	2	2	1	2	1	3	1	3	3	4	4	2
3	3	3	3	3	3	3	3	{2, 3[b]}	{2, 3[b]}	3	3	3
2	2	3	2	3	2	2(4)	2	3	4	4	4	4
1	2	3	2	3	2	4	2	4	4	4	4	4
1	2	3	2	3	2	4	2	4	4	3	5	5
2	1	1	1	2	2	2	2	2	3	3	3	3
4	2	3	4	3	3	3	3	7	6	4	3	3
2	1	2	2	2	2	3	2	3	4	5	5	5
2	2	3	2	3	3	4	3	3	5	4	4	4
1(2)	2	3	2	2	2	3	2	3	4	4	4	4
1	1	2	1	2	2	3	2	1	2	3	2	2
–	–	–	–	2	2	4	2[b]	–	–	4	5	5[b]
3	2	2	3	2	2	3	2	2	4	4	3	3
1(2)	1	3	2	3	2	4	2	3	6	3	4	5
–	1	2	2	2	2	2	2	–	–	3	4	5
–[b]	1	2	3	2	2	2	2	5	5	3	4	5
3	2	3	3	3	3	4	3	6	5	4	3	3
–	–	–	–	–	–	–	–	–	–	–	–	–
–		1		1				–	–	–	–	–
–		2		1				3	3	1	2	3
2		3		1				2	3	2	1	1
–				–								
1	2	3	1	2	2	3	2	2	4	3	4	5
1	2	3	2	3	2	3	2	2	3	3	4	2
2	2	3	2	2	2	4	2	2	3	4	4	6
1	1	2	1	2	2(1)	2	2(1)	1	3	3	3	3
2	1	1	2	2	2	3	2	3	5	3	2	4
1	1	1	1	2	2	4	2	2	4	4	3	5
1	1	3	2	2	2	3	2	3	5	3	4	5
3	1	2	1	3	1	2(3)	1	4	2	4	3	1
2	1	2	1		1(2)			2	2	3	3	3
1	1	1	1		1			1	{2, 1[c]}	1	1	2

附 录 561

表Ⅰ(续) 政治体系制度化的社会条件

变量	宋朝[a] I	宋朝[a] II	宋朝[a] III	元朝[a]	明朝[a]	清朝[a]	孔雀王朝[a] I	孔雀王朝[a] II
B. 历史官僚制社会								
Ⅰ. 统治者政治目标的自主性	4	4	2	4	4	4	3	4
Ⅱ. 统治者传统的合法性	3	3	3	3	3	3	3	2
Ⅲ. 社会结构的分化								
A. 领域——一般的	5	5	5	5	5	5	5	
1. 经济的	5	5	5	5(6)	5(6)	5(6)	5	
2. 政治的	5	5	5	5	5	5	3	
3. 法律的	3	3	3	3	3	3	4	
4. 宗教的	3	3	3	4	3	3	8	
5. 教育和文化	6	6	6	4	4	4	6	
6. 分层	5	5	5	5(6)	5(6)		8	
B. 群体——一般的	5	5	5	5	5	5	4	
1. 农民	3	3	3	2	3	3	3	
2. 士绅	5(6)	5(6)	5(6)	6[b]	6[b]	6[b]	—	
3. 贵族	3	3	3	4[c]	2	3	4	
4. 都市群体	5	5	5	5(6)	6	6	5	
5. 法律职业	—	—	—	—	—	—	—	
6. 军事职业	3	3	5	4	4	4	7	
7. 宗教职业	3	3	3	4	2	2	7	
8. 文化-世俗群体	—	—	—	—	—	—	—	
Ⅳ. 制度群体的定型化								
1. 法律的	—	—	—	—	—	—	—	
2. 军事的	2	2	3	1	2	2	3	
3. 宗教的	2	1	1	2	1	1	3	
4. 文化-世俗的	—	—	—	—	—	—	—	
Ⅴ. 自由浮动权力的发展								
领域——一般的	5	5	6	5	5	5	4	
1. 经济的	4	4	2	5	4	4	4	
2. 政治的	4	4	6	2	3	3	1	
3. 法律的	3	3	4	3	3	3	3	
4. 宗教的	2	2	3	4	2	2	9	
5. 教育和文化	4	4	5	3	3	3	6	
6. 分层	5	5	6	5	5	5	3	
Ⅵ. 中央集权的政体	4	3	1	4	4	4	2	3
Ⅶ. 政治角色的分化								
A. "生产者"	3	3	3	3	3	3	2	
B. "消费者"	1	1	2	1	1	1	1	

表 I（续） 政治体系制度化的社会条件

B. 历史官僚制社会

笈多[a]	莫卧儿帝国[a]			拜占庭帝国[a]			阿拔斯[a]		萨非*[a]		奥斯曼[a]		
	I	II	III	I	II	III	I	II	I	II	I	II	III
2	3	4	4	4	5	3(4)	3	1	1	3	2	4	3
3		{3 / 1[b]}		3	2	3	2	3	1	3	3	2	3
5	3	4	3	5	6	4	5	4	4	5	4	5	5
5	3	5	3	5	6	4	6	3	2	6	5	6	6
3		3		4	6	3	3	2	3	3	3	4	5
4		2		6	7	5	6	7	5	5	6	6	5
8		{3 / 8[c]}		{7 / 3}	6	{8 / 2[b]}	{2 / 6}	{3 / 6[b]}	{3 / 5}	{5 / 5[b]}	{3 / 6}	6	{6 / 6[b]}
8		3		4	6	7	4	4	4	4	5	7	6
8		{3 / 8[c]}		4	7	5	5	4	3	4	5	5	6
4	3	4	3	4	7	6	5	6	4	5	4	6	6
3		3		3	6	2	2	2	2	2	3	2	2
–		–		–	–	–	–		–	–	–	–	–
4		4		4	7	6	?		4	2	5	3	3
5	3	5	3	6	7	5	7	5	2	6	5	6	6
–		2		5	7	7	5	5[c]	4	5[c]	4	7	7[c]
5	3	5	5[d]	3	4	5	3	6	2	4	3	7	6
7		7[c]		7	7	8	–		–	–	–	–	–
–		–		2	5	4	–		–	–	–	–	–
–		2[f]			2		1	1			2		
2		1[d]			2		1	2	1	1		1	3
3		3[c]			2		–	–	–	–	–	–	–
–		–			1								
4	3	4	2	3	6	3(4)	5	4	3	5	5	4	3
4	4	6	2	2	5	1(2)	2	3	2	5	5	4	3
1		2		5	3		5	3	2	5	4	4	3
3		2		5	7	4	8	8	4	6	7	7	7
8		4		3	5		6	6	5	3	6	5	4
6	3	5	1	3	7	5	5	5	3	3	3	3	3
2	4	5	2	2	5	3	4	3	3	4	4	3	2
3	2	4	3	2	4	1(2)	3	1	2	4	3	4	2
2		2			2		2	2	2	2	2	2	2
1		1			2		1	1	1	1	2	1	2

* 原文为 Saffawids。

表 I（续） 政治体系制度化的社会条件

变量	B.历史官僚制社会								奥地利[a]
	穆斯林西班牙[a]		罗马[a]			西班牙美洲帝国[a]			
	I	II	I	II	III	I	II	III	
I.统治者政治目标的自主性	2	3	3	4	4	5	4	5	5
II.统治者传统的合法性	2	1	2	2	1	1	1	1	2
III.社会结构的分化									
A.领域——一般的	4	5	5	4	3	{3, 4}	{6, 4}	{7, 4[b]}	6
1.经济的	5	6	5	5	3	{4, 3}	{6, 4}	{6[b], 3}	5
2.政治的	3	3				{3, 3}	{6, 4}	{7, 4[b]}	3
3.法律的	4	5	4	5	6	{3, 3}	{6, 4}	{7, 4[b]}	8
4.宗教的	{3, 5}	{4, 5[b]}	5	5	6	6	7	7	6
5.教育和文化	4	5	4	5	5	{2, 2}	{6, 5}	{7, 6[b]}	8
6.分层	5	4	5	4	3	{3, 3}	{6, 4}	{7, 4[b]}	5
B.群体——一般的	6	6	5	4	4	{4, 3}	{6, 4}	{7, 3[b]}	6
1.农民	3	3	2	2	3	3	2	2	5
2.士绅	–	–	–	–	–	–	4	4[c]	–
3.贵族	7	5	4	1	1	7	6	6	7
4.都市群体	6	6	6	5	3	{5, 4}	{6, 4}	{7, 4[b]}	6
5.法律职业	4	4[c]	2	3	4	3	6	6	8
6.军事职业	5	6	5	5	5	1	1	1	6
7.宗教职业	–	–	3	3	4	5	6	7	6
8.文化-世俗群体	–	–	4	3	1				7
IV.制度群体的定型化									
1.法律的	1	1	1	1	1	1	1	1	1
2.军事的	2	2	1	2	3	1	1	1	1
3.宗教的	–	–	2	1	1	1	1	1	1
4.文化-世俗的	–	–	1	1	1	–	–	–	1
V.自由浮动权力的发展 领域——一般的	4	4	5	4	4	3	5	6	7
1.经济的	4	4	6	5	3	2	5	6	5
2.政治的	6	6	5	5	7	4	5	7	6
3.法律的	3	3	5	5	3	4	5	6	7
4.宗教的	3	3	6	6	7	5	5	5	9
5.教育和文化	4	4	4	5	3	2	5	7	8
6.分层	3	4	4	4	7	2	6	6	5
VI.中央集权的政体	2	4	3	4	2	2	4	4	4
VII.政治角色的分化：									
A."生产者"	2	2		3		{2, 1}	{3, 2}	{3, 1[b]}	3
B."消费者"	1	1		2		{2, 1}	{2, 2}	{3, 1[b]}	2

表1(续) 政治体系制度化的社会条件

	B.历史官僚制社会														
西班牙[a]		瑞典[a]			俄罗斯[a]			普鲁士[a]			法国[a]			英格兰[a]		
I	II	I	II	III	I	II	III	I	II	III	I	II	III	I	II	III
3	4	5	5	4[b]	5	3	4	5	4	4	5	3	5	4	5
3	2	2	1	1	1	2	1[b]	2	1	2	2	1	2	2	1
6	5	6	8	8	5	4	6	5	7	6	(7)	8	6	7	9
6	4	6	7	8	5	4	6	6	8	6	7	8	6	8	9
6	3	7	9	8	3	3	4	2	4[b]	6	5	7	6	7	9
4	4	4	6	8	3	3	5	4	6	6	7	8	8	8	9[b]
6	7	{3 5 4 / 6 8 7[c]}			6	6	6	{4 3[c] / 6 8}			6	5	5	5	7	8
6	3	6	8	8	4	3	5	5	7	5	6	8	5	6	8
8	7	6	6	8	5	7	8	5	8	5	6	8	6	7	9
5	4	5	6	7	5	4	5	5	6	6	6	7	6	7(8)	8(9)
4	4	7	4	8	4	3	3	3	5[d]	5	5	6	6	7	8
-	-	-	-	-	-	-	-[c]	-	-[c]	-	-	-	5	8	9
4	6[b]	4	8	6	5	6	7	6	7	6	7	6	6	7	7
6	3	3	5	6	5	3	4	8	6	5	6	8	6	8	9
4	4	3	6[d]	2	2	3	3	5	7	7	8	5	7	9
7	3	7	6	6[d]	6	3	5	8	5	5	5	3	5	6
8	8	4	5	5	5	5	4	5	4	6	6	6	7	6
6	4	5	8	8	3	5	4	6	4	6	8	5	7	8
1	1	1	1	1	1	1	1	1	1	1	1	1	1	1	1
2	1	2	1	1	1	1	1	1	1	1	1	1	1	1	1
3	2	1	1	2	2	2	1	1	2	2	2	1	1	1
1	1	1	1	1	1	1	1	1	1	1	1	1	1	1	1
6	3	5	7	7	3	2	4	4	5	6	5(6)	8	6	6	9
7	6	3	5	8	3	4	3	4	5	6	7	6	8	9
5	2	4	8	6	2	4	2	3	7	5	8	7	6	7	9
3	3	6	7	8	3	2	3	4	5	6	7	7	8	9
2	2	6	8	7	2	2	8	6	4	5	7	8	8	8
7	3	5	6	8	4	2	4	5	6	4	6	8	5	7	9
7	5	{5 7 8 / 5 7 5[e]}	4	2	2	6	4	{6 7 8 / 6 7 6[b]}			6	8	9
3	4(5)	4	3	5	4	3	3	5	4	4	5	5	5	5	5
2		2	3	3	2	3	3	3	3	3	3	2	3	3
2		2	2	3	2	1	2	3	2	1	2	2	2	3

表 I（续） 政治体系制度化的社会条件

C.政治斗争渠道的发展（变量Ⅷ）

变量	希腊	蒙古	封建欧洲	阿契美尼德
Ⅷ.A.渠道的类型*				
1	市议会	统治者内阁	统治者内阁,诸侯会议,宫廷圈子	诸侯会议
2	–	诸侯会议	–	宫廷圈子,统治者内阁
3				
B.渠道嵌入的程度	传统渠道	传统渠道	传统渠道	传统渠道
C.成员资格				
1.群体				
（1）农民	事后控制	非参与	事后控制,时有时无	非参与
（2）士绅	–			
（3）贵族	事后控制	事后控制,时有时无	事后控制	事后控制
（4）都市群体	事后控制	非参与	时有时无	非参与
（5）法律的	非参与	–	非参与	非参与
（6）军事的				
（7）宗教的	非参与	非参与	事后控制	–
（8）文化-世俗的	非参与			
（9）官僚	–			
2.成员资格规则的说明	明确传统的明确合法的	明确传统的非明确专横的	明确传统的	明确传统的非明确专横的
D.渠道的权限				
1.权力的程度*				
(1)	对统治者决策的认可.劝告.事后控制	劝告	劝告.决策	劝告.决策
(2)	–	事后控制	–	–
(3)				
2.权力的范围*				
(1)	全项 [b]	政治的.对统治者决策的认可	政治的	政治的.官僚.立法
(2)	–	–	预算.对统治者决策的认可.法律的	–
(3)				
(4)				
(5)				
3.权力的制度化	3	0(1)	2	2
E.统治者与群体之间政治斗争规则的说明	非明确传统的	非明确非传统的	非明确传统的	非明确传统的

---

* 依据重要的程度。

表I(续) 政治体系制度化的社会条件

C.政治斗争渠道的发展(变量VIII)

加洛林帝国	印加帝国	古埃及			萨珊波斯		
		I	II	III	I	II	III	IV
统治者内阁,诸侯会议	统治性家庭	宫廷圈子			统治者内阁		宫廷圈子	
宫廷圈子	–	官僚.统治者内阁			官僚	–	诸侯会议	
特别的/分别的	传统渠道	特别政策的			传统渠道.特别的	传统渠道.特别的	特别政策的	传统渠道
非参与	非参与	非参与			非参与			
	–	–			非参与			
事后控制	罕见	时有时无			事后控制	–	时有时无	
罕见	非参与	非参与			非参与			
时有时无	–	非参与			非参与			
时有时无	–	时有时无			非参与			
–	非参与	事后控制			时有时无			
–	–	–						
–	非参与	事后控制			事后控制			
明确传统的	明确传统的	非明确传统的			明确传统的			
非明确专横的		非明确专横的			非明确专横的			
劝告	决策	劝告			劝告			
–	–	–			决策			
–	–	–			–			
政治的	选举	法律的			法律的.行政控制			
法律的	行政控制	任命			–			
行政控制	–	–						
–	–	–						
1	1	1			1			
明确传统的	非明确传统的	非明确传统的			非明确传统的			

表 I（续） 政治体系制度化的社会条件

变量	托勒密诸世	塞琉西	唐 I	唐 II	唐 III
VIII.A.渠道的类型*					
1	—	领地群体	—	宫廷圈子	—
2	—	—	官僚	官僚	军队
3	—	—	统治性家庭	—	领地群体
B.渠道嵌入的程度	—	特殊政策	传统的/特殊的	传统的/特殊的	特殊的分别的
C.成员身份					
1.群体					
（1）农民	非参与	非参与	非参与	非参与	非参与
（2）士绅	—	—	事后控制	事后控制	事后控制
（3）贵族	2	时有时无	事后控制	事后控制	事后控制
（4）都市群体	非参与	事后控制	罕见	罕见	时有时无
（5）法律的	—	—	—	—	—
（6）军事的	非参与	非参与	罕见	罕见	时有时无
（7）宗教的	非参与	非参与	时有时无	罕见	罕见
（8）文化-世俗的	—	—	—	—	—
（9）官僚	非参与	非参与	事后控制	事后控制	事后控制
2.成员身份规则的说明	—	明确法律的	明确传统的	明确传统的	非明确专横的
D.渠道的权限					
1.权力的程度*					
（1）	—	决策	对统治者决策的认可	对统治者决策的认可	决策
（2）	—	—	劝告	劝告	劝告
（3）	—	—	事后控制	事后控制	事后控制
2.权力的范围*					
（1）	—	自我调节	行政控制	行政控制	行政控制
（2）	—	—	政治的	政治的	政治的
（3）	—	—	任命	任命	任命
（4）	—	—	—	—	—
（5）	—	—	—	—	—
3.权力的制度化	无权力	1	2	2	1
E.统治者与群体之间政治斗争规则的说明	非明确的/非传统的	非明确的/非传统的	明确传统的/非传统的	明确传统的/非传统的	非明确传统的/非明确的

* 依据重要的程度。

表 I（续） 政治体系制度化的社会条件

C. 政治斗争渠道的发展（变量Ⅷ）

宋 I	宋 II	宋 III	元	明	清	孔雀王朝 I	孔雀王朝 II
	宫廷圈子		宫廷圈子，统治性家庭	宫廷圈子，统治性家庭	宫廷圈子，统治性家庭	宫廷圈子，统治性家庭，领地群体	
官僚 统治性家庭	官僚 —	军队 领地群体	官僚 统治性家庭	官僚 —	官僚 —		
传统的／特殊的	传统的／特殊的	特殊的／分别的	传统的／特殊的	传统的／特殊的	传统的／特殊的	传统的／特殊的	
非参与	非参与	非参与	非参与	非参与	非参与	非参与	
事后控制	事后控制	事后控制	事后控制	事后控制	事后控制	事后控制	
时有时无	时有时无	时有时无	事后控制	非参与	罕见	事后控制	
时有时无	时有时无	事后控制	时有时无	时有时无	时有时无	非参与	
—	—	—	—	—	—	—	
时有时无	时有时无	事后控制	时有时无	时有时无	时有时无	2	
非参与	非参与	非参与	时有时无	非参与	非参与	事后控制	
—	—	—	—	—	—	非参与	
事后控制	事后控制	事后控制	事后控制	事后控制	事后控制	非参与	
明确传统的	明确传统的	非明确专横的	明确传统的	明确传统的	明确传统的	非明确传统	
对统治者决策的认可	对统治者决策的认可	决策	对统治者决策的认可	对统治者决策的认可	对统治者决策的认可	2ᶜ	
劝告	劝告	劝告	劝告	劝告	劝告		
事后控制	事后控制	事后控制	事后控制	事后控制	事后控制	—	
政治的	政治的	行政控制	行政控制	行政控制	行政控制	2ᶜ	
行政控制	行政控制	政治的	政治的	政治的	政治的		
任命	任命	任命	任命	任命	任命		
—	—	—	—	—	—	—	
2	2	1	2	2	2	1	
明确传统的／非传统的	明确传统的／非传统的	非明确传统的／明确传统的	非传统的／明确传统的	非传统的／明确传统的	非传统的／非明确传统的	非传统的／非明确传统的	

表I(续) 政治体系制度化的社会条件

变量	C.政治斗争渠道的发展(变量VIII)			
	笈多	莫卧儿帝国 I	II	III
VIII.A.渠道的类型*				
1	宫廷圈子,统治性家,领地群体	统治性家庭	诸侯会议 [g]	宫廷圈子,领地群体
2	—	—		
3	—	—		
B.渠道嵌入的程度	传统的/特殊的	传统的/特殊的		
C.成员身份				
1.群体				
(1)农民	非参与	非参与		
(2)士绅	—	—		
(3)贵族	事后控制	事后控制		
(4)都市群体	非参与	非参与		
(5)法律的	—	非参与		
(6)军事的	2	时有时无		
(7)宗教的	事后控制	非参与		
(8)文化-世俗的	—	—		
(9)官僚	非参与	—[h]		
2.成员身份规则的说明	非明确传统的	非明确专横的		
D.渠道的权限				
1.权力的程度*				
(1)	2[b]	2		
(2)	—	—		
(3)	—	—		
2.权力的范围*				
(1)	选举[c]	2		
(2)	—	—		
(3)	—	—		
(4)	—	—		
(5)	—	—		
3.权力的制度化	1	1		
E.统治者与群体之间政治斗争规则的说明	非明确/非传统的	非明确/传统的		

* 依据重要的程度。

表1（续） 政治体系制度化的社会条件

C.政治斗争渠道的发展（变量Ⅷ）

	拜占庭帝国			阿拔斯		萨非	
	Ⅰ	Ⅱ	Ⅲ	Ⅰ	Ⅱ	Ⅰ	Ⅱ
	元老院	官僚	宫廷圈子	宫廷圈子	领地群体	领地群体	宫廷圈子
	特殊的/分别的	特殊政策的	特殊政策的	分别的	特殊政策的	传统的	分别的
	非参与			非参与		非参与	
	—			—		—	
	事后控制			2		时有时无	
	时有时无			事后控制		罕见	
	时有时无			时有时无		罕见	
	时有时无			事后控制		时有时无	
	时有时无			—		—	
	非参与						
	事后控制			事后控制	时有时无	罕见	事后控制
	明确传统的	非明确专横的	非明确传统的	明确传统的		明确传统的	非明确专横的
	事后控制	对统治者决策的认可	对统治者决策的认可	决策		决策	
	决策	劝告	决策	明确经济的		明确经济的	
	—	明确经济的	明确经济的	—		—	
	政治的	选举	政治的	任命		任命	
	—	—	—	行政控制		行政控制	
	—	—	—	自我调节		自我调节	
	—	—	—	法律的		法律的	
	—	—	—				
	3	2	1	1		1	
	明确非传统的	明确传统的/非传统的	明确非传统的	明确非传统的		非明确传统的	非明确/非传统的

表 I(续)　政治体系制度化的社会条件

| 变量 | C.政治斗争渠道的发展(变量Ⅷ) |||||
| | 奥斯曼 ||| 穆斯林西班牙 ||
	Ⅰ	Ⅱ	Ⅲ	Ⅰ	Ⅱ
Ⅷ.A.渠道的类型[*]					
1	领地群体	统治者内阁	领地群体	领地群体	军队
2	统治性家庭			–	
3	军队				
B.渠道嵌入的程度	特殊政策的	分别的	特殊政策的	特殊政策的	特殊政策的
C.成员身份					
1.群体					
(1)农民	非参与			非参与	
(2)士绅	–				
(3)贵族	时有时无			事后控制	
(4)都市群体	时有时无			时有时无	
(5)法律的	罕见			罕见	
(6)军事的	事后控制			事后控制	
(7)宗教的					
(8)文化-世俗的	–			–	
(9)官僚	时有时无	事后控制	事后控制	时有时无	
2.成员身份规则的说明	明确非传统的	非明确专横的	非明确专横的	明确传统的	
D.渠道的权限					
1.权力的程度					
(1)	执行决策			决策	
(2)	对统治者决策的认可			执行	
(3)	决策			–	
2.权力的范围					
(1)	劝告			任命	
(2)	任命			行政控制	
(3)	行政控制			自我调节	法律的
(4)	政治的			–	
(5)	自我调节				
3.权力的制度化	2			1	
E.统治者与群体之间政治斗争规则的说明	明确传统的/非传统的	明确传统/非传统的	明确非传统的	非明确传统的	

---

[*] 依据重要的程度。

表I(续) 政治体系制度化的社会条件

	C.政治斗争渠道的发展(变量Ⅷ)							
	罗马			西班牙美洲帝国			奥地利	西班牙	
I	II	III	I	II	III		I	II
统治者内阁.军队			统治者内阁.市议会			领地群体.官僚	统治者内阁.领地群体参与官僚	宫廷圈子
−			官僚			−	−	
特殊政策的	特殊政策的	特殊政策的	特殊/分别的	特殊/分别的	特殊/分别的	特殊政策的	特殊政策的	特殊政策的
罕见			非参与			罕见	非参与	
时有时无			事后控制			时有时无	时有时无	事后控制
事后控制			时有时无			时有时无	事后控制	时有时无
非参与			罕见			事后控制	非参与	
事后控制			非参与			事后控制	非参与	
罕见			非参与			事后控制	时有时无	罕见
非参与			−			非参与	非参与	
时有时无			事后控制			事后控制	事后控制	罕见
明确法律的			明确法律的			明确法律的	明确传统的	非明确专横的
执行	对统治者决策的认可	决策	劝告			执行	对统治者决策的认可	劝告
决策	执行	执行	执行			劝告	请愿的执行	执行
−	−	−	−			−		
任命选举	自我调节任命	选举任命	政治的法律的			政治的法律的	征税法律的	政治的
−	−	−	−			−	选举	−
−	−	−	−			−	−	−
3			2	3	3	2-4	2	1
非明确非传统的			非明确非传统的			非明确非传统的	明确非传统的	非明确非传统的

附录 573

表 I（续） 政治体系制度化的社会条件

C. 政治斗争渠道的发展（变量Ⅷ）

变量	瑞典 I	瑞典 II	瑞典 III	俄罗斯 I	俄罗斯 II	俄罗斯 III
Ⅷ.A. 渠道的类型*						
1	参与统治者内阁			元老院	统治者内阁，宫廷圈子	参与宫廷圈子，军队
2	官僚			—		
3	—			—		
B. 渠道嵌入的程度	分别的	分别的	分别的	特殊政策的	特殊政策的	特殊政策的
C. 成员身份						
1. 群体						
（1）农民	罕见	事后控制 f		罕见	非参与	非参与
（2）士绅	—			—		
（3）贵族	事后控制 f			事后控制		
（4）都市群体	罕见			时有时无		
（5）法律的	非参与			非参与		
（6）军事的	非参与			非参与		
（7）宗教的	事后控制			罕见		
（8）文化-世俗的	非参与			非参与		
（9）官僚	事后控制	罕见	非参与	事后控制		
2. 成员身份规则的说明	明确法律的			非明确传统的	非明确专横的	非明确专横的
D. 渠道的权限						
1. 权力的程度*						
（1）	对统治者决策的认可	事后控制	对统治者决策的认可	明确的	劝告	劝告
（2）	劝告	决策	劝告	—	对统治者决策的认可	明确的
（3）	执行			—	—	—
2. 权力的范围*						
（1）	征税	预算	征税	政治的	选举	选举
（2）	立法	立法	政治的	行政控制	政治的	政治的
（3）	政治的		—		行政控制	行政控制
（4）	行政控制					
（5）	自我调节					
3. 权力的制度化	2	3	3	2	1	2
E. 统治者与群体之间政治斗争规则的说明	明确传统的非传统的			非明确传统的/非传统的	非明确非传统的	非明确非传统的

* 依据重要的程度。

表 I（续） 政治体系制度化的社会条件

C. 政治斗争渠道的发展（变量Ⅷ）

普鲁士		法国			英国		
I	II	I	II	III	I	II	III
官僚	宫廷圈子，议会，	参与，统治者内阁，	官僚	统治者内阁	统治者内阁，参与	—	
—							
特殊政策的	特殊政策的	特殊/分别的	特殊/分别的	特殊/分别的	特殊/分别的	特殊/分别的	分别的
非参与		事后控制	罕见	罕见	事后控制		
—					事后控制		
事后控制		事后控制	时有时无	事后控制	事后控制		
事后控制	时有时无	事后控制	罕见	时有时无	事后控制		
非参与		非参与	时有时无	事后控制	非参与		
非参与							
非参与		罕见	时有时无	罕见	事后控制	时有时无	非参与
			非参与		非参与		
非参与	时有时无	罕见	时有时无	时有时无	事后控制	时有时无	罕见
非明确专横的	明确法律的	非明确专横的，明确法律的			非明确专横的，明确法律的		
执行		对统治者决策的认可	劝告	决策	对统治者决策的认可	决策	决策
劝告	决策	执行			劝告	事后控制	执行
—							—
政治的	任命	政治的	—	—	预算	预算	政治的
—		—			立法	政治的	立法
—		—			—	自我调节	任命
—						—	行政控制
							自我调节
3	2	3	2	2	3	3	
非明确	非明确	非明确	明确	非明确	明确传统的/	明确传统的/	
非传统的	非传统的	非传统的	非传统的	非传统的	非传统的	非传统的	

表1(续) 政治体系制度化的社会条件

D. 官僚活动发展的程度(变量IX)

变量	希腊	蒙古	封建欧洲	阿契美尼德	加洛林
IX. 官僚活动的范围					
A. 领域——总括	0	0	1	1	2
1. 中心层次					
(1) 经济的	0(1)	1	1	2	2
(2) 政治的	0(1)	1	1	2	2
(3) 法律的	0	0	1	2	2
(4) 宗教的	0	0	1	1	2
(5) 教育与文化的	0	0	1	1	1
(6) 分层	0	0	1	1	1
2. 地方层次					
(1) 经济的	0	1	2[c]	0	2
(2) 政治的	0	1	2	0	2
(3) 法律的	0	0	0	0	1
(4) 宗教的	0	0	0	0	1
(5) 教育与文化的	0	0	0	0	1
(6) 分层	0	0	0	0	1
B. 官僚在各领域活动的类型[*]					
1. 经济的					
(1)	…	…	…	…	…
(2)	…	…	…	…	…
2. 政治的					
(1)	…	…	…	…	…
(2)	…	…	…	…	…
3. 法律的					
(1)	…	…	…	…	…
(2)	…	…	…	…	…
4. 宗教的					
(1)	…	…	…	…	…
(2)	…	…	…	…	…
5. 教育与文化的					
(1)	…	…	…	…	…
(2)	…	…	…	…	…
6. 分层					
(1)	…	…	…	…	…
(2)	…	…	…	…	…
7. 总括					
(1)	…	…	…	…	…
(2)	…	…			

[*] 依据重要的程度。

表 I（续） 政治体系制度化的社会条件

印加帝国	古埃及 I	II	III	萨珊波斯 I	II	III	IV	托勒密王朝	塞琉西
\multicolumn{10}{c}{D.官僚活动发展的程度（变量IX）}
3		1			1			3	2
1	1	2	1		2			3	2
3	1	2	1		2			3	2
3	1	1	1		2			3	3
3	1	2	1		1(2)			2	3
3		1			1			1	1
1		1			2			1	1
3		1			2			0	0
3		0			1			0	0
3		0			1			0	0
2		0			1			0	0
2		0			1			0	0
1		0			1(2)			0	0
技术的	均衡的				调节的			技术的	技术的
—	—				技术的			调节的	调节的
技术的	调节的				调节的			技术的	技术的
调节的	—				—			—	—
技术的					调节的			调节的	调节的
—	—				技术的			—	—
技术的	调节的				均衡的			调节的	调节的
调节的	技术的				—			—	—
调节的	—				均衡的			—	—
技术的	—				—			—	—
—	调节的				调节的			—	—
					技术的				
均衡的	均衡的	调节的	调节的（技术的）	调节的	调节的	调节的	调节的	技术的	技术的
			—	技术的		技术的		—	—

附 录

表I（续） 政治体系制度化的社会条件

变量	唐 I	唐 II	唐 III	宋 I	宋 II	宋 III
IX. 官僚活动的范围						
A. 领域——总括	3	3	2	3	3	2
1. 中心层次						
（1）经济的	3	3	1	3	3	3
（2）政治的	3	3	2	3	3	2
（3）法律的	3	3	2	3	3	2
（4）宗教的	2	3	2	3	3	2
（5）教育与文化的	2	2	1	2	2	1
（6）分层	2	2	2	2	2	2
2. 地方层次						
（1）经济的	2	2	1	2	2	1
（2）政治的	2	2	3	2	2	3
（3）法律的	3	3	3	3	3	3
（4）宗教的	2	2	2	2	2	2
（5）教育与文化的	2	2	2	2	2	2
（6）分层	2	2	1	2	2	1
B. 官僚在各领域活动的类型*						
2. 经济的						
（1）	调节的	调节的	调节的	调节的	调节的	调节的
（2）	技术的	技术的	技术的	技术的	技术的	技术的
2. 政治的						
（1）	技术的	技术的	技术的	技术的	技术的	技术的
（2）	调节的	调节的	调节的	调节的	调节的	调节的
3. 法律的						
（1）	技术的	技术的	技术的	技术的	技术的	技术的
（2）	调节的	调节的	调节的	调节的	调节的	调节的
4. 宗教的						
（1）	调节的	调节的	调节的	调节的	调节的	调节的
（2）	技术的	技术的	技术的	技术的	技术的	技术的
5. 教育与文化的						
（1）	技术的	技术的	技术的	技术的	技术的	技术的
（2）	调节的	调节的	调节的	调节的	调节的	调节的
6. 分层						
（1）	调节的	调节的	调节的	调节的	调节的	调节的
（2）	技术的	技术的	技术的	技术的	技术的	技术的
7. 总括						
（1）	调节的	调节的	调节的	调节的	调节的	调节的
（2）	技术的	技术的	技术的	技术的	技术的	技术的

D. 官僚活动发展的程度（变量IX）

* 依据重要的程度。

表 I（续） 政治体系制度化的社会条件

元	明	清	孔雀王朝 I	孔雀王朝 II	笈多	莫卧儿帝国 I	莫卧儿帝国 II	莫卧儿帝国 III
			D.官僚活动发展的程度（变量IX）					
3	3	3	3		2		2	
3	3	3	3		2	2	2	3
3	3	3	3		2		3	
3	3	3	3		3		2	
2	3	3	1	3	1	1	1	3
3	3	3	1		1		1	
2	2	2	1		1	1	1	2
2	2	2	0		0		0	
2	2	2	0		0		0	
3	3	3	0		0		0	
2	2	2	0		0		0	
2	2	2	0		0		0	
2	2	2	0		0		0	
调节的	调节的	调节的	调节的		技术的		技术的	
技术的	技术的	技术的	技术的		—		调节的	
技术的	技术的	技术的	调节的		技术的		技术的	
调节的	调节的	调节的	技术的		调节的		调节的	
技术的	技术的	技术的	技术的		技术的		技术的	
调节的	调节的	调节的	调节的		调节的		—	
调节的	调节的	调节的	—	调节的 [d]	—	—	—	调节的 [i]
技术的	技术的	技术的	—	技术的 [d]	—	—	—	—
技术的	技术的	技术的	—	—	—	—		
调节的	调节的	调节的	—	—	—	—		
调节的	调节的	调节的	—	—	—	—	—	调节的
技术的	技术的	技术的	—	—	—	—	—	—
调节的	调节的	调节的	调节的		技术的	技术的	技术的	调节的
技术的	技术的	技术的	技术的		调节的	调节的	调节的	技术的

表 I（续） 政治体系制度化的社会条件

变量	拜占庭帝国 I	拜占庭帝国 II	拜占庭帝国 III	阿拔斯 I	阿拔斯 II	萨非 I	萨非 II
IX. 官僚活动的范围							
A. 领域——总括		3		2		2	
1. 中心层次							
（1）经济的	3	3	2	3		3	
（2）政治的	2	2	3	3		3	
（3）法律的	3	3	3	2		3	
（4）宗教的	2	2	2	1		3	
（5）教育与文化的	2	3	2	2		2	
（6）分层	2	3	2	3		3	
2. 地方层次							
（1）经济的		1		2		2	
（2）政治的		1		2		3	
（3）法律的		2		1		2	
（4）宗教的	2	1		2			
（5）教育与文化的		2		1		2	
（6）分层		1		1		2	
B. 官僚在各领域活动的类型*							
1. 经济的							
（1）		调节的		技术的		技术的	
（2）		技术的		调节的		调节的	
2. 政治的							
（1）		调节的		技术的		调节的	
（2）		技术的		调节的		技术的	
3. 法律的							
（1）		调节的		技术的		技术的	
（2）		—		调节的		技术的	
4. 宗教的							
（1）		调节的		—		调节的	
（2）		—		—		技术的	
5. 教育与文化的							
（1）		技术的		技术的		技术的	
（2）		—		—		—	
6. 分层							
（1）		—		调节的		调节的	
（2）		—		—		—	
7. 总括							
（1）	调节的	调节的	调节的	均衡的	调节的	均衡的	
（2）	—	技术的	—	—	—	—	

* 依据重要的程度。

表 I（续） 政治体系制度化的社会条件

D. 官僚活动发展的程度（变量IX）										
奥斯曼			穆斯林西班牙		罗马			西班牙美洲帝国		
I	II	III	I	II	I	II	III	I	II	III
3			2		1	1	2	1	3	2
3			3		1	1	3	1	3	2
3			3		1	2	3	1	3	2
3			2		2	2	2	1	3	2
3			1		1	1	3	1	2	2
2			2		1	2	1	1	2	2
1			1		2	2	3	1	3	2
2			2		1	2	3	1	3	2
2			2		1	2	3	1	1	1
2			1		1	1	2	1	1	1
2			1		2	2	3	1	1	1
1			1		1	2	1	1	2	1
2			1		1	2	3	1	2	1

技术的 调节的			技术的 调节的		技术的 调节的			调节的 技术的		
技术的 调节的			技术的 调节的		技术的 -			调节的 技术的		
技术的 调节的			技术的 -		技术的 -			调节的 技术的		
调节的 技术的			技术的 -		调节的 -			调节的 技术的		
技术的 -			技术的 -		技术的 -			调节的 技术的		
调节的 -			-		调节的 -			均衡的 -		
调节的 （技术的）	均衡的	调节的 （技术的）	2	技术的 调节的	技术的 调节的	均衡的	调节的 技术的	调节的 技术的	调节的 技术的	调节的 （技术的）

表Ⅰ（续） 政治体系制度化的社会条件

D.官僚活动发展的程度（变量Ⅸ）

变量	奥地利	西班牙 Ⅰ	西班牙 Ⅱ	瑞典 Ⅰ	瑞典 Ⅱ	瑞典 Ⅲ
Ⅸ.官僚活动的范围						
A.领域——总括	3	2	1(2)	2	2	2
1.中心层次						
(1)经济的	2	1	2	2	3	1
(2)政治的	2	3	2	1	2	1
(3)法律的	3	3	2	2	2	3
(4)宗教的	2	2	2(3)	2	1	2
(5)教育与文化的	2	1	2	3	2	2
(6)分层	2	2	1	1	2	1
2.地方层次						
(1)经济的	3	1	1	2	2	1
(2)政治的	3	2	2	1	2	1
(3)法律的	3	2	2	2	2	2
(4)宗教的	3	1(2)	1(2)ᶜ	2	1	1
(5)教育与文化的	3	1	1	2	2	2
(6)分层	1	1	1	1	1	1
B.官僚在各领域活动的类型*						
1.经济的						
(1)	调节的	调节的	—	调节的	调节的	调节的
(2)	—	—	—	—	技术的	—
2.政治的						
(1)	技术的	调节的	—	—	技术的	—
(2)	调节的	调节的	—	—	调节的	—
3.法律的						
(1)	技术的	技术的	—	调节的	技术的	技术的
(2)	调节的	—	—	技术的	调节的	—
4.宗教的						
(1)	调节的	技术的	—	调节的	—	调节的
(2)	—	调节的	—	—	—	—
5.教育与文化的						
(1)	调节的	调节的	—	调节的	技术的	技术的
(2)	技术的	调节的	—	技术的	调节的	—
6.分层						
(1)	—	技术的	—	—	调节的	—
(2)	—	—	—	—	—	—
7.总括						
(1)	调节的	调节的	调节的	调节的	均衡的	调节的
(2)	技术的	技术的	—	技术的	—	技术的

* 依据重要的程度。

表 I（续） 政治体系制度化的社会条件

D.官僚活动发展的程度（变量 IX）

俄罗斯			普鲁士		法国			英国		
I	II	III	I	II	I	II	III	I	II	III
3	2	3	2	3	2	3	2	2	2	1
2	1	2	2	3	1	3	2	2	1	1
3	2	2	2	3	1	3	2	2	2	1
3	2	3	3	2	2	3	2	2	1	1
2	2	3	1		1	2	2	3	3	2
2	2	3	1		1	3	2	2	1	1
3	3	3	1	2		2	1	2	1	1
2	1	2	2	1	2	2	2	1	1	1[d]
2	3	2	2	3	2	2	2	1	1	1
2	1	2	2	2	2	2	2	1	1	1
2	2		1		1	1	1	1	1	1
1	1	1	2	2	1		2	1	1	1
2	2	2		1		1	2	2	1	1

调节的 —			调节的	调节的 技术的	调节的 技术的			均衡的 调节的	技术的	技术的
调节的 技术的			调节的		调节的 技术的			调节的 —		
技术的 —			调节的 —	技术的	技术的 调节的			调节的 —	技术的 —	技术的
技术的 调节的				—	调节的 —			调节的 技术的	技术的	技术的
调节的 —			技术的 —		调节的 技术的			技术的 调节的		
技术的 调节的				调节的 —	调节的 —			技术的 —		
调节的 （技术的）	调节的 —	调节的 （技术的）	调节的 （技术的）	调节的 技术的	调节的 技术的	调节的 —	调节的 技术的	调节的 技术的	调节的 技术的	技术的

表1（续） 政治体系制度化的社会条件

变量	D.官僚活动发展的程度（变量IX）				
	希腊	蒙古	封建欧洲	阿契美尼德	加洛林帝国
C.官僚组织的自主性——总括	0(1)	0(1)	1(2)	1	0
1.角色	0(1)	1	1(2)	1	0
2.目标	0(1)	1	1	1(2)	1
3.规则	0(1)	0(1)	1	1	0
D.官僚角色职业化程度	0(1)	0(1)	1	1	1(0)
E.官僚酬报的类型*					
1.	特定的	靠统治者的世袭酬报	授予	靠统治者的世袭酬报.授予	授予.特定的.持续的
2.	持续的	特定的	靠统治者的世袭酬报.特定的	—	—
3.	荣誉的	—	—	—	—
4.	—	—	—	—	—
5.	—	—	—	—	—
F.职能部门化的程度	1	0(1)	0	1(2)	1

* 授予.特定.包税。

变量	唐			宋		
	I	II	III	I	II	III
C.官僚组织的自主性——总括	3	3	3	3	3	3
1.角色	2	3	3	3	3	3
2.目标	2	2	2	2	2	2
3.规则	3	3	3	3	3	3
D.官僚角色职业化程度	3(2)	3(2)	3(2)	3(2)	3(2)	3(2)
E.官僚酬报的类型*						
1.	持续的			持续的.授予		
2.	贿赂			贿赂		
3.	—	—	—	—	—	—
4.	—	—	—	—	—	—
5.	—	—	—	—	—	—
F.职能部门化的程度	3	3	3	3	3	3

* 依据重要性的程度。

表Ⅰ(续) 政治体系制度化的社会条件

印加帝国	古埃及			萨珊波斯			托勒密王朝	塞琉西
	Ⅰ	Ⅱ	Ⅲ	Ⅰ	Ⅱ	Ⅲ	Ⅳ	

D.官僚活动发展的程度(变量Ⅸ)

印加帝国	古埃及 Ⅰ	Ⅱ	Ⅲ	萨珊波斯 Ⅰ	Ⅱ	Ⅲ	Ⅳ	托勒密王朝	塞琉西
1	1	2	1		1			1	1
1	1	2	1	1		2	1	1	1
1	0	1	2			1		1	1
1		0				1		1	1
1	1				1			2	1
靠统治者的世袭酬报	授予		靠的世袭酬报	靠统治者的世袭酬报	**		靠统治者的世袭酬报	授予	授予
授予	包税	**	**		靠统治者的世袭酬报		**	贿赂	—
—	持续的				—			—	—
—	靠统治者的世袭酬报				—			—	—
—	特定的								
2	1	2	1			1(2)		3	1

元	明	清	孔雀王朝 Ⅰ	Ⅱ	笈多	莫卧儿帝国 Ⅰ	Ⅱ	Ⅲ
3	3	3	1		1	1		
3	3	3	2		2	1		
2	2	2	1		1	1		
3	3	3	1		1	1		
3(2)	3(2)	3(2)	1		1	1		
持续的.授予 贿赂	持续的.授予 贿赂	持续的.授予 贿赂	持续的 —		持续的 —	持续的 —	授予 持续的	
—	—	—	—		—	—		
—	—	—	—		—	—		
3	3	3	2	3	1	1	2	1

表 I（续） 政治体系制度化的社会条件

变量	D.官僚活动发展的程度（变量IX）							
	拜占庭帝国			阿拔斯		萨非	
	I	II	III	I	II	I	II
C.官僚组织的自主性——总括	2	2(3)	2	2		2	
1. 角色	2	3	2	3	2	1	2
2. 目标	2	2	3	2		2	
3. 规则	2	3	2	1		1	
D.官僚角色职业化程度	2	3	2	2	2(1)	1	2
E.官僚酬报的类型*							
1.	授予			包税		包税	
2.	持续的			持续的		授予	
3.	—			贿赂		贿赂	
4.	—			—		—	
5.	—						
F.职能部门化的程度		1	3	2		1	3

变量	奥地利	西班牙		瑞典			
		I	II	I	II	III
C.官僚组织的自主性——总括	1(3)	2	2	2	2	2
1. 角色	3	2(3)	2	3	2	3
2. 目标	2	1	1	1	2	1
3. 规则	3	2	2	2	2	3
D.官僚角色职业化程度	2	2	1		2	
E.官僚酬报的类型*						
1.	持续的	授予		持续的	持续的	
2.	—	持续的		包税	—	—
3.	特定的	特定的		服务		
4.	—	荣誉性的		—		
5.	—	—				
F.职能部门化的程度	3	2	2	2	3	2

* 依据重要的程度。

表 I（续） 政治体系制度化的社会条件

D. 官僚活动发展的程度（变量 IX）

奥斯曼			穆斯林西班牙		罗马			西班牙美洲帝国		
I	II	III	I	II	I	II	III	I	II	III
2(1)	2(3)	2(1)	1		1(2)	1(2)	2(3)	1	3	3
2	3	2	1	1	1	1	3	1	3	3
		2	1	1	2	1		3	3	3
		1	1	1	2	2		1	3	3
		2	1	2	1	2	3	1	3	3

包税			包税		持续的			包税		
持续的			持续的		贿赂			持续的		
贿赂			贿赂		授予			贿赂		
—			—		包税			—		
					—					
2	3	1	2	3	3			1	3	3

俄罗斯			普鲁士		法国			英国		
I	II	III	I	II	I	II	III	I	II	III
1(2)	1	1(2)	2	3	1	2	3	2	2	2(3)
2	1(2)	2	3	3	1	2	3	2	2	3
1	1	1	2	3	1	2	3	2	2	1
2	1	2	2	3	1	2	2	2	2	2
	2(1)		2	2	1	3	2	1	2	2

持续的			持续的		持续的	持续的		持续的		
荣誉的			特定的		包税	贿赂		荣誉的		
贿赂			荣誉的		—	—		—		
—			—							
1(2)	1(2)	2	2	3	1	3	3	3[c]		

表 Ⅱ 历史官僚制社会中政治斗争的范围

变量	印加帝国	古埃及 Ⅰ	古埃及 Ⅱ	古埃及 Ⅲ
Ⅰ.统治者目标的主要取向和参照				
A.内容	文化归属性的	文化归属性的 政治集体的	文化归属性的 政治集体的	文化归属性的 政治集体的
B.复杂性	—			
C.异质性	—			
Ⅱ.统治者政治目标的自主性	1	2	2	1
Ⅲ.分化的程度——总括的	1(2)	2	3	2
1.农民	1	1	2	1
2.士绅	—			
3.贵族	3	2	2	3
4.都市群体	1(2)	1	3	2
5.法律的	—	1	2	2
6.军事的	—[b]	1	2	3
7.宗教的	3	2	3	3
8.文化-世俗的	—	—	—	—
Ⅳ.群体的自我调节				
A.传统的	3	4	3	4
B.非传统的	1	1	2	1
Ⅴ.群体政治参与的程度				
A.强度——总括的	1	1	1	2
1.农民	1	1		
2.士绅	—	—	—	—
3.贵族	1(2)	1	2	1
4.都市群体	1		1	
5.法律的	—	1	1	2
6.军事的	—	1	1	2
7.宗教的	1	1	2	1
8.文化-世俗的	—	—	—	—
9.官僚	1	1	2	2
B.群体政治目标的表达——总括的	1	1	2(1)	1(2)
1.农民	1	1	1	1
2.士绅	—	—		
3.贵族	1	1	2	1
4.都市群体	1	1	1	1
5.法律的	—	1	1	2
6.军事的	—	1	1	2
7.宗教的	1	1	2	1
8.文化-世俗的	—			
9.官僚	—	1	2	1
C.政治组织在社会中定型化的程度	0		1	

表II（续） 历史官僚制社会中政治斗争的范围

萨珊波斯				托勒密王朝	塞琉西	唐		
I	II	III	IV			I	II	III
		政治集体的 文化集体的[c] 自我调节		自我调节 经济集体的 —	自我调节 政治集体的 —	文化归属性的 政治集体的 自我调节	文化归属性的 政治集体的 —	文化归属性的 政治集体的 自我调节
2	1	3	1	3	3	4	4	2
2	2	3	2	3	4	4	4	4
2	2	3	2	1	2	3	2	2
2	2	4	2[b]	—	—	4	5	5
2	2	3	2	2	4	4	3	3
3	2	4	2	3	6	3	4	5
2	2	2	2	—	—	—	—	—
2	2	2	2	5	5	3	4	5
3	3	4	3	6	5	4	3	3
—	—	—	—	—	—	—	—	—
		4		2	4	3	3	4
		1		2	4	2	2	3
1	2	2(1)	2	1	2	{1 / 2}	{1 / 2}	{2(2)[c] / 2(3)}
1	2(1)	1	1	2	1	1	1	2
1	2(3)	2	1	—	—	{1 / 2}	{1 / 2}	{1(2)[c] / 2(3)}
2(1)	2	2	2	1	2	2(3)	2	2
1	1	2	1	1	2	{0(1) / 1(2)}	1 / 2(1)	1[c] / 2(1)
1	1	1	1	—	—	—	—	—
1	2	1	2	1	1	1	1	2
1	2	2	2	2	1	2	1	1
—				—		—	—	—
1	1	2	1	1	1	{1 / 2}	{1(2) / 2(3)}	{1(2)[c] / 2(3)}
1(2)	1	2(1)	1	1	1	2(1)	2(1)	2
1	1	1	1	1	1	1	1	1[d]
1	1	1(2)	1	—	—	1(2)	1(2)	1(2)
2(1)	2	2	2(3)	1	2	1	1	1
1	1	1(2)	1	1	2	1(2)	1(2)	1(2)
1	1	1	1	—	—	—	—	—
1	2	1	2	1	1	1	1	2
1(2)	2(1)	2	1	2	1	1	1	1
				—				—
2(1)	1	2(1)	1	1	1	2(1)	2(1)	2
		1		0	0(1)	1(2)	1(2)	2

附录

表 II （续） 历史官僚制社会中政治斗争的范围

变量	宋 I	宋 II	宋 III	元	明
I. 统治者目标的主要取向和参照					
A. 内容	文化归属性的	文化归属性的	文化归属性的	文化归属性的	文化归属性的
B. 复杂性	政治集体的	政治集体的	政治集体的	政治集体的,自我调节的	政治集体的,自我调节的
C. 异质性	自我调节的	—	自我调节的	—	—
II. 统治者政治目标的自主性	4	4	2	4	4
III. 分化的程度——总括的	5	5	5	5	5
1. 农民	3	3	2	2	3
2. 士绅	5(6)	5(6)	5(6)	6	6
3. 贵族	3	3	3	4[d]	2
4. 都市群体	5	5	5	5(6)	6
5. 法律的	—	—	—	—	—
6. 军事的	3	3	5	4	4
7. 宗教的	3	3	3	4	2
8. 文化-世俗的	—	—	—	—	—
IV. 群体的自我调节					
A. 传统的	3	3	4	3	3
B. 非传统的	2	2	3	2	2
V. 群体政治参与的程度					
A. 强度——总括的	{1, 2}	{1, 2}	{1(2)[c], 2(3)}	{1[e], 2}	{1[c], 2}
1. 农民	1(2)	1(2)	2	1(2)	1(2)
2. 士绅		1(2)	1(2)[c]		
3. 贵族	{1(2), 2(3)}	{2(3), 1}	{2(3), 2}	{2(3), 2[d]}	{2(3), 2}
4. 都市群体	{1, 2}	{1, 2}	{1[c], 2}	{1[e], 2}	{1[c], 2(1)}
5. 法律的	—	—	—	—	—
6. 军事的	1	1	1[c]		
7. 宗教的	1	2	2	1(2)	1(2)[c]
8. 文化-世俗的	1	1	1	1	1
9. 官僚	{1(2), 2(3)}	{1(2), 2(3)}	{1(2)[c], 2(3)}	{1[e], 2}	{1[c], 2}
B. 群体政治目标的表达——总括的	2	2	2	2	2
1. 农民	1	1	1[d]	1[g]	1[d]
2. 士绅	2(1)	2(1)	2(1)	2(1)	2(1)
3. 贵族	1	1	1	1	1
4. 都市群体	2	2	2	2(1)	2(1)
5. 法律的	—	—	—	—	—
6. 军事的	1	1	1	1	1
7. 宗教的	1	1	1	1	1
8. 文化-世俗的	—	—	—	—	—
9. 官僚	2	2	2(3)	2	2
C. 政治组织在社会中定型化的程度	2(1)	2(1)	2	1(2)	1(2)

表Ⅱ （续） 历史官僚制社会中政治斗争的范围

清	孔雀王朝 I	孔雀王朝 II	笈多	莫卧儿帝国 I	莫卧儿帝国 II	莫卧儿帝国 III
文化归属性的政治集体的，自我调节的	自我调节的	政治集体的文化集体的	政治集体的自我调节的	—	政治集体的自我调节的	—
4	3	4	2	3	4	4
5	4		4	3	4	3
3	3		3	—	3	—
6	—		—	—	—	—
3	4		4	—	4	—
6	5		5	3	5	3
—	—		—	—	2	—
4	7		5	3	5	5[d]
2	7		7	—	7[e]	—
3	5		5		5	
2	1		1		1	
{1[d] / 2}	1		1		1	
1(2)	1		1		1	
2(3)	—		—		—	
2[c]	3		3		3	
{1[d] / 2}	1		1		1	
—						
1(2)[e]	2		2			
1	1		3[d]		1	
—			—			
{1[d] / 2}	1		1		1	
2	1		1		1	
1[g]	1		1		1	
2(1)	—		—		—	
1	2		2		1	
2(1)	1		1		—	
1	2		2		—	
1	2(3)		2(3)		2	
—						
2	1		1		1	
1(2)	1		1		2	

附录 591

表 II （续） 历史官僚制社会中政治斗争的范围

变量	拜占庭帝国 I	II	III	阿拔斯 I	II
I.统治者目标的主要取向和参照					
A.内容	政治集体的	政治集体的	自我调节		文化集体的
B.复杂性	自我调控	文化集体的, 经济集体的	政治集体的		自我调节
C.异质性	—	—	—		政治集体的
II.统治者政治目标的自主性	4	5	3	3	1
III.分化的程度——总括的	4	7	6	5	6
1.农民	3	6	2	2	2
2.士绅	—	—	—	—	—
3.贵族	4	7	6	2	
4.都市群体	6	7	5	7	5
5.法律的	5	7	7	5	5[c]
6.军事的	3	4	5	3	6
7.宗教的	7	7	8	—	—
8.文化-世俗的	2	5	4	—	—
IV.群体的自我调节					
A.传统的		{4 2[c]}		4	
B.非传统的		3[d]		3	
V.群体政治参与的程度					
A.强度——总括的	1	2(3)	2	2(3)	2(3)
1.农民	1	2	1	1	1(2)
2.士绅	—	—	—	—	—
3.贵族	3	3	3	2	1
4.都市群体	1(2)		2(1)	3	2
5.法律的	2	2	2	2	2(3)
6.军事的	1	2	2	2	3
7.宗教的	2	2(3)	2	—	—
8.文化-世俗的	1	1	1	—	—
9.官僚	2	3	2	3	3
B.群体政治目标的表达——总括的	1(2)	2	2(1)	1(2)	1
1.农民	1	2	1	1	1
2.士绅	—	—	—	—	—
3.贵族	2	2	2	2	2
4.都市群体	1	2	1	2	2
5.法律的	2	2	2	1	1
6.军事的	1	1(2)	1	1	1
7.宗教的	2	3	3	—	—
8.文化-世俗的	2	3	2	—	—
9.官僚	1	2	2	1	1
C.政治组织在社会中定型化的程度	1(2)	2	2(1)	2	1

表II（续） 历史官僚制社会中政治斗争的范围

萨非		奥斯曼			穆斯林西班牙	
I	II	I	II	III	I	II
	文化集体的 自我调节	政治集体的 文化集体的 自我调节	政治集体的 文化集体的 自我调节	政治集体的 自我调节		文化集体的 自我调节
—	—	—	—	—	—	—
1	3	2	4	3	2	3
4	5	4	6	6		6
2	2	3	2	2		3
—	—	—	—	—		—
4	2	5	3	3	7	5
2	6	5	6	6		6
4	5c	4	7	7c		4c
2	4	3	7	6	5	6
—	—	—	—	—		—
—	—		—			—
	3		4			4
	2		2			3
	2	1(2)	2	3		2(3)
	1	1	1	1		1
	—		—			—
	2	3	1	1		3
	2	1	2	3		2
	2	2	2	3		2
	3	1	2	3		3
	—		—			—
	2	1	3	3		1
	1	1	1	1(2)		1(2)
	1	1	1	1		1
	—	—	—	—		—
	2	1	1	1		2
	1	1	1	2		1(2)
	1	1	1	2		1
	1	1	1	1		1
	—	—	—	—		—
	1	1	1	1		1
	2(1)	2(1)	1	2		2(1)

附录　　　　　　　　　　　　　　　　　　　　　　　　　593

表 II （续） 历史官僚制社会中政治斗争的范围

变量	罗马 I	罗马 II	罗马 III	西班牙美洲帝国 I	西班牙美洲帝国 II	西班牙美洲帝国 III
I．统治者目标的主要取向和参照						
A．内容	政治集体的	政治集体的	政治集体的	自我调节，政治集体的	政治集体的	政治集体的
B．复杂性	文化集体的	文化集体的	自我调节	文化集体的	文化集体的	经济集体的
C．异质性	自我调节	自我调节	—	—	经济集体的	文化集体的
D．	—	—				社会群体授予[c]
II．统治者政治目标的自主性	3	4	4	5	4	5
III．分化的程度——总括的	5	4	4	{4 3	6 4	7 3[b]}
1．农民	2	2	3	2	3	2
2．士绅	—	—	—	—	4	4[c]
3．贵族	4	4	1	7	6	6
4．都市群体	6	5	3	{5 4	6 4	7 4[b]}
5．法律的	2	3	4	3	6	7
6．军事的	5	5	5	1	1	1
7．宗教的	3	3	4	5	6	7
8．文化-世俗的	4	3	1			
IV．群体的自我调节						
A．传统的	4	3	2	{1 5	{1 3	1 3[b]}
B．非传统的	2	1	3	{1 1	{2 1	3 1[b]}
V．群体政治参与的程度						
A．强度——总括的	2	1	2	2	2	3
1．农民	1	1	1	1	2	1
2．士绅	—	—	—	1	1	1(2)
3．贵族	3	1	1	3	2	2
4．都市群体	1	2	2	1	2	2
5．法律的	无参与			1	2	3
6．军事的	2	1	3	无参与		
7．宗教的	1	1	2	2	3	2
8．文化-世俗的	2	1	1	—	—	—
9．官僚	1	1(2)	2	1	2	2
B．群体政治目标的表达——总括的	2	1	2	2	2	3
1．农民	1	1	1	1	2	1
2．士绅	—	—	—	1	1(2)	1
3．贵族	3	1	1	3	2	2
4．都市群体	2(1)	2	1	1	2	3
5．法律的	2	1	1	1	2	3
6．军事的	2	1	3	1	1	1
7．宗教的	1	1	2	2	3	2
8．文化-世俗的	2	1	1	—	—	—
9．官僚	1	1(2)	2	1	2	2
C．政治组织在社会定型化的程度	2(3)	1	1(2)	1(2)	2	2(3)

表 II （续） 历史官僚制社会中政治斗争的范围

奥地利	西班牙 I	西班牙 II	瑞典 I	瑞典 II	III
政治集体的 经济集体的，文化集体的 —	政治集体的 文化集体的 经济集体的 —	政治集体的 自我调节 文化集体的 —	政治集体的 —	政治集体的 —	
5	3	4	5	5	4[b]
6	5	4	5	6	7
5	4	4	7	4	8
—				—	
7	4	6[b]	4	8	6
6	6	3	3	5	6
8	4	4	3	5	6[d]
6	7	3	7	6	6[d]
6	8	8	8	5	5
7	6	4	5	8	8
3	4	2		3	
2	2	2		4	
2	3	2	3	3	3
2	3	1	3	2	3
—		—		—	
2	3	3	2	3	3
2	3	2	2	2	2
3	1	1	1	1	1
3	1	1	1	1	1
2	3	2	3	2	2
2	1	1	1	3	2
3	3	2	2	1	1
1(2)	2	2	2	3	2
1	1	1	1	2	2[g]
—	—	—		—	
1	3	2	3	3	3
1	1	1	1	2	1
2	1	1	1	1	1
1	1	1	1	1	1
3	2	2	3	2	2
3	3	1	1	3	3
3	1	1	1	1	1
1(2)	2	2(3)	2	2(3)	2(3)

附录

表 II （续） 历史官僚制社会中政治斗争的范围

变量	俄罗斯 I	II	III	普鲁士 I	II
I．统治者目标的主要取向和参照					
A. 内容	政治集体的	自我调节	政治集体的	政治集体的	政治集体的
B. 复杂性	经济集体的	—	经济集体的		自我调节
C. 异质性		—			—
D.		—			—
II．统治者政治目标的自主性	5	3	4	5	4
III．分化的程度——总括的	5	4	5	5	6
1. 农民	4	3	3	3	5[d]
2. 士绅	—	—	—[e]	—	—[e]
3. 贵族	5	6	7	6	7
4. 都市群体	5	3	4	8	6
5. 法律的	2	2	3	3	5
6. 军事的	6	3	5	8	8
7. 宗教的	5	5	5	4	4
8. 文化-世俗的	3	3	5	4	6
IV．群体的自我调节					
A. 传统的		2		3	2[f]
B. 非传统的		3		2	2
V．群体政治参与的程度					
A. 强度——总括的	2	2	3	2	2
1. 农民	1	2	3	1	1
2. 士绅		—			—
3. 贵族	2	3	3[d]	2	3
4. 都市群体	2	1	2	2	2(1)
5. 法律的	1	1	1	2	1
6. 军事的	1	3	2	1	1
7. 宗教的	2	2	2	1	1
8. 文化-世俗的	1	1	3	1	2
9. 官僚	2	2	3	1	2
B. 群体政治目标的表达——总括的	1	1	2	2	2
1. 农民	1	1	1	1	1
2. 士绅	—	—	—	—	—
3. 贵族	1	2	3	2	3
4. 都市群体	1	1	2	2	2
5. 法律的	1	1	1	2	1
6. 军事的	1	1	1	1	1
7. 宗教的	2	1	2	1	1
8. 文化-世俗的	2	2	3	1	3
9. 官僚	1	1	2	1	2
C. 政治组织在社会中定型化的程度	1(2)	1(2)	1(2)	2(1)	2

表 II （续） 历史官僚制社会中政治斗争的范围

	法国			英国	
I 政治集体的	II 政治集体的 经济集体的 文化集体的	III 政治集体的 经济集体的 文化集体的 社会群体授予的	I 政治集体的 文化集体的	II 政治集体的 经济集体的	III 政治集体的 社会群体授予的
4	5	3	5	4	5
6	6	7	6	7(8)	8(9)
5	5	6	6	7	8
—	—	—	5	8	9
7	6	7	6	7	7
5	6	8	6	8	9
7	7	8	5	7	9
5	5	5	3	5	6
6	6	6	6	7	6
4	6	8	5	7	8
4	2	2	2	1	1
2	3	3	3	4	5
2	2	3	2	3	3
1	2	2	2	2	2
3	2	2	3	3	3
2	1	3	2	2	3
2	2	3	3	2	2
	无参与			无参与	
2	2	2	2	3	2
1	2	3	1	1	2
1	2	3	1	1	1
2	2	3	2(3)	2(3)	3
1	1	1	2	1	1
—	—	—	2	3	3
2	3	3	3	2	2
2	2	3	2	2	2
1	2	2	2	2	2
1	2	3	3	2	1
	无表达			无表达	
3	2	2	3	3	2
1	2	3	1	1	2
1	2	3	1	1	1
2	2(1)	2(3)	2	2(3)	2(3)

附录

表 II （续） 历史官僚制社会中政治斗争的范围

变量	印加帝国	古埃及 I	II	III
D. 群体参与政治组织的				
程度——总括的	1	1	2	2(1)
1. 农民	1	1	1	1
2. 士绅	—	—	—	1
3. 贵族	1	2	2	2
4. 都市群体	1	1	1	1
5. 法律的	—	1	1	1
6. 军事的	1	1	2	2
7. 宗教的	1	1	2	2
8. 文化-世俗的	—	—	—	—
9. 官僚	1	1	2	2
E. 群体参与的一般程度	1	1	2(1)	1(2)
VI. 反叛	1	1	2	2
VII. 政策类型*				
1.	积累的	积累的创造性的	积累的创造性的	积累的创造性的
2.	惯例的	调节的服务	调节的惯例	调节的
3.	服务	惯例的	服务	惯例的服务
4.	服务/调节的	—		
5.	—			
6.	—			

变量	宋 I	II	III	元	明
D. 群体参与政治组织的程度——总括的	2	2	3	2	2
1. 农民	1	1	2	1	1
2. 士绅	2	2	3	2	2
3. 贵族	1	1	2	2	1
4. 都市群体	2	2	2	2	2
5. 法律的	—	—	—	—	—
6. 军事的	2	2	3	2	2
7. 宗教的	1	1	2	2	1
8. 文化-世俗的	—	—	—	—	—
9. 官僚	3	3	3	3	3
E. 群体参与的一般程度	{1(2) 2(1)}	2(1) 2(1)	1(2) 2	1(2) 2	{1(2) 2}
VI. 反叛	1	2	3	1	1
VII. 政策类型*					
1.	调节的	调节的	调节的	调节的	调节的
2.	服务	服务	惯例的	积累的	服务
3.	促进的	积累的	服务。	服务	促进的
4.	积累的	惯例的	促进的	惯例的	惯例的
5.	惯例的	促进的	创造性的	促进的	积累的
6.	创造性的	创造性的	创造性的	创造性的	

* 依据重要的程度。

表Ⅱ （续） 历史官僚制社会中政治斗争的范围

萨珊波斯				托勒密王朝	塞琉西	唐		
Ⅰ	Ⅱ	Ⅲ	Ⅳ			Ⅰ	Ⅱ	Ⅲ
2(1)	2(1)	2	2(1)	1	1	2	2	3
1	1	1	1	1	1	1	1	2
(1)	1	2(1)	1	—	—	2	2	3
1	2(3)	2	2(3)	1	1	3	2	2
1	1	1(2)	1	1	2	1	1	1
1	1	1	1	—	—	—	—	—
1(2)	2	1(2)	2	1	1	2	3	3
2(1)	2(1)	2	1(2)	1	1	2	1	2
—								
2	2	2(3)	1	1	1	3	3	3
1(2)	1(2)	2	1	1	1	{1, 2(1)}	{1(2), 2(1)}	{1, 2}
1	2(3)	2(1)	2(3)	2(3)	1(2)	1	1	3
创造性的	创造性的	创造性的	创造性的	积累的	调节的	调节的	调节的	调节的
积累的	积累的	调节的	惯例的	惯例的	惯例的	服务	服务	惯例的
惯例的	惯例的	惯例的	促进的	调节的	促进的	惯例的	促进的	服务
调节的	调节的	促进的	—	服务	—	创造性的	积累的	积累的
—	—					积累的	促进的	促进的
—						惯例的	创造性的	创造性的

清	孔雀王朝		笈多	莫卧儿帝国		
	Ⅰ	Ⅱ		Ⅰ	Ⅱ	Ⅲ
2	1	1	1	1	2	
1	1	1	1	1	1	
2	—	—	—	—		
2	3	—	e	—	3	
2	1	1	1	1	1	
—	—	—	—	—		
2	e	—	1	—	—	
1	3	—	3	—	e	
—	—	—	—	—		
3	1	1	1	1	1	
{1(2), 2}	1	1	1	1	1	
1	1		1		3	
调节的	调节的	服务	积累的	积累的	积累的	调节的惯例的
服务	积累的	创造性的	服务	调节的	调节的	积累的
积累的	服务	积累的	调节的	—	—	—
惯例的	—	调节的	—	—	—	
促进的		—	—			
创造性的		—	—			

表Ⅱ（续） 历史官僚制社会中政治斗争的范围

变量	拜占庭帝国 Ⅰ	Ⅱ	Ⅲ	阿拔斯 Ⅰ	Ⅱ
D. 群体参与政治组织的程度——总括的	2(1)	2	2(1)	2	2
1. 农民	1	2(1)	1	1	1
2. 士绅	—	—	—	—	—
3. 贵族	3	2	2	1	1
4. 都市群体	3	2	2	2(3)	2(3)
5. 法律的	2	2	2	1	1
6. 军事的	1	2	1	1	1
7. 宗教的	2	2	2	—	—
8. 文化-世俗的	1	2	1	—	—
9. 官僚	2	2	2	1(2)	1(2)
E. 群体参与的一般程度	2(1)	2	2(1)	2	1(2)
Ⅵ. 反叛	1	2	3	2	3
Ⅶ. 政策类型*					
1.	调节的	调节的	调节的	惯例的	创造性的
2.	惯例的	促进的	惯例的	创造性的	积累的
3.	服务	服务	服务	促进的	调节的
4.		惯例的	—	调节的	—
5.	—	—	—	—	—
6.	—	—	—	—	—

变量	罗马 Ⅰ	Ⅱ	Ⅲ	西班牙美洲帝国 Ⅰ	Ⅱ	Ⅲ
D. 群体参与政治组织的程度——总括的	2(3)	1(2)	2	2	2	3
1. 农民	1	1	1	1	2	1
2. 士绅	—	—	—	1	1(2)	1(2)
3. 贵族	3	1	1	3	2	2
4. 都市群体	3	2	1	1	2	3
5. 法律的	1	1	1	1	2	3
6. 军事的	3	2(1)	3	1	1	1
7. 宗教的	1	1	1	2	3	2
8. 文化-世俗的	2	1	1	1	3	3
9. 官僚	1	1(2)	2	1	2	2
E. 群体参与的一般程度	2	1	3	1(2)	2	2(3)
Ⅵ. 反叛	2	1	3	1		
Ⅶ. 政策类型*						
1.	调节的	促进的	促进的	积累的	调节的	调节的
2.	促进的	服务	惯例的	惯例的	积累的	积累的
3.	服务	惯例的	创造性的	—	惯例的	促进的
4.	创造性的	创造性的	服务	—	—	服务
5.	—	—	—	—	—	—
6.	—	—	—	—	—	—

---

* 依据重要的程度。

表 Ⅱ （续） 历史官僚制社会中政治斗争的范围

萨非		奥斯曼			穆斯林西班牙	
Ⅰ	Ⅱ	Ⅰ	Ⅱ	Ⅲ	Ⅰ	Ⅱ
	1	2(1)	1	2		1
1	1	1	1	1		1
—	—	—	—	—		—
1(2)	1	1	1	1		1
	2	2	1	2(3)		2
	1	1	1	1		
	1	2	2	2		—
	—	—	—	—		—
	—	—	—	—		
	1	1	1(2)	2		1
2	1	3(2)	2	2		2(1)
	2					2(3)
调节的	惯例的	调节的	创造性的	促进的		创造性的
—	促进的	惯例的	促进的	惯例的		调节的
—	创造性的	创造性的	调节的	调节的		促进的
—	｛积累的服务 调节的｝	—	服务	—		积累的
—		—	—	—		—
—						

奥地利	西班牙		瑞典		
	Ⅰ	Ⅱ	Ⅰ	Ⅱ	Ⅲ
1		1(2)	2	3	2
1		1	1	2	2[b]
—		—	—	—	—
1		2	2	3	2
1		1	2	3	3
1		1	1	1	1
1		1	1	1	1
2		2	2	1	1
1	2	1	1	3	3
2(3)	1	2	1(2)	1(2)	2
2	2	2	2	3	2
1	1	2	1	1	1(2)
调节的	积累的	积累的	调节的	调节的	调节的
服务	调节的	惯例的	促进的	创造性的	促进的
促进的	惯例的	调节的	创造性的	惯例的	服务
积累的	—	—	积累的	服务	惯例的
—	—	—	—	—	—
—					

表 II （续） 历史官僚制社会中政治斗争的范围

变量	俄罗斯 I	II	III	普鲁士 I	II
D. 群体参与政治组织的程度——总括的	1	1(2)	2	1	1(2)
1. 农民	1(2)	1(2)	2	1	1
2. 士坤		–			–
3. 贵族	1	2	3	2	3^g
4. 都市群体	1	1	1	1	1
5. 法律的	1	1	1	1	1
6. 军事的	1	1	1	1	1
7. 宗教的	2	1	1	1	1
8. 文化-世俗的	1	1	2	1	1
9. 官僚	1	1(2)	2	1	2
E. 群体参与的一般程度	1(2)	1	2	2	2
VI. 反叛	3	2	3		1
VII. 政策类型*					
1.	积累的	积累的	调节的	惯例的	惯例的调节的
2.	创造性的	惯例的	调节的积累的	创造性的	惯例的
3.	促进的，调节的	惯例的	惯例的	调节的	促进的
4.	服务	创造性的	促进的	积累的	服务
5.			–	服务	积累的
6.			–	–	–

* 依据重要的程度。

表 II （续） 历史官僚制社会中政治斗争的范围

法国			英国		
I	II	III	I	II	III
1	1	2	2(3)	2(3)	3
1	1	1	2	1	2
—			2	2	3
3	2	3	3	3	3
1	1	1	2	2	3
1	2	3	3	2	1
	无定型			无定型	
1	1	1	3	3	2
1	1	3	1	1	2
2	2(1)	2(3)	2(1)	2	1
2	1(2)	2(3)	3	2	3
1	2	2	1	3[g]	1
调节的	促进的	调节的	调节的	调节的	促进的
—	惯例的	惯例的	积累的	促进的	服务
—	积累的	服务	促进的	服务	—
—	创造性的	—		—	
—	—	—			
—	—	—			

附录

表Ⅲ　官僚的社会地位、其活动的范围以及它在政治斗争中的处境

变量	印加帝国	古埃及 Ⅰ	古埃及 Ⅱ	古埃及 Ⅲ
Ⅰ.群体的分化(一般的)	1(2)	2	3	2
Ⅱ.群体政治参与的程度	1	1	2(1)	1(2)
Ⅲ.群体与统治者的相对实力	统治者	统治者	统治者	统治者
Ⅳ.贵族与中、下层群体的相对实力	贵族	贵族	均等	贵族
Ⅴ.群体和统治者目标的一致性	一致的.积极的	一致的.消极的	一致的.积极的	一致的.消极的
Ⅵ.群体与国家的自我调节				
A.传统的	3	4	3	4
B.非传统的	1	1	2	1
Ⅶ.官僚活动的类型*				
1.	均衡	均衡	调节的	调节的（技术的）
2.	—	—	—	—
Ⅷ.官僚组织的自主性	1	1	2	1
Ⅸ.官僚的社会身份				
A.官僚嵌入的程度*				
1.	中央政治权威	中央政治权威	中央政治权威	贵族
2.	—	贵族	—	—
B.官僚身份的标准	贵族	贵族,专职的	贵族	贵族,专职的
Ⅹ.官僚的政治取向	统治者	自我调节政治的	自我调节政治的	统治者
Ⅺ.官僚和统治者的相对实力	统治者	统治者	统治者	官僚

* 依据重要的程度。

表Ⅲ（续） 官僚的社会地位、其活动的范围以及它在政治斗争中的处境

	萨珊波斯			托勒密王朝	塞琉西		唐	
Ⅰ	Ⅱ	Ⅲ	Ⅳ			Ⅰ	Ⅱ	Ⅲ
2	2	3	2	3	4	4	4	4
1(2)	1(2)	2	1	1	1	1	1(2)	1
						2(1)	2(1)	2
均等	群体	统治者	群体	统治者	统治者	统治者	统治者	群体
贵族	贵族	群体	贵族	2	2	均等	群体	群体[d]
一致.消极	不一致.积极	一致.消极	不一致.积极	不一致.消极	一致.消极	一致.积极	一致.积极	不一致.积极
	4		2	4	3	3	4	
	1		2	4	2	2	3	
调节的 技术的	调节的	调节的 （技术的）	调节的	技术的 调节的	技术的 调节的	调节的 技术的	调节的 技术的	调节的 技术的
		1		1	1	3	3	3
中央政治权威 贵族	中央政治权威 贵族	中央政治权威	中央政治权威 贵族	中等 士绅	中等 贵族	士绅 —		
贵族	贵族.专职的	专职贵族	专职贵族	2	2	教育-文化的	教育-文化的	教育-文化的
自我调节 政治	自我调节	统治者	自我调节	2	2	统治者.群体	统治者.群体	自我调节
均衡	均衡	统治者	官僚	均衡	统治者	统治者	统治者	官僚

附录

表Ⅲ(续) 官僚的社会地位、其活动的范围以及它在政治斗争中的处境

变量	宋 Ⅰ	宋 Ⅱ	宋 Ⅲ	元	明
Ⅰ.群体的分化(一般的)	5	5	5	5	5
Ⅱ.群体政治参与的程度	1(2) 2(1)	2(1) 2(1)	1(2) 2	1(2) 2	1(2) 2
Ⅲ.群体与统治者的相对实力	统治者	统治者	群体	统治者	统治者
Ⅳ.贵族与中、下层群体的相对实力	群体	群体	群体	贵族	群体
Ⅴ.群体和统治者目标的一致性	一致.积极的	一致.积极的	不一致.积极的	一致.积极的	一致.积极的
Ⅵ.群体与国家的自我调节					
A.传统的	3	3	4	3	3
B.非传统的	2	2	3	2	2
Ⅶ.官僚活动的类型*					
1.	调节的	调节的	调节的	调节的	调节的
2.	技术的	技术的	技术的	技术的	技术的
Ⅷ.官僚组织的自主性	3	3	3	3	3
Ⅸ.官僚的社会身份					
A.官僚嵌入的程度*					
1.		士绅		士绅.贵族	士绅
2.		–		–	–
B.官僚身份的标准	教育-文化的	教育-文化的	教育-文化的	教育-文化的	教育-文化的
Ⅹ.官僚的政治取向	统治者.群体	统治者.群体	自我调节	统治者.群体	统治者.群体
Ⅺ.官僚和统治者的相对实力	统治者	统治者	官僚	统治者	统治者

---

* 依据重要的程度。

表Ⅲ（续） 官僚的社会地位、其活动的范围以及它在政治斗争中的处境

清	孔雀王朝 Ⅰ	孔雀王朝 Ⅱ	笈多	莫卧儿帝国 Ⅰ	莫卧儿帝国 Ⅱ	莫卧儿帝国 Ⅲ
5	4	4	3	4	3	
1(2) 2	1	1		1		
统治者	统治者	统治者		统治者		
群体	贵族	贵族		贵族		
一致. 积极的	一致. 消极的	一致. 消极的	一致. 消极的	一致. 消极的	不一致. 积极的	
3 2	5 1	5 1		5 1		
调节的 技术的	调节的 技术的	技术的 调节的	技术的 调节的	技术的 调节的	调节的 技术的	
3	1	1	1			
士绅	中央政治权威	中央政治权威		中央政治权威		
—	—	—	—	—		
教育-文化的	2	2	权力	贵族		
统治者. 群体	统治者	统治者	统治者			
统治者	统治者	统治者	统治者			

附录　607

表Ⅲ(续) 官僚的社会地位、其活动的范围以及它在政治斗争中的处境

变量	拜占庭帝国 I	Ⅱ	Ⅲ	阿拔斯 I	Ⅱ
Ⅰ.群体的分化(一般的)	4	7	6	5	6
Ⅱ.群体政治参与的程度	2(1)	2	2(1)	2	1(2)
Ⅲ.群体与统治者的相对实力	群体	统治者	均等	统治者	群体
Ⅳ.贵族与中、下层群体的相对实力	贵族	均等	贵族		群体
Ⅴ.群体和统治者目标的一致性	一致.消极的,不一致.消极的	一致.消极的,一致.积极的	一致.消极的,一致.积极的	一致.积极的	不一致.消极的
Ⅵ.群体与国家的自我调节					
A.传统的		$\{{}^{4}_{2^c}\}$			4
B.非传统的		3^d			3
Ⅶ.官僚活动的类型*					
1.	调节的	调节的	调节的	均衡的	调节的
2.		技术的			—
Ⅷ.官僚组织的自主性	2	2(3)	2		2
Ⅸ.官僚的社会身份					
A.官僚嵌入的程度*					
1.	中央政治权威	中央政治权威	中央政治权威	中央政治权威	中等
2.	中等	中等	贵族	—	
B.官僚身份的标准	权力	教育-文化的	高贵	教育-文化的	权力
Ⅹ.官僚的政治取向	统治者.群体	统治者.群体	自我调节		统治者.群体
Ⅺ.官僚和统治者的相对实力	统治者	统治者	官僚		统治者

* 依据重要的程度。

表Ⅲ(续) 官僚的社会地位、其活动的范围以及它在政治斗争中的处境

萨非		奥斯曼			穆斯林西班牙	
Ⅰ	Ⅱ	Ⅰ	Ⅱ	Ⅲ	Ⅰ	Ⅱ
4	5	4	6	6	6	6
2	1	3(2)	2	2		2(1)
群体	统治者	均等	统治者	群体	群体	统治者
贵族	群体	贵族	群体	群体	贵族	群体
不一致. 积极的	一致. 消极的	一致. 积极的	一致. 积极的	不一致. 积极的	不一致. 消极的	一致. 消极的
		3	4	4		
		3	2	3		
调节的	均衡的 —	调节的 (技术的)	均衡的	调节的 (技术的)		技术的 调节的
	2	2(1)	2(3)	2(1)	1	
	中等的	中央政治权威	中央政治权威	无嵌入的		贵族
—			—			—
教育-文化 的	权力	权力. 教育-文化 的				权力. 教育-文化 的
自我调节	自我调节. 政治的	统治者	自我调节. 政治的	自我调节		自我调节. 政治的
官僚	统治者	统治者	统治者	官僚	统治者	

表Ⅲ(续)　官僚的社会地位、其活动的范围以及它在政治斗争中的处境

变量	罗马 I	罗马 II	罗马 III	西班牙美洲帝国 I	西班牙美洲帝国 II	西班牙美洲帝国 III
Ⅰ.群体的分化(一般的)	5	4	4	{4, 3}	6, 4	{7, 3[b]}
Ⅱ.群体政治参与的程度	2	1	3	1(2)	2	2(3)
Ⅲ.群体与统治者的相对实力	群体	统治者	群体	均等	统治者	群体
Ⅳ.贵族与中、下层群体的相对实力	均等	群体	群体	贵族	均等	均等
Ⅴ.群体和统治者目标的一致性	不一致.消极的	一致.积极的	不一致.消极的	一致.积极的	一致.消极的	一致.消极的 / 不一致.积极的
Ⅵ.群体与国家的自我调节						
A.传统的	4	3	2	{1, 5}	1, 3	{1, 3[b]}
B.非传统的	2	1	3	{1, 1}	2, 1	{3, 1[b]}
Ⅶ.官僚活动的类型*						
1.	技术的	均衡的	调节的	调节的	调节的	调节的
2.	调节的		技术的	技术的	技术的	(技术的)
Ⅷ.官僚组织的自主性	1(2)	1(2)	2(3)	1	3	3
Ⅸ.官僚的社会身份						
A.官僚嵌入的程度*						
1.	中央政治权威	无嵌入的	无嵌入的	中央政治权威	无嵌入的贵族.中等	无嵌入的.贵族
2.	—	中央政治权威权力			—	
B.官僚身份的标准				教育-文化的专职的	{专职.贵族权力}	{专职.贵族[b]}
Ⅹ.官僚的政治取向	统治者	统治者	自我调节政治的	统治者	统治者.群体	自我调节
Ⅺ.官僚和统治者的相对实力	统治者	统治者	统治者	统治者	均等的	官僚

---

　* 依据重要的程度。

表Ⅲ（续） 官僚的社会地位、其活动的范围以及它在政治斗争中的处境

奥地利	西班牙 Ⅰ	Ⅱ	瑞典 Ⅰ	Ⅱ	Ⅲ
6	5	4	5	6	7
2	2	2	2	3	2
统治者	统治者	均等	统治者	群体	统治者
均等的	下层贵族	上层贵族	群体	贵族	群体
一致．消极的	不一致．消极的	一致．积极的	不一致．积极的	一致．积极的	一致．消极的
3	4	2		3	
2	2	2		4	
调节的	调节的	调节的	调节的	均衡的	调节的
技术的	技术的	—	技术的	—	技术的
1(3)	2	2	2		2
中央政治权威	中央政治权威	贵族	中央政治权威	贵族	无嵌入的
—	—		—		
专职的	专职的．权力	贵族	权力	贵族	专职的
统治者	统治者	群体/自我调节	统治者	群体	自我调节．政治的
统治者	统治者	均等的	统治者	均等的	统治者

表Ⅲ(续) 官僚的社会地位、其活动的范围以及它在政治斗争中的处境

变量	俄罗斯 Ⅰ	Ⅱ	Ⅲ	普鲁士 Ⅰ	Ⅱ
Ⅰ.群体的分化(一般的)	5	4	5	5	6
Ⅱ.群体政治参与的程度	1(2)	1	2	2	2
Ⅲ.群体与统治者的相对实力	统治者	群体	均等的	统治者	统治者
Ⅳ.贵族与中、下层群体的相对实力	均等的	贵族	贵族	贵族	贵族
Ⅴ.群体和统治者目标的一致性	不一致.消极的	一致.积极的	一致.积极的	不一致.消极的	一致.积极的
Ⅵ.群体与国家的自我调节					
A.传统的		2		3	2ᶠ
B.非传统的		3		2	2
Ⅶ.官僚活动的类型*					
1.	调节的	调节的	调节的	调节的	调节的
2.	(技术的)	—	(技术的)	(技术的)	技术的
Ⅷ.官僚组织的自主性	1(2)	1	1(2)	2	3
Ⅸ.官僚的社会身份					
A.官僚嵌入的程度*					
1.	中央政治权威	中央政治权威	贵族	中央政治权威	贵族.无嵌入
2.	权力	权力	贵族	权力.(专职的)	权力.专职的(贵族)
B.官僚身份的标准					
Ⅹ.官僚的政治取向	统治者	群体.统治者	群体.统治者	统治者	自我调节.政治的
Ⅺ.官僚和统治者的相对实力	统治者	均等的	均等的	统治者	均等的

* 依据重要的程度。

表Ⅲ(续) 官僚的社会地位、其活动的范围以及它在政治斗争中的处境

	法国			英国		
	Ⅰ	Ⅱ	Ⅲ	Ⅰ	Ⅱ	Ⅲ
	6	6	7	6	7(8)	8(9)
	2	1(2)	2(3)	3	2	3
	均等的	统治者	群体	统治者	统治者	群体
	贵族	均等的	群体	均等的	贵族	均等的
	不一致.积极的	一致.消极的	不一致.积极的 [d]	一致.消极的	{ 一致.消极的 不一致.积极的 }	一致.积极的
	4	2	2	2	1	1
	2	3	3	3	4	5
	调节的	调节的	调节的	调节的	调节的	技术的
	—	技术的	技术的	技术的	技术的	—
	1	2	3	2	2	2(3)
	中央政治权威.中等权力.专职的	中等.中央政治权威.贵族.专职的	贵族.中等贵族	中央政治权威.权力.贵族	贵族.中等权力.贵族.专职的	贵族.中等权力.贵族.专职的
	统治者.群体	统治者	自我调节	统治者	群体	群体
	统治者	均等的	官僚	统治者	统治者	统治者

分析表注释

希腊

a. 公元前 5 世纪（伯里克利时期和后伯里克利时期的雅典）。
b. 官方集会有很大的权力。

蒙古

a. 13 世纪开始（成吉思汗时期）。

封建欧洲

a. 10 至 13 世纪，尤其关于法国。
b. 军队由各种群体组成，其较高等级是贵族。
c. 活动在地方法院。

阿契美尼德

a. 公元前 6 至前 4 世纪。

加洛林帝国

a. 查里曼时代（770-814 年）。
b. 军队由各种群体组成，其较高等级是贵族。

印加帝国

a. 西班牙征服前夕（16 世纪前 25 年）。
b. 由于群体未与贵族分化，故对它没有分别加以分析。

古埃及

a.（古王国和中王国至"第二中间期"结束）。

Ⅰ. 公元前 2778-前 2065 年（古王国至第一中间期）。

Ⅱ. 公元前 2065-前 1785 年（中王国）。

Ⅲ. 公元前 1785-前 1580 年（第二中间期）。

萨珊波斯

a. Ⅰ. 226-310 年。

Ⅱ. 310-488 年（从沙普尔二世至卡瓦德统治时期；中央集权衰落时期）。

Ⅲ. 488-579 年（卡瓦德和霍斯劳统治时期）。

Ⅳ. 579-650 年（衰落时期）。

b. 关于"士绅"，我们意指 Dekhans（波斯式的农牧庄主或乡绅）。

c. 统治者目标的文化-集体性取向接近文化我群主义取向。

托勒密王朝

a. 公元前 300-前 30 年（大约从亚历山大继任者之战 [the Diadochian War] 结束至罗马征服）。

b. 涉及希腊族人（高贵象征）的合法性与涉及本地人（低贱象征）的合法性区别开来。

塞琉西

a. 公元前 300-前 100 年（大约从亚历山大继任者之战至罗马征服）。

b. 见托勒密王朝注释 b。

c. 希腊化城市（高贵象征）的政治角色在此与土著居民（低贱象征）的政治角色区别开来，后者相对而言更加消极。

唐朝

a. 唐朝从 618 延伸至 907 年。为表明王朝内部产生的周期性循环变迁，唐代被划分为下列三个分期：

　Ⅰ. 618-755 年。该阶段展现出中央政权的顶峰，随着安禄山的反叛（755），中央集权衰落了。

　Ⅱ. 756-874 年。发端于 874 年的黄巢起义，标志着唐政权解体的开始。

　Ⅲ. 875-907 年。这一最后阶段经历了或多或少独立的军事割据的兴起。

b. "士绅"一词，与文士和所有其他参与官僚制的社会成员，以及/或文士群体一样，是在较为狭窄的意义上使用的；在以下某些变量中，士绅被称为"中等群体"。

c. 较高的象征表明了对政治活动和斗争的意识形态界定；较低的象征表示其实际强度。

d. 政治斗争目标表达的意识形态界定，对中国历史所有时期和所有群体来说，是低度的；描述参照实际情境。

e. 尤其与农民的相当促进有关。

宋朝

a. 宋代包含两个王朝：北宋（960-1127 年）和南宋（1127-1279 年）。我们指出王朝的衰落始于南宋后期。可比而类似的衰落阶段还预示了接下来王朝的解体的来临；不过，由于这些阶段表现出周期而非长期现象，我们未指出它们在这些王朝中的表露现象。

宋朝被划分为以下三个分期：

Ⅰ. 960-1127 年。

Ⅱ. 1127-1250 年（大约）。

Ⅲ. 1250-1279 年。

b. 见唐朝下面的注释 b。

c. 见唐朝下面的注释 c。

d. 见唐朝下面的注释 d。

e. "促进"在此涉及统治者用于城市的活动。

元朝

a. 元或蒙古王朝从 1279 至 1368 年统治中国。这一时期表现出蒙古"游牧封建主义"与传统中国官僚制的融合；后一体系，一般而言，居支配地位（见 *Schurman*, 1957, p.2）。

b. 见唐朝下面的注释 b。

c. 涉及蒙古贵族。

d. 涉及征服性的蒙古贵族。

e. 见唐朝下面的注释 c。

f. 涉及征服性的蒙古军队。

g. 见唐朝下面的注释 d。

明朝

a. 明朝统治自 1368 至 1644 年。
b. 见唐朝下面的注释 b。
c. 见唐朝下面的注释 c。
d. 见唐朝下面的注释 d。

清朝

a. 清王朝统治自 1644 至 1912 年。
b. 见唐朝下面的注释 b。
c. 涉及征服性的满族贵族。
d. 见唐朝下面的注释 c。
e. 涉及征服性的满族军队。
f. 见唐朝下面的注释 d。

孔雀王朝

a. I. 公元前 327-前 274（前 264）年。旃陀罗笈多（即月护王）至阿育王居支配地位之时；官僚组织时期。

 II. 公元前 273(263)-前 236 年。阿育王统治；官僚制发展之高点。自公元前 235 至前 174 年（从阿育王死至孔雀王朝帝国解体）的第三时期，因缺乏适当的信息而未被考虑。

b. 由于婆罗门对抗阿育王推广佛教，传统合法性降低。
c. 没有有关政治斗争渠道力量的程度和范围的明确证据。
d. 似乎是在王朝统治的早期，宗教领域没有活动。
e. 由于婆罗门对抗阿育王的宗教政策，宗教职业活动得到加强。

笈多

a. 320-495 年，从旃陀罗笈多居支配地位到佛陀-笈多之死。主要参照：沙摩陀罗-笈多（Samudra-Gupta）与旃陀罗笈多之间时期，这是最高发展时期。

b. 关于斗争渠道力量的程度，没有明确的证据。

c. 当统治者由王室成员和高职位者会议选出时，至少知道一个案例；关于斗争渠道的其他力量一无所知。

d. 由于始于阿育王统治时期的婆罗门的反动持续不断，高强度出现（见孔雀王朝下面的注释 b 和 e）。

莫卧儿帝国

a. Ⅰ. 1526-1554 年。巴伯儿和胡马雍（Humayun）建立帝国；官僚组织开始。

　Ⅱ. 1556-1657 年。阿克巴、贾汗季和沙·贾汗；帝国高度发展。

　Ⅲ. 1657-1705 年。奥朗则布——帝国衰落。

b. 蒙古人是第一象征，印度人是第二象征。

c. 穆斯林是第一象征，印度斯坦人（印度教徒）是第二象征。

d. 嵌入贵族。

e. 只有印度斯坦人；关于穆斯林，见法律职业。

f. 涉及司法-宗教职业，乌里玛（ulema）。

g. 只在Ⅰ期。

h. 官僚作为一个群体未与贵族和军事职业分化。

i. 官僚活动只存在奥朗则布统治时期。

拜占庭帝国

a. Ⅰ. 330-610 年（从君士坦丁堡的建立到赫拉克利乌斯一世）。
　Ⅱ. 610-1025 年（最大发展时期）。
　Ⅲ. 1025-1453 年（日益增加的贵族化至衰落和灭亡时期）。
b. 组织分化是较高象征，意识形态分化是较低象征。
c. 城市是较高象征，村庄是较低象征。
d. 主要是城市。

阿拔斯

a. Ⅰ. 750-847 年（从王朝的兴起至瓦提克 [al-Wathik] 以后，高度中央集权官僚制）。
　Ⅱ. 847-940 年（从穆塔瓦基勒 [al-Mutawakkil] 至布韦希 [Buyuwids] 的崛起和帝国的解体）。
b. 组织分化是较高象征，意识形态分化是较低象征。
c. 乌里玛被置于"法律职业"标题之下来对待。不用说，该群体在伊斯兰教社会还作为宗教精英来发挥功能的。

萨非王朝

a. Ⅰ. 1502-1587 年（从伊斯玛仪 [Ismail] 到阿拔斯一世的崛起；统治基于部落成员的忠诚）。
　Ⅱ. 1587-1736 年（从阿拔斯一世至阿富汗人的占领，高度中央集权官僚制）。
b. 组织分化是较高象征，意识形态分化是较低象征。
c. 乌里玛被置于"法律职业"标题之下来对待——见阿拔斯下面的

注释 c。

奥斯曼

a. I. 1451–1520 年（穆罕默德二世 [Mehmed II] 至塞利姆一世 [Selim I]，前官僚制政权，军事扩张时期）。

II. 1520–1566 年（苏莱曼一世 [Suleiman I]，官僚制最中央集权化时期）。

III. 1566–1789 年（塞利姆二世至塞利姆三世，进步停滞时期）。

b. 组织分化是较高象征，意识形态分化是较低象征。

c. 见阿拔斯下面的注释 c。

穆斯林西班牙

a. I. 750–912 年（从麦尔万·倭马亚 [Marwanid Ummayads] 的崛起至阿卜杜勒-拉赫曼三世 [Abd-ar-Rahman III]，政体主要基于贵族-部落成员）。

II. 912–1000 年（从阿卜杜勒-拉赫曼三世——科尔多瓦 [Cordoba] 哈里发职位正处于其巅峰之时——至进步瓦解时期）。

b. 组织分化是较高象征，意识形态分化是较低象征。

c. 见阿拔斯下面的注释 c。

罗马

a. I. 公元前27–公元96年（尤里奥·克劳狄和弗拉维乌斯 [Flavius]）。

II. 公元96–193年（诸位开明皇帝）。

III. 193–350年（军事贵族至西方帝国的重要性近似终结）。

b. 较高象征涉及组织，较低象征涉及意识形态。

西班牙美洲帝国

a. Ⅰ. 1520-1580 年（从征服到腓力二世统治中期）。

Ⅱ. 1580-1759 年（腓力二世至斐迪南六世）。

Ⅲ. 1759-1820 年（查里三世至独立）。

b. 较高象征涉及西班牙人，较低象征涉及土著居民。

c. 关于"士绅"，我们意指西班牙人提升的较小的指挥官（*encommendieros*）和印第安人共同体头领。

d. 统治者对社会群体的参照并非他的意识形态部分，而是受到这些群体的压力而被导向其意识形态。

奥地利

1740-1790 年（玛利亚·特丽萨和约瑟夫二世）。

西班牙

a. Ⅰ. 1520-1621 年（高度专制主义）。

Ⅱ. 1621-1701 年（专制主义衰落至继承权战争 [the War of the Succession]）。

b. 此处的分析涉及上层贵族。*hidalgo*，即下层贵族的发展处于相反方向——他们由国王于 16 世纪提升并参与各个政府部门。17 世纪，崛起的上层贵族取代了 *hidalgo*（下层贵族）。

c. 牧师参与行政管理。

d. 第一期，下层贵族较强大，第二期，上等贵族更强大。

瑞典

a. Ⅰ. 1523-1720 年（高度专制主义）。

　　Ⅱ. 1720-1770 年（"自由时代"）。

　　Ⅲ. 1770-1809 年（开明专制主义）。

b. 包括国会和地方议会代表的诸阶级目标，第二期尤其如此。

c. 组织分化是较高象征，意识形态分化是较低象征。

d. 军事和司法职业，在很大程度上，是专制主义君主，尤其是古斯塔夫·阿道夫的创造。

e. 第二条象征贵族的特定发展。这个阶级在第三期变得更加僵硬，不吸收任何更新的成员。与其他群体发展相反，活动的多样性变少。

f. 农民在国会不断被代表，但在地方议会和委员会中却是罕见的。自治市自由民在国会和委员会中被代表，但在地方议会中却是罕见的。贵族在所有制度性机构中不断被代表。

g. 牧师经常作为农民的代言人发挥作用。

h. 农民组织存在，但领导却往往来自其他阶层。

俄罗斯

a. Ⅰ. 1682-1725 年（彼得大帝）。

　　Ⅱ. 1725-1761 年（专制主义衰落和动乱）。

　　Ⅲ. 1761-1796 年（凯瑟琳大帝，开明专制主义）。

b. 就农民而言，在所有时期，传统合法性是重要的。

c. 富农（Kulaks）在农民框架内分析。

d. 贵族的政治活动通过军队和官僚来引导。

e. 官阶决定社会地位。

普鲁士

a. Ⅰ. 1640–1740 年（从大选帝侯到腓特烈·威廉一世）。
   Ⅱ. 1740–1792 年（腓特烈二世，开明专制主义）。
b. 省一级的崛起。
c. 组织分化与意识形态分化区别开来。
d. 有关皇家领地的农民的崛起。
e. 容克在贵族框架内分析。
f. 只涉及行会的衰落。
g. 涉及仅仅省一级的贵族的自组织。

法国

a. Ⅰ. 1589–1660 年（亨利四世至路易十四亲政）。
   Ⅱ. 1660–1715 年（路易十四）。
   Ⅲ. 1715–1789 年（路易十五至大革命）。
b. 贵族（第二象征）在此与其他群体区别开来。贵族（aristocracy）的僵硬在第三期增加，而社会贵族（nobility）在其他群体中发展。
c. 统治者参照社会群体与其说是他在意识形态上明确和自愿，不如说实际上是这些群体对统治者压力的结果。
d. 在第一期，不相容源于贵族，在第三期，则出自中等群体。

英国

a. Ⅰ. 1509–1640 年（都铎和早期斯图亚特专制主义统治）。

Ⅱ. 1660-1688年(斯图亚特复辟)。

Ⅲ. 1689-1783年("光荣革命",汉诺威王室至美洲殖民地丧失引起的改革)。

b. 专业人员进行的中央一级活动与"治安法官"——其职责还包括非法律活动——进行的地方层次活动在范围上有相当区别。

c. 市政会中争夺着的成员资格的规则,在前两期是任意的,在第三期是确定的,在法律上得到详细说明。

d. 在地方层次,存在选举的或地方委派的机关工作人员,其公职必须得到中央当局的批准。

e. 中央部门化。

f. 参照1642年内战。

图表

表1 统治者目标的自主性、制度领域的分化和中央集权政体发展的程度之间的关系

中央集权政体	领域的分化					
	1-3	4-6	7-9	1-3	4-6	7-9
	统治者目标的自主性: 0			统治者目标的自主性: 1		
1		希腊		封建欧洲	阿拔斯Ⅱ	
				萨珊ⅡⅣ		
2				阿契美尼德	萨非Ⅰ	
3				印加		
	统治者目标的自主性: 2			统治者目标的自主性: 3		
1	埃及Ⅰ	唐Ⅲ			拜占庭Ⅲ	
		宋Ⅲ				
2	埃及Ⅱ	穆斯林西班牙Ⅰ		萨珊Ⅲ	塞琉西	
				莫卧儿Ⅰ	孔雀王朝Ⅰ	
3	萨珊Ⅰ	笈多			奥斯曼Ⅲ	
		奥斯曼Ⅰ			阿拔斯Ⅰ	
					罗马Ⅰ	
					西班牙Ⅰ	
					俄罗斯Ⅰ	
4				托勒密王朝	萨非Ⅱ	
5					穆斯林西班牙Ⅱ	法国Ⅲ
	统治者目标的自主性: 4			统治者目标的自主性: 5		
1	莫卧儿Ⅱ					
2	加洛林	拜占庭Ⅰ		西班牙-美洲Ⅰ		
	罗马Ⅲ					瑞典Ⅱ
3	莫卧儿Ⅲ	唐Ⅱ				
		宋Ⅱ				
		孔雀王朝Ⅱ				
		俄罗斯Ⅲ				
4		西班牙Ⅱ	普鲁士Ⅱ		奥地利	西班牙-美洲Ⅲ
		唐Ⅰ			瑞典Ⅰ	
		宋Ⅰ			俄罗斯Ⅱ	
		元			拜占庭Ⅱ	
		明				
		清				
		法国Ⅰ				
		莫卧儿Ⅱ				
		奥斯曼Ⅱ				
		罗马Ⅱ				
		西班牙-美洲Ⅱ				
5			瑞典Ⅲ		普鲁士Ⅰ	英格兰Ⅲ
			英格兰Ⅱ		法国Ⅱ	
					英格兰Ⅲ	

表2 统治者目标的自主性、制度领域的分化和官僚活动之间的关系

官僚活动	领域的分化 1-3	4-6	7-9	1-3	4-6	7-9
	统治者目标的自主性：0			统治者目标的自主性：1		
0		希腊				
1					封建欧洲	
					阿契美尼德	
					埃及Ⅲ	
					萨珊Ⅱ、Ⅳ	
2					印加	
						阿拔斯Ⅱ
						萨非Ⅰ
	统治者目标的自主性：2			统治者目标的自主性：3		
1	埃及Ⅱ			萨珊Ⅲ	罗马Ⅰ	
	萨珊Ⅰ					
2		宋Ⅲ		托勒密王朝	塞琉西	法国Ⅲ
		笈多		莫卧儿Ⅰ	阿拔斯Ⅰ	
		穆斯林西班牙Ⅰ			萨非Ⅱ	
		唐Ⅲ			穆斯林西班牙Ⅱ	
					西班牙Ⅰ	
					俄罗斯Ⅱ	
3		奥斯曼Ⅰ			孔雀王朝Ⅰ	
					拜占庭Ⅲ	
					奥斯曼Ⅲ	
	统治者目标的自主性：4			统治者目标的自主性：5		
1	蒙古	罗马Ⅱ		西班牙-美洲Ⅰ		英格兰Ⅲ
	加洛林	西班牙Ⅱ				
2	莫卧儿Ⅲ	莫卧儿Ⅱ	瑞典Ⅲ	瑞典Ⅰ		西班牙-美洲Ⅲ
	罗马Ⅲ	法国Ⅰ	英格兰Ⅱ		普鲁士Ⅰ	
					英格兰Ⅰ	瑞典Ⅱ
3		唐Ⅰ，Ⅱ	普鲁士Ⅱ		奥地利	
		宋Ⅰ，Ⅱ			俄罗斯Ⅰ	
		元			法国Ⅱ	
		明			拜占庭Ⅱ	
		清				
		孔雀王朝Ⅱ				
		奥斯曼Ⅱ				
		西班牙-美洲Ⅱ				
		俄罗斯Ⅲ				
		拜占庭Ⅰ				

表3 统治者目标的自主性、制度领域的分化和官僚自治程度之间的关系

官僚活动	领域的分化					
	1-3	4-6	7-9	1-3	4-6	7-9
	统治者目标的自主性：0			统治者目标的自主性：1		
0						
1		希腊		封建欧洲 阿契美尼德 印加 埃及Ⅲ 萨珊Ⅱ, Ⅳ		
2				阿拔斯Ⅱ 萨非Ⅰ		
	统治者目标的自主性：2			统治者目标的自主性：3		
1	埃及Ⅰ 萨珊Ⅰ	笈多 穆斯林西班牙Ⅰ		萨珊Ⅲ 托勒密王朝 莫卧儿Ⅰ	塞琉西 孔雀王朝Ⅰ 穆斯林西班牙Ⅱ 罗马Ⅰ 俄罗斯Ⅱ	
2	埃及Ⅱ	奥斯曼Ⅰ			拜占庭Ⅲ 阿拔斯Ⅰ 萨非Ⅱ 奥斯曼Ⅲ 西班牙Ⅰ	
3		唐Ⅲ 宋Ⅲ				法国Ⅲ
	统治者目标的自主性：4			统治者目标的自主性：5		
0	蒙古 加洛林					
1	莫卧儿Ⅲ	孔雀王朝Ⅱ 莫卧儿Ⅱ 罗马Ⅱ 俄罗斯Ⅲ 法国Ⅰ		西班牙-美洲Ⅰ	奥地利 俄罗斯Ⅰ	
2	罗马Ⅲ	奥斯曼Ⅱ 西班牙Ⅱ 拜占庭Ⅰ	瑞典Ⅲ 英格兰Ⅱ		瑞典Ⅰ 普鲁士Ⅰ 法国Ⅱ 英格兰Ⅰ 拜占庭Ⅱ	瑞典Ⅱ 英格兰Ⅲ
3		唐Ⅰ, Ⅱ 宋Ⅰ, Ⅱ 元 明 清 西班牙-美洲Ⅱ	普鲁士Ⅱ			西班牙-美洲Ⅲ

表 4　统治者目标的自主性、制度领域的分化和官僚活动类型之间的关系

官僚活动类型	统治者目标的自主性:1			统治者目标的自主性:2 领域的分化			统治者目标的自主性:3	
	1-3	4-6	1-3	4-6	1-3	4-6	7-9	
技术-调节的								
均等的	印加		埃及 I	复多	托勒密 莫卧儿 I	塞琉西 穆斯林 罗马 I 阿拔斯 I 萨珊 I		
调节-技术的	埃及 III		萨珊 I	唐III 宋III 奥斯曼 II	萨珊 III	孔雀王朝 I 奥斯曼 I 西班牙 I 拜占庭 III 俄罗斯 II	西班牙 II 法国 III	
调节的	萨珊 II, IV	阿拔斯 II 萨非 I	埃及 II	穆斯林 西班牙 I				
无数据								

	统治者目标的自主性:4				统治者目标的自主性:5	
	1-3	4-6	1-3	4-6	4-6	7-9
技术-调节的		莫卧儿 II 奥斯曼 II 罗马 II 唐 I, II 宋 I, II 元 明 清 孔雀 II 西班牙-美洲 II 俄罗斯 II 西班牙III 法国 I 拜占庭 I		奥地利 瑞典 I 俄罗斯 I 普鲁士 II 法国 II 英国 I 拜占庭 II		英国III 瑞典II
调节-技术的	莫卧儿III 罗马III		瑞典 III 普鲁士 II 英国 II	西班牙-美洲 I		西班牙-美洲III
调节的						

表 5 统治者目标的自主性、制度领域的分化和政治斗争渠道嵌入程度之间的关系

政治斗争的渠道嵌入	统治者目标的自主性:0			统治者目标的自主性:1			统治者目标的自主性:2		
	1-3	4-6	7-9	1-3	4-6	7-9	1-3	4-6	7-9
传统渠道		希腊			统治者目标的自主性 萨非I				
传统渠道和特定的政治机构				阿契美尼德 印加 封建欧洲	萨非I		萨珊I	埃及I, II	穆斯林西班牙I 奥斯曼I
特定的政治机构				萨珊II, IV 埃及III	阿拔斯II				唐III 宋III
传统渠道和特定的政治机构—分割									
	统治者目标的自主性:3			统治者目标的自主性:4			统治者目标的自主性:5		
	1-3	4-6	7-9	1-3	4-6	7-9	1-3	4-6	7-9
无渠道	托勒密			蒙古帝国	唐I, II				
传统渠道和特定的政治机构	莫卧儿I	孔雀王朝I		莫卧儿III	宋I, II 元 明 清 孔雀II 莫卧儿II				
特定的政治机构	萨珊III	塞琉西 拜占庭III 奥斯曼III 穆斯林 西班牙II 罗马I 西班牙I 俄罗斯II	法国III	罗马III	罗马II 西班牙II 俄罗斯III	普鲁士II		奥地利 俄罗斯I 普鲁士I 拜占庭II	
特定的政治机构—分割				加洛林	拜占庭I 西班牙— 美洲I 法国I 奥斯曼I	英国II	西班牙— 美洲I	法国II 英国I	西班牙— 美洲III
分割（无嵌入）		阿拔斯I 萨非II				瑞典III		瑞典I	瑞典II 英国III

630

表6 统治者目标的自主性、制度领域的分化和政治斗争渠道中
成员资格规则说明之间的关系

成员资格 规则	领域的分化					
	1-3	4-6	7-9	1-3	4-6	7-9
	统治者目标的自主性：0			统治者目标的自主性：1		
显性的-传统的		希腊		封建欧洲 阿契美尼德 印加 萨珊Ⅱ，Ⅳ	阿拔斯Ⅱ	
明晰 法律的		希腊				
无明晰 传统的				阿契美尼德 埃及Ⅲ	萨非Ⅰ	
无明显 专断的				埃及Ⅲ 萨非Ⅱ，Ⅳ		
	统治者目标的自主性：2			统治者目标的自主性：3		
无渠道 显性-传统的	萨珊Ⅰ	穆斯林 西班牙Ⅰ		托勒密 萨珊Ⅲ	阿拔斯Ⅰ 穆斯林 西班牙Ⅱ 西班牙Ⅰ	
明晰 法律的					塞琉西 罗马Ⅰ	法国Ⅲ
无明晰 传统的		笈多 奥斯曼Ⅰ			孔雀王朝Ⅰ 拜占庭Ⅲ	
无明显 专断的	萨珊Ⅰ 埃及Ⅰ，Ⅱ	唐Ⅲ 宋Ⅲ		莫沃尔Ⅰ 萨珊Ⅲ	萨非Ⅱ 奥斯曼Ⅲ 俄罗斯Ⅱ	法国Ⅲ
	统治者目标的自主性：4			统治者目标的自主性：5		
显性-传统的	蒙古 加洛林	唐Ⅰ，Ⅱ 宋Ⅰ，Ⅱ 元 明 清 拜占庭Ⅰ				
明晰 法律的	罗马Ⅲ	罗马Ⅱ 法国Ⅰ 西班牙-美洲Ⅱ	瑞典Ⅲ 英国Ⅱ 普鲁士Ⅱ	西班牙-美洲Ⅰ	奥地利 瑞典Ⅰ 法国Ⅱ 英国Ⅰ	瑞典Ⅱ 英国Ⅲ 西班牙-美洲Ⅲ
无明晰 传统的					俄罗斯Ⅰ	
无明显 专断的	蒙古 加洛林 莫卧儿Ⅲ	孔雀Ⅱ 莫卧儿Ⅱ 奥斯曼Ⅱ 西班牙Ⅱ 俄罗斯Ⅲ 法国Ⅰ	英国Ⅱ		普鲁士Ⅰ 法国Ⅰ 英国Ⅰ 拜占庭Ⅱ	英国Ⅲ

表 7 统治者目标的自主性、制度领域的分化和统治者与群体政体政治斗争规则说明之间的关系

	统治者目标的自主性:0			统治者目标的自主性:1			统治者目标的自主性:2	
	1-3	4-6	7-9	1-3	4-6	7-9	1-3	4-6
				领域的分化				
无明晰		希腊		封建	萨非 I		埃及 I, II	穆斯林
传统的				欧洲			萨珊 I	西班牙 I
				阿兹美尼德				笈多
显性				印加				
传统的				埃及III				
从传统到				萨珊 II, IV				
无传统的								
不明显								唐III
过渡								宋III
从传统到					阿拔斯 II			
无传统的								
明显								奥斯曼 I
过渡								
明显的								
无传统的								

表 7（续）

	统治者目标的自主性:3		统治者目标的自主性:4		统治者目标的自主性:5	
	1-3	4-6	7-9	1-3	4-6	7-9	4-6	7-9

无明晰
传统的　　萨珊Ⅲ　　穆斯林
　　　　　　　　　西班牙Ⅱ
　　　　　　　　　孔雀Ⅰ

显性
传统的
从传统到　　　　　　　　　　加洛林　　　　　　　　　　俄罗斯Ⅰ
非传统到
不明显
过渡

明显的
非传统的　托勒密　塞琉西　　　　罗马Ⅲ　　罗马Ⅱ　　普鲁士Ⅱ　西班牙-　　奥地利　　西班牙-
　　　　　莫卧儿Ⅰ　萨非Ⅱ　　　莫卧儿Ⅲ　西班牙Ⅱ　　　　　　美洲Ⅰ　　普鲁士Ⅰ　美洲Ⅲ
　　　　　　　　　罗马Ⅰ　　　　　　　　　美洲Ⅱ　　　　　　　　　　　　法国Ⅱ
　　　　　　　　　俄罗斯Ⅱ　　　　　　　　西班牙Ⅲ　　　　　　　　　　　英国Ⅰ
　　　　　　　　　　　　　　　　　　　　俄罗斯Ⅲ
　　　　　　　　　　　　　　　　　　　　法国Ⅰ
　　　　　　　　　　　　　　　　　　　　莫卧儿Ⅱ
　　　　　　　　　　　　　　　　　　　　蒙古
　　　　　　　　　　　　　　　　　　　　唐Ⅰ,Ⅱ
　　　　　　　　　　　　　　　　　　　　宋Ⅰ,Ⅱ
　　　　　　　　　　　　　　　　　　　　元
　　　　　　　　　　　　　　　　　　　　明
　　　　　　　　　　　　　　　　　　　　清

从传统到　　　　　　　　　　法国Ⅲ　　　　　　　　　　奥斯曼Ⅱ　瑞典Ⅲ　　　　　　瑞典Ⅰ　　瑞典Ⅱ
非传统的　　　　　　　　　　　　　　　　　　　　　　　拜占庭Ⅰ　英国Ⅱ　　　　　　拜占庭Ⅱ　英国Ⅲ
明显
过渡

明显的　　　　　拜占庭Ⅲ
非传统的　　　　阿拔斯Ⅰ
　　　　　　　　奥斯曼Ⅲ
　　　　　　　　西班牙Ⅰ

表 8 统治者目标的自主性、制度领域的分化和政治斗争渠道权力的制度化之间的关系

权力的制度化	统治者目标的自主性: 0			领域的分化 / 统治者目标的自主性: 1			统治者目标的自主性: 2		
	1-3	4-6	7-9	1-3	4-6	7-9	1-3	4-6	7-9
1				印加 埃及III 萨珊 II, IV	阿拔斯 II 萨非 I		埃及 I, II 萨珊 I	唐III 宋III 笈多 穆斯林 西班牙 I	
2				封建 欧洲 阿契美尼德				奥斯曼 I	
3		希腊							

表 8（续）

	1-3	4-6	7-9	1-3	4-6	7-9	1-3	4-6	7-9
		统治者目标的自主性:3			统治者目标的自主性:4			统治者目标的自主性:5	
0					蒙古帝国				
1	萨珊Ⅲ 莫卧儿Ⅰ	塞琉西 孔雀Ⅰ 拜占庭Ⅲ 阿拔斯Ⅰ 萨非Ⅰ 穆斯林 西班牙Ⅱ 俄罗斯Ⅱ		加洛林 莫卧儿Ⅲ	孔雀Ⅱ 莫卧儿Ⅱ 西班牙Ⅱ				
2		奥斯曼Ⅲ 西班牙Ⅰ	法国Ⅲ		唐Ⅰ, Ⅱ 宋Ⅰ, Ⅱ 元 明 清 奥斯曼Ⅱ 俄罗斯Ⅲ 法国Ⅰ		西班牙- 美洲Ⅰ	奥地利 瑞典Ⅱ 俄罗斯Ⅰ 英国Ⅰ 拜占庭Ⅲ	
3		罗马Ⅰ		罗马Ⅲ	罗马Ⅱ 西班牙- 美洲Ⅱ 拜占庭Ⅰ	瑞典Ⅲ 普鲁士Ⅱ 英国Ⅲ		普鲁士Ⅰ 法国Ⅱ	西班牙- 美洲Ⅱ 瑞典Ⅱ 英国Ⅲ
无渠道	托勒密								

表 9 统治者政策的主要类型与统治者目标的参照类型之间的关系

统治者目标的参照类型	主要的积累或创造性政策			
	调节性的	指令性的	促进性的	服务
文化归属性的	埃及Ⅰ,Ⅱ,Ⅲ	印加		
政治集体性的				
政治集体和经济集体性的			俄罗斯Ⅰ	
政治集体和文化集体性的	萨珊Ⅲ 西班牙Ⅰ	萨珊Ⅰ,Ⅱ 萨珊Ⅳ		
文化集体性的	阿拔斯Ⅱ 穆斯林 西班牙Ⅰ,Ⅱ			
政治集体性的和自我维持	莫卧儿Ⅰ,Ⅱ	西班牙- 美洲Ⅰ 西班牙Ⅱ	奥斯曼Ⅱ	笈多
自我维持	俄罗斯Ⅱ	托勒密		

	主要的调节政策			
	无次级政策	积累创造性的	指令性的	促进性的	服务
文化归属性的		元	唐Ⅲ		唐Ⅰ,Ⅱ 宋Ⅰ,Ⅱ 明 清
文化集体性的	法国Ⅰ	瑞典Ⅱ		瑞典Ⅰ,Ⅲ	
政治集体和经济集体性的		西班牙- 美洲 俄罗斯Ⅲ	法国Ⅲ	英国Ⅱ	奥地利
政治集体和文化集体性的		西班牙- 美洲 英国Ⅰ		拜占庭Ⅱ 罗马Ⅰ	
文化集体性的政治集体性的和自我维持		孔雀Ⅰ	莫卧儿Ⅲ 拜占庭Ⅰ 奥斯曼Ⅰ		
自我维持	萨非Ⅱ		塞琉西 拜占庭Ⅲ		

目标参照	主要的指令性政策			主要的促进性政策	
	积累创造性的	调节性的	促进性的	指令性的	服务
政治集体性的	普鲁士Ⅰ				
政治集体性的和经济集体性的				法国Ⅱ	
政治集体性的和文化集体性的					罗马Ⅱ
政治集体性的和社会群体				英国Ⅲ	
文化集体性的	阿拔斯Ⅰ				
政治集体性的和自我维持		普鲁士Ⅱ		奥斯曼Ⅲ 罗马Ⅲ	
自我维持			萨非Ⅱ		

注：在每个案例中，主要政策在第一行给出，次级政策在第二行给出。在孔雀王朝Ⅱ期，统治者的政策主要是服务，次级的是积累或创造性的，尽管物品是文化——集体性的。

表 10　统治者目标的参照类型与统治者目标的自主性之间的关系

参照类型	统治者目标的自主性				
	1	2	3	4	5
文化归属性的	印加 埃及Ⅲ	埃及Ⅰ，Ⅱ 唐Ⅲ 宋Ⅲ		唐Ⅰ，Ⅱ 宋Ⅰ，Ⅱ 元 明 清	
政治集体性的				瑞典Ⅲ 法国Ⅰ	瑞典Ⅰ，Ⅱ 普鲁士Ⅰ
政治集体性的和 经济集体性的			法国Ⅲ	俄罗斯Ⅲ 英国Ⅱ	西班牙- 　美洲Ⅲ 奥地利 俄罗斯Ⅰ 法国Ⅱ
政治集体性的和 文化集体性	萨珊Ⅱ，Ⅳ	萨珊Ⅰ	萨珊Ⅲ 罗马Ⅰ 西班牙Ⅰ	罗马Ⅱ 西班牙- 　美洲Ⅱ	英国Ⅰ 拜占庭Ⅰ
政治集体性的和 社会群体					英国Ⅲ
文化集体性的	阿拔斯Ⅱ	穆斯林 西班牙Ⅰ	阿拔斯Ⅰ 穆斯林 　西班牙Ⅱ	孔雀Ⅱ	
政治集体性的和 自我维持	奥斯曼Ⅰ	笈多	莫卧儿Ⅰ 奥斯曼Ⅲ 孔雀王朝Ⅰ	莫卧儿Ⅱ，Ⅲ 奥斯曼Ⅱ 罗马Ⅲ 西班牙Ⅱ 普鲁士Ⅱ 拜占庭Ⅰ	西班牙- 　美洲Ⅰ
自我维持	萨非Ⅰ		托勒密 塞琉西 拜占庭Ⅲ 萨非Ⅱ 俄罗斯Ⅱ		

表 11　群体的分化、统治者目标的自主性和统治者政策的主要类型

政策的类型	统治者目标的自主性				
	1	2	3	4	5
			低度分化 (1-3)		
积累或 创造性的	印加 英国Ⅲ 萨珊Ⅱ, Ⅳ	埃及Ⅰ, Ⅱ 萨珊Ⅰ	托勒密 莫卧儿Ⅰ 萨珊Ⅲ		
			中度分化 (4-6)		
积累或 创造性的	阿拔斯Ⅱ	笈多 穆斯林 西班牙Ⅰ	西班牙Ⅰ 俄罗斯Ⅱ 穆斯林 西班牙Ⅱ	莫卧儿Ⅱ 西班牙Ⅱ 奥斯曼Ⅱ	西班牙- 美洲Ⅰ 俄罗斯Ⅰ
调节的	萨非Ⅰ	唐Ⅲ 宋Ⅲ 奥斯曼Ⅰ	塞琉西 孔雀Ⅰ 拜占庭Ⅲ 罗马Ⅰ	唐Ⅰ, Ⅱ 宋Ⅰ, Ⅱ 元 明 清 西班牙- 　美洲Ⅱ 俄罗斯Ⅲ 普鲁士Ⅱ 法国Ⅰ 拜占庭Ⅰ	奥地利 瑞典Ⅰ, Ⅱ 英国Ⅰ
惯例的			阿拔斯Ⅰ 萨非Ⅱ	普鲁士Ⅱ	普鲁士Ⅰ
促进的 服务			奥斯曼Ⅲ	罗马Ⅱ, Ⅲ 孔雀Ⅱ	法国Ⅱ
			高度分化 (7-9)		
调节的		法国Ⅲ	瑞典Ⅲ 英国Ⅱ	西班牙- 　美洲Ⅲ 拜占庭Ⅱ	
促进的				英国Ⅲ	

表 12 群体的分化、统治者目标的参照类型和群体政治参与的强度之间的关系

统治者目标的参照	低度分化 (1-3)			中度分化 (4-6)			高度分化 (7-9)		
	1	2	3	1	2	3	1	2	3
文化归属性的	印加	埃及Ⅲ			唐Ⅰ,Ⅱ,Ⅲ 宋Ⅰ,Ⅱ,Ⅲ 元 明 清			瑞典Ⅲ	
政治集体的					普鲁士Ⅰ 法国Ⅰ 奥地利 俄罗斯Ⅰ 法国Ⅱ	瑞典Ⅰ,Ⅱ			
政治集体的和经济集体的					英国Ⅰ	俄罗斯Ⅲ		西班牙－ 美洲Ⅲ 法国Ⅲ 英国Ⅱ	
政治集体的和文化集体的		萨珊Ⅱ,Ⅲ,Ⅳ		罗马Ⅰ	罗马Ⅱ 西班牙－ 美洲Ⅱ 孔雀Ⅱ 阿拔斯Ⅰ,Ⅱ 穆斯林 西班牙Ⅰ,Ⅱ	西班牙Ⅰ		拜占庭Ⅱ	
文化集体的									
政治集体的和社会集体的 政治集体的自我维持	莫卧儿Ⅰ,Ⅱ			孔雀Ⅰ 笈多 莫卧儿Ⅱ 拜占庭Ⅰ 奥斯曼Ⅰ	奥斯曼Ⅱ 罗马Ⅱ 西班牙－ 美洲Ⅰ 西班牙Ⅱ 普鲁士Ⅱ 塞琉西 拜占庭Ⅲ 萨珊Ⅰ,Ⅱ 俄罗斯Ⅱ	奥斯曼Ⅲ			英国Ⅲ
自我维持	托勒密								

639

表 13 群体的分化、统治者目标的参照类型和群体在政治组织中的参与之间的关系

统治者目标的参照	\multicolumn{3}{c}{群体的分化}	\multicolumn{6}{c}{群体在政治组织中的参与}
	\multicolumn{3}{c}{低度分化 (1-3)}	\multicolumn{3}{c}{中度分化 (4-6)}	\multicolumn{3}{c}{高度分化 (7-9)}
	1	2	3	1	2	3	1	2	3
文化归属性的	印加 埃及I	埃及II, III			唐I, II 宋I, II 元 明 清	唐III 宋III			
政治集体的				普鲁士I 法国I	瑞典I	瑞典II		瑞典III	
政治集体和经济集体的		萨珊I, II, III, IV		奥地利 俄罗斯I	俄罗斯III			法国III 英国II 拜占庭II	西班牙—美洲III
政治集体和文化集体的				罗马II 西班牙I	罗马I 西班牙—美洲II 英国I				
政治集体的和社会群体文化集体的				孔雀II 穆斯林 西班牙I, II	阿拔斯I, II				英国III
政治集体的和自我维持		莫卧儿I, III		孔雀I 笈多 奥斯曼II 西班牙II 普鲁士II	莫卧儿I 拜占庭I 奥斯曼I, II 罗马III 西班牙—美洲I				
自我维持	托勒密			塞琉西 萨非I, II	拜占庭III 俄罗斯II				

表 14 群体的分化、统治者目标的参照类型和群体政治目标的表达之间的关系

统治者目标的参照	低度分化 (1-3)			中度分化 (4-6)			高度分化 (7-9)		
	1	2	3	1	2	3	1	2	3
文化归属性的	印加 埃及 I, III	埃及 II			唐 I, II, III 元 明 清 宋 I, II, III				
政治集体的					瑞典 I 普鲁士 I 法国 II 俄罗斯 III			瑞典 III	
政治集体的和经济集体的				奥地利				英国 II	法国 III 西班牙–美洲 III
政治集体的和文化集体的	萨珊 I, II, IV	萨珊 III		罗马 II	罗马 I 西班牙–美洲 II 西班牙 I 英国 I			拜占庭 II	
政治集体的和社会集体的				孔雀 II 阿拔斯 II 穆斯林 西班牙 I, II	阿拔斯 I				英国 III
政治集体的和自我维持	莫卧儿 I, III			孔雀 I 笈多 莫卧儿 II 拜占庭 I 奥斯曼 I, II, III 塞琉西 俄罗斯 II	罗马 III 西班牙 II 普鲁士 II 西班牙 III 美洲 I 拜占庭 III				
自我维持	托勒密				萨非 I, II				

641

表 15 群体的分化、统治者目标的自主性和群体政治参与的强度之间的关系

统治者目标的自主性	群体政治参与的强度							
	低度分化 (1-3)			中度分化 (4-6)			高度分化 (7-9)	
	1	2	3	1	2	3	1	2	3
1	印加 埃及Ⅲ 萨珊Ⅰ, Ⅱ	萨珊Ⅱ, Ⅳ			阿拔斯Ⅱ 萨非Ⅰ 唐Ⅲ 宋Ⅲ 穆斯林 西班牙				
2				笈多 奥斯曼Ⅰ		奥斯曼Ⅲ 西班牙Ⅰ		法国Ⅲ	
3	托勒密 莫卧儿Ⅱ	萨珊Ⅲ		孔雀Ⅰ	塞琉西 拜占庭Ⅲ 阿拔斯Ⅰ 萨非Ⅱ 西班牙Ⅱ				
4	莫卧儿Ⅲ			莫卧儿Ⅱ 拜占庭Ⅰ	罗马Ⅰ 唐Ⅰ, Ⅱ 宋Ⅰ, Ⅱ 元 清 罗马Ⅱ 西班牙- 美洲Ⅱ 西班牙Ⅱ 俄罗斯Ⅱ 法国Ⅰ 奥斯曼Ⅱ	俄罗斯Ⅲ			
5					孔雀Ⅱ 奥地利 普鲁士Ⅰ 俄罗斯Ⅰ 法国Ⅱ 英国Ⅰ 西班牙- 美洲Ⅰ	瑞典Ⅰ		拜占庭Ⅱ	瑞典Ⅲ 英国Ⅱ 西班牙- 美洲Ⅲ 英国Ⅲ 瑞典Ⅱ

表 16 群体的分化、统治者目标的自主性和群体政治目标的表达之间的关系

统治者目标的自主性	群体政治目标的表达								
	低度分化 (1-3)			中度分化 (4-6)			高度分化 (7-9)		
	1	2	3	1	2	3	1	2	3
1	印加 埃及Ⅲ 萨珊Ⅱ, Ⅳ			阿拔斯Ⅱ 萨非Ⅰ					
2	埃及Ⅰ 萨珊Ⅰ	埃及Ⅱ		笈多 奥斯曼Ⅰ 穆斯林 西班牙Ⅰ	唐Ⅲ 宋Ⅲ				
3	托勒密 莫卧儿Ⅰ	萨珊Ⅲ		塞琉西 扎雀Ⅰ 阿拔斯Ⅰ 穆斯林 西班牙Ⅲ 奥斯曼Ⅲ 俄罗斯Ⅱ	拜占庭Ⅲ 罗马Ⅰ 西班牙Ⅰ	法国Ⅲ			
4		莫卧儿Ⅲ		萨非Ⅱ 扎雀Ⅱ 莫卧儿Ⅱ 奥斯曼Ⅱ 罗马Ⅱ 拜占庭Ⅰ	唐Ⅰ, Ⅱ 宋Ⅰ, Ⅱ 元 明			瑞典Ⅲ 英国Ⅲ	
5				奥地利 俄罗斯Ⅰ 西班牙- 美洲Ⅰ 瑞典Ⅰ 普鲁士Ⅰ 法国Ⅰ 英国Ⅰ	清 罗马Ⅲ 西班牙- 美洲Ⅱ 西班牙Ⅱ 俄罗斯Ⅲ 普鲁士Ⅱ 法国Ⅱ			拜占庭Ⅱ	西班牙- 美洲Ⅲ 瑞典Ⅱ 英国Ⅲ

表 17　官僚的政治取向与官僚嵌入的程度之间的关系

官僚嵌入	官僚面向的政治取向					
	统治者	群体	统治者和群体	自我	自我和政体	无资料
中央政治权威机构	印加 萨珊Ⅲ 孔雀Ⅰ，Ⅱ 笈多 莫卧儿Ⅰ，Ⅱ，Ⅲ 奥斯曼Ⅰ 罗马Ⅰ 西班牙-美洲Ⅰ 奥地利 西班牙Ⅰ 瑞典Ⅰ 俄罗斯Ⅰ 普鲁士Ⅰ 英国Ⅰ		俄罗斯Ⅱ		埃及Ⅱ 奥斯曼Ⅱ	
中央政治权威机构和贵族				萨珊Ⅱ 萨珊Ⅳ 拜占庭Ⅲ	埃及Ⅰ 萨珊Ⅰ	
中央政治权威机构和中等群体	法国Ⅱ		拜占庭Ⅰ，Ⅱ 阿拔斯Ⅰ 法国Ⅰ	阿拔斯Ⅱ		托勒密
贵族	埃及Ⅲ	西班牙Ⅱ 瑞典Ⅱ	俄罗斯Ⅲ	西班牙-美洲Ⅲ	穆斯林 西班牙Ⅰ，Ⅱ 普鲁士Ⅱ	
贵族和中等群体		英国Ⅱ，Ⅲ	西班牙-美洲Ⅱ	法国Ⅲ		塞琉西
中等群体					萨非Ⅰ，Ⅱ	
绅士阶层			唐Ⅰ，Ⅱ 宋Ⅰ，Ⅱ 元 明 清	唐Ⅲ 宋Ⅲ		
无嵌入	罗马Ⅱ			奥斯曼Ⅲ	罗马Ⅲ 瑞典Ⅲ	

表 18　官僚的政治取向与官僚活动的类型之间的关系

官僚活动的类型	官僚面向的政治取向					
	统治者	群体	统治者和群体	自我	自我和政体	无资料
技术的 技术-调节的	笈多 罗马Ⅰ 莫卧儿Ⅰ,Ⅱ	英国Ⅲ			穆斯林 西班牙Ⅱ	托勒密 塞琉西
均衡的	印加 罗马Ⅱ	瑞典Ⅱ	阿拔斯Ⅰ		埃及Ⅰ 萨非Ⅱ 奥斯曼Ⅱ	
调节-技术的	埃及Ⅲ 萨珊Ⅲ 孔雀Ⅰ,Ⅱ 莫卧儿Ⅲ 奥斯曼Ⅰ 奥地利 西班牙-美洲Ⅰ 西班牙Ⅰ 瑞典Ⅰ 俄罗斯Ⅰ 普鲁士Ⅰ 法国Ⅱ	英国Ⅱ	唐Ⅰ,Ⅱ 宋Ⅰ,Ⅱ 元 明 清 拜占庭Ⅱ 西班牙-美洲Ⅱ 俄罗斯Ⅲ	唐Ⅲ 宋Ⅲ 奥斯曼Ⅲ 西班牙-美洲Ⅲ 法国Ⅲ	萨珊Ⅰ 罗马Ⅲ 瑞典Ⅲ 普鲁士Ⅱ	
调节的		西班牙Ⅱ	拜占庭Ⅰ 俄罗斯Ⅱ 法国Ⅰ	萨珊Ⅱ,Ⅳ 拜占庭Ⅲ 阿拔斯Ⅱ 西班牙Ⅱ	埃及Ⅱ 萨非Ⅰ	
无数据					穆斯林 西班牙Ⅰ	

附录

表 19 统治者目标参照类型、群体的分化和官僚嵌入的程度

官僚嵌入	群体的分化					
	1-3	4-6	7-9	1-3	4-6	7-9
	文化-归属性参照			政治-集体性参照		
中央政治权威机构	印加 埃及II			萨珊III	英国I 瑞典I 俄罗斯I	
中央权威机构和贵族	埃及I			萨珊I, II, IV		
中央权威机构和中等群体					法国I	
贵族	埃及III				瑞典II	
士绅阶层		唐I, II, III 宋I, II, III 元 明 清				
无嵌入						瑞典III
	政治-集体和经济-集体性参照			政治-集体和文化-集体性参照		
中央政治权威机构		奥地利 俄罗斯I			孔雀I 罗马I 西班牙I	
中央政治权威机构和中等群体		法国II				拜占庭II
贵族		俄罗斯III	西班牙-美洲III			
贵族和中等群体			英国I 法国III		西班牙-美洲II	
无嵌入					罗马II	
	政治-集体和社会-群体参照			政治-集体和自我-维系参照		
中央政治权威机构				莫卧儿I, 奥斯曼I, II, III	西班牙-美洲I 笈多 莫卧儿II	
中央政治权威机构和中等群体					拜占庭I	
贵族					西班牙II 俄罗斯II	
贵族和中等群体		英国II				
无嵌入					奥斯曼III 罗马III	
	文化-集体性参照			自我-维系参照		
中央政治权威机构		孔雀II			俄罗斯II	
中央权威机构和贵族					拜占庭III	
中央权威机构和中等群体		阿拔斯I, II		托勒密		
贵族		穆斯林 西班牙I, II				
贵族和中等群体					塞琉西	
中等群体					萨非I, II	

表20　统治者目标参照类型、统治者和群体目标的一致性以及官僚嵌入的程度之间的关系

官僚嵌入	一致目标 积极的	一致目标 消极的	不一致目标 积极的	不一致目标 消极的	一致目标 积极的	一致目标 消极的	不一致目标 积极的	不一致目标 消极的
	文化—归属性参照				政治—集体性参照			
中央政治权威机构	印加 埃及Ⅱ					萨珊Ⅲ	瑞典Ⅰ	普鲁士Ⅰ
中央权威机构和贵族		埃及Ⅰ				英国Ⅰ 萨珊Ⅰ	萨珊Ⅱ, Ⅳ	
中央权威机构和中等群体						法国Ⅱ		
贵族	唐Ⅰ, Ⅱ 宋Ⅰ, Ⅱ 元 明 清	埃及Ⅲ	唐Ⅲ 宋Ⅲ		瑞典Ⅱ			
土绅阶层						瑞典Ⅱ		
无嵌入					政治—集体和文化—集体性参照			
					政治—集体经济—集体性参照			
中央政治权威机构		奥地利 法国Ⅱ	俄罗斯Ⅰ			孔雀Ⅰ		罗马Ⅰ 西班牙Ⅰ
中央权威机构和中等群体								
贵族	俄罗斯Ⅲ	西班牙— 美洲Ⅲ	法国Ⅲ		拜占庭Ⅱ			
贵族和中等群体		英国Ⅱ			罗马Ⅱ	西班牙— 美洲Ⅱ		
无嵌入								

647

表 20（续）

	一致目标			不一致目标		一致目标			不一致目标	
	积极的	消极的	积极的	消极的	积极的	消极的	积极的	消极的		
	政治-集体和社会-群体参照					政治-集体和自我-维系参照				
中央政治权威机构			奥斯曼 I, II		笃多 莫卧儿 I, II 拜占庭 I	莫卧儿 I, II 托勒密	莫卧儿 III			
中央权威机构和中等群体 贵族	阿拔斯 I		阿拔斯 II		西班牙 II 曾鲁士 II					
贵族和中等群体 无族人	英国 III									
	文化-集体性参照					自我-维系参照				
中央政治权威机构		孔雀 II			俄罗斯 II	拜占庭 III		奥斯曼 III 罗马 III		
中央权威机构和贵族		穆斯林 西班牙 II		穆斯林 西班牙 I			塞琉西			
贵族和中等群体 中等群体						萨珊 II	萨珊 I			

参考文献

下列参考文献目录是按照正文中分析的诸社会分类的。与本书主题相关的一般性著作也被包括在内。最详细的部分——尽管肯定没有穷尽，是有关案例研究中所展现的非欧洲社会的，如中华帝国、拜占庭帝国、西班牙-美洲帝国、萨珊帝国，在较小程度上，还有阿拔斯帝国。

关于一般而言的欧洲，以及特殊来讲的法国、英格兰和俄罗斯的著作目录，就更不必说详尽了。它们主要限于有关这些社会的基本著作，以及与正文中涉及的特定问题相关的更专门的著作。甚至与只在表中分析的社会相关的著作罗列出来的更少。

概　要

A. 一般政治社会学和历史著作

B. 希腊城邦

C. 蒙古帝国

D. 欧洲封建主义

E. 阿契美尼德、加洛林和印加帝国

F. 古埃及帝国

G. 萨珊

H. 阿拔斯和萨非

I. 奥斯曼帝国

J. 穆斯林西班牙

K. 罗马帝国

L. 西班牙-美洲帝国

M. 专制主义欧洲——通论性的

N. 奥地利

O. 希腊化诸朝代：托勒密王朝和塞琉西

P. 中国

Q. 印度——通论性的

R. 孔雀王朝、笈多和莫卧儿印度

S. 拜占庭帝国

T. 伊斯兰——通论性的

U. 西班牙

V. 瑞典

W. 俄罗斯

X. 普鲁士

Y. 法国

Z. 英格兰

期刊缩写

AJS	American Journal of Sociology
ASR	American Sociological Rcview
BSOAS	Bulletin of the School of Oriental and African Studies
BZ	Byzantinische Zeitschrift
FEQ	Far Eastern Quarterly
HAHR	Hispanic American Historical Review
HJAS	Harvard Journal of Asiatic Studies
HZ	Historische Zeitschrift
JA	Journal Asiatique
JAOS	Journal of tne American Oriental Society
JAS	Journal of Asiatic Studies

JRAS	Journal of the Royal Asiatic Society
REB	Revue des etudes byzantines
RH	Revue historique
TP	T'oung Pao
VSWG	Vierteljahrschrift für Sozial und Wirtschaftsgeschichte
ZDMG	Zeitschrift der Deutschen Morgenlän dischen Gesellschaft

A. General

1. POLITICAL SOCIOLOGY

ALMOND, G. A. (1960), "A Functional Approach to Comparative Politics," in Almond, G. A., and Coleman, J. S. (eds.), *The Politics of the Developing Areas*, Princeton, pp. 5-64.

APTER, D. F. (1958), "A Comparative Method for the Study of Politics," *AJS*, LXIV, 221-238.

BEER, S. H. (1958), "The Analysis of Political Systems," in Beer, S. H., and Ulam, A. B. (eds.), *Patterns of Government*, New York, pp. 3-51.

BORCH, H. (1954), *Obrigkeit und Wiederstand: Zur politischen Soziologie des Beamtentums*, Tübingen.

EASTON, D. (1957), "An Approach to the Analysis of Political Systems," *World Politics*, X, 383-400.

—— (1959), "Political Anthropology," in Siegal, B. (ed.), *Biennial Review of Anthropology*, Stanford, Calif., pp. 210-262.

EISENSTADT, S. N. (ed.) (1954), *Political Sociology* (in Hebrew), Tel Aviv.

—— (1958), "The Study of Oriental Despotism as Systems of Total Power" (review of Wittfogel, K. A., 1957), *JAS*, XVII, 435-447.

—— (1959), "Primitive Political Systems," *American Anthropologist*, LXI, 200-220.

FINER, H. (1949), *The Theory and Practice of Modern Government*, New York.

FRIEDRICH, C. J. (1950), *Constitutional Government and Democracy*, Boston.

LEVY, M. J. (1952), *The Structure of Society*, Princeton, N.J., especially ch. X.

MC IVER, M. (1926), *The Modern State*, Oxford.

MOSCA, G. (1947), *Elementi di scienza politica*, Bari.

—— (1958), *Ciò che la storia potrebbe insegnare: Scritti di scienza politica*, Milan.

OPPENHEIMER, F. (1912), *Der Staat*, Munich.

PARSONS, T. (1960), "Authority, Legitimation, and Political Action," in *Structure and Process in Modern Societies*, New York, pp. 170-199.

—— and SMELSER, N. J. (1956), *Economy and Society*, London.

PULLEYBLANK, E. G. (1958), Review of K. A. Wittfogel, *Oriental Despotism*, *BSOAS*, XXI, 657-660.

REDFIELD, R., and SINGER, M. (1954), "The

Cultural Role of Cities," *Economic Development and Cultural Change*, III, 53-74.

RIGGS, F. W. (1957), "Agraria and Industria: Towards a Typology of Comparative Administration," in Siffin, W. J. (ed.), *Towards the Comparative Study of Public Administration*, Bloomington, Ind., pp. 23-116.

ROBERTS, J. M., and ALMOND, G. A. (1957), "The Political Process in Primitive Societies" (mimeo), Stanford, Calif.

SMELSER, N. J. (1959), "A Comparative View of Exchange Systems," *Economic Development and Cultural Change*, VII, 173-182.

SOCIÉTÉ JEAN BODIN (1954-55), *Recueils*, V, VI, VII, La Ville, Bruxelles.

SPEIER, H. (1952), *Social Order and the Risks of War*, New York.

SUTTON, F. X. (1955), "Social Theory and Comparative Politics" (mimeo), Social Science Research Council, New York.

WEBER, M. (1920-21), *Gesammlte Aufsätze zur Religionssoziologie*, Tübingen.

—— (1922), *Wirtschaft und Gesellschaft*, Tübingen.

—— (1924[a]), *Gesammlte Aufsätze zur Sozial- und Wirtschaftsgeschichte*, Tübingen, especially ch. 1-3.

—— (1924[b]), *Wirtschaftsgeschichte*, Munich.

WILSON, C. H. (1957), *Profit and Power*, London.

WITTFOGEL, K. A. (1957), *Oriental Despotism*, New Haven.

2. HISTORICAL WORKS

BRUNNER, O. (1956), *Neue Wege der Sozialgeschichte*, Göttingen.

COULBORN, R. (1958), "The State and Religion: Iran, India, and China," *Comparative Studies in Society and History*, I, 44-57.

HOSELITZ, B. (1956), "Economic Stagnation in Agrarian Empires" (mimeo), Harvard University Center of Far Eastern Studies, Cambridge, Mass.

MÜHL, M. (1933), *Untersuchungen zur altorientalischen und althellenischen Gesetzgebung*, Leipzig.

NEF, J. U. (1958), *Cultural Foundations of Industrial Civilization*, Cambridge.

NICHOS, J. H., et al. (1959), "Debate—The State and Religion," *Comparative Studies in Society and History*, I, 383-387.

SCHILLING, W. (1957), *Religion und Recht*, Zurich and Vienna, especially ch. II, 2.

SOCIAL SCIENCE MONOGRAPHS (1958), *Irrigation Civilizations: A Comparative Study*, Pan-American Union, Washington, D.C.

STRAYER, R. J. (1958), "The State and Religion: Greece and Rome, the West, Islam," *Comparative Studies in Society and History*, I, 38-43.

TURNER, R. (1941), *The Great Cultural Traditions: Vol. I, The Ancient Cities*, New York.

WITTFOGEL, K. A. (1932), "Die natürlichen Ursachen der Wirtschaftsgeschichte," *Archiv für Sozialwissenschaft und Sozialpolitik*, LXVII, 466-492, 599-609, 711-731.

—— (1938), "Die Theorie der Orientalischen Gesellschaft," *Zeitschrift für Sozialforschung*, VII, 90-122.

B. The Greek City-States

ADCOCK, F. E. (1939), "The Reform of the Athenian State," in *The Cambridge Ancient History*, vol. IV, pp. 26-58.

BEYER, W. C. (1959), "The Civil Service of the Ancient World," *Public Administration Review*, XIX, 243-249.

BOWRA, C. M. (1957), *The Greek Experience*, London.

CALHOUN, G. M. (1913), *Athenian Clubs in Politics and Litigation*, Austin, Tex.

CLOCHE, P. (1951), *La démocratie athénienne*, Paris.

EHRENBERG, V. (1960), *The Greek State*, New York.

FERGUSON, W. S. (1940[a]), "The Oligarchical Movement in Athens," in *The Cambridge Ancient History*, vol. V, pp. 312-347.

—— (1940[b]), "The Fall of the Athenian Empire," *ibid.*, pp. 348-375.

GLOTZ, G. (1926), *Ancient Greece at Work*, London.

—— (1929), *The Greek City*, London.

GOMME, A. W. (1939), *Essays in Greek History and Literature*, Oxford.

HEICHELHEIM, F. M. (1938), *Wirtschaftsgeschichte des Altertums*, Leiden.

JONES, A. H. M. (1940), *The Greek City from Alexander to Justinian*, Oxford.

THOMSON, G. (1946), *Studies in Ancient Greek Society*, London.

TOD, M. N. (1940), "The Economic Background of the Fifth Century," in *The Cambridge Ancient History*, vol. V, pp. 1-32.

TOYNBEE, A. J. (1959), *Hellenism: The History of a Civilization*, London.

C. The Mongol Empire

BACON, E. E. (1954), "Types of Pastoral Nomadism in Central and Southwest Asia," *Southwestern Journal of Anthropology*, X, 44-68.

HAENISCH, E. (1933), "Die letzten Feldzüge Cinggis Han's und sein Tod; nach der ostasiatischen Überlieferung," *Asia Major*, IX, 503-533.

—— (1941), "Kulturbilder aus Chinas Mongolenzeit," *HZ*, CLXIV, 21-49.

—— (1943), *Die Kulturpolitik des Mongolischen Weltreichs*, Berlin.

KRADER, L. (1955), "Principles and Structures in the Organization of the Asiatic Steppe-Pastoralists, *Southwestern Journal of Anthropology*, XI, 67-92.

—— (1958), "Feudalism and the Tatar Polity of the Middle Ages," *Comparative Studies in Society and History*, I, 76-99.

LATTIMORE, O. (1947), "Inner Asian Frontiers: Chinese and Russian Margins of Expansion," *Journal of Economic History*, VII, 24-52.

—— (1951), *The Inner Asian Frontiers of China*, New York.

PELLIOT, P. (1951), *Histoire des Campagnes de Gengis Khan Cheng-Wou Ts'in-Tscheng Lou*, Leiden.

SCHRAM, M. J. (1954), *The Mongols of the Kansa Tibetan Frontier*, Philadelphia.

SPULER, B. (1948), *Die Mongolenzeit*, Berlin.

—— (1950), "Geschichte Mittelasiens," in Waldschmidt, E., *et al.*, *Geschichte Asiens*, Munich, pp. 309-360.

VERNADSKII, G. (1938), "The Scope and Contents of Chinghis Khan's Yasa," *HJAS*, III, 337-360.

—— (1939), "Tuwaini's Version of Chingis Khan's Yasa," *Annales de l'Institut Koudakov*, XI, 35-45.

—— (1953), *The Mongols and Russia*, New Haven.

VLADIMITSOV, B. Y. (1948), *Le régime social des mongols*, Paris.

—— (1950), *Life of Chinghis Khan*, London.

VREELAND, H. H. (1954), *Mongol Community and Kinship Structure*, New Haven.

D. European Feudalism

BISSON, T. N. (1957), "Coinages and Royal Monetary Policy in Languedoc during the Reign of St. Louis," *Speculum*, XXXIII, 443-470.

BLOCH, M. (1931), "Féodalité, vassalité, seigneurie: À propos de quelques travaux récents," *Annales*, III, 246-260.

—— (1937), "La genèse de la seigneurie: Idée d'une recherche comparée," *Annales*, IX, 225-227.

—— (1939-40), *La société féodale*, Paris, 2 vols.

BOSCH, K. (1960), Über soziale Mobilität in der mittelalterlichen Gesellschaft," *VSWG*, XLVII, 306-332.

BOUTRUCHE, R. (1939), "Aux origines d'une crise nobiliaire: Donations pieuses et pratiques successolares en Bordelais du XIIIième au XVIIème siècle," *Annales*, XI, 161-177, 257-277.

—— (1959), *Seigneurie et féodalité: le premier âge des liens d'homme à homme*, Paris.

CAHEN, C. (1960), "Reflexions sur l'usage du mot de 'féodalité,'" *Journal of the Economic and Social History of the Orient*, III, 2-20.

CAM, H. M. (1940), "The Decline and Fall of British Feudalism," *History*, XXV, 216-233.

—— (1954), "Mediaeval Representation in Theory and Practice," *Speculum*, XXIX, 347-355.

COULBORN, R. (ed.) (1956), *Feudalism in History*, Princeton, N.J., pp. 188-214, 236-324.

CRONNE, H. A. (1940), "The Origins of Feudalism," *History*, XXIV, 251-259.

GANSHOF, F. L. (1937), "Note sur les origines de l'union du bénéfice avec la vassalité," in *Etudes d'histoire dédiées à la mémoire de Henry Pirenne*, Brussels, pp. 173-189.

—— (1947), *Quest-ce que la féodalité?*, Brussels.

HINTZE, O. (1929), "Wesen und Verbreitung des Feudalismus," *Sitz. der Preussischen Akademie der Wissenschaften, Phil.-hist. Klasse*, pp. 321-347.

LOT, F. (1933), "Origine et nature du bénéfice," *Annuario de historia del derecho español*, X, 175-185.

MC ILWAIN, C. H. (1932), "Medieval Estates," in *The Cambridge Medieval History*, vol. VII, pp. 665-713.

MITTEIS, H. (1953), *Der Staat des Hohen Mittelalters: Grundlinien einer vergleichende Verfassungsgeschichte des Lehnzeitaltes*, Weimar.

MOR, C. G. (1952), *L'età feudale*, Milan.

SANCHEZ-ALBORNOZ, C. (1942), *En torno a los origenes del feudalismo*, Mendoza.

SESTAN, E. (1946), "L'Italia nell'età feudale," in Rota, E. (ed.), *Questioni di storia medioevale*, Milan, pp. 77-127.

STENTON, F. M. (1935), "The Changing Feudalism of the Middle Ages," *History*, XIX, 289-301.

STEPHENSON, C. (1954), *Mediaeval Institutions: Selected Essays*, Ithaca, N.Y.

STRAYER, J. R. (1956), "Feudalism in Western Europe," in Coulborn, R. (ed.), *Feudalism in History*, Princeton, N.J., pp. 15-25.

——, and COULBORN, R. (1956), "The Idea of Feudalism," *ibid.*, pp. 3-11.

——, and TAYLOR, C. H. (1939), *Studies in Early French Taxation*, Cambridge.

THALAMAS, A. (1945), *Les origines de la société française*, Paris.

——. (1951), *La société seigneuriale française (1050-1270)*, Paris.

TOYNBEE, A. P., KROEBER, A. L., et al. (1950), *Conference on Feudalism*, Institute for Advanced Study, Princeton, N.J.

E. Ahmenid, Carolingian, and Inca Empires

1. AHMENIDS

CHRISTENSEN, A. E. (1936), *L'Iran sous les sassanides*, Copenhagen, ch. I.

DELAPORTE, L., and HUART, C. (1943), *L'Iran antique*, Paris.

EHTÉCHAM, M. (1946), *L'Iran sous les Achéménides*, Fribourg.

GALLING, K. (1937), "Syrien in der Politik der Achaemeniden, Leipzig.

JUNGE, P. J. (1941-42), "Satrapie und Natio: Reichsverwaltung und Reichspolitik im Staate Dareios' I," *Klio*, XVI, 1-55.

MELONI, P. (1951), "La grande rivolta dei satrapi contro Artaserse II (370–359 A.C.), *Rivista storica italiana*, LXIII, 5-27.

2. CAROLINGIAN

BLOCH, M. (1952), "Les réformes monétaires carolingiennes," *Annales*, XXIV, 13-19.

GANSHOF, F. L. (1939), "Bénéfice and Vassalage in the Age of Charlemagne," *Cambridge Historical Journal*, VI, 147-175.

HALPHEN, L. (1947), *Charlemagne et l'empire carolingien*, Paris.

JUSSELIEN, M. (1922), "La chancellerie de Charles le Chauve," *Le moyen âge*, XXXIII, 1-91.

TESSIER, G. (1938), "Variétés," *Le moyen âge*, II, 14-81.

3. INCA

BAUDIN, L. (1928), *L'empire socialiste des Inka*, Paris.

—— (1955), *La vie quotidienne au temps des derniers Incas*, Paris.

BRAM, J. (1941), *An Analysis of Inca Militarism*, New York.

CUNOW, H. (1896), *Die Soziale Verfassung des Inkareichs*, Stuttgart.

KIRCHHOFF, P. (1949), "The Social and Political Organization of the Andean Peoples," in Stewart, J. H. (ed.), *Handbook of South American Indians*, vol. V, pp. 294-311.

MARKHAM, C. (1910), *The Incas of Peru*, London.

MASON, A. (1957), *Ancient Civilizations of Peru*, London.

MOORE, S. F. (1958), *Power and Property in Inca Peru*, New York.

F. The Ancient Egyptian Empire

ALLIOT, M. (1950), "Réflexions sur le pouvoir royal en Egypte depuis Téti jusqu'à Ahmosis," *Journal of Near Eastern Studies*, IX, 204-214.

BADAWY, A. (1952), "Le travail dans l'Egypte pharaonique," *Cahiers d'histoire égyptienne*, IV, 167-193.

BAGNANI, G. (1934), "Il primo intendente del pallazzo, Imenhotpe, detto Huy," *Aegyptus*, XIV, 33-49.

BECHERAT, J. VON (1951), *Tanis und Theben: Historische Grundlagen der Ramsessidenzeit in Ägypten*, Glückstadt.

BEYER, W. C. (1959), "The Civil Service of the Ancient World," *Public Administration Review*, XIX, 243-249.

CHEHATA, C. (1954), "Le testament dans l'Egypte pharaonique," *Revue historique de droit français et étranger*, XXXII, 1-23.

DRIOTON, E., and VANDIER, J. (1952), *L'Égypte (Les peuples de l'Orient mediterranéen*, vol. II), Paris.

EDGARD, D. O. (1960), "Die Beziehungen Babyloniens und Ägyptens in der mittelbabylonischen Zeit und das Gold," *Journal of the Economic and Social History of the Orient*, III, 38-55.

EDGERTON, W. F. (1947[a]), "The Government and the Governed in the Egyptian Empire," *Journal of Near Eastern Studies*, VI, 152-160.

—— (1947[b]), "The Nauri Decree of Seti I: A Translation and Analysis of the Legal Portion," *ibid.*, VI, 219-230.

—— (1951), "The Strikes in Ramses III's Twenty-ninth Year," *ibid.*, X, 137-145.

—— (1956), "The Question of Feudal Institutions in Ancient Egypt," in Coulborn, R. (ed.), *Feudalism in History*, Princeton, N.J., pp. 120-132.

ERMAN, A. (1923), *Ägypten und Ägyptisches Leben im Altertum*, Tübingen.

FARINA, G. (1921), "Rivolgimenti politici nell'antico Egitto," *Aegyptus* II, 3-17.

FRANKFORT, H. (1948), *Kingship and the Gods*, Chicago.

—— (1951), *The Birth of Civilization in the Near East*, London.

HAYES, W. C. (1953), "Notes on the Government of Egypt in the Late Middle Kingdom," *Journal of Near Eastern Studies*, XII, 31-39.

HELLEK, W. (1954), *Untersuchungen zu den Beamtentiteln des Ägyptischen alten Reiches*, Glückstadt.

KEES, H. (1933[a]), "Ägypten," in *Handbuch der Altertumskunde, Kulturgeschichte des Alten Orients*, Munich, vol. III, ch. 1.

—— (1933[b]), "Beiträge zur altägyptischen Provinzialverwaltung und der Geschichte des Feudalismus," *Nachrichten von der Gesellschaft der Wissenschaften zu Göttingen, Phil.-hist. Klasse*, III, 579-598.

—— (1934), "Herihor und die Aufrichtung des thebanischen Gottesstaates," *ibid.*, I, 1-20.

—— (1935), "Zur Innenpolitik der Saitendynastie," *ibid.*, n.s., I, 95-106.

—— (1940), "Beitrage zur Geschichte des Vezirats im Alten Reich," *ibid.*, n.s., IV, 40-54.

—— (1952), "Wandlungen des Ägyptischen Geschichtsbildes," *Journal of Near Eastern Studies*, XI, 157-163.

—— (1953), *Das Priestertum im Ägyptischen Staat vom Neuen Reich bis zur Spätzeit*, Leiden and Cologne.

LEEMANS, W. F. (1960), "The Trade Relations of Babylonia and the Question of Relations with Egypt in the Old Babylonian Period," *Journal of the Economic and Social History of the Orient*, III, 21-37.

MASPERO, M. G. (1890), "La carrière administrative de deux hauts fonctionnaires égyptiens vers la fin de la IIIième dynastie," *JA*, XV, 269-428.

MEYER, E. (1928), "Gottesstaat, Militärherrschaft und Ständewesen in Ägypten," *Sitz. der Preussischen Akademie der Wissenschaften, Phil.-hist. Klasse*, XXVIII, 495-532.

MOULET, P. (1946), *La vie quotidienne au temps des Ramsès (XIIIième–XIIième sièles)*, Paris.

OTTO, E. (1953), *Ägypten: Der Weg des Pharaonenreiches*, Stuttgart.

PIRENNE, J. (1948), "L'écrit pour argent et l'écrit de cession dans l'ancien droit égyptien," *Revue internationale des droits de l'antiquité*, I, 173-188.

REMONDON, R. (1955), Problèmes militaires en Egypte et dans l'Empire à la fin du IVième siècle," *RH*, LXXIX, 21-38.

SCHARFF, A. (1936), "Der Historische Abschnitt der Lehre für König Merikarê," *Sitz. der Bayerischen Akademie der Wissenschaften, Phil.-hist. Abteilung*, n. s.

SEIDL, E. (1933), "Law, Egyptian," in *Encyclopedia of the Social Sciences*, vol. IX, pp. 209-211.

—— (1939), *Einführung in die ägyptische Rechtsgeschichte bis zum Ende des Neuen Reiches, I: Juristischer Teil*, Glückstadt, Hamburg, and New York.

SPIEGEL, J. (1950), *Soziale und weltanschauliche Reformbewegungen im alten Ägypten*, Heidelberg.

STOCK, H. (1949), *Die erste Zwischenzeit Ägyptens*, Rome.

—— (1955), *Studien zur Geschichte der Archäologie der 13 bis 17 Dynastie Ägyptens*, Glückstadt.

VOYOTTE, J. (1954), "Trois généraux de la XIXième dynastie (à propos de l'égyptien "Suta," KUB, III, 57)," *Orientalia*, XXIII, 223-231.

WEILL, R. (1932), "Compléments pour la fin du moyen empire égyptien," *Bulletin de l'institut français d'archéologie orientale*, XXXII, 7-52.

WILSON, J. A. (1951), *The Burden of Egypt*, Chicago.

—— (1954), "Authority and Law in Ancient Egypt," supplement, *JAOS*, LXXIV, 1-8.

WINLOCK, H. E. (1943), "The Eleventh Egyptian Dynasty," *Journal of Near Eastern Studies*, II, 249-283.

G. Sassanids

ADONTZ, N. (1937), "L'aspect iranien du servage," *Recueils de la Société Jean Bodin*, II, 135-153.

ALTHEIM, F. (1955[a]), *Reich gegen Mitternacht*, Hamburg.

—— (1955[b]), *Gesicht von Abend und Morgen*, Frankfort.

—— (1956), "Arsakiden und Sassaniden," in Valjavec, F. (ed.), *Historia Mundi*, Berne, vol. IV, pp. 516-541.

ALTHEIM, F., and STIEHL, R. (1954), *Ein asiatischer Staat: Feudalismus unter den Sassaniden und ihren Nachbarn*, Wiesbaden.

——, and STIEHL, R. (1957), *Finanzgeschichte der Spätantike*, Frankfort.

BAILEY, H. W. (1943), *Zoroastrian Problems in the Nineteenth Century Books*, Oxford.

BENVENISTE, E. (1932), "Les classes sociales dans la tradition avestique," *JA*, CCXXI, 117-134.

—— (1938), *Les images dans l'ancien Iran*, Paris.

BIANCHI, V. (1958), *Zaman i Ohrmazd-Lo Zoroastrismo nelle sui origini e nella sua essenza*, Turin.

BROWNE, E. G. (1951-53), *A Literary History of Persia*, Cambridge.

CHRISTENSEN, A. (1925), *Le règne du roi Khawadh et le communisme mazdakite*, Copenhagen.

—— (1933), "Die Iranier," in Alt, A., et al., *Kulturgeschichte des alten Orients*, Munich, vol. III.

—— (1936), *L'Iran sous les Sassanides*, Copenhagen.

—— (1939), "Sassanid Persia," in *The Cambridge Ancient History*, vol. XII, pp. 109-137.

COULBORN, R. (1958-59), "The State and Religion: Iran, India, and China," *Comparative Studies in Society and History*, I, 44-57.

DELAPORTE, L., and HUART, C. (1943), *L'Iran antique*, Paris.

DHALLA, M. N. (1938), *History of Zoroastrianism*, New York.

FAZIOLLEH, M. (1938), *L'évolution des finances iraniennes*, Paris.

FRY, R. N. (1956), Review of Altheim, F., and Stiehl, R. (1954), *Central Asiatic Journal*, II, 298-302.

GHIRSHMAN, R. (1954), *Iran*, London.

HENNIG, W. B. (1951), *Zoroaster*, Oxford.

KLIMA, O. (1957), *Mazdak: Geschichte einer sozialen Bewegung im sassanidischen Persien*, Prague.

MASSÉ, H. (1939), Review of Christensen, A. (1936), *Journal des savants*, pp. 165-168.

—— (ed.) (1952), *La civilisation iranienne*, Paris.

MENASCE, R. F. DE (1955), "L'église mazdéenne dans l'empire sassanide," *Journal of World History*, II, 554-565.

MOLE, M. (1953), Deux aspects de l'orthodoxie zoroastienne," *Annuaire de l'institut de philologie et d'histoire orientales et slaves*, XII, 289-324.

NYBERG, H. S. (1938), *Die Religionen des Alten Iran*, Leipzig.

STEIN, E. (1920), "Ein Kapitel vom Persischen und vom Byzantinischen Staat," *Byzantinisch-neugriechische Jahrbücher*, I, 50-89.

WIDENGREN, G. (1956), "Recherches sur le féodalisme iranien," *Orientalia Suecana*, V, 79-182.

H. Hellenistic Dynasties: Ptolemies and Seleucids

ATKINSON, K. C. (1952), "Some Observations on Ptolemaic Ranks and Titles," *Aegyptus*, XXXII, 204-215.

BEVAN, E. R. (1902), *History of the House of Seleucus*, London.

—— (1927), *History of Egypt under the Ptolemies*, London.

BIKERMANN, E. (1938), *Les institutions des Séleucides*, Paris.

BOUCHÉ-LECLERCQ, A. (1913-14), *Historie des Séleucides (323–64 avant J. C.)*, Paris.

CARY, M. (1951), *History of the Greek World*, London.

COOK, S. A., et al. (eds.) (1928), "The Hellenistic Monarchies and the Rise of Rome," in *The Cambridge Ancient History*, vol. VII.

—— (1930), "Rome and the Mediterranean," *ibid.*, vol. VIII.

HARPER, G. M., JR. (1934[a]), "Tax Contractors and Their Relation to Tax Collection in Ptolemaic Egypt," *Aegyptus*, XIV, 49-61.

—— (1934[b]), "The Relation of Αρχιώνης, Μέτοχοι and Εγγοοι to Each Other, to the Government and to the Tax Contract in Ptolemaic Egypt," *ibid.*, XIV, 269-285.

HEICHELHEIM, F. M. (1938), "New Light on the Influence of Hellenistic Financial Administration in the Near East and India," *Economic History*, IV, 1-12.

MENTEVECCHI, O. (1937), "Contributi per una storia sociale ed economica della famiglia nell'Egitto greco-romano," *Aegyptus*, XVII, 338-349.

—— (1935-49), "Ricerche di sociologia nei documenti dell'Egitto greco-romano," *ibid.*, XV, 67-122; XVI, 3-84; XIX, 11-54; XXIV, 131-159; XXVII, 3-25; XXVIII, 129-168.

ROSTOVTZEFF, M. (1941), *The Social and Economic History of the Hellenistic World*, Oxford.

SCHILLER, A. A. (1933), "Law, Hellenistic and Graeco-Egyptian," in *Encyclopedia of the Social Sciences*, vol. IX, pp. 229-235.

SEIDL, E. (1952), "Neue Studien zum Eid im Ptolemäischen Recht," *Aegyptus*, XXXII, 311-323.

TARN, W. W., and GRIFFITH, G. T. (1953), *Hellenistic Civilization*, London.

J. China

Aspects de la Chine (1959), Paris.

BAGHI, P. C. (1950), *India and China: A Thousand Years of Cultural Relations*, Bombay.

BALÁZS, E. (1931-33), "Beiträge zur Wirtschaftsgeschichte der T'ang-Zeit (618-906)," *Mitteilungen des Seminars für Orientalische Sprachen zu Berlin*, XXXIV, 2-92; XXXV, 2-73.

—— (1948), "Entre révolte nihiliste et

évasion mystique; les courants intellectuels en Chine au IIIième siècle de notre ère," *Études Asiatiques*, II, 27-55.

―― (1950), "La crise sociale et la philosophie politique à la fin des Han," *JP*, XXXIX, 83-131.

―― (1952), "Les aspects significatifs de la société chinoise," *Études Asiatiques*, VI, 77-87.

―― (1953[a]), *Le traité économique du "Souei-Chou": Études sur la société et l'économie de la Chine médiévale*, Leiden.

―― (1953[b]), "Transformations du régime de la propriété dans la Chine tartare et dans la Chine chinoise aux IVième–Vième siècles, A.D.," *Journal of World History*, I, 417-427.

―― (1953[c]), "Les foires en Chine," *Recueils de la société Jean Bodin*, V, 77-89.

―― (1954[a]), "Le régime de la propriété en Chine du IVième au XIVième siècles; état de la question," *Journal of World History*, I, 669-679.

―― (1954[b]), "Les villes chinoises," *Recueils de la société Jean Bodin*, VI, 225-240.

―― (1954[c]), *Le traité juridique du "Souei-Chou": études sur la société et l'économie de la Chine médiévale*, Leiden.

―― (1957), "Chinesische Geschichtswerke als Wegweiser zur Praxis der Bürokratie," *Saeculum*, VIII, 210-223.

―― (1959)[a]), "La pérennité de la société bureaucratique en Chine," in *International Symposium on History of Eastern and Western Cultural Contacts* (mimeo), Tokyo, pp. 31-39.

―― (1959[b]), "Le droit chinois (I et II)," in *Aspects de la Chine*, Paris, pp. 195-203.

―― (1959[c]), "Confucius," *ibid.*, pp. 142-146.

―― (1960), "The Birth of Capitalism in China," *Journal of the Economic and Social History of the Orient*, III, 196-217.

BECKMANN, K. (1939), *Li Kang: Ein Staatsmann im Kampf zwischen konfuzianischer Beamtenpflicht und politischer Aufgabe*, Berlin.

BIELENSTEIN, H. (1953[a]), *The Restoration of the Han Dynasty*, Stockholm.

―― (1953[b]), *The Fall of a Chinese Dynasty*, Canberra.

BINGHAM, W. (1941), *The Founding of the T'ang Dynasty*, Baltimore.

BLOFIELD, J. (1948), *The Jewel in the Lotus: An Outline of Present Day Buddhism in China*, London.

BLUE, R. C. (1948), "The Argumentation of the Shih-Huo Chih," *HJAS*, XI, 90-100.

BODDE, D. (1953), "Harmony and Conflict in Chinese Philosophy," in Wright, A. F. (ed.), *Studies in Chinese Thought*, Chicago, pp. 19-80.

―― (1954), "Authority and Law in Ancient China," supplement, *JAOS*, LXXIV, 46-55.

―― (1956), "Feudalism in China," in Coulborn, R. (ed.), *Feudalism in History*, Princeton, N.J., pp. 49-92.

BOODBERG, P. (1939), "Marginalia to the Histories of the Northern Dynasties," *HJAS*, IV, 235-270.

BÜNGER, K. (1936), "Das Verhältniss zwischen Partie und Staat in China," *Zeitschrift für ausländisches öffentliches Recht und Völkerrecht*, VI, 286-303.

―― (1946?), *Quellen zur Rechtsgeschichte der T'ang-Zeit*, Peking.

―― (1947), "Über die Verantwortlichkeit der Beamten nach klassischem chinesischem Recht," *Studia Serica*, VI, 159-191.

―― (1952), "Die Rechtsidee in der Chinesischen Geschichte," *Saeculum*, III, 192-217.

BUSCH, H. (1955), "The Tung-lin Academy and Its Political and Philosophical Significance," *Monumenta Serica*, XIV, 1-163.

CAMMANN, S. (1953), "Presentation of Dragon Robes by the Ming and Ch'ing Courts for Diplomatic Purposes," *Sinologica*, III, 193-202.

CHAN, D. B. (1959), "The Role of the Monk Tao-yen in the Usurpation of the Prince of Yen (1398–1402)," *Sinologica*, VI, 83-98.

CHAN, W. T. (1951), "Neo-Confucianism," in MacNair, H. F. (ed.), *China*, Berkeley, Calif., pp. 254-266.

—— (1953), *Religious Trends in Modern China*, New York.

CHANG, C. L. (1955), *The Chinese Gentry*, Seattle.

CH'EN, K. (1952), "Anti-Buddhist Propaganda during the Nan-Ch'ao," *HJAS*, XV, 166-192.

—— (1954), "On Some Factors Responsible for the Anti-Buddhist Persecution under the Pei-ch'ao," *HJAS*, XVII, 261-273.

—— (1956), "The Economic Background of the Hui-ch'ang Suppression of Buddhism," *HJAS*, XIX, 67-105.

CH'EN, M. C. (1951), "The Greatness of Chou (ca. 1027-221 B.C.)," in MacNair, H. F. (ed.), *China*, Berkeley, Calif., pp. 54-72.

CHENG, F. T. (1956), "Sketch of the History, Philosophy, and Reform in Chinese Law," *Studies in the Law of the Far East and Southeast Asia*, Washington, D.C.

CHI, C. T. (1936), *Key Economic Areas in Chinese History, as Revealed in the Development of Public Works for Water Control*, London.

CHIA, C. Y. (1956), "The Church-State Conflict in the T'ang Dynasty," in Zen, E. T. and De Francis, J. (eds.), *Chinese Social History*, Washington, D.C., pp. 197-207.

CHIANG, S. T. (1954), *The Nien Rebellion*, Seattle.

CHOU, Y. L. (1945), "Tantrism in China," *HJAS*, VIII.

CHU, T. T. (1957), "Chinese Class Structure and Its Ideology," in Fairbank, J. K. (ed.), *Chinese Thought and Institutions*, Chicago, pp. 235-251.

COPLAND, D. B. (1948), *The Chinese Social Structure*, Sydney.

CREEL, H. G. (1931), "Confucius and Hsün-Tzu," *JAOS*, LI, 23-32.

DE BARY, W. (1953), "A Reappraisal of Neo-Confucianism," in Wright, A. F. (ed.), *Studies in Chinese Thought*, Chicago, pp. 81-111.

—— (1957), "Chinese Despotism and the Confucian Ideal: A Seventeenth Century View," in Fairbank, J. K. (ed.), *Chinese Thought and Institutions*, Chicago, pp. 163-204.

—— (1959), "Some Common Tendencies in Neo-Confucianism," in Nivison, D. S., and Wright, A. F. (eds.), *Confucianism in Action*, Stanford, Calif., pp. 25-49.

DEMIÉVILLE, P. (1959[a]), "Le Bouddhisme chinois," in *Aspects de la Chine*, pp. 62-166.

—— (1959[b]), "Le Bouddhisme sous les T'ang," *ibid.*, pp. 171-175.

DES ROUTOURS, R. (1926), "Les grands fonctionnaires des provinces en Chine sous la dynastie des T'ang," *TP*, XXIV, 219-315.

—— (1932), "Le traité des examens," traduit de la *Nouvelle histoire des T'ang*, vol. II, ch. XLIV-XLV, Paris.

—— (1947-48), "Traité des fonctionnaires et traité de l'armée," *ibid.*, vol. VI, tome I-II, ch. XLVI-I, Leiden.

—— (1955), "La religion dans la Chine antique," in Brilliant, M., and Angrain, R. (eds.), *Histoire des religions*, vol. II, Paris.

DUBS, H. H. (1938[a]), *Pan Ku: The History of the Former Han Dynasty*, vol. I, Baltimore.

—— (1938[b]), "The Victory of Han Confucianism," *JAOS*, LVIII, 435-449.

—— (1939), Wang Mang and His Economic Reforms, *TP*, XXXV, 263-265.

—— (1940), "A Military Contact between Chinese and Romans in 36 B.C.," *TP*, XXXVI, 64-81.

—— (1944), *Pan Ku: The History of the Former Han Dynasty*, vol. II, Baltimore.

—— (1951), "Taoism," in MacNair, H. F. (ed.), *China*, Berkeley, Calif., pp. 266-290.

DUYVENDAK, J. J. L. (1928), *The Book of the Lord Shang: A Classic of the Chinese School of Law*, London.

—— (1958), *Wegen en vormen van de Chinese geschiedenis*, Amsterdam.

EBERHARD, W. (1932), "Zur Landwirtschaft der Han-Zeit," *Mitteilungen des Seminars für orientalische Sprachen*, XXXV, 74-105.

—— (1940), "Bemerkungen zu statistischen Angaben der Han Zeit," *TP*, XXXVI, 1-26.

—— (1945), "Wie wurden Dynastien gegründet? Ein Problem der chinesischen Geschichte," *Dil ve Tarih-Cografya Fakültesi Dergisi* (Ankara) III, 361-376.

—— (1948[a]), *A History of China*, London.

—— (1948[b]), "Some Sociological Remarks on the Systems of Provincial Administration during the Period of the Five Dynasties," *Studia Serica*, Supplementary Volume, 1-18.

—— (1948[c]), "Die Beziehungen der Staaten der T'o-pa und der Sha-t'o zum Ausland," *Annales de l'Université d'Ankara*, II, 141-216.

—— (1948[d]), *Chinas Geschichte*, Berne.

—— (1951), "Remarks on the Bureaucracy in North China during the Tenth Century," *Oriens*, IV, 280-299.

—— (1952), *Conquerors and Rulers: Social Forces in Medieval China*, Leiden.

—— (1956), "Data on the Structure of the Chinese City in the Pre-Industrial Period," *Economic Development and Cultural Change*, IV, 253-269.

—— (1957), "The Political Function of Astronomy and Astronomers in Han China," in Fairbank, J. K. (ed.), *Chinese Thought and Institutions*, Chicago, pp. 31-71.

—— (1958), Review of Wittfogel, K. A. (1957), *ASR*, XXIII, 446-448.

EICHHORN, W. (1954), "Description of the Rebellion of Sun En and Earlier Taoist Rebellions," *Mitteilungen des Instituts für Orientforschung*, II.

EIICHI, K. (1960), "The New Confucianism and Taoism in China and Japan from the Fourth to the Thirteenth Centuries A.D.," *Journal of World History*, V, 801-829.

EISENSTADT, S. N. (1958), "The Study of Oriental Despotism as Systems of Total Power" (review of Wittfogel, K. A., 1957), *JAS*, XVII, 435-447.

ESCARRA, J. (1933), "Law, Chinese," in *Encyclopedia of the Social Sciences*, vol. IX, pp. 249-254.

—— (1936), *Le droit chinois*, Peking.

FAIRBANK, J. K. (ed.) (1957), *Chinese Thought and Institutions*, Chicago.

—— (1958), *The United States and China*, Cambridge, Mass.

FRANKE, H. (1940), "Dschan Mong-fü: Das Leben eines chinesischen Staatsmannes, Gelehrten und Künstlers unter der Mongolenherrschaft," *Sinica*, XV, 25-46.

—— (1949), *Geld und Wirtschaft in China unter der Mongolenherrschaft*, Leipzig.

—— (1951), "Neue Arbeiten zur Soziologie Chinas," *Saeculum*, II, 215-306.

—— (1953[a]), "Zur Grundsteuer in China während der Ming Dynastie (1368-1644)," *Zeitschrift für vergleichende Rechtswissenschaft*, LVI, 94-103.

—— (1953[b]), "Das Begriffsfeld des Staatlichen im chinesischen Kulturbereich," *Saeculum*, IV, 231-239.

FRANKE, O. (1925), "Der Ursprung der chinesischen Geschichtsschreibung," *Sitz. der preussischen Akademie der Wissenschaften, Hist.-phil. Klasse*, 276-309.

—— (1930-52), *Geschichte des chinesischen Reiches*, Berlin.

—— (1931), "Staatssozialistische Versuche im alten und mittelalterlichen China," *Sitz. der preussischen Akademie der Wissenschaften, Hist.-phil. Klasse*, 218-242.

—— (1932), "Der Bericht Wang An Shih's von 1058 über Reform des Beamtentums," *ibid.*, 264-312.

—— (1933[a]), "Das Konfuzianische System und die chinesische Krisis der Gegenwart," *Forschungen und Fortschritte*, IX.

—— (1933[b]), "Die angebliche Bekehrung chinesischer Kaiser zu einer fremden Religion," *ibid.*, 333-334.

—— (1937), "Zur Beurteilung des chinesischen Lehenswesens," *Sitz. der preussischen Akademie der Wissenschaften, Hist.-phil. Klasse*, 359-377.

—— (1945), *Aus Kultur und Geschichte Chinas; Vorträge und Abhandlungen aus den Jahren 1902-1942*, Peking.

—— (1946), Yu Ch'ien, *Monumenta Serica*, XI, 87-122.

FRANKE, W. (1956), Der gegenwärtige Stand der Forschung zur Geschichte Chinas im 15ten und 16ten Jahrhundert, *Saeculum*, VII, 413-442.

FRISCH, H. (1927), *Die lezten Jahre der Sung*, Berlin.

GALE, E. M. (1929), "Historical Evidences Relating to Early Chinese Public Finance," *Proceedings of the Pacific Coast Branch, American Historical Association*, pp. 48-62.

—— (1930), "Public Administration of Salt in China: A Historical Survey," *Annals of the Academy of Political and Social Sciences*, CLII, 241-251.

—— (1931), *Discourses on Salt and Iron: A Debate on State Control of Commerce and Industry in Ancient China*, Leiden.

GALT, H. S. (1951), *A History of Chinese Educational Institutions*, London.

GERNET, J. (1956), *Les aspects économiques du Bouddhisme*, Saigon.

—— (1958), *La vente en Chine d'après les contrats de Touen-Houang* (IXième-Xième siècles), Leiden.

GLASENAPP, H. V. (1953), "Der Buddhismus in der Krise der Gegenwart," *Saeculum*, IV, 250-266.

—— (1940), "A Note on the Ta Ming Shih-lu," *TP*, XXXVI, 81-85.

GOODRICH, L. C. (1953), *The Literary Inquisition of Ch'ien-Lung*, Baltimore.

GRIMM, T. (1960), *Erziehung und Politik im Konfuzianischen China der Ming-Zeit (1368-1644)*, Wiesbaden.

GROOT, J. J. M. DE (1903), *Sectarianism and Religious Persecution in China*, Amsterdam.

HAENISCH, E. (1940), *Steuergerechtsame der chinesischen Klöster unter der Mongolenherrschaft*, Leipzig.

—— (1944), *Die Ehreninschrift für den Rebellengeneral Ts'ui Lih im Licht der konfuzianischen Moral, eine Episode aus dem 13ten Jahrhundert*, Berlin.

—— (1951), *Politische Systeme und Kämpfe im alten China*, Berlin.

—— (1952[a]), *Fürst und Volk, Soldat und Beamter in Staatsnot*, Munich.

—— (1952[b]), "Han Yü's Einspruch gegen die Prüfungssperre im Jahre 803, ein Kapitel aus der T'ang Zeit," *ZDMG*, CII, 280-300.

HALL, J. W. (1959), "The Confucian Teacher in Tokugawa Japan," in Nivison, D. S., and Wright, A. F. (eds.), *Confucianism in Action*, Stanford, Calif., pp. 268-301.

HALOUN, G. (1949-52), "The Liang-Chou Rebellion (184-221 A.D.)," *Asia Major*, I-II, 119-132.

HAMILTON, C. H. (1951), "Buddhism," in MacNair, H. F. (ed.), *China*, Berkeley, Calif., pp. 290-301.

HAN, Y. S. (1946), "The Chinese Civil Service Yesterday and Today," *Pacific Historical Review*, XV, 158-170.

HO, K. L. A. (1952), "The Grand Council in the Ch'ing Dynasty," *FEQ*, XI, 167-182.

HO, P. T. (1959), "Aspects of Social Mobility in China, 1368-1911," *Comparative Studies in Society and History*, I, 330-359.

HODOUS, L. (1951), "Folk Religion," in MacNair, H. F. (ed.), *China*, Berkeley, Calif., pp. 231-245.

HOLZMAN, D. (1957), "Les débuts du système médiéval de choix et de classement des fonctionnaires," in *Mélanges de l'institut des hautes études chinoises*, Paris, pp. 387-414.

HOU, J. C. (1956), "Frontier Horse Markets in the Ming Dynasty," in Zen, E. T., and De Francis, J. (eds.), *Chinese Social History*, Washington, D.C., pp. 309-333.

HSIA, N. (1956), "The Land Tax in the Yangtse Provinces before and after the Taiping Rebellion," ibid., pp. 361-363.

HSIEH, P. C. (1925), *The Government of China (1644-1911)*, Baltimore.

HSÜ, L. T. (1956), "Social Relief during the Sung Dynasty," in Zen, E. T., and De Francis, J. (eds.), *Chinese Social History*, Washington, D.C., pp. 207-217.

HU, C. T. (1955), "The Yellow-River Administration in the Ching Dynasty," *FEQ*, XIV, 505-515.

HU, S. (1932), "The Development of Zen Buddhism in China," *Chinese Social and Political Science Review*, XV.

HUCKER, C. O. (1950), "The Chinese Censorate of the Ming Dynasty (Including an Analysis of Its Activities during the Decade 1424–1434)," (mimeo), University of Chicago thesis.

—— (1951), "The Traditional Chinese Censorate and the New Peking Regime," *American Political Science Review*, XV, 1040-1053.

—— (1958), "Governmental Organization of the Ming Dynasty," *HJAS*, XXI, 1-67.

—— (1959[a]), "Confucianism and the Chinese Censorial System," in Nivison, L. D., and Wright, A. F. (eds.), *Confucianism in Action*, Stanford, Calif., pp. 182-208.

—— (1959[b]), "Statecraft and Censorship in Ming China," in conference on Political Power in Traditional China (mimeo), Laconia, N.H.

HUGHES, E. R. (1932), "Political Idealists and Political Realists of China in the Fourth and Third centuries B.C.," *North China Branch, Royal Asiatic Society*, LXIII, 46-65.

HULSEWÉ, A. F. P. (1955), *Remnants of Han Law*, Vol. I (introductory studies and an annotated translation of ch. 22 and 23 of the *History of the Former Han Dynasty*), Leiden.

HUNG, W. (1957), "A Bibliographical Controversy at the T'ang Court (719 A.D.)," *HJAS*, XX, 74-135.

KAIZUKA, S. (1959), "Confucianism in Ancient Japan," *Journal of World History*, V, 41-58.

KALTENMARK, M. (1959[a]), "Le Confucianisme," in *Aspects de la Chine*, pp. 146-151.

—— (1959[b]), "Le Taoisme," *ibid.*, pp. 151-160.

KRACKE, E. A. (1953), *Civil Service in Early Sung China (960–1067)*, Cambridge, Mass.

—— (1955), "Sung Society; Change within Tradition," *FEQ*, XIV, 479-489.

—— (1957), "Religion, Family, and Individual in the Chinese Examination System," in Fairbank, J. K. (ed.), *Chinese Thought and Institutions*, Chicago, pp. 251-268.

KROKER, E. J. (1935), "Die Legitimation der Macht im chinesischen Altertum," *Sinologica*, III, 129-144.

LATTIMORE, O. (1951), *Inner Asian Frontiers of China*, New York.

LEE, S. C. (1954), "Administration and Bureaucracy: The Power Structure in Chinese Society," in *Transactions of the Second World Congress of Sociology*, London, pp. 3-16.

LEVENSON, J. R. (1953), "'History' and 'Value': The Tensions of Intellectual Choice in Modern China," in Wright, A. F. (ed.), *Studies in Chinese Thought*, Chicago, pp. 146-194.

—— (1958), *Confucian China and Its Modern Fate*, London.

—— (1959), "The Suggestiveness of Vestiges: Confucianism and Monarchy at the Last," in Nivison, D. S., and Wright, A. F. (eds.), *Confucianism in Action*, Stanford, Calif., pp. 244-267.

LEVY, H. S. (1956), "Yellow Turban Religion and Rebellion at the End of Han," *JAOS*, LXXVI, 214-227.

—— (1959), "How a Prince Became Emperor: The Accession of Hsüan Tsung (713–755)," *Sinologica*, VI, 101-119.

LEVY, M. (1955), "Contrasting Factors in the Modernization of China and Japan," in Kuznets, S. S., et al. (eds.), *Economic Growth*, Durham, N.C., pp. 493-537.

LI, C. N. (1956), "Price Control and Paper Currency in Ming," in Zen, E. T., and De Francis, J. (eds.), *Chinese Social History*, Washington, D.C., pp. 281-299.

LI, H. (1936), *Les censeurs sous la dynastie Mandchoue (1644–1911) in Chine*, Paris.

LIANG, F. C. (1956[a]), "The 'Ten-Parts' Tax System of Ming," in Zen, E. T., and De Francis, J. (eds.), *Chinese Social History*, Washington, D.C., pp. 271-281.

—— (1956[b]), "Local Tax Collectors in the Ming Dynasty," *ibid.*, pp. 249-271.

LIEBENTHAL, W. (1952), "Was ist chinesischer Buddhismus?" *Études Asiatiques*, VI, 116-129.

—— (1954), "On Trends in Chinese Thought," in *Silver Jubilee Volume of the*

Zinbun-Kagaku-Kenyusyo-Kyoto University, Kyoto.

LIU, H. C. W. (1959), "An Analysis of Chinese Clan Rules: Confucian Theories in Action," in Nivison, D. S., and Wright, A. F. (eds.), *Confucianism in Action*, Stanford, Calif., pp. 63-96.

LIU, J. T. C. (1957), "An Early Sung Reformer—Fou Chung-Yen," in Fairbank, J. K. (ed.), *Chinese Thought and Institutions*, Chicago, pp. 105-132.

—— (1959[a]), *Reform in Sung China: Wang An-shih (1021–1086) and His New Policies*, Cambridge, Mass.

—— (1959[b]), "Some Classifications of Bureaucrats in Chinese Historiography," in Nivison, D. S., and Wright, A. F. (eds.), *Confucianism in Action*, Stanford, Calif., pp. 165-181.

—— (1959[c]), "Eleventh-Century Chinese Bureaucrats: Some historical Classifications and Behavioral Types," *Administrative Science Quarterly*, IV, 207-226.

LO, P. L. (1955), "The Emergence of China as a Sea Power during the Late Sung and Early Yüan Periods," *FEQ*, XIV, 389-505.

MACNAIR, H. F. (ed.) (1951), *China*, Berkeley, Calif.

MARSH, R. M. (1960), "Bureaucratic Constraints on Nepotism in the Ch'ing Period," *JAS*, XIX, 117-135.

MARTIN, I. (1949), Review of Bünger, K., 1946, *JAOS*, LXIX, 154-157.

MARTIN, W. A. P. (1893), *The Chinese, Their Education, Philosophy, and Letters*, New York.

MASPERO, H. (1938), "Les régimes fonciers en Chine," *Recueils de la société Jean Bodin*, III, 303-314.

—— (1950[a]), *Études historiques*, Paris.

—— (1950[b]), *Les religions chinoises*, Paris.

—— (1950[c]), *Le Taoisme*, Paris.

MEADOWS, T. T. (1856), *The Chinese and Their Rebellions*, London.

MICHAEL, F. H. (1942), *Frontier and Bureaucracy: The Origin of Manchu Rule in China*, Baltimore.

—— (1946), "Chinese Military Tradition," *Far Eastern Survey*, XV, 65-87.

—— (1951), "From the Fall of T'ang to the Fall of Ch'ing (906–1912)," in MacNair, H. F. (ed.), *China*, Berkeley, Calif., pp. 89-112.

—— (1955), "State and Society in Nineteenth Century China," *World Politics*, VII, 419-434.

—— (1955-56), "The Fall of China," *ibid.*, VIII, 296-306.

MIYAKAWA, H. (1955), "An Outline of the Naito Hypothesis and Its Effects on Japanese Studies of China," *FEQ*, XIV, 533-552.

—— (1960), "The Confucianization of South China," in Wright, A. F. (ed.), *The Confucian Persuasion*, Stanford, Calif., pp. 21-47.

MURAMUTSU, Y. (1960), "Some Themes in Chinese Rebel Ideologies," *ibid.*, pp. 241-268.

MURPHEY, R. (1954), "The City as a Center of Change: Western Europe and China," *Annals of the Association of American Geographers*, XLIV, 349-362.

NICOLAS-VANDIER, N. (1959[a]), "Les échanges entre le Bouddhisme et le Taoïsme des Han aux T'ang," in *Aspects de la Chine*, pp. 166-171.

—— (1959[b]), "Le Néo-Confucianisme," *ibid.*, pp. 175-180.

NIVISON, D. S. (1953), "The Problem of 'Knowledge' and 'Action' in Chinese Thought since Wang Yang-ming," in Wright, A. F. (ed.), *Studies in Chinese Thought*, Chicago, pp. 112-145.

—— (1959), "Ho-shen and His Accusers: Ideology and Political Behavior in the Eighteenth Century," *ibid.*, pp. 209-243.

—— and WRIGHT, A. F. (eds.) (1959), *Confucianism in Action*, Stanford, Calif.

PARSONS, J. B. (1957), "The Culmination of a Chinese Peasant Rebellion," *JAS*, XVI, 387-401.

PULLEYBLANK, E. G. (1954), "China," in Sinor, D. (ed.), *Orientalism and History*, Cambridge, pp. 57-81.

—— (1955), *The Background of the Rebellion of An Lu-shan*, London.

—— (1958), Review of K. A. Wittfogel, *Oriental Despotism*, *BSOAS*, XXI, 657-660.

—— (1960), "Neo-Confucianism and Neo-Legalism in T'ang Intellectual Life, 755–805," in Wright, A. F. (ed.), *The Confucian Persuasion*, Stanford, Calif., pp. 77-115.

RATCHNEVSKY, P. (1937), *Un code des Yüan*, Paris.

REISCHAUER, E. O. (1955), *Ennin's Travels in T'ang China*, New York.

RIASANOVSKY, V. A. (1937), "Mongol Law and Chinese Law in the Yüan Dynasty," *Chinese Social and Political Science Review*, XX, 266-289.

RIDEOUT, J. K. (1949), *Politics in Medieval China*, Canberra.

—— (1949-52), "The Rise of the Eunuchs during the T'ang Dynasty," *Asia Major*, I, 53-72; III, 42-58.

RIEGER, M. (1937), "Zur Finanz- und Agrargeschichte der Ming Dynastie," *Sinica*, XII, 130-144, 235-252.

SCHURMANN, H. F. (1956[a]), "Traditional Property Concepts in China," *FEQ*, XV, 507-516.

—— (1956[b]), *Economic Structure of the Yüan Dynasty* (translation of ch. 93 and 94 of the *Yüan shih*), Cambridge, Mass.

—— (1957), "On Social Themes in Sung Tales," *HJAS*, XX, 239-262.

SCHWARTZ, B. (1959), "Some Polarities in Confucian Thought," in Nivison, S. D., and Wright, A. F. (eds.), *Confucianism in Action*, Stanford, Calif., pp. 50-62.

SEUBERLICH, W. (1952), "Kaisertreue oder Auflehnung? Eine Episode der Ming Zeit," *ZDMG*, CII, 304-314.

SHIH, V. Y. C. (1956), "Some Chinese Rebel Ideologies," *TP*, XLIV, 150-227.

SHIVELY, D. H. (1959), "Motoda Eifu: Confucian Lecturer to the Meiji Emperor," in Nivison, S. D., and Wright, A. F. (eds.), *Confucianism in Action*, Stanford, Calif., pp. 302-334.

SHRYOCK, J. K. (1951), "Confucianism," in MacNair, H. F. (ed.), *China*, Berkeley, Calif., pp. 245-254.

SIAO, K. F. (1939), *Exposé historique et analytique de la théorie des cinq pouvoirs en Chine*, Brussels.

SJÖQUIST, K. O. (1938), *Das Fêng-Chien Wesen (der chinesische Feudalismus) nach Abhandlungen aus verschiedenen Dynastien*, Berlin.

SOLOMON, B. (1955), *Han Yü's Shun-tsung shih-lu: The Veritable Record of the T'ang Emperor Shun-tsung*, Cambridge, Mass.

SPRENKEL, B. O. VAN DER (1952), "High Officials of the Ming," *BSOAS*, XIV, 87-114.

—— (1956), Review of Franke, O. (1930-52), *BSOAS*, XVIII, 312-322.

—— (1958), *The Chinese Civil Service: The 19th Century*, Canberra.

SPRENKEL, S. VAN DER (1956), "A Sociological Analysis of Chinese Legal Institutions with Special Reference to the Ch'ing Period" (mimeo), University of London thesis.

STANGE, H. O. H. (1934), *Leben, Persönlichkeit, und Werk Wang Mang's*, Berlin.

—— (1939), *Die Monographie über Wang-Mang*, Leipzig.

—— (1950), "Geschichte Chinas vom Urbeginn bis auf zur Gegenwart," in Waldschmidt, E., et al., *Geschichte Asiens*, Munich, pp. 363-542.

—— (1951), Review of Eberhard, W. (1948[d]), *HZ*, CLXXII, 615-618.

SWANN, N. L. (1950), *Food and Money in Ancient China: The Earliest Economic History of China to A.D. 25*, Princeton, N.J.

TAYLOR, G. E. (1933), "The Taiping Rebellion: Its Economic Background and Social Theory," *Chinese Social and Political Science Review*, XVI, 545-614.

TÊNG, S. Y. (1951), "From the Fall of Chou to the Fall of T'ang (ca. 221 B.C.–906 A.D.)," in MacNeir, H. F. (ed.), *China*, Berkeley, Calif., pp. 72-89.

THEUNISSEN, P. (1938), *Su Ts'in und die Politik der Längs- und Quer-Achse (Tsung-Heng-Schule) im chinesischen Altertum.*, Breslau.

TSUKAMOTO, Z. (1930), "Chinese Buddhism in the Middle Period of the T'ang Dynasty, with Special Reference to Fa-Chao and the Doctrine of the Pure Lord," *Memoir of Tōhō Bunka Gakun Kyōto Kenkyujo*, vol. IV, Kyōto.

—— (1960), "The Early Stages in the Introduction of Buddhism into China (up to the Fifth Century A.D.)," *Journal of World History*, V, 546-572.

TWITCHETT, D. (1956[a]), Review of Yoshiyuki, S., *Studies in the History of Chinese Land Tenure Systems* (Tokyo, 1954), *BSOAS*, XVIII, 388-389.

—— (1956[b]), "The Government of T'ang in the Early Eighth Century" (review of Pulleyblank, E. G., 1955), *BSOAS*, XVIII, 322-330.

—— (1956[c]), "Monastic Estates in T'ang China," *Asia Major*, V, 123-146.

—— (1957[a]), "The Fragment of the T'ang Ordinances of the Department Waterways Discovered at Tun-huang," *Asia Major*, VII, 23-80.

—— (1957[b]), "The Monasteries and China's Economy in Medieval Times," *BSOAS*, XIX, 527-549.

—— (1957[c]), "Recent Work on Medieval Chinese Social History by Sudō Yoshiyuki," *Journal of the Economic and Social History of the Orient*, I, 145-148.

—— (1958), Reviews of Hulsewé, A. F. P. (1955), Balázs, E. (1954[c]), Schurmann, H. F. (1956[b]), *BSOAS*, XXI, 651-656.

—— (1959), "The Fan Clan's Charitable Estate (*1050-1760*)," in Nivison, D. S., and Wright, A. F. (eds.), *Confucianism in Action*, Stanford, Calif., pp. 97-133.

WANG, K. (1956), "The System of Equal Land Allotments in Medieval Times," in Zen, E. T., and De Francis, J. (eds.), *Chinese Social History*, Washington, D.C., pp. 57-185.

WANG, Y. C. (1936), "The Rise of Land Tax and the Fall of Dynasties in Chinese History," *Pacific Affairs*, IX, 201-220.

—— (1949), "An Outline of the Central Government of the Former Han Dynasty," *HJAS*, XII, 134-185.

WANG, Y. T. (1953), "Slaves and Other Comparable Social Groups, during the Northern Dynasties (386-618)," *HJAS*, XVI, 293-364.

WEBER, M. (1922), *Gesammelte Aufsätze zur Religionssoziologie*, Tübingen, vol. I.

WILBUR, C. M. (1943), "Industrial Slavery in China during the Former Han Dynasty (206 B.C.–25 A.D.)," *Journal of Economic History*, III, 56-69.

WILHELM, H. (1935-36), "Der Prozess der A Yün," *Monumenta Serica*, I, 338-351.

WILHELM, H. (1951), "The Po-Hsüeh Hung-ju Examination of 1679," *JAOS*, LXXI, 60-66.

WILLIAMSON, H. R. (1937), *Wang An Shih: A Chinese Statesman and Educationalist of the Sung Dynasty*, London.

WITTFOGEL, K. A. (1935), "The Foundations and Stages of Chinese Economic History," *Zeitschrift für Sozialforschung*, IV, 26-60.

—— (1938), "Die Theorie der orientalischen Gesellschaft," *ibid.*, VII, 90-122.

—— (1950), Review of Eberhard, W. (1948[d]), *Artibus Asiae*, XIII, 103-106.

—— (1951), "Chinese Society and the Dynasties of Conquest," in MacNair, H. F. (ed.), *China*, Berkeley, Calif., pp. 112-127.

—— (1957), *Oriental Despotism: A Comparative Study of Total Power*, New Haven.

——, and FÊNG, C. S. (1949), *History of Chinese Society (907–1125)*, Philadelphia.

WRIGHT, A. F. (1948), *The Pioneer Missionary Fo-tu-teng*, *HJAS*, XI.

—— (1951), "Fu I and the Rejection of Buddhism," *Journal of the History of Ideas*, XII, 33-47.

—— (ed.) (1953), *Studies in Chinese Thought*, Chicago.

—— (1957[a]), "The Formation of Sui Ideology (581–604)," in Fairbank, J. K. (ed.), *Chinese Thought and Institutions*, Chicago, pp. 71-106.

—— (1957[b]), "Buddhism and Chinese Culture: Phases of Interaction," *JAS*, XVII, 17-43.

—— (1959), *Buddhism in Chinese History*, Stanford, Calif.

—— (ed.) (1960), *The Confucian Persuasion*, Stanford, Calif.

WRIGHT, M. C. (1957), *The Last Stand of Chinese Conservatism (The T'ung-chih Restoration 1862–1874)*, Stanford, Calif.

YANG, C. I. (1956[a]), "Evolution of the Status of 'Dependents,'" in Zen, E. T., and De Francis, J. (eds), *Chinese Social History*, Washington, D.C., pp. 142-157.

—— (1956[b]), "Lower Castes in the T'ang Dynasty," *ibid.*, pp. 185-192.

YANG, C. K. (1957), "The Functional Relationship between Confucian Thought and Chinese Religion," in Fairbank, J. K. (ed.), *Chinese Thought and Institutions*, Chicago, pp. 269-291.

—— (1959), "Some Characteristics of Chinese Bureaucratic Behavior," in Nivision, D. S., and Wright, A. F. (eds.), *Confucianism in Action*, Stanford, Calif., pp. 134-164.

YANG, L. S. (1946), "Notes on the Economic History of the Chin Dynasty," *HJAS*, IX, 107-185.

—— (1952), *Money and Credit in China*, Cambridge, Mass.

—— (1955), "Schedules of Work and Rest in Imperial China," *HJAS*, XVIII, 301-326.

—— (1957[a]), "The Concept of 'Pao' as a Basis for Social Relations in China," in Fairbank, J. K. (ed.), *Chinese Thought and Institutions*, Chicago, pp. 291-310.

—— (1957[b]), "Die Organisation der chinesischen offiziellen Geschichtsschreibung; Prinzipien und Methoden der offiziellen Geschichtswerke von der T'ang bis zur Ming Dynastie," *Saeculum*, VIII, 196-209.

—— (1957[c]), "Economic Justification for Spending: An Uncommon Idea in Traditional China," *HJAS*, XX, 36-53.

—— (1950), "Buddhist Monasteries and Four Money Raising Institutions in Chinese History," *HJAS*, XIII, 174-191.

ZEN, E. T., and DE FRANCIS, J. (eds.) (1956), *Chinese Social History*, Washington, D.C.

J. India

DAS, S. K. (1925), *Economic History of Ancient India*, Calcutta.

DIKSHITAR, V. R. R. (1923-29), *Hindu Administrative Institutions*, Madras.

DUNBAR, G. (1937), *Geschichte Indiens von den ältesten Zeiten bis zur Gegenwart*, Munich.

—— (1951), *India and the Passing of the Empire*, London.

GHOSHAL, U. N. (1929), *Contributions to the History of the Hindu Revenue System*, Calcutta.

HILLEBRANDT, A. (1916), "Zum altindischen Königrecht," *ZDMG*, LXX, 41-48.

—— (1923), *Altindische Politik*, Jena.

INGALLS, D. H. H. (1954), "Authority and Law in Ancient India," supplement, *JAOS*, LXXIV, 34-45.

JAGASWAL, K. P. (1943), *Hindu Polity*, Calcutta.

MAJUMDAR, R. C. (1922), *Corporate Life in Ancient India*, Calcutta.

——, et al. (1948), *An Advanced History of India*, London.

MOOKERJI, A. (1920), *Local Government in Ancient India*, Oxford.

MOOKERJI, R. K. (1919), *Local Government in Ancient India*, Oxford.

NARENDA, N. (1921), *Aspects of Ancient Indian Polity and Law*, Oxford.

PRANANATHA, V. (1929), *A Study in the Economic Conditions of Ancient India*, London.

PRASAD, B. (1928), *The State in Ancient India: A Study in the Structure and Practical Working of Political Institutions in North India in Ancient Times*, London.

SARKAR, B. N. (1922), *The Political Institutions and Theories of the Hindus: A Study in Comparative Politics*, Leipzig.

SATRI, K. A. N. (1912), *The Theory of Pre-Muslim Indian Polity*, Madras.

SINHA, H. N. (1938), *Sovereignty in Ancient Indian Polity*, London.

K. Maurya, Gupta, and Mogul India

1. MAURYA

BARUA, B. M. (1934), *Inscriptions of Aśoka*, Calcutta.

—— (1946), *Aśoka and His Inscriptions*, Calcutta.

BHANDARKAR, D. R. (1932), *Aśoka*, Calcutta.

BHANDARKAR, R. G. (1920), *A Peep into the Early History of India: From the Foundation of the Maurya Dynasty to the Downfall of the Gupta Dynasty*, Bombay.

BHARGAVA, P. L. (1935), *Chandragupta Maurya*, Lucknow.

KERN, F. (1956), *Aśoka, Kaiser und Missioner*, Berne.

MEHTA, R. N. (1939), *Pre-Buddhist India*, Bombay.

MOOKERJI, R. K. (1928), *Aśoka*, London.

—— (1943), *Chandragupta Maurya and His Times*, Madras.

VALLÉE POUSSIN, L. DE LA (1930), *L'Inde aux temps des Mauryas*, Paris.

2. GUPTA

BANERJI, R. D. (1933), *The Age of the Imperial Guptas*, Benares.

MOOKERJI, R. K. (1948), *The Gupta Empire*, Bombay.

MUNSHI, K. M. (1941), "Golden Age of the Imperial Guptas," *Bharatiya Vidya*, III, 113-125.

SHEMBAMEKAR, K. M. (1953), *The Glamour about the Guptas*, Bombay.

TRIPATHI, R. S. (1940), "Religious Toleration under the Imperial Guptas," *Indian Historical Quarterly*, XV, 1-12.

3. MOGUL

AZIZ, A. (1942), *The Imperial Treasury of the Indian Moghuls*, Lahore.

DHARMA, B. (1952), "The Raushania Movement and the Mughals," *Islamic Culture*, XXVI, 57-68.

GRENARD, F. (1931), *Baber: First of the Moguls*, London.

KHAN, S. A. (1931), "Bombay in the Reign of Aurangzeb," *Islamic Culture*, V, 251-281; 372-406.

LYBYER, A. H. (1913), "The Government of the Mogul Empire," in *The Government of the Ottoman Empire*, Cambridge, Mass., Appendix IV.

MALLESON, G. B. (1908), *Akbar and the Rise of the Mughal Empire*, Oxford.

MORELAND, W. H. (1920), *India at the Death of Akbar*, London.

—— (1923), *From Akbar to Aurangzeb*, London.

—— (1929), *The Agrarian System in Moslem India*, Cambridge.

OWEN, S. J. (1912), *The Fall of the Mogul Empire*, London.

PRASAD, I. (1955), *The Life and Times of Humayun*, Calcutta.

SARKAR, J. (1920), *Mughal Administration*, Calcutta.

—— (1954), *A Short History of Aurangzeb (1618-1707)*, Calcutta.

SMITH, V. A. (1919), *Akbar*, Oxford.

VARMA, R. C. (1952), "The Tribal Policy of the Mughals (Akbar to Aurangzeb)," *Islamic Culture*, XXVI, 13-34.

L. The Byzantine Empire

ABEL, F. M. (1955), "Fondations byzantines et waqfs arabes," *Revue internationale des droits de l'antiquité*, II, 394-395.

ANDRÉADÈS, A. (1911), "Les finances byzantines," *Revue des sciences politiques*, XXVI, 620-630.

—— (1921[a]), "La vénalité des offices, est-elle d'origine byzantine?," *Revue historique de droit français et étranger*, XLV, 232-241.

—— (1921[b]), "Le montant du budget de l'empire byzantin," *Revue des études greques*, XXXIV, 20-56.

—— (1924), "De la monnaie et de la puissance d'achat des métaux précieux dans l'empire byzantin," *Byzantion*, I, 75-115.

—— (1926), "Le recrutement des fonctionnaires et les universités dans l'empire byzantin," in *Mélanges de droit romain dédiés a Georges Cornil*, Paris, pp. 17-40.

—— (1934), "Byzance, paradis des monopoles et des privilèges," *Byzantion*, IX, 171-181.

—— (1935), "Floraison et décadence de la petite propriété dans l'empire byzantin," in *Mélanges Ernest Mehain*, Paris, pp. 261-266.

ANGELOV, D. (1945-46), *Die Rolle des Byzantischen Kaisers in der Rechtssprechung*, Sofia.

ASHBURNER, W. (1910-12), "The Farmer's Law," *Journal of Hellenic Studies*, XXX, 85-108; XXXII, 68-83.

BACH, E. (1942), "Les lois agraires byzantines du XIème siècle," *Classica et Mediaevalia*, V, 70-91.

BARKER, E. (ed.) (1957), *Social and Political Thought in Byzantium from Justinian I to the Last Palaeologus*, Oxford.

BAYNES, N. H. (1926), *The Byzantine Empire*, New York and London.

—— (1929), *Constantine the Great and the Christian Church*, London.

—— (1952), "The Emperor Heraclius and the Military Theme System," *English Historical Review*, LXVII, 380-381.

—— (1955), *Byzantine Studies and Other Essays*, London.

——, and MOSS, H. ST.L. B. (eds.) (1948), *Byzantium: An Introduction to East Roman Civilization*, Oxford.

BECK, H. G. (1955), "Der Byzantinische 'Ministerpräsident,'" *BZ*, XLVIII, 309-338.

—— (1956), *Vademecum des Byzantinischen Aristokraten*, Graz.

BELL, H. I. (1917), "The Byzantine Servile State in Egypt," *Journal of Egyptian Archaeology*, IV, 86-106.

BENESEVIC, V. N. (1926-28), "Die byzantinischen Ranglisten nach dem Kletorologion Philotei und nach den Jerusalemer Handschriften," *Byzantinisch-neugriechische Jahrbücher*, V, 97-167; VI, 143-145.

BERCHEM, D. VAN (1952), *L'armée de Dioclétien et la réforme constantinienne*, Paris.

BERKHOF, H. (1947), *Kirche und Kaiser*, Zurich.

BEYER, W. C. (1959), "The Civil Service of the Ancient World," *Public Administration Review*, XIX, 243-249.

BOAK, A. E. R. (1919), "Imperial Coronation Ceremonies of the Fifth and Sixth Centuries," *Harvard Studies in Classical Philology*, XXX, 37-49.

—— (1929), "The Book of the Prefect," *Journal of Economic and Business History*, I, 597-619.

——, and DUNLAP, J. (1924), *Two Studies in Later Roman and Byzantine Administration*, New York.

BORSARI, S. (1954), "L'amministrazione del tema di Sicilia," *Revista storica italiana*, LXVI, 143-151.

BRATIANU, G. I. (1930), "La question l'approvisionnement de Constantinople à l'époque byzantine et ottomane," *Byzantion*, V, 83-107.

—— (1933), "Servage de la plèbe et régime fiscal—essai d'histoire comparée roumaine, slave et byzantine," *Annales*, V, 445-462.

—— (1934[a]), "Une expérience d'économie dirigée: Le monopole du blé à Byzance au XIième siècle," Byzantion, IX, 643-662.
—— (1934[b]), Privilèges et franchises municipales dans l'empire byzantin, Paris.
—— (1937), "Empire et 'démocratie' à Byzance," BZ, XXXVII, 86-111.
—— (1938), Etudes byzantines d'histoire économique et sociale, Paris.
—— (1948[a]), "Assemblées d'états en Europe orientale," in Actes du sixième congrès international d'études byzantines, Paris, vol. I, pp. 40-49.
—— (1948[b]), 'Démocratie dans le lexique byzantin à l'époque des paléologues," in Mémorial L. Petit, Bucharest, pp. 32-40.
BRÉHIER, L. (1899), Le schisme oriental du XIième siècle, Paris.
—— (1904), La querelle des images, VIIIième–IXième siècles, Paris.
—— (1917), "La transformation de l'empire byzantin sous les Héraclides," Journal des savants, XV, 401-415.
—— (1924), Les populations rurales au IXième siècle, Byzantion, I, 177-190.
—— (1927-29), "Notes sur l'enseignement supérieur à Constantinople," Byzantion, III, 72-94; IV, 13-28.
—— (1937), Review of Grabar, A., L'empereur dans l'art byzantin (Paris, 1936), Journal des savants, XXXV, pp. 62-74.
—— (1938), "Iconoclasme," in Fliche, A., and Martin, V. (eds.), Histoire de l'Église, vol. V, pp. 431-470.
—— (1945), Review of Diehl, C., et al. (1945), Journal des savants, XLIII, 128-133.
—— (1946), "L'investiture des patriarches de Constantinople au moyen-âge," in Miscelianea G. Mercati, Rome, vol. III, p. 123.
—— (1947), Vie et mort de Byzance, Paris.
—— (1948[a]), "Priest and King," in Mémorial L. Petit, Bucharest, pp. 41-45.
—— (1948[b]), "Le recrutement des patriarches de Constantinople pendant la période byzantine," in Actes du sixième congrès international d'études byzantines, Paris, vol. I, pp. 221-227.
—— (1949[a]), "Les empereurs byzantins dans leur vie privée," RH, CLXXXVIII, 193-217.
—— (1949[b]), Les institutions de l'Empire byzantin, Paris.
—— (1950), La civilisation byzantine, Paris.
BRIGHTMAN, F. E. (1901), "Byzantine Imperial Coronations," Journal of Theological Studies, II, 359.
BUCKLER, G. (1929), Anna Comnena: A Study, Oxford.
BURY, J. B. (1889), A History of the Later Roman Empire from Arcadius to Irene (395–800), London.
—— (1910), The Constitution of the Later Roman Empire, Cambridge.
CAMPENHAUSEN, H. V. (1951), "Die Entstehung der Byzantinischen und abendländischen Staatsanschauung des Mittelalters," Theologische Literaturzeitung, LXXVI, 203-208.
CASSIMATIS, G. (1939), "La politique sociale dans les novelles de Léon le Sage," Studi bizantini e neoellenici, V, 539.
CHARANIS, P. (1940-41[a]), "Coronation and Its Constitutional Significance in the Later Roman Empire," Byzantion, XV, 49-66.
—— (1940-41[b]), "Internal Strife at Byzantium in the Fourteenth Century," Byzantion, XV, 208-230.
—— (1944), "The Phonikon and Other Byzantine Taxes," Speculum, V, 19.
—— (1944-45), "On the Social Structure of the Later Roman Empire," Byzantion, XVII, 39-57.
—— (1948), "The Monastic Properties and the State in the Byzantine Empire," Dumbarton Oaks Papers, IV, 53-118.
—— (1951[a]), "On the Social Structure and Economic Organization of the Byzantine Empire in the Thirteenth Century and Later," Byzantinoslavica, XII, 94-153.
—— (1951[b]), "The Aristocracy of Byzantion in the Thirteenth Century," in Studies in Roman Economic and Social History in Honor of A. C. Johnson, Princeton, N.J., pp. 336-356.
—— (1953[a]), "Economic Factors in the

Decline of the Byzantine Empire," *Journal of Economic History*, XIII, 412-425.

—— (1953[b]), "A Note on the Population and Cities of the Byzantine Empire in the Thirteenth Century," in *Joshua Starr Memorial Volume*, New York, pp. 135-148.

—— (1957), Review of Ostrogorsky, G. (1956[b]), *Speculum*, XXXII, 596-597.

CLARKE, W. K. L. (1913), *St. Basil the Great: A Study in Monasticism*, Cambridge.

COLLINET, P. (1912-52), *Etudes historiques sur le droit de Justinien*, Paris.

—— (1936), "La politique de Justinien à l'égard des colons, *Studi bizantini e neoellenici*, V, 610-611.

—— (1947), *La nature des actions, des interdits et des exceptions dans l'oeuvre de Justinien*, Paris.

CONSTANTINESCU, N. A. (1924), "Réforme sociale ou réforme fiscale?" *Bulletin de l'académie roumaine, section historique*, XI, 95-96.

—— (1949), "Assemblées d'états en Europe orientale," in *Actes du septième congrès international d'études byzantines*, Brussels, pp. 40-49.

COURTOIS, C. (1949), "Exconsul-Observations sur l'histoire du consulat à l'époque byzantine," *Byzantion*, XIX, 37-58.

DANSTRUP, J. (1946[a]), "Indirect Taxation at Byzantium," *Classica et Mediaevalia*, VIII, 139-168.

—— (1946[b]), "The State and Landed Property in Byzantium to 1250," *ibid.*, 22-267.

DARKO, E. (1946-48), "Le rôle des peuples nomades cavaliers dans la transformation de l'empire romain aux premiers siècles du moyen âge," *Byzantion*, XVIII, 85-97.

DARKO, J. (1939), "La militarizazione dell impero byzantino," *Studi bizantini e neoellenici*, V, 88-99.

DELAHAYE, H. (1948), "Byzantine Monasticism," in Baynes, N. H., and Moss, H. St.L. B. (eds.), *Byzantium: An Introduction to East Roman Civilization*, Oxford, pp. 136-166.

DEMOUGEOT, E. (1946), "La théorie du pouvoir impérial au début du cinquième siècle," in *Mélanges de la société toulousaine d'études classiques*, I, 191-206.

DENDIAS, M. (1939), "Études sur le gouvernement et l'administration en Byzance," in *Actes du cinquième congrès international d'études byzantines*, Rome, pp. 122-145.

DIEHL, C. (1888), *Études sur l'administration byzantine dans l'exarchat de Ravenne (568–751)*, Paris.

—— (1905), "L'origine du régime des thèmes dans l'empire byzantin," *Études byzantines*, pp. 276-292.

—— (1906-08), *Figures byzantines*, Paris.

—— (1924), "Le sénat et le peuple byzantin aux VIIième et VIIIième siècles," *Byzantion*, I, 201-213.

—— (1927), "The Government and Administration of the Byzantine Empire," in *The Cambridge Mediaeval History*, vol. IV, ch. 23.

—— (1929), *La société byzantine à l'époque des Comnènes*, Paris.

—— (1930), *Histoire de l'empire byzantin*, Paris.

—— (1943), *Les grands problèmes de l'histoire byzantine*, Paris.

—— (1957), *Byzantium—Greatness and Decline*, New Brunswick, N.J.

——, and MARÇAIS, G. (1936), *Le monde oriental de 395 à 1081*, Paris.

——, et al. (1945), *L'Europe orientale de 1081 à 1453*, Paris.

DIETRICH, K. (1918), *Hellenism in Asia Minor*, New York.

DÖLGER, F. (1927), *Beiträge zur Geschichte der Byzantinischen Finanzverwaltung, besonders des 10 und 11 Jahrhunderts*, Leipzig.

—— (1933), "Die Frage des Grundeigentums in Byzanz," *Bulletin of the International Committee of Historical Sciences*, V, 5-15.

—— (1939), Die Kaiserkunde der Byzantiner als Ausdruck ihrer politischen Anschauungen, *HZ*, CLIX, 229-250.

—— (1953), *Byzanz und die Europäische Staatenwelt*, Speyer.

—— (1956), "Finanzgeschichtliches aus

der byzantinischen Kaiserkanzlei des 11 Jahrhundert," *Sitz. der Bayrischen Akademie der Wissenschaften, Phil.-hist. Klasse,* I.

DOWNEY, G. (1951), "The Economic Crisis at Antioch under Julian the Apostate," in *Studies in Roman Economic and Social History in Honor of A. C. Johnson*, Princeton, N.J., pp. 312-321.

DVORNIK, F. (1946), "The Circus Parties in Byzantium, Their Evolution and Their Suppression," *Byzantina-Metabyzantina*, I, 119-133.

—— (1948), *The Photian Schism, History and Legend*, Cambridge.

DYAKONOV, A. P. (1945), "The Byzantine Demes and Factions in the Fifth to the Seventh Centuries," *Vizantiysky Sbornik*, I, 144-227.

ENSSLIN, W. (1939), "Das Gottesgnadentum des autokratischen Kaisertums der frühbyzantinischen Zeit," *Studi bizantini e neoellenici*, V, 154-166.

—— (1940), "Der Kaiser und die Staatskirche in der frühbyzantinischen Zeit," in *Actes du sixième congrès international d'études byzantines*, Paris, pp. 11-13.

—— (1946), *Zur Frage der ersten Kaiserkrönung durch den Patriarchen und zur Bedeutung dieses Aktes im Wahlzeremoniell*, Würzburg.

—— (1948), "The Emperor and the Imperial Administration," in Baynes, N. H., and Moss, H. St.L. B. (eds.), *Byzantium: An Introduction to East Roman Civilization*, Oxford, pp. 268-358.

FRESHFIELD, E. H. (1932), *Roman Law in the Later Roman Empire*, Cambridge.

FUCHS, F. (1926). *Die höheren Schulen von Konstantinopel im Mittelalter*, Leipzig and Berlin.

GELZER, H. (1899), *Die Genesis der byzantinischen Themenverfassung*, Leipzig.

—— (1907), "Das Verhältnis von Staat und Kirche in Byzanz," in *Ausgewählte Kleine Schriften*, Leipzig, pp. 57-141.

GOUBERT, P. (1946), "L'administration de l'Espagne byzantine," *REB*, IV, 70-110.

GRABAR, A. (1936), *L'empereur dans l'art byzantin*, Paris.

GRÉGOIRE, H. (1927-28[a]), Review of Ostrogorsky, G. (1929[b]), *Byzantion*, IV, 765-771.

—— (1927-28[b]), Review of Fuchs, F. (1926), *ibid.*, 771-778.

—— (1946), "Le peuple de Constantinople, ou les Bleus et les Verts," *Comptes rendus de l'académie des inscriptions et belles lettres*, pp. 568-578.

—— (1948), "The Byzantine Church," in Baynes, N. H., and Moss, H. St.L. B. (eds.), *Byzantium: An Introduction to East Roman Civilization*, Oxford, pp. 93-143.

GREN, E. (1941), *Kleinasien und der Ostbalkan in der wirtschaftlichen Entwicklung der römischen Kaiserzeit*, Uppsala.

GRIERSON, P. (1954), "The Debasement of the Bezant in the Eleventh Century," *BZ*, XLVII, 379-394.

GROSSE, R. (1920), *Römische Militärgeschichte von Galerius bis zum Beginn der byzantinischen Themenverfassung*, Berlin.

GRUMEL, V. (1949), "La profession médicale à Byzance," *REB*, VII, 42-76.

GUILLAND, R. (1943), "Les eunuques dans l'empire byzantin: Étude de titulature et de prosopographie byzantine," *REB*, I, 197-238.

—— (1944-45), "Fonctions et dignités des eunuques," *REB*, II, 185-225; III, 179-214.

—— (1946[a]), "La collation et la perte ou déchéance des titres nobilaires à Byzance," *REB*, IV, 24-69.

—— (1946[b]), "Études sur l'histoire administrative de Byzance," *Byzantina-Metabyzantina*, I, 165-179.

—— (1947[a]), "Le droit divin á Byzance," *Études orientales et slaves*, XLII, 142-168.

—— (1947[b]), "Études sur l'histoire administrative de l'empereur byzantin: Le Césarat," *Orientalia Christiana Periodica*, XIII, 168-194.

—— (1947-48), "La noblesse de race à Byzance," *Byzantinoslavica*, IX, 307-314.

—— (1949), "Études sur l'histoire administrative de l'empire byzantin: Le Grand Connétable," *Byzantion*, XIX, 99-111.

—— (1950[a]), "Contribution a l'histoire administrative de l'empire byzantin: Le Drongaire et le Grand Drongaire de la Veille," *BZ*, XLIII, 340-365.

—— (1950[b]), "Études de titulature et de prosopographie byzantines: Le Protostrator," *REB*, VII, 156-179.

—— (1950[c]), "Études sur l'histoire administrative à Byzance: Le Domestique des Scholes," *REB*, VIII, 5-63.

—— (1951), "Études de titulature et de prosopographie byzantines: Les chefs de la marine byzantine: Drongaire de la Flotte, Grand Drongaire de la Flotte, Duc de la Flotte, Mégaduc," *BZ*, XLIV, 212-240.

—— (1953[a]), "Vénalité et favoritisme à Byzance," *REB*, X, 35-46.

—— (1953[b]), "Études sur l'histoire administrative de l'empire byzantin: Le Stratopédarque et le Grand Stratopédarque, *BZ*, XLVI, 63-90.

—— (1953[c]), "La noblesse byzantine à la haute époque," *Hellenika*, IV, 255-266.

—— (1953-55), "La politique sociale des empereurs byzantins de 867 à 1081," (mimeo), *Les cours de Sorbonne*, Paris.

—— (1954), "Sur les dignitaires du Palais et sur les dignités de la Grande Église, du Pseudo-Codinos: ch. 1-4, 8-13," *Byzantinoslavica*, XV, 214-229.

HADJINICOLAOU-MARAVA, A. (1950), *Recherches sur la vie des esclaves dans le monde byzantin*, Athens.

HARTMANN, L. M. (1889), *Untersuchungen zur Geschichte der byzantinischen Verwaltung in Italien (540–750)*, Leipzig.

HEYD, W. (1923), *Histoire du commerce du Levant*, Leipzig, 2 vols.

HUSSEY, J. M. (1937), *Church and Learning in the Byzantine Empire (867–1185)*, London.

—— (1950), "The Byzantine Empire in the Eleventh Century: Some Different Interpretations," *Transactions of the Royal Historical Society*, XXXII, 71-85.

—— (1957), *The Byzantine World*, London.

IORGA, N. (1940[a]), "La vie de province dans l'empire byzantin," *Etudes byzantines*, II, 145-172.

—— (1940[b]), "Le village byzantin," *ibid.*, 371-412.

JANSSENS, Y. (1936), "Les Bleus et les Verts sous Maurice, Phocas et Héraclius," *Byzantion*, XI, 499-536.

JENKINS, R. J. H. (1953), *The Byzantine Empire on the Eve of the Crusades*, London.

JOHNSON, A. C., and WEST, L. C. (1944), *Currency in Roman and Byzantine Egypt*, Princeton, N.J.

JUGIE, M. (1941), *Le schisme byzantin: Aperçu historique et doctrinal*, Paris.

KANTOROWICZ, E. H. (1956), " 'Feudalism' in the Byzantine Empire," in Coulborn, R. (ed.), *Feudalism in History*, Princeton, N.J., pp. 151-166.

KARAYANOPULUS, J. (1956), "Die Kollektive Steuerverantwortung in der frühbyzantinischen Zeit," *VSWG*, XLIII, 289-322.

KATZ, S. (1938), "Some Aspects of Economic Life in the Byzantine Empire," *Pacific Historical Review*, VII, 27-39.

KOLIAS, G. (1939), *Ämter- und Würdenkauf im Früh- und Mittelbyzantinischen Reich*, Athens.

LANDER, G. B. (1940), "Origin and Significance of Byzantine Iconoclastic Controversy," *Medieval Studies*, II, 127-150.

LAURENT, V. (1956), "Une famille turque au service de Byzance: Les Mélikes," *BZ*, XLIX, 349-368.

LEICHT, P. S. (1937), *Corporazioni romane e arti medievali*, Turin.

LEMERLE, P. (1948), "Le juge général des Grecs et la réforme judiciaire d'Andronic III," in *Mémorial L. Petit*, Bucharest, pp. 292-316.

—— (1949), "Recherches sur les institutions judiciaires à l'époque des paléologues," *Annuaire de l'institut de philologie et d'histoire orientale et slave*, IX, 369-384.

—— (1950), Review of Bréhier, L. (1947-50), *Journal des savants*, pp. 130-138.

—— (1958), "Esquisse pour une histoire agraire de Byzance: Les sources et les problèmes," *RH, CCXIX*, 32-74, 254-284; *CCXX*, 43-94.

LEVCHENKO, M. V. (1946), Matériaux pour l'histoire interne de l'empire romain d'orient aux cinqième et sixième siècles," in Gregoire, H. (ed.), *Les études byzantines en Russie soviétique*, Brussels, pp. 12-95.

LIPCHITZ, E. (1946), "La paysannerie byzantine et la colonisation slave," *ibid.*, pp. 96-143.

LOPES, G. (1933), *Le corporazioni byzantini*, Rome.

LOPEZ, R. S. (1945), "Silk Industry in the Byzantine Empire," *Speculum*, XX, 1-42.

—— (1951[a]), "The Dollar of the Middle Ages," *Journal of Economic History*, XI, 209-234.

—— (1951[b]), "La crise du besant au dixième siècle et la date du Livre du Préfet," *Annuaire de l'institut de philologie et d'histoire orientale et slave*, X, 403-418.

LOT, F. (1927), *La fin du monde antique et le début du moyen âge*, Paris.

MALAFOSSE, J. DE (1949), *Les lois agraires à l'époque byzantine: Tradition et exégèse*, Toulouse.

MANOJLOVIC, M. (1936), "Le peuple de Constantinople," *Byzantion*, II, 617-716.

MARICQ, A. (1949), "La durée du régime des partis populaires à Constantinople," *Bulletin de la classe des lettres de l'académie royale de Belgique*, XXV, 63-74.

MICKWITZ, G. (1936[a]), *Die Kartelfunktionen der Zünfte und ihre Bedeutung bei der Entstehung des Zahlwesens*, Helsingfors.

—— (1936[b]), "Die Organisationsformen zweier Byzantinischen Gewerbe im X Jahrhundert," *BZ*, XXXVI, 63-76.

—— (1936[c]), "Byzance et l'occident médiéval," *Annales*, VIII, 21-28.

MILLET, G. (1925), "L'origine du Logothéte Général, chef de l'administration financière à Byzance," in *Mélanges F. Lot*, Paris, pp. 563-573.

MITARD, M. (1930), "Le pouvoir impérial du temps de Léon VI," in *Mélanges C. Diehl*, Paris, vol. I, pp. 217-223.

MORAVCSIK, G., and JENKINS, R. J. H. (1949), *Constantine Porphyrogenitus: De Administrando Imperio*, Budapest.

MUTAVCIEV, P. (1940), "Le problème de la féodalité à Byzance," in *Actes du sixième congrès international d'études byzantine*, Paris, pp. 43-44.

NEUMANN, C. (1894), *Die Weltstellung des Byzantinischen Reiches vor den Kreuzzügen*, Leipzig.

OECONOMOS, L. (1918), *La vie religieuse dans l'empire byzantin au temps des Comnènes et des Anges*, Paris.

OHNSORGE, W. (1952), "Drei Deperdita der byzantinischen Kaiserkanzlei und die Frankenadresse im Zeremonien-buch des Konstantinos Porphyrogenitos," *BZ*, XLV, 320-340.

—— (1954), "Die Legation des Kaisers Basileios II an Heinrich II," *Historisches Jahrbuch*, LXXIII, 61-73.

OSTROGORSKY, G. (1927), "Die ländliche Steuergemeinde des byzantinischen Reiches im 10 Jahrhundert," *VSWG*, XX, 1-108.

—— (1929[a]), "Die wirtschaftlichen und sozialen Entwicklungsgrundlagen des byzantinischen Reiches," *VSWG*, XXII, 9, 129-143.

—— (1929[b]), *Studien zur Geschichte des byzantinischen Bilderstreites*, Breslau.

—— (1930[a]), "Über die vermeintliche Reformtätigkeit der Isaurier," *BZ*, XXX, 394-400.

—— (1930[b]), "Les débuts de la querelle des images," in *Mélanges C. Diehl*, Paris, vol. I, pp. 235-255.

—— (1931), "Das Steuersystem im byzantinischen Altertum und Mittelalter," *Byzantion*, VI, 229-240.

—— (1932), "Löhne und Preise in Byzanz," *BZ*, XXXII, 293-333.

—— (1936), "Die Entwicklung der Kaiseridee im Spiegel der Byzantinischen Krönungsordnung," *Studi bizantini e neoellenici*, V, 299.

—— (1940), "Geschichte und Entwicklung der Byzantinischen Krönungsordnung," in

Actes du sixième congrès international d'études byzantines, Paris, p. 14.

—— (1941), "Die Perioden der Byzantinischen Geschichte," *HZ*, CLXIII, 229-254.

—— (1942), "Agrarian Conditions in the Byzantine Empire in the Middle Ages," in Clapham, J. H., and Power, E. (eds.), *Cambridge Economic History*, vol. I, pp. 194-223.

—— (1947), "The Peasant's Pre-emption Right," *Journal of Roman Studies*, XXXVII, 117-126.

—— (1949), "Le grand domaine dans l'empire byzantin," *Recueils de la société Jean Bodin*, IV, 35-50.

—— (1951), "Urum-Despotes: Die Anfange der Despotenwürde in Byzanz," *BZ*, XLIV, 448-460.

—— (1952), "La pronoia: Contribution à l'étude de la féodalité a Byzance et chez les slaves du sud," *Byzantion*, XXII, 437-518.

—— (1954), *Pour l'histoire de la féodalité byzantine*, Brussels.

—— (1956[a]), *History of the Byzantine State*, Oxford.

—— (1956[b]), "Staat und Gesellschaft der frühbyzantinischen Zeit," in Valjavec, F. (ed.), *Historia Mundi*, Berne, vol. IV, pp. 556-569.

—— (1956[c]), *Quelques problèmes d'histoire de la paysannerie byzantine*, Brussels.

—— (1959), "Paysannerie et grands domaines dans l'empire byzantin," *Recueils de la société Jean Bodin*, II, 123-133.

PALANQUE, J. R. (1933), *Essai sur la préfecture du prétoire du Bas-Empire*, Paris.

PARGOWE, J. (1905), *L'église byzantine de 527 à 847*, Paris.

PRINGSHEIM, F. (1950), "Justinian's Prohibition of Commentaries to the Digest," *Revue internationale des droits de l'antiquité*, V, 383-416.

RAMOS, A. J. (1952), "Un curioso cargo en la burocratia bisantina el Questo," *Revista de estudios politicos*, XLII, 107-129.

ROUILLARD, G. (1928), *L'administration civile de l'Egypte byzantine*, Paris.

—— (1930), *Un grand bénéficiaire sous Alexis Comnène: Leon Képhalis*, *BZ*, XXX, 444-450.

—— (1940), "La politique agraire et la politique fiscale des comnènes et des anges," in *Actes du sixième congrès international d'études byzantines*, Paris, pp. 44-45.

—— (1953), *La vie rurale dans l'empire byzantin*, Paris.

RUNCIMAN, S. (1929), *The Emperor Romanus Lecapenus and His Reign*, Cambridge.

—— (1933), *Byzantine Civilization*, London.

—— (1952), "Byzantine Trade and Industry," in Clapham, J. H., and E. Power. (eds.), *Cambridge Economic History of Europe*, vol. II, pp. 86-118.

—— (1955), *The Eastern Schism*, Oxford.

SCHULZ, F. (1953), *History of Roman Legal Science*, Oxford.

SEGRÈ, A. (1940), "On the Date and Circumstances of the Prefect's Letter: P. OXY, 2106," *Journal of Egyptian Archaeology*, XXVI, 114-115.

—— (1940-41), "Inflation and Its Implication in Early Byzantine Times," *Byzantion*, XV, 249-280.

—— (1942-43), "Essays on Byzantine Economic History," *Byzantion*, XVI, 393-445.

—— (1945), "Studies in Byzantine Economy," *Traditio*, III, 101-129.

—— (1947), "The Byzantine Colonate," *Traditio*, V, 103-133.

SERISKI, P. M. (1941), *Poenae in iure byzantino ecclesiastico ab initiis ad saeculum XI (1054)*, Rome.

SESTON, W. (1940), "Les origines de la capitation sous le Bas-Empire," in *Actes du sixième congrès international d'études byzantines*, Paris, pp. 29-30.

—— (1948), "Le but de la réforme agraire et de l'organisation des castes dans le Bas-Empire," *ibid.*, vol. I.

SETTON, K. M. (1953), "On the Importance of Land Tenure and Agrarian Taxation in the Byzantine Empire, from the Fourth Century to the Fourth Crusade," *American Journal of Philology*, LXXIV, 225-259.

SEUDIAS, M. (1939), "Études sur le gouvernement et l'administration à Byzance," in *Actes du cinquième congrès international d'études byzantines*, Rome.

ŠEVČENKO, I. (1949), "Léon Bardales et les juges généraux," *Byzantion*, XIX, 256-259.

—— (1952), "An Important Contribution to the Social History of Late Byzantium," in *Annals of the Ukrainian Academy of Arts and Science in the U.S.*, pp. 448-459.

SICKEL, W. (1898), "Das byzantinische Krönungsrecht bis zum 10 Jahrhundert," *BZ*, VII, 511-557.

SINOGOWITZ, B. (1953[a]), "Die byzantische Rechtgeschichte im Spiegel der Neuerscheinungen," *Saeculum*, IV, 313-333.

—— (1953[b]), "Die Begriffe Reich, Macht und Herrschaft im Byzantinischen Kulturbereich," *Saeculum*, IV, 450-455.

STADTMÜLLER, G. (1937), "Oströmische Bauern und Wehrpolitik," *Neue Jahrbücher für deutsche Wissenschaft*, XIII, 421-438.

STEIN, E. (1919), *Studien zur Geschichte des byzantinischen Reiches*, Stuttgart.

—— (1920), "Ein Kapitel vom persischen und vom byzantinischen Staat," *Byzantinisch-neugriechische Jahrbucher*, I, 50-89.

—— (1923-25), Review of Andréadès, A. (1921[b]), *BZ*, XXIV, 377-387.

—— (1924), "Untersuchungen zur spätbyzantinischen Verfassungs- und Wirtschaftsgeschichte," *Mitteilungen zur Osmanischen Geschichte* II, 1-59, 248-256.

—— (1928[a]), "Von Altertum zum Mittelalter: Zur Geschichte der byzantinischen Finanzverwaltung," *VSWG*, XXI, 158-170.

—— (1928[b]), *Geschichte des spätrömischen Reiches*, Vienna.

—— (1930), "L'administration de l'Egypte byzantine, *Gnomon*, VI, 401-407.

—— (1940), "La disparition du Sénat de Rome," in *Actes du sixième congrès international d'études byzantines*, Paris, pp. 24-25.

—— (1949), *Histoire du Bas-Empire: Vol. II, De la disparition de l'empire d'occident à la mort de Justinien (476–565)*, Paris.

—— (1954), "Introduction à l'histoire et aux institutions byzantines," *Traditio*, LXXIV, 95-168.

STÖCKLE, A. (1911), *Spätrömische und byzantinische Zünfte*, Leipzig.

SVORONOS, N. G. (1951), "Le serment de fidélité a l'empereur byzantin et sa signification constitutionelle," *REB*, IX, 106-142.

TANNER, J. R., *et al.* (eds.) (1936), *Cambridge Medieval History: Vol. IV, The Eastern Roman Empire*.

TREITINGER, O. (1958), *Die oströmische Kaiser- und Reichsidee nach ihrer Gestaltung im höfischen Zeremoniell: Vom oströmischen Staats und Reichsgedanken*, Darmstadt.

VASILIEV, A. A. (1933), "On the Question of Byzantine Feudalism," *Byzantion*, VIII, 584-604.

—— (1936), "Justinian's Digest," *Studi bizantini e neoellenici*, V, 711-734.

—— (1937), Review of Diehl, C., and Marçais, G. (1936), *Byzantinisch-neugriechische Jahrbücher*, XIII, 114-119.

—— (1952), *History of the Byzantine Empire, 324–1453*, Madison, Wis.

XANALATOS, D. A. (1937), *Beiträge zur Wirtschafts- und Sozialgeschichte Makedoniens im Mittelalter*, Munich.

ZACHARIA VON LINGENTHAL, C. E. (1892), *Geschichte des griechisch-römischen Rechtes*, Berlin.

ZAKYTHINOS, D. A. (1947-48), "Crise monétaire et crise économique à Byzance du XIIIième au XVIème siècle," *L'hellénisme contemporain*, I, 162-192; II, 150-167.

—— (1948), "Processus de féodalisation," *ibid*, II, 499-534.

—— (1950), "Étatisme byzantin et expérience hellénistique," *Annuaire de l'institut de philologie et d'histoire orientales et slaves*, X, 667-680.

ZIEGLER, A. W. (1953), "Die byzantinische Religionspolitik und der sog. Caesaropapismus," in *Festschrift F. P. Diels*, Munich, pp. 81-97.

M. Islam

ABDURRAZIQ, A. (1933-34), "L'Islam et les bases du pouvoir," *Revue des études islamiques*, III, 353-391; IV, 163-222.

BECKER, C. H. (1924-32), *Islamstudien: Vom Werden und Wesen der Islamischen Welt*, Leipzig, 2 vols.

BEHRNANER, W. (1860-61), *Mémoire sur les institutions de police chez les arabes, les persans et les turcs*, JA, XV, 461-508, XVI, 114-190, 347-392; XVII, 5-76.

BIRGE, J. K. (1937), *The Beklashi Order of Dervishes*, London.

BROCKELMANN, C. (1943), *Geschichte der islamischen Völker und Staaten*, Munich and Berlin.

BUSSI, E. (1949), "Gli libri di diritto musulmano," in *Actes du septième congrès international d'études byzantines*, Brussels, vol. I, pp. 339-340.

GABRIELLI, F. (1950), "Studi di storia musulmana," *Rivista storica italiana*, LXII, 99-110.

GRUNEBAUM, G. E. VON (1946), *Medieval Islam: A Study in Cultural Orientation*, Chicago.

—— (ed.) (1954), *Studies in Islamic Cultural History*, American Anthropologist Memoir 76.

—— (1955[a]), *Islam: Essays in the Nature and Growth of a Cultural Tradition*, London.

—— (ed.) (1955[b]), *Unity and Variety in Muslim Civilization*, Chicago.

HEYD, W. (1923), *Histoire du commerce du Levant au moyen-âge*, Leipzig, 2 vols.

HODGSON, M. G. S. (1955), *The Order of Assassins*, The Hague.

—— (1960), "The Unity of Later Islamic History," *Journal of World History*, V, 879-914.

KRUSE, H. (1954), "Die Begründung der islamischen Völkerrechtslehre: Muhammed a-Saibani," *Saeculum*, V, 221-241.

LEVY, R. (1957), *The Social Structure of Islam*, Cambridge.

LEWIS, B. (1937), "The Islamic Guilds," *Economic History Review*, VIII, 20-37.

—— (1950), *The Arabs in History*, London.

—— (1954), "Islam," in Sinor, D. (ed.), *Orientalism and History*, Cambridge, pp. 16-33.

—— (1955), "The Concept of an Islamic Republic," *Die Welt des Islams*, IV, 1-10.

MASSÉ, H. (1957), *L'Islam*, Paris.

MASSIGNON, M. (1920), "Le corps de métier et la cité musulmane," *Revue internationale de sociologie*, XXVIII, 473.

ROSENTHAL, E. I. J. (1958), *Political Thought in Medieval Islam*, Cambridge.

SCHACHT, J. (1950), *The Origins of Muhammadan Jurisprudence*, Oxford.

SHERWANI, H. K. (1953), "The Genesis and Progress of Muslim Socio-Political Thought," *Islamic Culture*, XXVII, 135-148.

TAESCHNER, F. (1934), "Die islamischen Futuwwabünde," *ZDMG*, LXXXVII, 6-49.

TYAN, E. (1938-43), *Histoire de l'organisation judiciaire en pays d'Islam*, Paris.

VATIKIOTIS, P. J. (1954[a]), "A Reconstruction of the Fatimid Theory of the State: The Apocalyptic Nature of the Fatimid State," *Islamic Culture*, XXVIII, 399-409.

—— (1954[b]), "The Syncretic Origins of the Fatimid Da'wa," *ibid.*, 475-491.

WIET, G. (1937), *L'Egypte arabe de la conquête à la conquête ottomane (642-1517)*, Paris.

N. Abbassids and Saffawids

1. ABBASSIDS

AMEDROZ, H. F. (1913), "Abbassid Administration in Its Decay," *JRAS*, 823-842.

ARNOLD, T. W. (1924), *The Caliphate*, Oxford.

BRUNSCHVIG, R. (1955), "Considerations sociologiques sur le droit musulman ancien," *Studia Islamica*, III, 61-74.

CAHEN, C. (1953), "L'évolution de l'Iqta du IX au XIII siècle," *Annales*, VIII, 25-52.

—— (1954), "Fiscalité, propriété, antagonisme sociaux en Haute-Mésopotamie au temps des premiers Abbasides," *Arabica*, I, 136-152.

—— (1955[a]), "The Body Politic," in Grunebaum, E. von (ed.), *Unity and Variety in Muslim Civilization*, Chicago, pp. 132-166.

—— (1955[b]), "L'histoire économique et sociale de l'orient musulman médiéval," *Studia Islamica*, III, 93-116.

—— (1957[a]), "Leçons d'histoire musulmane (VIIIième-XIième siècle)" (mimeo), *Les cours de Sorbonne*, Paris.

—— (1957[b]), "Les facteurs économiques et sociaux dans l'ankylose culturelle de l'Islam," in Brunschwig, R., and Grunebaum, G. E. von (eds.), "Classicisme et declin culturel dans l'histoire de l'Islam," in *Actes du symposium international d'histoire de la civilisation musulmane*, Paris, pp. 195-217.

—— (1959), "Mouvements populaires et autonomisme urbain dans l'Asie musulmane du moyen-âge," *Arabica*, V, 225-250; VI, 25-56, 233-265.

CANARD, M. (1946-47), "L'impérialisme des Fatimides et leur propaganda," *Annales de l'institut d'études orientales*, VI, 156-193.

DENNETT, D. C., JR. (1939), "Marwin ibn Muhammad: The Passing of the Umayyad Caliphate," in *Summary of Theses of the Harvard Graduate School*, pp. 103-105.

—— (1950), *Conversion and the Poll Tax in Early Islam*, Cambridge, Mass.

EHRENKREUZ, A. S. (1959), Studies in the Monetary History of the Near East in the Middle Ages, *Journal of the Economic and Social History of the Orient*, II, 128-161.

GARDET, L. (1954), *La cité musulmane: Vie sociale et politique*, Paris.

GAUDEFROY-DEMOMBYNES, M. (1946), *Les institutions musulmanes*, Paris.

GOITEIN, S. D. (1942), *The Origins of the Vezirate and Its True Character*, Hyderabad.

—— (1949), "A Turning Point in the History of the Muslim State (à propos of Ibn al-Mugaffa's Kitab as-Sahaba)," *Islamic Culture*, XXIII, 120-135.

GRUNEBAUM, G. E. VON (1955), "Die islamische Stadt," *Saeculum*, VI, 138-154.

HOEUERBACH, W. (1950), "Zur Heeresverwaltung der Abbassiden," *Der Islam*, XXIX, 257-290.

KHADURI, M. (1947), "Nature of the Islamic State," *Islamic Culture*, XXI, 327-331.

LEWIS, B. (1937), "The Islamic Guilds," *Economic History Review*, VIII, 20-37.

—— (1940), *The Origins of Isma'ilism*, Cambridge.

—— (1950), *The Arabs in History*, London.

—— (1953), "Some Observations on the Significance of Heresy in the History of Islam," *Studia Islamica*, I, 43-64.

LICHTENSTADTER, I. (1949), "From Particularism to Unity: Race, Nationality and Minorities in Early Islamic Empire," *Islamic Culture*, XXIII, 251-280.

LOKKEGAARD, F. (1950), *Islamic Taxation in the Classic Period with Special Reference to Circumstances in Iraq*, Copenhagen.

LOTZ, W. (1937), *Staatsfinanzen in den ersten Jahrhunderten des Khalifenreichs*, Munich.

MEZ, A. (1937), *Renaissance of Islam*, London.

MUIR, W. (1924), *The Caliphate: Its Rise, Decline and Fall*, Edinburgh.

NIEUWENHUIJZE, C. A. O. VAN (1959), "The Ummah—An Analytic Approach," *Studia Islamica*, X, 5-22.

SAMADI, S. B. (1955[a]), "Some Aspects of the Theory of the State and Administration under the Abbasids," *Islamic Culture*, XXIX, 120-150.

—— (1955[b]), "Social and Economic Aspects of Life under the Abbasid Hegemony at Baghdad," *ibid.*, 237-245.

SCHACHT, J. (1950), *The Origins of Muhammadan Jurisprudence*, Oxford.

—— (1955), "The Law," in Grunebaum, G. E. von (ed.), *Unity and Variety in Muslim Civilization*, Chicago, pp. 65-86.

SPULER, B. (1954), "Iran and Islam," in Grunebaum, G. E. von (ed.), *Studies in Islamic Cultural History*, American Anthropologist Memoir 76, pp. 47-56.

—— (1955), "Iran: The Persistent Heritage," in Grunebaum, G. E. von (ed.), *Unity and Variety in Muslim Civilization*, Chicago, pp. 167-182.

TRITTON, A. S. (1930), *The Caliphs and Their Non-Muslim Subjects*, London.

2. SAFFAWIDS

HINZ, W. (1936), *Irans Aufstieg zum Nationalstaat im 15ten Jahrhundert*, Berlin.

LAMBTON, A. K. S. (1953), *Landlord and Peasant in Persia*, Oxford.

—— (1954), *Islamic Society in Persia*, London.

—— (1955), "Quis custodiet custodes? Some Reflections on the Persian Theory of Government," *Studia Islamica*, V, 125-148; VI, 125-146.

LOCKHART, L. (1958), *The Fall of the Safavi Dynasty*, Cambridge.

MINORSKY, V. (ed.) (1943), *Tadhkirat al-Mulūk*, London.

—— (1955), "Iran: Opposition, Martyrdom and Revolt," in Grunebaum, E. G. von (ed.), *Unity and Variety in Muslim Civilization*, Chicago, pp. 183-206.

ROEMER, H. R. (1953), "Die Safawiden," *Saeculum*, IV, 27-44.

SAVORY, R. M. (1960), The Principal Offices of the Safawid State during the Reign of Isma'il I, *BSOAS*, XXIII, 91-105

SYKES, P. M. (1930), *A History of Persia*, London.

O. The Ottoman Empire

ALDERSON, A. D. (1956), *The Structure of the Ottoman Dynasty*, Oxford.

ARNAKIS, G. G. (1953), "Futtuwa Traditions in the Ottoman Empire: Akhis, Bektrashi Dervishes and Craftsmen," *Journal of Near Eastern Studies*, XII, 232-247.

CAHEN, C. (1951), "Notes pour l'histoire des turcomans d'Asie Mineure au XIIIième siècle," *JA*, CCXXXIX, 335-355.

DAVISON, R. H. (1946), "Reform in the Ottoman Empire (1856–1876)," in *Summary of Theses of Harvard Graduate School*, pp. 155-158.

FISHER, S. N. (1941), "Civil Strife in the Ottoman Empire, 1481–1503," *Journal of Modern History*, VIII, 449-466.

GIBB, H. A. R., and BOWEN, H. (1950), *Islamic Society and the West*, London, Vol. I, Part 1.

—— (1957), *ibid.*, Part 2.

GIESE, F. G. (1926), "Das Seniorat im osmanischen Herscherhause," *Mitteilungen zur Osmanischen Geschichte*, II, 1-59, 248-256.

GLADDEN, E. N. (1937), "Administration of the Ottoman Empire under Suleiman," *Public Administration*, XV, 187-193.

HODGSON, M. G. S. (1960), "The Unity of Later Islamic History," *Journal of World History*, V, 879-914.

INALCIK, H. (1954), "Ottoman Methods of Conquest," *Studia Islamica*, II, 103-129.

KISSLING, H. J. (1953), "Aus der Geschichte des Chalvetijje-Ordens," *ZDMG*, CIII, 233-289.

―――― (1954), "The Sociological and Educational Role of the Dervish Orders in the Ottoman Empire," in Grunebaum, G. E. von (ed.), *Studies in Islamic Cultural History*, American Anthropologist Memoir 76, pp. 23-35.

KÖPRÜLÜ, M. J. (1926), *Les origines du Bektachisme: Essai sur le développement historique de l'hétérodoxie musulmane en Asie Mineure*, Paris.

―――― (1935), *Les origines de l'empire ottomane*, Paris.

LEWIS, B. (1958), "Some Reflections on the Decline of the Ottoman Empire," *Studia Islamica*, IX, 111-127.

LÜTFÜ, J. (1939), "Les problèmes fonciers dans l'empire ottomane au temps de sa fondation," *Annales*, XI, 233-237.

LYBYER, A. (1913), *The Government of the Ottoman Empire in the Time of Suleiman the Magnificent*, Cambridge, Mass.

MILLER, B. (1941), *The Palace School of Muhammad the Conqueror*, Cambridge, Mass.

PARRY, V. J. (1957), "The Ottoman Empire (1481-1520)," in Potter, G. R. (ed.), *New Cambridge Modern History*, vol. I, ch. 14.

―――― (1958), "The Ottoman Empire (1520-1566)," in Elton, G. R. (ed.), ibid., vol. II, ch. 17.

SAYAR, I. M. (1951), "The Empire of the Saljuqids of Asia Minor," *Journal of Near Eastern Studies*, X, 268-280.

STAVRIANOS, L. S. (1957[a]), *The Balkans since 1453*, New York.

―――― (1957[b]), *The Ottoman Empire: Was It the Sick Man of Europe?* New York.

STOIANOVICH, T. (1960), "The Conquering Balkan Orthodox Merchant," *Journal of Economic History*, XX, 234-313.

STRIPLING, G. W. F. (1942), *The Ottoman Turks and the Arabs, 1511-1574*, Urbana, Ill.

WITTEK, P. (1928), "Türkentum und Islam," *Archiv für Sozialwissenschaft und Sozialpolitik*, LIX, 489-525.

―――― (1936), *Deux chapitres de l'histoire des turcs de Roum*, Brussels.

―――― (1938), *The Rise of the Ottoman Empire*, London.

―――― (1952), "Le rôle des tribus turques dans l'Empire ottomane," in *Mélanges Georges Smets*, Brussels, pp. 665-676.

WRIGHT, W. L., JR. (1935), *Ottoman Statecraft*, Princeton, N.J.

P. Moslem Spain

CASTEJON, C. R. (1948), *Los juristas hispano-musulmanes*, Madrid.

DOZY, R. (1932), *Histoire des musulmanes d'Espagne*, Leiden.

GONZALEZ PALENCIA, A. (1923), *El califato occidental*, Madrid.

―――― (1929), *Historia de la España musulmana*, Barcelona.

HOLE, E. C. (1958), *Andalus: Spain under the Muslims*, London.

IRVING, T. B. (1954), "Falcon of Spain: A Study of Eighth Century Spain," *Orientalia* (Lahore), VI, 158.

LEVI-PROVENÇAL, E. (1932), *L'Espagne musulmane au Xième siècle: Institutions et vie social*, Paris.

―――― (1950-53), *Histoire de l'Espagne musulmane*, Paris.

MAHMOUD, M. (1948), *Essai sur la chute du califat umayyade de Cordove en 1009*, Cairo.

SANCHEZ-ALBORNOZ, C. (1932), "L'Espagne et l'Islam," *RH*, CLXIX, 327-339.

―――― (1946), *La España musulmana*, Buenos Aires.

SCOTT, S. (1904), *History of the Moorish Empire in Europe*, Philadelphia.

SHERWANI, H. K. (1930), "Incursions of the Muslims into France, Piedmont and Switzerland (from the Evacuation of Narbonne in 759 up to the Colonization of Provence in 889)," *Islamic Culture*, IV, 588-624.

WATTS, H. E. (1893), *Spain, Being a Summary of Spanish History from the Moorish Conquest to the Fall of Granada*, London.

Q. The Roman Empire
(ESPECIALLY FIRST TO FOURTH CENTURIES)

ALFÖLDI, A., (1952), *A Conflict of Ideas in the Later Roman Empire: The Clash between the Senate and Valentine I*, Oxford.

—— (1956), "Römische Kaiserzeit," in Valjavec, F. (ed.), *Historia Mundi*, Berne, vol. IV, pp. 190-297.

BANG, M. (1906), *Die Germanen im römischen Dienst bis zum Regierungsantritt Constantins*, Berlin.

BARKER, E. (1947), "The Conception of Empire," in Baily, C. (ed.), *The Legacy of Rome*, Oxford, pp. 45-90.

BAYNES, N. H. (1943), "The Decline of the Roman Power in Western Europe: Some Modern Explanations," *Journal of Roman Studies*, XXXIII, 29-35.

BEYER, W. C. (1959), "The Civil Service of the Ancient World," *Public Administration Review*, XIX, 243-249.

BOAK, A. E. R. (1950), "The Role of Policy in the Fall of the Roman Empire," *Michigan Alumnus Quarterly Review*, LVI, 291-294.

—— (1955[a]), *History of Rome to 565 A.D.*, New York.

—— (1955[b]), *Manpower Shortage and the Fall of the Roman Empire in the West*, Ann Arbor, Mich.

BOISSIER, G. (1875), *L'opposition sous les Césars*, Paris.

BURN, A. R. (1952), *The Government of the Roman Empire from Augustus to the Antonines*, London.

CANTARELLI, L. (1926-27), "Per l'amministrazione e la storia dell'Egitto romano," *Aegyptus*, VII, 282-285; VIII, 89-97.

CHARLESWORTH, M. P. (1936), "The Flavian Dynasty," in *The Cambridge Ancient History*, vol. XI, pp. 1-45.

DE LAET, S. J. (1949), *Aspects de la vie sociale et économique sous Auguste et Tibère*, Brussels.

DE REGIBUS, L. (1925), "Decio e la crisi dell'imperio Romano nel III secolo," *Didaskaleion*, III, 1-11.

ENSSLIN, W. (1956), "The Senate and the Army," in *The Cambridge Ancient History*, vol. XII, pp. 57-67.

GLOVER, T. R. (1919), *The Conflict of Religions in the Early Roman Empire*, London.

HEICHELHEIM, F. M. (1956), "Römische Sozial- und Wirtschaftsgeschichte," in Valjavec F. (ed.), *Historia Mundi*, Berne, vol. IV, pp. 397-488.

HENDERSON, B. W. (1908), *Civil War and Rebellion in the Roman Empire*, London.

HIRSCHFELD, O. (1877), *Untersuchungen auf dem Gebiete der Romischen Verwaltungsgeschichte*, Berlin.

HOMO, L. (1950), *Les institutions politiques romaines: De la cité a l'état*, Paris.

JONES, A. H. M. (1949), "The Civil Service (Clerical and Sub-clerical Grades)," *Journal of Roman Studies*, XXXIX, 38-55.

—— (1950), "The Aerarium and the Fiscus," *ibid.*, XI, 22-29.

—— (1954), "Imperial and Senatorial Jurisdiction in the Early Principate," *Historia*, III, 464-488.

—— (1955), "The Decline and Fall of the Roman Empire," *History*, XL, 209-226.

KRAEMER, C. J. (1953), "The Historical Pattern," in *The Age of Diocletian—A Sym-*

posium, The Metropolitan Museum of Art, New York, pp. 1-9.

LAST, H. (1936[a]), "The Principate and the Administration," in *The Cambridge Ancient History*, vol. XI, pp. 393-432.

—— (1936[b]), "Rome and the Empire," *ibid.*, pp. 435-477.

LONGDEN, R. P. (1936[a]), "Nerva and Trajan," *ibid.*, pp. 188-223.

—— (1936[b]), "The Wars of Trajan," *ibid.*, pp. 223-251.

MATTINGLY, H. (1957), *Roman Imperial Civilization*, London.

MILLER, S. N. (1956), "The Army and the Imperial House," in *The Cambridge Ancient History*, vol. XII, pp. 19-35.

MOMIGLIANO, A. (1934), *Claudius the Emperor and His Achievement*, Oxford.

PFLAUM, H. G. (1950), *Les procurateurs equèstres sous le haut empire romain*, Paris.

SCHILLER, A. A. (1949[a]), "Bureaucracy and the Roman Law," *Seminar*, VII, 26-48.

—— (1949[b]), "The Jurists and the Prefects of Rome," *Revue internationale des droits de l'antiquité*, II, 319-359.

—— (1953), "Factors in the Development of the Late Classic Law," *Seminar*, XI, 1-11.

SCHULTZ, F. (1946), *History of Roman Legal Science*, Oxford.

STUART-JONES, H. (1947), "Administration," in Baily, C. (ed.), *The Legacy of Rome*, Oxford, pp. 91-140.

STAUB, A. (1939), *Vom Herrscherideal der Spätantike: Forschungen zur Kirchen—und Geistesgeschichte*, Stuttgart.

STEIN, A. (1927), *Der Römische Ritterstand*, Munich.

SYME, R. (1939), *The Roman Revolution*, Oxford.

VINOGRADOFF, P. (1911), "Social and Economic Conditions of the Roman Empire in the Fourth Century," in *The Cambridge Ancient History*, vol. I, ch. 18.

WALTHER, W. (1942), "Bauertum und römisches Wesen," *Neue Jahrbücher für Antike und Deutsche Bildung*, V, 293-303.

WEBER, W. (1936[a]), "Hadrian," in *The Cambridge Ancient History*, vol. XI, pp. 294-325.

—— (1936[b]), "The Antonines," *ibid.*, pp. 325-391.

WESTERMAN, W. L. (1955), *The Slave Systems in Greek and Roman Antiquity*, Philadelphia.

R. The Spanish-American Empire

ALTAMIRA, R. (1936), "La legislación indiana como elemento de la historia de las ideas coloniales españolas," *Revista de historia de América*, I, 1-24.

—— (1939), "La décentralisation législative dans le régime colonial espagnol (XVIième-XVIIIième siècles)," *Bulletin du comité international des sciences historiques*, XI, 165-190.

—— (1940-45), "Los cedularios como fuente historica de la legislación indiana," *Revista de historia de América*, X, 5-87; XIX, 61-129.

—— (1947-48), "Estudios sobre las fuentes de conocimiento del derecho indiano," *ibid.*, XXIV, 313-341; XXV, 69-134.

BAGU, S. (1949), *Economia de la sociedad colonial*, Buenos Aires.

BARBER, R. K. (1932), *Indian Labor in the Spanish Colonies*, Albuquerque, N.M.

BELAUNDE GUINASSI, M. (1945), *La encomienda en el Peru*, Lima.

BENEYTO, P. J. (1955), "Tradicion, ideologia y sociedad en la institucionalisacion de la independencia," *Revista de estudios politicos*, LXXXIII, 149-171.

BORAH, W. (1941), "The Collection of Tithes in the Bishopric of Oaxaca in the Sixteenth Century," *HAHR*, XXI, 386-409.

—— (1943), *Silk Raising in Colonial Mexico*, Berkeley, Calif.

—— (1949), "Tithe Collection in the Bishopric of Oaxaca (1601–1867)," *HAHR*, XXIX, 498-517.

—— (1951), *New Spain's Century of Depression*, Berkeley, Calif.

—— (1954), *Early Colonial Trade between Mexico and Peru*, Berkeley, Calif.

—— (1956), "Representative Institutions in the Spanish Empire in the Sixteenth Century–The New World," *The Americas*, XII, 246-257.

——, and COOK, S. F. (1958), *Price Trends of Some Basic Commodities in Central Mexico (1531–1570)*, Berkeley, Calif.

BROWN, V. L. (1925), "Anglo-Spanish Relations in America in the Closing Years of the Colonial Era," *HAHR*, V, 327-483.

—— (1926), "The South Sea Company and Contraband Trade," *American Historical Review*, XXX, 662-678.

—— (1928), "Contraband Trade: A Factor in the Decline of Spanish Empire in America," *HAHR*, VIII, 178-189.

CARANDE, R. (1952), "Der Wanderhirt und die überseeische Ausbreitung Spaniens," *Saeculum*, III, 373-387.

CARDOS, J. M. (1955), "La política economica indiana de los Cortes de Castilla," *Revista de estudios politicos*, LXXXII, 173-192.

CARNEY, J. J., JR. (1939), "Early Spanish Imperialism," *HAHR*, XIX, 138-185.

CASTAÑEDA, C. E. (1929), "The Corregidor in Spanish Colonial Administration," *HAHR*, IX, 446-470.

—— (1955), "Spanish Medieval Institutions and Overseas Administration: The Prevalance of Medieval Concepts," *The Americas*, XI.

CASTRO, R. B. (1959), "El desarrollo de la población hispano-americana (1492–1950)," *Journal of World History*, V, 325-343.

CHAMBERLAIN, R. S. (1943), "The Corregidor in Castile," *HAHR*, XXIII, 222-257.

CHAPMAN, C. E. (1942), "Spanish Consulados," in Curtio-Wilgus, A. C. (ed.), *Hispanic American Essays*, Chapel Hill, N.C., pp. 78-84.

CHAUNU, P. (1956), "Pour une histoire économique de l'Amérique espagnole coloniale," *RH*, CCXVI, 209-218.

CHEVALIER, F. (1944), "Les municipalités indiennes en Nouvelle Espagne (1520–1860)," *Anuario de historio del derecho español*, XV, 352-586.

—— (1952), *La formation des grands domaines au Mexique: Terre et société aux 16ième et 17ième siècles*, Paris.

CHRISTELOW, A. (1942), *Contraband Trade between Jamaica and the Spanish Main, and the Free Port Act of 1766*, *HAHR*, XXII, 309-343.

—— (1947), "Great Britain and the Trades from Cadiz and Lisbon to Spanish America and Brazil, 1759–1783," *HAHR*, XXVII, 2-29.

CORBITT, D. C. (1939), "'Mercedes' and 'Realengos': A Survey of the Public Land System in Cuba," *HAHR*, XIX, 262-285.

CUNNINGHAM, C. H. (1919), *The Audiencia in the Spanish Colonies as Illustrated by the Audiencia of Manila (1583–1800)*, Berkeley, Calif.

DESDEVISES DU DEZERT, G. (1914), "L'inquisition aux Indes espagnoles à la fin du XVIIIième siècle," *Revue hispanique*, XXX, 1-118.

—— (1917), *L'église espagnole des Indes à la fin du XVIIIième siècles*, Paris.

DIEGO Y CARRA, P. V. (1953), "Bartolomé de las Casas y las controversias teologico-juridicas de India," *Boletin de la real academia de historia*, CXXXII, 231-268.

DURAND, J. (1953), *La transformación social del conquistador*, Mexico City.

DUSENBERRY, W. H. (1947), "Woolen Manufacture in Sixteenth Century New Spain," *The Americas*, IV, 223-234.

FISHER, L. E. (1926), *Viceregal Administration in the Spanish-American Colonies*, Berkeley, Calif.

—— (1929), *The Intendant System in Spanish America*, Berkeley, Calif.

—— (1936), "Colonial Government," in Curtis Wilgus, A. (ed.), *Colonial Hispanic America*, Washington, D.C., ch. VII.

FRIEDE, J. (1952), "Las casas y el movimiento indigenista en España y América en la primera mitad del siglo XVII," *Revista de historia de América*, XXXIV, 339-411.

GALLO, A. G. (1942), "Los orígenes de la administración territorial de las Indias," *Anuario de historia del derecho español*, XIX, 16-17.

—— (1944), *Los orígenes de la administración governmental de la Indias*, Madrid.

—— (1951[a]), "Los encomienderos indios," *Revista de estudios politicos*, LV, 144-161.

—— (1951[b]), "El derecho indiano y la independencia de América," *ibid.*, LX, 157-180.

—— (1952), "Los virreinatos americanos bajo los Reyes Católicos," *ibid.*, LXV, 189-210.

—— (1953), "El desarrollo de la historiografía jurídica indiana," *ibid.*, LXX, 163-185.

GARCIA, J. A. (1900), *La ciudad indiana*, Buenos Aires.

GIBSON, C. (1953), "Rotation of Alcaldes in the Indian Cabildo of Mexico City," *HAHR*, XXXIII, 212-224.

—— (1955), "The Transformation of the Indian Community in New Spain (1500-1800)," *Journal of World History*, II, 581-608.

GOMENSORO, J. (1945), "Proceso social y economico del Uruguay," *Revista de América*, IV, 207-210.

GONGORA, M. (1951), *El estado en el derecho indiano: Epoca de Fundación (1492-1570)*, Santiago de Chile.

GRAY, W. H. (1948), "Early Trade Relations between the United States and Venezuela," *Estudios de historia del instituto panamericano de geografía e historia*, I, 87-107.

GRIFFIN, C. C. (1949), "Economic and Social Aspects of the Era of Spanish American Independence," *HAHR*, XXIX, 170-188.

—— (1951), "Unidad y variedad en la historia americana, *Estudios de historia del instituto panamericano de geografía e historia*," IV, 97-123.

GUTHRIE, C. L. (1939), "Colonial Economy: Trade, Industry, and Labor in Seventeenth Century Mexico City," *Revista de historia de América*, VII, 103-134.

HAMILTON, E. J. (1929[a]), "Imports of American Gold and Silver into Spain, (1503-1660)," *Quarterly Journal of Economics*, XLIII, 436-499.

—— (1929[b]), "American Treasure and the Rise of Capitalism (1500-1700)," *Economica*, IX, 338-357.

—— (1934), *"American Treasure and the Price of Revolution in Spain (1501-1650),"* Cambridge, Mass.

—— (1944), "Monetary Problems in Spain and Spanish America (1751-1800)," *Journal of Economic History*, IV, 21-48.

HANKE, L. (1935), *The First Social Experiments in America: A Study in the Development of Spanish Indian Policy in the Sixteenth Century*, Cambridge, Mass.

—— (1936[a]), "Theoretical Aspects of the Spanish Discovery, Exploration and Administration of America," in *Summary of Theses of Harvard Graduate School*, pp. 195-196.

—— (1936[b]), "The 'Requerimiento' and Its Interpreters," *Revista de historia de América*, I, 25-34.

—— (1937), "Pope Paul III and the American Indians," *Harvard Theological Review*, XXX, 65-102.

—— (1949), *The Spanish Struggle for Justice in the Conquest of America*, Philadelphia.

—— (1951), *Bartolomé de Las Casas, an Interpretation of his Life and Writings*, The Hague.

—— (1952), *Bartolomé de Las Casas, Bookman, Scholar and Propagandist*, Philadelphia.

—— (1956), *The Imperial City of Potosi*, The Hague.

HARING, C. H. (1914-1915), "American Gold and Silver Production in the First Half of the Sixteenth Century," *Quarterly Journal of Economics*, XXIX, 433-474.

—— (1918), "The Early Spanish Colonial Exchequer," *American Historical Review*, XXIII, 779-796.

—— (1922), "Ledgers of the Royal Treasurers in Spanish America in the Sixteenth Century," *HAHR*, II, 173-187.

—— (1927), "The Genesis of Royal Government in the Spanish Indies," *HAHR*, VII, 141-191.

—— (1947), *The Spanish Empire in America*, New York.

HERNÁNDEZ Y SANCHEZ-BARBA, M. (1954), "La población hispanoamericana y su distribución social en el siglo XVIII," *Revista de estudios políticos*, LXXVIII, 111-142.

—— (1955), "La participación del Estado en la estructuración de los grupos humanos en Hispanoamérica durante el siglo XVI," *ibid.*, LXXXIV, 193-227.

HOWE, W. (1949), *The Mining Guild of New Spain and Its Tribunal General (1770–1821)*, Cambridge, Mass.

HUMPHREYS, R. A. (1952), *Liberation in South America (1806–27): The Career of James Paroissien*, London.

JANE, C. (1929), *Liberty and Despotism in South America*, Oxford.

KONETZKE, R. (1943), *Das Spanische Weltreich*, Munich.

—— (1946), "El mestizaje y su importancia en el desarrollo de la población hispano-americana durante le época colonial," *Revista de Indias*, XXIII, XXIV.

—— (1949[a]), "La esclavitud de los indios como elemento en la estructuración social de Hispanoamérica," in *Estudios de historia social de España*, Madrid, vol. I.

—— (1949[b]), "Las ordenanzas de gremios como documentos de la historia social de Hispanoamérica durante la época colonial," *ibid.*, vol. I, pp. 483-523.

—— (1951[a]), "Estado y sociedad en India," *Estudios Americanos*, X.

—— (1951[b]), "La formación de la nobleza en India," *ibid.*, 329-357.

—— (1952), "Die Entstehung des Adels in Hispano-Amerika während der Kolonialzeit," *VSWG*, XXXIX, 215-250.

—— (1953), *Formación social de Hispano América (1493–1592)*, Madrid.

—— (1954), Review of Góngora, M. (1949), *HZ*, CLXXVII, 640-641.

—— (1961), "Staat und Gesellschaft in Hispanoamerika am Vorabend der Unabhangigkeit," *Saeculum*, XII, pp. 158-169.

LANNING, J. T. (1940), *Academic Culture in the Spanish Colonies*, New York.

LEA, H. C. (1908), *The Inquisition in the Spanish Dependencies*, New York.

LEONARD, I. A. (1942), *Best Sellers of the Lima Book Trade, 1583*, *HAHR*, XXII, 5-33.

LEVENE, R. (1927-28), *Investigaciones acerca de la historia económica del Virreinato de la Plata*, La Plata, 2 vols.

—— (1953), "Nuevas investigaciones históricas sobre el régimen político y jurídico de España en indias hasta la recopilación de leyes de 1680," *Journal of World History*, 1, 463-490.

MADARIAGA, S. (1947), *The Fall of the Spanish American Empire*, London.

MANCHESTER, A. K. (1931), "The Rise of the Brazilian Aristocracy," *HAHR*, XI, 145-168.

MARSHALL, C. E. (1939), "The Birth of the Mestizo in New Spain," *HAHR*, XIX, 161-184.

MIRANDA, J. (1941-42), "La función económica del encomiendero en los orígenes del regimen colonial de Neuva España," *Anales del instituto nacional de antropología e historia*, II, 421-462.

—— (1944), "Notas sobre la introducción de la mesta en la Nueva España," *Revista de historia de América*, XVII, 1-26.

—— (1951), "La tasación de las cargas indígenas de la Nueva España durante el siglo XVI, excluyendo el tributo," *Revista de historia de América*, XXXV, 77-96.

—— (1952[a]), *Las ideas y las instituciones políticas mexicanas*, Mexico City.

—— (1952[b]), *El tributo indígeno en la Nueva España durante el siglo XVI*, Mexico City.

MOORE, J. P. (1954), *The Cabildo in Peru under the Habsburgs: A Study in the Origins* and *Powers of the Town-Council in the Vice-Royalty of Peru (1530–1700)*, Durham, N.C.

MÖRNER, M. (1953), *The Political and Economic Activities of the Jesuits in the La Plate Region: The Habsburg Era*, Stockholm.

MOSES, B. (1908), *South America on the Eve of Emancipation*, New York.

—— (1919), *Spain's Declining Power in South America (1730–1806)*, Berkeley, Calif.

—— (1926), *The Intellectual Background of the Revolution in South America*, New York.

OTS CAPDEQUI, J. M. (1932), "Apuntes para la historia del municipio hispanoamericano del período colonial," *Anuario de historia del derecho español*, I, 93-157.

—— (1934[a]), "Las instituciones económicas hispanoamericanas del período colonial, *ibid.*, XI, 211-282.

—— (1934[b]), *Instituciones sociales de la América española en el período colonial*, La Plata.

—— (1939), "Algunas consideraciones en torno a la política económica y fiscal del estado español en las Indias," *Revista de las Indias*, II, 172-181.

—— (1940), *Estudios de historia del derecho español en las Indias*, Bogota.

—— (1941), *El estado españo en las Indias*, Mexico City.

—— (1945), "Del absolutismo de los Austrias al despotismo de los Borbones," *Revista de América*, IV, 211-217.

—— (1946[a]), *Nuevos aspectos del siglo XVIII español en América*, Bogota.

—— (1946[b]), *El régimen de la tierra en la América española durante el período colonial*, Ciudad Trujillo.

—— (1951), "Interpretación institucional de la colonización española en América," *Estudios de historia del instituto panamericano de geografía e historia*, IV, 287-314.

PALM, E. W. (1951), "Los orígenes del urbanismo imperial en América," *ibid.*, II. 239-260.

PARANHOS, A. (1948), "Evolucão economica do Brasil," *ibid.*, I, 249-345.

PARES, R. (1936), *War and Trade in the West Indies (1739–1763)*, New York.

PARRA, C. (1933), *Filosofía universitaria venezolana (1788–1821)*, Caracas.

PARRY, J. H. (1940), *The Spanish Theory of Empire in the Sixteenth Century*, Cambridge.

—— (1948), *The Audiencia of New Galicia in the Sixteenth Century: A Study in Spanish Colonial Government*, Cambridge.

—— (1953), *The Sale of Public Offices in the Spanish Indies under the Hapsburgs*, Berkeley, Calif.

—— (1957), "The Development of the American Communities—Latin-America," in Lindsay, J. O. (ed.), *New Cambridge Modern History*, vol. VII, pp. 487-499.

PHELAN, J. L. (1959), "Free versus Compulsory Labor: Mexico and the Philippines (1540–1640)," *Comparative Studies in Society and History*, I, 189-201.

—— (1960), "Authority and Flexibility in the Spanish Imperial Bureaucracy," *Administrative Science Quarterly*, V, 47-66.

PIERSON, W. W. (1922), "Some Reflections on the Cabildo as an Institution," *HAHR*, V, 573-596.

—— (1941), "La intendencia de Venezuela en el régimen colonial," *Boletin de la academia nacional de la historia*, XXIV, 259-275.

—— (1942), "The Foundation and Early History of the Venezuelan Intendencia," in Curtis Wilgus, A. (ed.), *Hispanic American Essays*, Chapel Hill, N.C., pp. 99-114.

PRIESTLEY, H. I. (1916), *José de Galvez, Visitor-General of New Spain (1765–1771)*, Berkeley, Calif.

—— (1918), "The Old University of Mexico," *University of California Chronicle*, XXI, No. 4.

RIPPY, J. F. (1948), "The Dawn of Manufacturing in Venezuela," *Estudios de historia del instituto panamericano de geografía e historia*, I, 71-87.

ROSCHER, W. (1944), *The Spanish Colonial System*, Cambridge.

SAYOUS, A. E. (1928-29), "Partnerships in the Trade between Spain and America and also in the Spanish Colonies in the Sixteenth Century," *Journal of Economic and Business History*, I, 282-301.

—— (1930), "Les changes de l'Espagne sur l'Amérique au XVIième siècle," *Revue d'économie politique*, XLI, 1417-1443.

—— (1934), "Les débuts du commerce de l'Espagne avec l'Amérique (1503-1518)," *RH*, CLXXIV, 185-215.

SCHÄFER, E. (1935-47), *El consejo real y supremo de las Indias*, Seville.

SERVICE, E. R. (1951), "The Encomienda in Paraguay," *HAHR*, XXXI, 230-252.

SIMPSON, L. B. (1934), *Studies in the Administration of the Indians of New Spain: I. The Laws of Burgos, 1512; II. The Civil Congregation*, Berkeley, Calif.

—— (1938), ibid., *III. The Repartimiento System of Native Labor in New Spain and Guatemala*.

—— (1940), ibid., *IV. The Emancipation of the Indian Slaves and the Resettlement of the Freedmen (1548-1555)*.

—— (1950), *The Encomienda in New Spain: The Beginning of Spanish Mexico*, Berkeley, Calif.

SPELL, J. R. (1935), "Rousseau in Spanish America," *HAHR*, XV, 260-267.

STAUFER, F. M. (1927), "Church and State in Peru," *HAHR*, VII, 410-437.

THOMAS, A. B. (1956), *Latin America: A History*, New York.

VAZQUES, C. A. (1945), "La universidad de los criollos," *Revista mexicana de sociología*, VII.

VIDA VICEUS, J. (1957), *Historia social y económica de España y América*, Barcelona.

VILLABOLOS, N. M. (1951), *Política indígena en los orígenes de la sociedad chilena*, Santiago de Chile.

VILLARÁN, M. V. (1938), *La universidad de San Marcos de Lima: Los orígines (1548-1577)*, Lima.

VIÑAS Y MEY, C., and PAZ, R. (1949-51), *Relaciones de los pueblos de España ordenadas por Felipe II*, Madrid.

VIRGILIO, C. F. (1948), "Sistema tributario do Brazil durante lo periodo colonial," *Estudios de historia del instituto panamericano de geografia e historia*, I, 229-242.

WHITAKER, A. P. (ed.) (1942), *Latin America and the Enlightment*, New York.

—— (1955), "La historia intelectual de Hispanoamérica en el siglo XVIII," *Revista de historia de América*, XL, 553-573.

WOLFF, I. (1956), "Chilenische Opposition gegen die Wirtschaftspolitik des Vicekönigreichs Peru (1778-1810)," *VSWG*, XLIII, 146-168.

ZAVALA, S. (1935[a]), *La encomienda indiana*, Madrid.

—— (1935[b]), *Las instituciones jurídicas en la conquista de América*, Madrid.

—— (1936), "Los trobajadores autillaros en el siglo XVI en el siglo XVII," *Revista de historia de América*, I, 31-69; II, 60-89.

—— (1943), *New Viewpoints on the Spanish Colonization of America*, Philadelphia.

—— (1944), *Ensayos sobre la colonización española en América*, Buenos Aires.

—— (1945), *Contribución a la historia de las instituciones coloniales de Guatemala*, Mexico City.

—— (1947[a]), *La filosofia política en la conquista de América*, Mexico City.

—— (1947[b]), "Apuntes históricos sobre la meneda del Paraguay," *El trimestre económico*, XIII, 126-143.

—— (1949), "De encomiendes y propiedad territorial en algunas regiones de la América española," in *Estudios indianos*, Madrid.

—— (1951), "Formación de la historia americana," *Estudios de historia del instituto panamericano del geografia e historia*, IV, 125-163.

S. Absolutist Europe

BARKER, E. (1945), *The Development of Public Services in Western Europe (1660–1930)*, New York.

BELOFF, M. (1954), *The Age of Absolutism*, London.

BRAUDEL, F., and SPOONER, F. C. (1955), "Les métaux monétaires et l'économie du XVIième siècle," in *Relazioni del congresso internazionale di scienze storiche*, Rome, vol. IV, pp. 233-264.

CLARK, G. (1929-59), *The Seventeenth Century*, Oxford.

—— (1957), *Early Modern Europe (from about 1450 to about 1720)*, London.

COBBAN, A. (1957), "The Enlightenment," in Lindsay, J. O. (ed.), *New Cambridge Modern History*, vol. VII, ch. V.

COLEMAN, D. C. (1957), "Eli Heckscher and the Idea of Mercantilism," *Scandinavian Economic History Review*, V, 3-22.

COSTS, A. W. (1958), "In the Defense of Heckscher and the Idea of Mercantilism," *Scandinavian Economic History Review*, VI, 175-187.

DHONDT, J. (1948), Review of Lousse, E. (1943), *Revue belge de philologie et d'histoire*, XXVI, 284-292.

GOODWIN, A. (ed.) (1953), *The European Mobility in the Eighteenth Century*, London.

GREAVES, R. W. (1957), "Religion," in Lindsay, J. O. (ed.), *New Cambridge Modern History*, vol. VII, pp. 113-140.

HARTUNG, F. (1937), "Die geschichtliche Bedeutung des aufgeklärten Despotismus in Preussen und in den deutschen Kleinstaaten," *Bulletin of the International Committee of Historical Sciences*, IX, 3-21.

—— (1957), *Enlightened Despotism*, London.

——, and MOUSNIER, R. (1955), "Quelques problèmes concernant la monarchie absolue," in *Relazioni del comitato internazionale di scienze storiche*, Rome, vol. IV, pp. 2-55.

HATTON, R. M. (1957), "Scandinavia and the Baltic," in Lindsay, J. O. (ed.), *New Cambridge Modern History*, vol. VII, pp. 339-364.

HAUSER, H. (1940), "La prépondérance espagnole (1559–1660)," in *Peuples et Civilisations*, Paris, vol. IX.

——, and RENAUDET, A. (1938), "Les débuts de l'âge moderne: La renaissance et la réforme," *ibid.*, vol. VIII.

HEATON, H. (1937), "Heckscher on Mercantilism," *Journal of Political Economy*, XLV, 370-393.

HECKSCHER, E. F. (1932), *Der Merkantilism*, Jena.

HELLER, H. (1934), *Staatslehre*, Leiden.

HINTZE, O. (1930), "Typologie der ständischen Verfassung des Abendlandes," *HZ*, CXLI, 229-248.

—— (1931), "Weltegeschichtliche Bedingungen der Repräsentativverfassung," *HZ*, CXLIII, 1-47.

—— (1942), "Der Commissarius und seine Bedeutung in der allgemeinen Verfassungsgeschichte," in *Staat und Verfassung*, Leipzig, pp. 232-264.

JEDIN, H. (1955), "Zur Entwicklung des Kirchenbegriffs im 16ten Jahrhundert," in *Relazioni del congresso internazionale di scienze storiche*, Rome, vol. IV, pp. 59-74.

KELLENBENZ, H. (1957), "Die Unternehmerische Betätigung der Verschiedene Stände während des Übergangs zur Neuzeit," *VSWG*, XLIV, 1-25.

KIERNAN, V. G. (1957), "Foreign Mercenaries and Absolute Monarchy," *Past and Present*, XI, 66-86.

LABROUSSE, E. (1955), "Voies nouvelles vers une histoire de la bourgeoisie occidentale au XVIIIième et XIXième siècles," in *Relazioni del congresso internazionale di scienze storiche*, Rome, vol. IV, pp. 365-396.

——, and MOUSNIER, R. (1955), *Le XVIIIième siècle: Révolution intellectuelle technique et politique (1715–1815)*, Paris.

LEFÈBVRE, G. (1949), "La despotisme éclairé," *Annales de l'histoire de la Révolution française*, CXIV, 97-115.

LEONARD, E. J. (1955), "La notion et le fait de l'église dans la réforme protestante," in *Relazioni del congresso internazionale di scienze storiche*, Rome, vol. IV, pp. 75-110.

LEULLIOT, P. (1955), "Les industries textiles: Problèmes généraux et orientation des récherches," *ibid.*, pp. 285-294.

LHÉRITIER, M. (1923), "Le rôle historique du despotisme éclairé, particulièrement au 18ième siècle," *Bulletin of the International Committee of Historical Sciences*, I, 601-612.

—— (1937), "Rapport général: L'oeuvre des despotes éclairés," *ibid.*, IX, 205-225.

LINDSAY, J. O. (1957[a]), "The Social Classes and the Foundations of the States," in Lindsay, J. O. (ed.), *The New Cambridge Modern History*, vol. V, VII, pp. 50-66.

—— (1957[b]), "Monarchy and Administration, European Practice," *ibid.*, pp. 141-160.

LOTZ, W. (1935), "Studien über Steuerverpachtung," *Sitz. der Bayerischen Akademie der Wissenschaften, Phil.-hist. Abteilung*, 1-33.

LOUSSE, E. (1937), "La formation des ordres dans la société médiévale," in "L'organisation corporative du moyen-âge à la fin de l'ancien régime," in *Études présentées à la Commission internationale pour l'histoire des assemblées d'états*, Louvain, vol. II, pp. 61-90.

—— (1943), *La société d'ancien régime, organisation et représentation corporatives*, Louvain.

MEUVRET, J. (1955), "L'agriculture en Europe au XVIIième et XVIIIième siècles," in *Relazioni del congresso internazionale di scienze storiche*, Rome, vol. IV, pp. 139-168.

MOMMSEN, W. (1958), "Zur Beurteilung des Absolutismus," *HZ*, CLVIII, 52-77.

MORAZÉ, C. (1948), "Finances et despotisme: Essai sur les despotes éclairés," *Annales*, XX, 279-296.

MURET, P. (1942), "La prépondérance anglaise (1715-1763)," in *Peuples et Civilisations*, Paris, vol. XI.

ORCIBAL, J. (1955), "L'idée d'église chez les catholiques du XVIIIième siècle," in *Relazioni del congresso internazionale di scienze storiche*, Rome, vol. IV, pp. 111-135.

PIRENNE, H., et al. (1931), "La fin du moyen-âge," in *Peuples et Civilisations*, Paris, vol. VII.

REDLICH, F. (1953), "European Aristocracy and Economic Development," *Explorations in Entrepreneurial History*, VI, 78-92.

ROBERTS, M. (1956), *The Military Revolution (1560-1660)*, Belfast.

SAGNAC, P. (1941), "La fin de l'ancien régime et la révolution américaine," *Peuples et Civilisations*, Paris, vol. XII.

——, and SAINT-LÉGER, A. DE (1949), "Louis XIV (1661-1715)," *ibid.*, vol. X.

SCHNEE, H. (1952), "Die Hoffinanz und der moderne Staat," *Saeculum*, III, 132-160.

SKALWEIT, S. (1957), "Das Herrscherbild des 17ten Jahrhundert," *HZ*, CLXXXIV, 65-80.

SLICKER VAN BATH, B. H. (1955), "Agriculture in the Low Countries," in *Relazioni del congresso internazionale di scienze storiche*, Rome, vol. IV, pp. 169-204.

STONE, L. (1957), "The Nobility in Business (1540-1640)," *Explorations in Entrepreneurial History*, X, 54-62.

SWART, K. W. (1949), *Sale of Offices in the Seventeenth Century*, The Hague.

TREUE, W. (1957), "Das Verhältniss von Fürst, Staat und Unternehmer in der Zeit des Merkantilismus," *VSWG*, XLIV, 26-56.

VIDALENE, J. (1955), "La métallurgie et les industries secondaires en Europe occidentale et centrale au XVIIIième siècle," in *Relazioni del congresso internazionale di scienze storiche*, Rome, vol. IV, 295-303.

VINER, J. (1948), "Power versus Plenty as Objectives of Foreign Policy in the Seventeenth and Eighteenth Centuries," *World Politics*, I, 1-29.

WILSON, C. H. (1957), "The Growth of Overseas Commerce and European Manufacture," in Lindsay, J. O. (ed.), *New Cambridge Modern History*, vol. VII, pp. 27-49.

—— (1958), *Mercantilism*, London.

WITTRAM, R. (1948), "Formen und Wandlungen des europäischen Absolutismus," in *Glaube und Geschichte, Festschrift für F. Gogarten zum 13/1/1947*, Giessen, pp. 278-299.

T. Austria
(ESPECIALLY EIGHTEENTH CENTURY)

BENEDIKT, E. (1936), *Kaiser Joseph II*, Vienna.

BLUM, J. (1948), *Noble Landowners and Agriculturers in Austria (1815–1848)*, Baltimore.

FRANZ, G. (1955), *Liberalismus*, Munich.

GOOCH, G. P. (1951), *Maria Teresa and Other Studies*, London.

GROSS, L. (1924-25), "Der Kampf zwischen Reichskanzlei und österreichischer Hofkanzlei um die Führung der auswärtigen Geschichte," *Historische Vierteljahrschrift*, XXII, 279-312.

HANTSCH, H. (1951-53), *Die Geschichte Österreichs*, Graz.

HINTZE, O. (1901), "Der österreichische und der preussische Beamtenstaat im 17ten und 18ten Jahrhundert," *HZ*, LXXXVI, 402-444.

JELUSIC, K. (1936), "La noblesse autrichienne," *Annales*, VIII, 355-365.

MACARTNEY, C. A. (1957), "The Habsburg Dominions," in Lindsay, J. O. (ed.), *New Cambridge Modern History*, vol. VII, pp. 391-415.

MÜLLER, P. (1937), "Der aufgeklärte Absolutismus in Österreich," *Bulletin of the International Committee of Historical Sciences*, IX, 22-37.

PETERKA, O. (1937), "Das Zeitalter des aufgeklärten Absolutismus als rechtgeschichtliche Epoche Böhmens," *ibid.*, 135-146.

SCHASCHING, S. T. (1954), *Staatsbildung und Finanzentwicklung: Ein beitrag zur Geschichte des Östreichischen Staatskredites in der 2 Hälfte des 18 Jahrhundert*, Innsbruck.

SCHENK, H. G. (1953), "Austria," in Goodwin, A. (ed.), *The European Nobility in the Eighteenth Century*, London, pp. 102-117.

SCHWARTZ, H. F. (1943), *The Imperial Privy Council in the Seventeenth Century*, Cambridge, Mass.

VALJAVEC, F. (1945), *Der Josephinismus: Zur geistigen Entwicklung Österreichs im 18 und 19 Jahrhundert*, Munich.

U. Spain
(ESPECIALLY SIXTEENTH AND EIGHTEENTH CENTURIES)

ALCÁZAR, C. (1933), "Los hechos del despotismo ilustrado en España," *Bulletin of the International Committee of Historical Sciences*, V, 737-751.

DESDEVISES DU DEZERT, G. (1925), "La société espagnole au XVIIIième siècle," *Revue hispanique*, LXV, 225-321; LXVI, 321-654.

—— (1927), "Les institutions de l'Espagne," *Revue hispanique*, LXX, 1-554.

HAMILTON, E. J. (1932), "En période de révolution économique: La monnaie en Castille (1501–1650)," *Annales*, IV, 140-149, 242-256.

—— (1943), "Money and Economic Recovery in Spain under the First Bourbon," *Journal of Modern History*, XV, 192-206.

—— (1954), "The Decline of Spain," in Carus-Wilson, E. H. (ed.), *Essays in Economic History*, London, pp. 215-226.

KONETZKE, R. (1953), "Entrepreneurial Activities of Spanish and Portuguese Noblemen in Medieval Times," *Explorations in Entrepreneurial History*, VI, 115-121.

KÖNIGSBERGER, H. G. (1951), *The Government of Sicily under Philip II of Spain: A Study in the Practice of Empire*, London.

ORTIZ, A. D. (1955), *La sociedad española en el siglo XVIII*, Madrid.

PINTA LLORENTE, M. DE LA (1953), "El sentido de la cultura española en el siglo XVIII e intelectuales de la época," *Revista de estudios políticos*, LXVIII, 79-114.

SARRAILH, J. (1951), *La vie religieuse en Espagne à la fin du XVIIIième siècle*, Oxford.

—— (1954), *L'Espagne éclairée de la seconde moitié du XVIIIième siècle*, Paris.

—— (1955), "La crise spirituelle et économique de l'Espagne à la fin du 18ième siècle," *Journal of Modern History*, XXVII, 1-13.

SUÁREZ, F. (1950), *La crisis politica del antiguo régimen en España*, Madrid.

TREVOR-DAVIES, R. (1939), *The Golden Century of Spain*, London.

—— (1957), *Spain in Decline (1621–1700)*, London.

V. Sweden
(ESPECIALLY SEVENTEENTH AND EIGHTEENTH CENTURIES)

ANDERSSON, I. (1956), *A History of Sweden*, London.

GOHLIN, P. (1953), "Entrepreneurial Activities of the Swedish Aristocracy," *Explorations in Entrepreneurial History*, VI, 43-63.

HATTON, R. M. (1957), "Scandinavia and the Baltic," in Lindsay, J. O. (ed.), *New Cambridge Modern History*, vol. VII, pp. 339-364.

ROBERTS, M. (1953), "Sweden," in Goodwin, A. (ed.), *The European Nobility in the Eighteenth Century*, London, pp. 136-153.

—— (1953-58), *Gustavus Adolphus*, London.

—— (1956), *The Military Revolution in Sweden (1560–1660)*, Belfast.

STAVENOW, L. (1933), "Der aufgeklärte Absolutismus des 18ten Jahrhunderts in Schweden," *Bulletin of the International Committee of Historical Sciences*, V, 762-772.

W. Russia
(ESPECIALLY SEVENTEENTH AND EIGHTEENTH CENTURIES)

BAIN, R. N. (1909), "Russia under Anne and Elizabeth," in *The Cambridge Modern History*, vol. VI, pp. 301-328.

BELOFF, M. (1953), "Russia," in Goodwin, A. (ed.), *The European Nobility in the Eighteenth Century*, London, pp. 172-189.

BRUNNER, O. (1953), "Europäisches und Russisches Bürgertum," *VSWG*, XL, 1-27.

ECK, A. (1959), "L'asservissement du paysan russe," in *Recueils de la société Jean Bodin*, II, 243-264.

FLORINSKY, M. T. (1953), *Russia: A History and an Interpretation*, New York.

LEROY-BEAULIEU, A. (1894), *The Empire of the Tsars*, New York.

LYASHCHENKO, P. I. (1949), *History of the National Economy of Russia to the 1917 Revolution*, New York.

MIRSKY, D. S. (1942), *Russia: A Social History*, London.

NOLDE, B. (1952-53), *La formation de l'empire russe*, Paris.

PARES, B. (1958), *A History of Russia*, London.

PORTAL, R. (1949), "Manufactures et classes sociales en Russie au XVIIIième siècle," *RH*, CCI, 161-185; CCII, 1-23.

—— (1950), *L'Oural au XVIIIième siècle*, Paris.

—— (1953), "La Russie industrielle à la veille de l'émancipation des serfs," *Études d'histoire moderne et contemporaine*, V, 147-183.

ROBINSON, G. T. (1949), *Rural Russia under the Old Regime*, New York.

ROSSOVSKY, H. (1953), "The Serf Entrepreneur in Russia," *Explorations in Entrepreneurial History*, VI, 207-239.

SACKE, G. (1932), "Katharina II im Kampf um Thron und Selbstherrschaft," *Archiv für Kulturgeschichte*, XXIII, 191-216.

—— (1938[a]), "Adel und Bürgertum in der Regierungszeit Katharinas II von Russland," *Revue belge de philologie et d'histoire*, XVII, 815-852.

—— (1938[b]), "Adel und Bürgertum in der gesetzgebenden Kommission Katharinas II von Russland," *Jahrbücher für Geschichte Osteuropas*, III, 408-417.

—— (1940), "Die Gesetzgebende Kommission Katharinas II," *Jahrbucher für Geschichte Europas*, II.

SUMNER, B. H. (1947), "Peter the Great," *History*, XXXII, 39-50.

—— (1949), *A Short History of Russia*, New York.

SZEFTEL, M. (1956), "Aspects of Feudalism in Russian History," in Coulborn, R. (ed.), *Feudalism in History*, Princeton, N.J., pp. 167-184.

VERNADSKII, G. (1954), *A History of Russia*, New Haven.

YOUNG, I. (1957), "Russia," in Lindsay, J. O. (ed.), *New Cambridge Modern History*, vol. VII, pp. 318-338.

X. Prussia
(ESPECIALLY SEVENTEENTH AND EIGHTEENTH CENTURIES)

BREYSIG, K. (1892), "Der brandenburgische Staatsanhalt in der zweiten Hälfte des 17ten Jahrhunderts," *Jahrbuch für Gesetzgebung, Verwaltung und Volkswirtschaft im Deutschen Reich*, XVI, 1-42, 449-526.

BRUFORD, W. H. (1935), *Germany in the Eighteenth Century*, Cambridge.

—— (1957), "The Organization and Rise of Prussia," in Lindsay, J. O. (ed.), *New Cambridge Modern History*, vol. VII, pp. 292-317.

CARSTEN, F. L. (1950), "The Great Elector and the Foundation of the Hohenzollern Despotism," *English Historical Review*, LXV, 175-203.

—— (1954), *The Origins of Prussia*, Oxford.

—— (1955), "Prussian Despotism at Its Height," *History*, XL, 42-67.

—— (1959), *Princes and Parliaments in Germany from the Fifteenth Century to the Eighteenth Century*, Oxford.

CRAIG, G. A. (1955), *The Politics of the Prussian Army (1640–1945)*, Oxford.

DORN, W. (1931), "The Prussian Bureaucracy in the Eighteenth Century," *Political Science Quarterly*, XLVI, 403-423.

DORWART, R. A. (1953), *The Administrative Reforms of Frederick William I of Prussia*, Cambridge, Mass.

FAY, S. B. (1946), *The Hohenzollern Household and Administration in the Sixteenth Century*, Northampton, Mass.

HARTUNG, F. (1941), *Studien zur Geschichte der Preussischen Verwaltung I: Vom 16ten Jahrhundert zum Zusammenbruch des alten Staates in Jahre 1806*, Berlin.

—— (1943), *ibid.*, *II: Der Oberpräsident*, Berlin.

HINTZE, O. (1896[a]), "Die ständischen Elemente in dem Regierungssystem Friedrich des Grossen," *Forschungen zur brandenburgischen und preussischen Geschichte*, IX.

—— (1896[b]), "Preussische Reformbestrebungen vor 1806," *HZ*, LXXVI, 413-443.

—— (1898), "Zur Agrarpolitik Friedrichs des Grossen," *Forschungen zur brandenburgischen und preussischen Geschichte*, X, 275-309.

—— (1900), "Staat und Gesellschaft unter dem ersten König von Preussen," *Gesammelte Abhandlungen*, Leipzig, vol. III, pp. 347-452.

―― (1901), "Der österreichische und der preussische Beamtenstaat im 17ten und 18ten Jahrhundert," *HZ*, LXXXVI, 402-444.

―― (1902), "Staatenbildung und Verfassungsentwicklung," *HZ*, LXXXVIII, 1-21.

―― (1903), "Geist und Epochen der preussischen Geschichte," *Hohenzollern-Jahrbuch*, VII, 76-90.

―― (1906), *Staatsverfassung und Heeresverfassung*, Dresden.

―― (1907), "Die Entstehung der modernen Staatsministerien," *HZ*, XCIII, 53-111.

―― (1914), "Die Hohenzollern und der Adel," *HZ*, CXII, 494-524.

―― (1915), *Die Hohenzollern und ihr Werk*, Berlin.

―― (1931[a]), "Wesen und Wandlungen des modernen Staates," *Sitz. der preussischen Akademie der Wissenschaften, Phil.-hist. Klasse*, 790-810.

―― (1931[b]), "Kalvinismus und Staatsräson in Brandenburg zu Beginn des 17ten Jahrhunderts," *HZ*, CXLIV, 229-286.

―― (1932), "Die Entstehung des modernen Staatslebens," *Sitz. der preussischen Akademie der Wissenschaften, Phil.-hist. Klasse*, 925-931.

―― (1942), "Der Commissarius und seine Bedeutung in der allgemeinen Verfassungsgeschichte," in *Staat und Verfassung*, Leipzig, pp. 232-264.

―― (1943[a]), "Der preussische Staatsminister im 19ten Jahrhundert," in *Gesammelte Abhandlungen*, Leipzig, vol. III, 563-652.

―― (1943[b]), "Das preussische Militär und der Beamtenstaat im 18ten Jahrhundert," *ibid.*, vol. II, pp. 453-63.

―― (1943[c]), "Hof und Landesverwaltung in der Mark Brandenburg unter Joachim II," *ibid.*, pp. 53-63.

―― (1944), "Die Entstehung des modernen Staatslebens," *Forschungen und Fortschritte*, XX, 46-47.

HIRSCH, F. (1908), "Der Versuch einer Finanzreform in Brandenburg in den Jahren 1651–55," in *Festschrift F. G. Schmoller*, pp. 23-48.

KELLENBENZ, H. G. (1953), "German Aristocratic Enterpreneurship: Economic Activities of the Holstein Nobility in the Sixteenth and Seventeenth Centuries," *Explorations in Entrepreneurial History*, VI, 103-115.

KINGSLEY, D. (1935), "Central Administration in Brandenburg Prussia: Its Character and Development before Frederick the Great," in *Summary of Theses of Harvard Graduate School*, pp. 148-151.

KOCH, W. (1926), "Hof und Regierungsverfassung König Friedrich I von Preussen (1697–1710)," *Untersuchungen zur deutschen Staats- und Rechtsgeschichte*, CXXXVI, Heft 136.

ROSENBERG, H. (1943-44), "The Rise of the Junkers in Brandenburg Prussia (1410–1653)," *American Historical Review*, XLIX, 1-23, 221-243.

―― (1958), *Bureaucracy, Aristocracy and Autocracy: The Prussian Experience (1660–1815)*, Cambridge, Mass.

SCHMOLLER, G. VON (1870), "Der preussische Beamtenstand unter Friedrich Wilhelm," *Preussische Jahrbücher*, XXV, 148-172.

―― (1898), *Umrisse und Untersuchungen zur Verfassungs-und Wirtschaftsgeschichte besonders des Preussischen Staates im 17ten und 18ten Jahrhundert*, Leipzig, especially pp. 106-246, 289-313.

―― (1910), *The Mercantile System and Its Historical Significance*, London.

―― (1921), *Preussische Verfassungs-, Verwaltungs-, und Finanzgeschichte*, Berlin.

SCHROTTER, R. VON (1914), "Das preussische Offizierkorps unter dem ersten König von Preussen," *Forschungen zur brandenburgischen und preussischen Geschichte*, XXVII, 97-167.

J. France
(ESPECIALLY SEVENTEENTH AND EIGHTEENTH CENTURIES)

ANTOINE, M. (1951), "Les comités de ministres sous le règne de Louis XIV," *Revue historique de droit français et étranger,* XXIX, 193-230.

ARDASCHEFF, P. (1909), *Les intendants de province sous Louis XVI,* Paris.

ARTZ, F. B. (1937), "Les débuts de l'éducation technique en France (1500–1700)," *Revue d'histoire moderne,* XII, 469-519.

BAMFORD, P. W. (1957), "Entrepreneurship in Seventeenth and Eighteenth Century France," *Explorations in Entrepreneurial History,* IX, 204-213.

BARBER, E. G. (1955), *The Bourgeoisie in Eighteenth Century France,* Princeton, N.J.

BLOCH, M. (1922), *Les caractères originaux: La ville et la campagne au XVIIIème siècle,* Paris.

—— (1930), "La lutte pour l'individualisme agraire dans la France du XVIIIième siècle," *Annales,* II, 329-383, 511-551.

—— (1936), "Sur le passé de la noblesse française," *Annales,* VIII, 366-378.

BOUTERON, M. (1937), "La fonctionnement du conseil du roi Louis XVI, expliqué par l'un de ses sécretaires," *Revue d'histoire moderne,* XII, 325-337.

CARRÉ, H. (1890), "La noblesse de robe au temps de Louis XV," *Bulletin de la faculté des lettres de Poitiers,* pp. 344-355, 385-394.

—— (1920), *La noblesse de France et l'opinion publique au XVIIIième siècle,* Paris.

CHENON, E. (1929), *Histoire générale du droit français,* Paris.

COBBAN, A. (1950), "The 'Parlements' of France in the Eighteenth Century," *History,* XXXV, 64-80.

—— (1957[a]), "The Enlightenment," in Lindsay, J. O. (ed.), *New Cambridge Modern History,* vol. VII, ch. V.

—— (1957[b]), "The Decline of Divine-Right Monarchy in France," *ibid.,* ch. X.

COLE, C. W. (1939), *Colbert and a Century of French Mercantilism,* New York.

—— (1943), *French Mercantilism (1683–1700),* New York.

COORNAERT, E. (1941), *Les corporations en France avant 1789,* Paris.

—— (1952), "L'état et les villes à la fin du moyen-âge: La politique d'Anvers," *RH,* CCVII, 185-210.

D'AVENEL, G. (1901), *La noblesse française sous Richelieu,* Paris.

DOUCET, R. (1948), *Les institutions de la France au XVIième siècle,* Paris.

DUPONT-FERRIER, G. (1902), *Les officiers royaux des bailliages et sénéchaussées et les institutions monarchiques locales,* Paris.

—— (1932), "Les institutions de la France sous le règne de Charles V," *Journal des savants,* pp. 385-400, 433-445.

DUR, P. (1945), "The Right of Taxation in the Political Theory of the French Religious Wars," *Journal of Modern History,* XVII, 289-303.

EGRET, J. (1952), "L'aristocratie parlementaire française à la fin de l'Ancien Régime," *RH,* CCVIII, 1-15.

—— (1955), "Les origines de la Révolution en Bretagne (1788–1789)," *RH,* CCXIII, 189-215.

FORD, F. L. (1953), *Robe and Sword,* Cambridge, Mass.

FRÉVILLE, H. (1937), "Notes sur les subdélégués généraux et subdélégués de l'intendance de Bretagne au XVIIIième siècle," *Revue d'histoire moderne,* XII, 408-448.

GIRARDET, R. (1953), *La société militaire dans la France contemporaine (1815–1939),* Paris.

GIRAUD, M., (1952), "Crise de conscience et d'autorité a la fin du règne de Louis XIV," *Annales,* XXIV, 172-190, 293-302.

GÖHRING, M. (1938), *Ämterkäuflichkeit im Ancien Régime,* Berlin.

—— (1947), *Weg und Sieg der Modernen Staatsidee in Frankreich*, Tübingen.

GOUBERT, P. (1953), Review of Swart, K. W. (1949), *Annales*, XXV, 210-214.

—— (1956), "The French Peasantry of the Seventeenth Century: A Regional Example," *Past and Present*, X, 55-77.

GRAND, R. (1941), "Justice criminelle: Procédure et peines dans les villes aux XIIIième et XIVième siècles," *Bibliothèque de l'école de Chartes*, CII, 51-108.

GRASSBY, R. B. (1960), "Social Status and Commercial Enterprise under Louis XIV," *Economic History Review*, XIII, 19-38.

HANOTAUX, G. (1886), *Etudes historiques sur le XVIième et le XVIIième siècle en France*, Paris.

HARTLEY, T. (1933), "The Intendancy in New France," in *Summary of Theses of Harvard Graduate School*.

HAUSER, H. (1944), *La pensée et l'action économiques du Cardinal Richelieu*, Paris.

HERLANT, C. (1933), "Projets de création d'une banque royale," *Revue d'histoire moderne*, VIII, 143-160.

JEGADEN, R. (1951), "La communauté des notaires au châtelet de Paris au XVIIième siècle," *Revue historique de droit français et étranger*, XXIX, 352-382.

KING, E. (1949), *Science and Rationalism in the Government of Louis XIV (1661–1633)*, Baltimore.

KÖNIGSBERGER, H. G. (1955), "The Organisation of Revolutionary Parties in France and the Netherlands during the Sixteenth Century," *Journal of Modern History*, XXVII, 335-351.

KOSSMAN, E. H. (1954), *La Fronde*, Leiden.

LEFÈBVRE, G. (1929), "La place de la Révolution dans l'histoire agraire de la France," *Annales*, I, 506-519.

LEONARD, E. (1948), "La question sociale dans l'armée française au XVIIIième siècle," *Annales*, XX, 135-149.

LÉVY-BRUHL, H. (1933), "La noblesse de France et le commerce à la fin de l'ancien régime," *Revue d'histoire moderne*, VIII, 209-235.

LOUGH, J. (1954), *An Introduction to Seventeenth Century France*, London.

—— (1960), *An Introduction to Eighteenth Century France*, London.

MATHIEZ, A. (1925), "Un club révolutionnaire inconnu: Le club de la Réunion," *RH*, CXLVIII, 63-72.

MEUVRET, J. (1947), "Circulation monétaire et utilisation économique de la monnaie dans la France du XVIième et du XVIIième siècles," *Études d'histoire moderne et contemporaine*, I, 14-28.

MOUSNIER, R. (1938), "La vénalité des charges au XVIIième siècle: Les offices de la famille normande D'Amfreville," *RH*, CLXXXIII, 10-27.

—— (1947), "Le conseil du roi de la mort de Henri V au gouvernement personnel de Louis XIV," *Études d'histoire modern et contemporaine*, I, 29-67.

—— (1948), *La vénalité des offices sous Henri IV et Louis XIII*, Rouen.

—— (1951), "L'évolution des finances publiques en France et en Angleterre pendant les guerres de la ligue d'Augsburg et de la succession d'Espagne," *RH*, CCV, 1-23.

—— (1955), "L'opposition politique bourgeoise à la fin du XVIième siècle et au début du XVIIième siècle," *RH*, CCXIII, 1-20.

—— (1958), "Recherches sur les soulèvements populaires en France avans la Fronde," *Revue d'histoire moderne et contemporaine*, V, 81-113.

NORMAND, C. (1908), *La bourgeoisie française au XVIIIième siècle*, Paris.

NÜRNBERGER, R. (1949), *Die Politisierung des französischen Protestantismus*, Tübingen.

OLIVIER-MARTIN, F. (1933), "Les pratiques traditionnelles de la royauté française et le despotisme éclairé," *Bulletin of the International Committee of Historical Sciences*, V, 701-713.

—— (1937), "Le déclin et la suppression des corps en France au XVIIIième siècle," in

Lousse, E. (ed.), *L'organisation corporative du moyen-âge à la fin de l'ancien régime*, Louvain, pp. 151-163.

PAGÈS, G. (1928), *La monarchie de l'Ancien Régime en France*, Paris.

—— (1932[a]), "La vénalité des offices dans l'ancienne France," *RH*, CLXIX, 477-495.

—— (1932[b]), "Essai sur l'évolution des institutions administratives en France," *Revue d'histoire moderne*, VII, 8-57, 113-137.

—— (1937), "Le conseil du roi sous Louis XIII, *ibid.*, XII, 293-324.

—— (1938), "Le conseil du roi et la vénalité des charges pendant les premières années du ministère de Richelieu," *RH*, CLXXXII, 245-282.

PRESTWICH, M. (1957), "The Making of Absolute Monarchy (1559-1683)," in Wallace-Hadrill, J. M., and McManner, J. (eds.), *France: Government and Society*, London, pp. 105-133.

RÉBILLON, A. (1928), "Les états de Bretagne et les progrès de l'autonomie provinciale au XVIIIième siècle," *RH*, CLIX, 261.

REINHARD, M. (1956), "Élite et noblesse dans la seconde moitié du XVIIIième siècle," *Revue d'histoire moderne et contemporaine*, III, 5-37.

RICOMMARD, J. (1937), "Les subdélégues des intendants jusqu' à leur érection en titre d'office," *Revue d'histoire moderne*, XII, 338-407.

—— (1948), "La suppression et la liquidation des offices des subdélégués," *Revue historique de droit français et étranger*, XXVI, 36-95.

RUSSEL, J. (1954), "The Third Estate in the Estates General of Pontoise, 1561," *Speculum*, XXIX, 460-476.

SAGNAC, P. (1945), *La société et la monarchie absolue (1661-1715)*, Paris, especially pp. 59-63.

—— (1946), *La révolution des idées et des moeurs et le déclin de l'ancien régime (1715-1788)*, Paris.

—— (1951), *La composition des Etats généraux et de l'Assemblée nationale (1789)*, *RH*, CCVI, 8-28.

SCLECHTER, E. (1951), "La monnaie en France au 16ième siècle: Droit public, droit privé," *Revue historique de droit français et étranger*, XXIX, 500-521.

SÉRIEUX, P. (1938), "Le parlements de Paris et la surveillance des maisons d'aliénés et de correctionnaires aux XVIIième et XVIIIième siècles," *ibid.*, XVII, 404-459.

SIX, G. (1929), "Fallait-il quatre quartiers de noblesse pour être officier à la fin de l'Ancien Régime?" *Revue d'histoire moderne*, IV, 47-56.

STRAYER, J. R., and TAYLOR, G. H. (1939), *Studies in Early French Taxation*, Cambridge, Mass.

SWART, K. W. (1949), *Sale of Offices in the Seventeenth Century*, The Hague.

VAISSIÈRE, P. DE (1903), *Gentilshommes compagnards de l'ancienne France*, Paris.

VIARD, P. P. (1927), "La dime en France au XVIIIième siècle," *RH*, CLVI, 241.

ZELLER, G. (1933), "La monarchie d'ancien régime et les frontières naturelles," *Revue d'histoire moderne*, VIII, 305-333.

—— (1939), "Gouverneurs de province au XVIième siècle," *RH*, CLXXXL, 225.

—— (1944), "De quelques institutions mal connues du XVIième siècle," *RH*, CXCIV, 193-289.

—— (1947), "L'administration monarchique avant les intendants: parlements et gouverneurs," *RH*, CXVII, 180-215.

—— (1948), *Les institutions de la France au XVIième siècle*, Paris.

—— (1952), "La vie économique de l'Europe au XVIième siècle," (mimeo.), in *Les cours de Sorbonne*, Paris.

Z. England

ASHLEY, M. (1952), *England in the Seventeenth Century*, London.

ASHTON, T. S. (1955[a]), "Le développment de l'industrie et du commerce anglais au XVIIIième siècle," in *Relazioni del congresso internazionale di scienze storiche*, Rome, vol. IV, pp. 275-284.

—— (1955[b]), *An Economic History of England in the Eighteenth Century*, London.

AYLMER, G. E. (1961), *The King's Servants: The Civil Service of Charles I*, London.

BELOFF, M. (1938), *Public Order and Popular Disturbances, 1660–1714*, Oxford.

BLACK, J. B. (1936), *Reign of Elizabeth*, Oxford.

BRIGGS, A. (1956), "Middle-Class Consciousness in English Politics (1780–1846)," *Past and Present*, IX, 65-74.

BROCK, W. R. (1957), "Monarchy and Administration, the English Inspiration," in Lindsay, J. O. (ed.), *The New Cambridge Modern History*, vol. VII, pp. 160-163.

BROWNING, A. (1935), *The Age of Elizabeth*, London.

—— (1948), "Parties and Party Organisation in the Reign of Charles II," *Transactions of the Royal Historical Society*, XXX, 21-37.

BURRAGE, C. (1912), *Early English Dissenters in the Light of Recent Research (1550–1641)*, Cambridge.

BUTTERFIELD, H. (1950), *George III, Lord North and the People*, London.

CAMPBELL, M. L. (1945), *The English Yeoman under Elizabeth and the Early Stuarts*, London.

CHRISTIE, J. R. (1956), "Economical Reform and 'The Influence of the Crown' (1770)," *Cambridge Historical Journal*, XII, 144-154.

CLAPHAM, J. H. (1947), *The Bank of England: A History*, Cambridge.

CLARK, G. (1955), *The Later Stuarts (1660–1714)*, Oxford.

DALE, R. W. (1907), *History of English Congregationalism*, London.

DAVIES, R. W. (1937), *The Early Stuarts (1603–1660)*, Oxford.

—— (1955), *The Restoration of Charles II (1658–1660)*, Oxford.

DES LONGRAIS, F. J. (1956), "Le droit criminel anglais au moyen âge," *Revue historique de droit français et étranger*, XXXIV, 391-435.

ELTON, G. R. (1953), *The Tudor Revolution in Government*, London.

EYCK, E. (1950), *Pitt versus Fox, Father and Son*, London.

FEILING, K. (1924), *A History of the Tory Party (1640–1714)*, Oxford.

FISHER, F. J. (1954), "Commercial Trends and Policy in Sixteenth-Century England," in Carus-Wilson, E. M. (ed.), *Essays in Economic History*, London, pp. 152-172.

FRANK, J. (1955), *The Levellers*, Cambridge, Mass.

GARDINER, S. R. (1884), *History of England (1603–1642)*, London.

—— (1894-97), *History of the Great Civil War (1643–1649)*, London.

—— (1897-1901), *History of the Commonwealth and Protectorate (1649–1660)*, London.

HABAKKUK, H. J. (1953), "Economic Functions of English Landowners in the Seventeenth and Eighteenth Centuries," *Explorations in Entrepreneurial History*, VI, 92-103.

HALLER, W. (1955), *Liberty and Reformation in the Puritan Revolution*, New York.

HARRISON, D. (1953), *Tudor England*, London.

HILL, C. (1955), *The English Revolution*, London.

HOLDSWORTH, W. (1938), *History of English Law*, London.

HOSKINS, W. G. (1955), "English Agriculture in the Seventeenth and Eighteenth Centuries," in *Relazioni del congresso inter-*

nazionale di scienze storiche, Rome, vol. IV, pp. 205-226.

HUGHES, E. (1952), *North County Life in the Eighteenth Century: The North-East (1700–1750)*, Oxford.

JORDAN, W. K. (1932), *The Development of Religious Toleration in England to the Death of Queen Elizabeth*, London.

KEMP, B. (1957), *King and Commons (1660–1832)*, London.

LIPSON, E. (1929-30), "England in the Age of Mercantilism," *Journal of Economic and Business History*, II.

—— (1943), *The Economic History of England: The Age of Mercantilism*, London.

MACKIE, J. D. (1952), *The Earlier Tudors*, Oxford.

MANNING, B. (1956), "The Nobles, the People and the Constitution," *Past and Present*, IX, 42-64.

MATHEW, D. (1948), *The Social Structure in Caroline England*, Oxford.

MITCHELL, W. M. (1957), *Rise of the Revolutionary Party in the English House of Commons, 1603–1629*, Oxford.

MORTON, A. L., and TATE, G. (1956), *The British Labour Movement (1770–1920)*, London.

MOUSNIER, R. (1951), "L'évolution des finances publiques en France et en Angleterre pendant les guerres de la ligue d'Augsbourg et de la succession d'Espagne," *RH*, CCV, 1-23.

NAMIER, L. B. (1929), *The Structure of Politics at the Accession of George III*, London.

—— (1930), *England in the Age of the American Revolution*, London.

—— (1952), *Monarchy and the Party System*, Oxford.

NEALE, J. E. (1949), *The Elizabethan House of Commons*, London.

—— (1953), *Elizabeth I and Her Parliaments (1559–1581)*, London.

NEF, J. U. (1940), *Industry and Government in France and England (1540–1640)*, Philadelphia.

NOTESTEIN, W. (1954), *The English People on the Eve of Colonization (1603–1630)*, New York.

OGG, D. (1934), *England in the Reign of Charles II*, Oxford.

—— (1955), *England in the Reign of James II and William III*, London.

OTWAY-RUTHVEN, J. (1936), "The King's Secretary in the Fifteenth Century," *Transactions of the Royal Historical Society*, XIX, 81-100.

PARES, R. (1953), *King George III and the Politicians*, Oxford.

—— (1957), *Limited Monarchy in Great Britain in the Eighteenth Century*, London.

PICKTHORN, K. W. M. (1949), *Early Tudor Government*, Cambridge.

PLUMB, J. H. (1950), *England in the Eighteenth Century*, London.

POLLARD, A. F. (1926), *Factors in Modern History*, New York.

POSTAN, M. M. (1930), "Private Financial Instruments in Medieval England," *VSWG*, XXIII, 26-75.

RICHARDS, R. D. (1929), *The Early History of Banking in England*, London.

RICHARDSON, W. C. (1952), *Tudor Chamber Administration (1485–1547)*, Baton Rouge.

ROWSE, A. L. (1951), *The England of Elizabeth*, London.

RUPP, E. G. (1947), *Studies in the Making of the English Protestant Tradition*, Cambridge.

SCHENK, W. (1948), *The Concern for Social Justice in the Puritan Revolution*, London.

STONE, L. (1947), "State Control in Sixteenth Century England," *Economic History Review*, XVII, 103-120.

SYKES, N. (1934), *Church and State in the Eighteenth Century*, Cambridge.

TAWNEY, R. H. (1912), *The Agrarian Problem in the Sixteenth Century*, London and New York.

—— (1926), *Religion and the Rise of Capitalism*, New York.

—— (1954), "The Rise of the Gentry

(1558–1640)," in Carus-Wilson, E. M. (ed.), *Essays in Economic History*, London, pp. 173-214.

THOMPSON, M. A. (1938), *A Constitutional History of England (1642 to 1801)*, London.

TREVELYAN, G. M. (1930-34), *England under Queen Anne*, London.

—— (1944), *English Social History*, London.

TREVOR-ROPER, H. R. (1953), *The Gentry (1540–1640)*, London.

VINCENT, V. A. L. (1950), *The State and School Education (1648–60) in England and Wales*, London.

WALCOTT, R. (1956), *English Politics in the Early Eighteenth Century*, Oxford.

WEDGWOOD, C. V. (1955), *The Great Rebellion: The King's Peace (1637–1641)*, London.

WENHAM, R. B. (1956), "The Tudor Revolution in Government," *English History Review*, LXXI, 92-95.

WHITLEY, W. T. (1923), *A History of British Baptists*, London.

WILLIAMS, B. (1939), *The Whig Supremacy (1714–60)*, Oxford.

WILLIAMS, C. H. (1935), *The Making of the Tudor Despotism*, Toronto.

WILLIAMS, O. C. (1955), *The Clerical Organization of the House of Commons (1661–1850)*, Oxford.

WILLIAMSON, J. A. (1953), *The Tudor Age*, London.

ZAGORIN, P. (1954), *A History of Political Thought in the English Revolution*, London.

ZEEVELD, W. G. (1948), *Foundations of Tudor Policy*, Cambridge, Mass.

索引

（索引页码为原书页码，即本书边码）

Abbaside Empire 阿拔斯王朝 4, 11, 31, 60, 174, 201, 226, 239, 248, 277, 280, 284-285, 286, 288, 291, 340, 353, 354, 356

Absolutist Europe 欧洲绝对专制主义，亦见专制主义时代；丹麦；英国；欧洲；法国；哈布斯堡帝国；荷兰；匈牙利；波兰；葡萄牙；普鲁士；宗教改革的欧洲；俄国；斯堪的纳维亚；西班牙；瑞典

Age of Absolutism 专制主义时代 4, 31, 39, 45, 48, 63, 78-79, 86, 125, 128, 135, 138, 153, 160, 169, 179, 180, 189, 190, 192, 194, 238-239, 244-245, 248, 256, 294, 354

Ahmenid Empire 阿契美尼德王朝 10, 11, 23, 106, 333

Alexander III, Pope 教皇亚历山大三世 188

An Lu-shan Rebellion 安禄山叛乱 37, 57

Arabian Empire 阿拉伯王国 10, 11, 191, 354

Arsacid Era 安息时代 51, 70

Athens 雅典 10

Austria 奥地利 181, 281, 290, 356

Aztecs 阿兹特克 4, 11

Babylon 巴比伦 11, 41, 51

Basil I (Byzantium) 巴西尔一世 138

Basil II (Byzantium) 巴西尔二世 344

Blues and Greens (party) 蓝党和绿

党　73

Buddhism 佛教　51, 55, 56-58, 59, 64, 143, 166, 185, 189, 258, 326

Byzantium 拜占庭　4, 11, 31, 35-36, 42-43, 46, 48, 52-55, 63, 65-67, 71-73, 83, 84, 85, 90, 99, 108, 109, 122, 124, 126, 128, 131, 133, 134, 136, 138, 139, 143, 144, 146, 148, 150, 152-153, 157, 160, 161-162, 163, 166, 167, 170, 171, 172, 173, 175, 176, 178, 179, 180, 181, 183, 184, 186, 188, 189, 190, 191, 192, 194, 195, 196, 198, 200-202, 204, 206, 209, 216, 218, 238, 239-240, 244, 245, 247, 249, 250, 251, 252, 256, 258, 260, 261, 262-263, 264, 265-267, 269, 277, 278, 280, 284, 286, 289, 291, 292, 293, 294, 296, 324, 333, 339, 341, 343-347, 351, 352；亦见巴西尔一世；巴西尔二世；科穆宁王朝；君士坦丁七世；君士坦丁堡；希拉克略；伊苏里亚王朝；利奥六世；马其顿王朝；米歇尔五世；巴列奥略王朝；罗曼努斯一世；土耳其

Caliphate 哈里发　60, 63, 172, 347；亦见阿拔斯王朝；阿拉伯王国；法蒂玛王朝；伊斯兰；倭马亚王朝哈里发；奥斯曼帝国

Carolingian Empire 加洛林王朝　10, 23, 28-29, 106

Chang Tao-ling(China) 张道陵　58

Ch'in Dynasty 秦王朝　178

China 中国　4, 11, 17, 31, 36-37, 43-44, 46, 47, 55-60, 62-63, 66-67, 79, 81, 83, 85, 89, 90, 99, 108, 109, 124, 125, 126, 128, 133, 134, 135, 136, 138, 140, 143, 144, 145, 146, 150, 152-153, 160, 161-162, 164, 165, 166, 168, 170, 171, 172, 174, 176, 178, 179, 181, 186, 188, 189, 190, 191-193, 198, 202, 205, 206, 208, 217, 226-238, 245, 249, 251, 260, 261, 262, 264-267, 269, 277, 279, 282-283, 286, 288, 289, 292, 293-294, 295, 323-333,

337；亦见秦王朝；清王朝；汉朝；明朝；蒙古帝国；隋代；宋代；唐代；元代

Ch'ing (Manchu) Dynasty 清王朝 11, 47, 176, 232, 328

Christianity 基督教 51, 64, 348-349；亦见东正教；新教；罗马天主教

Comnenus Dynasty 科穆宁王朝 179, 250

Confucianism 儒教 36, 55-57, 59, 64, 66, 67, 73-76, 89, 134, 148, 178, 188, 189, 191-193, 227-238 *passim*, 252, 257, 260, 283, 295, 325-327, 328, 330

Constantine VII (Byzantium) 君士坦丁七世 125

Constantinople 君士坦丁堡 42, 344, 345

Creoles 克里奥耳人 44, 76, 354

Crusades 十字军 345

Dekhans 达克汉斯 70, 204

Denmark 丹麦 78

Eastern Christian (Orthodox Eastern) Church 东方基教派（东正教） 52-55, 64, 191, 258

Egypt 埃及 4, 11, 23, 50, 62, 83, 108, 127, 162, 226, 236, 265, 281, 289, 331-332, 333, 337, 339, 351-352

England 英国 11, 31, 66, 78, 79, 86, 89, 99, 109, 131, 139, 144, 148, 181, 194, 197, 201, 205, 206, 208, 209, 239, 245, 247, 248, 249, 252, 256, 260, 261, 262-263, 264, 265-267, 269, 277, 282-283, 288, 293, 295, 333, 337, 353, 356, 357, 358

Europe 欧洲 192, 195, 197, 198, 199, 216, 218, 261, 289, 351, 357；见专制主义时代

Fatimite Empire 法蒂玛王朝 4, 11, 60, 174, 226, 239, 248

France 法国 11, 31, 66, 78, 79, 83, 89, 99, 109, 131, 133, 134, 135, 139, 144, 146, 148, 153, 161-162, 163, 165, 167, 170, 172, 174, 178,

179, 180, 181, 183, 188, 190, 196-197, 201, 205, 208, 209, 239-240, 245, 247, 249, 252, 256, 260, 261, 263, 264, 265-267, 269, 277, 280, 283, 286, 291, 295-296, 333, 353, 355, 357, 358

Frederick the Great(Prussia) 弗里德里希大帝 290

Frederick William I(Prussia) 弗里德里希·威廉一世 292

Genghis Khan 成吉思汗 29
Greece 希腊，见希腊化的城邦
Greens and Blues 绿党和蓝党 73
Gupta Dynasty 笈多王朝 11

Han Empire 汉朝 11, 31, 43, 55, 56, 58, 133, 136, 140, 176, 178, 205, 232

Hapsburg Empire 哈布斯堡帝国 78, 280

Hellenistic cities, culture, and empire 希腊化的城邦、文化和帝国 4, 10, 11, 66, 105, 106, 122, 192, 202, 294

Henri IV(France) 亨利四世 283
Heraclius, Emperor (Byzantium) 希拉克略皇帝 122, 124, 125, 204, 278, 284, 292
Hindu states 印度国家 11
Hohenzollern 霍亨索伦 180, 285
Holland 荷兰 245, 260, 294, 356
Hungary 匈牙利 78, 178

Inca Empire 印加帝国 4, 11, 50
India 印度 4, 11
Indians 印第安人，见西班牙-美洲帝国
Iran 伊朗，见波斯
Isaurian Dynasty 伊苏里亚王朝 244
Islam 伊斯兰 4, 14, 31, 178, 189, 190, 218, 226, 239, 249, 259, 348-349, 353, 354

Japan 日本 10
Jews 犹太人 51, 348-349
Justinian(Byzantium) 查士丁尼 138

附录 703

Kavadh I(Sassanid Persia) 卡瓦德一世 125, 256, 260, 266, 277, 284, 290

Khosrou I (Sassauid Persia) 霍斯劳一世 70, 109, 122, 125, 131, 173, 176, 179, 239, 244, 256, 260, 266, 278, 284, 290

Lao-tzu(China) 老子 58

Lecapenus, Romanus 罗曼努斯·利卡潘努斯，见罗曼努斯一世

Leo VI (Byzantium) 利奥六世 138

Macedonian Dynasty 马其顿王朝 73, 244

Magi, the 教士 51-52

Manchu Dynasty 清朝，见清王朝

Manichaeans 摩尼教徒 51

Maurya Dynasty 孔雀王朝 11

Mazdaism 玛兹达教 51-52, 64, 66, 184, 188, 189, 190, 257, 260

Mesopotamia 美索不达米亚 51

Michael V (Byzantium) 米歇尔五世 73

Ming Dynasty 明朝 109, 265, 325

Ming, Emperor(China) 汉明帝 56

Mogul Empire 莫卧儿帝国 11

Mongolian Empire 蒙古诸帝国 10, 28-29, 106, 176；见元朝

Moslems 穆斯林，见伊斯兰

Normans 诺曼人 344

Omayyad Caliphate 倭马亚王朝的哈里发 353, 356

Orthodox Eastern Church 东正教，见东方基督教

Ottoman Empire 奥斯曼帝国 4, 11, 17, 31, 143, 169, 170, 172, 226, 238, 239, 248, 252, 269, 278, 285, 288, 291, 296, 347-349；亦见哈里发

Paleologi Dynasty 巴列奥略王朝 179

Papacy, the 教皇 55

Parthian Empire 帕提亚帝国 10, 11, 70；亦见君士坦丁堡的牧

首 53-55

Peninsulars(merchants) 半岛居民 44

Persia(Iran) 波斯 4, 11, 41, 46, 51, 62, 83, 85, 99, 125, 173, 174, 178, 188, 189, 195, 202, 247, 249, 256, 341, 351-352；亦见帕提亚帝国；萨珊波斯

Philippine Islands 菲律宾群岛 44

Phoenicia 腓尼基 106

Poland 波兰 78, 178

Portugal 葡萄牙 179

"Primitive" Chinese religion "初民的"中国宗教 55

Protestantism 新教 60, 64, 259

Prussia 普鲁士 31, 39, 78, 86, 109, 122, 132, 161, 180, 181, 183, 205, 239, 244, 252, 256, 269, 279, 281, 285, 287, 288, 290, 292, 296, 356

Reformation Europe 宗教改革的欧洲 189, 190

Roman Catholic Church 罗马天主教 60, 64, 188, 189, 226, 239, 247, 258-259, 260

Romanus I (Byzantium) 罗曼努斯一世 344-345

Rome 罗马 4, 10, 11, 13, 14, 63, 81, 83, 85, 98, 107, 122, 125, 128, 133, 136, 139, 140, 142, 152, 157, 160, 172, 173, 174, 198, 209, 216, 218, 265, 339, 340, 347, 348

Russia 俄国 31, 39, 86, 122, 132, 252, 269, 287, 290, 356

San Mehmed Pasha(Ottoman Empire) 圣穆罕默德·帕沙 169

Sassania Persia 萨珊波斯 11, 34-35, 41-42, 51-52, 65, 66, 67, 69, 71, 90, 108, 109, 119, 122, 125, 126, 128, 131, 134, 136, 138, 139, 144, 146, 150, 159, 163, 167, 172, 176, 178, 179, 191, 194, 195, 204, 208, 238, 239, 244, 247, 250, 256, 261, 264, 265-266, 268, 277, 278, 279, 281, 284, 289-290, 296, 333, 339, 347, 351：亦见卡瓦德一世；霍斯劳一世；波斯；

沙普尔二世

Scandinavia 斯堪的纳维亚 356

Seleucia-Ctesiphon 塞琉西亚－泰西封 51

Seljuk Turks 塞尔柱人 344, 345

Shapur II (Sassanid Persia) 沙普尔二世 51, 70

Spain 西班牙 45, 78, 134, 179, 260

Spanish-American Empire 西班牙－美洲帝国 11, 14, 31, 38-39, 44-45, 46, 48, 60, 63, 66-67, 76-78, 79, 85-86, 89, 99, 109, 122, 125, 126, 135, 136, 137, 138, 144, 146, 152-153, 162, 165, 167, 170, 172, 176, 185, 188, 189, 192, 194, 195, 196, 202, 205, 206, 218, 226, 238, 239, 240, 244, 247, 248, 249, 251, 252, 256, 258-259, 260, 261, 262, 264-267, 277, 278, 280, 284-285, 291, 293, 333, 339, 345, 353, 354, 357

Stoics 斯多噶 192

Sui Empire 隋代 57

Sung Empire 宋代 43, 57, 109, 136, 166, 169, 232, 260, 261, 265, 325, 327

Sweden 瑞典 78

T'ang Empire 唐代 31, 36-37, 43, 47, 55, 56, 58-59, 73-76, 124, 131, 133, 134, 148, 176, 178, 232, 260, 265, 266, 269, 325, 326

Taoism 道教 55, 56-58, 66, 143, 166, 185, 258

Thessalonica 帕撒罗尼加节 72

Turkey 土耳其 348 亦见塞尔柱人

Wang An-shih (China) 王安石 169, 292

Wang Mang (China) 王莽 58

Weber, Max 马克斯·韦伯 9

Wei, Empress (China) 韦后 56-57

Wu, Emperor (China) 汉武帝 56

Yellow Turban Rebellion 黄巾起义 58

Yüan Dynasty 元朝 232, 327, 328

Zoroastrianism 琐罗亚斯德教 51-52

译后记

S. N. 艾森斯塔德教授是当今世界著名的社会学家。他于1923年9月出生于波兰华沙一个犹太人家庭,1935年举家移居耶路撒冷。艾森斯塔德是在耶路撒冷希伯来大学接受高等教育的,所学习的专业是社会学和社会人类学,1944年获文科硕士学位,1947年获哲学博士学位。1947年至1948年在英国伦敦经济学院进行博士后研究。此后,艾森斯塔德即于耶路撒冷希伯来大学任教,1959年开始任社会学教授,后担任"罗沙·伊萨克斯"讲座教授;1951年至1969年任该校社会学和社会人类学系主任。1958年后多次前往欧美各著名大学任客座教授。艾森斯塔德教授还曾于1969年至1972年担任以色列社会学学会会长。

在耶路撒冷希伯来大学求学时,艾森斯塔德受教于像马丁·布伯这样的大思想家并深受其影响。另一位对艾森斯塔德的思想发展具有重要影响的思想家是爱德华·希尔斯,不过,那已经是艾森斯塔德成为国际型学者以后的事情了。当然,许多古典社会学家的理论对艾森斯塔德的思想发展尤其具有重要影响,特别是马克斯·韦伯及其宗教社会学研究。韦伯以"世界宗教的比较研究"为名而撰写的一系列鸿篇巨著以及其所运用的基本方法,实际上为艾森斯塔德的整个学术活动提供了一个潜在的框架。艾森斯塔德在数十年学术活动中，一再回复到所谓"韦伯命题"上来，绝非事出偶然。

我们可以根据艾森斯塔德已发表的主要著作而将他的学术活动大致划分成三个时期。20世纪50年代是其学术活动的头一个时期，重点是对于社会变迁某些方面的问题的比较研究，代表著作则是《移民的吸收》（1954）和《世世代代》（1956）。在这两部著作中，前一部以以色列社会为例，分析了移民对侨居社会的影响；后一部针对美国等社会，研究了新一代群体对社会传统发展、沿革的作用。

艾森斯塔德学术活动的第二个时期是60年代至70年代。在这一时期，艾森斯塔德主要研究现代化理论，特别是政治现代化理论，并成为这一理论的主要代表人物之一。代表作有：《帝国的政治体制》*（1963）、《现代化：抗拒与变迁》（1966）、《社会的分化与成层》（1971）、《传统、变迁、现代性》（1971）、《社会的革命与转变》（1978）等等，并且主编了《政治社会学》（1975）和有关宏观社会学理论的一系列著作。在这些著作中，艾森斯塔德试图探讨现代化过程的发韧、成长以及在新兴民族国家中的发展，建构现代化理论的宏观框架。

进入80年代以后，艾森斯塔德的学术活动转入第三个时期。这十余年来，他进一步拓宽了研究视野，提出了"轴心文明的比较研究"这一课题，代表作为《轴心文明的起源与多样性》(1985)。他从雅斯贝尔斯《历史的起源和目的》一书中借用了"轴心文明"

---

* 1991年本书中文译本首次出版时，书名为《帝国的政治体制》，故在初版译后记中保留该译名。——编者

这一概念，将其同马克斯·韦伯的"比较研究方法"结合起来，考察了古代希腊和罗马、帝制时代前期的中国、古代以色列国家、琐罗亚斯德教的伊朗、印度教与佛教的南亚和东南亚各王国以及穆斯林世界各哈里发王朝，从这些文明圈的核心精神入手，研究其各自的历史发育过程。

如果说艾森斯塔德的现代化理论有什么特色的话，那么可以断言，其最主要的特色就是强调传统在现代化过程中的重要作用。在艾森斯塔德看来，由于各个民族国家在启动现代化过程时面临着不同的文化遗产，这就决定了其实现现代化的进程必然各具特色，而绝不可能是整齐划一的：既不可能"趋同"，也不可能"全盘西化"。在这方面，艾森斯塔德的理论同克拉克·科尔的"工业社会理论"（《工业主义与工业人》）、丹尼尔·贝尔的"后工业社会理论"（《后工业社会的来临》）等的观点截然不同，从而与社会学中将"传统社会"与"现代社会"截然分开的"两分法"，形成了尖锐的对立。

在艾森斯塔德看来，一般而言，传统绝不是陈旧、僵死的东西，而是在历史上形成、历经沿革而持续下来，并且对今人的社会生活依然发生影响的那些制度、规范、习俗和价值观等等。它是活生生的，而且是现代社会的重要组成因素之一。后来，艾森斯塔德将"传统"与现代化的问题扩大为文化与社会结构的关系问题。这个问题便成为贯串艾森斯塔德全部学术活动的一条主线。当然，在艾森斯塔德学术活动的头一个时期，他虽已接触到这个问题，但只仅此而已，其论著的焦点主要是在移民问题和青年问题等社会学的具体问题上；在其学术活动的第二个时期，这一主线更加明确，并围绕这一主线提出了许多有价值的命题。但在这一时期，艾森斯塔德主要还是结合现代化的具体内容来阐述这个问题，尚未涉及这个问题本身的意涵；只是在上述第三个时期，艾森斯塔德才以该问题作为理论焦点——在这个时期，他的所有理论著作都是围绕这个焦点而展开的。

从类型学的观点来看，在文化与社会结构的关系问题上主要存在着三种观点，简单地概括起来就是：涂尔干把文化当成社会结构的折射和反映；列维－施特劳斯以文化为社会生活的"深层结构"；克利福德·格尔茨则认定文化与社会同构，是同一事物的两个不同的方面。艾森斯塔德的观点同列维－施特劳斯的看法颇为接近，这种"亲合性"自然与艾森斯塔德深受韦伯学影响有关。韦伯关于不同宗教价值观对于不同社会的经济行为和经济伦理具有至为重要的作用，在其他条件齐备时还具有决定性作用的论题，决定了艾森斯塔德在解决文化与社会结构的问题上，必然以文化作为社会的深层结构，着眼于文化的能动作用，把文化当成建构社会及其变迁动力的决定因素。自80年代以来，艾森斯塔德在《比较视野中的欧洲文明》（1987）、《欧美的中心形态、抗拒运动与阶级结构》（1987）、《西方的起源》（1988）等一系列论著和论文中，都十分详细地论述了文化（传统）对社会结构及其动力的影响。

《帝国的政治体制》一书在艾森斯塔德的学术活动和思想发展中占有一个重要的位置。可以说，这部书是后来"轴心时代文明的比较研究"的发端之处。在这部书中，艾森斯塔德主要考察了诸如帝制中国、拜占庭帝国、萨珊波斯、印度古代的孔雀王朝和莫卧儿王朝、阿拉伯哈里发诸王朝、西属美洲帝国和绝对专制主义时代欧洲各国政治体制的基本特征，探讨了不同文化传统对于各帝国的社会分化、政治结构等的影响，以及由此而决定的社会变迁类型。通过这部著作，艾森斯塔德为探讨所谓"传统社会"或"前现代社会"的社会、政治、文化的结构，建立了一个宏观的理论框架。诚然，这部书在史料的掌握和运用等方面，都难免存在一些纰漏，例如对于"中国佛教"中"教阶制"的描述，就反映出由于只是借助第二手资料，艾森斯塔德当时还不了解，中国佛教并没有像西方基督教那样全国性的、自主的统一教会组织；而对于琐罗亚斯德教的描述，更反映出他将波斯本土的琐罗亚斯德教教职同印度帕苏人的琐罗亚斯德教教职混为一谈。但从总体上说，这部书还是为理解所谓"帝国体制"的诸社会提供了一个综合的理论视角，因而具有一定学术价值，值得介绍给我国读者。

有鉴于此，在征得艾森斯塔德教授的同意后，这部书由我们两人译出。艾森斯塔德教授专为本书撰写了中文版导言，其中扼要地阐述了他关于"轴心时代文明的比较研究"的若干观点，可以作为阅读本书的参考，以使读者了解他现在的一些观点。考虑到印制等诸多困难，原书所附的分析表格和参考书目，在此书中均予删除。江西人民出版社汤学群同志对本书译稿提出了许多宝贵意见，中国人民大学黄世积同志校读了译文初稿，在此一并致谢。由于我们水平有限，译文中出现错误和不妥之处在所难免，请读者批评、指正。

沈　原　张旅平

1991 年 11 月

再版后记

本译著是由沈原和我二十多年前合作翻译的。当时沈原还在中国社会科学院社会学所工作，其学术志趣与我有些相近，即两人都对文明与现代化的比较研究颇感兴趣。我们希望把我们在研究中所了解到的国外相关成果介绍给国内读者，于是便想到了在这方面著述颇丰的以色列社会学家艾森斯塔德的著作。对于这位著名学者及其学术思想我们是在上个世纪80年代中期读研时才开始了解的。那时艾森斯塔德的英文版著作在北京各大图书馆里只有零散的一些，国内学界知其名字和学术成果的人也只限于极少数。其社会理论大约是在20世纪80年代后期和90年代初期传入中国大陆的（在这之前中国台湾学术界对此已有所认知）。应当说，其思想一经传入，在中国社会理论界还是较有影响的。它对当时正在时兴的"现代化理论"泼了一些冷水，给出了不同的多样性的视角。

艾森斯塔德是韦伯之后在这一领域最富有成果的学者之一。我们选择了他的《帝国的政治体系》一书来翻译，是因为此书不仅是他一系列最重要学术成果中的首部著作，而且还是他以"轴心文明"为基础的文化与现代化比较研究的发祥地。尽管此书在资料掌握方面不够全面或在运用上有一些纰漏，以及在研究深度方面尚显不足，但它毕竟是艾森斯塔德富有特色的社会理论体系的开山之作，书中彰显了他最初的（同时也是他一以贯之的）综合性理论视角和研究架构的与众不同。常言道："观其源可以知其流"，只有充分了解此书，才能对他后来进行的轴心时代文明比较研究有更好的理解，对其提出的"多元现代性"思想有更深的把握。这大概就是当时决定翻译此书的初衷吧。

本译著初版在多年以前，沈原为此付出了更多的劳动。当时由于忙于其他课题研究工作，翻译过程中总觉得时间紧迫和仓促，再加上水平有限，译文难免有不妥之处。此次再版除了补上当时因印制等问题而删除的附录部分（分析表格和参考书目）外，正文译文未做全面修改，敬请读者原谅。

本译著此次再版得到商务印书馆的鼎力相助，尤其是张博伦为此付出了大量辛劳，正是他对较长的附录和参考书目的认真编审和核定，才使得本译著再版时完整地呈现在读者面前，在此向他本人以及所有其他为本译著再版付出劳动的有关人士表示衷心感谢！

张旅平

2018 年 3 月

图书在版编目(CIP)数据

帝国的政治体系 /(以)S. N. 艾森斯塔德著；沈原，张旅平译.—北京：商务印书馆，2021(2023.3 重印)
（社会学名著译丛）
ISBN 978-7-100-14684-5

Ⅰ.①帝… Ⅱ.① S… ②沈… ③张… Ⅲ.①政治制度—研究—世界—古代 Ⅳ.① D59

中国版本图书馆 CIP 数据核字（2017）第 152491 号

权利保留，侵权必究。

社会学名著译丛
帝国的政治体系
〔以色列〕S. N. 艾森斯塔德　著
沈　原　张旅平　译
张博伦　校

商 务 印 书 馆 出 版
（北京王府井大街36号　邮政编码100710）
商 务 印 书 馆 发 行
北京中科印刷有限公司印刷
ISBN 978-7-100-14684-5

2021年10月第1版　　开本 880×1230　1/32
2023年3月北京第4次印刷　印张 23 1/2
定价：128.00 元

"社会学名著译丛"已出书目

《帝国的政治体系》　　　　　　〔以色列〕S. N. 艾森斯塔德

《马克斯·韦伯与经济社会学思想》　〔瑞典〕理查德·斯威德伯格

《社会科学方法论》　　　　　　〔德〕马克斯·韦伯

《污名》(修订译本)　　　　　　〔美〕欧文·戈夫曼

《互动仪式链》　　　　　　　　〔美〕兰德尔·柯林斯